ACCESO GRATIS *a la Lectura en la Nube*

Para visualizar el libro electrónico en la nube de lectura envíe junto a su nombre y apellidos una fotografía del código de barras situado en la contraportada del libro y otra del ticket de compra a la dirección:

ebooktirant@tirant.com

En un máximo de 72 horas laborables le enviaremos el código de acceso con sus instrucciones.

RETOS JURÍDICO-SOCIALES PARA LA INCLUSIÓN DE LAS PERSONAS CON DISCAPACIDAD

RETOS JURÍDICO-SOCIALES PARA LA INCLUSIÓN DE LAS PERSONAS CON DISCAPACIDAD

MARIOLA SERRANO ARGÜESO
AINHOA GUTIÉRREZ BARRENENGOA
AITZIBER MUGARRA-ELORRIAGA

Equipo EDISPe
Facultad de Derecho
Universidad de Deusto

tirant lo blanch
Valencia, 2024

La presente obra ha sido sometida a la revisión de pares ciegos según el protocolo de publicación de la editorial a efectos de ofrecer el rigor y calidad correspondiente tanto en su contenido como en su forma, aplicándose los criterios específicos aprobados por la Comisión Nacional E 016 (BOE num. 286, de 26 de noviembre de 2016).

Este Libro es el resultado final de un Proyecto de Investigación internacional liderado por el grupo de investigación *Desarrollo Social, Economía e Innovación al servicio de las Personas* (EDISPe), 2022-IT1467-22, de la Universidad de Deusto y ha contado con el apoyo del Departamento de Educación del Gobierno Vasco.

© TIRANT LO BLANCH
EDITA: TIRANT LO BLANCH
C/ Artes Gráficas, 14 - 46010 - Valencia
TELFS.: 96/361 00 48 - 50
FAX: 96/369 41 51
Email: tlb@tirant.com
www.tirant.com
Librería virtual: www.tirant.es
DEPÓSITO LEGAL: V-4569-2024
ISBN: 978-84-1071-843-2

Índice

Capítulo II

SEGUNDA PARTE:
PERSPECTIVA JURÍDICA

Capítulo III

Indice de abreviaturas

ACLIFIM	Asociación Nacional de Limitados Físicos Motores
ACPDI	Asociación Cubana de Personas en situación de Discapacidad Intelectual
ADISPAZ	Asociación de Disminuidos Psíquicos La Paz
ADR	*Alternative Dispute Resolution*
AIReF	Autoridad Independiente de Responsabilidad Fiscal
ANCI	Asociación Nacional de Ciegos
ANSOC	Asociación Nacional de Sordos de Cuba
ARASAAC	Centro Aragonés de Comunicación Aumentativa y Alternativa
ASPIMIP	Asociación para la Inclusión Social de Personas con Diversidad Funcional de la Comunidad de Madrid
ASPRONA	Asociación Valenciana Pro-Personas con Discapacidad Intelectual
BOE	Boletín Oficial del Estado
CADIR	CApacidades DIferentes y Responsables
CAPV	Comunidad Autónoma del País Vasco
CC	Código Cïvil
CCAA	Comunidades Autónomas
CDFUE	Carta de Derechos Fundamentales de la Unión Europea
CDPD	Convención de los Derechos de las Personas con Discapacidad
CE	Constitución Española
CEDH	Convenio Europeo de Derechos del Hombre
CEE	Centro Especial de Empleo
CEIP	Colegio de Educación Infantil y Primaria
CERMI	Comité Español de Representantes de Personas con discapacidad

CIDH	Corte Interamericana de Derechos Humanos
CIE	Clasificación Internacional de Enfermedades
CIF	Clasificación Internacional del Funcionamiento, la Discapacidad y la Salud
CIFO	Centro de Iniciación y Formación Ocupacional
CIP FP	Centro Integrado de Formación Profesional
CNUPD	Convención de las Naciones Unidas sobre los Derechos de las Personas con Discapacidad
CP	Código Penal
CSE	Carta Social Europea
DOCE	Documento Oficial de la Comunidad Europea (ahora DOUE)
DUA	Diseño Universal para el Aprendizaje
ECA	Escuela Central de Anormales
EIGE	Índice de Igualdad
EPD	Empleo de las Personas con Discapacidad
ESO	Educación Superior Obligatoria
ET	Estatuto de los Trabajadores
ETT	Empresa de Trabajo Temporal
FEACEM	Federación Empresarial Española de Asociaciones de Centros Especiales de Empleo
IARSLCE	*International Association for Research on Service-Learning and Communitiy Engagement*
IES	Instituto de Educación Superior
IMSERSO	Instituto de Mayores y Servicios Sociales
INE	Instituto Nacional de Estadística
INEE	Instituto Nacional de Educación Especial
INEM	Instituto Nacional de Empleo
INPT	Instituto Nacional de Pedagogía Terapéutica
INRI	Instituto Nacional de Reeducación de Inválidos
IPREM	Indicador Público de Renta de Efectos Múltiples

IRPF	Impuesto sobre la Renta de las Personas Físicas
LAT	Ley de Accidentes de Trabajo
LDPD	Real Decreto Legislativo 1/2013, de 29 de noviembre, por el que se aprueba el Texto Refundido de la Ley General de derechos de las personas con discapacidad y de su inclusión social (BOE nº 289, de 3 de diciembre de 2013)
LGD	Decreto Legislativo 1/2013, de 29 de noviembre, por el que se aprueba el Texto Refundido de la Ley General de derechos de las personas con Discapacidad y de su inclusión social
LIONDAU	Ley 51/2003, de 2 de diciembre, de igualdad de oportunidades, no discriminación y accesibilidad universal de las personas con discapacidad (BOE nº 289, de 3 de diciembre de 2003)
LISMI	Ley 13/1982, de 7 de abril, de Integración Social de los Minusválidos (BOE nº103, de 3 de abril de 1982)
LJV	Ley 15/2015, de 2 de julio, de la Jurisdicción Voluntaria
LMACM	Ley 5/2012, de 6 de julio, de Mediación en Asuntos Civiles y Mercantiles
LRLCPAPD	Ley 8/2021, de 2 de junio, de Reforma de la Legislación Civil y Procesal para el Apoyo a las Personas con Discapacidad en el ejercicio de su capacidad jurídica
MOOC	*Massive Open Online Course*
MRR	Mecanismo de Recuperación y Resiliencia
ODR	*On Line Dispute Resolution*
ODS	Objetivos de Desarrollo Sostenible
OIT	Organización Internacional del Trabajo
OMS	Organización Mundial de la Salud
ONCE	Organización Nacional de Ciegos Españoles

ONU	Organización de Naciones Unidas
PcD	Personas con Discapacidad
PEDS	Pilar Europeo de Derechos Sociales
PEI	Proyecto Educativo Institucional
PIAR	Planes Individuales de Apoyos y Ajustes Razonables
PMI	Plan de Mejoramiento Institucional
PNA	Patronato Nacional de Anormales
PNB	Producto Nacional Bruto
PNSCA	Patronato Nacional de Sordomudos, Ciegos y Anormales
RD	Real Decreto
RDL	Real Decreto Legislativo
REDAPS	Red Española de Aprendizaje-Servicio
RETA	Régimen Especial de Trabajadores Autónomos
RLCPD	Registro para la Localización y Caracterización de Personas con Discapacidad
RSE	Responsabilidad Social Empresarial
SAP	Sentencia de la Audiencia Provincial
SEPE	Servicio Público de Empleo Estatal
SIMAT	Sistema Integrado de Matrículas
SISPRO	Sistema Integral de Información de la Protección Social
SMI	Salario Mínimo Interprofesional
SOE	Seguro Obligatorio de Enfermedad
STC	Sentencia del Tribunal Constitucional
STS	Sentencia del Tribunal Supremo
TCE	Tratado de la Comunidad Europea
TDAH	Trastorno por Déficit de Atención con Hiperactividad
TEDH	Tribunal Europeo de Derechos Humanos
TFUE	Tratado de Funcionamiento de la Unión Europea

TJUE	Tribunal de Justicia de la Unión Europea
TSJUE	Tribunal Superior de Justicia de la Unión Europea
TUE	Tratado de la Unión Europea
UE	Unión Europea
VSI	Valor Social Integrado

Prólogo

En el año 2006 se aprobó en Nueva York una Convención Internacional que iba a revolucionar nuestra comprensión del derecho y de los derechos de las personas con discapacidad. Una Convención que ha sacudido los modelos socioculturales y los ordenamientos jurídicos de prácticamente todos los países del mundo y que continúa empujándonos a cuestionarnos nuestras creencias y formas de hacer.

La Convención, para mí, supuso pulverizar una parte esencial de lo que había estudiado en la carrera de derecho y de lo que creía que sabía sobre los derechos de las personas con discapacidad, un sector en el que ya llevaba trabajando unos años. Me proponía el reto de sumarme a la lucha activa contra la invisibilización, la deshumanización o la discriminación sistémica que sufren las personas con discapacidad, en especial, las personas con discapacidad intelectual y del desarrollo para las que yo trabajo y que creo que sufren con especial intensidad las situaciones de vulneración de derechos.

La Convención, además, ha supuesto, supone y, creo que supondrá durante muchos años, una herramienta jurídica de increíble valor.

Este año Plena inclusión ha cumplido su 60 aniversario (1964-2024) y el lema que hemos elegido es 'Lo imposible se hará'. Es cierto que hemos logrado avances en el ámbito del reconocimiento de los derechos de las personas con discapacidad que hace pocos años parecían imposibles: el reconocimiento del derecho al voto, la prohibición de la esterilización forzosa o involuntaria, el derecho al ejercicio de su capacidad jurídica con los apoyos que precisen, el reconocimiento al derecho a los ajustes en los procesos judiciales, etc.

Pero este proceso revolucionario no ha terminado, ni mucho menos. Como se refleja en esta obra colectiva que van a leer a continuación, todavía hay muchas cuestiones que siguen sin resolver o que, incluso, 18 años después de la aprobación de la Convención, no sabemos cómo hacer realidad en nuestro marco jurídico. En este marco, creo que es absolutamente necesario el aporte de estudio e investigación que puede realizarse desde las Universidades y la doctrina. En esta obra colectiva se percibe el proceso de estudio y reflexión de los autores y autoras, esa nueva mirada al derecho y ¿por qué no? esa innovación jurídica tan motivante que nos exige la implementación real de la Convención.

He disfrutado leyendo todos los capítulos y recomiendo su lectura porque cada uno de ellos se centra en cuestiones novedosas sobre las que todavía no existe ni mucha normativa, ni jurisprudencia, ni bibliografía y porque, además, la obra combina elementos centrados en la política legislativa, en el estudio de cuestiones puramente jurídicas, en elementos muy prácticos de la realidad social de las personas con discapacidad e incluso aborda la implementación de la convención en la realidad de otros países.

INÉS DE ARAOZ
Coordinadora del Área Jurídica
Plena Inclusión España

PRIMERA PARTE:

INTRODUCCION: POLÍTICAS LEGISLATIVAS

Capítulo I.

Políticas públicas de la Unión Europea en materia de discapacidad: De la carta de derechos fundamentales a los fondos next generation EU

MARÍA-LUISA SÁNCHEZ-BARRUECO[1]

Profesora Contratada Doctora de Derecho de la Unión Europea. Universidad de Deusto

SUMARIO

I. INTRODUCCIÓN

Según datos publicados por Eurostat en 2012, el 25% de los ciudadanos de la Unión Europea convive con una discapacidad que limita sus actividades a diario. De ellos, el 29,7% está en riesgo de pobreza o exclusión, ascendiendo el porcentaje a 33% en el caso de España. Limitando

---

1 Esta investigación ha sido realizada gracias a la financiación de la Comisión Europea en el marco de la Cátedra Jean Monnet EU-BREATHE (Presupuesto de la UE para la recuperación: eficacia y rendición de cuentas para albergar resiliencia, ERASMUS-JMO-2021-HEI-TCH-RSCH, acuerdo de subvención 101048158).

los datos a la población femenina, el riesgo de exclusión aumenta dramáticamente afectando, así, al 39% de las mujeres con discapacidad en España y más del 50% en varios Estados Miembros (Bulgaria, Estonia, Irlanda, Croacia, Letonia, Lituania y Rumanía). La discapacidad no es por tanto una condición neutral, sino que alimenta la probabilidad de caer en riesgo de pobreza y exclusión en todos los Estados Miembros, si bien la tendencia es particularmente aguda en países como Irlanda (un 24% más), Letonia y Lituania (un 21% más)[2]. En la medida en que el 48% de los mayores de 65 padecen algún tipo de discapacidad y que la tendencia al envejecimiento demográfico es imparable en Europa, cabe afirmar que los desafíos de política pública asociados a la discapacidad incrementarán su prevalencia en el futuro[3].

La presente contribución desarrolla la política reguladora de la Unión Europea en materia de discapacidad. Las siguientes secciones se engarzan conforme a la siguiente estructura. A modo de contexto, enunciaré primeramente ciertos desafíos que enfrenta la definición de una política pública de discapacidad (II). El siguiente interrogante es el alcance y virtualidad de la competencia normativa de la UE sobre la discapacidad, abordado con respecto a los Tratados (III) y la Carta de Derechos Fundamentales (IV). A continuación, tras trazar una evolución histórica de la consideración de la discapacidad en la UE (V), el análisis se detendrá en los avances más recientes en materia de movilidad (VI) e inclusión, en el marco del programa *Next Generation EU* (VII). En la sección final se sintetizan las conclusiones de la investigación (VIII).

II. DISCAPACIDAD EN LA POLÍTICA PÚBLICA DE LA UNIÓN EUROPEA: CONTEXTO GENERAL

A modo de contexto general, esta sección reflexiona sobre ciertas dificultades que plantea la definición de una política pública sobre discapacidad (1.) para, a continuación, trazar la evolución histórica de la misma en la Unión Europea (2.).

---

2 Eurostat, *People at risk of poverty or social exclusion by level of activity limitation, sex and age*, 2021, <https://ec.europa.eu/eurostat/databrowser/view/HLTH_DPE010__custom_8370924/default/table?lang=en

3 Comisión Europea, Documento de trabajo p. 4 https://eur-lex.europa.eu/legal-content/ES/TXT/PDF/?uri=CONSIL:ST_12755_2023_ADD_5

1. Desafíos que plantea el abordaje de la discapacidad desde la política pública

El abordaje normativo de la discapacidad no resulta sencillo por tres motivos principales que se manifiestan en las tres primeras fases del ciclo de políticas públicas[4]: fijación de la agenda, decisión y ejecución.

La fijación de la agenda política sobre discapacidad, primeramente, resulta complicada debido a la naturaleza elusiva del fenómeno. La discapacidad es una condición que acompaña a la persona en todos los ámbitos de su vida: requiere, por tanto, un enfoque público integral. Al mismo tiempo, puesto que la condición de 'persona con discapacidad' se adquiere desde muy diversos orígenes (congénita o sobrevenida), conoce muy diversas facetas (movilidad, sensorial, relacional, entre otros), y limita la vida de quien la experimenta en diversos grados, no puede hablarse de un colectivo de 'personas con discapacidad' en la sociedad civil organizada. Faltando necesidades o intereses comunes, la multiplicación de colectivos hace que la presión que los mismos pueden ejercer con vistas a insertar la discapacidad en la agenda política sea limitada y difusa. Por consiguiente, aunque la protección a la discapacidad constituye un objetivo político que no genera disensión entre las fuerzas políticas, tampoco cuenta con defensores poderosos. Evocando el "enfoque de corrientes múltiples" de Kingdon, podría decirse que el "minuto de oro" de la discapacidad no llega nunca porque la multiplicación de "grupos de identificación" debilita la denominada "corriente del problema" [5].

Es justo reconocer, con Kelemen y Vanhala, el viraje acaecido durante los últimos 25 años en Europa en la conceptualización pública de la discapacidad[6], desde un enfoque predominante centrado en el bienestar y la definición 'médica' de esta condición hacia uno basado en los derechos civiles que prioriza la recuperación del espacio público por

---

4 JANN, W. y WEGRICH, K., "Theories of the policy cycle" en AA.VV., Handbook of public policy analysis (Dirs. FISCHER y MILLER), Routledge, 2017, pp. 69-88.

5 Kingdon identificó tres corrientes cuya convergencia facilita la inserción de un interés en la agenda política: el problema, la solución y la política (KINGDON, J., *Agendas, Alternatives and Public Policies,* Nueva York, Harper Collins, 1984). Cuando convergen, se abre una ventana política, la "hora dorada" para resolver el problema en la forma que decida el gobierno.

6 KELEMEN, R.D. y VANHALA, I., "The shift to the Rights Model of Disability in the EU and Canada", *Regional and Federal Studies,* vol. 20, nº 1, 2020, p. 3.

parte de las personas con discapacidad a través de políticas de igualdad e inclusión.

La Comisión Europea también alude en sus documentos a la tensión entre las concepciones médica y social de la discapacidad. La concepción médica *"considera la minusvalía básicamente como un problema médico y hace hincapié en las limitaciones funcionales del individuo. Este concepto implica que la minusvalía se halla en el individuo y que corresponde a los profesionales de la readaptación mejorar las capacidades funcionales del individuo lo máximo posible"*. La concepción social *"desplaza la importancia desde el individuo hacia el enlomo. La minusvalía no se considera principalmente como una característica del individuo sino como el producto de una sociedad que provoca dificultades. Según este enfoque, en primer lugar, es preciso poner los medios necesarios para cambiar el entorno. Este enfoque considera a los minusválidos como un grupo más en la sociedad cuyo principal problema no está vinculado a una limitación funcional, sino a una característica -física o psíquica- que sirve de pretexto para determinadas actitudes discriminatorias por parte del resto de la población. Es decir que este enfoque considera a la minusvalía como un esfuerzo para conseguir los mismos derechos, y no como un intento para superar limitaciones funcionales"*[7]. A la hora de introducir una política pública sobre la discapacidad, esta tensión se manifiesta en dificultades para definir con precisión términos clave como "igualdad de oportunidades", "integración", "vida autónoma" o "buenas prácticas". Esta dificultad se traslada, a su vez a la fijación de indicadores de cumplimiento, complicando finalmente la evaluación de la consecución de los objetivos por las iniciativas públicas[8].

Sea como fuere, la condición de "persona con discapacidad" todavía reserva a la profesión médica un rol predominante de guardián del acceso a los derechos por el individuo. Los criterios médicos se aplican conforme a protocolos que distan de ser armónicos entre distintos estados, incluso dentro de la UE, creando instancias de desigualdad. Un ejemplo ilustrativo de ello es la obesidad, condición que precisa peritaje médico de su carácter

---

[7] Comisión Europea, Informe provisional de evaluación del programa HELIOS II, COM (96) 8 final, de 23 de enero de 1996, p. 4.

[8] Apoya esta reflexión, por ejemplo, Foro Europeo de Discapacidad: Informe alternativo para la segunda revisión de la UE por parte del Comité de los Derechos de las Personas con Discapacidad, febrero de 2022, <https://www.edf-feph.org/content/uploads/2022/02/2022-EDF-alternative-report-EXEC-SUMMARY-ES.pdf, p. 3, afirmando que los reglamentos UE en materia de movilidad "carecen de cumplimiento efectivo".

incapacitante para obtener la protección frente a la discriminación asociada a la discapacidad[9].

Entrando ya en la fase de la adopción de decisiones, el carácter esquivo de la discapacidad apela a una tríada de políticas reguladoras: aquéllas que afirman principios y reglas de aplicación transversal en todas las situaciones inherentes a la persona (por ejemplo, el principio de igualdad de trato o la prohibición de la discriminación); normas sectoriales específicamente orientadas a la protección de las personas con discapacidad en las distintas facetas de su vida (empleo, educación, salud, etc); y, finalmente, la inserción transversal de la discapacidad en las normas destinadas a la sociedad en general (o *mainstreaming*[10]). Este enfoque suscita un riesgo de proliferación normativa que, al mismo tiempo, es incapaz de proscribir por completo la permanencia de lagunas jurídicas donde determinadas situaciones carezcan de amparo jurídico. Una complicación adicional a la que esta contribución dedicará cierta atención es que la gobernanza normativa de la discapacidad involucra reguladores ubicados en distintos niveles de competencia local, nacional e internacional, debido precisamente al carácter multisectorial y social de la discapacidad.

Finalmente, la consideración normativa de este fenómeno debe permanecer atenta a la fase de ejecución administrativa, a riesgo de que los avances legislativos no den fruto suficiente debido a trabas administrativas o procesales. Permanece también aquí el riesgo antes mencionado derivado de la gobernanza multinivel. En este sentido, el modelo de política pública de discapacidad descansa en el denominado "método abierto de coordinación", que la Unión Europea aplica prioritariamente en las políticas -p.ej. sociales- donde sus competencias normativas son limitadas. En este método, los "actores políticos, como ministros o departamentos políticos,

---

9 El propio TJUE ha establecido que no hay un principio general de no discriminación laboral por obesidad y que una persona obesa solo podrá beneficiarse del principio general de no discriminación por razón de discapacidad en la medida en que "acarree una limitación, derivada en particular de dolencias físicas, mentales o psíquicas, a largo plazo, que, al interactuar con diversas barreras, pueda impedir la participación plena y efectiva de la persona de que se trate en la vida profesional en igualdad de condiciones con los demás trabajadores", aspecto este último cuya evaluación corresponde al juez nacional generando disparidad (STJUE de 18 de diciembre de 2014, *Kaltoft*, EU:C:2014:2463, pp.53-62).

10 MEIER, P., CELIS, K. y HUYSENTRUYT, H., "Mainstreaming disability in policies: the Flemish experience". *Disability & society*, vol. 31, nº 9, 2016, p. 1195.

deciden sobre objetivos comunes, pero cada uno desarrolla sus propias estrategias y herramientas para alcanzarlos"[11].

2. *Evolución histórica de la consideración de la discapacidad en la Unión Europea*

Los derechos de las personas con discapacidad no fueron explícitamente consagrados jurídicamente en el ordenamiento jurídico de las Comunidades Europeas en la etapa temprana del proceso de integración. Las Comunidades Europeas no ejercieron un liderazgo internacional en la consideración de la discapacidad pues, en el continente europeo, las personas con discapacidad ya recibían cierta protección en el Consejo de Europa[12]. La razón reside, probablemente, en el carácter marcadamente económico de estas organizaciones de integración regional, creadas con el objetivo formal de contribuir, mediante la supresión de las barreras entre los Estados Miembros, al crecimiento económico y la recuperación de Europa tras la Segunda Guerra Mundial. En la mentalidad de la época, las personas con discapacidad no constituían un colectivo susceptible de contribuir al crecimiento o enriquecimiento del Mercado Común como fuerza de trabajo; en todo caso, suponían una rémora.

En 1974 se produce el primer hito reseñable, con la adopción por la Comisión Europea de un Programa de rehabilitación profesional para "minusválidos"[13] dentro del Fondo Social Europeo, que había sido creado por los Tratados de Roma en 1957 y reformado en 1971 para abordar las necesidades de grupos específicos de población, como las mujeres y los trabajadores discapacitados[14]. El Artículo 4 añadía a los objetivos del Fondo la organización de cursos de reciclaje vocacional para minusválidos. También en 1974, los representantes gubernamentales nacionales

---

11 Íbid, p. 1191.

12 Vid., en particular: EGIDO, E.B. y SALCEDO, A.M.S., "Enfoque de la discapacidad en los organismos internacionales", *Revista del ministerio de trabajo e inmigración,* vol. 16, nº 65, 2006, pp. 37-48.

13 Resolución del Consejo, de 27 de junio de 1974, relativa al establecimiento del primer programa de acción comunitaria para la readaptación profesional de los minusválidos, DO C 80 de 9 de julio de 1974.

14 Comisión Europea, *Fonds social européen: 50 ans d'investissement dans les personnes,* Luxemburgo, Oficina de Publicación de las Comunidades Europeas, 2007, p.16.

adoptaron, como Consejo de Ministros, una primera Resolución sobre la acción social a favor de los minusválidos[15]. Esta resolución inserta la discapacidad por vez primera en la agenda política de las Comunidades Europeas, caracterizada en esta primera etapa por una voluntad de mejorar la inclusión de los miembros del colectivo sobre la base del principio de igualdad de trato. La Resolución identifica diversos ámbitos (acceso a la educación y la formación profesional, empleo, vivienda, transporte, ocio y cultura, entre otros), en los que propone medidas para mejorar la vida de los sujetos. Si bien presenta la virtud de abrir una senda antes inexplorada, cabe criticar su naturaleza meramente programática, eludiendo consagrar derechos u obligaciones jurídicamente vinculantes. En su defensa, cabe recordar dos elementos, ahora anacrónicos, que entonces ejercían un freno a la acción coordinada a nivel europeo. Ante todo, el profundo desconocimiento científico imperante sobre la incidencia, necesidades y diferencias entre personas con discapacidad. Faltaba, por ejemplo, análisis que permitiera determinar el grado de empleabilidad de las personas con discapacidad. Por otra parte, existía una enorme brecha de separación respecto a la discapacidad entre unos regímenes jurídicos nacionales y otros[16]. Nótese además que la aproximación al colectivo como minusválidos traduce una concepción de estos ciudadanos como sujetos de anomalía e inferiores dentro de la comunidad política, por lo que la intervención pública se centra en la restauración de la 'normalidad' mediante medidas de integración negativa y positiva. Pasarían varias décadas todavía hasta que las instituciones europeas se animaran a abordar el tren del enriquecimiento de la sociedad mediante la diversidad de las personas con discapacidad.

El desarrollo de la agenda política en materia de discapacidad durante la década de los 80 comprende varias medidas de sensibilización, compiladas en el marco del primer Programa de acción para la Comunidad Económica Europea en materia de minusvalía. Este programa fue adoptado por Resolución del Consejo y los Estados Miembros, con el apoyo del Parlamento Europeo[17] en 1981. El programa concretó la aspiración

---

15 Resolución del Consejo, de 27 de junio de 1974, DO C 80 de 9 de julio de 1974.

16 Comisión Europea. Report to the Council on the initial Community Action Programme for the vocational rehabilitation of handicapped persons (Period 1974-1979), COM (79) 572 final, de 26 de octubre de 1979.

17 Parlamento Europeo, Resolución de 11 de marzo de 1981 sobre la integración económica, social y profesional de los minusválidos en la Comunidad, DO C 77 de 6 de abril de 1981, p. 27.

de la integración social y laboral de las personas con discapacidad en cuatro áreas: 1) Campañas de sensibilización, información y formación; 2) Prevención y detección temprana de la discapacidad resaltando la importancia del diagnóstico precoz; 3) Rehabilitación e integración social, incluyendo la eliminación de barreras arquitectónicas y de comunicación, y la integración laboral, social y cultural; 4) Promoción de la investigación y desarrollo de tecnologías asistenciales. Su adopción coincidió con la designación por Naciones Unidas de 1981 como Año Internacional del Minusválido, iniciativa a la que se sumaron las Comunidades Europeas y sus Estados Miembros. En paralelo, en 1986 el Consejo adoptó una Recomendación relativa al empleo de los minusválidos[18] y en 1987 un programa comunitario de cooperación relativo a la integración escolar[19]. El programa de acción se adoptó con una vigencia quinquenal inicial, durante 1982-1986[20] pero fue renovado (y rebautizado como programa Helios[21]) en 1988[22] y 1993[23].

Un aspecto positivo del programa Helios es que abrió la puerta a la participación de las personas con discapacidad en la gobernanza pública europea. El Parlamento Europeo ya constituía un foro para la expresión de los intereses y necesidades de diversos colectivos de discapacidad[24]. La

18 DO L 225 de 12 de agosto de 1986.

19 DO C 211 de 8 de agosto de 1987.

20 El programa fue adoptado como Resolución del Consejo y de los Representantes de los Gobiernos de los Estados Miembros, reunidos en el seno del Consejo, de 21 de diciembre de 1981, DO C 347 de 31 de diciembre de 1981, p. 1.

21 HELIOS (Handicapped people in the European community Living Independently in an Open Society).

22 Decisión del Consejo 88/231/CEE, de 18 de abril de 1988, por la que se adopta un segundo programa de acción de la Comunidad en favor de los minusválidos (HELIOS I), DO L 104 de 23 de abril de 1988, p. 38.

23 Decisión del Consejo 93/136/CEE, de 25 de febrero de 1993, por la que se aprueba el tercer programa de acción comunitaria para las personas minusválidas (HELIOS II 1993-1996), DO L 56 de 9 de marzo de 1993, p. 30.

24 Vid. vgr., Parlamento Europeo: Resolución de 11 de mayo de 1981, sobre integración económica, social y profesional de los minusválidos en la Comunidad (DO Nº C 77 de 6 abril de 1981, p. 27); Resolución de 16 de Septiembre, sobre el transporte de minusválidos y ancianos (DO Nº C 281, de 19 de octubre de 1987, p. 85); Resolución de 17 de Junio, sobre lenguajes gestuales para sordos (DO Nº C 187, de 18 de julio de 1988, p. 236); Resolución de 16 de septiembre, sobre los derechos de los deficientes mentales (DO Nº C 284, de 2 de Noviembre de 1992, p. 49); Resolución de 14 de Diciembre de 1995, sobre los Derechos Humanos de los minusválidos (DO Nº C 17, de 22 de enero de 1996, p. 196).

Comisión, como órgano ejecutivo de la Unión, comenzó a realizar consultas dirigidas, inicialmente en el marco del Foro Europeo de Personas Minusválidas, precursor del actual Foro Europeo de la Discapacidad, principal plataforma de representación de las personas con discapacidad en la Unión Europea en la actualidad. En 1996 la Comisión decidió crear un Comité Consultivo de seguimiento a la ejecución de las medidas del programa. Los 24 miembros del Comité Consultivo eran nombrados por la Comisión Europea de entre las organizaciones europeas de la sociedad civil en el ámbito de la discapacidad. Sus funciones incluían la preparación de dictámenes para la Comisión, tanto sobre propuestas específicamente orientadas a la protección de las personas con discapacidad como para la consideración de la dimensión de discapacidad en propuestas legislativas de naturaleza general.

En 1996, la Comisión propuso un cambio de rumbo hacia la igualdad de oportunidades de las personas con discapacidad, dejando atrás el objetivo secular de la readaptación de la minusvalía mediante medidas de compensación social a través de la beneficencia[25], alineándose con el debate promovido en el seno de Naciones Unidas[26]. El viraje recibió el apoyo del Consejo y los representantes gubernamentales nacionales en 1997[27].

Hasta ese momento, las medidas habían surgido de la iniciativa propia de las instituciones europeas, en dos sentidos: bien afirmaban principios con carácter programático o de soft law, o bien aplicaban programas de gasto a las necesidades de las personas con discapacidad (enfoque de beneficencia). En efecto, ni la discapacidad ni los derechos fundamentales tenían encaje normativo en los tratados constitutivos: los Estados Miembros, como "amos del Tratado", no habían estimado necesario dotar a las Comunidades Europeas de competencia normativa en materia de discapacidad; tampoco les habían impuesto obligaciones en este ámbito. Este defecto

---

25 Comisión Europea, Comunicación sobre la igualdad de oportunidades de las personas con minusvalía–Una nueva estrategia comunitaria en materia de minusvalía, COM (96) 406 final de 30 de julio de 1996.

26 Asamblea General de Naciones Unidas, Resolución de 4 de marzo de 1994, Normas Uniformes sobre la igualdad de oportunidades para las personas con discapacidad, A/RES/48/96.

27 Consejo, Resolución del Consejo y de los representantes de los Gobiernos de los Estados Miembros, reunidos en el seno del Consejo de 20 de diciembre de 1996 sobre la igualdad de oportunidades de las personas con minusvalías, DO C 12 de 13 de enero de 1997.

originario se corrigió en los años 90. Primero, el Tratado de Maastricht de 1992 reconoció el respeto de los derechos humanos como principio fundamental en el Artículo F.2 del TUE. Posteriormente, el Tratado de Ámsterdam de 1997[28] atribuyó competencia a la UE para desarrollar la prohibición de discriminación por razón de discapacidad[29]. La competencia normativa de la Unión Europea no era plena sino limitada, evidentemente, a los ámbitos comprendidos en los tratados constitutivos. Hasta ese momento, el Artículo 6 TCE consagraba la nacionalidad como único factor de discriminación que la Comunidad Europea prohibía a sus Estados Miembros; la introducción del Artículo 13 TCE (ahora 19 TFUE) supuso la adición de múltiples factores de discriminación. La discapacidad entraba en el Tratado dentro del cajón de sastre de la discriminación y esto, en cierto modo, ha lastrado el progreso en el reconocimiento de derechos a las personas con discapacidad.

Aunque *stricto sensu* el Tratado de Ámsterdam únicamente habilitara a las instituciones europeas a luchar contra la discriminación, éstas aprovecharon tal atribución para impulsar la atención a la discapacidad tomando el principio de igualdad de trato como fundamento. Ya en 1999, el Consejo adopta una Recomendación sobre la integración de las personas con discapacidad en el mercado laboral[30], instando a los Estados miembros a adoptar medidas para mejorar la empleabilidad del colectivo. El hito más significativo en la consideración de la discapacidad en el empleo fue la adopción de la Directiva 2000/78/CE del Consejo de 27 de noviembre de 2000[31]. Carente el Parlamento Europeo de poder colegislativo en ese ámbito, la Directiva se adopta por el Consejo y refleja el mínimo común denominador de los gobiernos de los Estados Miembros, estableciendo únicamente un marco general limitado al empleo y la ocupación de las

---

[28] Tratado de Ámsterdam por el que se modifican el Tratado de la Unión Europea, los Tratados constitutivos de las Comunidades Europeas y determinados actos conexos, firmado en Ámsterdam el 2 de octubre de 1997, DO C 340 de 10 de noviembre de 1997. Ratificación de España mediante Ley Orgánica 9/1998, de 16 de diciembre, BOE 301, de 17 de diciembre de 1998, pp. 42266-42330.

[29] Artículo 13 TCE.

[30] Resolución del Consejo, de 17 de junio de 1999, relativa a la igualdad de oportunidades de las personas con discapacidad en el empleo (DO Nº C 186, de 2 de Julio de 1999, p. 3).

[31] Directiva 2000/78/CE del Consejo, de 27 de noviembre de 2000, relativa al establecimiento de un marco general para la igualdad de trato en el empleo y la ocupación, DO L 303 de 2 de diciembre de 2000.

personas con discapacidad. En 2006, el Consejo aspira a una protección más amplia y la Decisión 2006/771/CE aborda la eliminación de trabas en la educación, la salud, la seguridad social, los bienes y servicios, y la participación en la vida pública.

El paradigma de la protección a las personas con discapacidad experimentó una mejoría significativa a nivel internacional y en la Unión Europea en los albores del siglo XXI. En la Unión Europea, las instituciones principales (Comisión, Consejo y Parlamento Europeo) suscribieron un texto que reconocía derechos fundamentales a los ciudadanos en sus relaciones con las instituciones europeas, la Carta de Derechos Fundamentales de la Unión Europea en 2000[32]. Si bien este documento no desplegó efectos jurídicamente vinculantes hasta la entrada en vigor del Tratado de Lisboa[33], los tribunales europeos la se sirvieron de ella como fuente de interpretación hasta 2009[34]. Más allá del ámbito judicial, la consagración de la Carta como texto jurídico de derecho originario causó un doble impacto normativo: por una parte, se incluyó la perspectiva de discapacidad en numerosas normas de Derecho de la Unión Europea (técnica de *mainstreaming*)[35];

---

32 Acuerdo interinstitucional de 7 de diciembre de 2000 por el que el Parlamento Europeo, el Consejo y la Comisión proclaman solemnemente la Carta de los Derechos Fundamentales de la Unión Europea (DO C 364 de 18 de diciembre de 2000). La versión actualmente en vigor fue publicada en DO C 202 de 7 de junio de 2016.

33 Artículo 6.1 TUE, tras el Tratado de Lisboa de 13 de diciembre de 2007, DO C 306 de 17 de diciembre de 2007. Instrumento de ratificación de España en BOE 286, de 27 de noviembre de 2009, pp. 100309-100500.

34 ALONSO GARCIA, R., "The general provisions of the charter of fundamental rights of the European Union", *European Law Journal*, vol. 8, nº 4, pp. 492-514; MENÉNDEZ, A.J., "Chartering Europe: Legal status and policy implications of the Charter of Fundamental Rights of the European Union", *JCMS: Journal of Common Market Studies*, vol. 40, nº 3, 2002, pp. 471-490; BLANKE, H.J., "Protection of Fundamental Rights afforded by the European Court of Justice in Luxembourg" en AA.VV., Governing Europe under a Constitution: The Hard Road from the European Treaties to a European Constitutional Treaty (Dir. BLANKE y MANGIAMELLI), Springer, Berlin-Heidelberg, 2006, pp. 265-277.

35 A título meramente ilustrativo, Reglamento (CE) 1223/2009 del Parlamento Europeo y del Consejo, de 30 de noviembre de 2009, sobre los productos cosméticos (refundición), DO L 342 de 22 de diciembre de 2009 contempla la producción de una discapacidad como efecto no deseado grave de un producto cosmético en su artículo 2. El artículo 2 del Reglamento (CE) 987/2009 del Parlamento Europeo y del Consejo (DO L 284 de 30.10.2009) sobre coordinación en materia de seguridad social introduce el principio de accesibilidad

además, algunas de estas normas dieron lugar a un fenómeno de difusión normativa en países terceros, beneficiando a personas con discapacidad nacionales de países terceros[36].

La Comisión, por su parte, estimuló el debate mediante documentos programáticos. En 2010, sugería que la discapacidad es un "constructo social" como consecuencia de políticas públicas hechas a la medida del ciudadano medio, que redundan en barreras de accesibilidad que debieran suprimirse[37]. En el mismo sentido, la Comisión reconocía en 2003 un cambio de paradigma de las personas con discapacidad de meros sujetos pasivos de políticas asistenciales a colectivo con reivindicaciones legítimas de igualdad de trato[38].

La Comisión comenzó a elaborar planes de acción para la discapacidad, con medidas concretas, en 2003[39]. Fueron bienales hasta 2010 y decenales desde entonces, rigiendo actualmente la Estrategia Europea sobre Discapacidad 2021-2030[40]. Cada Estrategia viene acompañada de

---

electrónica para las personas con discapacidad a los intercambios entre las autoridades e instituciones de los Estados Miembros. El artículo 2 de la Directiva 2009/45/CE del Parlamento Europeo y del Consejo, de 6 de mayo de 2009 Consejo (DO L 163 de 25 de junio de 2009) contempla a las personas con discapacidad como personas con movilidad reducida a efectos de establecer un nivel uniforme de seguridad de los pasajeros y bienes a bordo de buques de pasaje.

36 El artículo 39 del Código Europeo de Visados (Reglamento (CE) 810/2009 del Parlamento Europeo y del Consejo, de 13 de julio de 2009, por el que se establece un Código comunitario sobre visados, DO L 243 de 15.9.2009) prohíbe a los empleados consulares discriminar a los solicitantes de visado por razón de discapacidad.

37 Comisión Europea, Comunicación "Hacia una Europa sin barreras para las personas con discapacidad", COM(2000) 284 final de 12 de mayo de 2000.

38 Comisión Europea, Comunicación "Igualdad de oportunidades para las personas con discapacidad: un plan de acción europeo", COM (2003) 650 final de 30 de octubre de 2003, p. 4.

39 Íbid.

40 2004-2005, op. cit. nota 37; Comisión Europea, "Situación de las personas con discapacidad en la Unión Europea ampliada : el plan de acción europeo 2006-2007", COM (2005) 604 final de 28 de noviembre de 2005; Comisión Europea: Comunicación "Situación de las personas con discapacidad en la Unión Europea: el plan de acción europeo 2008-2009", COM(2007) 738 final, de 26 de noviembre de 2007; Comisión Europea, "Estrategia Europea sobre Discapacidad 2010-2020: un compromiso renovado para una Europa sin barreras", COM (2010) 636 final de 15 de noviembre de 2010; Comisión Europea, "Una Unión

un plan de acción que traslada los objetivos a medidas concretas. Sería interesante analizar la evolución experimentada por los distintos planes de acción en perspectiva longitudinal, lamentablemente tal objetivo excede de los límites de esta contribución. El ciclo político de los documentos estratégicos se cierra con la evaluación encargada por la Comisión, normalmente a una consultoría externa, la presentación pública del informe de resultados y su debate en el Parlamento Europeo, que deriva recomendaciones a tener en cuenta en el siguiente periodo de programación.

La confluencia de la mejor consideración de la discapacidad en las políticas públicas de la Unión Europea y otras dinámicas sociales desemboca en la proclamación del Pilar Europeo de Derechos Sociales (PEDS) en 2017[41]. Se trata de un marco político o como mucho de *soft law* pero no establece objetivos ni obligaciones jurídicamente vinculantes cuya inobservancia pueda ser sometida a control judicial. A diferencia del método de integración que rige en las competencias normativas de *hard law* de la Unión Europea, en las políticas sociales predomina el Método Abierto de Coordinación: Los representantes de los gobiernos nacionales, en diálogo con la Comisión Europea, deciden sobre objetivos comunes, pero cada uno desarrolla sus propias estrategias y herramientas para alcanzarlos mediante una ejecución estrictamente nacional. La efectividad del método reside en el proceso de revisión del cumplimiento de los compromisos asumidos por cada parte, donde la Comisión recurre a estrategias de presión sutil como la identificación de buenas o malas prácticas, la emulación, el impacto reputacional de la publicación de informes de resultados o rankings, etc.[42]

En lo relativo a la discapacidad, el PEDS incluye los siguientes principios y derechos: a) Igualdad de oportunidades e igualdad de trato para las personas con discapacidad en todos los ámbitos de la vida, incluida la educación, el empleo, la salud y la participación en la vida pública;

---

de la Igualdad: Estrategia sobre los derechos de las personas con discapacidad para 2021-2030", COM/2021/101 final de 3 de marzo de 2021.

41 Proclamación solemne del Parlamento Europeo, el Consejo y la Comisión sobre el pilar europeo de derechos sociales, DO C 428 de 13 de diciembre de 2017.

42 SCHÄFER, A., "Beyond the Community Method: Why the Open Method of Coordination Was Introduced to EU Policy-making", *European Integration online Papers (EIoP)* vol. 8, nº 13, 2004; <http://eiop.or.at/eiop/texte/2004-013a.htm

b) Acceso a la educación y la formación para las personas con discapacidad en igualdad de condiciones que las demás; c) Acceso al empleo para las personas con discapacidad en igualdad de condiciones que las demás; d) Protección social y asistencia para las personas con discapacidad; e) Accesibilidad a los bienes y servicios para las personas con discapacidad; f) Participación activa de las personas con discapacidad en la sociedad.[43] Como examinaré en la sección IV.3, el carácter de *soft law* típico del PEDS se endurece a consecuencia de la Covid'19 y la consiguiente adopción de *Next Generation EU* como plan multimillonario de recuperación económica en la UE.

III. ENFOQUES DE DISCAPACIDAD EN EL DERECHO ORIGINARIO: LA COMPETENCIA NORMATIVA Y LA PROTECCIÓN FUNDAMENTAL FRENTE A LA DISCRIMINACIÓN

La presente sección analiza los fundamentos constitucionales de la consideración de la discapacidad en la Unión Europea, abordando sucesivamente los Tratados constitutivos (1.) y la Carta de los Derechos Fundamentales de la Unión Europea (2.). La cuestión principal en los Tratados constitutivos es dilucidar los confines de la atribución por los Estados Miembros de competencia a la Unión para abordar la discapacidad. El interés en analizar la Carta se centra en precisar la virtualidad práctica de la prohibición fundamental de discriminación por razón de discapacidad como parámetro de legalidad de las normativas nacionales.

---

43 FERRI, D., "The role of soft law in advancing the rights of persons with disabilities in the EU: A 'hybridity' approach to EU disability law", *European Law Journal*, vol. 28, nº 4-6, 2022, pp. 134-153; FERRI, D. y BRODERICK, A., *Research Handbook on EU Disability Law*, Chentelham, Edward Elgar, 2020; VANHEGEN, M., y HENDRICKX, F., "Disability in EU labour law beyond non-discrimination" en AA.VV., *Research handbook on EU disability law* (Dirs FERRI y BRODERICK), Chentelham, Edward Elgar Publishing, 2020, pp. 146-163.

1. Discapacidad en los Tratados de la Unión Europea: la competencia normativa

A diferencia de los estados, las organizaciones internacionales gozan de competencias de atribución, aquéllas que los Estados miembros han decidido conferirles, en ejercicio de su soberanía, al concluir o enmendar los tratados constitutivos. Procede, por tanto, interrogarse sobre el alcance y naturaleza de la competencia conferida a la Unión Europea con relación a la discapacidad.

A modo de reflexión inicial, cabe recordar que el Tratado de Funcionamiento de la Unión Europea (TFUE)[44] contiene un sistema de competencias expresas en los artículos 2 a 6, que incluyen una serie de listas de competencias exclusivas, compartidas o de apoyo, ámbitos donde la UE dispone de poder legislativo. Estas disposiciones afectan a la fase decisoria del ciclo de política pública, sin prejuzgar el reparto de poder normativo entre la UE y los Estados miembros en las fases de ejecución y control. La discapacidad no aparece mencionada en dichas listas, lo que podría explicarse por motivos históricos (la invisibilidad secular de la discapacidad en la 'gran política' o en el origen de la UE como organización de integración económica), pero también por el carácter transversal y difuso del fenómeno, antes mencionado. Aún así, es sabido que toda atribución de competencia a la Unión sin indicar su naturaleza será compartida y tanto la UE como los Estados Miembros podrán legislar (Artículo 4.1 TFUE). La legislación UE provocará adaptaciones normativas a nivel nacional pues la competencia de la UE goza de preferencia respecto a la estatal, si bien la UE no puede sobrepasar el umbral fijado, respectivamente, por los principios de subsidiariedad y proporcionalidad (Artículo 2.2 TFUE y 5.3 TUE).

El Tratado de la Unión Europea no contiene mención alguna a la discapacidad y encontramos la primera de ellas en el TFUE en el Título II ("Disposiciones de Aplicación General"). Contiene esta sección un elenco variopinto de principios informadores de la "definición y ejecución de las políticas y acciones" de la Unión, tales como la protección del medio ambiente o de los consumidores, la promoción de un nivel de empleo eleva-

[44] Tratado de Funcionamiento de la Unión Europea, hecho en Roma, el 25 de marzo de 1957, modificado por el Tratado de Lisboa de 13 de diciembre de 2007, DO C 306 de 17 de diciembre de 2007. Instrumento de ratificación de España en BOE 286, de 27 de noviembre de 2009, pp. 100309-100500.

do, la protección de la salud humana o la lucha contra la discriminación. Es en este último principio donde se inserta la discapacidad, difuminada entre otros factores de discriminación, en el Artículo 10. Su tenue literalidad ("*la Unión tratará de luchar contra la discriminación*") los hace difícilmente ejecutables en la práctica, presentando naturaleza de *soft law*. No son preceptos completamente inanes, sin embargo. El Tribunal de Justicia de la Unión (TJUE) ha derivado del Artículo 10 TFUE -en conexión con otras disposiciones–una competencia de la UE para examinar, constatar y, en su caso, sancionar la vulneración cometida en un Estado miembro de los valores de la Unión[45]. Ahora bien, en la medida en que estos principios imponen obligaciones a la Unión, carecerían de virtualidad como parámetro de legalidad de una actuación -u omisión- puntual a nivel nacional respecto a la discapacidad[46].

En la Segunda Parte del TFUE ("No discriminación y Ciudadanía de la Unión"), el Artículo 19 constituye una base jurídica más precisa, permite desarrollar los principios anteriormente mencionados mediante medidas de lucha contra la discriminación respecto a varios factores entre los que se encuentra la discapacidad. Esta disposición distingue entre medidas legislativas y medidas de incentivo. Las medidas legislativas pueden adoptarse a iniciativa de la Comisión, con aprobación del Parlamento Europeo (que puede aprobar o rechazar la propuesta de la Comisión pero no enmendarla) y requieren unanimidad en el Consejo (19.1 TFUE). Por el contrario, pueden adoptarse medidas de incentivo a la actuación de los Estados Miembros (sin que sea posible por esta vía proceder a la armonización de las legislaciones nacionales) mediante procedimiento legislativo ordinario, con la codecisión entre el Parlamento y el Consejo, decidiendo este último por mayoría cualificada[47].

---

45 STJUE de 16 de febrero de 2022, *Polonia/Parlamento Europeo y Consejo*, EU:C:2022:98, pp. 194 y 195.

46 STJUE de 17 de noviembre de 2022, *VT/Ministerio dell'Interno*, EU:C:2022:897, p. 32.

47 La mayoría cualificada actual se obtiene con el apoyo o abstención de 15 Estados Miembros que representen el 65% de la población de la UE (Artículo 238 TFUE). El Parlamento Europeo decide por mayoría de votos emitidos en ambos casos (Artículo 231 TFUE). El procedimiento legislativo ordinario está regulado en el Artículo 294 TFUE.

Resulta de lo anterior que la competencia expresa de la UE referida específicamente a la discapacidad presenta una virtualidad limitada. Ello no ha impedido, no obstante, que la Comisión Europea se acoja a otras bases jurídicas del Tratado para abordar la discapacidad.

Por ejemplo, habiéndose constatado obstáculos que dificulten el acceso por parte de las personas con discapacidad a las mercancías, servicios o capitales en el mercado interior, las instituciones de la UE pueden basarse en el Artículo 114 TFUE para adoptar normas de armonización de las legislaciones y reglamentaciones nacionales, con arreglo al procedimiento legislativo ordinario. Esta base jurídica sirvió, por ejemplo, para adoptar normas armonizadas de excepción a los derechos de propiedad intelectual de textos impresos para permitir su uso con vistas a mejorar la accesibilidad de su contenido a las personas cuya discapacidad (visual, intelectual o de movilidad) les impide leer como las personas sin discapacidad; y normas uniformes para el intercambio con países terceros de dichas obras escritas adaptadas[48]. De mucho mayor alcance es la Directiva 2019/882 sobre los requisitos de accesibilidad de los productos y servicios en el mercado interior[49], también basada en el Artículo 114 TFUE, a la que dedicaré cierta atención en la sección IV.1.

Por otra parte, la UE ha aprovechado su competencia para establecer una política común de transportes para introducir derechos específicos para los pasajeros con discapacidad en el transporte terrestre, marítimo y aéreo. Originariamente, el Artículo 80.2 del Tratado constitutivo de la Comunidad Europea (actual 100.2 TFUE) sustentó un Reglamento específico para las personas con discapacidad o movilidad reducida en el

---

48 Respectivamente, Directiva (UE) 2017/1564 del Parlamento Europeo y del Consejo, de 13 de septiembre de 2017, sobre ciertos usos permitidos de determinadas obras y otras prestaciones protegidas por derechos de autor y derechos afines en favor de personas ciegas, con discapacidad visual o con otras dificultades para acceder a textos impresos; y Reglamento (UE) 2017/1563 del Parlamento Europeo y del Consejo, de 13 de septiembre de 2017, sobre el intercambio transfronterizo entre la Unión y terceros países de ejemplares en formato accesible de determinadas obras y otras prestaciones protegidas por derechos de autor y derechos afines en favor de personas ciegas, con discapacidad visual o con otras dificultades para acceder a textos impresos. Ambas normas publicadas en DO L 242 de 20 de septiembre de 2017.

49 Directiva (UE) 2019/882 del Parlamento Europeo y del Consejo, de 17 de abril de 2019, sobre los requisitos de accesibilidad de los productos y servicios, DO L 151 de 7 de junio de 2019.

transporte aéreo[50]. Con posterioridad, las necesidades de las personas con discapacidad se han insertado en las normas generales que prescriben derechos para los usuarios de transporte colectivo, siguiendo la técnica legislativa de *mainstreaming*, anteriormente mencionada. La base jurídica elegida es la que confiere a la Unión competencia normativa general en ciertos aspectos de transportes, el Artículo 91 TFUE. Así se han consagrado derechos básicos a la no discriminación y a la asistencia para las personas con discapacidad o con movilidad reducida por la edad en el transporte por tren[51], autobús[52], barco[53] y avión[54].

Todas las normas mencionadas en esta sección extienden su fuerza vinculante a tres estados no miembros de la Unión Europea que forman parte del Espacio Económico Europeo: Noruega, Liechtenstein e Islandia; en lo que constituye un ejemplo de aplicación extraterritorial del derecho europeo, por una parte, y de difusión normativa impulsada por la Unión Europea, por otra.

---

50 Reglamento (CE) 1107/2006 del Parlamento Europeo y del Consejo, de 5 de julio de 2006, sobre los derechos de las personas con discapacidad o movilidad reducida en el transporte aéreo, DO L 204 de 26 de julio de 2006.

51 Reglamento (UE) 2021/782 del Parlamento Europeo y del Consejo, de 29 de abril de 2021, sobre los derechos y las obligaciones de los viajeros de ferrocarril (versión refundida), DO L 172 de 17 de mayo de 2021.

52 Reglamento (UE) n ° 181/2011 del Parlamento Europeo y del Consejo, de 16 de febrero de 2011, sobre los derechos de los viajeros de autobús y autocar, DO L 55 de 28 de febrero de 2011.

53 Reglamento (UE) n ° 1177/2010 del Parlamento Europeo y del Consejo, de 24 de noviembre de 2010, sobre los derechos de los pasajeros que viajan por mar y por vías navegables, DO L 334 de 17 de diciembre de 2010.

54 Reglamento (CE) n° 261/2004 del Parlamento Europeo y del Consejo, de 11 de febrero de 2004, por el que se establecen normas comunes sobre compensación y asistencia a los pasajeros aéreos en caso de denegación de embarque y de cancelación o gran retraso de los vuelos, DO L 46 de 17 de febrero de 2004.

2. Discapacidad en la Carta de Derechos Fundamentales de la UE: alcance y virtualidad práctica

El enfoque de derechos fundamentales en el abordaje normativo de la discapacidad parte forzosamente de las obligaciones internacionales contraídas por los Estados Miembros de la Unión Europea y por ella misma como organización internacional. Cabe mencionar, en este sentido, que tanto la Unión Europea como sus Estados Miembros son parte en la Convención de las Naciones Unidas sobre los Derechos de las Personas con Discapacidad[55] (CNUPD) de 2006. La CNUPD define el concepto de discapacidad en términos amplios en el segundo párrafo de su Artículo 1: "Las personas con discapacidad incluyen a aquellas que tengan deficiencias físicas, mentales, intelectuales o sensoriales a largo plazo que, al interactuar con diversas barreras, puedan impedir su participación plena y efectiva en la sociedad, en igualdad de condiciones con las demás". Es jurisprudencia pacífica que la legislación de la UE "debe ser interpretada, en la medida de lo posible, de conformidad con dicha Convención"[56]. En un informe especial de 2023, el Tribunal de Cuentas Europeo consideró que la legislación europea no se alineaba por completo con la Convención y recomendó proceder a una verificación sistemática.

Además, el Artículo 14 del Convenio Europeo de Derechos del Hombre de 1950 (CEDH) consagra la prohibición de discriminación por razón de discapacidad. Todos los Estados Miembros de la Unión Europea son parte en el CEDH y no cabría eludir su responsabilidad internacional en materia de discapacidad escudándose detrás de la Unión Europea, que por el momento no es parte del Convenio. Es más, aunque la Unión Europea no está formalmente vinculada por el Convenio, los principios y derechos en él contenidos sí gozan de fuerza

55 Convención de las Naciones Unidas sobre los Derechos de las Personas con Discapacidad, hecha en Nueva York el 13 de diciembre de 2006. Instrumento de ratificación de España de 23 de noviembre de 2007, B.O.E. 96 de 21 de abril de 2008, p. 20648. Aprobada en nombre de la Comunidad Europea mediante la Decisión 2010/48/CE del Consejo, de 26 de noviembre de 2009 (DO 2010, L 23, p. 35).

56 STJUE de 11 de septiembre de 2019, Nobel Plastiques Ibérica, C-397/18, EU:C:2019:703, apartado 40; STJUE de 7 de diciembre de 2023, JMP, EU:C:2023:956, p.62.

vinculante para la Unión, como unilateralmente asume el Artículo 6.2 TUE.

En este contexto, el Artículo 21 de la Carta de Derechos Fundamentales de la Unión Europea (CDFUE)[57] consagra el enfoque de derechos fundamentales sobre la discapacidad a través de una prohibición total de la discriminación por razón de discapacidad. Las Explicaciones a la CDFUE, que aportan criterios hermenéuticos de obligada aplicación (Artículo 52.7 CFDUE), califican a este precepto como derecho fundamental (a la no discriminación por razón de discapacidad) e indican que recibe el mismo alcance que el Artículo 14 CEDH[58], tal y como resulta de la interpretación del Tribunal Europeo de Derechos Humanos de Estrasburgo.

Por el contrario, el Artículo 26 CDFUE reza "La Unión reconoce y respeta el derecho de las personas discapacitadas a beneficiarse de medidas que garanticen su autonomía, su integración social y profesional y su participación en la vida de la comunidad". Ello no redunda en obligaciones jurídicamente exigibles, por cuanto las Explicaciones lo califican como principio informador.

La cuestión [probablemente] más relevante al hablar de la CDFUE es la determinación del alcance de las obligaciones que la Carta impone a los Estados Miembros. Si lo comparamos con el alcance de las obligaciones bajo el CEDH resulta más sencillo de entender: los Estados parte en el CEDH se comprometen a respetar los derechos fundamentales consagrados en el Convenio *en todas sus actuaciones* públicas (incluidas las de ejecución administrativa, inspección y control judicial). Por el contrario, tratándose de la Carta, el artículo 6.1 TUE recuerda, en su párrafo 2, que la CDFUE no amplía en modo alguno las competencias de la Unión definidas en los Tratados. Por consiguiente, al margen de los ámbitos gobernados por el Derecho de la UE, no cabe deducir del Artículo 21 CDFUE una competencia general de la UE para adoptar legislación preventiva o sancionadora de la discriminación por razón

---

57 Acuerdo interinstitucional de 7 de diciembre de 2000 por el que el Parlamento Europeo, el Consejo y la Comisión proclaman solemnemente la Carta de los Derechos Fundamentales de la Unión Europea (DO C 364 de 18 de diciembre de 2000). La versión actualmente en vigor fue publicada en DO C 202 de 7 de junio de 2016.

58 Explicaciones a la Carta de Derechos Fundamentales, DO C 303 de 14 de diciembre de 2007.

de discapacidad acaecida a nivel nacional. Tampoco cabe invocar esta disposición como parámetro de legalidad de la ausencia de legislación nacional que prohíba la discriminación por razón de discapacidad, o la existencia de posibles discriminaciones en este sentido en legislaciones nacionales. Así lo recuerdan el Artículo 51 de la propia CDFUE y las Explicaciones al Artículo 21 CDFUE. Las Explicaciones confirman que éste solo proscribe *"las discriminaciones por parte de las instituciones y órganos de la Unión en el ejercicio de las competencias que les confieren los Tratados, y por parte de los Estados miembros cuando apliquen el Derecho de la Unión solamente. Por consiguiente, el apartado 1 no modifica el alcance de las competencias conferidas por el artículo 19* [TFUE] *ni la interpretación de dicho artículo"*.

La conexión con el ámbito de aplicación del Derecho europeo resultará clave, por tanto, para determinar la medida en que el principio general de Derecho europeo de no discriminación por razón de discapacidad se impone a los Estados Miembros en la fijación y ejecución de sus propias políticas públicas nacionales. Esta conexión es indubitada cuando el Estado ejecuta normas de la Unión (aplica un reglamento o transpone una directiva, por ejemplo), pero no es la única situación posible. El TJUE delimita las fronteras del ámbito de aplicación del Derecho de la UE por vía pretoriana, caso por caso, pero un análisis pormenorizado de la abundante litigiosidad excedería los límites de esta contribución, cuyo objeto queda circunscrito a las políticas reguladoras en materia de discapacidad. A modo de consideración final, creemos que la conexión con la Directiva 2000/78 se hace más sencilla que en otros casos debido a su condición de norma ómnibus. Se abre así una puerta a la revisión por el TJUE de la compatibilidad de legislaciones nacionales de muy diversa naturaleza, como ilustran dos sentencias recientes. En la primera, la STJUE de 18 de enero de 2024 estimó (en una cuestión prejudicial promovida por el TSJ de Baleares) que no puede interpretarse la Directiva 2000/78, a la luz de los Artículos 19 y 26 CDFUE, en el sentido de que avale la extinción de la relación laboral por incapacidad absoluta sobrevenida del trabajador; deviniendo así el Artículo 49.1 del Estatuto de los Trabajadores contrario al Derecho de la UE[59]. El segundo ejemplo versa sobre la normativa búlgara que descartaba la participación

[59] STJUE de 18 de enero de 2024, Ca Na Negreta, EU:C:2024:53.

de personas invidentes como jurado en procesos penales e igualmente deviene incompatible con el Derecho europeo en 2021[60].

IV. ESTUDIO DE ALGUNAS HERRAMIENTAS REGULADORAS RECIENTES

Esta sección desarrolla tres iniciativas adoptadas por la Unión Europea respecto a la discapacidad en los últimos años que representan, a su vez, sendas técnicas legislativas. En primer lugar, se analizará la Directiva 2019/882 sobre accesibilidad de los productos y servicios en el mercado interior, que aplica la técnica de la armonización (1.). En segundo lugar, presentaré la técnica del reconocimiento mutuo entre los Estados Miembros a través de la propuesta legislativa para una tarjeta europea de discapacidad (2.). Finalmente, aludiré a la condicionalidad presupuestaria, como técnica que desemboca en el endurecimiento (*hardening*) de los estándares nacionales de protección (en este caso, de la discapacidad) como presupuesto para el acceso a los fondos europeos de recuperación dentro de *Next Generation EU* (3.).

1. Armonización de la accesibilidad a productos y servicios en el mercado interior

La Directiva sobre los requisitos de accesibilidad de los productos y servicios en el mercado interior[61] toma como punto de partida el vínculo entre el envejecimiento demográfico en Europa y el aumento de la prevalencia de la discapacidad, e introduce obligaciones de accesibilidad de obligado cumplimiento -a través de la transposición nacional- por los distribuidores de productos y proveedores de servicios que operen en la Unión Europea. Tiene por tanto un alcance extraterritorial pues su ámbito subjetivo de aplicación puede incluir a proveedores de países terceros. Conviene advertir, no obstante, que los derechos deriva-

---

[60] STJUE de 21 de octubre de 2021, TC y UB contra Komisia za zashtita ot diskriminatsia y VA, EU:C:2021:862.

[61] Directiva (UE) 2019/882 del Parlamento Europeo y del Consejo, de 17 de abril de 2019, sobre los requisitos de accesibilidad de los productos y servicios, DO L 151 de 7 de junio de 2019.

dos de esta directiva no serán exigibles en ningún caso con anterioridad al 28 de junio de 2025, y diversas medidas transitorias pueden dilatar la situación actual hasta el 28 de junio de 2030. España transpuso esta Directiva a través de la Ley 11/2023 de 8 de mayo[62].

La directiva tiene su base jurídica en el Artículo 114 TFUE, justificada en atención a los obstáculos a la libre circulación de productos y servicios derivados de las disparidades normativas nacionales en materia de accesibilidad de productos y servicios para personas con discapacidad, que distorsionan la competencia efectiva en el mercado interior y desincentivan la internacionalización de las empresas que comercializan dichos productos y servicios.

Respecto al ámbito de aplicación personal, la directiva beneficia tanto a las personas con discapacidad reconocida como a las que padecen una limitación funcional (personas mayores, embarazadas, o con maletas). Su Artículo 3 define a las personas con discapacidad como "aquellas personas que tienen deficiencias físicas, mentales, intelectuales o sensoriales a largo plazo que, al interactuar con diversas barreras, puedan impedir su participación plena y efectiva en la sociedad, en igualdad de condiciones con las demás".

Los productos comprendidos en el ámbito material de la directiva deben ser accesibles para las personas con discapacidad o limitación funcional a partir del 28 de junio de 2025. Son, a grandes rasgos, los que coadyuvan al comercio mediante medios de pago electrónicos o al comercio electrónico, tales como equipos informáticos y sus sistemas operativos para dichos equipos informáticos; terminales de autoservicio como cajeros automáticos o máquinas expendedoras de billetes de transporte o de turnos en oficinas; las pantallas interactivas y los lectores electrónicos. Respecto a los servicios, la directiva comprende, entre otros, los servicios de comunicaciones electrónicas, que deberán proporcionar texto y voz; la difusión de información sobre servicios de transporte incluida la información sobre viajes en tiempo real.

El Artículo 4.1 establece que los Estados Miembros "garantizarán [...] que los agentes económicos solo introduzcan en el mercado los productos y solo presten los servicios que cumplan los requisitos de

---

62 Ley 11/2023, de 8 de mayo, de trasposición de Directivas de la Unión Europea en materia de accesibilidad de determinados productos y servicios, BOE 110 de 9 de mayo de 2023, pp. 64035- 64201.

accesibilidad". Es importante recordar que las directivas no son invocables directamente en las relaciones entre particulares; por ello, los derechos derivados de la directiva en las relaciones horizontales solo podrán hacerse efectivos a través de la normativa de transposición nacional y que, en defecto o ante lagunas de ésta, la directiva solo podría invocarse directamente frente al Estado.

2. Reconocimiento mutuo: Hacia una Tarjeta Europea de Discapacidad

La ciudadanía de la Unión está destinada a ser el estatuto fundamental de los nacionales de los Estados miembros cuando ejercen el derecho a circular y residir en el territorio de los Estados miembros, permitiendo a quienes se encuentran en la misma situación disfrutar de igualdad de trato respecto a los nacionales, en las situaciones comprendidas en el ámbito material del Tratado, dejando a salvo las excepciones expresamente previstas en el mismo. Basándose en esta concepción, avalada por la jurisprudencia del TJUE, las instituciones europeas han aplicado el principio de reconocimiento mutuo en distintos ámbitos. Como técnica legislativa, el reconocimiento mutuo representa la antesala de la armonización de las normas nacionales a través de directivas o su sustitución por derecho uniforme europeo mediante reglamentos, siendo ambos mecanismos más invasivos de la esfera nacional y por tanto más difíciles de conseguir a nivel político. En el reconocimiento mutuo no existe un elenco de derechos que beneficie a todos los ciudadanos europeos por igual, sino la atribución [semi-]automática de efectos legales en el plano nacional a documentos jurídicos aprobados por una institución de otro Estado Miembro. Esta técnica se aplica en ámbitos muy diversos del ordenamiento europeo, como la libre circulación de mercancías, la gestión común del asilo, la orden europea de detención y entrega o la reciente propuesta de certificado europeo de filiación.

En la libre circulación de personas, el reconocimiento mutuo exime al sujeto que circula de la obligación de cumplir las formalidades legislativas y administrativas vigentes en el estado de acogida para disfrutar de beneficios determinados. Le basta probar su condición de miembro integrante de una categoría de personas, atribuida de conformidad con la legislación del estado miembro de origen, para que el estado miembro de acogida le extienda los derechos que enuncia para sus propios nacionales. El reconocimiento mutuo supone, por tanto, un apoyo y un incentivo a la libre circulación, que es el corazón del proceso de integración europea. La UE deja en manos de los Estados Miembros la decisión de quién es beneficiario o no, solo les exige que confíen en las decisiones adoptadas por los otros Estados Miembros y les asignen derechos. Cuando las legislaciones nacionales de base son muy dispares entre sí, surgen obstáculos prácticos que minan la confianza mutua: algunas autoridades en el estado de acogida podrían negarse a reconocer derechos a sujetos que hubieran obtenido la condición de base con arreglo a sistemas que, a su entender, violan intereses o principios fundamentales en dicho estado. En estas situaciones, las autoridades nacionales se debaten entre respetar su propio ordenamiento jurídico violando el europeo, o bien respetar el ordenamiento jurídico europeo y avalar una discriminación inversa que se traduce, en su propio territorio, en exigencias más onerosas para los ciudadanos nacionales que para los europeos.

Esta somera contextualización del principio de reconocimiento mutuo permite comprender mejor las dinámicas subyacentes a la propuesta de la Comisión de directiva para el establecimiento de sendas Tarjetas Europeas de Discapacidad y de Estacionamiento, presentada en septiembre de 2023[63]. La directiva constituye una medida emblemática de la Estrategia Europea de Discapacidad 2021-2030 y se apoya en los resultados de un programa piloto que se aplicó en un conjunto de Estados Miembros sin participación de España durante 2016-2018[64]. El alcance de la medida propuesta es ambicioso y, de ser aprobada, mejoraría notablemente las condiciones en las que viajan las personas con discapacidad en el territorio europeo. En efecto, estas personas pierden el reconocimiento de su discapacidad al cruzar la frontera y les quedan vedadas numerosas instancias de trato preferente disponibles para los nacionales con discapacidad. Las personas con discapacidad, por tanto, experimentan obstáculos adicionales a la hora de circular entre Estados Miembros[65]. No es la menor de ellas la posibilidad de estacionar en lugares especialmente designados, tomando en consideración la

---

63 Comisión Europea, Propuesta de Directiva del Parlamento Europeo y del Consejo por la que se establecen la Tarjeta Europea de Discapacidad y la Tarjeta Europea de Estacionamiento para personas con discapacidad, COM(2023) 512 final de 6 de septiembre de 2023.

64 Bélgica, Estonia, Italia, Chipre, Malta, Rumanía, Eslovenia y Finlandia.

65 PRIESTLEY, M., *Disability assessment, mutual recognition and the EU Disability Card, progress and opportunities,* Estudio encargado por el Parlamento Europeo, Bruselas, 2022, <https://www.europarl.europa.eu/thinktank/en/document/IPOL_STU(2022)739397

evidencia estadística de que las personas con discapacidad priorizan el transporte privado sobre el público.

En el momento de escribir estas líneas, la directiva pende aún de aprobación formal por los colegisladores; si bien esta propuesta ha sido objeto de aprobación temprana por triálogo entre la Comisión, Consejo y Parlamento Europeo el 8 de febrero de 2024. En el seno del Parlamento Europeo, el acuerdo ha obtenido el respaldo del comité responsable en cuanto al fondo el 19 de marzo de 2024 y será probablemente aprobado en plenario el 22 de abril de 2024[66]. Por parte del Consejo, el acuerdo fue respaldado por el Comité de Representantes Permanentes el 16 de febrero de 2024, faltando la aprobación a nivel ministerial. A continuación, se presentan los rasgos principales producto de las negociaciones; debemos advertir, no obstante, que la directiva establece un periodo de transposición de 2 años y medio y los derechos y obligaciones consagrados no serán plenamente aplicables durante un periodo transitorio de 3 años y medio.

La Comisión propuso el reconocimiento mutuo de las tarjetas de discapacidad nacionales mediante el establecimiento de plantillas comunes para una Tarjeta Europea de Discapacidad y una Tarjeta Europea de Estacionamiento. Como el contenido de la directiva versa sobre la libre circulación de personas, la Comisión no podía acudir a la base jurídica del Artículo 114 TFUE. La directiva se apoya en otras disposiciones del Tratado, a saber, los Artículos 21 (ciudadanía europea), 53.1 (libre establecimiento), 62 (libre prestación de servicios), y 91 (transportes).

El ámbito de aplicación personal lo componen prioritariamente las personas con discapacidad, Personas con discapacidad: personas que tienen deficiencias físicas, mentales, intelectuales o sensoriales a largo plazo que, en interacción con diversas barreras, pueden impedir su participación plena y efectiva en la sociedad, en igualdad de condiciones con las demás. En el ámbito de aplicación personal, los colegisladores incluyeron, además de las personas con discapacidad reconocida en un Estado Miembro, a sus cuidadores personales y a las personas que utilizan animales de asistencia. Los beneficios de la igualdad de trato se obtienen en el contexto de estancias cortas en Estados Miembros distintos del de residencia. Nótese que la tarjeta no supone la exportación de beneficios sino la igualdad de trato entre el ciudadano europeo y los na-

66 Procedimiento legislativo 2023/0311(COD), <https://oeil.secure.europarl.europa.eu/oeil/popups/ficheprocedure.do?reference=2023/0311(COD)

cionales con discapacidad en el Estado de acogida, donde el elenco de ventajas puede reducirse respecto a las vigentes en el país de origen del migrante. A diferencia del régimen de prestaciones de seguridad social, las personas con discapacidad no llevan consigo los beneficios asociados cuando cruzan la frontera, pues no rige el principio de exportación de prestaciones. Al menos, empero, la tarjeta de discapacidad evita que el ejercicio de la libre circulación redunde en la pérdida total de dichos beneficios, con la vulnerabilidad que ello conllevaría.

Quedan excluidos del ámbito de aplicación de la directiva los beneficios derivados de programas de integración de personas con discapacidad a largo plazo, así como pensiones contributivas o no, en metálico o en especie, que el Estado Miembro de acogida haya establecido para sus nacionales con discapacidad. Se explicita que la directiva no interfiere con la competencia nacional para determinar la discapacidad o el derecho a estacionamiento preferencial en el contexto de ésta. Se permite, pero no se obliga, a los Estados Miembros a que fusionen sus certificados nacionales de discapacidad con la tarjeta europea; si deciden no hacerlo deberán reconocer la validez de tarjetas expedidas por otros estados si la persona con discapacidad no presenta la europea. Es decir, la tarjeta europea de discapacidad tiene valor declarativo, no constitutivo, como se deduce del Artículo 2.5 de la directiva.

3. Fijación soft law a nivel europeo de estándares nacionales para la inclusión de personas con discapacidad: la oportunidad perdida del programa Next Generation EU

Next Generation EU es el programa puesto en marcha por la Unión Europea para la recuperación de la crisis económica tras la pandemia. Se trata de un programa extraordinario en numerosos aspectos. En primer lugar, por su carácter limitado en el tiempo, únicamente para el Marco Financiero Plurianual 2021-2027. En segundo lugar, por su sensacional dotación financiera, 750 mil millones de euros a precios de 2018, a repartir entre los Estados Miembros. La asignación a España asciende al 13,51% de su PNB. La Comisión obtiene los fondos de recuperación mediante la emisión de deuda pública en los mercados internacionales de capitales, disfrutando de un permiso excepcional introducido por los Estados Miembros en el marco constitucional de la UE. En tercer lugar, por vez primera, los ingresos de la deuda pública emitida (algo más de la mitad) se distribuyen mediante subvenciones con cargo al presupuesto europeo. Este aspecto consagra la solidaridad entre los Estados

Miembros frente a la recuperación postpandemia. En efecto, los plazos de la deuda se detraerán del presupuesto europeo entre 2028 y 2058, al que todos los Estados Miembros contribuyen conforme a una clave de reparto, que no se modificará para tener en cuenta quién ha recibido más subvenciones con cargo a *Next Generation EU*. En cuarto lugar, el Mecanismo de Recuperación y Resiliencia (MRR)[67], programa que distribuye los fondos *Next Generation EU*, que representa un experimento nuevo de gobernanza europea combinando las estructuras de la política de cohesión y de la coordinación de políticas económicas nacionales. Los Estados optan a unas cantidades máximas predeterminadas en préstamos y subvenciones, pero su concesión efectiva se supedita a la previa aprobación europea, en cada caso, del plan nacional de recuperación y resiliencia presentado por el gobierno. El plan debe alinearse con las prioridades establecidas a nivel europeo y con las recomendaciones emitidas por el Consejo a propuesta de la Comisión en el marco del Semestre Europeo. Una vez aprobado el plan, el gobierno nacional puede solicitar pagos con cargo a su cantidad nacional asignada, dos veces por año; que se aprobarán sobre la base de las evidencias proporcionadas de que el cumplimiento del plan nacional de recuperación y resiliencia progresa adecuadamente[68].

La crisis de la pandemia acentuó los desafíos de igualdad que ya enfrentaban ciertos grupos en las sociedades europeas. Profundizó aún más las desigualdades y la discriminación existentes y exacerbó la exclusión y marginación social. ¿Qué atención se reserva a la discapacidad en esta oportunidad (única en nuestra generación) de recuperación económica y modernización?

El Reglamento 2021/241 de 18 de febrero de 2021, que establece el MRR, designa seis pilares que aglutinan ámbitos de actuación de importancia europea (Artículo 3 del Reglamento). La discapacidad entronca con estos pilares de manera transversal, dado que puede asociarse al b) transición digital d) cohesión social (y territorial), e) salud y resiliencia

---

67 Reglamento (UE) 2021/241 del Parlamento Europeo y del Consejo de 12 de febrero de 2021 por el que se establece el Mecanismo de Recuperación y Resiliencia, DO L 57 de 18 de febrero de 2021.

68 SÁNCHEZ-BARRUECO, M.L., "El nuevo marco presupuestario de la Unión Europea para la recuperación postpandemia", *Revista de Derecho Comunitario Europeo*, vol. 25, nº 69, 2021, pp. 555-599; SÁNCHEZ-BARRUECO, M.L., *The Recovery and Resilience Facility: Too much complexity for meaningful accountablity?* Estocolmo, SIEPS, 2023.

económica, social e institucional, con objeto, entre otros, de aumentar la preparación y capacidad de reacción ante las crisis, y f) políticas para la próxima generación, la infancia y la juventud, tales como la educación y el desarrollo de capacidades. El Estado debe proponer reformas e inversiones que abarquen los seis pilares, y de la evaluación cuantitativa del progreso en los mismos dependerá la aprobación de los pagos subsiguientes. No obstante, el MRR impone unos porcentajes mínimos en medidas de transición ecológica (37%) y digital (20%) que, sin embargo, no existen en lo relativo a la cohesión o resiliencia social que pudiera incluir la discapacidad. La consideración de las personas con discapacidad en la transición digital sí está contemplada en otros documentos programáticos, como la Brújula Digital 2030[69]. Este documento enuncia el objetivo estratégico de garantizar que para 2030 todos los servicios públicos clave sean totalmente accesibles en línea para todos, incluidas las personas con discapacidad. Sin embargo, nuevamente se corre el riesgo de difuminación de la discapacidad bajo otros objetivos sectoriales predominantes.

La confluencia entre la discapacidad y otros factores de discriminación o vulnerabilidad (como el género, orientación sexual o edad) bajo la bandera de la igualdad supone un problema para la evaluación de los resultados de las medidas europeas respecto a la discapacidad. El Tribunal de Cuentas Europeo realizó una auditoría de desempeño (*performance audit*) de la política de cohesión respecto a la discapacidad en 2023 y sus resultados fueron críticos con la Comisión con relación a la necesidad de explicitar el vínculo entre la Estrategia de discapacidad 2021-2030 y el presupuesto europeo, poniendo de manifiesto que el marco de evaluación de políticas públicas europeas no permite detectar la medida en que la financiación de la UE contribuyó a mejorar la situación de las personas con discapacidad en los periodos de programación 2014-2020 y 2021-2027. Los programas de la política de cohesión no contienen una categoría de gastos relativa al apoyo a las personas con discapacidad, dificultando la supervisión y evaluación de resultados[70].

Esta crítica queda irresuelta en el Mecanismo de Recuperación y Resiliencia, lamentablemente. La Comisión revisa la dimensión de igual-

---

[69] Comisión Europea, Comunicación Brújula Digital 2030: el enfoque de Europa para la Década Digital, COM (2021) 118 final/2 de 9 de marzo de 2021.

[70] Tribunal de Cuentas Europeo, Informe Especial 20/2023 de 28 de junio de 2023, p. 5.

dad de modo transversal en la definición y ejecución del Mecanismo de Recuperación y Resiliencia; sin embargo, desconocemos la atención concreta dedicada a la discapacidad porque tanto los objetivos como los indicadores de su consecución están definidos en términos generales, sin desagregar hitos o porcentajes que atiendan específicamente a la discapacidad.

El Reglamento del MRR delegaba el desarrollo normativo en diversos aspectos en la Comisión, quien en el ámbito que nos ocupa, estableció una metodología para informar sobre los gastos sociales en el Reglamento Delegado 2021/2105 de 28 de septiembre de 2021[71]. El Reglamento Delegado identifica cuatro categorías sociales (empleo y capacidades, educación y atención infantil, asistencia sanitaria y cuidados de larga duración, políticas sociales) que, a su vez, agrupan nueve ámbitos de política social. Ninguno de estas categorías ni ámbitos menciona expresamente la discapacidad que, sin embargo, queda embebida en la 'accesibilidad' (ámbitos 4, 5, 6 y 7), 'autonomía' (ámbitos 2 y 3) o 'grupos vulnerables' (ámbito 9). Cada reforma o inversión propuesta por el Estado en el plan nacional de recuperación y resiliencia que tengan una dimensión social primaria solo puede adscribirse a un ámbito de política social y, por tanto, a una categoría social[72]. Nuevamente, observamos que se priorizan determinados ámbitos y la discapacidad no está entre ellos: la Comisión asigna un 'distintivo social' (*social tagging)* a las medidas orientadas a la 'infancia y juventud' e 'igualdad de género' a los efectos de facilitar posteriormente los informes de resultados obtenidos en estas dos dimensiones[73]. Prueba de que este riesgo no es imaginado es que el informe intermedio de evaluación de la Comisión ni siquiera recoge una atención específica a la discapacidad y que las únicas referencias a la misma son las que derivan de los dos planes nacionales de recuperación que han incorporado medidas específicas en materia de discapacidad (Austria y Croacia).

---

71 Reglamento Delegado (UE) 2021/2105 de la Comisión de 28 de septiembre de 2021 que completa el Reglamento (UE) 2021/241 del Parlamento Europeo y del Consejo, por el que se establece el Mecanismo de Recuperación y Resiliencia, mediante la determinación de una metodología para informar sobre los gastos sociales, DO L 429 de 1 de diciembre de 2021.

72 Íbid. Art. 1.2.

73 Íbid. Arts. 1.3 y 1.4.

Todo lo anterior nos lleva a calificar al Mecanismo de Recuperación y Resiliencia como una oportunidad real, dado su diseño innovador de gobernanza y su dotación financiera, para impulsar la igualdad de oportunidades de las personas con discapacidad, pero que es una oportunidad perdida, apoyando la conclusión más general de que la ambición reflejada en los documentos de planificación y estrategia pública respecto a la discapacidad se va difuminando en las fases de ejecución y control.

V. CONCLUSIONES

Este capítulo ha acercado al lector a la atención dedicada a la discapacidad en las políticas públicas de la Unión Europea, considerando especialmente las políticas reguladoras. El continente europeo se caracteriza por una tendencia de larga duración al envejecimiento demográfico, que confluye con y alimenta la discapacidad, apelando a iniciativas de política pública supranacional orientadas no solo a la inclusión de las personas con discapacidad, sino a su plena participación en las sociedades europeas.

Al examinar el ciclo político de la política europea, sin embargo, observamos que la discapacidad es un fenómeno difuso y elusivo. Ello complica la autoidentificación como colectivo y la [re]presentación de sus intereses ante las instituciones europeas. Como esta investigación ha demostrado en varios ámbitos, la discapacidad deviene una condición más vulnerable y menos atendida que otras, como el género o la edad. Aún así, la conceptualización (*framing*) de la discapacidad por la Unión Europea ha experimentado una profunda transformación en las últimas dos décadas, en línea con otros enfoques más modernos vigentes en otros regímenes estatales e internacionales (especialmente, Naciones Unidas). Sin desatender el enfoque asistencial y de beneficencia, emergen nuevas dinámicas y aproximaciones que priorizan el reconocimiento de las personas con discapacidad como ciudadanos de pleno derecho con reivindicaciones legítimas sobre el espacio público, que las políticas públicas deben satisfacer.

Las políticas legislativas de la Unión Europea en materia de discapacidad combinan una tríada de enfoques reguladores: a) afirmación de principios y reglas de aplicación transversal en todas las situaciones inherentes a la persona (por ejemplo, el derecho fundamental a la no discriminación por razón de discapacidad), b) normas sectoriales específicamente orientadas a la protección de las personas con discapacidad en las distintas facetas de su vida, y c) inserción transversal de la discapacidad en las normas destinadas a la generalidad de las personas. A lo largo del tiempo, la Comisión Europea ha reforzado la gobernanza de la discapacidad, dando entrada a las asociaciones representativas del colectivo en la definición de políticas públicas mediante consultas dirigidas.

Respecto al primer enfoque, el capítulo ha subrayado la relevancia -y también sus limitaciones- de la Carta de Derechos Fundamentales de la Unión Europea. El principal obstáculo es que este instrumento de derecho europeo originario no produce obligaciones vinculantes para los Estados Miembros de manera general, sino solo limitada a las situaciones nacionales que encajen en los ámbitos cubiertos por el Tratado. La peculiar aplicabilidad de la Carta obliga a las personas con discapacidad a permanecer atentas a los desarrollos nacionales y a litigar con base en la Carta, adquiriendo el Tribunal de Justicia de Luxemburgo un poder de perfilar el ámbito de aplicación por vía pretoriana.

El segundo enfoque, es decir, la adopción de medidas jurídicas especialmente destinadas a las personas con discapacidad, se ha ilustrado mediante dos directivas: una, la directiva ómnibus sobre accesibilidad en el mercado interior; y la otra, la directiva (políticamente acordada por los colegisladores) que introducirá las tarjetas europeas de discapacidad y de estacionamiento. Esta última importa de otros sectores jurídicos el método del reconocimiento mutuo, que obliga a los Estados Miembros a asignar efectos jurídicos a la declaración de discapacidad o del derecho a estacionamiento preferente por parte de otros Estados Miembros, respecto a personas con discapacidad que pasen estancias cortas en su territorio.

Para finalizar, el capítulo ha explorado la posibilidad de que la Unión Europea ponga al servicio de la atención a la discapacidad las herramientas de *soft law* desarrolladas y vigentes en otros ámbitos, como la coordinación de políticas económicas o la política de cohesión, tomando como ejemplo el Mecanismo de Recuperación y Resiliencia que distribuye los fondos europeos de recuperación dentro del programa *Next Generation EU*. Sin embargo, nuestra lectura del régimen jurídico de este instrumento y su ejecución desde febrero de 2021 pone de manifiesto, una vez más, los inconvenientes de que la discapacidad sea un fenómeno difuso, y fuertemente expuesto a discriminaciones interseccionales donde los factores confluyentes (género, edad) prevalecen sobre la discapacidad. *Next Generation EU* ha ofrecido una oportunidad única en una generación para la recuperación económica y la modernización; sin embargo, ni las instituciones europeas ni los Estados Miembros están obligados a colocar el distintivo social de atención a la discapacidad (que sí existe en los otros factores mencionados) y ello complica enormemente la determinación, en la evaluación de los planes nacionales de recuperación y resiliencia, de la contribución aproximada o exacta de los fondos de recuperación a la inclusión de las personas con discapacidad. Ello evidencia que también en la discapacidad se produce el efecto, observado en otros sectores, de que la ambición percibida en los documentos estratégicos plurianuales va perdiendo fuerza a lo largo del ciclo de políticas públicas, fundamentalmente en las fases de ejecución y de evaluación.

Co-funded by the European Union

BIBLIOGRAFÍA

ALONSO GARCIA, R., "The general provisions of the charter of fundamental rights of the European Union", *European Law Journal*, Vol. 8, nº 4, pp. 492-514.

ÁLVAREZ RAMÍREZ, G., "Tarjeta Europea de Discapacidad. Materiales para una buena regulación de la tarjeta europea de discapacidad", Observatorio Estatal de la Discapacidad, 2023.

BLANKE, H. J. "Protection of Fundamental Rights afforded by the European Court of Justice in Luxembourg" en AA.VV., *Governing Europe under a Constitution: The Hard Road from the European Treaties to a European Constitutional Treaty* (Dir. BLANKE y MANGIAMELLI), Springer, Berlin-Heidelberg, 2006, pp. 265-277.

Comisión Europea, *Fonds social européen: 50 ans d'investissement dans les personnes, Luxemburgo,* Oficina de Publicación de las Comunidades Europeas, 2007.

EGIDO, E. B. y SALCEDO, A. M. S., "Enfoque de la discapacidad en los organismos internacionales", *Revista del Ministerio de Trabajo e Inmigración,* Vol. 16, nº 65, 2006, pp. 37-48.

Eurostat, People at risk of poverty or social exclusion by level of activity limitation, sex and age, 2021, https://ec.europa.eu/eurostat/databrowser/view/HLTH_DPE010__custom_8370924/default/table?lang=en

FERRI, D., "The role of soft law in advancing the rights of persons with disabilities in the EU: A 'hybridity'approach to EU disability law", *European Law Journal,* Vol. 28, nn. 4-6, 2022, pp. 134-153.

FERRI, D. y BRODERICK, A., *Research Handbook on EU Disability Law,* Chentelham, Edward Elgar, 2020.

Foro Europeo de Discapacidad, Informe alternativo para la segunda revisión de la UE por parte del Comité de los Derechos de las Personas con Discapacidad, 2022, https://www.edf-feph.org/content/uploads/2022/02/2022-EDF-alternative-report-EXEC-SUMMARY-ES.pdf

JANN, W., y WEGRICH, K., "Theories of the policy cycle" en AA.VV., *Handbook of public policy analysis* (Dirs. FISCHER y MILLER), Routledge, 2017, pp. 69-88.

KELEMEN, R. D. y VANHALA, I., "The shift to the Rights Model of Disability in the EU and Canada", *Regional and Federal Studies,* Vol. 20, nº 1, 2020, 1-18.

KINGDON, J., *Agendas, Alternatives and Public Policies,* Nueva York, Harper Collins, 1984.

MEIER, P., CELIS, K. y HUYSENTRUYT, H., "Mainstreaming disability in policies: the Flemish experience". *Disability & Society,* Vol. 31, nº 9, 2016, pp. 1190-1204.

MENÉNDEZ, A. J., "Chartering Europe: Legal status and policy implications of the Charter of Fundamental Rights of the European Union", *JCMS: Journal of Common Market Studies,* Vol. 40, nº 3, 2002, pp. 471-490.

PRIESTLEY, M., *Disability assessment, mutual recognition and the EU Disability Card, progress and opportunities,* Estudio encargado por el Parlamento Europeo, Bruselas, 2022, https://www.europarl.europa.eu/thinktank/en/document/IPOL_STU(2022)739397

SÁNCHEZ-BARRUECO, M.L., "El nuevo marco presupuestario de la Unión Europea para la recuperación postpandemia", *Revista de Derecho Comunitario Europeo,* Vol 25, nº 69, 2021, pp. 555-599.

SÁNCHEZ-BARRUECO, M.L., *The Recovery and Resilience Facility: Too much complexity for meaningful accountablity?,* Estocolmo, SIEPS, 2023.

SCHÄFER, A. "Beyond the Community Method: Why the Open Method of Coordination Was Introduced to EU Policy-making", *European Integration online Papers (EIoP)* Vol. 8, nº 13, 2004; http://eiop.or.at/eiop/texte/2004-013a.htm

VANHEGEN, M. y HENDRICKX, F., "Disability in EU labour law beyond non-discrimination" en AA.VV., *Research handbook on EU disability law* (Dirs FERRI y BRODERICK), Chentelham, Edward Elgar Publishing, 2020, pp. 146-163.

Capítulo II.

De la invisibilización y el paternalismo a la igualdad sustantiva. Recorrido de la legislación en materia de discapacidad en España desde el siglo XIX

JOSÉ RAMÓN INTXAURBE VITORICA
Investigador del Instituto Pedro Arrupe de Derechos Humanos.
Profesor de Derecho Constitucional y de Historia del Derecho.
Facultad de Derecho. Universidad de Deusto

SUMARIO

I. INTRODUCCIÓN

En el presente capítulo se ofrece un repaso por los principales hitos legislativos españoles en materia de discapacidad, desde el siglo XIX hasta la actualidad. Se analizará la respuesta del ordenamiento jurídico a la realidad de las personas discapacitadas, la influencia que pudieron ejercer los fundamentos morales e históricos dominantes, así como la terminología empleada en las distintas normas, entendiendo que los conceptos empleados configuran realidades sociales y jurídicas. Mediante este repaso histórico trataremos de averiguar cuál ha sido el rol que la ciencia jurídica ha desempeñado para dar respuesta a las necesidades de las personas discapacitadas en España en los últimos doscientos años. La percepción acerca de los logros y limitaciones de la práctica legislativa es un buen inicio para tomar conciencia acerca de los desafíos a cuya superación el Derecho puede contribuir.

Las palabras y la manera en la que las empleamos conforman realidades, en tanto que consolidan o destruyen estereotipos, y dan la medida de cómo se construye el ideario social. Las formas históricas de entender y percibir la discapacidad han tenido incidencia determinante en la legislación en torno a la misma. Las mismas palabras empleadas para denominar a las personas discapacitadas y sus patologías han sido meridianamente ilustrativas de la forma en la que cada generación ha ido afrontando la realidad de la discapacidad. El arraigo de los prejuicios hacia colectivos históricamente ignorados o no escuchados ha propiciado con frecuencia que desde el Derecho se haya contribuido a la perpetuación de los mismos, como tendremos ocasión de apreciar.

La reforma del artículo 49 de la Constitución (CE) no deja de ser otro capítulo, reciente e ilustrativo, acerca de esta tendencia[1]. Durante cuarenta y seis años el término "disminuido" permaneció inalterado en su formulación, sin que en el momento de su redacción provocase demasiada incomodidad, si bien, con el correr de los años y el cambio de la sensibilidad social dominante, tanto a nivel nacional como internacional, fue convirtiéndose en imperiosa la necesidad de su modificación[2]. No resultó sencillo alcanzar el consenso para ello, y en ese camino se ejemplifican distintas claves de resistencia, confrontación, falta de urgencia que explican con frecuencia la incapacidad de alcan-

---

1 Reforma del artículo 49 de la Constitución Española, de 15 de febrero de 2024. BOE, nº 43, de 17 de febrero de 2024.

2 Posiblemente podamos citar como hito jurídico relevante a nivel internacional la aprobación de la Convención de Naciones Unidas sobre los derechos de las personas con discapacidad, incorporada al ordenamiento jurídico español. Instrumento de Ratificación, de 23 de noviembre de 2007, de la Convención sobre los derechos de las personas con discapacidad, hecho en Nueva York el 13 de diciembre de 2006. BOE, nº 96 de 21 de abril de 2008.

zar consensos en materias básicas del texto constitucional, que han sido una constante en el devenir del régimen político de 1978[3].

El derecho tradicionalmente ha dado una respuesta a la condición de la discapacidad que ha estado muy vinculada a la imagen social de aquella. Esto es, el significado atribuido a la realidad de la persona discapacitada frente al constructo ideal del cuerpo sano. En este sentido, la discapacidad tradicionalmente planteaba una valoración (y, en consecuencia, una respuesta) social distinta según se tratase de una discapacidad de origen congénito o bien de una discapacidad adquirida como consecuencia, por ejemplo, de un accidente[4]. Como veremos a lo largo de este capítulo, la respuesta del ordenamiento jurídico español no ha estado alejada de los prejuicios y concepciones dominantes en relación con la gestión de la discapacidad.

A la hora de clasificar los paradigmas o modelos mediante los cuales se ha dado respuesta social e institucional a la realidad de las personas discapacitadas, se ha propuesto una taxonomía triple: el modelo tradicional o de prescindencia, el modelo rehabilitador y el modelo social y de vida autónoma. Es preciso aclarar que estas etapas se han sucedido una a otra, si bien históricamente han podido coexistir y solaparse[5].

---

3 A pesar de que en este artículo 49 se hace referencia a un colectivo que en España ascendería a más de 4,3 millones de personas. INSTITUTO NACIONAL DE ESTADÍSTICA, Encuesta de discapacidad, autonomía personal y situaciones de dependencia, 2020 (datos actualizados a 28 de abril de 2022). [en línea]<https://www.ine.es/dyngs/INEbase/es/operacion.htm?c=Estadistica_C&cid=1254736176782&menu=resultados&idp=1254735573175>. [Consulta: 27/03/2024]

4 BARNES, Colin, "Discapacidad, política y pobreza en el contexto del mundo mayoritario", *Política y sociedad,* vol. 47, nº 1, 2010, pp. 12-15; VALENCIA, Luciano Andrés: *Breve historia de las personas con discapacidad. De la opresión a la lucha por sus derechos,* [s. l.]: Editorial Académica Española, 2018, pp. 5-7.

5 Seguiremos aquí la clasificación propuesta por autores como PUIG DE LA BELLACASA, R., "Concepciones, paradigmas y evolución de las mentalidades sobre la discapacidad" en *II Seminario sobre discapacidad e información.* Madrid, Real Patronato de Prevención y de Atención a Personas con Minusvalía, 1987. [en línea], <https://www.siis.net/documentos/ficha/7353.pdf> [Consulta: 03/04/2024]; PALACIOS, A. y ROMAÑACH, J., *El modelo de la diversidad. La Bioética y los Derechos Humanos como herramientas para alcanzar la plena dignidad en la diversidad funcional.* Madrid: Ediciones Diversitas-AIES, 2006, pp. 37-60.

En primer lugar, se aprecia el modelo "tradicional" o de prescindencia, llamado así porque la sociedad prescinde de las personas con discapacidad. A raíz de la llegada del Estado liberal, a partir del siglo XIX, dentro del marco temporal de nuestro estudio, se pone en práctica un submodelo de marginación, de acuerdo al cual las personas discapacitadas van a ser vistas como sujetos de asistencia, ciertamente sujetos de derechos, pero no de manera plena tal y como lo son las personas no discapacitadas, que sí que disfrutarán de un goce completo de sus prerrogativas como sujetos productivos en el contexto expansivo de la Revolución industrial. Por el contrario, las personas discapacitadas van a ser recluidas en los espacios para anormales y para personas menesterosas. A medida que los esquemas asistenciales públicos vayan robusteciéndose y emancipándose de las instituciones religiosas, las personas discapacitadas también serán concebidas como sujetos de protección y tutela, y con el tiempo se concretará su derecho a ser sujetos de previsión socio-sanitaria. El fundamento de la respuesta asistencial a las personas internas dentro de este modelo vendrá determinado por la caridad, la dependencia y el sometimiento. No obstante, a lo largo del devenir de los siglos XIX y XX, esa asistencia (y en paralelo también la respuesta jurídica) se irá viendo modificada según el bien jurídico a proteger vaya variando desde la preservación del orden público, a la asistencia entendida como derecho o a la asistencia comprendida como seguridad social[6].

En segundo lugar, estaría el paradigma de la rehabilitación, cuyos primeros logros los podremos apreciar ya desde finales del siglo XIX y que fue la orientación dominante hasta el último cuarto del siglo XX. Esta etapa vendría caracterizada por definir la discapacidad como una deficiencia materializada en falta de destrezas y localizada en el individuo. Su solución se encomendaría a la intervención profesional de un equipo de especialistas. La persona con discapacidad estaría concebida como un sujeto pasivo de la intervención, es decir, un cliente-paciente, bajo control del rehabilitador. La consecución del éxito se medía a partir del volumen de destrezas funcionales recuperadas y su habilidad para devolver a esa persona a un empleo remunerado. En consecuencia, se buscaba llevar a la persona discapacitada a la "normalidad" y con frecuencia se trataba de hacer desaparecer u ocultar la discapacidad,

---

[6] PALACIOS, A. y ROMAÑACH, J., *El modelo de la diversidad, cit,* pp. 41-43; PUIG DE LA BELLACASA, R., "Concepciones, paradigmas y evolución", *cit.,* pp. 33-34.

aquello que convertía a la persona en diferente o alejada de lo normativo. Este modelo fue objeto de críticas a partir de la década de los años 1970, por considerar que confrontaba a las personas discapacitadas con lo que socialmente era considerado "normal" o deseable[7].

El tercer paradigma, denominado como social o de vida autónoma, viene definido por la concepción de la discapacidad como una realidad social pues está focalizada no en torno a las limitaciones de las personas sino sobre la respuesta que la sociedad debe ofrecer para garantizar la autonomía personal del paciente y evitar la discriminación a fin de favorecer el pleno disfrute de sus derechos, así como la plena participación en la vida política, económica, social y cultural. Esta corriente surgió a partir del movimiento *independent living*. Una de las ideas fuerza más llamativas de este paradigma descansa en la crítica o desafío de la idea de "normalidad" o de "lo normal". De ahí que se propugne del derecho de las personas con discapacidad a ser tratados como cualquier otra persona. Como consecuencia, se deconstruyeron los esquemas propios de la educación especial y se trabajó en una desinstitucionalización para invitar a las personas discapacitadas a trabajar desde la base a fin de construir su propia autonomía y no desde una normalidad construida desde fuera[8]. Desde el punto de vista jurídico, el desarrollo del derecho antidiscriminatorio confluye con las críticas expresadas al modelo precedente.

Para analizar la trayectoria legislativa española en relación con la discapacidad, nos centraremos en las iniciativas llevadas a cabo dentro de los tres modelos enunciados a lo largo de los dos últimos siglos y nos detendremos en los hitos legislativos más destacados.

---

[7] DE JONG, Gerben, "Independent Living: From Social Movement to Analytic Paradigm" en *Archives of physical medicine and rehabilitation*, vol. 69, nº 10, p. 442; PUIG DE LA BELLACASA, Ramón, "Concepciones, paradigmas y evolución", *cit.* pp. 37-38; PALACIOS, A. y ROMAÑACH, J., *El modelo de la diversidad, cit*, pp. 44-47.

[8] DE JONG, G., "Independent Living", *cit.*, pp. 445-446; PUIG DE LA BELLACASA, Ramón, "Concepciones, paradigmas y evolución", *cit.*, pp. 44-45; PALACIOS, A. y ROMAÑACH, J., *El modelo de la diversidad, cit*, pp. 48-52.

II. OCULTAR LA DISCAPACIDAD Y PRESCINDIR DE LAS PERSONAS. EL PARADIGMA TRADICIONAL

1. La asistencia como profilaxis social. El orden público como bien jurídico a proteger

La consolidación del Estado liberal trajo consigo, entre otros muchos nuevos paradigmas filosóficos, políticos y jurídicos, una nueva perspectiva a la hora de afrontar, desde la óptica de los poderes públicos, la realidad de las personas discapacitadas. Hasta ese momento, en los siglos precedentes, el enfoque dominante en España había sido el de la caridad ejercida principalmente desde instituciones vinculadas al cristianismo católico en forma de hospicios, hospitales, asilos...[9]

Las élites liberales tenían otros planes pues entendían que era al Estado a quien le correspondía ejercer principalmente las competencias propias de la atención social. Por más que la implantación de las ideas liberales en los textos constitucionales adoleciese, en los primeros siglos del XIX, de evidentes limitaciones (confesionalidad, sufragio censitario...), la concepción de la ciudadanía como sujeto de derechos no dejó de ejercer influencia en prácticas concretas, como fue el caso de la asistencia a la discapacidad[10]. Más aún, los distintos planes de desamortización eclesiástica que se fueron ejecutando, con variada eficacia, a lo largo del siglo XIX, tuvieron, entre otras consecuencias, la de poner punto final al modelo de la asistencia caritativa privada. Las nuevas premisas vendrían explícitamente formuladas en la propia Constitución española de 1812, donde se otorgaba la competencia a las administraciones públicas, concediendo a los ayuntamientos –artículo 321 (6°) – y a las diputaciones provinciales –artículo 335 (8°) –, la tarea del cuidado de hospitales, hospicios, casas de expósitos y demás instituciones de beneficencia.

---

9 MARTÍNEZ SOTO, A.P., "La protección social en la época liberal: de la beneficencia a la previsión social (1820-1908)", *Áreas. Revista Internacional de Ciencias Sociales*, n° 37, 2018, pp. 110-112.

10 CAYUELA SÁNCHEZ, S., *La invención de la discapacidad: El gobierno de los cuerpos torcidos en España (1959-1986)*. Madrid: CSIC – Consejo Superior de Investigaciones Científicas, 2023, p. 81.

Durante el Trienio Liberal, se promulgó en 1822 la Ley General de Beneficencia Pública[11]. Esta norma nos resulta de interés por dos motivos; en primer lugar, porque desarrolla los preceptos constitucionales a fin de dejar en manos de las Administraciones públicas el servicio de asistencia social[12]. Incluso, todos los fondos de beneficencia, sea cual fuere su procedencia, pública o privada, quedarían reducidos a un fondo común, que posteriormente se dividirían en fondos generales (destinados a las casas de beneficencia del reino) o fondos municipales (destinados a los establecimientos de beneficencia y socorros domiciliarios de cada pueblo), tal y como viene reflejado en los artículos 26 a 32.

En segundo lugar, esta regulación tiene importancia para comprobar cómo se concebía en la época la cuestión de la discapacidad. Las Cortes contemplaron dos categorías, los impedidos y los locos. Para acoger a los primeros se preveían Casas de socorro. Teniendo en cuenta que estos establecimientos también atendían a "huérfanos desamparados y niños de las Casas de maternidad que hayan cumplido seis años de edad" así como "los demás pobres de ambos sexos que no tengan recurso alguno para procurarse el sustento diario", los redactores de esta Ley ubicaron a las personas discapacitadas físicas (impedidos, según la terminología empleada) entre quienes merecían la protección destinada a los menesterosos que no alcanzaban a disponer de lo imprescindible para vivir. En el mismo artículo 73 se define a estos lugares como "asilos de la involuntaria pobreza". No obstante, en el artículo 79 se matiza que deben ser un "honroso asilo de impedidos y menesterosos" y por ello en cada una de estas Casas de socorro se establecerán fábricas y talleres para que sus ocupantes "ganen su subsistencia" y se proporcione "estímulo al trabajo".

Estas medidas son la materialización de ideas muy del gusto de las élites ilustradas españolas, las cuales sostenían un modelo de acción social, bien pública o privada, con una pretensión instrumental (mantener el orden público) y un fundamento moral (corregir la naturaleza viciosa de quien ha caído en el pauperismo y ofrecerle remedio para transformarlo en una persona productiva). El principal representante

---

11 Ley que contiene el Reglamento General de beneficencia pública, decretado por las Cortes Extraordinarias el 27 de diciembre de 1821, y sancionado por Fernando VII el 6 de febrero de 1822.

12 VIDAL GALACHE, F., "El impacto de la Ley General de Beneficencia de 1822 en Madrid", *Revista de la Facultad de Geografía e Historia,* nº 1, 1987, pp. 48-50.

de esta tendencia es el Conde de Cabarrús, el cual veía en la ociosidad y el abandono del trabajo un auténtico riesgo social que había que erradicar[13]. La visión constructiva y dignificadora de la laboriosidad y la ocupación era trasladada también a los asilos y a los hospicios, cuyos ocupantes, en la medida de sus posibilidades, también debían participar de una vida productiva, pues lo contrario (socorrerlos meramente de sus males sin darles ninguna alternativa productiva) se entendía que los privaba de dignidad y los corrompía[14].

Un colectivo especialmente enigmático para la época, debido al desconocimiento que se tenía de su condición y de la naturaleza de las enfermedades que padecían, es el de las personas con discapacidad psíquica. Prueba de la distancia con la que eran vistos es que, con independencia de sus circunstancias y necesidades, a todos se los va a conceptualizar bajo el término "locos". Sin embargo, es justo apuntar que, si bien durante los siglos anteriores este colectivo no había despertado atención por parte de los poderes públicos, en el siglo XIX sí que se comienzan a hacer preguntas sobre el origen y razón de ser de su situación. Todavía en los primeros años del siglo XIX las hipótesis eran precarias, pero ya se apuntaba la responsabilidad al nuevo ritmo de vida producto de las innovaciones sociales que se estaban produciendo como consecuencia de la industrialización y los hábitos de vida en las ciudades, que también estaban transformándose.

El enfoque que mantenían sobre la discapacidad los textos liberales del XIX que analizaban el fenómeno del pauperismo y las necesidades de asistencia social, estaban claramente condicionados por la mencionada perspectiva moralizadora de la asistencia social dirigida, además de a coadyuvar al mantenimiento del orden público, a sanar los vicios a través de la honestidad del trabajo. Se trataba de atender a personas menesterosas al margen del proceso productivo, pero no se prestó idéntica atención a las situaciones de necesidad y vulnerabilidad generadas por la industrialización y el proletariado obrero. Se ha destacado que la labor asistencial del liberalismo decimonónico supuso, en líneas generales, la demolición controlada del modelo asistencial heredado del

---

13 TRINIDAD FERNÁNDEZ, P., "Trabajo y pobreza en la primera industrialización", AA.VV., *Historia de la Acción social pública en España*, Madrid: Centro de Publicaciones del Ministerio de Trabajo y Seguridad Social, 1990, pp. 102-105.

14 CASADO, D., "Respuestas a la dependencia funcional y agentes", *Revista Española del Tercer Sector*, nº 3, 2006, pp. 25-28.

Antiguo Régimen para implementar un modelo basado en una red de beneficencia pública apuntalada de manera complementaria pero indispensable por la iniciativa privada (esto es, de la Iglesia Católica)[15]. En ese enfoque se clasificaba a las personas en relación con su aptitud y actitud hacia la labor productiva. No era el mismo el remedio que se proponía para las personas que, aun teniendo un trabajo, no alcanzaban a tener los recursos necesarios para subsistir (proletariado), para quienes se ofrecían medidas como el mutualismo, que el que se articulaba para aquellas personas que tenían capacidad para trabajar, pero no lo hacían por diferentes circunstancias (delincuencia, juego, alcoholismo...) para quienes se disponen remedios correctivos. Finalmente, un tercer grupo de personas que nos resultan de interés y que estaban definidas por no poder trabajar o no poder acceder a un puesto de trabajo por concurrir en ellas alguna circunstancia (personas huérfanas, ancianas o discapacitadas físicas), las cuales eran asistidas por el Estado a través de la beneficencia pública. En estos establecimientos también se les debía ofrecer la medicina dignificante del trabajo, en la medida de sus posibilidades[16].

Así lo veía Cabarrús: "...cuando una enfermedad habitual las aniquila (su actividad y sus fuerzas), y no le deja más que el peso y las calamidades de la vida, como sucede en los impedidos, en los dementes, en los ciegos, etc. Si no pueden servir para nada, ¿Quién duda que los socorros han de ser absolutos, como las necesidades...? Pero si no llegasen a este último apuro, si no padeciesen más que una disminución de facultades, la sociedad les debe facilitar (y no más), objetos a que aplicar las que les quedan..."[17]

De manera coherente con esta visión que equiparaba una vida digna a una vida ocupada o productiva, Cabarrús sostenía que la asistencia social siempre se ejercería de manera más eficaz estando la persona vulnerable en su domicilio que internada en un hospital, siempre que ello fuera posible: "Hemos visto cómo los enfermos estarán mejor y más

---

15 ESTEBAN DE VEGA, M., "La asistencia liberal española: beneficencia pública y previsión particular", *Historia Social,* nº 13, primavera-verano 1992, pp. 123-138; CAYUELA SÁNCHEZ, Salvador, *La invención de la discapacidad...* pp. 84-86.

16 TRINIDAD FERNÁNDEZ, Pedro, "Trabajo y pobreza", *cit.* pp. 114-115.

17 CABARRÚS, Conde de, *Cartas sobre los obstáculos que la naturaleza, la opinión y las leyes oponen a la felicidad pública.* Madrid: Castellote Editor, 1973, p. 102.

económicamente asistidos en sus casas que en los hospitales. Asimismo, estarán mejor ocupados en sus casas que en los hospicios los pobres débiles y acreedores de una ocupación honesta"[18].

Precisamente, esta idea de fomentar la asistencia domiciliaria es la que pone en práctica la Ley General de Beneficencia de 1822, incluso para el segundo grupo de personas a las que aludíamos antes, "los locos". Así, el artículo 104 explicita que "Los enfermos que no puedan ser curados en sus propias casas, lo serán en los hospitales públicos". Y es precisamente en un tipo concreto de Hospital público, las Casas públicas donde la Ley prevé que sean acogidas las personas con una discapacidad psíquica: "Habrá casas públicas destinadas a recoger y curar los locos de toda especie..." (Artículo 119). Siguiendo las consignas de Cabarrús, a estas personas se les debían encomendar trabajos físicos de acuerdo a sus capacidades y al dictamen de los facultativos: "Se ocupará a los locos en trabajos de manos más proporcionados a cada uno, según la posibilidad de la Casa y el dictamen del médico" (artículo 123), y en todo momento bajo la prohibición de la adopción de castigos corporales para estas personas: "El encierro continuo, la aspereza en el trato, los golpes, grillos y las cadenas jamás se usarán en estas Casas". (Artículo 122).

La ley no se llegó a aplicar de manera efectiva debido a la falta de financiación producto de la debilidad de la Hacienda pública de la época y a que las autoridades eclesiásticas no colaboraron en la cesión de los recursos necesarios[19]. De cualquier manera, el final del trienio Liberal y la vuelta al absolutismo monárquico en la década ominosa llevaron a la derogación de la legislación constitucional[20]. La Real Orden de 20 de abril de 1824 devolvió a los establecimientos de beneficencia a su antigua titularidad y forma de operar: "El Rey espera del acreditado zelo (sic)... de

---

18 *Ibidem*, p. 103

19 Sirva como ejemplo la Circular del Ministerio de Gobernación, que el 7 de abril preveía que "arzobispos y obispos den las convenientes disposiciones para que todos los curas párrocos de las diócesis respectivas entreguen a las juntas de beneficencia de sus pueblos las cantidades que retengan procedentes de dicha manda forzosa... con arreglo a lo prevenido en el Reglamento General de Beneficencia" (Gaceta de Madrid, 10 de mayo de 1822). Véase CASTRO ALFÍN, D., "Las necesidades sociales y su cobertura: 1800-1868", AA.VV., *Historia de la Acción social pública en España, cit.*, pp. 77-80.

20 Decreto de 1 de octubre de 1823 (*Gaceta de Madrid*, nº 93, de 7 de octubre de 1823).

los directores de los diferentes establecimientos de beneficencia que no perdonarán medio ni diligencia para cooperar con las rectas intenciones de S.M., y para que de estos establecimientos, obra de la piedad de nuestros antepasados, que abundan en España más que en ningún otro país de Europa, puedan sacarse todas las ventajas que la Religión, la humanidad y la política reclaman imperiosamente"[21].

2. De la caridad a la beneficencia: de la iniciativa privada a la pública

Fallecido Fernando VII, el turbulento período de la Regencia de María Cristina de Borbón alumbró algunos hitos relevantes para la consolidación del régimen liberal y para el afianzamiento definitivo de la prestación pública de la asistencia social. El hecho más destacable fue el de la desamortización de los bienes eclesiásticos, de manera destacada la conocida Desamortización de Mendizábal, que vendría a ser el verdadero hito mediante el cual la actividad asistencial dejó de estar principalmente dirigida por la Iglesia católica a estarlo por el Estado[22]. Contemporáneamente, por Real Decreto de 8 de septiembre de 1836, se restableció la vigencia del Reglamento General de Beneficencia Pública de 1822[23].

La llegada del moderantismo y de la Constitución de 1845, trajo un periodo de mayor continuidad en los ejecutivos, lo cual permitió abordar un impulso institucional y legislativo en la consolidación del Estado del siglo XIX con las consabidas limitaciones del liberalismo doctrinario. La labor intervencionista del Estado tuvo un instrumento institucional determinante en la Dirección General de Beneficencia, Corrección y Sanidad, dependiente del Ministerio de Gobernación y poco después se procedió a promulgar la Ley General de Beneficencia de 1849, que derogaba

---

21 Real Orden comunicada por la primera Secretaría de Estado, de 20 de abril de 1824 (*Gaceta de Madrid*, nº 53, de 24 de abril de 1824).

22 La conocida desamortización de Mendizábal, que tomó forma principalmente en el Real Decreto de 19 de febrero de 1836 (*Gaceta de Madrid*, nº 426, de 21 de febrero de 1836) y el Real Decreto de 29 de julio de 1837 (*Gaceta de Madrid*, nº 974, de 1 de agosto de 1837), ambos sancionados por la Reina Gobernadora Dña. María Cristina de Borbón.

23 *Gaceta de Madrid*, nº 637, 10 de septiembre de 1836.

la de 1822. Mediante Reglamento de 14 de mayo de 1852 se desarrollaba de manera amplia el texto legal.[24]

Se trataba de una normativa que configuraba de una manera firme la competencia estatal en relación con la asistencia social o, en la nomenclatura de la época, el socorro a los necesitados. En ese sentido se trataba de un marco jurídico intervencionista y que daba continuidad a la administración municipal y provincial que ya estaba diseñada en la ley de 1822. En esta ocasión se preveían juntas municipales, juntas provinciales y una junta General. Si bien se especificaba, en el primer artículo de la Ley, que los establecimientos de beneficencia serían públicos, se permitían también los establecimientos privados bajo ciertas condiciones, y ahí encontró la Iglesia Católica margen para continuar su labor asistencial, aún más cuando en los órganos de gobierno de las distintas juntas se preveía la presencia de autoridades y miembros del clero. El carácter moderantista de la época encontró su reflejo en esta decisión pragmática. Precisamente la Ley General de Beneficencia, en lo relativo a la iniciativa privada, gozó de una longevidad considerable ya que estuvo vigente hasta su derogación en 1994[25].

En relación con las personas discapacitadas es en el Reglamento donde encontramos previsiones de interés para entender el enfoque normativo desde el que se regulaba esta realidad. Al igual que la normativa de 1822, se regulaba de manera integral, y en consecuencia incluyéndolos en una amplia categoría identificable por su vulnerabilidad (y esto es representativo de la forma de enfocar la cuestión en la época) a personas carentes de recursos mínimos para la subsistencia, como pobres o menesterosos, y aquellas personas que tenían una discapacidad permanente. Sí que el Reglamento de 1852 resulta sensible al tratamiento que deben recibir unos y otros, de manera que prevé establecimientos concretos para personas discapacitadas, por razón de las atenciones que

---

24 Ley General de Beneficencia de 20 de junio de 1849. Gaceta de Madrid, nº 5398, de 24 de junio de 1849. Real Decreto de 14 de mayo de 1852, por el que se aprueba el Reglamento general para la ejecución de la Ley de Beneficencia de 20 de junio de 1849. *Gaceta de Madrid*, nº 6537, de 16 de mayo de 1852. Un estudio de las circunstancias bajo las que se aprobó esta norma y sobre su contenido se encuentran en ANGUITA OSUNA, J.E., "Análisis histórico-jurídico de la beneficencia española de mediados del siglo XIX: la Ley de Beneficencia de 1849 y su Reglamento de ejecución de 1852", *APORTES*, nº 99, vol. 1, 2019, pp. 89-121.

25 Por la disposición derogatoria de la Ley 30/1994 de Fundaciones y de incentivos fiscales a la participación privada en actividades de interés general. BOE nº 282, de 25 de noviembre de 1994

en los mismos se dispensarían y que recibirían el nombre de "Establecimientos Generales de Beneficencia" llamados "generales de beneficencia": "Son establecimientos generales de beneficencia todos aquellos que exclusivamente se hallen destinados a satisfacer necesidades permanentes, o que reclaman una atención especial. A esta clase pertenecen los establecimientos de locos, sordo-mudos, ciegos, impedidos y decrépitos". (Artículo 2 del reglamento de 1852)

La cantidad de establecimientos para cada colectivo venía definida en el artículo 5 de la norma: "El Gobierno, oída la Junta general de beneficencia, señalará los puntos donde hayan de situarse los establecimientos generales. Su número será por ahora en todo el reino de seis casas de dementes, dos de ciegos, dos de sordo-mudos, y diez y ocho de decrépitos, imposibilitados o impedidos".

El reglamento contenía una previsión especial destinada a aquellas personas a las que calificaba como "locos" así como para "ciegos y sordomudos", vista la especial atención que requerían sus cuidados. No obstante, este régimen especial estaba supeditado a la financiación particular y añadida que las familias fuesen capaces de aportar. "Los establecimientos generales de locos tendrán un departamento especial para aquellos cuyas familias pudiesen costear sus estancias en los mismos, conforme dispongan sus reglamentos" (Artículo 44). De la redacción no se puede deducir que la intención que había en su redacción estuviese dirigida a una mejora en las condiciones de vida de los pacientes necesariamente.

La condición de pobreza se entendía inherente a las personas discapacitadas y de ahí que se estableciese en el artículo 45 del reglamento una previsión dirigida a parientes que no tuviesen esa condición: "Los establecimientos generales de ciegos y sordo-mudos podrán recibir y educar a parientes no pobres con la separación conveniente, y por el estipendio que autoricen sus reglamentos especiales".

De manera inmediata los objetivos planteados por esta normativa, en la que se hacía una apuesta determinante para pasar de la caridad privada a la beneficencia ejercida por los poderes públicos no alcanzaron el éxito. El peso principal de esta labor pública quedó en manos de los ayuntamientos en un momento en que los municipios atravesaron importantes déficits financieros[26].

---

26 Para un análisis práctico con cifras concretas, véase MARTÍNEZ SOTO, A.P., "La protección social en la época liberal", *cit.*, pp. 114-116.

La beneficencia pública encontró en el régimen de la Restauración un nuevo impulso a través de un marco legislativo que, ayudado por la nueva coyuntura política y económica, resultó más estable que los anteriores intentos. En 1899 se introdujo la institución del Protectorado de la Beneficencia, ejercida por el Gobierno a través del Ministerio de la Gobernación, para el control y estabilidad del modelo público de asistencia, así como para el estímulo de las iniciativas privadas. El objetivo consistía en la creación y el mantenimiento de una red amplia de centros de asistencia, para lo cual la iniciativa de la Iglesia católica era bienvenida. El Protectorado de la Beneficencia satisfacía los intereses de un Gobierno "interesado doblemente en el prestigio y consideración que marcan los grados de cultura de los pueblos civilizados, en la proporción con que atienden al cuidado de los decrépitos, de los impedidos, de los locos, de los enfermos y de los huérfanos desvalidos, tiene la obligación ineludible de velar por la integridad de los bienes destinados a tan sagrados objetos"[27].

No obstante, a pesar de las buenas intenciones mostradas en la exposición de motivos de esta norma, lo que la realidad de los tiempos marcaba en aquel momento era que la Beneficencia entendida a la manera liberal no dejaba de esconder una lógica caritativo-asistencial que obedecía a planteamientos más preocupados por la profilaxis social que al verdadero espíritu de promoción de las personas. En consecuencia, un nuevo paradigma estaba ya emergiendo en la mayoría de los países de Europa Occidental, y también en España, a medida que la expansión de la Revolución industrial iba dejando tras de sí una legión de personas afectadas por siniestros laborales que quedaban al margen, no sólo del proceso productivo, sino de las propias dinámicas sociales.

---

27 Real Decreto de 14 de marzo de 1899, eferentes al ejercicio del protectorado del Gobierno en la Beneficencia particular. Exposición de motivos. *Gaceta de Madrid*, nº 99, de 9 de abril de 1899.

III. REEDUCAR PARA SEGUIR PRODUCIENDO. EL PARADIGMA REHABILITADOR

1. La emergencia de la cuestión social y la conciencia acerca del sujeto de la discapacidad

La llamada "cuestión social" interpelaba a las conciencias de los gobernantes y exigía nuevas formas de regulación y gestión del fenómeno social[28]. Efectivamente, el cambio de paradigma aludido tuvo como consecuencia la puesta en valor de conceptos como la rehabilitación y la integración frente al modelo imperante hasta el momento que era visto como generador de segregación y exclusión. A partir de este momento, las personas discapacitadas van a ser valoradas en función de las competencias que puedan adquirir y la medida en la cual van a poder ser parte del proceso productivo en un puesto remunerado. Tal y como se ha indicado, el modelo que se va a poner en práctica va a comparar a las personas discapacitadas con el par de lo considerado "normal" y la medida del éxito de la intervención la dará la posibilidad de acomodar la discapacidad frente a la "normalidad" en términos productivos[29].

La creación de la Comisión de Reformas Sociales en 1883 fue un hito determinante en esta línea de trabajo. En el ámbito concreto de la discapacidad, el creciente e intensivo proceso de industrialización de la época había traído consigo la realidad de numerosas personas que habían quedado en situación de discapacidad producto de accidentes de trabajo. Un voluminoso colectivo que constituía una emergente

---

28 CAYUELA SÁNCHEZ, S., *La invención de la discapacidad, cit,* pp. 86-90 destaca que, junto con la higiene y la estadística, como herramientas principales para el diseño de las políticas públicas de la época, hay cuatro procesos que delimitan las estrategias de gobierno de la discapacidad en España a finales del siglo XIX y comienzos del XX, en lo que define como el marco de la biopolítica interventora: el desarrollo de la medicina social (como forma de diagnóstico e intervención sobre distintos sectores sociales), la emergencia de la noción de *previsión* (calamidades entendidas como riesgos ligados a eventualidades del entorno), la adopción del movimiento eugenésico (dentro del movimiento regeneracionista) y las nuevas formas de pensar las relaciones entre Estado y familia (como extensión de la llamada teoría de la defensa social).

29 LÓPEZ BASTÍAS, J.L., "La conceptualización de la discapacidad a través de la historia: una mirada a través de la evolución normativa" *Revista de la Facultad de Derecho de México,* tomo LXIX, nº 273, 2019, p. 842.

realidad; la de aquellas personas que quedaban al margen del proceso productivo como consecuencia de la dinámica imparable de la industrialización[30]. El Real Decreto por el cual se constituyó la Comisión es muy explícito en su exposición de motivos: "Las huelgas; las crisis industriales; las exigencias de la educación y del socorro; el vivo anhelo de mejorar que se impone por los adelantos del progreso, y se acrecienta por el contraste con las demás clases, así como por el desarrollo de la inteligencia en muchos obreros; las complicaciones de todas estas fuerzas sociales con el movimiento político, han sido donde quiera, y ya lo son también en España, causas de preocupación para todo Gobierno y de alarma para la opinión pública. Atención preferentísima hay que consagrar a ellas… ". De esta forma, entre las tareas urgentes que se encomienda a la labor de la Comisión está la relativa a "Cajas de retiros y de socorros para enfermos é inválidos del trabajo: medida en la cual podrían los Municipios y Diputaciones provinciales iniciar y auxiliar esta dase de instituciones… "[31].

Como consecuencia de este encargo, por Real Decreto de 11 de enero de 1887 se creó el Asilo para los inválidos del trabajo, en cuya exposición de motivos ya se advierte de que la finalidad que proponía el Gobierno era la de poner a cubierto "de la miseria y del abandono a los inutilizados en el trabajo" y en el artículo 9 del Real Decreto se explicita que en el asilo sólo podrá atenderse a "los inválidos del trabajo, siendo preferidos los que hayan quedado inutilizados por accidente"[32]. El Asilo estaba ubicado dentro del Ministerio de la Gobernación y dependía de la Beneficencia General del Estado. El colectivo al cual iba dirigida la incitativa del Asilo venía matizado con mayor detalle en el Reglamento, en el cual se disponía a "albergar a los obreros solteros, o viudos, sin hijos menores de edad, que por un accidente desgraciado hayan quedado absolutamente inválidos para el trabajo", de forma que se aprecia cómo, además de la discapacidad adquirida a consecuencia de un accidente laboral, se bus-

---

30 JIMÉNEZ LARA, A. y HUETE GARCÍA, A., "Políticas públicas sobre discapacidad en España. Hacia una perspectiva basada en los derechos", *Política y sociedad*, vol. 47, nº 1, 2010, pp. 139-140.

31 Real Decreto de 5 de diciembre de 1883, creando una comisión para el estudio de las cuestiones que directamente interesen al bienestar de las clases obreras y que afecten a las relaciones entre el capital y el trabajo. *Gaceta de Madrid*, nº 344, de 10 de diciembre de 1883.

32 Real Decreto, de 11 de enero de 1887, para la creación de un asilo para inválidos del trabajo. *Gaceta de Madrid*, nº 13, 13 de enero de 1887.

caba atender a personas carentes de redes familiares a fin de obtener el sustento cotidiano[33]. Más allá de la novedad de esta institución, se ha puesto de manifiesto en distintos estudios que el Asilo operó principalmente como un mero centro asistencial sin que tuviese previstas actividades de rehabilitación funcional ni de naturaleza docente, salvo pequeños talleres ocupacionales que no tenían como objetivo la formación de las personas para un oficio alternativo[34].

La segunda consecuencia inmediata de las labores de la *Comisión de Reformas Sociales* fue la promulgación en 1900 de la Ley de Accidentes de Trabajo (LAT), un texto legal determinante en la mejora de las condiciones de las personas que trabajaban por cuenta ajena ante la eventualidad de sufrir un percance en su desempeño profesional[35]. La novedad de esta normativa partía del hecho de considerar la responsabilidad de la parte empleadora ("el patrono") en los accidentes ocurridos a los operarios en el ejercicio de su trabajo. Antes de esta norma, los accidentados en el puesto de trabajo solo percibían indemnización en caso de que se probase negligencia por la parte empleadora, pero con la LAT se producía un cambio de enfoque al implementar la teoría del riesgo profesional, con todas las consecuencias que ello traía consigo[36].

La Ley especificaba las industrias o trabajos que daban lugar a la emergencia de esa responsabilidad, donde llamativamente quedaba fuera el ámbito agrícola, en lo que se entendió como uno de los grandes déficits de esta norma y una evidente concesión a los grandes propietarios agrarios de la época. Desde el punto de vista de quienes sufrían una discapacidad por motivos laborales se pueden destacar tres ámbitos en los cuales la Ley resultaba tuitiva para las personas que hubiesen quedado

---

33 Real Orden, de 12 de enero de 1892, por el que se otorga Instrucción General y Reglamento del Asilo de inválidos del trabajo. *Gaceta de Madrid*, nº 15, de 15 de enero de 1892.

34 PALACIOS SÁNCHEZ, J., "La institución pionera de la rehabilitación en España", *Boletín del Real Patronato de prevención y de atención a personas con minusvalía*, nº 15, abril, 1990, pp. 8-10; MARTÍNEZ-PÉREZ, J. y PORRAS GALLO, M.I., "Hacia una nueva percepción social de las personas con discapacidades: Legislación, medicina y los inválidos del trabajo en España (1900-1936)", *DYNAMIS*, nº 26, 2006, pp. 201-202.

35 Ley, de 30 de enero de 1900, de Accidentes de Trabajo. *Gaceta de Madrid*, nº 31, de 31 de enero de 1900.

36 MARTÍNEZ QUINTEIRO, E., "El nacimiento de los seguros sociales (1900-1918)", AA.VV., *Historia de la Acción social pública en España, cit*, pp. 263-265.

discapacitadas. En primer lugar cuantificaba la protección económica a recibir por la persona que hubiera quedado discapacitada en forma de indemnización a recibir por el "patrono" dependiendo de si la invalidez laboral fuese parcial o absoluta, temporal o perpetua (Artículo 4.1 y 4.2); en segundo lugar, también se perfilaba un derecho a recibir del empleador asistencia médica o farmacéutica hasta el momento en que pudiese reincorporarse a su puesto de trabajo en el caso de la invalidez temporal o se produjese un dictamen facultativo que decretase una incapacidad permanente. Incluso se preveía, en la eventualidad del fallecimiento del trabajador, el importe de los gastos del sepelio que debería abonar el patrono, así como la indemnización que, en tal circunstancia, correspondería a la viuda o descendientes (Artículo 4.3 y 5). En tercer lugar, los derechos contenidos en esta Ley se configuran como irrenunciables, siendo nulo cualquier acuerdo que conllevase la renuncia a los beneficios previstos en ella o cualquier disposición contraria a sus previsiones (Artículo 19).

Pero, más allá de las novedades legislativas introducidas por esta Ley, así como de la conciencia de las deficiencias y omisiones que presentaba, el texto era indicativo de una nueva sensibilidad política y social en relación con las personas discapacitadas, particularmente como consecuencia del desempeño laboral. La idea fuerza que emanaba de este nuevo enfoque ponía el acento en la responsabilidad social ante estas personas, que tradicionalmente habían sido entregadas a la asistencia público-privada, quedando sometidas, como hemos visto anteriormente, a un juicio moral en relación con su situación de no poder acceder a una ocupación productiva. En este texto hay un compromiso evidente de afrontar la situación de las personas discapacitadas como consecuencia de un accidente laboral, desde el interés común y desde la responsabilidad ineludible de distintos agentes sociales. Un nuevo marco de sensibilidad y obligaciones legales había quedado fijado[37].

En este punto, la cuestión relativa a la atención y gestión de la realidad derivada de las personas accidentadas en el trabajo quedó como una cuestión ineludible para los poderes públicos al abordar la conoci-

---

37 PORRAS GALLO, M.I., "La medicina y los seguros en el abordaje del problema de los inválidos del trabajo en España en la primera mitad del siglo XX", *História, Ciências, Saúde – Manguinhos*, vol. 13, nº 2, 2006, pp. 395-397; MARTÍNEZ-PÉREZ, J. y PORRAS GALLO, M.I., "Hacia una nueva percepción social", *cit.* pp. 203-204.

da como "cuestión social". Desde 1902, siendo el liberal José Canalejas ministro de Industria[38], decidió buscar un nuevo marco para estimular la agenda de reformas y sustituir a la Comisión de Reformas Sociales por un Instituto del Trabajo. Finalmente fue un Real Decreto del conservador Francisco Silvela, presidente del Consejo de ministros, el cual creó el *Instituto de Reformas Sociales*, donde se impulsaron iniciativas que, en lo que a este trabajo afecta, resultaron relevantes para dar continuidad a la protección, prevención y rehabilitación de personas discapacitadas como consecuencia de un accidente laboral[39].

2. Un hito importante en el camino: el surgimiento de los sistemas de previsión social y la atención educativa a las personas con discapacidad en el ámbito laboral

Una de las omisiones de la LAT de 1900 era la falta de un fondo de garantía que asegurase el pago de las prestaciones debidas a las personas que padeciesen una invalidez temporal o permanente como consecuencia de un accidente laboral. No fue hasta 1908 cuando se logró, mediante una Ley, la creación del Instituto Nacional de Previsión, un ente autónomo estatal dirigido a "difundir e inculcar la previsión popular, especialmente la realizada en forma de pensiones de retiro" (Artículo 1)[40]. Posteriormente, en 1910, mediante Real Decreto se encomendó al Instituto Nacional de Previsión la creación de una Caja de Seguro popular de Invalidez "para los riesgos nacidos de accidentes del trabajo y administración de un fondo patronal obligatorio, que asegure de la insolvencia posible de los obligados por la Ley a indemnizar a las víctimas de los mencionados accidentes del trabajo" (Artículo 2)[41]. La norma nacía fruto de la vocación previsora hacia las personas con discapacidad, tal y como se razonaba en la exposición de motivos "Los accidentes del trabajo y los gravísimos daños que se producen al obrero por causa de

---

38 Ministro de Agricultura, Industria, comercio y Obras Públicas

39 Real Decreto, de 23 de abril de 1902, estableciendo en el Ministerio de Gobernación un Instituto de Reformas Sociales. *Gaceta de Madrid,* nº 120, de 30 de abril de 1902.

40 Ley, de 27 de febrero de 1908, referente a la organización por el Estado de un Instituto Nacional de Previsión. *Gaceta de Madrid,* nº 60, de 29 de febrero de 1908.

41 Real decreto, de 5 de marzo de 1910. *Gaceta de Madrid,* nº 65, de 6 de marzo de 1910.

sus enfermedades deben ser objeto cuidadoso y preferente del seguro con intervención del Estado, modernizando las Sociedades de socorros mutuos hoy existentes y creando nuevas instituciones con ese fin". Sin embargo, no se contemplaba la obligatoriedad de esta medida y en la década siguiente pocos avances se dieron en lo relativo al seguro de invalidez[42].

Durante los años de existencia del Instituto de Reformas Sociales, una de sus principales líneas de trabajo y debate fue la superación de las limitaciones que traía consigo la Ley de Accidentes de Trabajo de 1900, hasta el punto de ir redactando distintos Proyectos de Ley desde 1904 que, con el tiempo, fructificarían en la Ley de Accidentes de Trabajo de 1922. Sin embargo, el aspecto que resultó determinante para nuestro objeto de estudio fue que, dentro de esta tarea reformadora, la cuestión de la reeducación profesional de las personas discapacitadas como consecuencia de la siniestralidad laboral volvió a emerger con fuerza y demandó una respuesta práctica. Es preciso recordar que el ya existente Asilo para los inválidos del trabajo, no preveía actividades de rehabilitación funcional para sus ingresados y que esa omisión estaba también presente en la LAT de 1900.

No obstante, una nueva realidad traería el cambio de perspectiva imprescindible para considerar esta cuestión como prioritaria, un prisma novedoso en el conocimiento de la ciencia médica y en la propia sensibilidad social. La Primera Guerra Mundial, paradójicamente junto con su enorme carga destructiva y devastadora, trajo consigo varias innovaciones médicas considerables, como las transfusiones de sangre, el desarrollo de la cirugía reconstructiva o cirugía plástica o el diseño y fabricación de prótesis complejas. Las calles de las ciudades europeas se llenaron de veteranos de guerra discapacitados que, a diferencia de otras víctimas de guerra tradicionales, como las viudas o los huérfanos, demostraron tener una gran capacidad de influencia en la opinión pública[43]. La sensibilidad social exigió y los poderes públicos de distintos

---

42 En la Exposición de Motivos del mismo Real Decreto ya se explicaba que "No puede implantarse en España, desde luego el seguro obligatorio, que necesita una preparación especial y difícil, y una Hacienda robusta y desahogada". Ver también, MARTÍNEZ QUINTEIRO, E., "El nacimiento de los seguros sociales", *cit.*, pp. 259-260.

43 COOTER, R., "War and modern medicine", en AA.VV., *Companion Encyclopedia of the History of Medicine,* (Eds. BYNUM y PORTER), Londres: Routledge, 1993, pp. 1544-1558.

países europeos (siendo Francia un ejemplo notable) comenzaron a gestionar, centros de reeducación para fomentar la reinserción social y laboral de las personas mutiladas en la guerra. El hecho de que la labor realizada en estos centros se considerase un éxito, llevó en 1918 a extender la medida de ingreso gratuito en un centro de reeducación a todos los mutilados de guerra franceses y en 1919 adquirió la categoría de derecho. La cuestión de por qué no extender una previsión similar a las personas inválidas del trabajo surgió aquel mismo año[44]. La sensibilidad social había prendido.

Por más que España no hubiese sido contendiente en la Primera Guerra Mundial, tenía en la larga guerra de Marruecos y el desastre de Annual de 1921 un punto de contacto con las consecuencias de los conflictos armados, de forma que ni la opinión pública española ni las Cortes Generales fueron ajenas a esta tendencia. De ahí se explica que la Ley de Accidentes de trabajo de 1922 recogiese la demanda trasladada desde el ámbito sanitario de incidir en la rehabilitación y la reeducación profesional. El estado no tuvo la misma receptividad con otra de las reivindicaciones tradicionales de la época como era la obligatoriedad de los seguros de trabajo[45]. En su artículo 23 preveía que correría a cargo del Ministerio de Trabajo la creación y organización de "un servicio especial de reeducación de los inválidos del trabajo, que tendrá por objeto devolver a estos la capacidad profesional suficiente para que puedan atender por sí mismos a su subsistencia"[46]. La norma que desarrolló esta previsión llegó en el Real Decreto por el cual se creó el Instituto de Reeducación Profesional que, si bien estaba adscrito al Ministerio de Trabajo, también preveía en su artículo 3 el ingreso y atención de otras personas discapacitadas, como ciegos o inválidos (no víctimas de accidente laborales) que, por su condición vulnerable se entendía que estaban en riesgo de llegar a la mendicidad, si es que no lo habían

---

44 PORRAS GALLO, María Isabel, "El papel de la medicina y los médicos franceses en la reeducación profesional de los inválidos del trabajo al término de la Primera Guerra Mundial: primeras propuestas legislativas" en AA.VV., *La medicina ante el nuevo milenio: una perspectiva histórica.* (Coords. Martínez Pérez, PORRAS GALLO, SAMBLÁS TILVE. y DEL CURA GONZÁLEZ), Cuenca: Ediciones de la Universidad de Castilla-La Mancha, 2004, pp. 519-521.

45 PORRAS GALLO, María Isabel, "La medicina y los seguros en el abordaje del problema", *cit.*, pp. 400-401.

46 Ley, de 10 de enero de 1922, reformada relativa a los accidentes del trabajo. *Gaceta de Madrid*, nº 11, de 11 de enero de 1922.

hecho ya, y que eran atendidos por el Ministerio de Gobernación. Sin perjuicio de que otras instancias de la administración pública pudieran pedir también el ingreso de personas que precisasen, a su juicio, de una reeducación en los términos establecidos por el Real Decreto[47].

Entre las funciones previstas para el Instituto de Reeducación Profesional, figuraba la de dar de alta a las personas a las que atendía en el régimen legal de retiro obrero, abonando también sus cuotas (Artículo 4). Entre los objetivos del Instituto estaba la resocialización de los internos a través de la reeducación y la inserción profesional. Para ello el Instituto ofrecía readaptación funcional (centrada en la recuperación, hasta el máximo posible, de la capacidad fisiológica de las personas, a través de herramientas terapéuticas o quirúrgicas), la reeducación profesional (aportando enseñanza profesional graduada mediante talleres) y la tutela social de las personas reeducadas (facilitando la inserción laboral de la persona objeto de reeducación en centros acordes a su habilidad profesional)[48].

Se ha destacado el valor de esta normativa de 1922, así como la labor del Instituto, como indicadores de un cambio de metodología y enfoque al afrontar la realidad de las personas discapacitadas, que incluso favoreció un cambio en la percepción social de las mismas. No obstante, en la década siguiente se hubieron de afrontar distintas dificultades que hicieron que la valoración que los contemporáneos hacían de los logros del Instituto no fuese tan favorable, particularmente en relación con los efectos de la crisis económica de 1929 y en relación con las dificultades

---

47 Real Decreto, de 4 de marzo de 1922, creando el Instituto de Reeducación profesional. *Gaceta de Madrid*, nº 64, de 5 de marzo de 1922. "El Instituto se relacionará con el Ministerio de la Gobernación a los efectos de extender la reeducación profesional a aquellos inválidos y ciegos acogidos en los establecimientos del Estado, o a los que, dentro de las disposiciones vigentes sobre represión de la mendicidad, se hallan sujetos a la acción de las Autoridades gubernativas" (Artículo 3).

48 Un repaso a los logros y la orientación del Instituto se encuentra en MARTÍNEZ PÉREZ, J., "El obrero recuperado: medicina del trabajo, ortopedia y tecnología médica en la imagen social de las personas con discapacidades (España 1922-1936)" *História, Ciências, Saúde–Manguinhos,* vol. 13, nº 2, abril-junio, 2006, pp. 349-373.

que en la práctica presentaba la reinserción laboral de las personas reeducadas[49].

3. Una vieja reivindicación por fin atendida. La asistencia como seguridad social

El advenimiento de la II República trajo consigo una nueva Ley de Accidentes del Trabajo en 1932[50]. Esta vez sí, la tan demandada obligatoriedad del seguro de accidentes de trabajo tuvo reflejo en el texto legal. Pero esto a su vez implicó un diferente abordaje de la discapacidad fruto de un accidente laboral, distinto de la discapacidad debida a otros motivos. Con posterioridad, en 1933, el seguro obligatorio de accidentes del trabajo se implementó a través de la Caja Nacional de Seguros de Accidentes del Trabajo, uno de cuyos servicios anejos era la Clínica del Trabajo[51]. Ahí quedó residenciada la reeducación de las personas discapacitadas como consecuencia de un accidente del trabajo o enfermedad profesional. Fruto de esta reforma, el Instituto de Reeducación profesional vio reducidas algunas de las funciones que realizaba hasta la fecha y ello obligó a su transformación a fin de ocuparse de las personas cuya discapacidad proviniese de patologías congénitas o bien no incluidas entre las previstas en la Ley de Accidentes del Trabajo de 1932[52]. El Instituto de Reeducación Profesional pasó a reorganizarse con el nombre de Instituto Nacional de Reeducación de Inválidos (INRI), orientado a la atención y, en palabras del mismo Decreto, "convertido en clínica, residencia eventual y escuela de recuperación de lisiados, baldados, paralíticos, tullidos, deformes; en una palabra, de todos los

---

49 MARTÍNEZ-PÉREZ, J. y PORRAS GALLO, M.I., "Hacia una nueva percepción social", *cit.* pp. 212-217; PORRAS GALLO, M.I., "La medicina y los seguros en el abordaje del problema", *cit.*, p. 401.

50 Texto refundido de la Ley de 4 de julio de 1932, aprobado por decreto de 8 de octubre de 1932. BOE, nº 286, de 12 de octubre de 1932.

51 Decreto, de 31 de enero de 1933, aprobando el Reglamento de la Ley de Accidentes del Trabajo en la Industria. *Gaceta de Madrid* nº 38, de 7 de febrero de 1933.

52 Un estudio acerca del paso de las instituciones de beneficencia a la asistencia social en España se encuentra en ROJO ÁLVAREZ-MANZANEDA, M.L., "Síntesis legislativa de la transformación de la beneficencia en asistencia social" en AA.VV., *Nuevas perspectivas del tratamiento jurídico de la discapacidad y la dependencia* (Coords. GARCÍA GAMICA y ROJO ÁLVAREZ DE MANZANEDA). Madrid: Dykinson, 2014, pp. 433-442.

desgraciados por mutilaciones, anomalías y lesiones de sus miembros o tronco, que les priven de la movilidad normal y les inhabiliten para las actividades corrientes de la vida"[53].

Se encomendaban al INRI labores de tratamiento médico con finalidad reeducativa para las personas atendidas, un régimen pedagógico con modalidades especiales para quienes estuviesen acogidos, la formación profesional o técnica a través de la Escuela de Reeducación fundacional, así como la formación del personal facultativo, técnico y docente. La finalidad del INRI alcanzó, con posterioridad, hacia mediados de la década de 1950, una orientación complementaria, pero a la postre determinante cuando la Ley de Formación Profesional Industrial le encomendó la asistencia y el tratamiento médico de los inválidos procedentes de la industria y, de modo especial, la adaptación profesional de los adolescentes y la readaptación de los adultos (artículo 25)[54].

De esta forma, el Instituto terminó por combinar tanto la vertiente médico-asistencial con la docente-profesionalizadora. De esta doble actividad da fe el informe del curso académico 1959-60, en el que se aprecian también los principales desafíos existentes en materia de discapacidad física durante los primeros años del desarrollismo franquista, desde el punto de vista de las patologías tratadas, así como de su origen[55]. Por ejemplo, se daba cuenta de que la mayor parte de las causas de discapacidad tratadas provenían de la poliomielitis, de manera destacada, si bien también se atendieron casos producto de "anomalías congénitas y amputaciones", así como de la tuberculosis ósea, de la cual se deja constancia que, si bien en los años anteriores había presentado una incidencia muy alta, cada vez se registraban menos casos. Igualmente, las parálisis espásticas cerebrales, ocupaban un lugar destacado, mientras que era menor la incidencia de distrofias, osteomielitis, artritis reumatoides, escoliosis y artrogriposis. En cuanto a la parte formativa, se dejaba constancia de que se había dividido a las personas acogidas en tres grupos, dependiendo de su nivel educativo previo. En primer lugar, se implementó un nivel de

---

53 Decreto, de 5 de junio de 1933, disponiendo que el Instituto de Reeducación profesional se denomine en lo sucesivo "Instituto Nacional de Reeducación de Inválidos" y ordenando desarrolle las actividades y servicios que se mencionan. *Gaceta de Madrid* nº 158, de 7 de junio de 1933.

54 Ley de 20 de julio de 1955 sobre Formación Profesional Industrial. BOE, nº 202, de 21 de julio de 1955.

55 MINISTERIO DE EDUCACIÓN NACIONAL. Instituto Nacional de Reeducación de Inválidos. Curso 1959-1960. Madrid: Hauser y Menet, 1961.

pre-iniciación dirigido a aquellas personas que carecían de una escolarización previa, en la mayoría de los casos debido a la discapacidad que padecían. En segundo lugar, se impartió un primer año de iniciación profesional, equivalente a primero de bachillerato, para quienes tuviesen el certificado de estudios primarios. En tercer lugar, la impartió la propia Formación Profesional en trabajos de madera, electricidad, dibujo y metal.

4. La articulación de medidas de protección social como vía para el mantenimiento del orden público desde paradigmas científicos

Por Real Decreto de 22 de enero de 1910 se creó dentro del Ministerio de Instrucción Pública y Bellas Artes el Patronato Nacional de Sordomudos, Ciegos y Anormales (PNSCA)[56]. Ya en su exposición de motivos se aportaban estadísticas que cifraban en 15.000 las personas mudas en España y elevaban hasta los 25.000 la de personas ciegas. Del tercer colectivo no se aportaron datos numéricos, aunque sí que se daba una definición, muy representativa a los ojos de hoy en día, de lo que en aquella época se entendía por personas "anormales", que dice "individuos afectos de diversas manifestaciones psicopáticas que los apartan de la normalidad social". Una definición tan laxa y formulada en términos casi más morales que médicos, en la que podrían tener cabida no solo personas con discapacidades físicas o psíquicas, sino también personas con trastornos del carácter o con comportamientos moralmente reprobables. A continuación, la Exposición de Motivos continúa justificando, a la vista de las estadísticas y la realidad de las personas afectadas, una decidida política intervencionista por parte de las autoridades públicas desde una perspectiva médica y pedagógica.

Al Patronato se le encomendaba la tarea de informar al ministerio de Instrucción Pública acerca de la protección higiénica, pedagógica y social de las personas afectadas, la elaboración de estadísticas sobre estos colectivos, así como la profilaxis e higiene de estas patologías o la organización de la enseñanza y la tutela social (artículo 3). A pesar de las buenas intenciones, los testimonios de la época evidencian que el Patronato no llegó a funcionar con la plenitud prevista en su origen debido a los recurrentes

---

56 Real Decreto estableciendo, bajo la presidencia del ministro de este Departamento, un Patronato Nacional de Sordomudos, Ciegos y Anormales. *Gaceta de Madrid*, nº 64, de 24 de enero de 1910.

problemas presupuestarios de la época y al hecho de que la realidad que afecta a las personas ciegas, las sordomudas y al diverso colectivo de realidades que en 1910 se recogían bajo el genérico calificativo de "anormales" tienen poco que ver, por mucho que se engloben en una institución común[57].

La contradicción que tenía el PNCSA al recoger bajo su competencia a discapacidades tan diversas y de tratamiento tan dispar llevó al cabo de pocos años a la reforma de la institución, dentro del mismo Ministerio de Instrucción Pública, mediante la creación del Patronato Nacional de Anormales (PNA).[58] El espíritu de esta reforma, tal y como se indicó en la exposición de motivos, venía motivado por una vocación médica y pedagógica. Este enfoque ya representa una diferencia relevante en relación con el Real Decreto anterior, pues se acepta que la educación de las personas ciegas y sordomudas había sido el principal objeto de atención hasta la fecha, pero se reconocía la necesidad de abundar en el conocimiento, diagnóstico, tratamiento, educación y tutela de la infancia afectada por otro tipo de patologías mentales y psíquicas. En el ámbito de la "anormalidad mental" la norma exponía una clasificación de patologías según su grado de inserción social posterior. Por más que este listado se formulase en términos que, leídos a día de hoy resulten chocantes, respondía a una lógica médica y sacaba de la indefinición el concepto de "anormal" tal y como se formulaba en la normativa precedente[59].

---

57 Un análisis más detallado de estos motivos se encuentra en DEL CURA GONZÁLEZ, M., "Un Patronato para los anormales: primeros pasos en la protección pública a los niños con discapacidad intelectual en España (1910-1936)", *Asclepio. Revista de Historia de la Medicina y de la Ciencia*, vol. LXIV, nº 2, julio-diciembre 2012, pp. 541-564.

58 Real Decreto, de 24 de abril de 1914, reformando el Patronato Nacional de sordomudos, ciegos y anormales, disponiendo que en lo sucesivo se denomine Patronato Nacional de Anormales, y que su objeto, composición, atribuciones y funcionamiento se rijan por las disposiciones que se publican. *Gaceta de Madrid*, nº 115, de 25 de abril de 1914.

59 La clasificación diferenciaba entre "(1) Los defectuosos mentales casi ineducables para el ejercicio de una actividad socialmente útil, y para los cuales, el tratamiento de tipo médico y de asilo tiene la mayor importancia (2) Los imbéciles de grado medio que son educables y capaces de realizar una actividad útil (3) Los débiles y retrasados mentales cercanos del umbral de la normalidad" (Exposición de motivos)

El mencionado enfoque médico pedagógico con el que se abordaba la cuestión se materializaba también en dos iniciativas específicas. Por un lado, la creación de un Instituto Central dotado de laboratorio y centro médico-psicológico a fin de avanzar en el diagnóstico y tratamiento de las patologías (artículo 5) y, por otro lado, el establecimiento de escuelas especializadas (artículo 6).

Sin embargo, la importante labor pedagógica que se encomendaba en el Real Decreto no tuvo una materialización inmediata. A comienzos de la década de 1920 todavía desde el PNA se seguía solicitando la creación de escuelas específicas para personas anormales[60]. El paso previo se dio en 1921 en que se creó una granja agrícola aneja a la cual se estableció una escuela graduada destinada a la enseñanza de niños anormales[61]. Este sería el precedente de la Escuela Central de Anormales (ECA), que fue creada en 1924 para la "reeducación de niños afectos de retraso o anomalía mental", para la formación de personal docente en esta disciplina, así como para la divulgación social del conocimiento con vistas a contribuir a dar solución a la penosa realidad de las personas anormales en la época (artículo 1)[62].

Si bien el balance que se hace en distintos estudios acerca de los objetivos alcanzados por el Patronato en la década de los años 1920 no es particularmente satisfactorio, no ocurre lo mismo con la ECA, de la cual se destaca que mantuvo una creciente actividad en el transcurso de los años, lo cual la posicionó en un lugar de referencia en España. SAMBLÁS destaca cómo en su primer año de vida, durante la dictadura de Primo de Rivera, en la sede que se encontraba en un hotel del Paseo de la Castellana, se admitió a 54 personas. En 1931, el año del advenimiento de la segunda

---

60 Para un recuento de las dificultades de esta época, véase SAMBLÁS TILVE, P., "El Dr. César Juarros (1879-1942) y la Escuela Central de Anormales", en AA.VV., *La medicina ante el nuevo milenio: una perspectiva histórica.* (Coords. MARTÍNEZ PÉREZ, PORRAS GALLO, SAMBLÁS TILVE y DEL CURA GONZÁLEZ). Cuenca: Ediciones de la Universidad de Castilla-La Mancha, 2004, pp. 539-550; MOLINA ROLDÁN, R.M., "La escuela de anormales de Madrid" en AA.VV., *El largo camino hacia una educación inclusiva: la educación especial y social del siglo XIX a nuestros días.* XV Coloquio de Historia de la Educación (Coords. BERRUEZO CONEJERO), Pamplona-Iruñea, 29, 30 de junio y 1 de julio de 2009, vol. 1, 2009, pp. 297-309.

61 Real Orden, de 23 de septiembre de 1921, creando una granja Agrícola en el Instituto Nacional de Sordomudos, Ciegos y Anormales. *Gaceta de Madrid,* nº 292, de 19 de octubre de 1921.

62 Real orden, de 6 de diciembre de 1924, aprobando el Reglamento de la Escuela Central de Anormales con las modificaciones que se insertan. *Gaceta de Madrid,* nº 359, de 24 de diciembre de 1924.

República, fueron 300 las personas que ingresaron en la nueva sede de la calle General Oraá en Madrid[63].

Como estamos viendo, la perspectiva que se implementó en los años centrales del siglo XX primaba el enfoque médico y asistencial completado con una orientación pedagógica y formativa con vistas a su inserción profesional futura, instrumentalizada en Institutos que pretendían asistir a personas de todo el territorio nacional. Producto de ello, junto con el INRI, vieron la luz en las décadas posteriores el Colegio Nacional de sordomudos y el Instituto Nacional de Pedagogía Terapéutica (INPT), en 1947 y 1967, respectivamente[64]. Ambas instituciones nacieron como centros docentes para la formación y preparación profesional de las personas atendidas. En el caso del INPT también se le encomendaba el estudio de la realidad y la problemática específica de la infancia y juventud afectada.

Ya en la etapa democrática, como consecuencia de la reforma de la educación especial, los tres Institutos se transformaron en Centros específicos de Educación Especial de régimen ordinario[65]. La nueva orientación adoptada a finales del siglo XX, unida al carácter compuesto del Estado mediante la realidad autonómica, llevó a que estas instituciones perdiesen su carácter asistencial y a que su ámbito de actuación se fuese viendo reducido hasta el punto de limitarse a escolarizar a estudiantes de la comunidad autónoma en la que estaban ubicados. Por este motivo fueron convertidos en centros de educación especial de carácter provincial.

---

63 SAMBLÁS TILVE, P., "El Dr. César Juarros (1879-1942) y la Escuela Central de Anormales", *cit.* pp. 548-549; DEL CURA GONZÁLEZ, M., "Un Patronato para los anormales: primeros pasos en la protección pública", *cit.* pp. 556-557.

64 Orden de 30 de septiembre de 1947 por la que se aprueba el Reglamento de Régimen y funcionamiento del Colegio Nacional de Sordomudos. BOE nº 293, de 20 de octubre de 1947; Decreto 1821/1967, de 20 de julio, por el que se aprueba el Reglamento del Instituto Nacional de Pedagogía Terapéutica. BOE nº 202, de 24 de agosto de 1967.

65 Real Decreto 334/1985, de 6 de marzo, de ordenación de la Educación Especial. BOE nº 65, de 16 de marzo de 1985; Real Decreto 967/1986, de 11 de abril, por el que los Institutos Nacionales de Reeducación de Inválidos, de Sordos y de Pedagogía Terapéutica se transforman en Centros específicos de Educación Especial de régimen ordinario. BOE nº 120, de 20 de mayo de 1986.

5. La formación integral de las personas discapacitadas. Los planes especiales de educación

Precisamente fue durante esa década de los años 30 del siglo XX, aún durante el periodo republicano, cuando se impuso un nuevo enfoque al tomarse la decisión de integrar los centros e instituciones dedicadas a la formación de personas con discapacidad física o mental (deficientes físicos o mentales, inválidos y anormales, en la terminología de la época) bajo un mismo patronato, el Patronato Nacional de Cultura de los Deficientes[66]. Llama la atención, desde la misma denominación, el empleo de un nuevo término "deficientes", bajo el cual se amparaba a personas con discapacidades motoras, sensoriales e intelectuales. También destaca la utilización del concepto "cultura" debido a que los objetivos de esta institución no se centraban únicamente en la vertiente pedagógica sino que pretendían extenderse también a distintos ámbitos de manifestación cultural, así como a los medios para desarrollarlas, como se razonaba en la exposición de motivos, y que en su artículo 5 llegaba a especificar, entre los medios materiales, las fonotecas circulares para ciegos, las bibliotecas en Braille u otro tipo de materiales especiales. Estas medidas no pudieron desarrollarse con la intensidad prevista toda vez que el golpe de Estado y el posterior conflicto bélico cambiaron el curso de los acontecimientos.

Desde un punto de vista general en relación con la discapacidad, el Estado franquista planeó coordinar a las instituciones privadas y públicas dedicadas a la recuperación de personas discapacitadas a fin de concertar la acción sanitaria y la monitorización estadística de la realidad de la discapacidad[67]. De acuerdo al ideal rehabilitador propio de la época, la finalidad de esta medida residía principalmente en la asistencia, recuperación y eventual inserción laboral de las personas discapacitadas.

Durante el régimen franquista, la Ley de Educación primaria previó en su artículo 33 la creación de escuelas especiales "para niños anorma-

---

66 Decreto, de 3 de abril de 1934, disponiendo que todos los Centros e Instituciones oficiales destinados a la cultura de los deficientes físicos o mentales, inválidos y anormales, estarán efectos a un Patronato que se denominará Patronato Nacional de Cultura de los Deficientes. *Gaceta de Madrid*, nº 96, de 6 de abril de 1934.

67 Decreto de 6 de junio de 1949 por el que se establece la Lucha Sanitaria Nacional contra la invalidez. BOE, nº 201, de 20 de julio de 1949.

les y deficientes mentales" además del fomento de las de iniciativa privada. Igualmente se preveía la creación de escuelas para "niños sordomudos, ciegos y deficientes físicos"[68]. En desarrollo de esta previsión se creó primero el Patronato Nacional de la Infancia Anormal, que poco después pasaría a reorganizarse como Patronato Nacional de Educación especial[69], cuyas funciones, entre otras, consistirían en la elaboración de un Plan Nacional de Educación Especial que incluyese la formación profesional y adaptación social, la coordinación del diagnóstico precoz de las patologías psiquiátricas a través de consultorios, la organización de estudios para la capacitación de profesorado especializado o la comunicación a la sociedad a través de campañas de sensibilización (artículo 5).

Al final del franquismo y como antecedente al régimen constitucional posterior, se promulgó la Ley General de Educación de 1970[70], que al igual que sus antecesoras contemplaba la creación de un tratamiento educativo adaptado a las personas "deficientes e inadaptados" con vistas a su incorporación social y laboral (artículo 49). Se anticipaban los mecanismos para diagnosticar los casos de personas necesitadas de educación especial (artículo 50), así como la creación de centros especiales para aquellas personas cuya discapacidad requiriese una atención e intervención de mayor duración y profundidad (artículo 51).

La orientación, que ya existía en la época, acerca de la educación especial trataba de integrar el enfoque pedagógico con el médico-científico, teniendo en cuenta el contexto personal, familiar y social. En consecuencia, la educación especial era concebida como un proceso que debía integrar las diferentes actividades diagnósticas, pedagógicas y médico-sanitarias de una manera personalizada. Para la diseminación y perfeccionamiento de un sistema de educación especial de esa naturaleza se creó el Instituto Nacional de Educación Especial (INEE), como

---

68 Ley de 17 de julio de 1945 sobre Educación Primaria. BOE nº 199, de 18 de julio de 1945.

69 Decreto, de 9 de diciembre de 1955, por el que se reorganiza el Patronato Nacional dé la Infancia Anormal, que se denominará «Patronato Nacional de Educación Especial», y se crean sus Secciones provinciales. BOE nº 2, de 2 de enero de 1956.

70 Ley 14/1970, de 4 de agosto, General de Educación y Financiamiento de la Reforma Educativa. BOE nº 187, de 6 de agosto de 1970.

entidad de Derecho público con personalidad jurídica[71]. Tras la muerte de Franco, se produjo una reorganización institucional mediante la creación del Real Patronato de Educación Especial, bajo la presidencia de la Reina de España e integrado por los ministros de Justicia, Hacienda, Gobernación, Educación y Ciencia y Trabajo, así como por el director y el secretario general del INEE. Correspondería a este último la ejecución de las orientaciones marcadas por el Real Patronato[72].

En lo relativo a las medidas de previsión, el Estado franquista implementó el Seguro Obligatorio de Enfermedad (SOE) en 1942 dentro de una concepción intervencionista propia del momento histórico en el que se configuraba como un derecho y a la vez una obligación que cada trabajador tenía para con su país[73]. La propia exposición de motivos ya se aludía al contexto para justificar que la medida propuesta "se plasmase en una realidad este seguro, con carácter obligatorio para los productores económicamente débiles y con la amplitud y generosidad propia de nuestra Revolución Nacionalsindicalista". La previsión de los artículos 14 y 17 estaban dedicadas a personas con discapacidad para los casos en que debiesen prescribirse artículos de ortopedia o prótesis, así como para contemplar la retribución que tuviese como causa la incapacidad laboral. Se ha destacado que este sistema, por el cual el Estado adquiría la obligación de implementar un sistema de asistencia sanitaria a toda la población trabajadora nació, no obstante, con destacadas insuficiencias[74].

El advenimiento del régimen constitucional de 1978 no trajo, en su comienzo un cambio del paradigma rehabilitador a la nueva concepción de la vida autónoma, que empezaba a abrirse camino. El, por entonces, nuevo texto constitucional abordaba los derechos de las personas discapacitadas en el artículo 49, si bien bajo el término "disminuidos", que no fue modificado hasta 2024. Las disposiciones constitucionales encontraron

---

71 Decreto 1151/1975, de 23 de mayo, por el que se crea el Instituto Nacional de Educación Especial. BOE nº 132, de 3 de junio de 1975.

72 Real Decreto 1023/1976, de 9 de abril, por el que se crea el Real Patronato de Educación Especial y se modifican determinados artículos del Decreto 1151/1975, de 23 de mayo. BOE nº 112, de 10 de mayo de 1976.

73 Ley, de 14 de diciembre de 1942, por la que se crea el seguro obligatorio de enfermedad. BOE nº 361, de 27 de diciembre de 1942.

74 CAYUELA SÁNCHEZ, S., *La invención de la discapacidad, cit.*, pp. 104-105, calcula que solo el 28% de tal población llegó a beneficiarse, en aquel momento inicial, de este sistema.

desarrollo en la Ley de Integración Social de los Minusválidos (LISM), ya derogada, y que respondía al ideal rehabilitador, tal y como se puede apreciar en su artículo 18: "Se entiende por rehabilitación el proceso dirigido a que los minusválidos adquieran su máximo nivel de desarrollo personal y su integración en la vida social, fundamentalmente a través de la obtención de un empleo adecuado" [75]. Además, la LISM se alineaba con dos textos de *soft-law* de referencia dentro del ámbito de las Naciones Unidas del momento: Declaración de los Derechos del Retrasado Mental y la Declaración de los Derechos de los Impedidos[76].

En los años subsiguientes, se reguló la educación para personas con necesidades educativas especiales, tomando como referente el currículum educativo ordinario, adaptado a las realidades y necesidades particulares de los colectivos concretos[77]. Fueron décadas de adecuación a los estándares de derechos humanos, también en materia de discapacidad, si bien, a comienzos de este siglo el balance todavía era mejorable en lo relativo a la plena integración de las personas discapacitadas en los distintos ámbitos de la vida económica, social y cultural, así como en la remoción de los obstáculos que impedían su efectiva participación[78].

---

[75] Ley 13/1982, de 7 de abril, de integración social de los minusválidos. BOE, nº 103, de 30 de abril de 1982. Para un estudio de las repercusiones de esta Ley y de la normativa subsiguiente, ver CASADO MELO, A., "El trabajo y los minusválidos a lo largo de la Historia. Análisis de términos utilizados en el ámbito laboral", *Papeles salmantinos de educación*, nº 15, 2011, pp. 159-180.

[76] Declaración de los Derechos del Retrasado Mental. Resolución 2856 aprobada por la Asamblea General de las Naciones Unidas en su 2027ª sesión plenaria el 20 de diciembre de 1971. Declaración de los Derechos de los Impedidos. Resolución 3447, aprobada por la Asamblea General de las Naciones Unidas en su 2433ª sesión plenaria el 9 de diciembre de 1975.

[77] Fueron dos normas, el Real Decreto 334/1985, de 6 de marzo, de ordenación de la Educación Especial. BOE, nº 65, de 16 de marzo de 1985; y el Real Decreto 696/1995, de 28 de abril, de ordenación de la educación de los alumnos con necesidades educativas especiales. BOE nº 131, de 2 de junio de 1995. Ambos derogados en la actualidad.

[78] Así se expresaba en el informe presentado al Club de Roma DE LORENZO GARCÍA, Rafael, *El futuro de las personas con discapacidad en el mundo*. Madrid: Fundación ONCE, 2003. [en línea], <http://riberdis.cedid.es/bitstream/handle/11181/3504/El%20futuro%20de%20las%20personas%20con%20discapacidad%20en%20el%20mundo.pdf?sequence=1

IV. CUANDO TOCA DECONSTRUIR TODO LO QUE SABEMOS. LA IRRUPCIÓN DEL PARADIGMA SOCIAL Y DE VIDA AUTÓNOMA

Precisamente la preocupación antedicha, junto con la consolidación del paradigma de la vida autónoma, explican que desde el ámbito de las instituciones supranacionales (principalmente las Naciones Unidas y la Unión Europea-UE-) se iniciase una actividad legislativa que propició la consagración en el ordenamiento jurídico de normas que han ido introduciendo el nuevo modelo de la gestión de las realidades de las personas con discapacidad en las políticas públicas.

En el ámbito de la UE es preciso recordar que, entre otras normas, el propio Tratado Constitutivo de la Unión recoge en su artículo 13 la habilitación al Consejo para que adopte las medidas necesarias a fin de evitar la discriminación en distintos ámbitos, entre los cuales figura la discapacidad. Fruto de esta labor, no se pueden dejar de mencionar las directivas antidiscriminatorias de la UE, que han ejercido una influencia considerable en los ordenamientos jurídicos de los estados miembro[79]. En el ámbito concreto de la lucha contra la discriminación en el ámbito de la discapacidad, se incorporaron los ajustes razonables, derivados de los acomodos razonables estadounidenses y canadienses, de acuerdo a los cuales, no ofrecer una medida de acomodo a la discapacidad por parte de una empresa o

---

>. [Consulta: 04/04/2024] Ver también VILLA FERNÁNDEZ, N., "Del ocultamiento a la visibilidad: avances en los derechos de las personas con diversidad funcional durante un siglo (1907-2008)" en AA.VV., *El largo camino hacia una educación inclusiva la educación especial y social del siglo XIX a nuestros días*: XV Coloquio de Historia de la Educación, (Coords. BERRUEZO y CONEJERO). Pamplona-Iruñea, 29, 30 de junio y 1 de julio de 2009. vol. I. Pamplona: Universidad Pública de Navarra, 2009, pp. 213-215.

[79] Directiva 2000/43/CE del Consejo, de 29 de junio de 2000, relativa a la aplicación del principio de igualdad de trato de las personas independientemente de su origen racial o étnico, DOCE, nº 180, de 19 de julio de 2000. Directiva 2000/78/CE, del Consejo, de 27 de noviembre de 2000, relativa al establecimiento de un marco general para la igualdad de trato en el empleo y la ocupación. DOCE, núm nº 303, de 2 de diciembre de 2000. Directiva 2002/73/CE, del Parlamento Europeo y del Consejo, de 23 de septiembre de 2002, que modifica la Directiva 76/207/CEE del Consejo relativa a la aplicación del principio de igualdad de trato entre hombres y mujeres en lo que se refiere al acceso al empleo, a la formación y a la promoción profesionales, y a las condiciones de trabajo. DOCE, nº 269, de 5 de octubre de 2002. Esta última ya está derogada.

un particular, cuando ese acomodo entrase dentro de unos estándares de razonabilidad, sería causa de discriminación indirecta[80].

Entre las actividades desplegadas por el Consejo también se estableció que 2003 fuese el año europeo de las personas con discapacidad, uno de cuyos objetivos era el de sensibilizar a la opinión pública acerca de la heterogeneidad de las formas de discapacidad y las múltiples formas de discriminación a las que se enfrentan las personas con discapacidad[81]. Precisamente aquel mismo año de 2003 se promulgó la Ley 51/2003, de 2 de diciembre, de igualdad de oportunidades, no discriminación y accesibilidad universal de las personas con discapacidad (LIONDAU) [82]. En línea con la nueva sensibilidad en materia de discapacidad, esta ley se basaba de manera expresa en los conceptos de accesibilidad y no discriminación. El primero de ellos está ligado al paradigma de la vida independiente que, en palabras de la propia Ley "defiende una participación más activa de estas personas en la comunidad sobre unas bases nuevas: como ciudadanos titulares de derechos; sujetos activos que ejercen el derecho a tomar decisiones sobre su propia existencia y no meros pacientes o beneficiarios de decisiones ajenas (...) y como ciudadanos que para atender esas necesidades demandan apoyos personales, pero también modificaciones en los entornos que erradiquen aquellos obstáculos que les impiden su plena participación". De hecho, es la no accesibilidad la que es fuente de discriminación, y en esta concepción es relevante la figura de la discriminación indirecta (ya introducida en el ordenamiento español a partir de la trasposición de las directivas antedichas) y en línea con ello, no discriminación, acción positiva y accesibilidad universal son las bases del segundo pilar sobre el que descansaba la LIONDAU. A fin de avanzar de manera decidida en favor de la igualdad sustantiva, se incorporaron medidas de acción positiva para las personas con discapacidad, entre ellas los mencionados ajustes razonables, en virtud de los cuales resulta obligatoria la adopción de medidas de

---

80 Para un estudio acerca de las posibilidades de esta figura tanto en lo relativo a la protección contra la discriminación en el campo de la discapacidad como en otros ámbitos, ver WADDINGTON, L., "Reasonable Accommodation: Time to Extend the Duty to Accommodate Beyond Disability?" en NTM|NJCM-Bulletin, vol. 36, nº 2, 2011, pp. 186-198.

81 Decisión 2001/903/CE del Consejo, de 3 de diciembre de 2001, sobre el Año Europeo de las personas con discapacidad 2003.

82 Ley 51/2003, de 2 de diciembre, de igualdad de oportunidades, no discriminación y accesibilidad universal de las personas con discapacidad. BOE, nº 289, de 03 de diciembre de 2003. Ya derogada.

adecuación del entorno a las necesidades de las personas con discapacidad que faciliten la accesibilidad o la participación de una persona con discapacidad en igualdad de condiciones que el resto de la ciudadanía hasta el límite de la carga desproporcionada (artículo 7).

En el seno de la ONU, se aprobó en 2006 la Convención Internacional de Derechos de las personas con discapacidad, así como su protocolo facultativo. El propósito de esta norma descansa en la promoción, protección y garantía del disfrute pleno y en condiciones de igualdad de todos los derechos y libertades sin discriminación por razón de discapacidad (artículo 1). El paradigma de la vida independiente también tiene reconocimiento expreso, así como el mandato a los poderes públicos para que implementen medidas a fin de que el acceso a la vida en comunidad sea real y efectivo (artículo 19). Esta Convención forma parte del ordenamiento jurídico español[83]. Por este motivo fue necesario modificar ciertas normas a fin de hacer efectivos los derechos que recoge la Convención.

Esta tarea se hizo mediante la Ley 26/2011, desde el paradigma social de la discapacidad para avanzar "hacia la autonomía personal desinstitucionalizada y garantizar la no discriminación en una sociedad plenamente inclusiva"[84]. Por ejemplo, en esta línea, entre otras reformas introducidas, destaca en el ámbito de la accesibilidad, la reforma de la Ley de Propiedad Horizontal en su artículo 10, para obligar a realizar adecuaciones u obras de accesibilidad a las zonas comunes o bien para instalar elementos favorecedores de la comunicación con el exterior. Igualmente se modificó la Ley del Estatuto Básico del Empleado Público en su artículo 11 para aumentar al siete por ciento el cupo de las vacantes que debían ser cubiertas por personas con discapacidad[85].

---

83 Instrumento de Ratificación de la Convención sobre los derechos de las personas con discapacidad, hecho en Nueva York el 13 de diciembre de 2006. BOE, nº 96, de 21 de abril de 2008.

84 Ley 26/2011, de 1 de agosto, de adaptación normativa a la Convención Internacional sobre los Derechos de las Personas con Discapacidad. BOE, nº 184, de 2 de agosto de 2011. Desarrollado por Real Decreto 1276/2011, de 16 de septiembre, de adaptación normativa a la Convención Internacional sobre los derechos de las personas con discapacidad. BOE, nº 224, de 17 de septiembre de 2011.

85 Esta modificación quedó derogada por el Real Decreto Legislativo 5/2015 por el que se aprobó el Texto Refundido del Estatuto del Empleado Público.

El modelo establecido por la LIONDAU requería abordar distintas reformas legislativas a fin de implementar el mandato de los artículos 9.2 y 49 CE. Para esta finalidad, por ejemplo, resultaba necesario el impulso institucional para el conocimiento, utilización y fomento de las lenguas de signos, que resultan determinantes para la interacción con el entorno, así como la expresión verbal y escrita, de manera autónoma y sin discriminación de las personas sordas, con discapacidad auditiva y sordociegas. Un mandato que se abordó en la Ley 27/2007[86]. Acorde con lo establecido por el paradigma social y de vida independiente, este cuerpo legal pone el acento en las potencialidades y las capacidades de las personas, a fin de buscar su desarrollo desde la óptica de la dignidad humana. Diferencia las necesidades fruto de la discapacidad auditiva, las cuales posiblemente hagan a las personas decantarse por la utilización de la lengua de signos, de las necesidades propias de las personas sordociegas, que tal vez las haga escoger formas de comunicación propias de la oralidad. En consecuencia, la Ley estableció el derecho de escoger a las personas según sus propias preferencias y circunstancias personales, en sus artículos 2 y 5.

La revisión histórica que aborda este capítulo termina con un hito legislativo muy relevante en términos de desarrollo del paradigma social y de vida autónoma, como es la Ley 39/2006 de dependencia[87]. Una norma que hace una mención expresa al principio de igualdad en el ejercicio del derecho subjetivo de ciudadanía para alcanzar el ideal de la autonomía personal mediante la creación de un Sistema para la autonomía y la atención a la dependencia. Para fundamentar jurídicamente este modelo, se formularon una serie de derechos propios de las personas en situación de dependencia, tales como a recibir, de manera comprensible y accesible, información relacionada con su situación de dependencia; a participar en el diseño y aplicación de las políticas que afecten a su bienestar; a decidir, cuando tenga capacidad de obrar suficiente, sobre la tutela de su persona y bienes, para el caso de pérdida de su capacidad de autogobierno (artículo 4). Particular interés despiertan, principalmente

86 Ley 27/2007, de 23 de octubre, por la que se reconocen las lenguas de signos españolas y se regulan los medios de apoyo a la comunicación oral de las personas sordas, con discapacidad auditiva y sordociegas. BOE, nº 255, de 24 de octubre de 2007.

87 Ley 39/2006, de 14 de diciembre, de Promoción de la Autonomía Personal y Atención a las personas en situación de dependencia. BOE, nº 299, de 15 de diciembre de 2006.

al hacer la comparación con la orientación que se ha descrito al relatar el paradigma de la rehabilitación, dos derechos cuya formulación incide en la autonomía de la voluntad de las personas dependientes, en un enfoque muy alejado de la posición pasiva que se reservaba a los pacientes desde la lógica rehabilitadora. Estos derechos son el de decidir libremente sobre el ingreso en un centro residencial y el derecho al ejercicio pleno de los derechos jurisdiccionales en el caso de internamientos involuntarios, garantizándose un proceso contradictorio.

V. A MODO DE CONCLUSIÓN

Tal y como hemos visto a lo largo del repaso histórico que propone el presente capítulo, el ordenamiento jurídico en España en los últimos dos siglos ha respondido a distintos enfoques en relación con la gestión de las necesidades de las personas discapacitadas. Tanto la respuesta que ha ofrecido como la terminología que ha empleado no han sido ajenas a las sensibilidades sociales y a los modelos que desde el mundo sanitario se han formulado para comprender la realidad de la discapacidad.

El colectivo de personas discapacitadas ha sido históricamente ignorado y esa ausencia de escucha ha propiciado que terceras personas razonen en su lugar en función de intereses circundantes, pero no necesariamente coincidentes con los de las personas con discapacidad. Siguiendo esta lógica, el ordenamiento jurídico en España en el periodo objeto de nuestro estudio ha ejercido la labor instrumental de preservar el *statu quo*. La advertencia para el poder legislativo es que el Derecho solo ejerce como auténtico instrumento de transformación social cuando adquiere disposición de escucha y va de la mano de otras disciplinas de conocimiento a la hora de profundizar en la atención a la realidad de colectivos tradicionalmente subordinados o que no tienen voz en la conversación pública.

Desde la óptica del primer pensamiento liberal a comienzos del siglo XIX, como hemos visto, la función emancipadora se identificó con la prohibición de ejecutar penas corporales en los centros en los que se atendía a personas discapacitadas, así como en la reivindicación de la beneficencia como una labor del Estado y no de las confesiones religiosas. Las Leyes Generales de Beneficencia de 1822 y 1849 trajeron avances en ámbitos asistenciales. Sin embargo, en otros campos, el ordenamiento jurídico fue deudor de una moralidad dominante en relación con el pauperismo y la asistencia pública, de acuerdo a la cual el mantenimiento del orden público era el principal bien jurídico a proteger y la productividad era un camino de superación del vicio y la ociosidad. Esa labor profiláctica tuvo como consecuencia la segregación de las personas discapacitadas del resto del cuerpo social, con lo que el principio de igualdad, tan reivindicado por las élites liberales, encontró en el campo de la diversidad funcional, otra triste excepción. En este sentido, las primeras Leyes de Beneficencia preveían la asistencia en sus establecimientos tanto a personas discapacitadas como menesterosas, estableciendo una identificación automática entre discapacidad, marginalidad y pobreza.

El paradigma rehabilitador implicó una modificación en la manera de prestar asistencia a la discapacidad, si bien siempre confrontada con el ideal de la "normalidad funcional" hacia el cual era imprescindible confluir. La expansión de la Revolución Industrial puso la llamada "cuestión social" en la agenda institucional y, en el caso español, la labor de la Comisión de Reformas Sociales, resultó significativa. En las décadas siguientes la emergencia de la cuestión fue puesta de manifiesto desde un punto de vista cuantitativo, ya que, a las personas discapacitadas como consecuencia de accidentes laborales, se unió la de quienes volvían de los frentes de combate con heridas de guerra. Este último colectivo fue enormemente influyente y favoreció el surgimiento de una conciencia social y política que condujo a implementar sistemas de previsión social, así como seguros de invalidez para afrontar la siniestralidad laboral. Como hitos jurídicos se puede mencionar la LAT de 1922 y el Instituto de Reeducación profesional.

No fue hasta los albores del Estado prestacional en la II República cuando la LAT de 1932 previó los seguros de accidentes de trabajo. Su importancia no puede ser minusvalorada por más que todavía quedasen varias décadas para replantear todo el paradigma dominante hasta la época. Algo que comenzó a ocurrir en la década de los años 1970, cuando se criticó el modelo rehabilitador por situar a las personas con diversidad funcional al margen del concepto de normalidad y confrontadas con el mismo. En paralelo, desde el punto de vista jurídico, también emergía una nueva concepción del derecho antidiscriminatorio con la figura de la discriminación indirecta, que llamaba la atención acerca del efecto adverso que ciertas normas o estándares, percibidos como neutrales, tenían sobre determinados colectivos. Se abría la puerta a la ruptura de un concepto de igualdad formal por otro de igualdad sustantiva. La formulación del principio de igualdad, que para las personas discapacitadas no dejaba de ser un enunciado con considerables lagunas en su día a día, pudo empezar a verse como un mandato concreto, especialmente a partir de la recepción en Europa de la figura de los ajustes razonables en las directivas de la UE.

El ordenamiento jurídico español ha incorporado esta concepción antidiscriminatoria, así como el paradigma social y de vida independiente. También lo ha hecho en el apartado conceptual. Como se ha podido apreciar, a lo largo de los dos últimos siglos la legislación ha abundado en términos que, leídos hoy, no hacen sino desnudar la concepción segregacionista de comienzos del siglo XIX (locos, decrépitos, impedidos, menesterosos...) o el paternalismo reeducador posterior (defectuosos mentales, anormales, retrasados mentales, débiles, deficientes, disminuidos...). En la medida en que el lenguaje configura realidades, el de las personas con diversidad funcional ha estado cincelado durante los siglos precedentes por un vocabulario categórico que no dejaba entrever una perspectiva empática ni receptiva hacia las vivencias y necesidades profundas del colectivo de personas discapacitadas.

VI. BIBLIOGRAFÍA

ANGUITA OSUNA, J.E., "Análisis histórico-jurídico de la beneficencia española de mediados del siglo XIX: la Ley de Beneficencia de 1849 y su Reglamento de ejecución de 1852", *APORTES,* vol. 99, nº 1, 2019, pp. 89-121.

BARNES, C., "Discapacidad, política y pobreza en el contexto del mundo mayoritario", *Política y sociedad,* vol. 47, nº 1, 2010, pp. 11-25.

CABARRÚS, Conde de, *Cartas sobre los obstáculos que la naturaleza, la opinión y las leyes oponen a la felicidad pública.* Madrid: Castellote Editor, 1973.

CASADO, D., "Respuestas a la dependencia funcional y agentes", *Revista Española del Tercer Sector,* nº 3, 2006, pp. 25-47.

CASADO MELO, A., "El trabajo y los minusválidos a lo largo de la Historia. Análisis de términos utilizados en el ámbito laboral", *Papeles salmantinos de educación,* nº 15, 2011, pp. 159-180.

CASTRO ALFÍN, D., "Las necesidades sociales y su cobertura: 1800-1868", AA.VV., *Historia de la Acción social pública en España,* Madrid: Centro de Publicaciones del Ministerio de Trabajo y Seguridad Social, 1990, pp. 69-100.

CAYUELA SÁNCHEZ, S., *La invención de la discapacidad. El gobierno de los cuerpos torcidos en España.* Madrid: CSIC – Consejo Superior de Investigaciones Científicas, 2023.

COOTER, R., "War and modern medicine", en *Companion Encyclopedia of the History of Medicine,* (Eds. BYNUM y PORTER). Londres: Routledge, 1993, pp. 1536-1573.

DE JONG, G., "Independent Living: From Social Movement to Analytic Paradigm" en *Archives of physical medicine and rehabilitation,* vol. 69, nº 10, pp. 435-446.

DE LORENZO GARCÍA, R., *El futuro de las personas con discapacidad en el mundo.* Madrid: Fundación ONCE, (2003). [en línea], <http://riberdis.cedid.es/bitstream/handle/11181/3504/El%20futuro%20de%20las%20personas%20con%20discapacidad%20en%20el%20mundo.pdf?sequence=1>. [Consulta: 04/04/2024]

DEL CURA GONZÁLEZ, M., "Un Patronato para los anormales: primeros pasos en la protección pública a los niños con discapacidad intelectual en España (1910-1936)", *Asclepio. Revista de Historia de la Medicina y de la Ciencia,* 2012, vol. LXIV, nº 2, julio-diciembre, pp. 541-564.

ESTEBAN DE VEGA, M., "La asistencia liberal española: beneficencia pública y previsión particular", *Historia Social,* nº 13, primavera-verano 1992, pp. 123-138

INSTITUTO NACIONAL DE ESTADÍSTICA, Encuesta de discapacidad, autonomía personal y situaciones de dependencia, 2020 (datos actualizados a 28 de abril de 2022). [en línea], <https://www.ine.es/dyngs/INEbase/es/operacion.htm?c=Estadistica_C&cid=1254736176782&menu=resultados&idp=1254735573175>. [Consulta: 27/03/2024]

JIMÉNEZ LARA, A. y HUETE GARCÍA, A., "Políticas públicas sobre discapacidad en España. Hacia una perspectiva basada en los derechos", *Política y sociedad,* vol. 47, nº 1, 2010, pp. 137-152.

LÓPEZ BASTÍAS, J.L., "La conceptualización de la discapacidad a través de la historia: una mirada a través de la evolución normativa", *Revista de la Facultad de Derecho de México,* tomo LXIX, nº 273, 2019, pp. 835-855.

MARTÍNEZ SOTO, A.P., "La protección social en la época liberal: de la beneficencia a la previsión social (1820-1908)", *Áreas. Revista Internacional de Ciencias Sociales,* nº 37, 2018, pp. 109-126.

MARTÍNEZ QUINTEIRO, E., "El nacimiento de los seguros sociales (1900-1918)", AA.VV., *Historia de la Acción social pública en España,* Madrid: Centro de Publicaciones del Ministerio de Trabajo y Seguridad Social, 1990, pp. 263-265.

MARTÍNEZ-PÉREZ, J. y PORRAS GALLO, M.I., "Hacia una nueva percepción social de las personas con discapacidades: Legislación, medicina y los inválidos del trabajo en España (1900-1936)", *DYNAMIS,* nº 26, 2006, pp. 195-219.

MARTÍNEZ PÉREZ, J., "El obrero recuperado: medicina del trabajo, ortopedia y tecnología médica en la imagen social de las personas con discapacidades (España 1922-1936)" en *História, Ciências, Saúde–Manguinhos,* vol. 13, nº 2, abril-junio, 2006, pp. 349-373.

MINISTERIO DE EDUCACIÓN NACIONAL, *Instituto Nacional de Reeducación de Inválidos. Curso 1959-1960.* Madrid: Hauser y Menet, 1961.

MOLINA ROLDÁN, R. M., "La escuela de anormales de Madrid" en AA.VV., *El largo camino hacia una educación inclusiva: la educación especial y social del siglo XIX a nuestros días.* XV Coloquio de Historia de la Educación (Coords. BERRUEZO y CONEJERO), Pamplona-Iruñea, 29, 30 de junio y 1 de julio de 2009, vol. 1, 2009, pp. 297-310.

PALACIOS SÁNCHEZ, J., "La institución pionera de la rehabilitación en España", en *Boletín del Real Patronato de prevención y de atención a personas con minusvalía,* nº 15, abril, 1990, pp. 7-36

PALACIOS, A. y ROMAÑACH, J., *El modelo de la diversidad. La Bioética y los Derechos Humanos como herramientas para alcanzar la plena dignidad en la diversidad funcional.* Madrid: Ediciones Diversitas-AIES, 2006.

PORRAS GALLO, M.I., "El papel de la medicina y los médicos franceses en la reeducación profesional de los inválidos del trabajo al término de la Primera Guerra Mundial: primeras propuestas legislativas" en AA.VV., *La medicina ante el nuevo milenio: una perspectiva histórica.* (Coords. MARTÍNEZ PÉREZ, PORRAS GALLO, SAMBLÁS TILVE Y DEL CURA GONZÁLEZ) Cuenca: Ediciones de la Universidad de Castilla-La Mancha, 2004, pp. 515-537.

"La medicina y los seguros en el abordaje del problema de los inválidos del trabajo en España en la primera mitad del siglo XX", *História, Ciências, Saúde – Manguinhos,* vol. 13, nº 2, 2006, pp. 395-397

PUIG DE LA BELLACASA, R., "Concepciones, paradigmas y evolución de las mentalidades sobre la discapacidad" en *II Seminario sobre discapacidad e información.* Madrid, Real Patronato de Prevención y de Atención a Personas con Minusvalía, 1987. [en línea], <https://www.siis.net/documentos/ficha/7353.pdf>. [Consulta: 03/04/2024]

ROJO ÁLVAREZ-MANZANEDA, M.L., "Síntesis legislativa de la transformación de la beneficencia en asistencia social" en AA.VV., *Nuevas perspectivas del tratamiento jurídico de la discapacidad y la dependencia* (Coords. GARCÍA GAMICA y ROJO ÁLVAREZ DE MANZANEDA). Madrid: Dykinson, 2014, pp:433-442.

SAMBLÁS TILVE, P., "El Dr. César Juarros (1879-1942) y la Escuela Central de Anormales", en AA.VV., *La medicina ante el nuevo milenio: una perspectiva histórica.* (Coords. MARTÍNEZ PÉREZ, PORRAS GALLO, SAMBLÁS TILVE y DEL CURA GONZÁLEZ). Cuenca: Ediciones de la Universidad de Castilla-La Mancha, 2004, pp. 539-550

TRINIDAD FERNÁNDEZ, P., "Trabajo y pobreza en la primera industrialización", AA.VV., *Historia de la Acción social pública en España,* Madrid: Centro de Publicaciones del Ministerio de Trabajo y Seguridad Social, 1990, pp. 101-135.

VALENCIA, L.A., *Breve historia de las personas con discapacidad. De la opresión a la lucha por sus derechos,* [s. l.]: Editorial Académica Española, 2018.

VIDAL GALACHE, F., "El impacto de la Ley General de Beneficencia de 1822 en Madrid", *Revista de la Facultad de Geografía e Historia,* nº 1, 1987, pp. 43-56.

VILLA FERNÁNDEZ, N., "Del ocultamiento a la visibilidad: avances en los derechos de las personas con diversidad funcional durante un siglo (1907-2008)" en AA.VV., *El largo camino hacia una educación inclusiva la educación especial y social del siglo XIX a nuestros días*: XV Coloquio de Historia de la Educación, (Coords. BERRUEZO y CONEJERO). Pamplona-Iruñea, 29, 30 de junio y 1 de julio de 2009. vol. I. Pamplona: Universidad Pública de Navarra, 2009, pp. 209-219.

WADDINGTON, L., "Reasonable Accommodation: Time to Extend the Duty to Accommodate Beyond Disability?" en *NTM|NJCM-Bulletin,* vol. 36, nº 2, 2011, pp. 186-198.

SEGUNDA PARTE:
PERSPECTIVA JURÍDICA

Capítulo III.

La capacidad para disponer por testamento y las personas con discapacidad, después de la Ley 8/2021, de 2 de junio

OSCAR MONJE BALMASEDA

Profesor Titular de Derecho civil. Universidad de Deusto

SUMARIO

I. PLANTEAMIENTO GENERAL

La capacidad para disponer por testamento es un tema clásico del Derecho de sucesiones que no ha dejado de interesar en ningún momento, lo cual resulta aún más evidente en los tiempos actuales. La discapacidad y su nuevo tratamiento legislativo, con el reciente cambio de paradigma introducido en nuestra legislación civil y procesal, junto a la realidad de millones de personas en las que concurre algún tipo de discapacidad, fruto en gran medida del creciente envejecimiento de la población y del incremento de las enfermedades crónicas[1], obligan a someter a constante revisión una materia en la que nos encontramos con análisis doctrinales y pronunciamientos jurisprudenciales con matices distintos que deben ser objeto de estudio y sistematización.

En efecto, las impugnaciones de testamento relacionadas con la capacidad jurídica y su ejercicio por parte del testador, o en ocasiones con la ausencia de libertad en el momento del otorgamiento del testamento, constituyen un fenómeno en alza que presumiblemente se incrementará en los próximos años, fenómeno que está ligado principalmente a factores demográficos, médicos, económicos y sociales. Demográficos, a cuenta de los cambios hacia una sociedad envejecida y con mayores expectativas de vida; médicos, por la alta prevalencia de demencia que propicia el envejecimiento; económicos, porque la tenencia de bienes sigue estando la mayoría de las veces, en las personas mayores, y sociales, motivados por la complejidad creciente de las familias actuales con sus nuevos modelos de convivencia[2]. A esto se suma, que el hecho de que en la actualidad el cuidado de las personas vulnerables (básicamente personas mayores) en muchos casos se halla en manos de personas extrañas a la familia, hace que surjan en los familiares recelos y sospechas cuando otorgan disposiciones en favor de esas personas[3].

En todo caso, no son sólo las personas de avanzada edad las que pueden plantear casos en los que se generen dudas acerca de la posibilidad de otorgar testamento válido, a pesar de que los numerosos procedimientos judiciales en los que se insta la nulidad del testamento por falta de capacidad habitualmente se centren en ellas.

Nos referimos, especialmente, a las personas con una discapacidad intelectual o psíquica, vinculadas o no a una enfermedad ya diagnosticada, que en algunos casos está incluso siendo objeto de tratamiento médico. Personas que, por ejemplo, padecen alteraciones neurológicas

---

1 Sobre esta cuestión, *vid.* MARTÍNEZ ORTEGA, J.C.-BUSTO CABALLERO, A.I., *El testamento de las personas con discapacidad*, LA LEY, Madrid, 2023, pp. 21 y ss.; DE BARRÓN ARNICHES, P., "Personas con discapacidad y libertad para testar", *Actualidad jurídica Iberoamericana*, nº 12, febrero 2020, p. 450.

2 CALCEDO ORDOÑEZ, A., "La evaluación médico-legal en la impugnación de testamento", *El Notario del Siglo XXI*, noviembre-diciembre 2014, p. 39.

3 CAROL ROSÉS, F., "Libertad para testar y protección del testador vulnerable", *Actualidad Civil*, nº 9, Sección Persona y derechos, septiembre 2023, p. 1 (LA LEY 9158/2023).

que provocan una disminución de las funciones mentales, distorsionando o exagerando la realidad, lo cual puede presentarse con diferentes niveles de intensidad. Igualmente, cabe que en atención a la concurrencia de circunstancias puntuales el testador, con o sin discapacidad, no pueda expresar su verdadera voluntad, deseos y preferencias, con conocimiento suficiente del alcance de lo manifestado.

Son, por tanto, numerosos y muy distintos los supuestos de hecho con los que nos podemos encontrar. Desde la imposibilidad de entender e integrar la información necesaria para decidir, a la incorrecta percepción o incluso desconexión con la realidad que concurre en el testador desde un punto vista familiar o patrimonial, lo cual además ha de vincularse para tomar la decisión correcta en relación con la posibilidad o imposibilidad de testar, al contexto subjetivo de sus experiencias vitales, decisiones anteriores, deseos, preferencias, afectos, etc., así como a la diferente complejidad de cada decisión, o al momento, lugar o circunstancias concretas en las que se otorga el testamento cuya validez se cuestiona. Intentaremos dar respuesta a todas estas situaciones, partiendo de un necesario análisis jurisprudencial del tema dado su alto índice de litigiosidad.

Por otro lado, todos estos casos deben estudiarse en el marco jurídico diseñado por la Convención de Nueva York de 13 de diciembre de 2006, de derechos de las personas con discapacidad (en adelante CDPD o Convención) y la Ley 8/2021, de 2 de junio, que generan una nueva realidad normativa para las personas con discapacidad en la que se abandona el principio general de la sustitución en la toma de las decisiones que les afectan, la cual pasa a ser excepcional, estableciéndose un modelo de apoyos o asistencia. El párrafo tercero del art. 269 CC lo expresa claramente, al señalar que, "solo en los casos excepcionales en los que resulte necesario por las circunstancias de la persona con discapacidad, la autoridad judicial determinará en resolución motivada los actos en los que el curador habrá de asumir la representación de la persona con discapacidad".

Un nuevo sistema adaptado a las exigencias del artículo 12 CDPD, que proclama que las personas con discapacidad tienen derecho al reconocimiento de su personalidad jurídica, y que tienen capacidad jurídica en igualdad de condiciones con las demás personas en todos los aspectos de la vida. Frente al sistema de sustitución en la toma de decisiones que, como explica CUENCA GÓMEZ[4], se erige en una pieza central en la

---

[4] CUENCA GÓMEZ, P., "El Sistema de apoyo en la toma de decisiones desde la Convención Internacional sobre los Derechos de las Personas con Discapacidad:

configuración tradicional de los sistemas de incapacitación, el sistema de apoyo en la toma de decisiones constituye un pilar imprescindible para garantizar a las personas con discapacidad la igualdad en el ejercicio de su capacidad jurídica reconocida en el artículo 12.2 CDPD y, con ello, la igualdad en el ejercicio de los derechos.

Así, nos encontramos sin duda ante un cambio de paradigma no solo con significación jurídica, sino también, y especialmente, con alcance social, que viene impuesto por el pleno reconocimiento de la personalidad y de la capacidad jurídica de las personas con discapacidad, de la indisociable e irrenunciable dignidad de tales personas y del reconocimiento no solo de la titularidad de relaciones jurídicas, derechos y obligaciones, sino también de la aptitud para su pleno ejercicio en condiciones de igualdad[5].

De este modo, desaparece en nuestro ordenamiento, como consecuencia de la necesaria adaptación a la Convención, la distinción entre capacidad jurídica y capacidad de obrar. Se distingue, en cambio, entre capacidad jurídica y su ejercicio[6]. Se instaura un sistema de apoyo que

---

principios generales, aspectos centrales e implementación en la legislación española", *Revista Electrónica del Departamento de Derecho de la Universidad de La Rioja*, REDUR, nº 10, 2012, p. 73.

5 Con carácter general, en relación con el nuevo sistema, *vid.* LLEDÓ YAGÜE, F, MONJE BALMASEDA, O., GUTÍERREZ BARRENENGOA, A., *Estudio Básico de la Guarda de hecho. Algunas reflexiones sustantivas y procesales notables de lege lata y de lege ferenda*, Dykinson, Madrid, 2019, pp. 15 y ss.; MONJE BALMASEDA, O., "Capítulo 40. Capacidad para contratar", en LLEDÓ YAGÜE, F. FERRER VANRRELL, M.P., EGUSQUIZA BALMASEDA, M.A., LÓPEZ SIMO, F. (Dir.), *Reformas legislativas para el apoyo a las personas con discapacidad. Estudio sistemático de la Ley 8/2021, de 2 de junio, al año de la entrada en vigor*, Dykinson, Madrid, 2022, p. 1117. En especial, por su interés, puede consultarse el Informe del Consejo General del Poder Judicial sobre el Anteproyecto de Ley por el que se reforma la legislación civil y procesal en materia de discapacidad. Acuerdo del Pleno del Consejo General del Poder Judicial de 29 de noviembre de 2018, pp. 33 y ss. <https://www.poderjudicial.es/cgpj/es/Poder-Judicial/Consejo-General-del-Poder-Judicial/Actividad-del-CGPJ/Informes/Informe-sobre-el-Anteproyecto-de-Ley-por-la-que-se-reforma-la-legislacion-civil-y-procesal-en-materia-de-discapacidad

6 Explica DE VERDA Y BEAMONTE, que se abandona a la distinción entre capacidad jurídica y capacidad de obrar y que será necesario distinguir entre la capacidad jurídica y su ejercicio; y ello, para explicar la razón por la cual los contratos celebrados por ciertas personas son inválidos, lo que lleva a este autor a cuestionarse "hasta qué punto es conveniente abandonar una distinción (capacidad jurídica y

procura el ejercicio de sus derechos por parte de las personas con discapacidad en condiciones de igualdad, permitiendo el desarrollo de su personalidad y que, por tanto, debe ser diverso, individualizado y centrado en las necesidades de la persona, adaptándose a las diferentes situaciones personales y sociales, teniendo en cuenta, entre otras circunstancias, el tipo de figura de apoyo y el tipo de acto jurídico implicado, respetando la identidad, historia de vida, etc., de la persona afectada[7].

En definitiva, se crea un nuevo concepto de capacidad jurídica, lo que trae consigo la modificación de numerosos preceptos del Derecho de sucesiones, y entre ellos los relativos al tema que nos ocupa, actualizándose el contenido de los artículos 663 y 665 CC[8].

Es cierto que, como explica MAGARIÑOS BLANCO[9], la Ley 8/2021 no prescinde del término capacidad, que según su criterio es el adecuado y técnico para referirse a la aptitud de una persona para realizar ciertos actos, "de modo que en materia sucesoria se dejan intocados preceptos

---

capacidad de obrar), que tiene perfiles claros y precisos y ha sido unánimemente aceptada por la doctrina y la jurisprudencia, para sustituirla por otra (capacidad jurídica y ejercicio de la misma), que, en definitiva, con otras palabras, viene a decir, sustancialmente, lo mismo". DE VERDA Y BEAMONTE, J.R., "Primeras resoluciones judiciales aplicando la Ley 8/2021, de 2 de junio en materia de discapacidad", *Diario La Ley*, nº 10021, Sección Dossier, 3 de marzo de 2022, Wolters Kluwer, p. 4.

7 CUENCA GÓMEZ, P., "El Sistema de apoyo en la toma de decisiones desde la Convención Internacional sobre los Derechos de las Personas con Discapacidad: principios generales, aspectos centrales e implementación en la legislación española", *cit.*, p. 75.

8 Sobre estas reformas, *vid.* DOMÍNGUEZ LUELMO, A., "La reforma del Derecho de sucesiones en la Ley 8/2021: Derecho sustantivo y Derecho transitorio", en LLAMAS POMBO, E.-MARTÍNEZ RODRÍGUEZ, N.-TORAL LARA, E. (dirs.), *El nuevo derecho de las capacidades: de la incapacitación al pleno reconocimiento*, La Ley, Madrid, 2022, pp. 369 y ss.

9 MAGARIÑOS BLANCO, V., "Discapacidad, testamento y libertad sucesoria", en LLEDÓ YAGÜE, F., FERRER VANRRELL, M.P., EGUSQUIZA BALMASEDA, M.A., LÓPEZ SIMO, F. (Dir.), Reformas legislativas para el apoyo a las personas con discapacidad. Estudio sistemático de la Ley 8/2021, de 2 de junio, al año de la entrada en vigor, Dykinson, Madrid, 2022, p. 36. En cambio, PLANAS BALLVÉ concluye que "ya no exige capacidad sino discernimiento, para poder testar". PLANAS BALLVÉ, M., "La capacidad para otorgar testamento", en CERDEIRA BRAVO DE MANSILLA, G., GARCÍA MAYO, M., GIL MEMBRADO, C., PRETEL SERRANO, J. (Coord.), Un nuevo orden jurídico para las personas con discapacidad, Bosch, La Ley Digital, Madrid, 2021, p. 2.

que se refieren a la capacidad para otorgar testamento, utilizándolo como el técnicamente adecuado y no opuesto, desviado o desconsiderado con la nueva finalidad de la Ley", así sucede con el artículo 664 CC, que dispone que el testamento hecho antes de la enajenación mental es válido. También queda con su antigua redacción el artículo 666 CC, que establece que, "para apreciar la capacidad del testador se atenderá únicamente al estado en que se halle al tiempo de otorgar testamento", y el artículo 685 CC que indica, refiriéndose al otorgamiento del testamento abierto, que "también deberá el Notario asegurarse de que, a su juicio, tiene el testador capacidad legal necesaria para testar", o el artículo 707.4 CC que señala lo mismo en relación con el testamento cerrado[10].

Sin embargo, en mi opinión, este planteamiento no impide que la reforma operada por la Ley 8/2021 obligue a una importante adaptación terminológica[11], y a una relectura y adecuación de la interpretación de

---

[10] El legislador, según MAGARIÑOS BLANCO, "se hace eco de una realidad ineludible como puede ser la deficiencia mental o falta de aptitud, que nos es otra cosa que falta de capacidad para realizar actos concretos", aunque, según su opinión, "traten algunos autores de andar de puntillas eludiendo el término capacidad para no herir susceptibilidades, elusión que nada tiene que ver con el propósito ni siquiera con la terminología de la nueva Ley". MAGARIÑOS BLANCO, V., "Discapacidad, testamento y libertad sucesoria", cit., p. 37.

[11] En lo concerniente a la discapacidad, como indica ESPÍN ALBA, la terminología va en la línea de eliminar cualquier resquicio del derogado sistema de incapacitación y ya no se puede hablar de "incapacidad para testar" como lo hacía el derogado texto del artículo 663 CC, una vez que estos términos resultan incompatibles con los nuevos paradigmas. Por ello, concluye con razón esta autora que es inexcusable que no se haya modificado el artículo 664 CC para eliminar la referencia a la "enajenación mental". ESPÍN ALBA, I., "Capítulo 31. Disposiciones testamentarias y testamentos notariales", en LLEDÓ YAGÜE, F., FERRER VANRRELL, M.P., EGUSQUIZA BALMASEDA, M.A., LÓPEZ SIMO, F. (Dir.), Reformas legislativas para el apoyo a las personas con discapacidad. Estudio sistemático de la Ley 8/2021, de 2 de junio, al año de la entrada en vigor, Dykinson, Madrid, 2022, p. 1117, pp. 894-895.
RAMÓN FERNÁNDEZ, en la misma línea de pensamiento, propone sustituir la expresión "enajenación mental", por "alteraciones graves en su salud mental". RAMÓN FERNÁNDEZ, F., "El otorgamiento de testamento por persona con discapacidad: reflexiones sobre las novedades introducidas por la Ley 8/2021, de 2 de junio, por la que se reforma la legislación civil y procesal para el apoyo a las personas con discapacidad en el ejercicio de su capacidad jurídica", en DE VERDA Y BEAMONTE, J.R. (dir.), Estudios de Derecho Privado en homenaje al profesor Salvador Carrión Olmos, Tirant lo Blanch, Valencia, 2022, p. 14

los preceptos no modificados a los objetivos perseguidos por la nueva realidad legislativa que instauran los artículos que han sido objeto de modificación, esto es, los artículos 663 y 665 CC.

II. EL MARCO NORMATIVO ESTABLECIDO POR LA REFORMA OPERADA POR LA LEY 8/2021, DE 2 DE JUNIO, EN RELACIÓN CON LA CAPACIDAD PARA DISPONER POR TESTAMENTO

1. La capacidad para disponer por testamento en el Código Civil

La declaración de voluntad testamentaria constituye, al igual que en cualquier otro negocio jurídico, el núcleo del testamento, debiendo cumplirse íntegramente todos los condicionamientos requeridos para que dicha declaración sea válida: capacidad del testador, que la declaración no esté viciada, que se exteriorice de modo serio y formal y que coincida con el querer interno[12].

En efecto, siendo el testamento un negocio jurídico cuya eficacia deriva de una declaración de voluntad, para que ésta produzca efectos es preciso que no concurran vicios que interfieran en la libertad testamentaria, lo que exige que el testador lo haya otorgado de forma deliberada.

A ello se suma la existencia de normas preventivas que también están dirigidas a proteger la libertad de testar en testadores vulnerables. Me refiero en particular al artículo 753 CC, también profundamente reformado por la Ley 8/2021, y en el que se regulan la disposición testamentaria en favor de quien sea tutor o curador representativo del testador, la disposición hecha por las personas que se encuentran internadas por razones de salud o asistencia, a favor de sus cuidadores que sean titula-

---

(TOL8.976.479). Igualmente, vid. MESA MARRERO, C., "Artículos 663 y 665", en GARCÍA RUBIO, M.P., MORO ALMARAZ, M.J. (Dir.), Comentario articulado a la legislación civil y procesal en materia de discapacidad, Thomson Reuters Civitas, Madrid, 2022, p. 502.

12 CALVO SAN JOSÉ, M., "Eficacia de los actos y negocios jurídicos realizados por el enfermo mental", *Diario La Ley,* nº 6364, 2005, Tomo 5, Sección Doctrina, Ref. D-271, p. 1187.

res, administradores o empleados del establecimiento público o privado en el que aquellas estuvieran internada o a favor de los citados establecimientos, y las disposiciones realizadas en favor de personas físicas que presten servicios de cuidado, asistenciales o de naturaleza análoga al causante[13].

Pero, además, el testador ha de concurrir al otorgamiento de ese negocio jurídico con total conciencia de sus propios actos, entendiendo plenamente lo que desea decidir y quiere incorporar al testamento, tanto en lo que se refiere a su finalidad como a su trascendencia.

El Código Civil hace referencia a la capacidad testamentaria en la Sección 1ª "De la capacidad para disponer por testamento", del Capítulo I "De los testamentos", del Título III "De las Sucesiones", de manera previa a tratar "De los testamentos en general" en su Sección 2ª, lo cual denota la importancia que le concede. La falta de capacidad para disponer por testamento es un presupuesto cuya ausencia determina la nulidad de la disposición testamentaria, y con ello, la apertura de la sucesión de conformidad con las reglas de la sucesión abintestato, en caso de no existir testamento previo. Así lo determina, con total claridad, el art. 912 CC, que establece en su apartado 1°, que "la sucesión legítima tiene lugar: cuando uno muere sin testamento, o con testamento nulo, o que haya perdido después su validez"[14].

Del tenor del art. 662 CC, que mantiene su redacción original, se desprende que "pueden testar todos aquellos a quienes la ley no se lo prohíbe expresamente". Es decir, la posibilidad de otorgar testamento

---

13 Como explica acertadamente DÍAZ MARTÍNEZ, el artículo 753 CC no explicita a qué personas son aplicables sus normas pretendidamente protectoras (no se dice que sean necesariamente personas con discapacidad, ni de qué tipo) y, por otra parte, algunas de sus previsiones (las que conducen a la imposibilidad de hacer la disposición o, en su caso, la nulidad de la misma) resultan difícilmente con el espíritu de la Ley 8/2021, al coartarse de modo anómalo y excesivo la libertad de testar. DÍAZ MARTÍNEZ, A., "Capítulo 32: Incapacidad para heredar", en LLEDÓ YAGÜE, F.-FERRER VANRRELL, M.P.-EGUSQUIZA BALMASEDA, M.A.-LÓPEZ SIMO, F. (Dir.), *Reformas legislativas para el apoyo a las personas con discapacidad. Estudio sistemático de la Ley 8/2021, de 2 de junio, al año de la entrada en vigor*, Dykinson, Madrid, 2022, p. 917.

14 Y, por supuesto, en su caso "...los actos de aceptación y división de herencia son nulos por devenir nulo el testamento abierto", como se afirma en la Sentencia de la Audiencia Provincial de Gipuzkoa (Sec. 2ª), nº 142/2010, de 11 de mayo de 2010 (ECLI: ES:APSS:2010:953).

es la regla general, y falta de capacidad para disponer por testamento se presenta como una situación excepcional, lo que obliga a someter a los supuestos de ausencia de capacidad legalmente previstos a una interpretación restrictiva[15], y resulta coherente con los principios *favor testamenti* y *pro capacitate*. Será preciso, por tanto, acreditar adecuada y completamente cualquier supuesto en el que queramos concluir la nulidad de un testamento, o justificar la ausencia previa de posibilidad de otorgarlo.

Se presume la capacidad de testar, y su ausencia debe ser probada de modo evidente, razonado y completo[16], a lo que se suma que la falta de capacidad para disponer por testamento es una cuestión de hecho, como ha señalado nuestra jurisprudencia en reiteradas ocasiones, cuya apreciación corresponde al órgano judicial de instancia, que deberá valorar toda la prueba aportada conforme al principio de libre valoración y las reglas de la sana crítica (ex art. 348 LEC), es decir, según la lógica o el buen sentido y esa valoración de la prueba razonada y completa que realiza el Tribunal de instancia es "inamovible en casación"[17].

Dejando al margen las tradicionalmente denominadas limitaciones "relativas" referidas a las posibilidades en relación con el otorgamiento de determinadas clases de testamento, como el testamento ológrafo que solo puede ser otorgado por personas mayores de edad que sepan leer y escribir (art. 688 CC), y el testamento cerrado que no puede ser otorgado por las personas que no sepan o puedan leer (art. 708 CC)[18], nos ocuparemos de las limitaciones "absolutas" a la capacidad para disponer por

---

15 Según RIVAS MARTÍNEZ, "El Código Civil inicia la regulación (...) con una afirmación general, según la cual pueden testar todos aquellos a quienes la ley no lo prohíbe expresamente. De esta manera el Código sigue la línea del Derecho moderno (...) de establecer una regla amplia de capacidad. La capacidad es la regla general, y la incapacidad la excepción. RIVAS MARTÍNEZ, J., *Derecho de Sucesiones. Común y Foral. Tomo I*, Dykinson, Madrid, 2009, p. 103.

16 MARTÍNEZ ORTEGA, J.C., BUSTO CABALLERO, A.I., El testamento de las personas con discapacidad, cit., p. 89.

17 MESA MARRERO, C., "La dificultad de precisar la falta de cabal juicio del testador", en La capacidad para testar: aspectos problemáticos y criterios jurisprudenciales, BOSCH, Barcelona, 2017, p. 2. (consultado en: LA LEY 13133/2017).

18 En este punto, es de destacar que la reforma operada por Ley 8/2021, facilita el posible otorgamiento de testamento cerrado por personas con discapacidad visual al señalar que "las personas con discapacidad visual podrán otorgarlo, utilizando medios mecánicos o tecnológicos que les permitan escribirlo y leer-

testamento. Todo ello partiendo, como se destacó anteriormente, que únicamente han sido objeto de reforma en la Ley 8/2021, los artículos 663 y 665 CC.

2. La reforma del artículo 663 del Código civil

En virtud de lo dispuesto en el art. 663 del CC, después de la reforma operada por la Ley 8/2021, no pueden testar "la persona menor de catorce años" y, "la persona que en el momento de testar no pueda conformar o expresar su voluntad ni aun con ayuda de medios o apoyos para ello". De este modo, se supera la anterior expresión "están incapacitados para testar", afirmando ahora el precepto que "no pueden"[19], y se sustituyen las referencias anteriormente vigentes a la imposibilidad de otorgar testamento de "los menores de catorce años de uno u otro sexo"[20] y "el que habitual o accidentalmente no se halla en su cabal juicio".

En cuanto a la imposibilidad de otorgar testamento del menor de catorce años, así se plantea para los testamentos notariales, manteniendo la regla tradicional. Igualmente, se continúa con la exigencia de la mayoría de edad en el testamento ológrafo (art. 688 CC).

La edad es un dato objetivo en cuya apreciación no interviene valoración alguna, por lo que en la práctica no se presentan problemas en relación con este supuesto. En todo caso, este diferente límite de edad al que

---

lo, siempre que se observen los restantes requisitos de validez establecidos en este Código".

19 Esto supone para algunos autores, como PLANAS BALLVÉ, que "ya no se exige para poder testar capacidad sino discernimiento, siendo el discernimiento no un criterio absoluto sino relativo al acto que se está realizando". PLANAS BALLVÉ, M., "La capacidad para otorgar testamento", cit., p. 2. En cambio, en el sentido de reafirmar el empleo del término capacidad, reivindicándolo como "el más adecuado y técnico para referirse a la aptitud de una persona para realizar ciertos actos", vid. MAGARIÑOS BLANCO, V., "Discapacidad, testamento y libertad sucesoria", cit., p. 36.

20 Destaca RAMÓN FERNÁNDEZ que el nuevo texto "supera ya la indicación de sexo, y se centra en la persona". RAMÓN FERNÁNDEZ, F., "El otorgamiento de testamento por persona con discapacidad: reflexiones sobre las novedades introducidas por la Ley 8/2021, de 2 de junio, por la que se reforma la legislación civil y procesal para el apoyo a las personas con discapacidad en el ejercicio de su capacidad jurídica", cit., p. 14 (TOL8.976.479).

se exige para que el menor concurra a la válida celebración del resto de los negocios jurídicos[21], no tiene que ver con una menor exigencia desde el punto de vista de la siempre necesaria comprensión plena del sentido y alcance de las disposiciones[22].

Por lo que se refiere al segundo supuesto recogido en el artículo 663.2 CC, esto es la imposibilidad de otorgar testamento del que no puede "conformar o expresar su voluntad", posteriormente nos ocuparemos con detalle de su particular y discutible redacción, su incidencia práctica, y de la concreta alusión a "los medios o apoyos" que pueden establecerse para que el testador otorgue testamento válido conforme al nuevo texto del artículo 663 CC.

En todo caso, a pesar de la referencia a los "apoyos" pueda hacer pensar en una persona con discapacidad, el artículo 663.2 CC es una norma aplicable a las personas con o sin discapacidad. En un plano de igualdad, para todas las personas, el legislador establece la imposibilidad de otorgar testamento si la persona "en el momento de otorgar testamento", -la indicación temporal es clara, en la línea de artículo 666 CC- no puede "conformar o expresar su voluntad".

En cuanto a los "medios o apoyos", evidentemente, en el ámbito testamentario no se plantea el problema de medidas de apoyo a través de la tutela o curatela y de su dimensión representativa, ni siquiera a través del

---

21 MONJE BALMASEDA, O., "Capítulo 40. Capacidad para contratar", *cit.*, pp. 1124 y ss.

22 Destaca PLANAS BALLVÉ, recuperando con acierto una apreciación de BINDER, "la posibilidad de otorgar testamento se hace depender del hecho de llegar a una edad en la cual debe presumirse haber alcanzado una cierta madurez de juicio y carece de sentido aplicar aquí las limitaciones consiguientes a la llamada capacidad negocial limitada, ya que éstas tienden a librar al menor de las consecuencias dañosas de sus propios actos, las cuales no son concebibles en los negocios jurídicos de última voluntad". PLANAS BALLVÉ, M., "La capacidad para otorgar testamento", *cit.*, p. 3; BINDER, J., *Derecho de Sucesiones,* Ed. Labor, Barcelona, 1953, p. 42. Igualmente, sobre el carácter personalísimo de los actos y la menor capacidad negocial exigida, *vid.* GUILARTE MARTÍN-CALERO, C., "La capacidad para testar: una propuesta de reforma del artículo 665 del Código Civil a la luz de la Convención Internacional sobre los Derechos de las Personas con Discapacidad", *Estudios de Derecho de sucesiones,* LA LEY, 2014, pp. 3 y ss. (LA LEY 422/2015).

poder preventivo. Ni el tutor ni el curador tienen nada que hacer con la facultad de ordenar la sucesión de la persona con discapacidad[23].

Pero, descartada cualquier posibilidad de asistencia representativa para un acto de naturaleza personalísima como el testamento, destaca ESPIN ALBA[24] que un amplio sector de la doctrina notarial, amparado por su dilatada experiencia se manifiesta en el sentido de no excluir automáticamente la ayuda de terceros de confianza del testador que faciliten la comunicación de este con el notario autorizante.

Coincido con ese planteamiento, sin perjuicio de que sea preciso que el notario se asegure de que no existe influencia o incluso captación de la voluntad del testador, ya que lo realmente importante es que las medidas de apoyo a las que se recurra o se permitan por el notario procuren, en los términos del artículo 249 CC, que "la persona con discapacidad pueda desarrollar su propio proceso de toma de decisiones, informándola, ayudándola en su comprensión y razonamiento y facilitando que pueda expresar sus preferencias". El nuevo texto, y el papel destacado que en el mismo se confiere al notario es compatible con la intervención y colaboración de otras personas, especialmente las que puedan aportar sus conocimientos profesionales, si el notario lo considera oportuno.

En cambio, frente a esta opinión, para ECHEVARRÍA DE RADA[25], además de que el testamento sea un acto de naturaleza personalísima, con lo que ello implica, la posibilidad de que la persona con discapacidad otorgue testamento con apoyos en el sentido de asistentes, auxiliares o colaboradores que contribuyan a afianzar la toma de decisiones, despejar dudas, "sería contraria, infringiría, el art. 665 CC, que, no olvidemos, constituye una norma específica en sede testamentaria a la que habrá que estar, y que dispone que es el Notario quien "procurará que la persona otorgante desarrolle su propio proceso de toma de decisiones apoyándole en su compren-

---

23 MAGARIÑOS BLANCO, V., "Discapacidad, testamento y libertad sucesoria", *cit.*, p. 27.

24 ESPÍN ALBA, I., "Capítulo 31. Disposiciones testamentarias y testamentos notariales", *cit.*, p. 900.

25 ECHEVARRÍA DE RADA, T., "La capacidad testamentaria de la persona con discapacidad a la luz de la ley 8/2021, de 2 de junio", en PEREÑA VICENTE, M.-HERAS HERNÁNDEZ, M.M. (dir.), El ejercicio de la capacidad jurídica por las personas con discapacidad tras la ley 8/2021 de 2 de junio, Tirant lo Blanch, Valencia, 2022, p. 9, (TOL8.810.722).

sión y razonamiento", sin perjuicio de que puedan intervenir en el acto de expresión de su voluntad.

3. La reforma del artículo 665 del Código civil

El artículo 665 CC, referido a la persona con discapacidad, se presenta en la Ley 8/2021 con una nueva redacción en la que, además de concretar que "la persona con discapacidad podrá otorgar testamento cuando, a juicio del Notario, pueda comprender y manifestar el alcance de sus disposiciones"[26], desde una perspectiva claramente inspirada en el sistema de apoyos en la toma de decisiones que impera en la regulación del régimen legal del ejercicio de los derechos de la persona con discapacidad, indica que "el Notario procurará que la persona otorgante desarrolle su propio proceso de toma de decisiones apoyándole en su comprensión y razonamiento y facilitando, con los ajustes que resulten necesarios, que pueda expresar su voluntad, deseos y preferencias".

Nos ocuparemos posteriormente, en un epígrafe independiente, de este renovado "juicio notarial de capacidad" que se proyectará sobre si el testador puede "comprender y manifestar el alcance de sus disposiciones", pero considero oportuno destacar desde ahora que no sólo se habilita al Notario autorizante del testamento para prestar el apoyo preciso que el testador con discapacidad puede precisar para la tomar una decisión en relación con el destino de sus bienes, sino que se le atribuye expresamente esa función, la cual debe realizarse en todo caso, comprobando en último término que el testador comprende lo dispuesto en el testamento. El mensaje del legislador es claro en ese sentido, y por tanto nos encontramos con un hecho que no puede dejar de ser objeto de un análisis detallado por los Jueces y Tribunales en los procedimientos de nulidad, al margen de que puede entenderse que es una obligación que ya existía antes de la reforma.

---

[26] Para ALVENTOSA DEL RÍO, "la valoración que el ordenamiento jurídico exige al Notario ha cambiado, ya que "según el precepto reformado el Notario ya no está obligado a comprobar la capacidad de la persona, como exigía la redacción anterior del precepto, sino que debe, según su propio criterio, constatar que la persona está en condiciones de conformar o expresar su voluntad". ALVENTOSA DEL RÍO, J. "Capítulo 10. Reformas en Derecho de sucesiones", en DE VERDA Y BEAMONTE, J.R. (dir.), *La discapacidad: una visión integral y práctica de la Ley 8/2021, de 2 de junio,* Tirant lo Blanch, Valencia, 2022, p. 7. (TOL9.215.706).

Por otro lado, anteriormente establecía el artículo 665 CC, redactado por la Ley 30/1991, de 20 de diciembre, que "siempre que el incapacitado por virtud de sentencia que no contenga pronunciamiento acerca de su capacidad para testar pretenda otorgar testamento, el Notario designará dos facultativos que previamente le reconozcan y no lo autorizará sino cuando éstos respondan de su capacidad", por lo que el informe en esos casos era en principio necesario y vinculante para el notario[27].

En el nuevo texto, a diferencia de lo que también sucedía en el Proyecto de Ley[28], se suprime la referencia a la intervención de facultativos en el otorgamiento de testamento[29], lo que no supone que no siga existiendo la posibilidad de recurrir a profesionales que objetiven y avalen la decisión del notario sobre el juicio de capacidad para testar a realizar, lo cual en algunos supuestos será incluso conveniente a los efectos de prevenir futuras impugnaciones. En todo caso, el notario no tiene que atenerse a diagnósticos médicos, "sino determinar si en el acto concreto que se pretende otorgar, la persona tiene aptitud suficiente para formar y expresar su voluntad, conociendo el alcance de los expresado"[30].

La eliminación de los informes médicos como requisito necesario para validar el otorgamiento de testamento, de la que también nos ocuparemos posteriormente desde un punto de vista jurisprudencial, ha sido valorada positivamente por la doctrina.

Para MAGARIÑOS BLANCO[31], es acertada la supresión de la exigencia de facultativos, "cuyos criterios excesivamente técnicos, utilización de test en momentos de nerviosismo que afecta a la memoria, no son

---

27 Sobre esta cuestión, *vid.* AMUNÁTEGUI RODRÍGUEZ, C., "Testamento otorgado por personas que sufren discapacidad psíquica o tienen su capacidad modificada judicialmente", *RDP*, nº 4, 2018, pp. 3 y ss.

28 Indicaba el Proyecto que, "Si el que pretende hacer testamento se encontrara en una situación que hiciera dudar fundadamente al notario sobre su aptitud para otorgarlo, antes de autorizarlo, este designará dos expertos que previamente lo reconozcan y dictaminen favorablemente sobre dicha aptitud".

29 Sobre esta cuestión, *vid.* DE TORRES PEREA, J.M., "La discapacidad y la reforma de las normas sucesorias", en DE LUCCHI LÓPEZ-TAPIA, Y.-QUESADA SÁNCHEZ, A.J. (Dirs.), *La reforma civil y procesal en materia de discapacidad. Estudio sistemático de la Ley 8/2021, de 2 de junio*, Atelier, Barcelona, 2022, p. 469.

30 ESPÍN ALBA, I., "Capítulo 31. Disposiciones testamentarias y testamentos notariales", *cit.*, p. 897.

31 MAGARIÑOS BLANCO, V., "Discapacidad, testamento y libertad sucesoria", *cit.*, pp. 37-38.

suficientes, ni siquiera los más idóneos en muchas ocasiones, para determinar la capacidad para testar; que requiere sencillamente un conocimiento de las consecuencias de su decisión coherente con su vida y circunstancias".

La supresión de la exigencia de testigos expertos explica acertadamente ESPÍN ALBA[32], es propia de la superación de esa concepción médica de la discapacidad y "enfatiza el hecho de que son muchas las circunstancias personales, no sólo la discapacidad, que provocan diferentes niveles de aptitudes para la toma de decisiones, como es la edad, las condiciones sociales y económicas, el nivel de formación, etc.". El juicio de capacidad es responsabilidad exclusiva del Notario, al que además se le impone, aparte de identificar al testador, que ineludiblemente haga "constar que, a su juicio, se halla el testador con la capacidad legal necesaria para otorgar testamento" (art. 696 CC)[33]. El notario, expone ESPIN ALBA[34], puede acudir a expertos, "pero las opiniones no son en ningún caso vinculantes, toda vez que el único criterio que debe constar es el juicio notarial".

Del mismo modo, se elimina definitivamente en el artículo 665 CC la alusión a las sentencias de incapacitación y a los posibles pronunciamientos acerca de la capacidad para testar contenidas en las mismas, claramente contrarios a los principios que proclama el artículo 12 de la CDPD[35]. De hecho, esa desafortunada redacción del artículo 665 CC, que asumía la posibilidad de que una sentencia de incapacitación contuviera un pronunciamiento desfavorable sobre la capacidad de testar[36],

---

32 ESPÍN ALBA, I., "Capítulo 31. Disposiciones testamentarias y testamentos notariales", *cit.*, p. 897.

33 MARTÍNEZ ORTEGA, J.C., BUSTO CABALLERO, A.I., *El testamento de las personas con discapacidad, cit.*, pp. 92-93.

34 ESPÍN ALBA, I., "Capítulo 31. Disposiciones testamentarias y testamentos notariales", *cit.*, p. 897.

35 Las resoluciones judiciales anteriores que declaraban la incapacitación del individuo para realizar testamento, destaca MARTÍNEZ ORTEGA, deben entenderse sin efecto ni valor alguno, conforme a la Disposición transitoria primera de la Ley 8/2021 ("A partir de la entrada en vigor de la presente Ley las meras privaciones de derechos de las personas con discapacidad, o de su ejercicio, quedarán sin efecto"). MARTÍNEZ ORTEGA, J.C.-BUSTO CABALLERO, A.I., El testamento de las personas con discapacidad, cit., p. 91.

36 Acertadamente destacaba GARCÍA RUBIO la importancia de reflexionar sobre los testamentos revocatorios de otros anteriores ya que "no es infrecuente hoy

fue objeto de constantes críticas al considerar, a mi juicio acertadamente, que el artículo 663.2 CC se refería a la facultad de querer y entender, "que es una situación de hecho que ningún tribunal puede dar o negar "*a priori*", y que simplemente se tiene o no se tiene en el momento preciso de efectuar el negocio jurídico de que se trate, ya sea una compraventa, un arrendamiento, contraer matrimonio o el otorgamiento de testamento"[37].

III. DE LA DEROGADA INCAPACIDAD POR NO ENCONTRARSE EN SU "CABAL JUICIO" A LA VIGENTE IMPOSIBILIDAD DE "CONFORMAR O EXPRESAR SU VOLUNTAD"

Sin perjuicio de la mejora alcanzada en el nuevo texto del artículo 663.2 CC en cuanto a los términos escogidos para referirse a los supuestos en los que no es posible el válido otorgamiento de testamento, procede preguntarse si las situaciones de hecho en las que se debe concluir la nulidad del testamento por falta de capacidad para disponer por testamento son realmente distintas, o sustancialmente las mismas, antes y después de la modificación legislativa operada por la Ley 8/2021.

En definitiva, se trata de plantearse en qué medida la reforma de la redacción del supuesto que da lugar a la imposibilidad de otorgar testamento, y la propia modificación legislativa con carácter general, está incidiendo en las sentencias dictadas por juzgados y tribunales en los procedimientos de nulidad por falta de capacidad de testar. Todo ello partiendo de que aún es pronto para encontrarse resoluciones que valoren impugnaciones

---

en día el caso de personas que otorgaron en su día testamento y posteriormente fueron perdiendo parte de sus facultades volitivas o intelectuales, a pesar de lo cual, por razones muy diversas y a veces muy sólidas, saben que quieren revocar aquellas disposiciones mortis causa que en su día hicieron. Habiendo sido incapacitadas judicialmente, muchas de esas personas se están viendo privadas de la facultad de hacer un nuevo testamento revocatorio del anterior, situación que resulta a mi juicio totalmente inadmisible ya hoy y que en ningún caso puede tener cabida en el nuevo sistema". GARCÍA RUBIO, M.P., "Algunas propuestas de reforma del Código Civil como consecuencia del nuevo modelo de discapacidad. En especial en materia de sucesiones, contratos y responsabilidad civil", *Revista de Derecho Civil*, vol. 5, nº 3, 2018, pp. 176-177.

37 GÓMEZ LAPLAZA, M.C, DÍAZ ALABART S., "La capacidad testamentaria de los incapacitados", *La ley Digital*, p. 3 (LA LEY 418/2015).

de testamentos otorgados con posterioridad a la entrada en vigor de la Ley 8/2021.

Esto no supone cuestionar el valor y la importancia de la reforma en cuanto al nuevo modelo establecido, que como ya hemos destacado supera con acierto la concepción médica de la discapacidad en cumplimiento de las prescripciones de la CDPC, respetando la voluntad de las personas con discapacidad a las que se garantiza el ejercicio de sus derechos en condiciones de igualdad con el resto de las personas. Un nuevo sistema en el que con buen criterio se elimina el debate en torno a la posibilidad de que exista una restricción previa de la posibilidad de otorgar testamento, centrando con claridad y contundencia el denominado "juicio de capacidad" en el acto de disposición en concreto, a realizar o ya realizado, al que sencillamente y con carácter principal se le exigirá, para ser autorizado o para considerarlo válido, que responda a la verdadera voluntad del testador.

Para ello, deberemos partir de la interpretación doctrinal y jurisprudencial del supuesto previsto en el 663.2 CC antes de su modificación. En relación con la expresión "cabal juicio", DÍEZ-PICAZO Y PONCE DE LEÓN[38] explicó que "no hay que entenderla como sinónimo de absoluta integridad, sino de que concurren en la persona las circunstancias y condiciones que normalmente se estiman como expresivas de la actitud mental" por lo que, "un trastorno mental transitorio es suficiente para que en ese estado no se pueda otorgar testamento". Y esto es esencial puesto que, "al ser el testamento un acto personalísimo y de enorme trascendencia en la vida jurídica –y en la vida de la persona que lo realiza–, deben acogerse, en las disposiciones de última voluntad, la real, libre y consciente voluntad del testador, ajustada al propio entendimiento –aspecto intelectivo– y querer interno –aspecto volitivo–. O, dicho en otras palabras, la manifestación externa de la voluntad debe corresponderse con la voluntad interna, y ésta con aquélla, de modo que, cuando se produzca una anomalía, o una irregularidad en este mecanismo intelectivo y volitivo, hay que comenzar a dudar acerca de la validez del testamento así emitido"[39].

---

38 DÍEZ PICAZO Y PONCE DE LEÓN, L., GULLÓN BALLESTEROS, A., *Sistema de Derecho Civil, Volumen IV, Derecho de Sucesiones,* Tecnos, Madrid, 2017, p. 52.

39 ROMERO COLOMA, A.M., "Testamento y capacidad: problemática jurídica de la incapacidad mental del testador", *Diario La Ley,* nº 7349, Sección Tribuna, 24 de febrero de 2010, Año XXXI, Ref. D-59, p. 2, (LA LEY 20289/2009).

De este modo, el "cabal juicio" se configura como una situación de hecho, cuya ausencia priva de la posibilidad de testar al no ser posible emitir una declaración plenamente consciente y acorde a la realidad circundante. Pero, representa también una verdadera medida, ya que, como explica LACRUZ BERDEJO[40], "para testar es necesario que el juicio de quien ordena su sucesión sea cabal, es decir, que quien dispone tenga, no solo capacidad, sino capacidad suficiente de entender y querer sus disposiciones, y de apreciar los motivos para hacerlas, sin que baste hallarse en un umbral de conocimiento, en un estado de obnubilación que, sin embargo, permite asentir y firmar, o simplemente con una capacidad mental tan disminuida que las manías y las obsesiones eliminen la claridad de juicio y la libertad de la decisión".

Por su parte, ALBALADEJO GARCÍA[41], se refiere a la incapacidad *natural*, porque proviene de que la persona carece de aptitud para entender y querer, y señala que para que un acto sea válido, "se requiere que el que lo realiza obre con entendimiento y voluntad". En la misma línea de pensamiento concluyó GISBERT CALABUIG[42] que el que el "cabal juicio" conducente a una suficiente capacidad para testar debe reunir "aquella normalidad de conciencia que permite comprender la importancia y las consecuencias de las propias acciones, y aquella integridad de la voluntad que permite decidirse libremente en las propias determinaciones".

Así, para la doctrina, el artículo 663 C. aludía a la ausencia de cualquier tipo de enfermedad o padecimiento, psíquica o incluso física, u otra circunstancia o situación particular que afecte de modo grave o intenso al entendimiento y comprensión sobre el significado y su alcance las disposiciones testamentarias, utilizándose por el legislador una fórmula extraordinariamente amplia, lo cual no excluye la exigencia de la nota de gravedad en el padecimiento, ya que para apreciar la ausencia

---

40 LACRUZ BERDEJO, J.L. y otros, *Elementos de Derecho Civil*, V, Sucesiones, nueva *edición revisada y puesta al día por Joaquín Rams Albesa*, Dykinson, Madrid, 2001, p. 161.

41 ALBALADEJO GARCÍA, M., *Curso de Derecho civil, V, Sucesiones, 11ª ed.*, Edición revisada y puesta al día por Silvia Díaz Alabart, EDISOFER, Madrid, 2015, p. 215.

42 GISBERT CALABUIG, J.A., *Testamentación y su valoración en Psiquiatría Forense*, Colex, Madrid, 1994, p. 159.

de "cabal juicio" es imprescindible una afectación de notable relevancia y gravedad[43].

Todo ello, con una especial atención a la necesaria comprensión sobre la realidad patrimonial y sobre el contexto familiar del testador, por ser estas las esferas de su vida sobre las que se proyectan las cláusulas contenidas en los testamentos. De modo que, una persona que, por sus circunstancias, avanzada edad, padecimientos, o permanente o puntual estado mental no es capaz de comprender la dimensión económica o patrimonial de la vida, o no reconoce su entorno familiar, es incapaz de entender la simple figura del testamento o tener una voluntad testamentaria real, tal y como exige nuestro ordenamiento jurídico, carece de la posibilidad de hacer testamento válido.

Así se interpretaba y aplicaba la expresión "no encontrarse en su cabal juicio", y la consiguiente imposibilidad de otorgar testamento, a pesar del carácter amplio y abierto de la formulación legal. Y en el mismo sentido se interpreta actualmente el actual art. 663.2º del Código Civil, que establece que no puede testar: 2.º "La persona que en el momento de testar no pueda conformar o expresar su voluntad ni aun con ayuda de medios o apoyos para ello", a pesar de la ciertamente desafortunada redacción del precepto, aspecto del que nos ocuparemos a continuación.

Como afirma ESPÍN ALBA[44], la actual redacción ("el nuevo concepto de «poder conformar y expresar la voluntad aún con medidas de apoyo» elegi-

---

43 En este sentido, concluyó SEOANE SPIEGELBERG, "en el ámbito de la medicina legal, se ha considerado que carecen de capacidad testamentaria las personas que sufren procesos patológicos graves: esquizofrenias con alteración de la personalidad, demencias avanzadas, amencias, etc." SEOANE SPIEGELBERG, J.L., "La nulidad del testamento otorgado por quien habitual o accidentalmente no se encuentra en su cabal juicio" en *Diario La Ley*, Sección Doctrina, Ref. D-32, Tomo 1, LA LEY, 1996, p. 2 (LA LEY 22086/2001).

44 Para esta autora, la redacción del precepto, al centrarse en las personas con discapacidad, entra en contradicción con los principios de la CDPD, debiendo haberse puesto el foco en el discernimiento conforme al modelo convencional, descartando una formulación legal que parece fijarse exclusivamente en las personas con discapacidad. ESPÍN ALBA, I., "Capítulo 31. Disposiciones testamentarias y testamentos notariales", *cit.*, p. 895. En este sentido, para DOMÍNGUEZ LUELMO, la redacción del artículo 663.2 resulta enrevesada y parece referirse a quien no tiene capacidad natural, pero no encaja con los principios de la CDPD. Así concluye que "para el testamento notarial la cuestión viene resuelta por el artículo 665 CC", y "para el resto de formas testamentarias en las que no interviene el Notario en el momento de su otorgamiento, la regla general debe ser

do para sustituir al «cabal juicio»") a pesar de que merezca ser criticada dado que parece centrarse en las personas con discapacidad evoca "la ausencia de capacidad natural o discernimiento", y "si analizamos la propia evolución jurisprudencial de la norma antes de la modificación, se puede observar un acercamiento de la idea de cabal juicio al discernimiento del testador -y de cualquier testador y no únicamente del testador con discapacidad- en el momento de otorgar testamento", concluyendo que testar exige la formación y expresión de una voluntad cualificada, en cuanto debe reflejar una verdadera voluntad de testar y no simplemente un proyecto o indicaciones sobre el destino de los bienes o parte de ellos después de la muerte"[45].

Para MAGARIÑOS BLANCO[46], la palabra conformar no es la más adecuada "para describir la capacidad o aptitud para ordenar la sucesión". La palabra conformar significa literalmente ajustar, concordar algo con otra cosa, convenir con otra persona ser de su misma opinión o dictamen, reducirse o sujetarse voluntariamente a hacer algo o sufrir algo, y el notario debe limitarse al explicar las consecuencias de las decisiones que pretende el testador, "lo que el Notario tiene que auscultar y comprobar es que la decisión del testador es coherente con las preguntas que le haga, así como con los hechos y explicaciones que el testador describe, con apoyo o ajustes cuando los necesite para hacerse entender, pero siempre sin interferencias o preguntas que llevan la respuesta implícita".

El notario no puede eludir el juicio de capacidad amparándose en la nueva legislación que potencia el respeto a la voluntad del testador, "entendiendo que solamente está obligado a detectar tal voluntad y una vez comprobada reflejarla", de modo que, si el notario comprueba la inconsistencia de la decisión del testador, su errático razonamiento, su

---

la recogida en el artículo 662 CC: la referencia a la posibilidad de «conformar o expresar la voluntad» choca con la regla general de la aptitud para testar". DOMÍNGUEZ LUELMO, A., "La reforma del Derecho de sucesiones en la Ley 8/2021: Derecho sustantivo y Derecho transitorio", *cit.*, p. 380. En la misma línea, *vid.* DE AMUNÁTEGUI RODRÍGUEZ, C., "27- El artículo 663 CC", en GUILARTE MARTÍN-CALERO, C. (dir.), *Comentarios a la Ley 8/2021 por la que se reforma la legislación civil y procesal en materia de discapacidad*, Thomson Reuters Aranzadi, Madrid, 2021, p. 886.

45 ESPÍN ALBA, I., "Capítulo 31. Disposiciones testamentarias y testamentos notariales", *cit.*, p. 896.

46 MAGARIÑOS BLANCO, V., "Discapacidad, testamento y libertad sucesoria", *cit.*, p. 38.

incoherencia o contradicción reveladores de que no puede atender a sus propios intereses, deberá denegar la autorización del testamento[47].

Por lo que se refiere a la jurisprudencia anterior a la entrada en vigor de la nueva regulación, no cabe duda de que en la fórmula del antiguo párrafo segundo del art. 663 CC debían incluirse las enfermedades mentales pero también cualesquiera causas de alteración psíquica que impidieran el normal funcionamiento de la facultad de "desear" o de determinarse con discernimiento y espontaneidad[48], siendo en todo caso preciso, también antes de la modificación legislativa, que el testador tomara su decisión conociendo sus circunstancias personales y patrimoniales[49].

De este modo, cabe apreciar que los límites que marcan la validez o nulidad de un testamento en atención a las circunstancias o padecimientos de testador, al menos de momento, están situados en el mismo punto. Otra cuestión es que se emplee la modificación legislativa para reforzar la decisión de considerar válido un testamento, como sucede en la Sentencia de la Audiencia Provincial de Cáceres, (Sec. 1ª), nº 732/2021, de 21 de septiembre de 2021[50], que además de apostar sin matices por la aplicación de la Ley 8/2021, a un supuesto anterior a su entrada en

---

47 MAGARIÑOS BLANCO, V., "Discapacidad, testamento y libertad sucesoria", cit., p. 44.

48 Así, en la Sentencia del Tribunal Supremo, nº 1063/2007, de 4 de octubre de 2007, se establece que, "la capacidad para testar equivale a capacidad o aptitud natural y según la jurisprudencia reiterada se presume asiste a todo testador. Ahora bien, la situación de no encontrase en su cabal juicio, conforme a la fórmula utilizada en el artículo 663 CC , no reduce su ámbito de aplicación a la existencia de una enfermedad mental propiamente dicha y prolongada en el tiempo, sino que engloba cualquier causa de alteración psíquica que impida el normal funcionamiento de la facultad de desear o determinarse con discernimiento y espontaneidad, disminuyéndola de modo relevante y privando a quien pretende testar del indispensable conocimiento para comprender la razón de sus actos por carecer de conciencia y libertad y de la capacidad de entender y querer sobre el significado y alcance del acto y de lo que con el mismo se persigue (SSTS de 11 de diciembre de 1962 y 7 de octubre de 1982)".

49 Como establece la Sentencia de la Audiencia Provincial de A Coruña (Sec. 6ª), nº 64/2014, de 25 de marzo de 2014 (ECLI: ES:APC:2014:1964), "otorgar un testamento dada su trascendencia y atendido su contenido mínimo necesario, sí que implica el pleno conocimiento de las circunstancias personales y patrimoniales que determinan su contenido y la conciencia de que con el mismo se está planificando y decidiendo, del modo que concretamente se trate, el destino del patrimonio propio para el caso de muerte".

50 ECLI: ES:APCC:2021:992.

vigor[51], afirma sin matices que la aplicación de la Ley 8/2021, de 2 de junio "resulta de acusada trascendencia a los efectos de declarar la validez del testamento". Incluso en algún supuesto como la Sentencia de la Audiencia Provincial de Ourense, (Sec.) 1ª, nº 62/2023, de 2 de febrero de 2023[52], se afirma expresamente que, "se ha traído a colación el cambio normativo operado en los artículos 663 y 665 a fin de resaltar el carácter sumamente excepcional de la privación del derecho a testar y la interpretación sumamente restrictiva de la falta de capacidad y, en consecuencia, de la anulación de un testamento por falta de capacidad del testador".

En la misma línea, en la Sentencia Audiencia Provincial de Madrid, (Sec. 14ª), nº 308/2022, de 14 de julio de 2022[53], se afirma que el legislador actual favorece la testamentifacción, de modo que, "particularmente afectadas van a resultar algunas reglas relativas al Derecho de sucesiones y al Derecho de contratos, cuestiones estas en las que la capacidad de ejercicio de los derechos implica la posibilidad de realizar actos jurídicos de gran transcendencia, cuya celebración, validez y eficacia debe ser tratada de conformidad con la nueva perspectiva". Es más, destaca esta sentencia, que "los nuevos principios podrían aplicarse a los actos y contratos celebrados bajo el régimen de la legislación anterior porque "los casos no comprendidos directamente en las disposiciones anteriores se resolverán aplicando los principios que les sirven de fundamento" (disp. trans. 13ª CC). De hecho, en la Sentencia de la Audiencia Provincial de Madrid, Sección 14ª, nº 545/2023 de 21 de diciembre de 2023[54], se concluye que, si bien la Ley 8/2021 "es posterior a los hechos enjuiciados, se atribuye relevancia al propósito manifestado por el legislador de respetar la voluntad y preferencias de las personas con discapacidad. Siempre sobre la base de que dispongan de capacidad bastante, según las circunstancias del caso, para conformar y expresar esa voluntad".

Sin embargo, lo cierto es que, a pesar de estas afirmaciones generales, en las sentencias dictadas con posterioridad a la entrada en vigor se reitera la jurisprudencia previa a la misma para justificar la validez o fundamentar la nulidad de los testamentos objeto de los procedimientos. Por ejemplo, en la

---

51 Lo mismo sucede, en la Sentencia de la Audiencia Provincial de Cáceres, (Sec. 1ª), nº 467/2023, de 29 de septiembre 2023, Rec. 1265/2022 (ECLI: ES:APCC:2023:724).

52 ECLI: ES:APOU:2023:212.

53 ECLI: ES:APM:2022:10882.

54 ECLI: ES:APM:2023:20362.

Sentencia Audiencia Provincial de Lugo (Sec. 1ª), nº 35/2022, de 13 de enero de 2022[55], en la que se afirma que "la prueba practicada en autos acredita la falta de capacidad del testador, en el bien entendido caso (Sentencia del Tribunal Supremo de 19 de noviembre de 2.004 o 14 de febrero de 2.006) que es necesario distinguir entre incapacidad natural, a consecuencia de que el sujeto se encuentre en una situación física o psíquica que elimine su entendimiento y voluntad y le impida entender y querer el acto que realiza, e incapacidad resultante del estado civil de incapacitado, siendo que con arreglo a dicha jurisprudencia el artículo 663 del Código Civil se refiere no a una enfermedad mental, ni a una situación de incapacitación sino a toda alteración psíquica que afectase al discernimiento".

Igualmente, también antes de la reforma debía descartarse que un pronunciamiento judicial previo condicionara sin excepción la facultad de hacer testamento de una persona, lo que, sin cuestionar el valor de la nueva regulación, limita de nuevo sus reales consecuencias prácticas que ya habían sido adelantadas por nuestros tribunales aplicando la CDPD[56].

Así, se concluye en la sentencia del Tribunal Supremo, Sala Primera, de lo Civil, Sección Pleno, nº 146/2018, de 15 de marzo de 2018[57], en la que se dice que, "de acuerdo con lo dicho, acierta la sentencia recurrida cuando afirma que la limitación de la capacidad de obrar establecida por la sentencia que exige la intervención del curador para los actos de disposición no puede interpretarse en el sentido de que prive de la capacidad para otorgar testamento", concluyendo que "el testamento será válido si se otorga conforme a las formalidades exigidas por el art. 665 CC y no se desvirtúa el juicio de capacidad del notario favorable a la capacidad para testar mediante otras pruebas cumplidas y convincentes"[58].

Un planteamiento que se reproduce en la sentencia del Tribunal Supremo, Sala Primera, de lo Civil, nº 156/2023, de 3 de febrero de 2023, para un supuesto anterior a la entrada en vigor de la reforma, aún en el caso de que no se cuente con el informe de los dos especialistas exigido

---

55 ECLI: ES:APLU:2022:7.

56 Sobre la incompatibilidad de la antigua norma con la CDPD y la evolución de la jurisprudencia, *vid.* CORVO LÓPEZ, F.M.," la capacidad para testar de las personas con discapacidad intelectual", *Revista de Derecho Civil*, vol. VI, nº 4 (octubre-diciembre, 2019), p. 150.

57 ECLI: ES:TS:2018:936.

58 Igualmente, vid. Tribunal Supremo, Sala Primera, Sentencia 535/2018, de 28 de septiembre de 2018 (ECLI: ES:TS:2018:3268).

anteriormente por el artículo 665 CC, y sin que ello, según se destaca en la resolución, suponga aplicar retroactivamente la reforma del CC derivada de la Ley 8/2021, de 2 de junio[59].

IV. EL JUICIO NOTARIAL DE CAPACIDAD DESPUÉS DE LA REFORMA. LA PRESUNCIÓN *IURIS TANTUM* Y LA POSIBILIDAD DE PRUEBA EN CONTRARIO

Conforme al artículo 665 CC, la persona con discapacidad podrá otorgar testamento cuando, a juicio del Notario, "pueda comprender y manifestar el alcance de sus disposiciones", añadiendo el precepto, que "el Notario procurará que la persona otorgante desarrolle su propio proceso de toma de decisiones apoyándole en su comprensión y razonamiento y facilitando, con los ajustes que resulten necesarios, que pueda expresar su voluntad, deseos y preferencias". Como destacamos anteriormente, frente a la redacción anterior, el vigente artículo 665 CC pone el foco en la conformación de la voluntad, distanciándose de la perspectiva médica de la discapacidad[60].

Igualmente, al juicio notarial de capacidad aluden otros preceptos que no han sido objeto de reforma. El art. 685 del CC que establece

---

[59] Concretamente, se declara en la Sentencia del Tribunal Supremo de 3 de febrero de 2023 que, "el requisito del doble informe de especialista para testar no está contemplado en la nueva redacción del precepto tras la Ley 8/2021, de 2 de junio, dictada precisamente para adecuar nuestra legislación interna a las exigencias derivadas del Convenio de Nueva York, que sin embargo sí estaba vigente al tiempo del otorgamiento, y que reconocía que las personas con discapacidad "tienen capacidad jurídica en igualdad de condiciones con las demás en todos los aspectos de la vida", y, por lo tanto, para testar, sin que, por la naturaleza personalísima del acto, pueda concurrir asistida por otra persona para conformar su voluntad testamentaria, y siempre que pueda comprender y manifestar sus disposiciones mortis causa, como es el caso que nos ocupa. Las personas con deficiencias sensoriales, mentales o intelectuales, sin capacidad modificada por sentencia al tiempo del otorgamiento del testamento impugnado, así como, actualmente, todas las personas, sean o no discapaces, pueden testar cuando el notario aprecie su capacidad sin necesidad de un preceptivo informe médico, que suponía entonces un tratamiento jurídico diferente, y todo ello sin perjuicio, claro está, de su impugnación judicial" (ECLI: ES:TS:2023:816).

[60] ESPÍN ALBA, I., "Capítulo 31. Disposiciones testamentarias y testamentos notariales", *cit.*, p. 896.

que el Notario debe "asegurarse de que, a su juicio, tiene el testador la capacidad legal necesaria para testar", el art. 696 del mismo cuerpo legal determina que en Notario, en el testamento abierto, "hará constar que, a su juicio, se halla el testador con la capacidad legal necesaria para otorgar testamento", y para el testamento cerrado, lo mismo se dice en el artículo 707.4 CC. En el mismo sentido que estos artículos, se pronuncian, con carácter general, el art. 17 bis 2 a) de la Ley del Notariado de 28 de mayo de 1862, y los arts. 156 y 167 del Decreto de 2 de junio de 1944 por el que se aprueba con carácter definitivo el Reglamento de la organización y régimen del Notariado[61].

Es por tanto al notario al que le corresponde apreciar la capacidad para testar, sin la necesaria intervención de otros profesionales, y a quien se habilita *ex lege* para que preste directamente los apoyos precisos, resaltando su función en el correcto otorgamiento del testamento, lo que realizará con arreglo a lo previsto en el artículo 249 CC.

Y tanto esos apoyos, esto es el desarrollo del proceso seguido ante el notario para expresar su voluntad, como los posibles informes al respecto u otros apoyos que el notario considere precisos, como por ejemplo la ayuda de un facilitador que le permita a la persona expresar su voluntad, como explica MAGARIÑOS BLANCO[62] puede ser útil que consten en acta, "por si surgieren dudas sobre la capacidad del testador o si la reflejada en el testamento es la verdadera voluntad".

La Circular 2/2021 de la Comisión Permanente de Consejo General del Notariado, de 1 de septiembre de 2021, se refiere a esta acta previa, que puede recoger el desarrollo del proceso seguido, informes sociales u otros apoyos, pero que se descarta, según mi criterio con acierto, que deba ser mencionada en el testamento[63].

En mi opinión, la redacción de esta acta y todo lo que se pueda hacer para despejar dudas en relación con la validez del testamento es positivo,

---

61 Sobre los términos a utilizar por el Notario y los Criterios y aclaraciones de la circular informativa 2/20021 de la Comisión Permanente del Consejo General de Notariado, *vid.* MAGARIÑOS BLANCO, V., "Discapacidad, testamento y libertad sucesoria", *cit.*, pp. 46-47.

62 MAGARIÑOS BLANCO, V., "Discapacidad, testamento y libertad sucesoria", *cit.*, pp. 48-49.

63 Sobre esta cuestión, valorando el acta como potestativa, pero también conveniente, *vid.* MARTÍNEZ ORTEGA, J.C., BUSTO CABALLERO, A.I., *El testamento de las personas con discapacidad*, *cit.*, p. 129.

hasta el punto de que entiendo que debería proporcionarse a los notarios un protocolo de actuación con el que acometer este tipo de situaciones, a lo que se sumaría, lógicamente, el otorgamiento del testamento cumpliendo las solemnidades legales de cada forma de testar.

En todo caso, la declaración notarial de capacidad supone una presunción *iuris tantum* de la misma, tal y como han reiterado Jueces y Tribunales[64]. Y pese a que la jurisprudencia y doctrina tienden a dar un gran valor al juicio de capacidad del notario, es importante poner de manifiesto que el mismo no es un experto ni en psiquiatría ni en psicología. A lo que se añade que, como destaca, MESA MARRERO[65], "el notario no suele disponer de toda la información relativa al otorgante antes de emitir su juicio de capacidad, lo que puede incrementar las posibilidades de que se realice una valoración incorrecta".

Conforme al nuevo sistema y la redacción concreta que se le proporciona al artículo 665 CC, desapareciendo cualquier referencia a la intervención de facultativos que reconozcan al testador y dictaminen favorablemente, "el notario será precisamente el apoyo puntual adecuado que el testador precisa para el correcto ejercicio de su capacidad"[66] pues su competente asesoramiento puede ser suficiente para eliminar las dificultades de comprensión que la persona pudiera tener, de modo que, "tal intervención notarial, asistiendo al testador y ayudándole a comprender la trascendencia de la decisiones que está tomando, constituye un genuino apoyo en el sentido exigido por el artículo 12 CDPC"[67].

---

64 En esta línea, en la Sentencia del Tribunal Supremo nº 20/2015, de 22 de enero de 2015 (ECLI: ES:TS:2015:195), se recuerda que "como afirma la sentencia de 19 de septiembre de 1998 "el juicio notarial de la capacidad de testamentación, si bien está asistido de relevancia de certidumbre, dados el prestigio y la confianza social que merecen en general los notarios, no conforma presunción *iuris de iure,* sino *iuris tantum,* que cabe destruir mediante prueba en contrario...".

65 MESA MARRERO, C., "El juicio notarial sobre la capacidad del testador", en MESA MARRERO, C., *La capacidad para testar: aspectos problemáticos y criterios jurisprudenciales,* BOSCH, Barcelona, 2017, p. 4, (consultado en: LA LEY 13133/2017).

66 GARCÍA RUBIO, M.P., "Algunas propuestas de reforma del Código Civil como consecuencia del nuevo modelo de discapacidad. En especial en materia de sucesiones, contratos y responsabilidad civil", *cit.,* p. 176.

67 Dispone el párrafo tercero del artículo 12 CDPC, que "los Estados Partes adoptarán las medidas pertinentes para proporcionar acceso a las personas con discapacidad al apoyo que puedan necesitar en el ejercicio de su capacidad jurídica". GARCÍA RUBIO, M.P. "Algunas propuestas de reforma del Código civil como con-

Sin embargo, tenemos que asumir que la formulación por parte del notario de unas preguntas y un simple contacto visual[68], puede en algunos casos no ser suficiente para detectar que el testador "no puede conformar o expresar su voluntad", en los términos del artículo 665 CC, dada su falta de conocimientos médicos.

En este sentido se pronunció, por ejemplo, la Sentencia de la Audiencia Provincial de León (Sec. 2ª) nº 58/2016, de 24 de febrero de 2016[69], que concluye que "deben rechazarse igualmente las alusiones al juicio de capacidad emitido por el Notario" puesto que "es una opinión subjetiva, emitida por un jurista más o menos habituado a discernir sobre capacidades, pero cuyos conocimientos profesionales no pueden en modo alguno, equipararse a los que poseen los profesionales médicos; máximo cuando estos practican ramas de la medicina relacionadas con detectar padecimientos de este tipo".

En la misma línea, la Sentencia de la Audiencia Provincial de Bizkaia (Sec. 3ª) nº 21/2021, de 21 de enero de 2021[70], afirma que el notario autorizante estimara que la fallecida tenía suficiente capacidad "no por ello tal conclusión puede constituir un valladar frente a los concluyentes informes médicos sobre la capacidad de la abuela de la apelante. Sin que ello suponga poner en duda su larga y acreditada trayectoria profesional. No es que sea engañado, ni descuidado en su actuación de fedatario, es que no puede exigírsele unos conocimientos médicos tan especializados como para detectar toda posible falta de capacidad".

Con el mismo planteamiento, la Sentencia de la Audiencia Provincial de Lugo (Sec. 1ª) nº 35/2022, de 13 de enero de 2022[71], recuerda que "la Dirección General de los Registros y del Notariado en resolución de 7 de enero de 1992, entre otras, dice: -La declaración notarial sobre la capacidad del otorgante no asegura de forme indubitada e incuestionable que tal juicio corresponda con la realidad mental. -Una eventual declaración judicial, apreciando el defecto de capacidad, no implica

---

secuencia del nuevo modelo de discapacidad. En especial en materia de sucesiones, contratos y responsabilidad civil", *cit.*, p. 176.

68 "Siendo el del Notario autorizante un conocimiento meramente episódico o circunstancial...", se afirma en la Sentencia de la Audiencia Provincial de Bizkaia (Sec. 4ª) nº 480/2014, de 2 de septiembre de 2014 (ECLI: ES:APBI:2014:1858).

69 ECLI: ES:APLE:2016:124.

70 ECLI: ES:APBI:2021:112.

71 ECLI: ES:APLU:2022:7.

necesariamente que el notario haya incurrido en responsabilidad, por cuanto este se limita a emitir un juicio, no una declaración de verdad, y la fe pública solo ampara la declaración de que tal parecer ha sido formulado", y concluye que, "la declaración notarial sobre la capacidad del otorgante no asegura de forma indubitada e incuestionable que se corresponda con la realidad mental, ya que "se trata de una apreciación puramente subjetiva, cuya capacidad del testador puede destruirse mediante prueba en contario"[72].

Igualmente, en Sentencia de la Sección 1ª de la Audiencia Provincial de Almería nº 1042/2022, de 13 de septiembre de 2022[73] se afirma que "aunque la intervención notarial, constituye una presunción legal de capacidad, en este supuesto no es prueba suficiente" puesto que "la fe pública notarial no ampara la realidad de la capacidad mental de los contratantes o del testador, en su caso, en la medida en que la aseveración del Notario constituye una apreciación subjetiva basada en su impresión personal".

Para destruir la indicada presunción *iuris tantum* de validez testamentaria, es necesario probar, de modo concluyente, la ausencia de capacidad mental de la persona testadora, lo cual no supone certeza absoluta[74]. De hecho, el Tribunal Supremo ha optado por un criterio

---

72 Explicó con contundencia LACRUZ BERDEJO que, "el notario, a falta de conocimientos de psiquiatría, fácilmente emitirá un juicio favorable acerca de la capacidad de esta persona que comparece ante él aparentemente sin una tara psíquica profunda, pero expuesta a toda suerte de captaciones y engaños". [...] En realidad, concluye las posibilidades de equivocarse el notario (y los testigos) sobre la capacidad del testador (en general, de quien dispone a causa de muerte) cuando éste no ha sido incapacitado por no se halla en su cabal juicio, son considerables, pese a cuanto diga la jurisprudencia". LACRUZ BERDEJO, J.L. y otros, *Elementos de Derecho Civil, V, Sucesiones, cit.*, p. 162-163.

73 ECLI: ES:APAL:2022:897.

74 En todo caso, el posible éxito de la demanda de nulidad requiere un importante esfuerzo probatorio, y para ello, como describe DÍEZ GARCIA, repasando la jurisprudencia, "los actores podrán servirse de medios de prueba documentales (la historia clínica del testador, la evaluación administrativa de una situación de dependencia, informes de trabajadores sociales, informes forenses en procedimientos judiciales, cartas o manuscritos del propio testador o de terceros, atestados policiales, etc.); de pruebas testificales (utilizando como testigos a parientes, allegados, cuidadores o conocidos del testador, al notario «de la familia» distinto al que autorizó el testamento impugnado, al notario autorizante del testamento que se impugna, a los facultativos que asistieron al testador o a los directores y

más acorde con las dudas y la realidad que suelen presentar este tipo de casos, en los que no se requiere una prueba que revele una seguridad o certeza absoluta respecto al hecho de la falta de capacidad del testador, sino que basta, en sede civil, con una determinación suficiente de la falta de capacidad que puede extraerse de la aplicación de criterios de probabilidad cualificada, con relación al relato de los hechos acreditados. Así se afirma en la sentencia del Tribunal Supremo, nº 461/2016, de 7 de julio[75].

Como explica claramente la Sentencia de la Audiencia Provincial de Zaragoza (Sec. 4ª) nº 345/2016, de 3 de octubre de 2016[76], esta "prueba concluyente" no implica "una seguridad o certeza absoluta respecto del hecho de la falta de capacidad del testador".

Así lo determina, entre otras muchas, la Sentencia de la Audiencia Provincial de Almería (Sec. 1ª) nº 1042/2022, de 13 de septiembre de 2022[77], que recordando la STS de 7 de julio de 2016[78] indica que la proyección de la carga de la prueba sobre quien sostenga la falta de capacidad "deriva del principio de *favor testamenti*, que acoge nuestro Código Civil, y de su conexión con la presunción de capacidad del testador en orden a la validez y eficacia del testamento otorgado (SSTS de 26 de abril de 2008, nº 289/2008, de 30 de octubre de 2012, nº 624/2012, de 15 de enero de 2013, nº 827/2012 y de 19 de mayo de 2015, nº 225/2015) [...], y que "esta prueba concluyente no es necesario, se revele con una seguridad o certeza absoluta respecto del hecho de la falta de capacidad del testador, sino una determinación suficiente que puede extraerse de la aplicación de criterios de probabilidad cualificada con relación al relato de hechos acreditados en la base fáctica" [...]"[79].

---

trabajadores de la residencia donde vivía el testador al tiempo del otorgamiento, etc.), así como de pruebas periciales o de cualquier otro medio de prueba admitido en Derecho". DÍEZ GARCÍA, H., "La impugnación del testamento otorgado por persona que no puede testar ex art. 663.2º CC (entre la tutela a la libertad de testar y la expectativa a heredar)", Derecho Privado y Constitución, 41, 2022, p. 368-369.

75 ECLI: ES:TS:2016:3123.

76 ECLI: ES:APZ:2016:1863.

77 ECLI: ES:APAL:2022:897.

78 ECLI: ES:TS:2016:3123.

79 En el mismo sentido encontramos las Sentencias del Tribunal Supremo nº 20/2015, de 22 de enero de 2015 (ECLI: ES:TS:2015:195), y nº 386/2015, de 26 de junio de 2015 (ECLI: ES:TS:2015:3164), y la Sentencia de la Audien-

La prueba de la falta de capacidad del testador para otorgar testamento es a cargo del sujeto que promueve la nulidad del dicho acto[80]. En todo caso, la labor a realizar hasta alcanzar esa probabilidad cualificada será ardua y complicada.

En la práctica, como destaca NAVARRO RODRIGUEZ[81], supone la difícil y costosa carga de probar, *a posteriori,* la falta de discernimiento. Difícil porque entre otras cosas va a requerir acceder a la historia clínica completa de los centros donde fue tratada la persona para obtener los registros sanitarios de fechas muy concretas, recabar un dictamen pericial médico que interprete la documentación médica y pueda dictaminar sobre la falta de capacidad, y hacerlo con la contundencia necesaria para invalidar el juicio que hizo el notario. También resultará conveniente la intervención de testigos que se relacionaron con la persona durante aquellas fechas concretas que depongan en línea con el resultado de la prueba documental y pericial sanitarias. Y finalmente también costosa por la inversión temporal y económica, además de emocional y psicológica, que este tipo de procedimientos va a suponer para las partes implicadas[82].

---

cia Provincial de Asturias (Sec. 7ª) nº 117/2020, de 15 de abril de 2020 (ECLI: ES:APO:2020:1667).

80 GARCÍA HERRERA, V., "Testamento otorgado por sujeto parcialmente incapacitado: presupuestos de su validez Comentario de la STS de 15 de marzo de 2018 (STS 936/2018, rec. 2093/2015). Referencia al tratamiento de la cuestión en el Anteproyecto de Ley por la que se reforma la legislación civil y procesal en materia de discapacidad", *Actualidad Civil,* nº 12, diciembre 2018, Editorial Wolters Kluwer, p. 7, (LA LEY 15190/2018).

81 NAVARRO RODRÍGUEZ, S., "Diez reflexiones sobre testamento, terminalidad y deterioro cognitivo tras el cambio de paradigma de la Ley de discapacidad", *Diario LA LEY,* nº 10355, Sección Tribuna, 25 de septiembre de 2023, p. 4, (LA LEY 8390/2023).

82 NAVARRO RODRÍGUEZ, S., "Diez reflexiones sobre testamento, terminalidad y deterioro cognitivo tras el cambio de paradigma de la Ley de discapacidad", *cit.,* p. 4.

V. EL CONTENIDO Y LA COMPLEJIDAD DEL TESTAMENTO: SU INCIDENCIA EN EL ANÁLISIS DE LA VALIDEZ DE LAS DISPOSICIONES TESTAMENTARIAS

Junto a la prueba concreta del estado en el que se encontraba el testador en el momento de hacer testamento, hay varios datos referidos al contenido de los testamentos impugnados que habitualmente son tenidos en cuenta a la hora de valorar la posible nulidad de las disposiciones otorgadas. Nos referimos, por ejemplo, a la complejidad o sencillez de las clausulas testamentarias, cuestión de la que nos ocuparemos con detalle a continuación, así como a quiénes resultan especialmente beneficiados por el testamento y qué tipo de relación tenían con el causante[83].

En efecto, la complejidad o sencillez del contenido del testamento es precisamente uno de los elementos que suele influir a la hora de valorar la posibilidad o imposibilidad de testar en un supuesto concreto[84]; y ello porque "el rigor para apreciar la capacidad del testador es distinto en función del grado de dificultad que presente el contenido del testamento, de modo que si éste reviste cierta complejidad será exigible al testador "un mayor grado de facultades volitivas e intelectuales"[85]. Así se concluye que,

---

83 Los Jueces y Tribunales también tienen en cuenta, a la hora de valorar la capacidad del testador, las personas beneficiadas por el testamento y su relación con el mismo, especialmente si en su otorgamiento se aprecia alguna circunstancia sospechosa o anómala. Sobre la incidencia de estas cuestiones en la capacidad del otorgante del testamento impugnado se han pronunciado, entre otras resoluciones, la ya citada Sentencia del Tribunal Supremo nº 386/2015, de 26 de junio de 2015 (ECLI: ES:TS:2015:3164); y la Sentencia de la Audiencia Provincial de Zaragoza (Sec. 5ª) nº 154/2016, de 14 de marzo de 2016 (ECLI: ES:APZ:2016:665).

84 Matiza. a mi juicio con acierto ECHEVARRÍA DE RADA que "la mayor o menor complejidad del testamento puede tener cierta incidencia en la decisión final del notario, pero es fundamental tener en cuenta que la capacidad para testar excede de la mera comprensión actual del testamento y exige la capacidad y voluntad suficientes para asumir sus consecuencias futuras, incluido su carácter revocable". ECHEVARRÍA DE RADA, T., "La capacidad testamentaria de la persona con discapacidad a la luz de la ley 8/2021, de 2 de junio", cit., pp. 10-11 (TOL8.810.722).

85 MESA MARRERO, C., "La dificultad de precisar la falta de cabal juicio del testador", en La capacidad para testar: aspectos problemáticos y criterios jurisprudenciales, BOSCH, Barcelona, 2017, p. 7. (consultado en: LA LEY 13133/2017).

un testamento más complejo, "requerirá un grado de discernimiento más alto que uno más sencillo"[86].

Debemos partir de que para la validez del testamento será preciso que el testador exprese su voluntad, con conocimiento del alcance de lo expresado. Como establece, entre otras, la Sentencia de la Audiencia Provincial de Girona (Sec. 1ª) nº 124/2005, de 18 de marzo de 2005[87], "el testador precisa saber qué es un testamento y comprender la transcendencia del mismo, ver la oportunidad de su otorgamiento, efectuar un juicio valorativo de su patrimonio, rememorar las personas que han formado parte de su círculo convivencial, enjuiciarlas en relación con su persona, establecer entre ellas un orden jerárquico señalado por valores afectivos y deseos retributivos, relacionar bienes y personas…".

Desde esta perspectiva, la complejidad de las cláusulas del testamento tiene especial relevancia a la hora de determinar la nulidad, pues un testamento complicado, por incluir complejos repartos de bienes, múltiples disposiciones, o complejas operaciones aritméticas, puede ser difícil de entender, detalle que debe valorarse teniendo en cuenta el estado o circunstancias en las que se encontraba el testador.

En esta línea de pensamiento se pronuncian, entre otras, la Sentencia de la Audiencia Provincial de Sevilla (Sec. 6ª) nº 52/2005, de 14 de febrero de 2005[88], que fundamenta la nulidad, entre otras consideraciones, en que "el contenido del testamento evidencia un pensamiento muy complejo, incompatible con la falta de lucidez y capacidad de la testadora ya recogidos", concluyendo que "siendo el testamento expresión de voluntad y no de una voluntad cualquiera, sino de la racional tenida con discernimiento y voluntad, al presente caso ha faltado la misma"[89].

---

86 DE BARRÓN ARNICHES, P., "Personas con discapacidad y libertad para testar", cit., p. 465. En la misma línea, vid. PLANAS BALLVÉ, M., "La capacidad para otorgar testamento", cit., p. 3; ESPÍN ALBA, I., "Capítulo 31. Disposiciones testamentarias y testamentos notariales", cit., p. 903.

87 ECLI: ES:APGI:2005:512.

88 ECLI: ES:APSE:2005:550.

89 La Sentencia de la Audiencia Provincial de Burgos (Sec. 2ª) nº 469/2006, de 21 de diciembre de 2006 indica que la lectura del testamento, "pone de manifiesto la concurrencia de una serie de expresiones y de contenidos con incongruencia lingüística, con una terminología impropia de una persona que actúa por si misma y que no es Letrada salvo que este recibiendo algún tipo de indicación o de inducción, y con una falta de correlación de las palabras al usar unas palabras por

Y, del mismo modo, la Sentencia de Audiencia Provincial de Bizkaia (Sec. 3ª) nº 126/2014, de 14 de mayo de 2014[90], que apoya la falta de capacidad del testador en la complejidad del acto otorgado, al concluir que el mismo no gozaba de las capacidades cognitivas precisas para su otorgamiento a causa de la complejidad del contenido del testamento.

En el caso resuelto en la Sentencia de la Audiencia Provincial de Lleida (Sec. 2ª) nº 836/2020, de 23 de diciembre de 2020[91], se afirma que "hay que añadir que, como antes se apuntaba, no estamos ante un testamento breve, de contenido simple o sencillo. Antes al contrario, se trata de un testamento bastante complejo en el que la testadora no sólo instituye heredero universal (con sustitución) y dispone hasta un total de diez legados -para cada uno de sus tres hijos, para sus nietos y para su nuera, estos últimos en nuda propiedad y en usufructo, respectivamente-, sino que, además, algunos de ellos quedan condicionados a la renuncia de los derechos hereditarios que, respecto de determinado bien inmueble, pudieran ostentar los legatarios derivados del fallecimiento de su difunto padre y abuelo, disponiendo igualmente las consecuencias de la falta de renuncia de alguno de ellos y la forma en que acrecerá a favor del heredero, efectuando también detallada disposición en cuanto a la atribución del uso privativo de las dos buhardillas de la planta sobreático del inmueble…"[92].

Por su parte, la Sentencia de la Audiencia Provincial de Barcelona (Sec. 16ª) nº 47/2015, de 2 de febrero de 2015[93], establece que "es muy diferente el otorgamiento de un testamento sencillo (así, el que contiene únicamente institución de heredero y cuyo causal está integrado por un solo inmueble) que el de uno complejo con pluralidad de disposiciones (por ejemplo, nombramiento de albaceas, legados, sustituciones fideicomisarias), por lo

---

otras que supone una falta de correspondencia entre lo que se piensa y lo que se expone". ECLI: ES:APBU:2006:1123.

90 ECLI: ES:APBI:2014:1115.

91 ECLI: ES:APL:2020:1012.

92 Igualmente, la Sentencia de la Audiencia Provincial de Asturias (Sec. 6ª) nº 387/2022, de 24 de octubre de 2022, recuerda la STS de 19 de septiembre de 1998, cuando afirma que el Notario ha de emitir un juicio jurídico y controlar debidamente las condiciones que presenta el testador, "y que necesariamente ha de relacionar con la mayor o menor complejidad del testamento que pretende hacer, a efectos de que este acto jurídico esté asistido de la legalidad correspondiente, que lo instaure como plenamente eficaz y válido". ECLI: ES:APO:2022:3404.

93 ECLI: ES:APB:2015:3363.

que la capacidad natural exigible para este último ha de ser más intensa que la requerida para aquél".

Finalmente, cabe recordar la Sentencia del Tribunal Supremo de 19 de septiembre de 1998[94], en la cual teniendo en cuenta la gravedad del estado mental que afectaba a la testadora, se descarta que pudiera ordenar disposiciones complejas en su testamento, y la Sentencia del Tribunal Supremo nº 20/2015, de 22 de enero de 2015[95] que establece que los testamentos declarados nulos "tienen cláusulas con una complejidad media en relación con una persona que padece una enfermedad de demencia mixta, cual es la determinación de colación de donaciones habidas durante la vida de la causante, tal como reseñan los peritos médicos"[96].

Admitir este planteamiento, y valorar el contenido del testamento en el momento de juzgar su posible nulidad no supone que sea preciso encontrar una explicación objetiva en lo manifestado por el testador, o al menos, que su ausencia determine por sí sola la nulidad de un testamento[97]. Para dejar sin efecto una disposición testamentaria es preciso que, teniendo en consideración la totalidad de la prueba practicada, se pueda concluir con seguridad que lo que consta como manifestado por el testador no era lo verdaderamente querido por él en ese preciso momento.

El juez debe abstenerse de todo juicio de valor sobre la actuación del testador, "pues no se trata de valorar la certeza o justicia de las decisiones

---

94 ECLI: ES:TS:1998:5223.

95 ECLI: ES:TS:2015:195. Igualmente, *vid.* Sentencia 461/2016 de 7 de Julio de 2016 (ECLI: ES:TS:2016:3123)

96 Afirma MESA MARRERO que, "si bien desde el punto de vista de la capacidad, debería resultar indiferente quien sea el beneficiario del testamento o cuál sea el contenido o la forma del mismo, no cabe duda de que los Tribunales realizan la apreciación de la capacidad del testador valorando todas las circunstancias concurrentes". MESA MARRERO, C., "La dificultad de precisar la falta de cabal juicio del testador", en *La capacidad para testar: aspectos problemáticos y criterios jurisprudenciales,* BOSCH, Barcelona, 2017, p. 10, (consultado en: LA LEY 13133/2017).

97 Un testamento puede ser caprichoso, imprevisto, arbitrario y resultar igual de efectivo que otro prudente y justo, explica CALCEDO ORDOÑEZ, no necesariamente debe ser racional en algún sentido abstracto y "bien podría responder a motivos anidados y escondidos en la intimidad del testador dignos de respeto". CALCEDO ORDOÑEZ, A., "La evaluación médico-legal en la impugnación de testamento", *cit.*, p. 39.

del causante sino de establecer si estas respondían o no a su voluntad"[98]. La existencia de contradicciones con disposiciones anteriores, decisiones sorprendentes para determinados familiares, o incluso pequeñas incongruencias con lo manifestado en vida a las personas de su entorno social o familiar, son datos relevantes, pero no son determinantes de una nulidad testamentaria. En muchos casos, estamos ante una decisión que no sólo se ha tomado en un momento concreto, por las razones que en ocasiones sólo el testador conoce, sino que la decisión se ha mantenido en el tiempo pudiendo haberse modificado, lo que no puede ser entendido sino como confirmación de lo manifestado.

VI. LA NULIDAD DEL TESTAMENTO POR FALTA DE LIBERTAD DEL TESTADOR

La función encomendada al Notario según explica GUILARTE MARTÍN-CALERO[99], además de apreciar la capacidad legal exigida es "garantizar que la voluntad del testador es libre y no existe influencia indebida". El testamento debe contener la voluntad real, libre y consciente del testador, y como apunta RODRÍGUEZ GUITIÁN[100], en ocasiones, a la "alegación de la incapacidad de testar por ausencia de cabal juicio se une la alegación de que el testador ha emitido su voluntad testamentaria de modo no libre, al emplearse dolo o intimidación por la persona que resulta beneficiada en el testamento".

Esto sucede dado que es habitual que la ausencia de capacidad testamentaria se encuentre unida a los intentos de captación de la voluntad del testador por parte de familiares o personas próximas, quienes aprovechando la situación pueden pretender obtener alguna disposición que les favorezca. Y, evidentemente, una persona con discapacidad es mucho

98 DÍEZ GARCÍA, H., "La impugnación del testamento otorgado por persona que no puede testar ex art. 663.2° CC (entre la tutela a la libertad de testar y la expectativa a heredar)", *Derecho Privado y Constitución,* 41, 2022, p. 371.

99 GUILARTE MARTÍN-CALERO, C., "La capacidad para testar: una propuesta de reforma del artículo 665 del Código Civil a la luz de la Convención Internacional sobre los Derechos de las Personas con Discapacidad", *cit.*, p. 6.

100 RODRÍGUEZ GUITIÁN, A.M., *La capacidad de testar: especial referencia al testador anciano,* Thomson-Civitas, Cizur Menor, Madrid, 2006, p. 13.

más manipulable y susceptible de sufrir presiones para otorgar testamento en un sentido determinado que quien se halla en plenas facultades, tanto físicas como mentales.

En estos casos, no será fácil determinar si la conclusión de que el testamento no refleja lo realmente querido por el testador deriva de que el testador "no puede conformar o expresar su voluntad", o de la concurrencia de vicios en el consentimiento emitido. Es por ello que en ocasiones los Jueces y Tribunales han declarado la nulidad del testamento ante situaciones de hecho similares, bien con base en la falta de capacidad del causante *ex* art. 663 del CC, bien con base en la existencia de vicios de la voluntad *ex* art. 673 del CC, o incluso combinando ambas justificaciones[101].

Sobre esta cuestión, MESA MARRERO[102] explica, con detalle y acierto, la duplicidad argumentativa existente en este ámbito, "destacando que aunque nuestro ordenamiento jurídico no prevé una norma expresa que contemple la captación de la voluntad o influencia indebida sobre el testador, como sí se hace en los sistemas del *common law*, los Tribunales recurren, en ciertos casos, a la regla del art. 663 CC" y, "anulan el testamento por falta de cabal juicio, al considerar que si la voluntad se manifiesta bajo influencia o manipulación de ciertas personas del entorno del testador y éste es una persona vulnerable, entonces es que no se ha formado con ple-

101 En este sentido se pronuncia, por ejemplo, la Sentencia de la Audiencia Provincial de Baleares (Sec. 5ª) nº 378/2016, de 20 de diciembre de 2016 (ECLI: ES:APIB:2016:2218) que determina que "la voluntad expresada pudo ser consecuencia no de una voluntad real que requieren capacidad de juicio y pensamiento y saber las implicaciones que va a tener, sino de dejarse influenciar inconscientemente por otras personas de su entorno familiar, de hecho el pacto de sucesión se otorga al día siguiente del alta hospitalaria". En idéntico sentido citamos la Sentencia de la Audiencia Provincial de Barcelona (Sec. 14ª) nº 144/2014, de 25 de abril de 2014 (ECLI: ES:APB:2014:3355). Igualmente, *vid.* la Sentencia de la Audiencia Provincial de Sevilla, (Sec. 6ª), Sentencia 52/2005, de 14 de febrero de 2005, en la que se concluye la concurrencia de falta de capacidad y de captación de voluntad; y, la Sentencia del Tribunal Supremo, Sala Primera, de lo Civil, Sentencia 461/2016 de 7 de Julio de 2016 (ECLI: ES:TS:2016:3123), que descarta tanto la falta de capacidad como la captación de la voluntad.

102 MESA MARRERO, C., "La captación de la voluntad del testador vulnerable", en MESA MARRERO, C., *La capacidad para testar: aspectos problemáticos y criterios jurisprudenciales*, BOSCH, Barcelona, 2017, (consultado en: LA LEY 13133/2017). pp. 1-2.

no discernimiento y, por tanto, no es una voluntad íntegra y plenamente libre"[103].

No obstante, existen supuestos en los que concurre claramente un vicio en la voluntad del testador, sin que proceda referirse a la capacidad para disponer por testamento, y por tanto, la nulidad del testamento vendrá determinada por la infracción del artículo 673 CC.

Para estas situaciones, el art. 673 CC establece que "será nulo el testamento otorgado con violencia, dolo o fraude", precepto que ha sido completado por Jueces y Tribunales con base en los arts. 1269 y 1270 del CC y que comprende no solo los "vicios de la voluntad" indicados en el precepto "sino cualesquiera otros (error, intimidación), capaces de provocar idéntico resultado, en cuanto priven al testador del libre consentimiento preciso para disponer mortis causa de sus bienes, cual ocurre con la intimidación si las amenazas son de tal intensidad que infundan temor grave al testador, inhibiendo su libertad, o el dolo si con maquinaciones y engaños bastantes se logra el mismo resultado"[104].

En este contexto, cobran especial relevancia los casos en los que concurre el denominado dolo testamentario, concepto que, como determina la doctrina más autorizada, "puede consistir tanto en una acción positiva como en una abstención u omisión, si tal comportamiento incluye de un modo determinante sobre la voluntad de la otra parte"[105] y se extiende a "supuestos de naturaleza muy distinta, no siendo preciso que induzca a error para que provoque la nulidad del testamento: basta aquellos artificios y maniobras que, encontrando el terreno propio de una voluntad débil, llegan a anularla por completo, sustituyendo el querer del testador por el de agente del dolo"; de forma que "surgen, así junto al engaño doloso o fraude, la captación y la sugestión (dolo en sentido *Revista de Derecho Privado*

---

103 De este modo, concluye que "la regla que permite anular un testamento por defecto de capacidad del testador puede servir también como instrumento eficaz para salvaguardar la libre voluntad del testador vulnerable". MESA MARRERO, C., "La captación de la voluntad del testador vulnerable", en MESA MARRERO, C., *La capacidad para testar: aspectos problemáticos y criterios jurisprudenciales,* BOSCH, Barcelona, 2017, (consultado en: LA LEY 13133/2017). p. 2.

104 *Vid.* Sentencia de la Audiencia Provincial de Alicante (Sec. 6ª), nº 138/2017, de 9 de mayo de 2017 (ECLI: ES:APA:2017:1711).

105 MESA MARRERO, C., "La captación de la voluntad del testador vulnerable", en MESA MARRERO, C., *La capacidad para testar: aspectos problemáticos y criterios jurisprudenciales,* BOSCH, Barcelona, 2017, p. 5 (consultado en: LA LEY 13133/2017).

estricto), que no suponen tanto un error de voluntad, como una anulación o minoración de ésta, en cuanto el artificio va encaminado tanto a equivocar al testador como a determinar su querer, sustituyéndole por el propio del actor"[1].

La Sentencia del Tribunal Supremo nº 686/2014, de 25 de noviembre de 2014[2] explica que, "el dolo testamentario se entiende como utilización de palabras o maquinaciones insidiosas con las que se induce a una persona a otorgar un testamento en un sentido diferente del que hubiera otorgado si no hubieran mediado tales interferencias", recordando que "la jurisprudencia ha integrado la laguna legal que contiene el artículo 673 del Código Civil por medio de la aplicación analógica de los artículos 1269 y 1270 del mismo". De este modo, "el dolo debe ser i) grave, no bastando el llamado "dolus bonus", o lo que es lo mismo, el que con atenciones o cuidados especiales trata de dirigir a su favor la voluntad testamentaria; ii) con relación de causalidad entre la maquinación y la disposición testamentaria; iii) se tiene que probar, pues no se presume (STS de 7 de enero de 1975); iv) pero puede ser acreditado por cualquier medio de prueba, incluido las presunciones"[3].

VII. BIBLIOGRAFÍA

ALBALADEJO GARCÍA, M., *Curso de Derecho civil, V, Sucesiones,* 11ª ed., Edición revisada y puesta al día por Silvia Díaz Alabart, EDISOFER, Madrid, 2015.

ALVENTOSA DEL RÍO, J., "Capítulo 10. Reformas en Derecho de sucesiones", en DE VERDA Y BEAMONTE, J.R. (dir.), *La discapacidad: una visión integral y práctica de la Ley 8/2021, de 2 de junio,* Tirant lo Blanch, Valencia, 2022, (TOL9.215.706).

BINDER, J., *Derecho de Sucesiones,* Ed. Labor, Barcelona, 1953.

CALCEDO ORDOÑEZ, A., "La evaluación médico-legal en la impugnación de testamento", *El Notario del Siglo XXI,* noviembre-diciembre 2014.

---

1 RIVAS MARTÍNEZ, J., Derecho de sucesiones. Común y foral, Tomo I, Capítulo VII, cit., p. 740.

2 ECLI: ES:TS:2014:4981.

3 En la misma línea, vid. Sentencia de la Audiencia Provincial de Toledo (Sec. 1ª) nº 132/2013, de 20 de mayo de 2013 (ECLI: ES:APTO:2013:359). Sentencia de la Audiencia Provincial de Granada (Sec. 5ª) nº 106/2019, de 8 de marzo de 2019 (ECLI: ES:APGR:2019:1266). Sentencias de la Audiencia Provincial de Barcelona (Sec. 14ª) nº 97/2022, de 22 de febrero de 2022 (ECLI: ES:APB:2022:2343). Sentencia de la Audiencia Provincial de Guipúzcoa (Sec. 2ª) nº 628/2022, de 29 de julio de 2022 (ECLI: ES:APSS:2022:915).

CALVO SAN JOSÉ, M., "Eficacia de los actos y negocios jurídicos realizados por el enfermo mental", *Diario La Ley*, nº 6364, 2005, Tomo 5, Sección Doctrina, Ref. D-271.

CAROL ROSÉS, F., "Libertad para testar y protección del testador vulnerable", *Actualidad Civil*, nº 9, Sección Persona y derechos, septiembre 2023.

CERDEIRA BRAVO DE MANSILLA, G., GARCÍA MAYO, M., GIL MEMBRADO, C., PRETEL SERRANO, J. (Coord.), *Un nuevo orden jurídico para las personas con discapacidad*, BOSCH, La Ley Digital, Madrid, 2021.

CORVO LÓPEZ, F.M.," la capacidad para testar de las personas con discapacidad intelectual", *Revista de Derecho Civil*, vol. VI, nº 4 (octubre-diciembre, 2019).

CUENCA GÓMEZ, P., "El Sistema de apoyo en la toma de decisiones desde la Convención Internacional sobre los Derechos de las Personas con Discapacidad: principios generales, aspectos centrales e implementación en la legislación española", *Revista Electrónica del Departamento de Derecho de la Universidad de La Rioja*, REDUR, nº 10, 2012.

DE AMUNÁTEGUI RODRÍGUEZ, C., "Testamento otorgado por personas que sufren discapacidad psíquica o tienen su capacidad modificada judicialmente", *RDP*, nº 4, 2018.

DE AMUNÁTEGUI RODRÍGUEZ, C., "27- El artículo 663 CC", en GUILARTE MARTÍN-CALERO, C. (dir.), *Comentarios a la Ley 8/2021 por la que se reforma la legislación civil y procesal en materia de discapacidad*, Thomson Reuters Aranzadi, Madrid, 2021.

DE BARRÓN ARNICHES, P., "Personas con discapacidad y libertad para testar", *Actualidad jurídica Iberoamericana*, nº 12, febrero 2020.

DE TORRES PEREA, J.M., "La discapacidad y la reforma de las normas sucesorias", en DE LUCCHI LÓPEZ-TAPIA, Y., QUESADA SÁNCHEZ, A.J. (dirs.), *La reforma civil y procesal en materia de discapacidad: estudio sistemático de la Ley 8/2021, de 2 de junio*, Atelier, Barcelona, 2022.

DE VERDA Y BEAMONTE, J.R., "Primeras resoluciones judiciales aplicando la Ley 8/2021, de 2 de junio en materia de discapacidad", *Diario La Ley*, nº 10021, Sección Dossier, 3 de marzo de 2022, Wolters Kluwer,

DÍEZ GARCÍA, H., "La impugnación del testamento otorgado por persona que no puede testar ex art. 663.2º CC (entre la tutela a la libertad de testar y la expectativa a heredar)", *Derecho Privado y Constitución*, nº 41, 2022.

DÍAZ MARTÍNEZ, A., "Capítulo 32: Incapacidad para heredar", en LLEDÓ YAGÜE, F., FERRER VANRRELL, M.P., EGUSQUIZA BALMASEDA, M.A., LÓPEZ SIMO, F. (Dir.), *Reformas legislativas para el apoyo a las personas con discapacidad. Estudio sistemático de la Ley 8/2021, de 2 de junio, al año de la entrada en vigor*, Dykinson, Madrid, 2022.

DÍEZ PICAZO Y PONCE DE LEÓN, L., GULLÓN BALLESTEROS, A., *Sistema de Derecho Civil, Volumen IV, Derecho de Sucesiones*, Tecnos, Madrid, 2017.

DOMÍNGUEZ LUELMO, A., "La reforma del Derecho de sucesiones en la Ley 8/2021: Derecho sustantivo y Derecho transitorio", en LLAMAS POMBO, E.-MARTÍNEZ RODRÍGUEZ, N.-TORAL LARA, E. (dirs.), *El nuevo derecho de las capacidades: de la incapacitación al pleno reconocimiento*, La Ley, Madrid, 2022.

ECHEVARRÍA DE RADA, T., "La capacidad testamentaria de la persona con discapacidad a la luz de la ley 8/2021, de 2 de junio", en PEREÑA VICENTE, M., HERAS HERNÁNDEZ, M.M. (dirs.), *El ejercicio de la capacidad jurídica por las personas con discapacidad tras la ley 8/2021 de 2 de junio,* Tirant lo Blanch, Valencia, 2022 (TOL8.810.722)

ESPÍN ALBA, I., "Capítulo 31. Disposiciones testamentarias y testamentos notariales", en LLEDÓ YAGÜE, F., FERRER VANRRELL, M.P., EGUSQUIZA BALMASEDA, M.A., LÓPEZ SIMO, F. (Dirs.), *Reformas legislativas para el apoyo a las personas con discapacidad. Estudio sistemático de la Ley 8/2021, de 2 de junio, al año de la entrada en vigor,* Dykinson, Madrid, 2022.

GARCÍA HERRERA, V., "Testamento otorgado por sujeto parcialmente incapacitado: presupuestos de su validez Comentario de la STS de 15 de marzo de 2018 (STS 936/2018, rec. 2093/2015). Referencia al tratamiento de la cuestión en el Anteproyecto de Ley por la que se reforma la legislación civil y procesal en materia de discapacidad", *Actualidad Civil,* nº 12, diciembre 2018, Editorial Wolters Kluwer (LA LEY 15190/2018).

GARCÍA RUBIO, M.P., "Algunas propuestas de reforma del Código Civil como consecuencia del nuevo modelo de discapacidad. En especial en materia de sucesiones, contratos y responsabilidad civil", *Revista de Derecho Civil,* vol. 5, nº 3, 2018.

GARCÍA RUBIO, M.P y MORO ALMARAZ, M.J. (Dir.), *Comentario articulado a la legislación civil y procesal en materia de discapacidad,* Thomson Reuters Civitas, Madrid, 2022.

GISBERT CALABUIG, J.A., *Testamentación y su valoración en Psiquiatría Forense,* Colex, Madrid, 1994.

GÓMEZ LAPLAZA, M.C y DÍAZ ALABART S., "La capacidad testamentaria de los incapacitados", *La ley Digital* (LA LEY 418/2015).

GUILARTE MARTÍN-CALERO, C., "La capacidad para testar: una propuesta de reforma del artículo 665 del Código Civil a la luz de la Convención Internacional sobre los Derechos de las Personas con Discapacidad", *Estudios de Derecho de sucesiones,* 2014, (consultado en LA LEY 422/2015)

LACRUZ BERDEJO, J.L. y otros, *Elementos de Derecho Civil,* V, Sucesiones, nueva edición revisada y puesta al día por Joaquín Rams Albesa, Dykinson, Madrid, 2001.

LLAMAS POMBO, E., MARTÍNEZ RODRÍGUEZ, N y TORAL LARA, E. (dirs.), *El nuevo derecho de las capacidades: de la incapacitación al pleno reconocimiento,* Wolters Kluwer España, Madrid, 2021.

LLEDÓ YAGÜE, F., MONJE BALMASEDA, O y GUTÍERREZ BARRENENGOA, A., *Estudio Básico de la Guarda de hecho. Algunas reflexiones sustantivas y procesales notables de lege lata y de lege ferenda,* Dykinson, Madrid, 2019.

MAGARIÑOS BLANCO, V., "Discapacidad, testamento y libertad sucesoria", en LLEDÓ YAGÜE, F., FERRER VANRRELL, M.P., EGUSQUIZA BALMASEDA, M.A., LÓPEZ SIMO, F. (Dir.), *Reformas legislativas para el apoyo a las personas con discapacidad. Estudio sistemático de la Ley 8/2021, de 2 de junio, al año de la entrada en vigor,* Dykinson, Madrid, 2022.

MARTÍNEZ ORTEGA, J.C y BUSTO CABALLERO, A.I., *El testamento de las personas con discapacidad,* LA LEY, Madrid, 2023.

MESA MARRERO, C., *La capacidad para testar: aspectos problemáticos y criterios jurisprudenciales*, BOSCH, Barcelona, 2017, (consultado en: LA LEY 13133/2017).

MESA MARRERO, C., "Artículos 663 y 665", en GARCÍA RUBIO, M.P.- MORO ALMARAZ, M.J. (Dir.), *Comentario articulado a la legislación civil y procesal en materia de discapacidad,* Thomson Reuters Civitas, Madrid, 2022.

MONJE BALMASEDA, O., "Capítulo 40. Capacidad para contratar", en LLEDÓ YAGÜE, F., FERRER VANRRELL, M.P., EGUSQUIZA BALMASEDA, M.A., LÓPEZ SIMO, F. (Dir.), *Reformas legislativas para el apoyo a las personas con discapacidad. Estudio sistemático de la Ley 8/2021, de 2 de junio, al año de la entrada en vigor,* Dykinson, Madrid, 2022.

NAVARRO RODRÍGUEZ, S., "Diez reflexiones sobre testamento, terminalidad y deterioro cognitivo tras el cambio de paradigma de la Ley de discapacidad", *Diario LA LEY,* nº 10355, Sección Tribuna, 25 de septiembre de 2023, LA LEY 8390/2023.

PLANAS BALLVÉ, M., "La capacidad para otorgar testamento", en CERDEIRA BRAVO DE MANSILLA, G., GARCÍA MAYO, M., GIL MEMBRADO, C., PRETEL SERRANO, J. (Coord.), *Un nuevo orden jurídico para las personas con discapacidad,* BOSCH, La Ley Digital, Madrid, 2021.

RAMÓN FERNÁNDEZ, F., "El otorgamiento de testamento por persona con discapacidad: reflexiones sobre las novedades introducidas por la Ley 8/2021, de 2 de junio, por la que se reforma la legislación civil y procesal para el apoyo a las personas con discapacidad en el ejercicio de su capacidad jurídica", en DE VERDA Y BEAMONTE, J.R. (dir.), *Estudios de Derecho Privado en homenaje al profesor Salvador Carrión Olmos,* Tirant lo Blanch, Valencia, 2022, (TOL8.976.479).

RIVAS MARTÍNEZ, J., *Derecho de Sucesiones. Común y Foral. Tomo I,* Dykinson, Madrid, 2009.

RODRÍGUEZ GUITIÁN, A.M., *La capacidad de testar: especial referencia al testador anciano,* Thomson-Civitas, Cizur Menor, Madrid, 2006.

ROMERO COLOMA, A.M., "Testamento y capacidad: problemática jurídica de la incapacidad mental del testador", *Diario La Ley,* nº 7349, Sección Tribuna, 24 de febrero de 2010, Año XXXI, Ref. D-59.

SEOANE SPIEGELBERG, J.L., "La nulidad del testamento otorgado por quien habitual o accidentalmente no se encuentra en su cabal juicio" en *Diario La Ley,* Sección Doctrina, Ref. D-32, Tomo 1, LA LEY, 1996.

Capítulo IV.

Expediente de jurisdicción voluntaria para la adopción de medidas de apoyo a las personas con discapacidad: Regulación actual y retos de futuro

AINHOA GUTIÉRREZ BARRENENGOA

Profesora Titular de Derecho Procesal.

Universidad de Deusto

SUMARIO

I. INTRODUCCIÓN

El objeto de la Ley 8/2021, de 2 de junio, por la que se reforma la legislación civil y procesal para el apoyo a las personas con discapacidad en el ejercicio de su capacidad jurídica, es llevar a cabo las reformas necesarias para adecuar el ordenamiento jurídico interno a los postulados de la Convención de la ONU de los derechos de las personas con discapacidad de 13 de diciembre de 2006[1] (en adelante, CDPD), en vigor en España desde el 3 de mayo de 2008 y, en particular, a lo dispuesto en los artículos 12 y 13 CDPD.

A estos efectos, se redacta de nuevo el Título XI del Libro Primero del Código Civil y pasa a rubricarse "De las medidas de apoyo a las personas con discapacidad para el ejercicio de su capacidad jurídica". El elemento central de la nueva regulación no será ya la incapacitación de quien no se considera suficientemente capaz, ni la modificación de una capacidad que es inherente a su condición de persona humana, sino el apoyo a la persona que lo precise para el ejercicio de su capacidad jurídica. Este apoyo engloba diversas actuaciones desde el acompañamiento amistoso hasta la representación en la toma de decisiones, solo cuando no pueda darse de otro modo.

Para la adopción de las medidas, la nueva regulación otorga preferencia a las medidas voluntarias, es decir, tomadas por la propia persona con discapacidad. La intervención judicial solo será necesaria en aquellos supuestos en los que el interesado no haya dispuesto con carácter previo de medidas en las que establezca quién debe prestarle el apoyo y con qué alcance, en los términos previstos en el Código civil (arts. 249 I, 255 V, 256 a 261, 262 y 269 I), ni tampoco exista un guardador de hecho que le aporte de manera suficiente el apoyo que requiere[2]. Por tanto, uno de los hitos fundamentales de la reforma ha sido la desjudicialización de la provisión de apoyos, de manera que, con la actual legislación, la propia persona con discapacidad puede decidir quién va a asumir la función de asistirle, proporcionarle los apoyos que

---

1 Ratificada por España el 23 de noviembre de 2007, y publicada en el BOE nº 96, de 21 de abril de 2008, pp. 20648-20659, y su Protocolo Facultativo, en el BOE nº 97, de 22 de abril de 2008, pp. 20750-20752. A efectos de la Convención, las personas con discapacidad incluyen a quienes tienen deficiencias físicas, mentales, intelectuales o sensoriales a largo plazo que, al interactuar con diversas barreras, puedan impedir su participación plena y efectiva en la sociedad, en igualdad de condiciones con los demás (art. 1 párr. 2). El artículo 3 sienta los principios generales del Convenio entre los cuales, cita el de no discriminación (letra *b*).3.

2 En caso de que alguien hubiera asumido la guarda de hecho, podrá solicitar en cada caso, sin necesidad de un nombramiento judicial, la autorización judicial para la realización de operaciones concretas que afecten al patrimonio de la persona con discapacidad. Para ello se regula otro procedimiento de jurisdicción voluntaria en el artículo 52.3 LJV. Sobre las novedades introducidas en relación con la guarda de hecho, vid. LLEDÓ YAGÜE, F., MONJE BALMASEDA, O y GUTIÉRREZ BARRENENGOA, A., Estudio básico sobre la guarda de hecho. Algunas reflexiones sustantivas y procesales notables de *lege data* y de *lege ferenda*, Dykinson, Madrid, 2019.

necesite y, la que, en último término, sólo cuando ello sea inevitable, va a decidir por ella.

En todo caso, en aquellos supuestos en los que no se haya previsto nada, o las medidas voluntariamente previstas o la guarda de hecho sean inadecuadas o insuficientes, se puede seguir recurriendo a la autoridad judicial para dicha provisión. A estos efectos, en el ámbito procesal, una de las novedades introducidas por la reforma ha sido la incorporación en la Ley 15/2015, de 2 de julio, de la Jurisdicción Voluntaria (en adelante, LJV) de un nuevo Capítulo III bis al Título II, en el que se regula el expediente de provisión de medidas judiciales de apoyo a personas con discapacidad. Dicho procedimiento se encuentra regulado en los nuevos artículos 42 bis a), 42 bis b) y 42 bis c) de la LJV. Este expediente, al que dedicamos el presente trabajo, está concebido con carácter preferente para la provisión judicial de medidas de apoyo. Cuando en dicho procedimiento haya oposición, necesariamente habrá que acudir al procedimiento contencioso regulado en los artículos 756 y ss. de la LEC, sobre la adopción de medidas judiciales de apoyo a las personas con discapacidad, que sustituye al anterior de modificación judicial de la capacidad, que desaparece con la reforma.

II. EXPEDIENTE DE JURISDICCIÓN VOLUNTARIA PARA LA PROVISIÓN JUDICIAL DE APOYOS A PERSONAS CON DISCAPACIDAD

1. Ámbito de aplicación

De acuerdo con lo dispuesto en el artículo 42 bis a) 1° el expediente regulado con el Capítulo III de la LJV, procederá "cuando sea pertinente la provisión de alguna medida judicial de apoyo de carácter estable a una persona con discapacidad". La Observación General sobre el artículo 12 CDPD del Comité de Expertos de Naciones Unidas elaborada en 2014 concibe el apoyo como un término amplio que engloba arreglos oficiales y oficiosos, de distintos tipos e intensidades[3]. En nuestro ordenamiento

---

[3] Comité sobre los Derechos de las Personas con Discapacidad, Observación general nº 1 (2014). Artículo 12: igual reconocimiento como persona ante la ley, (disponible en chrome-extension://efaidnbmnnnibpcajpcglclefindmkaj/

jurídico, tras la reforma operada por la Ley 8/2021, las medidas de apoyo previstas actualmente en el Código civil para el ejercicio de la capacidad jurídica de las personas que lo precisen son, además de las medidas de naturaleza voluntaria, la guarda de hecho, la curatela y el defensor judicial (art. 250 del Código civil). Los poderes preventivos se constituyen en documento público notarial. La guarda de hecho es una medida de apoyo informal, que no requiere de formalización judicial. El nombramiento de defensor judicial como medida formal de apoyo procederá cuando la necesidad de apoyo se precise de forma ocasional, aunque sea recurrente. Para dicho nombramiento está previsto un procedimiento en el Título II del Capítulo II de la LJV.

Teniendo en cuenta lo expuesto, y al referirse el artículo 42 bis a) 1° LJV a la estabilidad de la medida a adoptar, se ha señalado que el ámbito de aplicación del expediente previsto en el Capítulo III de la LJV se circunscribe a la adopción de la curatela o, en su caso, de alguna medida de apoyo, de carácter estable, que puedan establecer las legislaciones de Derecho civil especial[4] y ello porque la curatela se configura en el artículo 250 CC como una medida formal de apoyo que se aplicará a quienes precisen el apoyo de modo continuado. Para su constitución, es necesaria una resolución judicial que determine su extensión, en armonía con la situación y circunstancias de la persona con discapacidad y con sus necesidades de apoyo.

---

http://www.convenciondiscapacidad.es/wp-content/uploads/2019/01/Observaci%C3%B3n-1-Art%C3%ADculo-12-Capacidad-jur%C3%ADdica.pdf). Por ejemplo, las personas con discapacidad pueden escoger a una o más personas de apoyo en las que confíen para que les ayuden a ejercer su capacidad jurídica respecto de determinados tipos de decisiones, o pueden recurrir a otras formas de apoyo, como el apoyo entre pares, la defensa de sus intereses o la asistencia para comunicarse. También pueden adoptarse medidas relacionadas con el diseño universal y la accesibilidad o pueden consistir en la elaboración y el reconocimiento de métodos de comunicación distintos y no convencionales, especialmente para quienes utilizan formas de comunicación no verbales para expresar su voluntad y sus preferencias. Para muchas personas con discapacidad, la posibilidad de planificar anticipadamente es una forma importante de apoyo por la que pueden expresar su voluntad y sus preferencias, que deben respetarse si llegan a encontrarse en la imposibilidad de comunicar sus deseos a los demás.

4 GARRIDO CARRILLO, F. J., "Panorama de las medidas de apoyo a las personas con discapacidad. Cuestiones sustantivas y procesales (1)", *Actualidad civil*, n° 2, Sección Personas y derechos, febrero 2023, LA LEY, LA LEY 1447/2023.

2. Órgano judicial competente

Tanto en el procedimiento contencioso regulado en la LEC, como en el expediente de jurisdicción voluntaria para la provisión de medidas estables de apoyo a una persona con discapacidad, se atribuye la competencia objetiva a los Juzgados de Primera Instancia[5].

En materia de competencia territorial, el fuero aplicable es el de la residencia de la persona con discapacidad, de acuerdo con lo dispuesto en los siguientes preceptos:

El art. 42 bis a) LJV que establece que la competencia para el conocimiento del expediente de jurisdicción voluntaria para la provisión de alguna medida de apoyo recae en el Juzgado de Primera Instancia del lugar donde resida la persona con discapacidad.

El art. 42 bis c) LJV que reitera que el Juzgado que dictó las medidas será también competente para conocer de la revisión de aquellas, siempre que la persona con discapacidad permanezca residiendo en la misma circunscripción pues, en caso contrario, el Juzgado de la nueva residencia habrá de pedir un testimonio completo del expediente al juzgado que anteriormente conoció del mismo.

Por otro lado, el artículo 43 LJV en materia de competencia en relación con la tutela, curatela y guarda de hecho, señala lo siguiente:

> "[...] 1. Será competente para el conocimiento de este expediente el Juzgado de Primera Instancia del domicilio o, en su defecto, de la residencia del menor o persona con discapacidad.
> 2. El órgano judicial que haya conocido de un expediente sobre tutela, curatela o guarda de hecho, será competente para conocer de todas las incidencias, trámites y adopción de medidas o revisiones posteriores, siempre que el menor o persona con discapacidad resida en la misma circunscripción. En caso contrario, para conocer de alguna de esas incidencias, será preciso que

---

[5] El artículo 98.1 de la Ley Orgánica del Poder Judicial prevé que "el Consejo General del Poder Judicial podrá acordar, previo informe de la Sala de Gobierno, que en aquellas circunscripciones donde exista más de un Juzgado de la misma clase, uno o varios de ellos asuman con carácter exclusivo el conocimiento de determinadas clases de asuntos, o de las ejecuciones propias del orden jurisdiccional de que se trate, sin perjuicio de las labores de apoyo que puedan prestar los servicios comunes que al efecto se constituyan". Haciendo uso de esta posibilidad se han creado en determinadas poblaciones Juzgados especializados en procedimientos de adopción de medidas (antes, incapacidades y tutelas) *Vid.* GARCÍA ALGUACIL, Mª J., *Protección jurídica de las personas con discapacidad*, Colección Familia y Derecho, Reus, Madrid, 2016, p. 129.

se pida testimonio completo del expediente al Juzgado que anteriormente conoció del mismo, el cual lo remitirá en los diez días siguientes a la solicitud. [...]"

En línea con lo anterior, si se iniciara el procedimiento de carácter contradictorio, el art. 756 LEC, según la redacción introducida por la reforma, establece lo siguiente:

"2. Será competente para conocer de las demandas sobre la adopción de medidas de apoyo a personas con discapacidad la autoridad judicial que conoció del previo expediente de jurisdicción voluntaria, salvo que la persona a la que se refiera la solicitud cambie con posterioridad de residencia, en cuyo caso lo será el juez de primera instancia del lugar en que esta resida.
3. Si antes de la celebración de la vista se produjera un cambio de la residencia habitual de la persona a que se refiera el proceso, se remitirán las actuaciones al Juzgado correspondiente en el estado en que se hallen".

La determinación de la competencia territorial es imperativa, por lo que no puede ser modificada por sumisión de las partes. No obstante, como excepción a la regla de la perpetuación de la jurisdicción (artículo 411 LEC), se establece en el artículo 42 bis a) LJV que si antes de la celebración de la comparecencia se produjera un cambio de la residencia habitual de la persona a que se refiera el proceso, se remitirán las actuaciones al Juzgado del Partido judicial correspondiente a la nueva residencia en el estado en que se hallen. Tal previsión, que también se contiene en el artículo 756 LEC, responde a la orientación jurisprudencial previa a la reforma operada por la Ley 8/2021, que primaba el interés de la persona con discapacidad, acercando el procedimiento a su lugar de residencia o domicilio[6]. La cuestión fue debatida en la Reunión del Pleno de la Sala Primera para la unificación de criterios

6 Auto de la Sala Primera del Tribunal Supremo, de 3 de noviembre de 2016, rec. 941/2016. En este sentido, resume la doctrina de la Sala Primera del Tribunal Supremo el Auto de 2 de octubre de 2018, rec. 95/2018.
"Es doctrina de esta sala que el lugar de la residencia de la persona con capacidad modificada judicialmente determina la competencia territorial, con apoyo en el art. 756 LEC, fuero que también es aplicable a los supuestos de representación y asistencia de los que ya ha sido modificada su capacidad (52.1.5.º LEC), precepto este que, conforme a la doctrina reiterada de esta sala excluiría la aplicación a procedimientos sobre tutela y relativos a la capacidad de las personas, del principio de la *perpetuatio iurisdictionis* consagrado en el art. 411 LEC (AATS de 13 de julio de 2016, nº 938/.2016, o de 22 de marzo de 2017, nº 22/2017, entre otros muchos). Vid. igualmente, Autos de la Sala de lo Civil, Sección 1ª,

y la coordinación de prácticas procesales celebrada el 16 de diciembre de 2008, en la que se estableció que por razones de inmediación y de eficacia y de efectividad de la tutela judicial exigida por la norma constitucional del art. 24 CE, será Tribunal competente el del lugar en que en cada momento resida la persona a la que se refiera la declaración que se solicite.

Se trata de una previsión legislativa acorde con las exigencias que el artículo 13 CDPD contempla para los Estados Partes a fin de asegurar el acceso a la justicia de las personas con discapacidad[7]. Será aplicable a aquellos casos en los que el cambio de residencia sea definitivo, lo que podrá comprobarse a partir del cambio en el empadronamiento u otro tipo de prueba que acredite la habitualidad de la residencia[8]. Pueden darse situaciones en las que estemos ante un cambio de residencia temporal, por ejemplo, derivado de un ingreso hospitalario en un lugar diferente al de su residencia habitual. La Circular de la Fiscalía General del Estado 2/2021, de 30 de abril, sobre el tratamiento de la competencia territorial en el orden jurisdiccional civil[9] dictamina que "La estancia transitoria de la persona con discapacidad en un centro hospitalario o sanitario no determina, sin más, que su residencia esté en la localidad donde se encuentra ese centro. La competencia no puede quedar sujeta a circunstancias de

---

de 26 de febrero, 11 de junio y 22 de octubre de 2019 y de 9 de marzo de 2021, rec. 197/2020).

7 BANACLOCHE PALAO, J., "Capítulo 59. El nuevo expediente de jurisdicción voluntaria de provisión de medidas judiciales de apoyo a personas con discapacidad", en LLEDÓ YAGÜE, F., FERRER VANRRELL Mª P., EGUSQUIZA BALMASEDA, Mª A., LÓPEZ SIMÓ, F. (Dirs.), *Reformas legislativas para el apoyo de las personas con discapacidad. Estudio sistemático de la Ley 8/2021, de 2 de junio, al año de su entrada en vigor*, Dykinson, Madrid, 2022, p. 1493.

8 BANACLOCHE PALAO excluye por ejemplo los supuestos en los que se produce un traslado temporal a una residencia o al domicilio de un familiar. Entre los documentos que pueden servir para probar el carácter definitivo del traslado menciona, además del certificado de empadronamiento, el pago desde hace meses o años de la factura del establecimiento donde se encuentra ingresada. BANACLOCHE PALAO, J., "Capítulo 59. El nuevo expediente de jurisdicción voluntaria de provisión de medidas judiciales de apoyo a personas con discapacidad", en LLEDÓ YAGÜE, F., FERRER VANRRELL Mª P., EGUSQUIZA BALMASEDA, Mª A., LÓPEZ SIMÓ, F. (Dirs.), Reformas legislativas para el apoyo de las personas con discapacidad. Estudio sistemático de la Ley 8/2021, de 2 de junio, al año de su entrada en vigor, Dykinson, Madrid, 2022, p. 1493.

9 BOE nº 120, de 20 de mayo de 2021, pp. 61908-61978, BOE-A-2021-8435

carácter temporal, lo que podría provocar una peregrinación del asunto de juzgado en juzgado, incompatible con el derecho a un proceso sin dilaciones. Solo excepcionalmente, cuando el ingreso vaya a ser muy prolongado, estaría justificado que la competencia correspondiese al juzgado del lugar en donde se encuentre ingresada (ATS de 11 de junio de 2019, rec. 17/2019)". En el caso analizado en este auto se declara la competencia del juzgado correspondiente al establecimiento hospitalario al que se trasladó la persona con discapacidad, pues se preveía que se iba a prolongar de manera indefinida. En esta misma línea debe destacarse el ATS de 30 de noviembre de 2016 (rec. 1057/2016), en el que el Alto Tribunal considera que fuera de esos supuestos "se sigue manteniendo la competencia del juzgado del domicilio de la persona con capacidad modificada, sin perjuicio de que para la realización de las actuaciones procesales que requieran su presencia, se pueda solicitar su traslado a la sede del juzgado competente o se utilicen los medios técnicos (vídeoconferencia) existentes en el juzgado más próximo al centro donde se encuentre internada". Por tanto, concluye que "solo excepcionalmente, cuando no se disponga de dichos medios o la situación de la persona afectada por la medida no aconsejen su salida del centro hospitalario, y el ingreso vaya a ser muy prolongado, estaría justificado que la competencia correspondiese al juzgado del lugar en donde se encuentra ingresada". Recientemente, el Tribunal Supremo, Sala Primera, de lo Civil en el auto de 31 de enero de 2023, rec. 369/2022, sin mención alguna al tiempo de ingreso, considera que "a los efectos de la determinación de la competencia judicial, lo relevante es que el juez, en atención al lugar de residencia de la persona afectada, pueda realizar directamente la entrevista" y determina, en un caso en el que se ha producido un ingreso en un Hospital, que lo es el lugar donde se encuentra este.

En todo caso, para que el cambio de residencia altere la *perpetuatio iurisdictionis* será necesario que aún no se haya celebrado la comparecencia. Si ya hubiera tenido lugar, el principio de inmediación exige que el Juez que la ha celebrado dicte la resolución.

3. Partes en el procedimiento

3.1. Legitimación

En relación con la legitimación activa, podrá promover este expediente el Ministerio Fiscal, la propia persona con discapacidad, su cónyuge no separado de hecho o legalmente o quien se encuentre en una situación de hecho asimilable y sus descendientes, ascendientes o hermanos. La exigencia de que no esté separado de hecho o legalmente pone fin a las dudas que se suscitaban en relación con el procedimiento para la modificación judicial de la capacidad, en el que el silencio legal había llevado a parte de la doctrina[10] a excluir la legitimación del cónyuge divorciado, pero no la del separado, ya sea de hecho o legal, sin perjuicio de considerarlo relevante a la hora de excluir su nombramiento como tutor o curador, con base en lo dispuesto en el artículo 234.1 del CC que exigía la convivencia efectiva con el incapacitado.

El Ministerio Fiscal podrá solicitar la provisión de apoyos si el resto de las personas mencionadas no existieran o no los hubieran solicitado. A estos efectos, se contempla la facultad de cualquier persona, incluidos el resto de legitimados, de poner en conocimiento del Ministerio Fiscal los hechos que puedan ser determinantes de una situación que requiera la adopción judicial de dichas medidas, así como la obligación de las autoridades y funcionarios públicos que, por razón de sus cargos, conocieran la existencia de hechos relevantes a estos efectos respecto de cualquier persona, de ponerlo en conocimiento del Ministerio Fiscal. En ambos supuestos, el Ministerio Fiscal iniciará este expediente. En todo caso, tal como señala SEGARRA, en "esta función de salvaguarda de la correcta prestación de apoyos para el respeto de la voluntad de la persona y del ejercicio de su capacidad jurídica conforme a sus deseos y preferencias, el fiscal no deberá dejar de contemplar el mandato desjudicializador clave de la reforma, por lo que deberá descartar que existan otras vías a través de las que la persona interesada pueda obtener los apoyos que precisa. Este principio deberá orientar las actuaciones preprocesales a practicar por el Ministerio Fiscal, que habrán de estar dirigidas a conocer a la persona, sus necesidades, la posibilidad de obtener apoyos en su entorno, recabando información de sus familiares y allegados y remitiendo oficio a los servicios comunitarios"[11].

---

10 En este sentido se pronunciaba GUILARTE MARTÍN-CALERO, C., "Los procesos sobre la capacidad de las personas en la nueva LEC", *Actualidad Civil*, Sección Doctrina, 2001, Ref. L, tomo 3, Editorial LA LEY, LA LEY 17229/2001.

11 Vid. SEGARRA, Mª J., "El papel activo del Fiscal en la Ley 8/21 de 2 de junio, por la que se reforma la legislación civil y procesal para el apoyo a las personas con discapacidad", en LLEDÓ YAGÜE, F., FERRER VANRRELL, Mª P., EGUSQUIZA BALMASEDA, Mª A., LÓPEZ SIMÓ, F. (Dirs.), *Reformas legislativas para el apoyo a las personas con discapacidad*, Dykinson, 2022, p. 67.

3.2. Capacidad

Omite el artículo 42 bis LJV cualquier referencia al requisito de capacidad de las partes, por lo que habrá que estar a lo que establece el actual artículo 7 LEC, cuya modificación ha sido una de las novedades introducidas por la Ley 8/2021. Tras la entrada en vigor de la reforma, el párrafo primero del artículo 7 LEC establece que "Podrán comparecer en juicio todas las personas", sin que se prevea limitación alguna. La actual redacción es acorde con los criterios establecidos por la CDPD y con los derechos esenciales que, de acuerdo con sus postulados, deben asistir a las personas con discapacidad que figuren como demandante o demandado en el proceso civil:

Por un lado, tienen derecho de acceso a la justicia y de participación eficaz en todo el procedimiento en términos de igualdad con el resto de las personas, lo que lleva consigo el reconocimiento de su capacidad procesal, que implica la capacidad para comparecer y actuar por sí mismas en el procedimiento.

Por otro lado, existe la obligación de las autoridades y funcionarios que intervienen en el proceso de adaptar a las condiciones particulares de la discapacidad todos los trámites en los que su intervención esté legalmente prevista, removiendo los obstáculos que impiden o dificultan dicha participación. Los trámites procesales han de ser, por ello, oportunamente adaptados a las circunstancias concretas de la discapacidad, tal como se expondrá más adelante.

En tercer lugar, la persona con discapacidad debe tomar por sí misma todas las decisiones que le competen en su cualidad de parte. En este sentido, el establecimiento de una institución de apoyo tiene como finalidad exclusiva proveer el indispensable complemento -y no la sustitución- de la voluntad de la persona con discapacidad, salvo en aquellos casos, en los que resulte necesaria la representación de aquella.

En aquellos supuestos en los que exista una medida de apoyo, habrá que estar a los dispuesto en el nuevo artículo 7 LEC, que, en relación con la comparecencia de las personas con discapacidad establece en su párrafo segundo que "En el caso de las personas con medidas de apoyo para el ejercicio de su capacidad jurídica, se estará al alcance y contenido de estas". El alcance de la asistencia se somete, en caso de resolución judicial, a graduación, con exigencia de que se especifiquen los concretos actos en los que resulta necesaria.

En principio, si no hubiera una medida de apoyo al respecto, la persona con discapacidad podría comparecer por sí misma en el procedimiento, sin necesidad de persona que le represente o asista, sin perjuicio de los ajustes de procedimiento que pudieran tener que realizarse. Ahora bien, en caso de que el Juez detecte que puede padecer una enfermedad que afecte gravemente a su capacidad intelectual o cognitiva, consideramos que será de aplicación la doctrina jurisprudencial desarrollada con anterioridad a la reforma, respecto a las personas con discapacidad que no habían sido incapacitadas. En tales supuestos, el criterio de los tribunales era que podían comparecer en juicio por sí mismos. En este sentido, se señalaba que "Si el incapaz de hecho, no incapacitado, no alega tal condición, o la misma no es notoria, no debería ponerse en cuestión su capacidad procesal, y lo procedente, en caso de apreciarse, sería promover la incapacitación. En este caso, el proceso principal quedaría en suspenso, mientras no se dicta la sentencia que decida sobre la incapacidad, pudiendo plantearse la cuestión como un supuesto de prejudicialidad civil, al amparo del art. 43 de la LEC, o, en su caso, declararse la nulidad desde el momento de la presentación de la demanda, para que se inste el proceso de incapacidad correspondiente y se promueva la constitución del órgano tutelar. Las mencionadas prevenciones del artículo 8 de la LEC sobre la integración de la capacidad procesal, mediante el nombramiento de oficio por el tribunal de defensor judicial y la intervención cautelar y provisional del Ministerio Fiscal, no serán de aplicación al caso de los discapacitados no incapaces y parecen limitarse a los supuestos en los que no haya persona que legalmente represente al incapaz para comparecer en juicio"[12].

Constituía doctrina jurisprudencial igualmente reiterada, de la que son reflejo las sentencias mencionadas, la que consideraba que: "sólo cabe hablar de la discapacidad de los no incapacitados como una situación de hecho y no como un estado jurídico, ya que la capacidad de los mayores de edad se presume. La jurisprudencia ha seguido también la regla general de la presunción de capacidad en tanto no se decrete la incapacitación por resolución judicial, considerando que la sentencia de incapacitación es constitutiva y de eficacia no retroactiva (SSTS 23 marzo de 1994, 19 febrero 1996 y 19 mayo 1998). El mismo criterio debe aplicarse en supuestos en los que se alega que alguna de las partes carece de capacidad necesaria para comparecer en juicio, al encontrarse en situación

---

[12] *Vid.* en este sentido, entre otras, la SAP de Bizkaia, Sección 4ª, 310/2016 de 19 de mayo de 2016, rec. 148/2016; la SAP de Granada, Sección 5ª, 34/2015 de 30 de enero de 2015, rec. 470/2014; SAP de A Coruña, Sección 5ª, 3/2011 de 13 de enero de 2011, rec. 547/2010).

de incapacidad antes de iniciarse el pleito, adoleciendo de deficiencias físicas y psíquicas que le impiden gobernarse por sí misma.

No obstante, en determinados casos, la apreciación de oficio de la falta de capacidad procesal, acordando la nulidad de lo actuado, se hace depender directamente de la prueba que, sobre la misma y el grado de incapacidad, exista en el propio proceso. Esta decisión no constituye, en realidad, una excepción frente a la doctrina expuesta, sino que se limita a estimar que la presunción de capacidad pueda quedar desvirtuada por una prueba en contrario practicada en el mismo procedimiento, sin necesidad de que se haya dictado previamente la sentencia de incapacitación, de modo que, por el mero hecho de que una persona no haya sido judicialmente incapacitada, no hay que considerarla necesariamente capaz sin posibilidad de probar que no lo es. En este sentido, se ha declarado que, pese al mandato de que toda persona debe ser reputada con capacidad procesal mientras no se acredite lo contrario, (...), lo cierto es que para apreciar la carencia de tal capacidad no es preciso que ésta se haya declarado judicialmente, pues aun partiendo de la presunción favorable a su existencia, la falta de capacidad, vinculada a una enfermedad o deficiencia psíquica, puede ser acreditada en los autos por la prueba pericial (STS 30 enero 1995), apreciando que la parte no tenía capacidad procesal suficiente para comparecer en juicio ni para designar abogado y procurador en la fecha de la presentación de la demanda, lo que determina la reposición de lo actuado al momento de su presentación (STS 10 mayo 1995)" (SAP de Bizkaia, Sección 4ª, 310/2016 de 19 de mayo de 2016, rec. 148/2016).

En todos estos casos, entrará en juego el artículo 8 LEC, respecto a la integración de la capacidad procesal, el cual dispone lo siguiente:

1. Cuando la persona física se encuentre en el caso del apartado 2 del artículo anterior y no hubiere persona que legalmente la represente o asista para comparecer en juicio, el Letrado de la Administración de Justicia le nombrará un defensor judicial mediante decreto, que asumirá su representación y defensa hasta que se designe a aquella persona.

2. En el caso a que se refiere el apartado anterior y en los demás en que haya de nombrarse un defensor judicial al demandado, el Ministerio Fiscal asumirá la representación y defensa de éste hasta que se produzca el nombramiento de aquél. El proceso quedará en suspenso mientras no conste la intervención del Ministerio Fiscal.

Resulta especialmente relevante en relación con la necesidad de que se provea de un defensor judicial en los casos en los que se detecte o se alegue una discapacidad intelectual que pueda impedir la correcta comparecencia en el procedimiento la Sentencia del Tribunal Constitucional 161/2021, de 4 de octubre de 2021, rec. de amparo 2407-2019[13] que estima el amparo, por vulneración del derecho a la tutela judicial efectiva[14], partiendo de que el recurrente «desde el primer momento

---

[13] BOE nº 268, de 9 de noviembre de 2021, pp. 138464-138469 (BOE-A-2021-18364).

[14] En el procedimiento que desembocó en el recurso de amparo resuelto en esta sentencia, el demandante de amparo fue condenado en un juicio verbal de desahucio por el impago de rentas debidas a la sociedad propietaria del inmueble, sin haber llegado a comparecer en el mismo.
El Juzgado de Primera Instancia nº 19 de Madrid, por auto de 19 de enero de 2018, acordó despachar ejecución contra el demandante de amparo a instancia de la propiedad. El demandante de amparo se opuso a la ejecución, mediante escrito registrado el 7 de junio de 2018, alegando el pago de la deuda reclamada y su situación de vulnerabilidad derivada de una enfermedad que afecta a su capacidad cognitiva y de la carencia de ingreso alguno, a cuyos efectos se adjuntaba informe médico hospitalario.
Por auto de 10 de julio de 2018 se desestimó la oposición, argumentando que ninguna de las alegaciones tiene encaje en las causas de oposición previstas legalmente, añadiendo que, si bien el demandante de amparo había adjuntado los documentos acreditativos del pago de la deuda antes de que se despachara la ejecución, «dicho escrito se presentó transcurrido el plazo de oposición y después de haberse dictado el decreto de terminación», y que no constaba que se hubiera atendido el requerimiento de pago ni se hubiera instado oposición en el previo juicio verbal de desahucio, concluyendo que «todas las alegaciones relativas al pago de las cantidades reclamadas para pretender la enervación del contrato resultan extemporáneas y no pueden ser objeto de discusión en el presente procedimiento de ejecución». Finalmente, el auto judicial expone que no ha existido «vulneración de los derechos de las personas con discapacidad puesto que no consta que el demandado haya sido declarado judicial o administrativamente en dicha situación ni los padecimientos a los que se refiere la documentación determinan la necesidad de un complemento de su capacidad, sin perjuicio de que de encontrarse en una situación de especial vulnerabilidad pueda acudir a los servicios sociales correspondientes».
El demandante de amparo interpuso recurso de apelación alegando, entre otros motivos, el pago de la deuda y la vulneración del derecho a la tutela judicial efectiva (art. 24.1 CE), en relación con el derecho a la vivienda (art. 47 CE) y la protección internacional de las personas con discapacidad (arts. 10.2 y 96.1 CE). Por auto de 25 de febrero de 2019, se desestimó el recurso con el argumento de que el requerimiento de pago se atendió después de que se

en que compareció en la vía judicial en el procedimiento de ejecución, puso de manifiesto la relevancia que en dicho procedimiento y en la ejecución acordada pudiera tener la situación de discapacidad cognitiva que sufría y que intentaba acreditar mediante los correspondientes informes médicos hospitalarios». Se admite que ciertamente el demandante tuvo la oportunidad de hacer estas alegaciones en el previo juicio verbal de desahucio. Sin embargo, considera el TC que "ante la

---

hubiera acordado el archivo del juicio verbal e insistiendo en que las causas de oposición a la ejecución de una resolución procesal están tasadas. En lo que se refiere a la ejecución del lanzamiento y la situación de discapacidad y vulnerabilidad del demandante también se pone de manifiesto que tal motivo de oposición no está previsto legalmente y que no son «circunstancias oponibles para extinguir la obligación que se exige en virtud del título de tal naturaleza, sino expresión de una situación personal de vulnerabilidad, cuyo remedio no le puede ser dispensado por los tribunales, limitados a la aplicación de la ley al caso concreto», por lo que dicha problemática ha de ser planteada ante los servicios sociales (fundamento de Derecho segundo).

El demandante solicita que se estime el amparo por vulneración del derecho a la tutela judicial efectiva (art. 24.1 CE), en relación con los derechos a la dignidad personal (art. 10.2 CE) a una vivienda digna (art. 47 CE) y el cumplimiento de los compromisos internacionales (art. 96.1 CE), respecto de la prohibición de los desalojos forzosos, con fundamento en que la respuesta judicial niega la posibilidad de alegar causas de oposición frente al desalojo de una vivienda como la situación de vulnerabilidad o de discapacidad que, sin embargo, son situaciones protegidas constitucionalmente y por tratados internacionales suscritos por España, máxime en un supuesto en que materialmente, aunque se hubiera hecho extemporáneamente por razones vinculadas a la propia situación de vulnerabilidad, se había producido una actualización del pago de la totalidad de las rentas debidas.

El Ministerio Fiscal interesa que se estime el recurso por vulneración del derecho a la tutela judicial efectiva (art. 24.1 CE) anulándose las resoluciones impugnadas con retroacción de actuaciones para que se pronuncie otra respetuosa con el derecho fundamental vulnerado, afirmando que (i) la decisión de oposición por razones procesales, como es la extemporaneidad de la alegación del pago completo de la deuda, supone en el caso concreto y atendiendo a las propias circunstancias de la situación personal del recurrente, la cuantía de la deuda y la escasa demora en el pago, una interpretación excesivamente formalista; y (ii) la desatención a la alegación de las circunstancias de discapacidad del recurrente y su negativa a ponderarlas como obstáculos para posibilitar su efectiva y plena participación social e institucional en condiciones de igualdad material implican un incumplimiento del deber positivo impuesto por el art. 24.1 CE de velar por evitar la indefensión que pudiera derivarse para el recurrente que implicó su lanzamiento de la vivienda a pesar del completo pago de las rentas.

existencia de indicios de discapacidad que puedan limitar la capacidad de comprensión de quien se ve inmerso en un procedimiento judicial sobre, por ejemplo, la relevancia de las consecuencias legales de su incomparecencia es menester, en aras del derecho a la tutela judicial efectiva, que los tribunales desarrollen la actividad necesaria para despejar cualquier duda al respecto". Considera el Tribunal que, en este caso, los órganos judiciales no desarrollaron ninguna actividad probatoria o acreditativa ni respecto de si esa circunstancia de discapacidad concurría ni sobre si había sido relevante o causal en la incomparecencia del demandante en el juicio verbal determinante de la pérdida indefectible de su oportunidad procesal de defensa o en el pago extemporáneo de las rentas debidas como enervante de la acción de desahucio.

En relación con el argumento relativo a la falta de declaración judicial o administrativa de una situación de «incapacidad», se establece que la protección que la Constitución dispensa a las personas con discapacidad «no puede quedar condicionada por requisitos formales como son el previo reconocimiento o declaración judicial o administrativa de una situación de incapacidad, lo que pugnaría, por un lado, con la exigencia constitucional de que la promoción de la igualdad del individuo y de los grupos en que se integra sean reales y efectivas (art. 9.2 CE) y, por otro, con la propia regulación legal de desarrollo de los derechos de las personas con discapacidad establecida en el art. 4 del Real Decreto Legislativo 1/2013, de 29 de noviembre, que atiende de manera preferente a un concepto material de discapacidad».

Por todo ello el TC declara que ha sido vulnerado el derecho de la demandante de amparo a la tutela judicial efectiva sin indefensión (art. 24.1 CE) y ordena, previa declaración de nulidad de las resoluciones dictadas en primera y segunda instancia, retrotraer las actuaciones al momento inmediatamente anterior a la primera de las resoluciones citadas para que se pronuncie una nueva resolución respetuosa con el derecho fundamental reconocido.

3.3. Postulación

Ante la falta de una previsión especial habrá que estar a la regla general en materia de jurisdicción voluntaria, en virtud de la cual no será obligatoria la intervención de abogado y procurador (art. 3.2.1. LJV), sin perjuicio de poder acudir con ellos, si lo prefieren. Sin embargo, será exigible su actuación para la presentación del escrito de oposición (art. 3.2.II in fine LJV) que supondrá la finalización del expediente de jurisdicción voluntaria y la necesidad de iniciar el procedimiento contencioso (art. 42 bis b) 5.I LJV).

Por otro lado, ha de tenerse en cuenta que, en relación con la persona con discapacidad, el artículo 42 bis a) 4 LJV establece que "podrá actuar con su propia defensa y representación. Si no fuera previsible que proceda a realizar por sí misma tal designación, con la solicitud se pedirá que se le nombre un defensor judicial, quien actuará por medio de Abogado y Procurador". Por tanto, la facultad de la persona con discapacidad se reduce a la elección de los profesionales, no a la decisión de si estos intervienen o no, ya que, en su caso, la intervención será preceptiva.

4. Procedimiento

El artículo 42 bis b) LJV regula el procedimiento a seguir para la provisión judicial de apoyos. Dicho procedimiento comienza con una solicitud que podrá presentarse por cualquier medio, incluyendo los previstos en la normativa de acceso electrónico de los ciudadanos a la Administración de Justicia (art. 14.3.II LJV). A dicha solicitud habrán de acompañarse los documentos que acrediten la necesidad de la adopción de medidas de apoyo (informes médicos, historial sanitario, informes escolares o documentos administrativos, por ejemplo, los que acrediten la discapacidad, grado de dependencia, etc…), así como un dictamen pericial de los profesionales especializados de los ámbitos social y sanitario, que aconsejen las medidas de apoyo que resulten idóneas en cada caso. Asimismo, se propondrán aquellas pruebas que se considere necesario practicar en la comparecencia.

El Letrado de la Administración de Justicia comprobará que la solicitud cumple los requisitos para ser admitida a trámite[15], en cuyo caso dictará decreto de admisión y convocará a una comparecencia al Ministerio Fiscal, a la persona con discapacidad y, en su caso, a su cónyuge no separado de hecho o legalmente o quien se encuentre en una situación

---

[15] En caso de apreciar falta de competencia objetiva o territorial, deberá dar cuenta al Juez, que acordará lo que proceda tras oír al Ministerio Fiscal y al solicitante (art. 16.2 LJV). Si hubiera otro tipo de defectos u omisiones (relativas a la legitimación o la aportación de documentos) y fueran subsanables, el LAJ dará un plazo de subsanación de cinco días y si no se subsanan, el Juez archivará las actuaciones. El archivo será recurrible en apelación.

de hecho asimilable y a sus descendientes, ascendientes o hermanos. La comparecencia deberá celebrarse "dentro de los treinta días siguientes a la admisión de la solicitud" (art. 18.1 LJV). La citación de los interesados debe hacerse "con al menos quince días de antelación" (art. 17.3 LJV). Los interesados podrán proponer en el plazo de cinco días desde la recepción de la citación aquellas diligencias de prueba que consideren necesario practicar en la comparecencia. El Juez decidirá sobre la admisión de los medios de prueba que se le propongan, pudiendo ordenar prueba de oficio (art. 5 LJV).

Además de señalar fecha de la comparecencia y de citar a los interesados, el Letrado de la Administración de Justicia recabará certificación del Registro Civil y, en su caso, de otros Registros públicos que se consideren pertinentes, sobre las medidas de apoyo inscritas. Así podrá comprobarse que no haya medidas que ya hubiera previsto la propia persona con discapacidad.

Por otro lado, antes de la comparecencia, el Juzgado podrá recabar informe de la entidad pública que, en el respectivo territorio, tenga encomendada la función de promoción de la autonomía y asistencia a las personas con discapacidad, o de una entidad del tercer sector de acción social debidamente habilitada como colaboradora de la Administración de Justicia. La entidad informará sobre las eventuales alternativas de apoyo y sobre las posibilidades de prestarlo sin requerir la adopción de medida alguna por la autoridad judicial. Asimismo, podrá ordenar antes de la comparecencia un dictamen pericial, cuando así lo considere necesario atendiendo a las circunstancias del caso. Tal como señala la Exposición de Motivos de la Ley 8/2021, "el proceso debe alejarse del esquema tradicional para pasar a orientarse a un sistema de colaboración interprofesional o de "mesa redonda" con profesionales especializados de los ámbitos social, sanitario y otros que puedan aconsejar las medidas de apoyo que resulten idóneas en cada caso". El objeto de la intervención de profesionales de diversos ámbitos (medicina, psicología, social...) es la de configurar la medida de apoyo a adoptar y no solo aportar al Juez conocimientos científicos necesarios para poder apreciar la situación en la que se encuentra la persona necesitada de apoyos[16].

---

16 GÓMEZ MARTÍNEZ, C., "El papel activo del Juez en la aplicación de la Ley 8/2021, de 2 de junio por la que se reforma la legislación civil y procesal para el apoyo de las personas con discapacidad en el ejercicio de su capacidad jurídica",

La comparecencia se celebrará conforme a los trámites del juicio verbal. Tal como señala UREÑA CARAZO, el hecho de que el Juez no tenga que pronunciarse sobre la incapacidad de una persona no significa que no deba analizar previamente la existencia de algún tipo de discapacidad y, en su caso, si ello supone algún tipo de limitación que justifique adoptar las medidas de salvaguardia necesarias, es decir, "ello no excluye que deba realizar el juicio de capacidad para justificar la constitución de la curatela y su contenido, lo que deberá motivar en su resolución"[17]. En este sentido, a fin de que el Juez pueda conocer cuáles son las concretas necesidades de apoyo en el momento de determinarlas, y de poder escuchar atentamente su voluntad, preferencias y deseos, deberá llevar a cabo una entrevista con la persona con discapacidad, a quien, a la vista de su situación, podrá informar acerca de las alternativas existentes para obtener el apoyo que precisa, bien sea mediante su entorno social o comunitario, o bien a través del otorgamiento de medidas de apoyo de naturaleza voluntaria. Asimismo, se practicarán aquellas pruebas que hubieren sido propuestas y resulten admitidas y, en todo caso, se oirá a las personas que hayan comparecido y manifiesten su voluntad de ser oídas. Tal como exponen SANCHO GARGALLO y ALIA ROBLES respecto al cambio de denominación de exploración judicial a entrevista judicial, esta expresión "resulta más apropiada porque subraya la idea de diálogo, de interlocución con la persona en un sentido bidireccional, y enfatiza el protagonismo de la persona con discapacidad en el proceso judicial de provisión de apoyos"[18]. A fin de que dicha entrevista pueda servir para alcanzar la finalidad para la que se ha concebido, su práctica deberá adaptarse a las circunstancias y necesi-

---

en LLEDÓ YAGÜE, F., FERRER VANRRELL, Mª P., EGUSQUIZA BALMASEDA, Mª A., LÓPEZ SIMÓ, F. (Dirs.), *Reformas legislativas para el apoyo a las personas con discapacidad*, Dykinson, 2022, p. 13.

17 UREÑA CARAZO, B., "El nuevo proceso de apoyo a las personas con discapacidad: un enfoque humanista", *LA LEY, Derecho de familia*, nº 33, Sección A Fondo, primer trimestre de 2022, Wolters Kluwer, LA LEY 978/2022.

18 SANCHO GARGALLO, I., y ALIA ROBLES, A., "Guía para la entrevista judicial de una persona con discapacidad (1)", *Actualidad civil*, nº 2, Sección Persona y derechos, febrero, 2023, LA LEY, LA LEY 1446/2023. Estos autores señalan una serie de indicaciones especialmente útiles para la práctica de dicha entrevista. Vid. también, UREÑA CARAZO, B., "El nuevo proceso de apoyo a las personas con discapacidad: un enfoque humanista", *LA LEY, Derecho de familia*, nº 33, Sección A Fondo, primer trimestre de 2022, Wolters Kluwer, LA LEY 978/2022.

dades de la persona con discapacidad, realizando en su caso los ajustes procedimentales que sean necesarios y que se analizan en el apartado tercero de este trabajo[19].

Si, tras la información ofrecida por la autoridad judicial, la persona con discapacidad opta por una medida alternativa de apoyo, se pondrá fin al expediente, de manera coherente con la prevalencia de la voluntad de la persona con discapacidad. La finalización del expediente debido a la elección por parte de la persona con discapacidad de una medida de apoyo alternativa a la judicial puede entenderse como una manifestación de la disponibilidad de la persona con discapacidad sobre el objeto del proceso, lo que llevaría a admitir la posibilidad de que pueda renunciar, desistir, allanarse o transigir. En este sentido, considera CALAZA LÓPEZ que "Tampoco se ve impedimento alguno en que la persona con discapacidad cambie, a lo largo del expediente o del proceso, su opción prioritaria y decida proveerse de un apoyo informal, en lugar de otro judicial, con renuncia o, mejor aún, desistimiento de la pretensión; tampoco parece extravagante que la persona con discapacidad asuma —lisa y llanamente, a modo de allanamiento— el pedimento de provisión de apoyos, efectuado por cualquier legitimado; ni mucho menos que entre unos y otros —legitimados y persona con discapacidad— se pongan de acuerdo —en pleno proceso— acerca de quién deba ser la persona que asuma, a partir de un determinado momento,

---

19 En este sentido, se han señalado, como pautas a tener en cuenta a la hora de comunicarnos con una persona con dificultad de comprensión las siguientes: utilizar frases sencillas, concretas y cortas; no utilizar frases en tercera persona; evitar preguntas que incluyan alguna negación; emplear palabras fáciles; hacer referencia a una idea cada vez; no hablar rápido; no utilizar conceptos abstractos o técnicos; escuchar lo que la persona tiene que decir; dar el tiempo suficiente para que se expresen; no interrumpir ni terminar las frases que se están diciendo; pedir a la persona que repita con sus propias palabras lo que se le ha dicho/explicado para asegurarnos de que ha entendido; evitar que la persona tenga que repetir las cosas muchas veces; darle la posibilidad de decir "no lo entiendo...", diciendo, por ejemplo: "Puedo volver a explicártelo de otra forma..."; buscar la presencia de una tercera persona que pueda apoyar a la persona con discapacidad (familiar, abogado, persona de apoyo...); reforzar los mensajes importantes. (RECOVER, T. y ARAOZ, I. de, *Las personas con discapacidad intelectual o del desarrollo y el proceso penal, Cuadernos de Buenas Prácticas,* FEAPS, Madrid, 2014 (disponible en https://www.plenainclusion.org/wp-content/uploads/2021/03/proceso_penal_2014.pdf), p. 25).

su salvaguarda personal y/o patrimonial, con los límites y controles que sean oportunos”[20].

Igualmente dará lugar a la finalización del expediente la oposición de la persona con discapacidad a cualquier tipo de apoyo, así como la oposición del Ministerio Fiscal o la oposición de cualquiera de los interesados en la adopción de las medidas de apoyo solicitadas, sin perjuicio de que la autoridad judicial pueda adoptar provisionalmente las medidas de apoyo de aquella o de su patrimonio que considere convenientes[21]. Dichas medidas podrán mantenerse por un plazo máximo de treinta días, siempre que con anterioridad no se haya presentado la correspondiente demanda de adopción de medidas de apoyo en juicio contencioso. A dicho ámbito se traslada la cuestión, debatida en la doctrina, sobre si los jueces pueden proveer medidas de apoyo contra la voluntad de la persona con discapacidad[22].

---

20 CALAZA LÓPEZ, S., “La justicia civil indisponible en la encrucijada: la asincronía entre la reforma sustantiva y procesal en la provisión en la provisión judicial de apoyos a las personas con discapacidad”, *LA LEY Derecho de familia,* nº 31, Tercer trimestre de 2021, WOLTERS KLUWER, LA LEY 9531/2021.

21 Se cuestiona CALAZA LÓPEZ, si los interesados en la adopción de medidas de apoyo a los que se refiere el precepto son tan sólo los legitimados o, además de ellos lo serían también terceras personas que —pese a no ser originariamente legitimadas— comparezcan y manifiesten un interés legítimo en esta provisión de apoyos. Considera la autora que la respuesta a este interrogante “es crucial pues resultará rocambolesco que cualquier tercero con interés legítimo pueda forzar, incluso violentar, de tal forma el procedimiento que torne en contencioso, un expediente voluntario que se venía desarrollando a plena satisfacción de los legitimados originarios y, sobre todo, de su principal destinatario: la persona con discapacidad”. (CALAZA LÓPEZ, S., “La justicia civil indisponible en la encrucijada: la asincronía entre la reforma sustantiva y procesal en la provisión en la provisión judicial de apoyos a las personas con discapacidad”, *LA LEY Derecho de familia,* nº 31, Tercer trimestre de 2021, WOLTERS KLUWER, LA LEY 9531/2021).

22 La Sentencia del Tribunal Supremo 589/21 dictada por el Pleno de 8 de septiembre de 2021 resolvió que es posible adoptar medidas de provisión de apoyos contra la “voluntad, deseos y preferencias “de la persona con discapacidad en el procedimiento contencioso. En dicha resolución el Alto Tribunal estima necesario establecer como medida de apoyo la curatela a una persona que padece síndrome de Diógenes, existiendo oposición a la provisión de apoyos al entender el recurrente que no padece ninguna enfermedad y que el hecho de obligarle a permitir la entrada en su domicilio a terceros para la limpieza y orden de su vivienda en contra de su voluntad y a su costa merma su derecho a la intimidad e inviolabilidad domiciliaria de art. 18 de la CE. La sentencia del Tribunal Su-

No se considerará oposición a los efectos señalados en el párrafo

---

premo estima la procedencia de unas medidas de apoyo de carácter asistencial consistentes en que la curadora realice tanto los servicios de limpieza y orden de su domicilio, autorizándola a entrar en el domicilio con la periodicidad necesaria, como para el aseguramiento de la efectiva atención médico-asistencial. La decisión del Tribunal Supremo en la sentencia se adopta contra la voluntad de la persona con discapacidad, argumentando que la ley da respuesta a esta cuestión al regular en el expediente de jurisdicción voluntaria la finalización del expediente cuando surja oposición sobre la medida de apoyo a adoptar, señalando que "Es muy significativo que «la oposición de la persona con discapacidad a cualquier tipo de apoyo», además de provocar la terminación del expediente, no impida que las medidas puedan ser solicitadas por un juicio contradictorio, lo que presupone que ese juicio pueda concluir con la adopción de las medidas, aun en contra de la voluntad del interesado". Además, añade la sentencia que el artículo 268 del Código Civil, relativo a la curatela, cuando emplea el verbo "atender", seguido de «en todo caso a su voluntad, deseos y preferencias», ello "no determina que haya que seguir siempre el dictado de la voluntad, deseos y preferencias manifestados por el afectado. El texto legal emplea un término polisémico que comprende un doble significado, el de «tener en cuenta o en consideración algo» y no solo el de «satisfacer un deseo, ruego o mandato»", argumentando que "El tribunal es consciente de que no cabe precisar de antemano en qué casos estará justificado, pues hay que atender a las singularidades de cada caso. Y el presente, objeto de recurso, es muy significativo, pues la voluntad contraria del interesado, como ocurre con frecuencia en algunos trastornos psíquicos y mentales, es consecuencia del propio trastorno que lleva asociado la falta de conciencia de enfermedad (..) porque se entiende que el trastorno que provoca la necesidad impide que esa persona tenga una conciencia clara de su situación". Añadiendo la sentencia que "No intervenir en estos casos, bajo la excusa del respeto a la voluntad manifestada en contra de la persona afectada, sería una crueldad social, abandonar a su desgracia a quien por efecto directo de un trastorno (mental) no es consciente del proceso de degradación personal que sufre. En el fondo, la provisión del apoyo en estos casos encierra un juicio o valoración de que, si esta persona no estuviera afectada por este trastorno patológico, estaría de acuerdo en evitar o paliar esa degradación personal".

En este sentido, el Auto AP Salamanca 111/2023 de 27 de octubre de 2023, rec. 416/2023, con base en la sentencia citada señala que "Es posible adoptar medidas de provisión de apoyos en procedimiento contencioso contra la "voluntad, deseos y preferencias" de la persona con discapacidad por los siguientes motivos: En primer lugar, si finaliza el expediente de jurisdicción voluntaria cuando existe oposición, ello supone concluir que pueden adoptarse las medidas contra la voluntad del interesado en el proceso contencioso. En segundo lugar, por cuanto que la literalidad del verbo "atender" cuando se refiere a "atenderán en todo caso a su voluntad, deseos y preferencias", es un verbo polisémico que comprende un doble significado, no solo el de "satisfacer un deseo" sino también el de "tener en cuenta". Y en tercer lugar, cuando

anterior la relativa únicamente a la designación como curador de una persona concreta.

5. Resolución del expediente

En caso de que no haya oposición, el Juez dictará un auto recurrible en apelación (art. 20 LJV) con las medidas de apoyo, que han de ser conformes a lo dispuesto en la legislación civil aplicable. A este respecto dispone el artículo 269 CC que la autoridad judicial determinará los actos para los que la persona requiere asistencia del curador en el ejercicio de su capacidad jurídica atendiendo a sus concretas necesidades de apoyo. Sólo en los casos excepcionales en los que resulte imprescindible por las circunstancias de la persona con discapacidad, el auto determinará los actos concretos en los que el curador habrá de asumir la representación de la persona con discapacidad.

Los actos en los que el curador deba prestar el apoyo deberán fijarse de manera precisa, indicando, en su caso, cuáles son aquellos en los que debe ejercer la representación. En ningún caso podrá incluir la resolución judicial la mera privación de derechos. El tipo y la intensidad del apoyo que se ha de prestar variará notablemente de una persona a otra debido a la diversidad de las personas con discapacidad. Esto es acorde con lo dispuesto en el artículo 3 d), en el que se mencionan, entre los principios generales de la CDPD, "el respeto por la diferencia y la aceptación de las personas con discapacidad como parte de la diversidad y la condición humanas". Las medidas tomadas por la autoridad judicial en el procedimiento de provisión de apoyos serán proporcionadas a las necesidades de la persona que las precise, respetarán siempre la máxima

---

el trastorno impide advertir la necesidad de ayuda, en el supuesto concreto la persona a la que se le proveían los apoyos a pesar de manifestar su voluntad en contra no era consciente del proceso de degradación personal que sufría lo que, en el fondo, como también se dice en la sentencia, en casos semejantes la provisión del apoyo encierra un juicio o valoración de que, si esta persona no estuviera afectada por este trastorno patológico, estaría de acuerdo en evitar o paliar esa degradación personal". Por el contrario, en el ámbito de la jurisdicción voluntaria, habiendo expresado la persona con discapacidad su voluntad, de forma clara e inequívoca, contraria a la medida de apoyo adoptada, procede estimar el recurso, "dejar sin efecto las medidas y acordar el archivo de las actuaciones".

autonomía de esta en el ejercicio de su capacidad jurídica y atenderán en todo caso a su voluntad, deseos y preferencias (art. 268 CC).

En este sentido, en la decisión que adopte habrá que tener en cuenta si se ha hecho uso de la facultad que otorgan a la persona con discapacidad los artículos 270 y 271 CC de proponer en escritura pública, en previsión de la concurrencia de circunstancias que puedan dificultar el ejercicio de su capacidad jurídica, el nombramiento o la exclusión de una o varias personas determinadas para el ejercicio de la función de curador, así como de establecer las disposiciones que considere sobre el funcionamiento y contenido de la curatela y, en especial, sobre el cuidado de su persona, reglas de administración y disposición de sus bienes, retribución del curador, obligación de hacer inventario o su dispensa y medidas de vigilancia y control, así como proponer a las personas que hayan de llevarlas a cabo.

En caso de haberlo hecho, la propuesta de nombramiento y demás disposiciones voluntarias vincularán a la autoridad judicial al constituir la curatela. Todo ello sin perjuicio de que pueda prescindir total o parcialmente de esas disposiciones voluntarias, de oficio o a instancia de las personas llamadas por ley a ejercer la curatela o del Ministerio Fiscal y, siempre mediante resolución motivada, si existen circunstancias graves desconocidas por la persona que las estableció o alteración de las causas expresadas por ella o que presumiblemente tuvo en cuenta en sus disposiciones (art. 272 CC).

6. Revisión periódica de las medidas

El artículo 42 bis c) 1º LJV establece la revisión periódica en el plazo y la forma en que disponga el auto que las hubiera acordado, debiendo seguirse el trámite contemplado en este precepto. Este procedimiento, de acuerdo con lo previsto en el artículo 761 LEC, deberá seguirse igualmente para la revisión de las medidas de apoyo adoptadas en el procedimiento contencioso. No establece el artículo 42 bis c) LJV cuándo deberá realizarse la revisión. Si tenemos en cuenta lo dispuesto en el artículo 268 CC, las medidas de apoyo adoptadas judicialmente serán revisadas periódicamente en un plazo máximo de tres años. No obstante, la autoridad judicial podrá, de manera excepcional y motivada, en el procedimiento de provisión o, en su caso, de modificación de apoyos, establecer un plazo de revisión superior que no podrá exceder de seis años.

Cualquiera de las personas mencionadas en el apartado 3 del artículo 42 bis a), así como quien ejerza el apoyo, podrá solicitar la revisión de las medidas antes de que transcurra el plazo previsto en el auto (art. 42.bis c) 1.2 LJV). Sin perjuicio de lo anterior, las medidas de apoyo adoptadas judicialmente se revisarán, en todo caso, ante cualquier cambio en la situación de la persona que pueda requerir una modificación de dichas medidas (art. 268 CC).

Será competente para conocer de la citada revisión el Juzgado que dictó las medidas, siempre que la persona con discapacidad permanezca residiendo en la misma circunscripción. En caso contrario, el Juzgado de Primera Instancia del partido judicial correspondiente a la nueva residencia habrá de pedir un testimonio completo del expediente al Juzgado que anteriormente conoció del mismo, que lo remitirá en los diez días siguientes a la solicitud.

A efectos de tomar la decisión, en la revisión de las medidas, la autoridad judicial recabará un dictamen pericial cuando así lo considere necesario atendiendo a las circunstancias del caso, se entrevistará con la persona con discapacidad y ordenará aquellas otras actuaciones que considere necesarias. A estos efectos, podrá recabar informe de las entidades a las que se refiere el apartado 2 del artículo 42 bis b) LJV. Del resultado de dichas actuaciones se dará traslado a la persona con discapacidad, a quien ejerza las funciones de apoyo, al Ministerio Fiscal y a los interesados personados en el expediente previo, a fin de que puedan alegar lo que consideren pertinente en el plazo de diez días, así como aportar la prueba que estimen oportuna. Si alguno de los mencionados formulara oposición, se pondrá fin al expediente y se podrá instar la revisión de las medidas conforme a lo previsto en la Ley de Enjuiciamiento Civil.

Recibidas las alegaciones y practicada la prueba, si no hay oposición, el Juez dictará nuevo auto con el contenido que proceda atendiendo a las circunstancias concurrentes. Frente a dicho auto podrá interponerse recurso de apelación (art. 20 LJV).

III. AJUSTES EN EL PROCEDIMIENTO

1. Derecho de acceso a la justicia de las personas con discapacidad en condiciones de igualdad

De acuerdo con lo dispuesto en el artículo 42 bis a) 5° LJV, el Letrado de la Administración de Justicia realizará las adaptaciones y los ajustes necesarios para que la persona con discapacidad comprenda el objeto, la finalidad y los trámites del expediente que le afecta, conforme a lo previsto en el artículo 7 bis de esta Ley. Este último precepto contempla la realización de las adaptaciones necesarias para garantizar la participación de las personas con discapacidad en los procedimientos judiciales, con una redacción idéntica al nuevo artículo 7 bis LEC[23]. Se hace así eco la legislación procesal civil de lo dispuesto en el artículo 13 de la CDPD que exige que los Estados Partes aseguren que las personas con discapacidad tengan acceso a la justicia en igualdad de condiciones con las demás, incluso mediante ajustes de procedimiento y adecuados a la edad, para facilitar el desempeño de las funciones efectivas de esas personas como participantes directos e indirectos en todos los procedimientos judiciales.

Por tanto, de acuerdo con lo previsto en este artículo 13 CDPD, los Estados han de arbitrar todas las medidas que sean necesarias para que el derecho a la tutela judicial efectiva de las personas con discapacidad no se reduzca a una mera declaración formal. En relación con dichas medidas se refiere el mencionado precepto a la realización de ajustes en el procedimiento, en referencia a las adaptaciones o flexibilizaciones que se pueden realizar en los procedimientos y que permiten reducir la situación de vulnerabilidad de las personas con discapacidad en estos contextos, y que los entornos respondan a las necesidades diversas de cada persona[24].

Pero la obligación del Estado no se circunscribe a la realización de ajustes, sino que habrán de tomarse en consideración todas las circunstancias que impiden el correcto desenvolvimiento de tal derecho[25] y abordar la

---

23 ACTUALIZACIÓN: El artículo 7.bis de la LEC ha sido recientemente modificado por el art. 103.1 del Real Decreto-ley 6/2023, de 19 de diciembre, por el que se aprueban medidas urgentes para la ejecución del Plan de Recuperación, Transformación y Resiliencia en materia de servicio público de justicia, función pública, régimen local y mecenazgo.

24 RECOVER, T. y ARAOZ, I. de, *Las personas con discapacidad intelectual o del desarrollo y el proceso penal, Cuadernos de Buenas Prácticas*, FEAPS, Madrid, 2014, p. 21 (disponible en https://www.plenainclusion.org/wp-content/uploads/2021/03/proceso_penal_2014.pdf).

25 Para ALÍAS ROBLES, es posible distinguir, al respecto, tres causas diferentes. Por un lado, habría "(...) unas causas «extrínsecas» a la Administración de Justicia, es decir, que no dependen directamente de ella ni son generadas por la misma, aunque le afectan de manera significativa, y que están motivadas por el modelo de organización social. Por otro lado, encontramos una suerte de causas intermedias o «mixtas», donde se encuadra la legislación procesal y sustantiva, que, si no es

idea de acceso a la justicia en diferentes dimensiones. Entiende MARCELO ALDERETE[26] que han de distinguirse al menos tres: la legal, la física y la comunicacional. "En la dimensión legal, los Estados Parte deben garantizar a las personas con discapacidad acceso permanente y efectivo a los procesos judiciales por derecho propio, tanto como participantes directos como indirectos. En el plano físico, los Estados Parte deben asegurarse de que todos los edificios y las sedes judiciales sean accesibles para las personas con discapacidad. Por último, en el plano comunicacional, los Estados Parte deben garantizar que toda la información relevante que se brinde a las personas con discapacidad, sea oral o escrita, esté disponible en formatos comunicacionales alternativos…". La reforma operada en el ámbito procesal por la Ley 8/2021, de 2 de junio ha supuesto, sin duda, un avance fundamental en la dimensión legal en relación con el proceso civil cuyo planteamiento se alejaba en muchos aspectos del nuevo paradigma[27]. En

---

escrupulosa con los derechos de las personas con discapacidad, puede producir también resultados injustos. Y, finalmente, están las causas «intrínsecas» que sí son específicas de la Administración de Justicia. De estas últimas, unas tienen carácter tangible, se mueven en un plano físico o material, es decir, son objetivables y se captan por los sentidos: como la falta de espacios adecuados, señalización o formularios adaptados. Otras, tienen matices subjetivos, por tanto. pueden pasar desapercibidas para algunos, y se originan de manera involuntaria e inconsciente por los propios profesionales del derecho que actúan con las personas con discapacidad sin las destrezas, habilidades o conocimientos suficientes, o desde el prejuicio". (ALÍAS ROBLES, A., "El valor de los tribunales especializados para la tutela judicial efectiva de las personas con discapacidad", *LA LEY Derecho de familia*, nº 28, Cuarto trimestre de 2020, Wolters Kluwer, LA LEY 15307/2020).

26 MARCELO ALDERETE, C., "Acceso a la Justicia de las personas con discapacidad. Formato de lectura fácil", 2015, (Id SAIJ: DACF150818). Disponible en <http://www.saij.gob.ar/claudio-marcelo-alderete-acceso-justicia-personas-discapacidad-formato-lectura-facil-dacf150818-2015-11-05/123456789-0abc-defg8180-51fcanirtcod

27 En 2016, la Asociación Española de Fundaciones Tutelares, entidad perteneciente a Plena Inclusión España, publicó un informe titulado "Las personas con discapacidad intelectual o del desarrollo valoran la falta de accesibilidad a la Justicia", en particular en los procedimientos civiles de modificación judicial de la capacidad. En dicho informe se ponía de relieve que personas que se habían visto inmersas en uno de dichos procedimientos apenas recibieron información sobre lo que iba a ocurrir, o la información no se había producido de forma comprensible, sintiéndose ajenos al proceso en el acto de la vista, sin entender los tecnicismos utilizados. La falta de compresión llevó en algunos casos a que mostraran aquiescencia con las preguntas que se les formulaban, manifestando estar de acuerdo con todo, pese a no estarlo. La AEFT da voz a las reivindicacio-

todo caso, dicha reforma deberá venir acompañada de medidas concretas que hagan realidad dicho derecho, para que no se quede en una mera declaración de intenciones. En este sentido, señala DE LUCCHI LÓPEZ-TAPIA, que "aunque es preciso continuar la tarea legislativa, es también necesario plantearse un cierto reequilibrio gradual entre el esfuerzo de producción normativa y el esfuerzo de aplicación y disfrute real y efectivo de los derechos y prestaciones reconocidos en dicha legislación"[28].

El objetivo debe ser, por tanto, la eliminación de los obstáculos que impiden a las personas con discapacidad acceder a la justicia en condiciones de igualdad. A estos efectos, sólo si se identifican y eliminan o minimizan las barreras presentes en el entorno judicial, se estará garantizando materialmente el acceso a la justicia de estas personas. Entre esos obstáculos o barreras se han señalado las restricciones al ejercicio de la capacidad jurídica; las dificultades de accesibilidad física a los edificios judiciales; la falta de transporte accesible hacia y desde estas instalaciones; los obstáculos para acceder a la asistencia y representación jurídicas; la no disponibilidad de la información en formatos accesibles; las actitudes paternalistas o negativas que cuestionan la capacidad de las personas con discapacidad para participar en todas las fases de los procedimientos judiciales, así como la falta de formación en este ámbito de los profesionales que trabajan en la esfera de la justicia.

Deberán, a estos efectos, eliminarse no sólo las barreras arquitectónicas para facilitar el acceso o el movimiento por los edificios judiciales, sino también todas las barreras invisibles, mucho más sutiles, que impiden o dificultan la participación de las personas con discapacidad en los procedimientos judiciales y, a este objetivo se encamina la reforma.

---

nes de personas con discapacidad intelectual o del desarrollo con la capacidad jurídica modificada que solicitan, entre otras cuestiones, la creación de tantos "trajes a medida" como sean necesarios para facilitar su participación y la accesibilidad en los procedimientos judiciales. Algunas de estas reivindicaciones son: que la información sea accesible, que se tenga en cuenta su opinión durante el proceso, mayor cercanía durante el mismo o que las sentencias se ajusten a cada una de las realidades, entre otras cuestiones. (<https://fundacionestutelares.org/la-asociacion-espanola-de-fundaciones-tutelares-presenta-un-informe-en-el-que-personas-con-discapacidad-intelectual-o-del-desarrollo-valoran-la-falta-de-accesibilidad-a-la-justicia/>).

28 DE LUCCHI LÓPEZ-TAPIA, Y., "Ajustes procedimentales para garantizar el acceso a la justicia de las personas en situación de discapacidad: el nuevo artículo 7 bis de la Ley de Enjuiciamiento Civil", *Práctica de los Tribunales,* nº 151, julio-agosto 2021, Wolters Kluwer, LA LEY 8312/2021.

2. Realización de ajustes necesarios en el procedimiento

2.1. Planteamiento general

El artículo 7 bis LJV menciona los tres ámbitos de actuación -comunicación, comprensión e interacción- en los que deben desarrollarse, pero no detalla cuáles son los ajustes que han de llevarse a cabo ya que ello no es posible, puesto que existen tantas barreras como diferentes tipos de discapacidad, por lo que los ajustes serán unos u otros, dependiendo del caso concreto. Todo ello sin perjuicio de mencionar algunas medidas que podrían ser adecuadas, pero sin ánimo de exhaustividad. En consecuencia, lo dispuesto en este artículo deberá completarse con los principios contenidos en normas y guías aprobadas hasta ahora, tanto en el ámbito nacional, como en el internacional.

Deberán, en este sentido, tomarse en consideración las 100 Reglas de Brasilia sobre Acceso a la Justicia de Personas en Condición de Vulnerabilidad, actualizadas en la XIX edición de la Cumbre Judicial Iberoamericana (2018), las cuales reconocen que la persona con discapacidad se encuentra en una situación de vulnerabilidad, estableciendo las propuestas de mejora de la labor jurisdiccional para garantizar la protección de sus derechos. Por otro lado, en nuestro ordenamiento jurídico interno ya existía una obligación institucional de realizar "ajustes razonables" contenida en la Carta de Derechos de los Ciudadanos ante la Justicia, Proposición no de Ley aprobada el 16 de abril de 2002, por el Pleno del Congreso de los Diputados, por unanimidad de todos los Grupos Parlamentarios[29]. Asimismo, se habían ido dando avances en la regulación del proceso penal, que tienen reflejo en gran medida en la nueva regulación del proceso civil[30].

---

29 Pleno del Congreso de los Diputados, *Carta de derechos de los ciudadanos ante la Justicia*, 22 de abril de 2002, Madrid, *BOCG. Congreso de los Diputados*, serie D, nº 324, de 15 de marzo de 2002.

30 En el ámbito penal, el artículo 118 de la Ley de Enjuiciamiento Criminal, redactado por el apartado uno del artículo único de la L.O. 13/2015, de 5 de octubre, de modificación de la Ley de Enjuiciamiento Criminal para el fortalecimiento de las garantías procesales y la regulación de las medidas de investigación tecnológica, exige que la información de derechos se facilite "en un lenguaje comprensible y que resulte accesible. A estos efectos se adaptará la información a la edad del destinatario, su grado de madurez, discapacidad y cualquier otra circunstancia personal de la que pueda derivar una modificación de la capacidad para entender el alcance de la información que se le facilita".

Existen igualmente varias publicaciones que recogen directrices y buenas prácticas en relación con el acceso a la justicia de las personas con discapacidad[31]. Sin duda, todas ellas resultarán de gran valor en el desarrollo y aplicación del nuevo artículo 7 bis LJV.

2.2. Comunicación del órgano judicial con las personas con discapacidad: medidas para favorecer la comprensión

El artículo 7 bis LJV comienza estableciendo, en su apartado a) que "Todas las comunicaciones con las personas con discapacidad, orales o escritas, se harán en un lenguaje claro, sencillo y accesible, de un modo que tenga en cuenta sus características personales y sus necesidades, haciendo uso de medios como la lectura fácil".

Por tanto, por un lado, deberán arbitrarse y utilizarse todos los métodos necesarios para velar por que las personas con discapacidad puedan acceder a la información sobre el procedimiento judicial, incluidos, según proceda y sea necesario, los siguientes: sistema braille, lenguaje de signos, guías en video y audio; línea de consulta telefónica y servicios de remisión; sitios web accesibles; servicios de bucle magnético, radio o infrarrojos; dispositivos de amplificación y lupas para documentos; subtítulos. Es importante asegurar que las informaciones incluyan explicaciones claras y comprensibles sobre el funcionamiento de un acto procesal, lo que cabe

---

En la Ley 4/2015, de 27 de abril, del Estatuto de la víctima del delito, encontramos también ejemplos de ajustes de procedimiento en la misma línea. En concreto podemos destacar el derecho de la víctima a entender y ser entendida (art. 4); el derecho a la información adaptada a sus circunstancias y condiciones personales y, por tanto, en un lenguaje que comprenda (arts. 5 y 7); el derecho a la traducción e interpretación, con especial referencia a las personas con limitaciones auditiva.

31 En el año 2014, Plena Inclusión España (entonces FEAPS) publicó el informe "Las personas con discapacidad intelectual o del desarrollo ante los procesos penales en el que se analizaba el impacto de la Convención de los derechos de las personas con discapacidad en el ordenamiento jurídico español, así como las barreras en el acceso a la justicia y la vulneración sistemática de derechos a las que se enfrentan las personas con discapacidad intelectual y del desarrollo en los procesos judiciales. Aunque referidas al proceso penal, muchas de las consideraciones resultan aplicables al proceso civil. (RECOVER, T. y ARAOZ, I. de, *Las personas con discapacidad intelectual o del desarrollo y el proceso penal, Cuadernos de Buenas Prácticas,* FEAPS, Madrid, 2014 (disponible en https://www.plenainclusion.org/wp-content/uploads/2021/03/proceso_penal_2014.pdf).

esperar durante el procedimiento, lo que se espera de la persona, y dónde obtener ayuda para comprender el proceso y los derechos de la persona durante el mismo, en un lenguaje que no sea una mera repetición de la ley, en un lenguaje sencillo.

Por otro lado, se trata de garantizar que los diferentes actos de comunicación no sólo lleguen formalmente a su destinatario, sino que, además, cuando los reciba, entienda qué significan y cuáles son sus implicaciones, pueda comprender para qué se le está convocando o requiriendo o pueda, y ello es fundamental, comprender cuál es el contenido o el sentido de la resolución que se le ha notificado. En este sentido, deberían tomarse las medidas necesarias para asegurar que todas las notificaciones que requieran una respuesta o acción (por ejemplo, los emplazamientos, las citaciones, los autos o las sentencias) estén disponibles por medios y formatos accesibles.

A este respecto, cabe recordar que el derecho a una justicia comprensible se encuentra consagrado para todos los ciudadanos en los arts. 5 a 7 de la Carta de derechos de los ciudadanos adoptada en 2002[32]. Hay que tener en cuenta que las personas con discapacidad intelectual pueden tener una capacidad limitada para comprender frases y preguntas complejas. Por ello, tal como señala GARCÍA LÓPEZ, "si en términos generales es necesario velar para que se observen pautas que faciliten al ciudadano la comprensión de las resoluciones judiciales, ese deber es más acentuado cuando se trata de personas vulnerables, que se encuentren en situaciones de discapacidad y que, por sus concretas circunstancias, les cuesta más que a los demás aprender, comprender,

---

[32] Bajo el epígrafe Una Justicia Comprensible disponen estos artículos lo siguiente:

1. El ciudadano tiene derecho a que las notificaciones, citaciones, emplazamientos y requerimientos contengan términos sencillos y comprensibles, evitándose el uso de elementos intimidatorios innecesarios.
2. El ciudadano tiene derecho a que en las vistas y comparecencias se utilice un lenguaje que, respetando las exigencias técnicas necesarias, resulte comprensible para los ciudadanos que no sean especialistas en derecho.

   Los Jueces y Magistrados que dirijan los actos procesales velarán por la salvaguardia de este derecho.
3. El ciudadano tiene derecho a que las sentencias y demás resoluciones judiciales se redacten de tal forma que sean comprensibles por sus destinatarios, empleando una sintaxis y estructura sencillas, sin perjuicio de su rigor técnico.

comunicarse y en concreto entender el sentido y alcance de las resoluciones judiciales”[33].

A todo ello hay que añadir la dificultad de la terminología judicial, cuyo significado no siempre se explica de forma que puedan comprender las consecuencias de sus actos o sus palabras, lo que, entre otras cosas, puede afectar a su derecho de defensa[34]. En las Reglas de Brasilia sobre Acceso a la Justicia de las Personas en condición de Vulnerabilidad, en el apartado relativo a la “información procesal o jurisdiccional” se establece que “Se promoverán las condiciones destinadas a garantizar que la persona en condición de vulnerabilidad sea debidamente informada sobre los aspectos relevantes de su intervención en el proceso judicial, *en forma adaptada a las circunstancias determinantes de su vulnerabilidad.* (regla 51)”. Además, esa información *se prestará de acuerdo a las circunstancias determinantes de la condición de vulnerabilidad,* y de manera tal que se garantice que llegue a conocimiento de la persona destinataria (regla 55).

En el caso de las comunicaciones escritas o de resoluciones judiciales que deban notificarse, resulta especialmente útil y en este caso sí se menciona expresamente en el artículo 7 bis LJV, el sistema de lectura fácil, que es un método que recoge un conjunto de pautas y recomendaciones relativas a la redacción de textos, al diseño y maquetación de documentos y a la validación de la comprensibilidad de los mismos. Su finalidad es hacer accesible la información a las personas con dificultades de comprensión lectora. Se basa en la utilización de un lenguaje llano y directo. Se suele acompañar de pictogramas y de un glosario explicativo de algunos de los términos utilizados.

---

33 GARCÍA LÓPEZ, J.C., “El método de lectura fácil de las sentencias para las personas vulnerables”, *Diario La Ley,* nº 9042, Sección Tribuna, 15 de septiembre de 2017, Wolters Kluwer, LA LEY 11053/2017.

34 RECOVER, T. y ARAOZ, I. de, *Las personas con discapacidad intelectual o del desarrollo y el proceso penal, Cuadernos de Buenas Prácticas,* FEAPS, Madrid, 2014 (disponible en https://www.plenainclusion.org/wp-content/uploads/2021/03/proceso_penal_2014.pdf), p. 20.

En varias Comunidades Autónomas[35] se han realizado diversas experiencias piloto para la utilización de este sistema, en particular en procedimientos de modificación de la capacidad, y, por ello, en la base de datos del Consejo General del Poder Judicial, podemos encontrar diversas sentencias en formato de lectura fácil[36]. Las sentencias las redactan personas formadas en el sistema de lectura fácil de Plena inclusión[37]. Luego, las valida una persona con discapacidad intelectual, para verificar que se entienden y, posteriormente, el magistrado la revisa para comprobar que jurídicamente no hay ninguna contradicción entre la sentencia oficial y esta. Cuando se utiliza este sistema, se notifica al afectado tanto la sentencia oficial como la redactada en este formato.

2.3. Medidas que favorecen la comunicación con el órgano judicial: El facilitador judicial

Por primera vez en el proceso civil, los artículos 7 bis LEC y 7 bis LJV, en el apartado c), introducen la figura del facilitador judicial. Los facilitadores en los procesos trabajan con el personal de justicia y personas con discapacidad para asegurar una comunicación eficaz en los procedimientos judiciales. Actúan como intermediarios entre la persona con discapacidad y los funcionarios judiciales. En este sentido se ha señalado que son los "profesionales especializados y neutrales que, si resulta necesario, evalúan, diseñan, asesoran y/u ofrecen a las personas con discapacidad intelectual o del desarrollo, tengan o no la discapacidad oficialmente reconocida, y a los profesionales del ámbito de la justicia implicados en un proceso judicial, los apoyos adecuados y necesarios para que las personas con discapacidad intelectual o del desarrollo ejerzan su derecho de acceso a la justicia en igualdad de condiciones con las demás". De forma similar se definen en el documento de la Relatora Especial de Discapacidad, Catalina Devandas, "Principios y Directrices Internacionales sobre el

---

35 En este sentido, hay que destacar el proyecto pionero en España y Europa que comenzó a desarrollar en 2016 Plena Inclusión Asturias con el apoyo del Tribunal Superior de Justicia de Asturias y el Gobierno del Principado de Asturias.

36 https://www.poderjudicial.es/search/LecturaFacil/

37 Plena Inclusión sigue los estándares europeos de Inclusion Europe https://www.inclusion-europe.eu/easy-to-read/

acceso a la justicia para personas con discapacidad"[38], incidiendo en que los intermediarios son neutrales y no hablan en nombre de las personas con discapacidad ni del sistema de justicia, ni dirigen las decisiones o resultados o influyen en ellos.

Así se recoge en el Real Decreto 193/2023, de 21 de marzo, por el que se regulan las condiciones básicas de accesibilidad y no discriminación de las personas con discapacidad para el acceso y utilización de los bienes y servicios a disposición del público, que define la persona facilitadora (artículo 2, f.), como: "la persona que trabaja, según sea necesario, con el personal del sistema de justicia y las personas con discapacidad para asegurar una comunicación eficaz durante todas las fases de los procedimientos judiciales. La persona facilitadora apoya a la persona con discapacidad para que comprenda y tome decisiones informadas, asegurándose de que todo el proceso se explique adecuadamente a través de un lenguaje comprensible y fácil, y de que se proporcionen los ajustes y el apoyo adecuados. La persona facilitadora es neutral y no habla en nombre de las personas con discapacidad ni del sistema de justicia, ni dirige o influye en las decisiones o resultados".

La función principal del facilitador consiste en la realización de un informe en el que recoja la evaluación y propuesta de los apoyos necesarios en el caso concreto, atendiendo a las características de la persona, en interacción con el entorno procesal específico y con la participación y el consentimiento informado de la persona[39]. La persona con discapacidad será informada de forma accesible del contenido del informe elaborado, el cual, además, se enviará al resto de las partes y a la autoridad competente que aprobará su realización.

También existe una norma "UNE 153101:2018 EXLectura Fácil. Pautas y recomendaciones para la elaboración de documentos". La norma UNE es una extensión de las reglas europeas, consensuada por multitud de organizaciones del sector e instituciones públicas y privadas, y recomienda la validación por al menos tres personas con dificultades de comprensión.

[38] Naciones Unidas, Principios y directrices internacionales sobre el acceso a la justicia para las personas con discapacidad, Ginebra, 2020, p. 9 (disponible en <http://www.infocop.es/pdf/Access-to-Justice-SP.pdf).

[39] Vid. Plena inclusión, *La persona facilitadora en procesos judiciales* (https://www.plenainclusion.org/sites/default/files/plena_inclusion._la_persona_facilitadora_en_procesos_judiciales.pdf), pp. 14 y ss.

Por otro lado, la persona facilitadora se encargará de prestar el apoyo necesario a la persona con discapacidad, así como facilitar o indicar las diferentes adaptaciones que puedan requerir el entorno, las pruebas y diligencias, etc. En este sentido, acordará con el juez dónde se puede celebrar el acto -por ejemplo, de manera informal en el despacho del juez o en otro lugar, sin togas- y si es necesario, que se realicen descansos o se le dé a la persona con discapacidad un tiempo adicional para contestar, puesto que no es inusual que las personas con discapacidad intelectual o del desarrollo puedan necesitar más tiempo para procesar o elaborar la información o para expresar lo que quieren decir.

Asimismo, se encargará de facilitar una comunicación eficaz entre la persona con discapacidad intelectual o del desarrollo y los diferentes operadores policiales y jurídicos y, en su caso, asistenciales. Le corresponde igualmente facilitar la comprensión sobre el objeto del proceso, cada uno de los actos que se produzcan, el rol de cada uno de los participantes, sus derechos y cómo ejercerlos, asegurándose de que la información proporcionada por otros operadores es comprendida.

Por último, su función es la asistencia al Sistema de Justicia a través de la orientación y apoyo al resto de operadores jurídicos y, en su caso, asistenciales. Esta labor tendrá como efecto añadido la progresiva capacitación en la prestación de apoyos del resto de agentes implicados en los procedimientos.

El perfil de la persona facilitadora sería el de un profesional con conocimientos en el campo de la discapacidad intelectual o del desarrollo y de accesibilidad cognitiva. Debe tener también formación en psicología forense ya que deben conocer cuáles son las herramientas forenses y cómo adaptarlas a las necesidades de personas con discapacidad intelectual, a fin de poder elaborar el informe que determine si se precisan apoyos y cuáles. Son importantes también los conocimientos de Derecho procesal, que le permitan facilitar la comprensión sobre el procedimiento y sus particularidades[40].

---

40 Señala HERNÁNDEZ DE LA PEÑA que ha de ser una persona experta en discapacidad intelectual y psicología forense, con una formación específica que le habilite para desarrollar las funciones siguientes: aplicar herramientas y escalas de evaluación de capacidades que afectan al testimonio de las personas con discapacidad intelectual; adaptar las explicaciones previas acerca del papel de las personas con discapacidad en el proceso; asistir a la persona en las diligencias de prueba; adaptar las pruebas periciales así como las resoluciones judiciales (HER-

A pesar de constituir una figura absolutamente esencial para que las personas con discapacidad intelectual o del desarrollo ejerzan su derecho de acceso a la justicia en igualdad de condiciones con las demás, se ha señalado, a mi juicio con acierto, que la regulación que se ha realizado tanto en la LEC como en la LJV de esta figura resulta insuficiente al no preverse que se provea de forma obligatoria por la Administración de Justicia[41]. En este sentido, de cara a futuro, los retos podrían ser: alcanzar un reconocimiento legal de la figura cuya intervención no dependa de sensibilidades personales; promover que exista un número suficiente de profesionales debidamente cualificados, por lo que es preciso fomentar formación en este ámbito; generar herramientas forenses que permitan a los profesionales facilitadores realizar su trabajo; promover que el Sistema de Justicia establezca un sistema que garantice la provisión de profesionales facilitadores cuando estos sean precisos[42].

NÁNDEZ DE LA PEÑA, I., "Los ajustes procedimentales en el proceso penal: discapacidad intelectual y la figura del facilitador", *Lex criminalis,* nº 4, septiembre 2023, pp. 59-60).

41 DE LUCCHI LÓPEZ-TAPIA, Y., "Ajustes procedimentales para garantizar el acceso a la justicia de las personas en situación de discapacidad: el nuevo artículo 7 bis de la Ley de Enjuiciamiento Civil", *Práctica de los Tribunales,* nº 151, julio-agosto 2021, Wolters Kluwer, LA LEY 8312/2021. En el mismo sentido, de la misma autora, DE LUCCHI LÓPEZ-TAPIA, Y., "El servicio de facilitación judicial como pieza clave para la tutela judicial efectiva de las personas con discapacidad", *Actualidad Civil,* nº 9, Sección Persona y derechos/A fondo, septiembre-septiembre 2022, LA LEY, LA LEY 8183/2022. Para MARTÍN PÉREZ la figura del facilitador es una manera más de determinar y realizar los ajustes, pero pueden ser realizados igualmente a través de las previsiones que adopten el LAJ, el juez u otros profesionales, como puede ser el propio abogado de la persona con discapacidad. Por ello considera que no hay suficiente base legal para exigir la implantación de esta figura desde la propia Administración de Justicia (MARTÍN PÉREZ, J.A., "Acceso a la justicia de las personas con discapacidad y ajustes de procedimiento", *Derecho Privado y Constitución,* 40, 2022, pp. 11-53, doi: https://doi.org/10.18042/cepc/dpc.40.01).

42 Vid. Plena inclusión, *La persona facilitadora en procesos judiciales* (https://www.plenainclusion.org/sites/default/files/plena_inclusion._la_persona_facilitadora_en_procesos_judiciales.pdf).

2.4. Medidas en relación con la interacción con el entorno

El artículo 7 bis LJV prevé que la persona con discapacidad podrá estar acompañada de una persona de su elección desde el primer contacto con las autoridades y funcionarios. Se está pensando en una persona diferente del facilitador, que le apoye moral y emocionalmente durante todo el desarrollo del proceso.

No menciona el precepto, sin embargo, la necesidad de diseñar los edificios judiciales de manera que los accesos y disposición interior estén adaptados a las personas con discapacidad motora, auditiva, visual e intelectual. La accesibilidad universal para garantizar la igualdad de acceso a la justicia sin discriminación de las personas con discapacidad constituye, en cualquier caso, un principio básico en este ámbito.

Por otro lado, en relación con las personas que tienen una discapacidad visual, se plantea la necesidad de señalizaciones en braille, señalizaciones en el suelo mediante marcas que sirven a las personas invidentes para detectar obstáculos con el bastón o el acceso a los edificios judiciales de los perros-guía.

3. Procedimiento para la adopción de los ajustes necesarios

No se regula el procedimiento a seguir para la realización de los ajustes necesarios, si bien de lo dispuesto en los artículos 7 bis LEC y 7 bis LJV cabe extraer lo siguiente:

Por un lado, las medidas pueden acordarse tanto a petición de cualquiera de las partes o del Ministerio Fiscal, como de oficio por el propio Tribunal, en el momento en que tenga conocimiento de la concurrencia de una discapacidad que los requiera, y en todas las fases y actuaciones procesales en las que resulte necesario, incluyendo los actos de comunicación. Por otro lado, aunque la ley no lo dice, cuando la persona con discapacidad participe en el procedimiento con una condición diferente a la de parte (testigo, perito, funcionarios...), entendemos que estará igualmente legitimado para solicitar los ajustes que sean necesarios para poder hacerlo.

En cuanto al momento para solicitarlos, los ajustes pueden ser necesarios en cualquier momento o trámite del procedimiento. Lo más adecuado sería solicitarlos con suficiente antelación para poder implementarlos adecuadamente.

Será el Letrado de la Administración de Justicia quien apruebe los ajustes a realizar y a quien corresponde su implementación. En mi opinión, la denegación de los ajustes solicitados, o la falta de adopción de oficio en el caso en que el órgano judicial tenga conocimiento de una posible discapacidad que pueda afectar a la comparecencia e intervención de la persona afectada, en condiciones de igualdad, impidiendo el acceso a la justicia de la persona con discapacidad o generándole indefensión, podrá dar lugar a la nulidad de actuaciones (cfr. art. 238.3 LOPJ), en la línea de lo resuelto por el Tribunal Constitucional en la Sentencia 161/2021, de 4 de octubre de 2021, mencionada más arriba.

4. Necesaria formación en el ámbito de la Administración de Justicia y de la educación jurídica

Las barreras actitudinales repercuten en el acceso de las personas con discapacidad a la justicia, pudiendo influir de forma negativa en el modo en que se aplican las leyes, las políticas y los procedimientos judiciales. A menudo, esas barreras surgen del desconocimiento de los derechos de las personas con discapacidad y las prácticas adecuadas para estas, en el sistema de justicia, por parte de todos los agentes implicados (policía, abogados, jueces y magistrados, fiscales, resto de funcionarios de justicia). El párrafo segundo del artículo 13 CDPD promueve una capacitación adecuada como medida para eliminar esas barreras. De acuerdo con lo previsto en este artículo, los Estados parte deberían diseñar y realizar programas de capacitación regulares y obligatorios, debidamente financiados, y que incluyan a las personas con discapacidad en todas las etapas de los procedimientos judiciales[43].

Debería por tanto proporcionarse formación de manera continuada a todas las personas que trabajan en la Administración de justicia, en la medida en que todas ellas realizan una aportación valiosa y diferente al proceso, en el ámbito de sus respectivas funciones, que han de converger en la prestación de un mejor servicio público[44]. Dicha formación podría ser impartida por instituciones de derechos humanos y organizaciones que representen a las personas con discapacidad. Incluso, creo que debería

---

[43] A/HRC/37/25, párrafo 59.

[44] ALÍAS ROBLES, A., "El valor de los tribunales especializados para la tutela judicial efectiva de las personas con discapacidad", *LA LEY Derecho de Familia*, nº 28, cuarto trimestre de 2020, Wolters Kluwer, LA LEY 15307/2020.

incluirse en los programas de estudio en la formación de los abogados y, en general, de los estudiantes de Derecho, temas relativos a los derechos de las personas con discapacidad y los ajustes de procedimiento. En este sentido, se ha señalado que "para promover la realización material del derecho de acceso a la justicia de las personas con discapacidad intelectual o del desarrollo, es imprescindible generar conocimiento en todos los operadores jurídicos y policiales sobre qué son los ajustes de procedimiento, cómo justificar jurídicamente su solicitud y qué ajustes de procedimiento se pueden realizar"[45].

IV. CONCLUSIONES

Se acoge en la reforma operada por la Ley 8/2021 en el ámbito procesal una reiterada reivindicación que se venía planteando desde diversos sectores a favor de la idoneidad de la jurisdicción voluntaria para la provisión de medidas de apoyo a las personas con discapacidad.

En mi opinión, en efecto, el cauce de la Jurisdicción voluntaria para la provisión de las medidas de apoyo necesarias es sin duda mucho más adecuado, por su agilidad, flexibilidad y economía procesal, que el procedimiento contencioso de partes enfrentadas en el que el demandante es normalmente un familiar próximo -o el Ministerio Fiscal, con la información suministrada por los familiares o allegados- y la parte demandada es la persona con discapacidad. Comparto, en este sentido, la valoración positiva de la reforma por cuanto supone la eliminación de la idea de que para proveer de medidas de apoyo a una persona con discapacidad hay que demandarle. No pueden concebirse estos procedimientos como un conflicto de intereses privados y contrapuestos entre dos partes litigantes, sino como el cauce adecuado para la provisión de los apoyos que una persona pueda necesitar para el ejercicio de su capacidad jurídica en condiciones de igualdad[46]

---

[45] RECOVER, T. y ARAOZ, I. de, *Las personas con discapacidad intelectual o del desarrollo y el proceso penal*, *Cuadernos de Buenas Prácticas*, FEAPS, Madrid, 2014 (disponible en https://www.plenainclusion.org/wp-content/uploads/2021/03/proceso_penal_2014.pdf). p. 13.

[46] STS, Sala Primera, de lo Civil, Sentencia 244/2015 de 13 de mayo de 2015, rec. 846/2014.

A estos efectos y por otro lado, el expediente de jurisdicción voluntaria resulta un escenario más propicio para expresar la voluntad, los deseos y las preferencias de la persona, también, y de forma especial, en casos de discapacidad sobrevenida, sin la penosidad inherente al proceso contencioso[1]. En este sentido, a fin de que el Juez pueda conocer cuáles son las concretas necesidades de apoyo en el momento de determinarlas, y de poder escuchar atentamente su voluntad, preferencias y deseos, cobra especial relevancia la entrevista con la persona con discapacidad que, en caso de discapacidad intelectual, deberá realizarse, en su caso, previa adopción de todos los ajustes del procedimiento que sean necesarios. En aquellos casos en los que la adopción de ajustes sea necesaria para garantizar la comparecencia de la persona con discapacidad en igualdad de condiciones al resto de las partes, su adopción constituye una exigencia del derecho a la tutela judicial efectiva y la prohibición de indefensión.

V. BIBLIOGRAFÍA

ALÍAS ROBLES, A., "El valor de los tribunales especializados para la tutela judicial efectiva de las personas con discapacidad", *LA LEY Derecho de familia,* Nº 28, Cuarto trimestre de 2020, Wolters Kluwer, LA LEY 15307/2020.

BANACLOCHE PALAO, J., "Capítulo 59. El nuevo expediente de jurisdicción voluntaria de provisión de medidas judiciales de apoyo a personas con discapacidad", en LLEDÓ YAGÜE, F., FERRER VANRRELL Mª P., EGUSQUIZA BALMASEDA, Mª A., LÓPEZ SIMÓ, F. (Dirs.), *Reformas legislativas para el apoyo de las personas con discapacidad. Estudio sistemático de la Ley 8/2021, de 2 de junio, al año de su entrada en vigor,* Dykinson, Madrid, 2022, pp. 1485-1523.

CALAZA LÓPEZ, S., "La justicia civil indisponible en la encrucijada: la asincronía entre la reforma sustantiva y procesal en la provisión en la provisión judicial de apoyos a las personas con discapacidad", *LA LEY Derecho de familia,* nº 31, Tercer trimestre de 2021, WOLTERS KLUWER, LA LEY 9531/2021.

DE LUCCHI LÓPEZ-TAPIA, Y., "Ajustes procedimentales para garantizar el acceso a la justicia de las personas en situación de discapacidad: el nuevo artículo 7 bis de la Ley de Enjuiciamiento Civil", *Práctica de los Tribunales,* nº 151, julio-agosto 2021, Wolters Kluwer, LA LEY 8312/2021.

DE LUCCHI LÓPEZ-TAPIA, Y., "El servicio de facilitación judicial como pieza clave para la tutela judicial efectiva de las personas con discapacidad", *Actualidad Civil,*

[1] FERNÁNDEZ DE BUJÁN, A., "Provisión de apoyos a las personas con discapacidad", *LA LEY Derecho de familia,* Nº 33, Sección A Fondo, Primer trimestre de 2022, Wolters Kluwer, LA LEY 951/2022.

nº 9, Sección Persona y derechos/A fondo, septiembre-septiembre 2022, LA LEY, LA LEY 8183/2022.

FERNÁNDEZ DE BUJÁN, A., “Provisión de apoyos a las personas con discapacidad”, *LA LEY Derecho de familia*, nº 33, Sección A Fondo, Primer trimestre de 2022, Wolters Kluwer, LA LEY 951/2022.

GARCÍA ALGUACIL, Mª J., *Protección jurídica de las personas con discapacidad*, Colección Familia y Derecho, Reus, Madrid, 2016.

GARCÍA LÓPEZ, J.C., “El método de lectura fácil de las sentencias para las personas vulnerables”, *Diario La Ley*, nº 9042, Sección Tribuna, 15 de septiembre de 2017, Wolters Kluwer, LA LEY 11053/2017.

GARRIDO CARRILLO, F. J., “Panorama de las medidas de apoyo a las personas con discapacidad. Cuestiones sustantivas y procesales (1)”, *Actualidad civil*, nº 2, Sección Personas y derechos, febrero 2023, LA LEY, LA LEY 1447/2023.

GÓMEZ MARTÍNEZ, C., “El papel activo del Juez en la aplicación de la Ley 8/2021, de 2 de junio por la que se reforma la legislación civil y procesal para el apoyo de las personas con discapacidad en el ejercicio de su capacidad jurídica”, en LLEDÓ YAGÜE, F., FERRER VANRRELL, Mª P., EGUSQUIZA BALMASEDA, Mª A., LÓPEZ SIMÓ, F. (Dirs.), *Reformas legislativas para el apoyo a las personas con discapacidad*, Dykinson, 2022, pp. 7-16.

GUILARTE MARTÍN-CALERO, C., “Los procesos sobre la capacidad de las personas en la nueva LEC”, *Actualidad Civil*, Sección Doctrina, 2001, Ref. L, tomo 3, Editorial LA LEY, LA LEY 17229/2001.

HERNÁNDEZ DE LA PEÑA, I., “Los ajustes procedimentales en el proceso penal: discapacidad intelectual y la figura del facilitador”, *Lex criminalis*, nº 4, septiembre 2023.

LLEDÓ YAGÜE, F., MONJE BALMASEDA, O y GUTIÉRREZ BARRENENGOA, A., *Estudio básico sobre la guarda de hecho. Algunas reflexiones sustantivas y procesales notables de lege data y de lege ferenda*, Dykinson, Madrid, 2019.

MARCELO ALDERETE, C., “Acceso a la Justicia de las personas con discapacidad. Formato de lectura fácil”, 2015, (Id SAIJ: DACF150818). Disponible en <http://www.saij.gob.ar/claudio-marcelo-alderete-acceso-justicia-personas-discapacidad-formato-lectura-facil-dacf150818-2015-11-05/123456789-0abc-defg8180-51fcanirtcod).

MARTÍN PÉREZ, J.A., “Acceso a la justicia de las personas con discapacidad y ajustes de procedimiento”, *Derecho Privado y Constitución*, 40, 2022, pp. 11-53, doi: <https://doi.org/10.18042/cepc/dpc.40.01.

RECOVER, T. y ARAOZ, I. de, *Las personas con discapacidad intelectual o del desarrollo y el proceso penal, Cuadernos de Buenas Prácticas*, FEAPS, Madrid, 2014 (disponible en <https://www.plenainclusion.org/wp-content/uploads/2021/03/proceso_penal_2014.pdf),

SANCHO GARGALLO, I. y ALIA ROBLES, A., “Guía para la entrevista judicial de una persona con discapacidad (1)”, *Actualidad civil*, nº 2, Sección Persona y derechos, febrero, 2023, LA LEY, LA LEY 1446/2023.

SEGARRA, Mª J., “El papel activo del Fiscal en la Ley 8/21 de 2 de junio, por la que se reforma la legislación civil y procesal para el apoyo a las personas con discapacidad", en LLEDÓ YAGÜE, F., FERRER VANRRELL, Mª P., EGUSQUIZA BALMASEDA, Mª A., LÓPEZ SIMÓ, F. (Dirs.), *Reformas legislativas para el apoyo a las personas con discapacidad,* Dykinson, 2022, pp. 63-69.

UREÑA CARAZO, B., "El nuevo proceso de apoyo a las personas con discapacidad: un enfoque humanista", *LA LEY, Derecho de familia,* nº 33, Sección A Fondo, primer trimestre de 2022, Wolters Kluwer, LA LEY 978/2022

Capítulo V.

Comunidades de convivencia y cuidado como alternativas a residencias para la tercera edad: Discapacidad como frontera entre el privilegio y el derecho

ARANTZAZU VICANDI MARTÍNEZ
Profesora Encargada de Derecho Civil.
Universidad de Deusto

SUMARIO

I. POBLACIÓN ESPAÑOLA Y SU ENVEJECIMIENTO

Según datos del INE[1] en el año 2023, el 20,5% de la población total de España tenía más de 65 años. *A priori*, esta cifra puede no resultar llamativa, pero si hacemos una comparativa con la situación demográfica del país hace unas décadas, puede observarse una tendencia al alza. Así, concretamente en el año 1975, el porcentaje total de personas mayores de 65 años no superaba el 10,20%. Se advierte, por tanto, que en varias décadas este rango poblacional se ha duplicado.

---

1 https://www.ine.es/jaxiT3/Datos.htm?t=1488 (Consulta 1/04/2024).

Ambas cifras evidencian la presencia y protagonismo que este grupo de población alcanza actualmente en nuestra sociedad, así como su tendencia en claro aumento. El volumen total de personas con más de 65 años que en la actualidad vive en nuestro país, que poco o nada tiene que ver con el panorama que se presentaba hace unas décadas.

A los efectos de comprobar la evolución de este grupo poblacional y observar el impacto de la esperanza de vida, conviene estudiar esta cifra de una forma escalonada. De esta manera, el número total de personas vivas de más de 70 años que había en 2023, se reduce a un 14,67%; cifra que se va aminorando conforme se prolonga la edad de la persona. Así, en 2023, en España el número de personas con más de 75 años no superaba el 9,95% de la población total del país, mientras que el volumen de personas con más de 80 años es menor del 6% (5,97%, concretamente). Este valor cae prácticamente a la mitad cuando se analiza el número total de ciudadanos en España con más de 85 años (3,33%).

De este entramado de cifras se coligen dos cuestiones que pueden resultar cruciales para el estudio que se pretende abordar en el presente trabajo. En primer lugar, que el total de personas mayores de 65 años en nuestro país es elevado, de hecho, se equipara al de menores de 20 años. En segundo lugar, que la reducción del número de personas de avanzada edad resulta muy llamativa tras los 70 años.

Apuntado lo anterior, y dada la realidad estadística y vital de nuestro país, parece indispensable entrar a valorar la casi homogénea y uniforme respuesta social y jurídica que se da a este importante núcleo de población, que conforman nuestros mayores. Huelga señalar, que esta respuesta única dista mucho de los innumerables y diferenciados tratamientos (a todos los niveles) que reciben los miembros del otro sector poblacional destacado (los menores de 20). Para estos últimos, tanto el Derecho como la sociedad, establece diferentes hitos relacionados con su lógica y natural evolución, que se traduce en todo un abanico de reconocimientos jurídicos y sociales.

No en vano, resulta natural y sensato, que el trato y reconocimiento que puede recibir un menor de 8 años difiera de forma significativa de la respuesta social y jurídica que ha de dársele a un adolescente de 14 años. Todo ello sin entrar a valorar la revolución socio – jurídica a la que se enfrentan las personas entre los 16 y los 18 años.

Resulta irracional desatender la lógica idea en virtud de la cual es patente que el paso del tiempo tiene un innegable impacto en la vida de las personas, a todos los niveles. Y es por ello por lo que es sensato que la sociedad y el Derecho respondan de manera diferente a los individuos, en función del momento vital en el que se encuentren.

Aunque esto último es razonable, no se trata de una fórmula aplicable de manera sistemática a todos los niveles poblaciones, porque ¿qué ocurre con nuestros mayores? Sin perjuicio de que la respuesta del legislador resulta uniforme para toda persona mayor de edad sin una discapacidad reconocida, lo cierto es que la solución social a las necesidades vitales de los mismos poco o nada difiere entre las distintas franjas de edad. Esto resulta impactante, no sólo porque las preferencias de los diferentes colectivos se reputan manifiestamente dispares (no cabe duda de que los menesteres e intereses de una persona de 65 años poco o nada tienen que ver con los de alguien de 85), sino porque se aplica el mismo criterio uniformista a las necesidades de estos colectivos que tan pocas semejanzas comparten.

Conviene aclarar que las necesidades a las que se alude pueden resultar secundarias (pero no por ello ser banales), como la demanda de lugares de encuentro y ocio; hasta llegar a reclamaciones sobre aspectos esenciales de la vida, que pueden afectar a cuestiones tales como la propia vivienda, la salud, el desarrollo y la autonomía.

Como añadidura, parece indispensable mencionar que, si bien la sociedad española ha sufrido una revolución demográfica, ya que como ha podido observarse desde el punto de vista estadístico, la presencia de mayores de 65 años se ha incrementado de forma notable en las últimas décadas; la respuesta social a este cambio ha resultado tímida en exceso.

Parece que la solución tradicional, propia de formatos familiares mucho más amplios (que difieren en gran medida con el esquema actual), y que pasaba por la necesaria convivencia en el mismo domicilio de diferentes generaciones, no resulta la respuesta más idónea para cubrir las necesidades de los diferentes agentes que conforman la ecuación actual. Ya no sólo por una cuestión preferencial, sino también meramente organizativa: la gestión del cuidado ha pasado de ser algo propiamente familiar, casi íntimo, a profesionalizarse (tanto para menores, como para ancianos).

En este contexto de cambio surgieron las residencias y centros de día para la tercera edad, como único remedio a las diferentes necesidades que pueden surgir para este gran colectivo. Todo ello sin tener presente que en función del rango de edad en que se encuentren, y más allá de aspectos esencialmente sanitarios, presentan intereses y circunstancias lógicamente dispares.

Sentado lo anterior, debe resultar cuanto menos llamativo, que si la respuesta que nuestra sociedad da a los menesteres de un niño de 12 años no puede ser la misma que la recibida por un menor de 17; otro tanto habría de ocurrir con el tratamiento que reciben las personas mayores de 65. Sin embargo, no resulta ignoto que las alternativas de este colectivo pasan por residir con sus familiares cercanos, acudir a un centro de día o a una residencia, cuando una vida autónoma ya no resulta factible (por el motivo que sea).

Llegados a este punto parece indispensable explorar nuevas opciones para nuestros mayores, más allá de las vías tradicionales, cuyo origen y motivación poco o nada tienen que ver con la realidad actual.

En este contexto cambiante, ideas como el *cohousing* o las comunidades de convivencia, se muestran como una alternativa adecuada y casi a la medida de las preferencias y necesidades de los mayores de 65 años. Dado el innegable protagonismo de esta figura, parece indispensable dedicar un espacio a la contextualización a esta idea, porque, ¿qué es el fenómeno del *cohousing*?

II. FENÓMENO DEL *COHOUSING* COMO ALTERNATIVA A LOS TRADICIONALES CUIDADOS DE NUESTROS MAYORES: RESIDENCIAS O ASISTENCIA DOMICILIARIA

1. Origen de la idea y concepto

El *cohousing* puede definirse como una fórmula de organización de vivienda y vida en comunidad, en la que se conjugan propiedades de una colectividad, con propiedades individuales; equilibrio que se alcanza con la existencia de una suerte de "socios" que así lo sostienen. Sin embargo, esta definición resulta insuficiente, ya que únicamente abarca un aspecto organizativo de esta fórmula vital, cuya pretensión no es otra que conformar una comunidad autogestionada, marcadamente participativa y que sitúa a sus miembros en el epicentro de la gestión y de su desarrollo[2].

---

2 TORTOSA, M.A. y GERDT SUNDTRÖM, C., "El cohousing senior en España. Cambios desde la economía social en los alojamientos y en la economía de los cui-

El fenómeno del *cohousing* tuvo su primera expresión en los años 30 en Suecia. No obstante, esta configuración inicial resultó más parecida a la de un complejo hotelero que una vivienda colaborativa, no siendo hasta la década de los 70 cuando comenzó el auge de estos formatos de vivienda, en los que destacaba el trabajo cooperativo entre los integrantes de estas comunidades y el autoservicio. Sin embargo, no fue hasta 10 años después cuando se acuñó y afinó el término de *cohousing*[3], proliferando así este sistema que se presenta como una alternativa para el alojamiento y cuidado de los mayores[4].

El *cohousing* no ha tardado en proliferar en los países europeos, especialmente los nórdicos, aunque también es un fenómeno destacado en Alemania. Por supuesto, igualmente ha llegado a nuestro país, pero de forma un poco más tardía. La figura del *cohousing*, que actualmente se encuentra en pleno auge dentro de nuestras fronteras, aterrizó en el año 2000 de manera un tanto tímida, para comenzar así su expansión paulatina.

Esta idea, que se presenta como una alternativa a las tradicionales residencias para la tercera edad y centros de día, ha tenido un desarrollo un tanto desigual, en función de las Comunidades Autónomas que la albergan. De esta manera, algunas Comunidades como Baleares, Cataluña, Navarra, Comunidad Valenciana, País Vasco o Asturias han regulado de forma específica este concepto, de forma directa o indirecta, con el objeto de desarrollarlo y de favorecer la inclusión del *cohousing*[5].

---

dados para personas mayores", *CIRIEC-España, Revista de Economía Pública, Social y Cooperativa*, nº 104, 2022, pp. 303 a 331.

3 El término "cohousing" surgió en Dinamarca, a mediados de la década de los años 80, siendo este vocablo acuñado por un matrimonio de arquitectos estadounidense (Kathryn McCamant y Charles Durret). TORÍO LÓPEZ, S., VIÑUELA HERNÁNDEZ, P. y GARCÍA – PÉREZ, O., "Experiencias de vejez vital. Senior cohousing: autonomía y participación", *Aula Abierta*, vol. 47, nº 1, 2018, pp. 79-86.

4 TORTOSA, M.A. y GERDT SUNDTRÖM, C., "El cohousing senior en España. Cambios desde la economía social en los alojamientos y en la economía de los cuidados para personas mayores, *cit.* pp. 303 a 331.

5 TORTOSA, M.A. y GERDT SUNDTRÖM, C., "El cohousing senior en España. Cambios desde la economía social en los alojamientos y en la economía de los cuidados para personas mayores, *cit.* pp. 303 a 331.

Sentado lo anterior, parece indispensable detenerse a valorar cuál ha sido el contexto o las circunstancias que han dado lugar a este impactante fenómeno, que tanto se desmarca de las soluciones tradicionales del cuidado a los mayores.

Aparentemente, uno de los principales motivos en los que se asientan los pilares del *cohousing* es la "democratización de la senectud". En un contexto socio–sanitario como el que nos encontramos viviendo actualmente, salvo desgraciadas circunstancias, el alcanzar una edad avanzada en condiciones más o menos aceptables de salud e independencia, ha dejado de ser un patrimonio de pocos (y consiguientemente un reto para muchos), para convertirse en algo ordinario. Es decir, actualmente, ser anciano y ser funcional no son dos conceptos antagónicos para la gran mayoría de la población, de manera que tener una vida larga y saludable, no conforma a día de hoy, un privilegio reservado a unos pocos afortunados[6].

Ahora bien, a pesar de que este cambio es evidente y se encuentra claramente asentado, parece que las políticas públicas no se han hecho eco aún de ello y que siguen ancladas en el concepto de viejismo (ageism) acuñado por Butler en los años 80[7]; algo que sin duda, ha supuesto la proliferación de fenómenos como el del *cohousing*.

El viejismo se define como una perspectiva negativa y reduccionista de la vejez, propia de otras épocas, que sigue vinculando a este grupo poblacional con la enfermedad, la limitación, la incompetencia, la infantilidad y el aislamiento inactivo, entre otras cosas. Por supuesto, esto dista mucho de la realidad actual, en la que el envejecimiento activo es la principal pretensión de nuestros mayores, todo ello en aras de mantener un mayor grado de autonomía.

De esta manera, nos encontramos con que en pleno siglo XXI conviven dos perspectivas muy diferentes de la vejez, la tradicional o involutiva, y la más reciente o de desarrollo; que entiende la tercera edad como una

---

6 TORÍO LÓPEZ, S., VIÑUELA HERNÁNDEZ, P. y GARCÍA–PÉREZ, O., "Experiencias de vejez vital. Senior cohousing: autonomía y participación", *cit.* pp. 79-86.

7 KELLER GARGANTE, C. y EZQUERRA SAMPER, S., "Viviendas colaborativas de personas mayores: democratizar el cuidado de la vejez", *Revesco. Revista de Estudios Cooperativos*, 2021, nº 137, pp. 1-22.

etapa diferente de la vida, cuyo propósito es alcanzar una suerte de vejez productiva[8].

La primera de las ideas, el modelo de vejez tradicional, que relaciona esta etapa vital con nociones como la pérdida, el deterioro, la enfermedad o la dependencia; se encuentra denostada, perdiendo actualmente terreno en favor del modelo de vejez de desarrollo. Sin embargo, este fenómeno social, que tan evidente parece, actualmente carece de una respuesta efectiva por parte de las instituciones y políticas públicas. Es precisamente este inmovilismo el que ha fomentado la creación y el auge del *cohousing* y de otras iniciativas privadas de esta misma índole[9].

A este revolucionario fenómeno de inclusión de la tercera edad en la vida social y productiva, se adiciona la ya prácticamente cronificada crisis de los cuidados en el entorno familiar. Este hecho, motivado por la paulatina retirada de la mujer como cuidadora altruista en el entorno familiar, se suma al fenómeno anterior, conformando un caldo de cultivo esencial, que evidencia la inadecuación de los sistemas actualmente vigentes con respecto de las necesidades de los distintos agentes implicados en esta problemática. Es justamente en este punto en el que el fenómeno del *cohousing* se muestra como una alternativa que pretende paliar eventuales desigualdades y promover una economía social[10].

---

8 TORÍO LÓPEZ, S., VIÑUELA HERNÁNDEZ, P. y GARCÍA – PÉREZ, O., "Experiencias de vejez vital. Senior cohousing: autonomía y participación", *cit.* pp. 79-86.

9 En esta línea se pronuncian KELLER GARGANTE y EZQUERRA SAMPER al señalar "Según el modelo de envejecimiento activo de la Organización Mundial de la Salud (OMS), los factores clave que lo definen son: 1) la autonomía como habilidad de controlar, adaptarse y poder tomar decisiones sobre la propia vida cotidianamente, según las propias reglas y preferencias; 2) la independencia para continuar autónomamente las actividades de la vida cotidiana, con o sin ayuda 3) la calidad de vida, valorada desde la percepción individual de la propia posición en la vida de acuerdo al sistema cultural en el que se vive y a los propios objetivos, expectativas y preocupaciones (Petretto et al., 2016). El cambio de paradigma en el envejecimiento se está dando sobre todo a nivel de textos supranacionales, mientras el impacto en las políticas públicas es mucho más discreto". KELLER GARGANTE, C. y EZQUERRA SAMPER, S., "Viviendas colaborativas de personas mayores: democratizar el cuidado de la vejez", *cit.* pp. 1-22.

10 KELLER GARGANTE, C. y EZQUERRA SAMPER, S., "Viviendas colaborativas de personas mayores: democratizar el cuidado de la vejez", *cit.* pp. 1-22.

2. Fenómeno del cohousing y su impacto

En los párrafos anteriores se ha alcanzado una visión somera de la figura del *cohousing* y su origen, presentándose esta idea como una alternativa a las soluciones tradicionales del cuidado y vida de las personas mayores. Sentado lo anterior, parece indispensable valorar el fenómeno del *cohousing*, a los efectos de discernir su aplicación en nuestro país, la adaptación de nuestro ordenamiento jurídico al efecto y el número de personas que acuden a esta fórmula.

Según estadísticas del IMSERSO, ya en 2010 el 87,3% de las personas mayores de 65 años mostraba una clara preferencia por envejecer en su propia vivienda. Esta cifra se encuentra en una manifiesta tendencia al alza, y es que, en la actualidad, el 91% de las personas mayores de 65 manifiesta su pretensión de continuar viviendo en la que venía siendo su casa en los últimos años. Por su parte, sólo un 3% de los mayores de 65 años prefiere mudarse con familiares o acudir a una residencia, mientras que el 5% restante opta por las residencias colaborativas, como una opción satisfactoria. La principal motivación que lleva a nuestros mayores a preferir mantenerse en el que viene siendo su hogar, no es otro que la autonomía y la intimidad.

Ahora bien, estas cifras tan demoledoras sufren importantes cambios conforme las personas van avanzando en su edad y van perdiendo paulatinamente autonomía, porque esto último hace que requieran de asistencia en sus propios domicilios para la realización de tareas ordinarias, algo que sin duda puede suponer un importante reto, tanto desde el punto de vista personal, como desde una perspectiva económica. No en vano, se trata de acoger, en ocasiones por franjas horarias y en ocasiones de manera interna, a una persona ajena al hogar familiar y a su cotidianeidad; con lo que ello puede suponer. En otros casos, esta labor de asistencia recae sobre familiares, con las dificultades de organización y complicaciones adicionales que ello puede entrañar; lo que puede traducirse en un sentimiento de culpa en la persona que requiere de esa labor asistencial[11].

Esto último se evidencia en que los hogares unipersonales de mayores de 65 se encuentran actualmente en auge, en detrimento de la convivencia intergeneracional en un mismo domicilio. En esta línea, como apuntan KELLER GARGANTE y EZQUERRA SAMPER, "El cuidado intergenera-

---

[11] KELLER GARGANTE, C. y EZQUERRA SAMPER, S., "Viviendas colaborativas de personas mayores: democratizar el cuidado de la vejez", *cit.* pp. 1-22.

cional ascendente, basado en dimensiones afectivas, normativas y morales patriarcales que apuntalan la obligación de hijos y sobre todo hijas con el cuidado, va perdiendo peso". Como principales motores de este cambio, las mencionadas autoras refieren dos pilares fundamentales: la pérdida del rol de cuidadora que venía ostentando la mujer en el seno familiar, por un lado, y el rechazo de los mayores (especialmente del sexo femenino) de ser una carga para sus descendientes, en la misma medida que lo fueron para ellas sus propios progenitores[12].

Llegados a este punto, se evidencia una clara disyuntiva, entre los deseos de vivir solos de nuestros mayores y la falta de autonomía. A esta divergencia es necesario adicionar un tercer factor que resulta crucial para enmarcar esta problemática: las políticas públicas, que destacan por su insuficiencia y falta de idoneidad.

Es justamente en este dilema donde las viviendas colaborativas o el *cohousing* se muestran como una alternativa adecuada para dar solución a este problema. La falta de autonomía, junto con la búsqueda de intimidad, requieren de un importante desarrollo de políticas públicas que aún no se producen, apareciendo así la solución del *cohousing* como una herramienta satisfactoria. No en vano, este sistema permite remediar gran parte de los problemas que pueden derivar de la pérdida de autonomía de las personas en el seno de su propio domicilio, hacer frente a la soledad, preservar la intimidad y permitir un envejecimiento activo, fuera del marco institucional[13].

Prueba inequívoca de esto último es que, en la actualidad, en España ya existen más de 20 viviendas colaborativas para mayores, siendo todas ellas de iniciativa privada. Es decir, la creación y el mantenimiento de estos *cohousing*

---

12 KELLER GARGANTE, C. y EZQUERRA SAMPER, S., "Viviendas colaborativas de personas mayores: democratizar el cuidado de la vejez", *cit.* pp. 1-22.

13 En esta línea KELLER GARGANTE y EZQUERRA SAMPER aducen "En el contexto de crisis de cuidados las viviendas colaborativas de personas mayores se presentan como una alternativa surgida del deseo de autodeterminación, como capacidad real de toma de decisiones y control de las personas mayores sobre sus propias vidas y sobre la atención de sus necesidades de cuidados, desde una fórmula colectiva y basada en el apoyo mutuo. Se trata de una alternativa al cuidado en el marco familiar y también a las instituciones residenciales públicas y privadas, que se situaría en el vértice comunitario del diamante de cuidados de Razavi". *Revista de Estudios Cooperativos.* KELLER GARGANTE, C. y EZQUERRA SAMPER, S., "Viviendas colaborativas de personas mayores: democratizar el cuidado de la vejez", *cit.* pp. 1-22.

es esencialmente autogestionada y privada, completamente al margen de políticas públicas.

La aparición de estas viviendas colaborativas en España ha sido como consecuencia de lo que podrían calificarse como dos olas diferentes y sucesivas. El origen de la primera ola fue más una reacción ante un problema que un germen propiamente dicho, y es que estas fórmulas alternativas de convivencia aparecieron como una solución óptima frente a los deshumanizantes geriátricos tradicionales. De esta manera, a principios de los años 2000, grupos de mayores optaron por hacer comunes servicios del día a día, gestionándolos de forma autónoma. La segunda ola continuó la senda de la primera, optimizando los recursos y su aprovechamiento, es decir, supuso un perfeccionamiento de ésta. De hecho, KELLER GARGANTE y EZQUERRA SEMPER afirman que actualmente nos encontramos inmersos en esta segunda ola, que se caracteriza por la transformación social y la participación de estas viviendas colaborativas con su entorno más inmediato. La diferencia principal de esta segunda etapa con la primera es la irrupción de empresas promotoras de la construcción del *cohousing* y sus correspondientes infraestructuras. Pero la presencia de estas entidades no se está limitando únicamente al diseño arquitectónico, sino también a la gestión humana y económica del proyecto[14].

¿Qué es lo que hace a este fenómeno tan atractivo? Algunos autores apuntan, entre muchos otros, a los beneficios sociales (en lo que al cuidado y apoyo entre iguales se refiere), los beneficios económicos (porque a largo plazo el *cohousing* resulta mucho más rentable que las alternativas tradicionales), beneficios ecológicos (dado que se promueven diseños modernos y sostenibles en los edificios) y por último, beneficios para el vecindario o la zona en la que se sitúa esta vivienda colaborativa, ya que a menudo suponen un importante movimiento económico, la creación de espacios verdes, etc[15].

---

[14] KELLER GARGANTE, C. y EZQUERRA SAMPER, S., "Viviendas colaborativas de personas mayores: democratizar el cuidado de la vejez", *cit.* pp. 1-22.

[15] TORÍO LÓPEZ, S., VIÑUELA HERNÁNDEZ, P. y GARCÍA–PÉREZ, O., "Experiencias de vejez vital. Senior cohousing: autonomía y participación", *cit.* pp. 79-86.

3. Perfil del usuario de cohousing

De las líneas anteriores se colige que este nuevo medio de vivienda colaborativa resulta una fórmula apetecible para un importante núcleo poblacional de mayores de 65 años, a pesar de encontrarse aún en un estadio de desarrollo incipiente. Ahora bien, sentado lo anterior es necesario reflexionar sobre el perfil de persona que se sirve de este fenómeno y accede al *cohousing*.

La primera característica clara de cualquier usuario de *cohousing* es que se trata de personas que quieren mejorar en su situación social y económica, accediendo a una vivienda digna y apta para sus necesidades[16].

La segunda de las particularidades más destacables de las personas que se decantan por esta fórmula de convivencia es la aversión a la soledad y la falta de lazos familiares estrechos. Las estadísticas evidencian que destacan, por su superioridad numérica en estas unidades convivenciales, las personas solteras, divorciadas o que han enviudado; especialmente si no tienen descendientes[17].

Se trata asimismo de individuos independientes, tanto desde de punto de vista personal como físico. Usuarios y usuarias que valoran su vida privada y que tienen autonomía suficiente para desarrollar las tareas del día a día.

Por último, otra de las peculiaridades más notables es la de la capacidad económica. Conviene tener presente que el *cohousing* requiere de una importante inversión, y dado que se trata de un fenómeno de iniciativa privada, sin unas políticas públicas claras que lo amparen, el desembolso económico de los miembros que la conforman es elevado. Es por ello por

---

16 TORTOSA y GERDT SUNDTRÖM aseveran que este punto es uno de los principales caballos de batalla que deben solventar nuestras políticas sociales de vivienda: numerosas residencias en España no cumplen los estándares mínimos de accesibilidad y requieren de profundas mejoras para ser viviendas aptas y dignas para personas mayores o con movilidad reducida. TORTOSA, M.A. y GERDT SUNDTRÖM, C., "El cohousing senior en España. Cambios desde la economía social en los alojamientos y en la economía de los cuidados para personas mayores, *cit.* pp. 303-331.

17 TORTOSA y GERDT SUNDTRÖM califican este fenómeno como una respuesta a lo que han denominado "pandemia de la soledad", entendida como una soledad no deseada. TORTOSA, M.A. y GERDT SUNDTRÖM, C., "El cohousing senior en España. Cambios desde la economía social en los alojamientos y en la economía de los cuidados para personas mayores, *cit.* pp. 303-331.

lo que habitualmente, el perfil de usuario de esta vivienda colaborativa es el de una persona con una renta media – alta, y que cuenta con al menos una vivienda en propiedad, que puede utilizar como fórmula de pago para el *cohousing*.

No en vano, conviene tener presente un escollo importante en lo que a la financiación personal se refiere: las entidades bancarias ven a estos prestatarios como sujetos de alto riesgo. Se trata de personas de edad avanzada a los que la banca observa con cierto recelo. Esto último se recrudece en tanto en cuanto el sector público no ofrece ayudas que permitan promocionar estas iniciativas desde este punto de vista. Todo ello se traduce en que aquellos mayores que quieran optar por este fenómeno del *cohousing* habrán de tener una buena capacidad económica, lo que excluye a individuos de rentas medias o bajas, sin propiedades inmobiliarias, dado que no podrán acceder a préstamos que les permitan sufragar estas iniciativas de vivienda[18].

Sentado lo anterior TORTOSA y GERDT SUNDTRÖM resumen el perfil de usuario y usuaria de *cohousing* en España de la siguiente manera: adultos entre 70 y 80 años, de clase media y con un buen nivel educativo. A estos datos objetivos resulta indispensable adicionar otros aspectos subjetivos que persiguen las personas que se sirven de esa fórmula convivencial: el deseo de combatir el aislamiento, la pretensión de no ser una carga para sus descendientes y la búsqueda de una vida en comunidad. A estos factores suele añadirse el limitado número de plazas en las residencias para mayores y las dificultades de acceso a las mismas[19].

---

18 Para TORÍO LÓPEZ, VIÑUELA HERNÁNDEZ y GARCÍA–PÉREZ este es precisamente el más complicado de los escollos: las inyecciones de capital monetario que los participantes de estas iniciativas deben de efectuar, no sólo para iniciar el proyecto (construcción), sino también para el sostenimiento del mismo. TORÍO LÓPEZ, S., VIÑUELA HERNÁNDEZ, P. y GARCÍA–PÉREZ, O., "Experiencias de vejez vital. Senior cohousing: autonomía y participación", *cit.* pp. 79-86.

19 TORTOSA, M. A. y GERDT SUNDTRÖM, C., "El cohousing senior en España. Cambios desde la economía social en los alojamientos y en la economía de los cuidados para personas mayores, *cit.* pp. 303-331. En esta misma línea, autores como TORÍO LÓPEZ, VIÑUELA HERNÁNDEZ y GARCÍA–PÉREZ afirman que "Las personas que se interesan por los modelos colaborativos en la edad mayor han resultado ser homogéneas: personas mayores con estabilidad económica, nivel cultural medio-alto y una conciencia social más o menos elaborada". TORÍO LÓPEZ, S., VIÑUELA HERNÁNDEZ, P. y GARCÍA–PÉREZ, O., "Experiencias de vejez vital. Senior cohousing: autonomía y participación", *cit.* pp. 79-86.

Todos los elementos destacados conforman el caldo de cultivo necesario para la proliferación de este tipo de residencias.

III. DISCAPACIDAD Y *COHOUSING*, UNA PAREJA "MAL AVENIDA"

No cabe duda de que el *cohousing* se muestra como una alternativa que viene a revolucionar el sistema de cuidados de las personas mayores y que lejos de apartarles de su rutina y de la vida social, pretende una mayor inclusión, en aras de procurar una vejez más activa y, por ende, más saludable.

No obstante, no todas las personas llegan a la tercera edad en condiciones totalmente funcionales, ya que en ocasiones la longevidad puede llevar aparejada una serie de necesidades asistenciales, tanto físicas como psíquicas. ÁLVAREZ GARCÍA viene a denominar esta situación como la longevidad pluripatológica y la define como un fenómeno que afecta a personas mayores en estado de dependencia (tanto de movilidad como cognitiva). Señala este autor, que sin perjuicio de que esta situación de hecho no debe entrañar ninguna vulneración del principio de igualdad de estas personas y que en todo caso deben respetarse sus derechos y libertades, lo cierto es que conforma todo un reto para nuestra sociedad y para nuestro Derecho[20]. Se requiere de un equilibrio exquisito entre las necesidades y las pretensiones, así como los límites y las exigencias, difícil de gestionar.

Este desafío alcanza también al fenómeno objeto de estudio, ya que el *cohousing* centra el foco en la voluntad de la persona y es por ello por lo que su capacidad, entendida como la posibilidad de otorgar un consentimiento válido y manifestar adecuadamente la intención, resulta crucial.

A lo largo del presente apartado se intentará dar una respuesta a esta problemática, a fin de atisbar si las personas que se encuentran limitadas a nivel cognitivo y que requieren de un acompañamiento, podrían también beneficiarse de esta fórmula de vida tan inclusiva.

---

20 ÁLVAREZ GARCÍA, H., "La tutela de la libertad personal en los internamientos no voluntarios en centros geriátricos", *Revista de Derecho Político*, 2023, nº 117, 2023, pp. 227-310.

La revolución de la discapacidad que se produjo en el año 2021 con la Ley 8/2021, de 2 de junio, por la que se reforma la legislación civil y procesal para el apoyo a las personas con discapacidad en el ejercicio de su capacidad jurídica; vino a dar respuesta, no sólo a las exigencias legislativas internacionales que nuestro país había asumido, sino también a unas acuciantes necesidades sociales.

La persona con dificultades de autogobierno venía siendo apartada de la sociedad, considerada incapaz y relegada a ser un simple testigo de su propia vida, sin poder tomar las riendas de la misma. Esta medida judicial de la incapacidad, que en muchas ocasiones se aplicaba de forma excesivamente contundente y exageradamente uniforme, ha quedado relegada al olvido, por el flagrante atropello de derechos que entrañaba. Tanto es así que su fantasma no aparece, ni siquiera en los casos de falta de autonomía más acuciantes.

La promoción de la autonomía y de la personalidad, el respeto a los intereses y principios de las personas y el fomento de la inclusión en la sociedad, son los nuevos protagonistas en el fenómeno de la discapacidad. Como apunta PALLISERA DÍAZ, entre otras, la nueva perspectiva de trabajo en materia de discapacidad "Aboga claramente por la desinstitucionalización y la atención basada en la comunidad al orientar las prácticas de apoyo en los diferentes entornos vitales de la persona (centro educativo, hogar, empleo, cultura, ocio, etcétera), potenciando con ello las relaciones personales, la participación comunitaria y la inclusión. Además, promueve prácticas de apoyo personalizadas que tengan en cuenta las competencias personales y se basen en las necesidades, demandas e intereses de las personas que reciben el apoyo, contribuyendo a obtener resultados personales deseados relacionados con sus proyectos de vida"[21].

Huelga señalar que, en este ideario de inclusión e impulso de la autonomía, el fenómeno convivencial del *cohousing* se muestra como una solución prácticamente a medida. Y desde luego así lo es para todos aquellos que tengan una capacidad cognitiva suficiente para tomar esta decisión, o que, habiéndola perdido, así lo hubieren dispuesto. Pero llegados a este punto conviene que nos hagamos la siguiente pregunta, ¿es el *cohousing* una me-

---

21 PALLISERA DÍAZ, M., FULLANA NOELL, J., DÍAZ – GAROLERA, G. y PUYALTÓ ROVIRA, C., "¿Están los servicios sociales para personas con discapacidad intelectual alineados con el modelo de derechos? Opiniones de las personas, sus familias y profesionales", *Alternativas. Cuadernos de Trabajo Social*, vol. 30, nº 2, 2023, pp. 381-408.

dida accesible para personas con una discapacidad severa, judicialmente reconocida?

Conforme establece el artículo 250 de la Ley 8/2021, las herramientas de las que se dispone en la actualidad para paliar una eventual pérdida de capacidad cognitiva son: las medidas de naturaleza voluntaria, la guarda de hecho y la curatela (sin perjuicio del defensor judicial).

Las primeras de ellas, como su propio nombre indica, son aquellas que determina la propia persona con discapacidad (cuando aún se encontraba en un buen estado cognitivo y físico) en previsión de una eventual y futura pérdida de capacidades mentales. Frente a estas se encuentra la curatela, que es aquella medida de corte judicial, que viene a relegar a las antiguas tutelas (menos en lo que a los menores se refiere) y que únicamente tiene cabida en los casos más graves de falta de autonomía. Finalmente, la guarda de hecho se presenta como la fórmula más privada e informal de apoyo a las personas con discapacidad, y se relega para trámites y cuestiones menores.

Con el objeto de encontrar la opción jurídica que mejor pueda adaptarse al fenómeno del *cohousing* en los casos de discapacidad, resulta indispensable analizar, de forma somera, las distintas figuras enunciadas.

Las medidas voluntarias, que se encuentran reguladas entre los artículos 254 a 262 de la antes referida norma, afincan sus pilares en la voluntad de aquellos que se decantan por otorgarlas, en un acto de previsión ante una eventual limitación (a futuro) de sus capacidades cognitivas. Para tal fin, el poderdante habrá de disponer en escritura pública sus pretensiones (artículo 255), entre las que puede recoger, además de la designación de quienes le acompañarán en su toma de decisiones, medidas de naturaleza patrimonial, fórmulas de actuación, así como salvaguardas.

Atendiendo al contenido del párrafo anterior, esta noción parece mostrarse adecuada para las exigencias de las viviendas colaborativas, dado que la persona interesada puede indicar sus preferencias y atribuir los apoderamientos que sean necesarios para tal fin, en un instrumento jurídico lo suficientemente seguro, como lo es la escritura pública. Ahora bien, aunque esta figura se muestra aparentemente idónea, resulta indispensable cuestionarse el alcance de la misma. No en vano, es necesario tener presente que el *cohousing* implica una inversión de gran impacto en la economía de las personas, dado que la creación de estos conglomerados puede tener una gran carestía, que prácticamente es asumida por los miembros que los conforman, al tratarse de iniciativas especialmente privadas.

Surge por tanto la duda, de si la persona autorizada por medio de este instrumento jurídico tendría capacidad suficiente para efectuar este tipo de negocios jurídicos, o si, por el contrario, serían necesarias facultades adicionales; o en su caso, autorizaciones judiciales.

Para responder a esta duda es indispensable analizar la casuística que hasta el momento se haya podido dar y la respuesta jurisprudencial al respecto. Sin perjuicio de la escasa andadura de esta figura, dada su reciente creación legislativa, la doctrina jurisprudencial parece abogar por admitir como válida esta institución para la ejecución de negocios jurídicos de gran impacto en el patrimonio de la persona que ha dictado las medidas. Ahora bien, siempre previa autorización judicial cuando se trate de transmisiones patrimoniales grandes, especialmente de inmuebles.

Junto con esta noción, la curatela y autocuratela también parecen instituciones jurídicas aptas para dar respuesta a esta hipótesis, puesto que confieren al curador un amplio margen de maniobra con respecto de la persona a quien presta su apoyo. Dado que el desempeño de este cargo habrá de hacerse atendiendo y respetando los principios y las preferencias de la persona acompañada.

Ahora bien, sentado lo anterior, parece necesario valorar qué ocurriría en los escenarios en lo que sea necesaria una curatela más amplia, casi integral, es decir, una curatela representativa. Partiendo de la innegable realidad en virtud de la cual la persona representada no habría dispuesto nada sobre su voluntad (ya que en ese caso estaríamos ante una autocuratela). ¿Podría en supuestos como estos un curador justificar una inversión de esta naturaleza, en interés de la persona representada?

ÁLVAREZ GARCÍA realiza especial hincapié en la diferencia entre la discapacidad y la dependencia, ya que, en el ámbito asistencial de personas de la tercera edad, en ocasiones se presenta como una situación confusa. Afirma este autor, que mientras que la primera noción es un constructo social y jurídico, la segunda es una situación clínica permanente de la persona, que puede tener como origen una condición física o psíquica[22]. Este matiz resulta crucial en lo que al ingreso de centros de mayores o residencias se refiere, y es que el ingreso libre y voluntario de un usuario en uno de estos centros, al que quizás se ve abocado a acudir por una pérdida de

---

22 ÁLVAREZ GARCÍA, H., "La tutela de la libertad personal en los internamientos no voluntarios en centros geriátricos", *cit.*, pp. 227-310.

facultades físicas (es decir, dependencia física) no entraña mayores complicaciones desde el punto de vista jurídico.

Se trata del resultado de la manifestación de la voluntad de una persona adulta, con plena capacidad, para tomar decisiones de este calibre. Ahora bien, esta medida que en el indicado escenario resulta tan sencilla, se torno compleja y delicada cuando el interesado, o bien tiene una patente dependencia con afección cognitiva, o bien esa persona carece de la capacidad jurídica suficiente para regir su persona y sus bienes, es decir, le ha sido reconocida una discapacidad. En estos dos últimos supuestos nos encontraríamos en un internamiento "forzoso".

El referido autor se muestra especialmente crítico con esta última idea, dado que la inicial inspiración del legislador a recoger normativamente este internamiento forzoso y no considerarlo una privación ilegítima de libertad, tenía como origen a las personas con graves afecciones mentales, tendentes a la autolisis. En estos escenarios, un internamiento contra su voluntad se muestra como una medida crucial (y casi única) para salvaguardar su integridad física. Ahora bien, estas mismas fórmulas se aplican, en la misma medida, en el caso del paciente geriátrico, que bien por una afección cognitiva, bien por una situación pluripatológica, ve sus capacidades de decisión mermadas.

Como añadidura, y aunque las fórmulas sean similares, lo cierto es que las garantías en poco o nada coinciden. Y es que si cualquier internamiento de una persona con algún tipo de padecimiento psiquiátrico ha de encontrarse adecuadamente autorizado por la autoridad judicial competente y desde luego, la toma de decisión de dicho internamiento sobrepasa completamente las competencias de cualquier curador, aunque sea representativo; no ocurre lo mismo en el caso de que la persona protagonista de esta situación sea alguien de edad avanzada, cuyo ingreso se pretende en una residencia o centro asistencial de naturaleza similar[23].

---

[23] Concretamente, afirma el indicado autor: "Es decir, el internamiento que aquí nos ocupa, entendemos que por sus características y por lo que atañe al artículo 17 de la Constitución española no sólo no difiere en nada de los comprendidos en el artículo 211 del Código Civil (sic art. 763 LEC), sino que, antes al contrario, reúne todas las características esenciales de aquél (privación de la libertad de una persona que no está en condiciones de decidir por sí misma) que justifican la intervención judicial y otras muchas que vienen a reforzar esa exigencia para mayor control y garantía del internamiento. Lo contrario significaría dejar al anciano que por la razón que sea no puede decidir por sí mismo, en la más absoluta desprotección, pudiendo sus hijos u otros parientes decidir por él, ingresándole

Sin embargo, conviene recalcar que, con la reforma de 2021, este último escenario empieza a cambiar, y completar las garantías de este último escenario.

Habida cuenta de lo recogido en los párrafos anteriores, la curatela o la autocuratela, aunque se traduzcan en algunos supuestos en una práctica representación integral, no serán por sí mismas herramientas legales válidas para dar respuesta a las necesidades del *cohousing*. Si en la actualidad el juzgador se encuentra en la tesitura de comenzar a exigir autorizaciones judiciales para proceder internar en centros geriátricos a personas con la capacidad cognitiva alterada, otro tanto ocurrirá con el fenómeno del *cohousing*. En primer lugar, por el propio acompañamiento y en segundo lugar, por las inversiones que este fenómeno requiere.

En último lugar, parece indispensable afirmar que, si las medidas de apoyo y la curatela se muestran idóneas, aunque con limitaciones para permitir el *cohousing*; la guarda de hecho tiene más contras que pros a este respecto, al no conferir ninguna facultad de actuación específica a los guardadores.

Ahora bien, aunque la guarda de hecho no resulte una respuesta adecuada para iniciar esta andadura de las viviendas colaborativas, ya que aquellas personas que acompañen al interesado o interesada habrán de contar con facultades mucho más amplias y las consiguientes autorizaciones; esta noción sí que se muestra óptima para dar respuesta a la cotidianeidad de un *cohousing*. Y es que podría resultar una opción legal apta una vez que la persona afectada ya forma parte de la comunidad, y que fuera precisamente esta última la que asuma la guarda de hecho de quien tuviere alguna

---

de por vida, aun contra su voluntad en convivencia con los encargados de la residencia". ÁLVAREZ GARCÍA, H., "La tutela de la libertad personal en los internamientos no voluntarios en centros geriátricos", *cit.*, pp. 227-310. En esta misma línea afirman otros autores "Los servicios sociales para personas con discapacidad intelectual se basan en la institucionalización, y están escasamente orientados a la comunidad. Coinciden en esta visión los tres grupos de participantes. Personas con discapacidad y familias critican especialmente los servicios residenciales, siendo valorados por las primeras como espacios contrarios a los planteamientos de la Convención por ser espacios que segregan a las personas con discapacidad, imponen normas y rutinas que impiden a las personas tener control de sus vidas, y no se adaptan a sus necesidades de apoyo". PALLISERA DÍAZ, M., FULLANA NOELL, J., DÍAZ–GAROLERA, G. y PUYALTÓ ROVIRA, C., "¿Están los servicios sociales para personas con discapacidad intelectual alineados con el modelo de derechos? Opiniones de las personas, sus familias y profesionales", *cit.*, pp. 381-408.

limitación cognitiva, siempre y cuando un tercero continuase con el cargo de curador. Todo ello sin perjuicio de que esta idea podría extenderse, hasta el punto de asumir incluso una eventual curatela o autocuratela.

IV. CONCLUSIONES

Alcanzar una edad avanzada, con lo que ello conlleva (en ocasiones enfermedad, en ocasiones dependencia), ha dejado de ser un logro al que aspiraban unos pocos, para convertirse en algo casi ordinario. La Medicina, los cuidados, el conocimiento de los sujetos sobre su entorno y sobre ellos mismos, entre otros, son algunos de los factores que han permitido conquistar esta loable hazaña.

Sin embargo, la sociedad no ha sabido dar respuesta a esta revolución biológica. No se han dispuesto herramientas suficientes que permitan dilatar los cuidados en el tiempo, sino justo lo contrario, ha dificultado esta indispensable labor de acompañamiento. En etapas anteriores, en las que la esperanza de vida resultaba mucho más exigua, el cuidado de los mayores (que requería de un espacio temporal inferior) se hacía en el hogar. Esto tenía lugar en el seno de una amplia familia que venía conviviendo con carácter previo a las necesidades de asistencia, con roles muy marcados, entre los que se encontraba el de mujer cuidadora. Este papel ha venido jugando un pilar fundamental durante décadas, permitiendo así este sacrificio, el sostenimiento de la familia, en todos los niveles.

A la que podríamos denominar la "democratización de la senectud" sin respuesta, se sumó la problemática de los cuidados en el entorno familiar, protagonizado por la escalonada pero implacable incorporación de las mujeres (cuidadoras por excelencia) al mercado laboral. Este hecho no trajo consigo la lógica sustitución del cuidado, sino que se tradujo en una severa crisis, al disolverse esta labor entre distintos agentes familiares y sociales: turnos entre descendientes, centros de día, cuidadores profesionales contratados y residencias.

Esta problemática, que tanto tiempo lleva acompañando a la realidad de nuestro país, sigue recibiendo la misma respuesta inconclusa. Es decir, no sólo no se ha mejorado en su planteamiento, sino que las carencias se han hecho más patentes aún. No en vano, la pretensión de nuestro sistema no es otra que dar la misma respuesta uniforme a todos los escenarios que se le presentan. De esta manera, reciben el mismo trato aquellas personas que a pesar de su avanzada edad se encuentran en un buen estado físico y psíquico, que aquellas otras que carecen de raciocinio (fruto de la edad o enfermedad), pasando por quienes necesitan asistencia por tener una movilidad reducida pero cuyas capacidades cognitivas se encuentra en perfecto estado.

En este escenario de inadecuación e inconformismo, el *cohousing* se presenta como una alternativa a las opciones de envejecimiento tradicionales. Este sistema conlleva un sinfín de ventajas, que resultan muy valorados por sus defensoras, y es que permite mantener la independencia e intimidad del hogar, sin caer en la soledad o limitaciones funcionales. De la misma manera que posibilita vivir en comunidad, pero con autonomía.

Esta solución, de aparente idoneidad, no está libre de escollos que le permitan desplegar sus virtudes: el perfil de usuario que accede a esta fórmula de cuidado se encuentra muy acotado en la actualidad. Como norma general, se trata de personas, que, aunque tiene una edad avanzada no son ancianos (no suelen superar los 80 años), tienen autonomía física y mental suficiente, cuentan con una capacidad económica aceptable y además un nivel educativo alto.

El caballo de la desigualdad vuelve a galopar por nuestras calles, arrasando, especialmente, con aquellos que ven sus capacidades cognitivas mermadas por la discapacidad. Algo que se recrudece por la desprotección que sufre este colectivo, al verse abocado a valerse de una solución desfasada e inadecuada, que prácticamente se traduce en un internamiento y una coartación de la libertad. Nuestro sistema, requiere del necesario desarrollo institucional y de políticas públicas que permitan desarrollar y democratizar una herramienta como la vivienda colaborativa, que tantos beneficios y tan pocas desventajas acarrea.

V. BIBLIOGRAFÍA

ÁLVAREZ GARCÍA, H., "La tutela de la libertad personal en los internamientos no voluntarios en centros geriátricos", *Revista de Derecho Político*, 2023, nº 117, 2023, pp. 227 a 310.

KELLER GARGANTE, C. y EZQUERRA SAMPER, S., "Viviendas colaborativas de personas mayores: democratizar el cuidado de la vejez", *Revesco. Revista de Estudios Cooperativos*, 2021, nº 137, pp. 1-22.

PALLISERA DÍAZ, M., FULLANA NOELL, J., DÍAZ – GAROLERA, G. y PUYALTÓ ROVIRA, C., "¿Están los servicios sociales para personas con discapacidad intelectual alineados con el modelo de derechos? Opiniones de las personas, sus familias y profesionales", *Alternativas. Cuadernos de Trabajo Social*, vol. 30, nº 2, 2023, pp. 381-408.

TORÍO LÓPEZ, S., VIÑUELA HERNÁNDEZ, P. y GARCÍA – PÉREZ, O., "Experiencias de vejez vital. Senior cohousing: autonomía y participación", *Aula Abierta*, vol. 47, nº 1, 2018, pp. 79-86.

TORTOSA, M.A. y GERDT SUNDTRÖM, C., "El cohousing senior en España. Cambios desde la economía social en los alojamientos y en la economía de los cuidados para personas mayores", *CIRIEC-España, Revista de Economía Pública, Social y Cooperativa*, nº 104, 2022, pp. 303-331. <https://www.ine.es/jaxiT3/Datos.htm?t=1488 (Consulta 1/04/2024).

Capítulo VI.

Inserción laboral de las mujeres con diversidad funcional intelectual

MAIALEN ABOITIZ CAZALIS

Doctoranda del programa de Derecho Económico y de la Empresa. Universidad de Deusto. Investigadora del equipo "Desarrollo social, economía e innovación para las personas (EDISPe)"

SUMARIO

I. INTRODUCCIÓN. II. ANÁLISIS SOBRE LA SITUACIÓN DE LAS MUJERES CON DIVERSIDAD FUNCIONAL INTELECTUAL: LA DOBLE DISCRIMINACIÓN O LA DISCRIMINACIÓN MÚLTIPLE. III. PROGRESOS EN LA LEGISLACIÓN ESPAÑOLA SOBRE LA INCLUSIÓN LABORAL. IV. OBSTÁCULOS EN EL ACCESO AL EMPLEO PARA LAS MUJERES CON DIVERSIDAD FUNCIONAL INTELECTUAL. V. CONCLUSIONES. VI. BIBLIOGRAFÍA.

I. INTRODUCCIÓN

La inserción laboral de las mujeres con diversidad funcional intelectual representa un complejo entramado de desafíos sociales, culturales y económicos que resalta la intersección crítica entre género y discapacidad. Este análisis aborda profundamente cómo las estructuras preexistentes y las dinámicas de poder influyen de manera significativa en las oportunidades laborales disponibles para este colectivo, subrayando la urgencia de adoptar enfoques más inclusivos y equitativos en las políticas de empleo.

A lo largo de las últimas décadas, aunque se han hecho esfuerzos legislativos y se han propuesto iniciativas para mejorar la integración laboral de personas con discapacidades, las mujeres con diversidad funcional intelectual continúan enfrentando una doble o múltiple marginalización. Esta discriminación múltiple no solo está arraigada en la percepción social de su capacidad laboral, sino también en la persistencia de roles de género tradicionales que limitan su participación en sectores económicos más amplios y estables.

El presente estudio, explora estas capas de discriminación intentando no solo describir los obstáculos y la situación, sino también proponer caminos viables hacia una verdadera equidad laboral. A través de una revisión de la legislación española y el análisis de datos actuales, se busca comprender mejor las dinámicas que restringen la inclusión efectiva de estas mujeres en el mercado de trabajo y evaluar el impacto real de las políticas implementadas hasta la fecha.

Este enfoque holístico permite un entendimiento más profundo de cómo la interacción entre la discapacidad intelectual y el género configura de manera única las experiencias de empleo, subrayando la importancia de estrategias intersectoriales que aborden tanto la educación como la formación laboral. Al mismo tiempo, se considera esencial la reflexión sobre las prácticas institucionales que podrían estar perpetuando estas barreras, así como la necesidad de fortalecer los mecanismos de supervisión y cumplimiento de la legislación vigente para asegurar que las políticas públicas y empresariales promuevan de manera efectiva la inclusión. Por lo tanto, el objetivo es no sólo esclarecer los retos existentes, sino también estimular un cambio significativo en el paradigma de inclusión laboral para estas mujeres, proponiendo recomendaciones concretas. Se busca entender y promover una integración más efectiva en el mercado laboral que contribuya al desarrollo de una sociedad más justa y equitativa, donde la igualdad de oportunidades laborales sea una realidad tangible para todas las personas, independientemente de su género o capacidad funcional.

II. ANÁLISIS SOBRE LA SITUACION DE LAS MUJERES CON DIVERSIDAD FUNCIONAL INTELECTUAL: LA DOBLE DISCRIMINACIÓN O LA DISCRIMINACIÓN MÚLTIPLE

El término discriminar es comúnmente definido como "seleccionar excluyendo" o "dar trato desigual a una persona o colectividad por motivos raciales, religiosos, políticos, de sexo, de edad, de condición física o mental, etc."[1]. A partir de esta definición, el concepto de doble discriminación se refiere a las circunstancias particulares que enfrentan aquellas personas sujetas a diversos factores de discriminación simultáneamente, ejemplifica-

[1] Real Academia Española. *Diccionario de la lengua española,* 23ª ed., [versión 23.6 en línea] <https://dle.rae.es> [Consulta: 30/01/2024].

do claramente en el caso de las mujeres con diversidad funcional o discapacidad.

La discriminación está irremediablemente ligada a juicios de valor[2]. Los juicios de valor que se hacen se basan en "los roles, comportamientos, actividades y atributos creados por la sociedad y que ellos mismos ven adecuados para hombre o para mujeres", donde normalmente quien sale perjudicado es la mujer[3]. Por ello, al valorar la discriminación que sufren las mujeres con diversidad funcional intelectual, es preciso considerar que el género constituye uno de los pilares fundamentales a través de los cuales se articulan las disparidades de poder. Tal situación se debe a que la cultura ha otorgado legitimidad a la percepción de una preeminencia masculina: la posesión de poder individual y la autoafirmación se han consagrado como atributos distintivamente masculinos[4].

Asimismo, el sistema social, fundamentado en la interrelación entre sexo y género, promueve una socialización diferenciada que internaliza comportamientos conforme a expectativas de género preestablecidas, moderando así la identidad de género hacia roles masculinos y femeninos específicos[5]. Tradicionalmente, se asigna a las mujeres el ámbito privado (hogar, familia y cuidados)[6], mientras que el dominio público (vida pública, política y empleo remunerado) se considera esfera masculina, estableciendo al hombre como proveedor económico[7]. Esta distribución subraya

---

2 RUEDA NARVÁEZ, M., CAPARRÓS RUIZ, A. y NAVARRO GÓMEZ, M. L., *Discriminación salarial por razón de género y capital humano: Un análisis con datos de papel*, Editorial Aranzadi S.A., Pamplona, 2010, p. 38.

3 ORDÓÑEZ YRAOLAGOITIA, L., "Discriminación laboral por razón de género", *Lan Harremanak*, nº 32, 2015, p. 264.

4 BONINO MÉNDEZ, L., "Violencia de género y prevención: el problema de la violencia masculina", en *Actuaciones sociopolíticas contra la violencia de género*, UNAF, Madrid, 1999, p. 3.

5 CARTER, M. J., "Gender Socialization and Identity Theory", *Social Sciences*, vol. 3, nº 2, 2014, p. 243.

6 Según la Base de datos de INE. Recuperado de <https://www.ine.es/jaxiT3/Tabla.htm?t=4181> [Consulta: 23 de marzo de 2023]. En España, en el último trimestre 2022, el 74% de las personas con contrato a tiempo parcial eran mujeres172, y una de las motivaciones principales para ejercer a tiempo parcial sigue siendo sobre todo el cuidado de niños, adultos enfermos, discapacitados o mayores.

7 SAU SÁNCHEZ, V., "De la violencia estructural a los micromachismos", en AA.VV., *El sexo de la violencia. Género y cultura de la violencia* (Ed. FISAS ARMENGOL), Icaria, Barcelona, 1998, pp. 166-167.

la división entre trabajo productivo, remunerado, y reproductivo, vinculado al ámbito doméstico y familiar.

A lo largo de los años, se han registrado cambios significativos en el rol y la posición social de la mujer, evidenciando avances hacia una mayor igualdad de género. Sin embargo, persiste una desigualdad estructural arraigada en la distribución de roles de género y las expectativas sociales vinculadas, particularmente notoria en el ámbito laboral. En 2023, las disciplinas científico-tecnológicas, abarcando desde la educación secundaria hasta la universitaria y la formación profesional, continúan siendo mayoritariamente dominadas por hombres[8]. Esta dominancia masculina en ciertos campos académicos y profesionales perpetúa la segregación laboral por género, relegando a las mujeres a sectores con altas tasas de desempleo, empleos de calidad inferior y remuneraciones más bajas[9]. Esta tendencia no solo refleja una disparidad en la representación laboral, sino que también subraya las limitaciones estructurales que enfrentan las mujeres en su desarrollo profesional y económico.

En particular, el análisis del último cuatrimestre de 2023 revela que la tasa de desempleo femenino se situó en el 13,36%, contrastando con el 10,3% del desempleo masculino. Aunque esta cifra muestra una reducción de la brecha de desempleo en comparación con el último cuatrimestre de 2022, donde las tasas eran del 14,61% para mujeres y 11,32% para hombres, aún se evidencian desigualdades significativas[10]. Es más, entre las personas activas también persisten desigualdades como la brecha salarial no ajustada de un 8,9% en 2021 y la brecha de ingresos por género del 33% en 2018, último año del que se tienen datos[11]. Estas diferencias salariales se originan principalmente en los obstáculos para la promoción profesional de las mujeres, que a menudo resultan en su concentración en roles menos remunerados. Además, la tendencia a desempeñar funciones en sectores caracterizados por su precariedad laboral agudiza esta brecha. Este fenómeno se ve reforzado por estructuras y prácticas institucionales que perpetúan la segregación

8 Ministerio de Educación y Formación Profesional (2023). *Igualdad en cifras MEFP.* Madrid: Gráfias Solana, p. 14.

9 MARTÍNEZ MORENO, C., "Brecha salarial y discriminación laboral por razón de sexo", en AA.VV., *Brecha de género y universidad: dos realidades que se retroalimentan* (Coord. BENÍTEZ SÁNCHEZ), Editorial Bomarzo S.L., Albacete, 2020, p. 31.

10 Datos aportados por INE.

11 Datos aportados por Eurostat.

ocupacional y económica, limitando así las oportunidades de las mujeres para avanzar en sus carreras y mejorar su situación salarial[12].

En este contexto, las mujeres con diversidad funcional experimentan una exclusión aún más profunda, ya que la sociedad no les asigna roles reconocibles dentro de los moldes tradicionales o modernos. Esta doble marginación, basada tanto en género como en discapacidad, se evidencia en la sistemática negación de sus capacidades para desempeñar roles fundamentales, tales como ser madres o profesionales, situación que se ve intensificada por estereotipos y prejuicios prevalecientes sobre el cuerpo y la sexualidad. Las barreras tanto ideológicas como prácticas restringen su acceso a oportunidades educativas y laborales, relegándolas una posición de marginalidad tanto en el ámbito doméstico como en el profesional[13].

Esta cuestión subraya la urgencia de cuestionar las estructuras sociales que perpetúan dichas desigualdades, subrayando la necesidad de implementar políticas inclusivas que aborden de manera integral la discriminación y promuevan la igualdad de oportunidades para todos/as. Desde una perspectiva de interseccionalidad, se comprende que la interacción entre género y discapacidad establece barreras adicionales que profundizan la vulnerabilidad social de estas mujeres y restringen su acceso a derechos y oportunidades de desarrollo. Esta interacción las sitúa en una posición de desventaja no solo frente a los hombres, sino también en comparación con las personas sin discapacidad, evidenciando una disparidad manifiesta que se ve exacerbada por la invisibilidad social a la que históricamente han sido sometidas[14].

No obstante, la problemática no se limita únicamente a la doble discriminación; existe también lo que se conoce como discriminación múltiple. La complejidad de la identidad humana, que se compone de múltiples dimensiones, hace posible que un individuo forme parte de diversos colectivos marginados al mismo tiempo. Esto aumenta el riesgo de enfrentar formas de discriminación más intensas y particulares, ya que las intersecciones de estas identidades pueden conducir a experiencias de exclusión más pro-

---

12 BLÁZQUEZ AGUDO, E.M., "Empleo y discapacidad: un análisis en perspectiva de género", *Documentación Laboral*, nº 120, 2020, pp. 28-29.

13 CARRASCO GALÁN, M.J., "María de los Ángeles Cózar, presidenta de la CAMF: Estamos empezando a ser visibles", *Meridiam,* nº 31, 2003, pp. 24-26.

14 INIESTA MARTÍNEZ, A., *La mujer sorda en la vida privada y pública,* Universidad de Alicante, Centro de Estudios sobre la Mujer, Alicante, 2004.

fundas y complicadas[15]. La concepción de la discriminación como un fenómeno multifactorial resalta la complejidad de las experiencias vividas por las mujeres con diversidad funcional. No se trata simplemente de sumar las desventajas asociadas a cada factor, sino de reconocer cómo se entrelazan y potencian mutuamente, creando un tejido de discriminación que es único y particularmente desafiante para cada individuo. Esta perspectiva enfatiza la heterogeneidad dentro de la experiencia de la discapacidad, argumentando a favor de un enfoque individualizado que considere las especificidades de cada persona para identificar y atender adecuadamente sus necesidades[16]. De ese modo, estas mujeres no sólo han de enfrentarse "a las tradicionales barreras derivadas del reparto de roles sino también a otros retos adicionales e inherentes a su condición personal, lo que en muchos casos la aboca al aislamiento, al desaliento e, incluso, al veto en su participación activa en la vida pública y laboral"[17].

La falta de estudios e investigaciones que aborden específicamente la intersección entre género y discapacidad contribuye a la perpetuación de esta invisibilidad, lo que subraya la necesidad de un cambio en el paradigma investigativo y político. Es imperativo reconocer y abordar las múltiples capas de discriminación que afectan a las mujeres con discapacidad para fomentar la creación de políticas más inclusivas y eficaces[18]. Esto requiere un compromiso profundo para comprender la variedad y complejidad de sus vivencias, incluyendo factores como la identidad de género, la religión y el origen étnico, que pueden influir e intensificar las formas de discriminación experimentadas.

15 JIMÉNEZ LARA, A., *Personas con discapacidad y discriminación múltiple en España: situación y propuestas*, Observatorio estatal de la Discapacidad, 2017, pp. 11-13.

16 GOMIZ PASCUAL, M.P., "Violencia contra la mujer con discapacidad", *Sistema: revista de ciencias sociales*, nº 233-234, 2014, p. 96.

17 QUIRÓS HIDALGO, J.G., "Capítulo X. Dificultades para la integración laboral de las mujeres con discapacidad: exposición y reflexión", en AA.VV., *La inserción laboral de las mujeres en riesgo de exclusión social* (Coord. MARTÍNEZ BARROSO, ÁLVAREZ CUESTA Y RODRÍGUEZ ESCANCIANO), Tirant lo Blanch, 2015 (*TOL 5191884*).

18 SOLER DOMINGO, A., TEIXIERA, T.C. y JAIME PASTOR, V., "Discapacidad y dependencia: una perspectiva de género" [en línea], (2008), <https://unidaddegenerosgg.edomex.gob.mx/sites/unidaddegenerosgg.edomex.gob.mx/files/files/Biblioteca%202022/Diversidad%20Funcional%2CCapacidades/DFC-3%20Discapacidad%20y%20dependencia_%20Una%20perspectiva%20de%20g%C3%A9nero_%20A_%20Soler_%20Universidad%20de%20Granada.pdf>. [Consulta: 12/02/2024], pp. 1-2.

La discapacidad, al igual que el género, es un factor que frecuentemente se asocia con la pobreza. Esta relación se evidencia especialmente en la limitada participación laboral de las personas con discapacidad, un aspecto destacado en el análisis del siguiente gráfico:

Gráfico VI.1. Evolución de las tasas de actividad, empleo y paro. Años 2019-2022

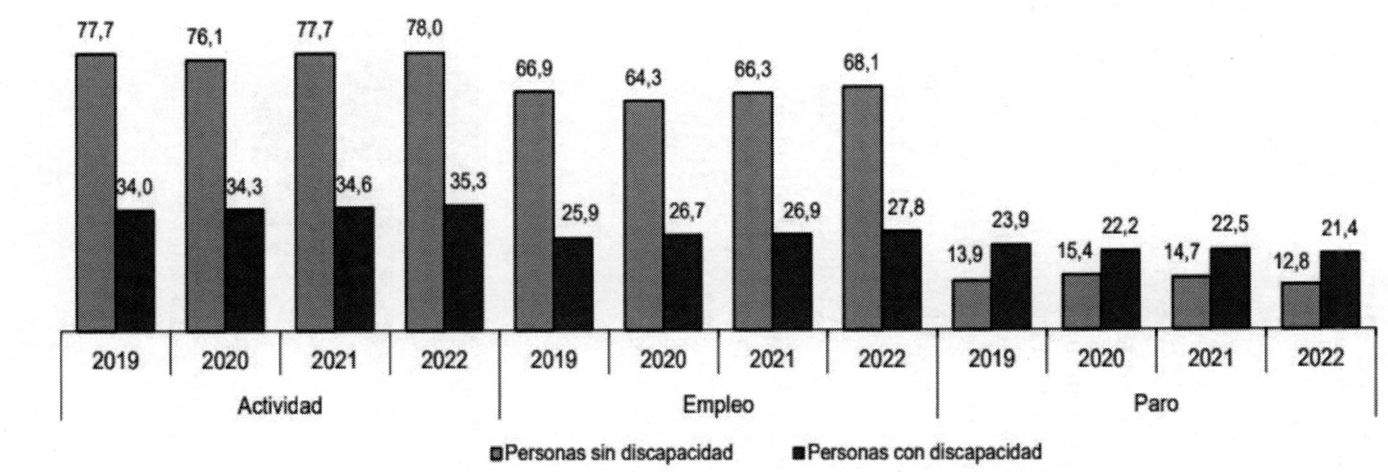

Fuente: INE[19]

19 Instituto Nacional de Estadística, *El Empleo de las Personas con Discapacidad (EPD). Año 2022* [en línea], (2023), <https://www.ine.es/prensa/epd_2022.pdf>. [Consulta: 12/02/2024], p.3.

El análisis del Gráfico VI.1 revela una disparidad persistente y notable en la inserción laboral entre personas con y sin diversidad funcional, evidenciada a través de las diferencias en tasas de actividad, empleo y desempleo entre 2019 y 2022. Los datos indican que, consistentemente, las personas sin discapacidad exhiben índices de actividad y empleo significativamente superiores en comparación con aquellas que presentan alguna diversidad funcional. Este último grupo no solo participa en menor medida en el mercado laboral, sino que, adicionalmente, se enfrenta a tasas de desempleo considerablemente más elevadas.

Particularmente alarmante es la disparidad en las tasas de desempleo en relación con la tasa de actividad, que se mantiene elevada para las personas con discapacidad a lo largo del período estudiado. Por ejemplo, en 2019, la tasa de desempleo para este colectivo excedía el 23%, cifra sustancialmente superior en contraste con la población sin discapacidad. A pesar de observarse una mejora marginal hacia 2022, el porcentaje de desempleo para las personas con diversidad funcional sigue siendo altamente preocupante, situándose en 21,4%.

Asimismo, al analizar estos datos con una lente de análisis de género, se constata que la situación laboral de las mujeres con diversidad funcional es significativamente más desfavorable en comparación tanto con los hombres con diversidad funcional como con las mujeres sin discapacidad. Este fenómeno se evidencia claramente en el gráfico adjunto:

Gráfico VI.2. Tasas de actividad, empleo y paro por sexo. Año 2022

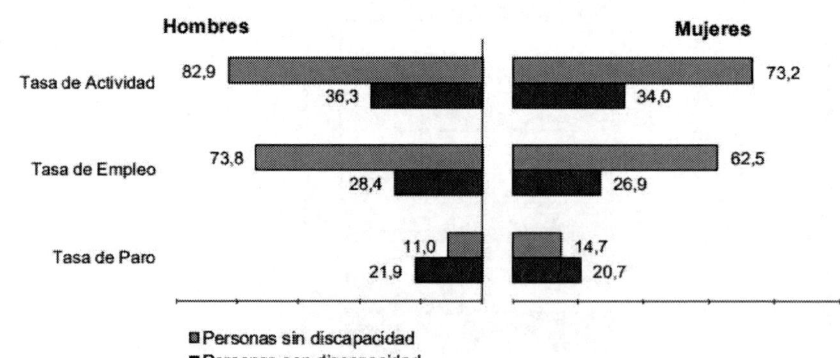

Fuente: INE[20]

[20] Ibídem., p.4.

Como se ha indicado previamente, el Gráfico VI.2 reitera la constatación de que la tasa de actividad y empleo en individuos con diversidad funcional es notablemente inferior en comparación con aquellos que no poseen ninguna discapacidad. Adicionalmente, se confirma una vez más la desproporcionada tasa de desempleo entre las personas con diversidad funcional, la cual, a pesar de su reducida tasa de actividad económica, excede significativamente la tasa de desempleo observada en individuos sin discapacidad.

Además de lo señalado, el Gráfico VI.2 revela una desigualdad estructural que coloca a las mujeres en una situación de desventaja comparativa frente a los hombres, una realidad que se agrava para las mujeres con diversidad funcional. Las mujeres con diversidad participan menos que los hombres en la actividad laboral (la tasa de actividad de las mujeres con diversidad funcional es del 34% frente al 36,3% de los hombres), asimismo la tasa de empleo también sigue esa tendencia. Sin embargo, la tasa de paro es menor que la de los hombres con diversidad funcional (de un 20,7% frente al 21,9%), pero mayor que las mujeres sin diversidad funcional, a pesar de que la tasa de actividad de estas últimas es mucho mayor.

Adicionalmente, el Gráfico VI.2 desvela una desigualdad estructural que relega a las mujeres a una posición de desventaja comparativa respecto a los hombres, situación que se intensifica en el caso de las mujeres con diversidad funcional. Estas últimas muestran una participación laboral inferior a la de sus contrapartes masculinas, con una tasa de actividad del 34% frente al 36,3% observado en hombres con diversidad funcional. Esta tendencia se replica igualmente en la tasa de empleo. Sin embargo, es notable que la tasa de desempleo en mujeres con diversidad funcional (20,7%) es ligeramente inferior a la de los hombres en similar condición (21,9%), aunque superior a la de las mujeres sin diversidad funcional. Este último punto adquiere especial relevancia considerando que la tasa de actividad de las mujeres sin diversidad funcional es significativamente mayor.

Para abordar eficazmente la discriminación laboral que enfrentan las mujeres con diversidad funcional, es imperativo trascender la concepción cuantitativa de la discriminación y adoptar una perspectiva que reconozca el entrelazamiento de diversas situaciones[21] o la opresión simultánea[22].

---

21 HILL-COLLINS, P., *Black feminist thought,* Routledge, Londres, 1991.

22 STUART, O.W., "Race and disability: just a double oppression?", *Disability, Handicap & Society,* vol. 8, nº 2, pp. 177-188.

Este enfoque se destaca como fundamental, dado que, históricamente, la presencia de la discapacidad ha tendido a eclipsar otros aspectos de identidad, obstaculizando la identificación de intereses comunes con el colectivo femenino[23]. Esto se debe, en parte, a que las mujeres con discapacidad frecuentemente no se ajustan a los roles y estereotipos sociales tradicionalmente asignados al género, tales como las expectativas de desempeñar roles de esposa, cuidadora o madre, o a la influencia de los cánones de belleza predominantes[24].

Por consiguiente, teniendo en cuenta que la discriminación de género también juega un papel crucial en la situación laboral de las mujeres con diversidad funcional, se requiere de un enfoque comprensivo y holístico. Dicho enfoque debe reconocer la interseccionalidad de género y discapacidad como un punto de partida esencial para el análisis y la implementación de acciones. Esta perspectiva interseccional permite una comprensión más profunda y completa de las barreras que enfrentan estas mujeres, allanando el camino hacia estrategias más efectivas para combatir la discriminación y promover la inclusión laboral.

Finalmente, la tipología de la discapacidad en sí también es un factor que influye en la inserción laboral de las personas con diversidad funcional, dado que no todas afectan de la misma manera.

---

23 LOBATO SORIANO, H., SHUM, G., PORTILLO MAYORGA, I. y CONDE RODRÍGUEZ, A. "Mujer, discapacidad y empleo: tejiendo la discriminación", *Acciones e investigaciones* sociales, nº extra 1, 2006, p. 7.

24 Ibídem.

Gráfico VI.3. Tasas de actividad según tipo de discapacidad. Año 2021 y 2022

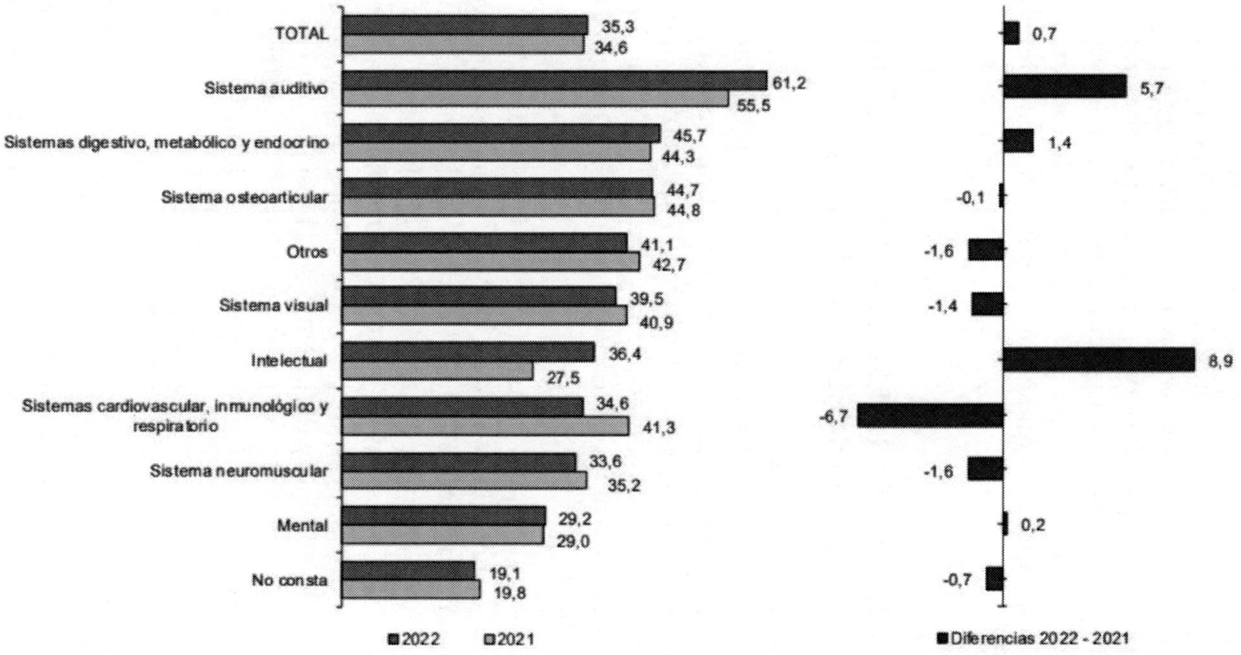

Fuente: INE[25]

25 Instituto Nacional de Estadística, *El Empleo…*, *cit.*, p.5.

Los individuos con discapacidad intelectual constituyen un segmento poblacional que presenta una de las tasas más bajas de actividad en la sociedad contemporánea. La integración laboral de estas personas resulta particularmente desafiante en comparación con individuos que presentan otros tipos de discapacidades. La relevancia de identificar estrategias efectivas para mejorar la inclusión de este colectivo en el mercado de trabajo es crítica. Cabe destacar que este grupo representa aproximadamente 270,000 personas en España, lo que equivale al 9% del total de individuos con discapacidad[26].

III. PROGRESOS EN LA LEGISLACIÓN ESPAÑOLA SOBRE LA INCLUSIÓN LABORAL

En España, la evolución legislativa en torno a la inclusión de personas con diversidad funcional ha avanzado significativamente desde la década de los ochenta, manifestando un compromiso creciente con la integración social y laboral de este colectivo[27]. No obstante, persiste una notable brecha entre la formalidad de las normativas y su implementación efectiva, particularmente en lo que respecta a las mujeres con discapacidad intelectual.

Uno de los hitos legislativos en esta trayectoria es la Ley 13/1982, de Integración Social de los Minusválidos (LISMI)[28]. Esta ley fue pionera al enfocarse tanto en la integración laboral dentro del sistema ordinario de trabajo como, alternativamente, a través del trabajo protegido. La implementación de la LISMI constituyó un avance significativo, especialmente con la regulación del Real Decreto 1365/1985[29], que desarrolló la ley estableciendo cuotas de empleo y definiendo mecanismos para su cumplimiento en empresas de más de 50 trabajadores/as. Sin embargo, el desarrollo reglamentario posterior ha puesto de manifiesto limitaciones en

26 FERNÁNDEZ ORRICO, F.J., Inclusión laboral de personas con discapacidad intelectual, Tirant lo Blanch, Valencia, 2021, p. 25.

27 FERNÁNDEZ CID, M. y RUBIO-ROMERO, J., "Mujeres con discapacidad intelectual y discriminación laboral", Sociología del Trabajo, nº 101, 2022, p. 205.

28 Ley 13/1982, de 7 de abril, de integración social de los minusválidos (BOE nº 103, de 3 de abril de 1982).

29 Real Decreto 1368/1985, de 17 de julio, por el que se regula la relación laboral de carácter especial de los minusválidos que trabajen en los Centros Especiales de Empleo (BOE nº 189, de 8 de agosto de 1985).

su aplicación. Se ha criticado que la inclusión social de las personas con discapacidad a través del empleo ha sido abordada a menudo mediante la adopción de medidas puntuales y fragmentadas, lo que ha restringido su alcance, resultados e impacto[30].

El año 2003 fue designado como el Año Europeo de las Personas con Discapacidad, contexto en el cual se promulgó la Ley 51/2003 de Igualdad de Oportunidades, No Discriminación y Accesibilidad Universal de las Personas con Discapacidad (LIONDAU)[31]. Esta legislación representó una expansión significativa del marco legal existente, mejorando la accesibilidad y reconociendo específicamente las desventajas adicionales enfrentadas por las mujeres con discapacidad[32]. La ley subrayó la necesidad de abordar tanto las barreras personales como las ambientales que limitan la participación plena de las personas con diversidad funcional.

En 2004, se reguló el Real Decreto 290/2004[33], una normativa que introdujo los enclaves laborales para fomentar la inclusión de personas con discapacidad en el mercado laboral ordinario. Este RD reconoce y aborda explícitamente las barreras adicionales que enfrentan las mujeres con discapacidad en el acceso al empleo[34]. Según la norma, hasta un 50% de los trabajadores/as en enclaves que presentan dificultades especiales pueden ser mujeres con cualquier tipo de discapacidad con un grado reconocido de al menos el 33%.

Este enfoque no solo mejora las oportunidades laborales para las mujeres con diversidad funcional intelectual, sino que también asegura su visibilidad y participación activa en el mercado laboral. Así, el Real Decre-

---

30 TORRES MARTÍNEZ, J., "Inclusión laboral de las personas con discapacidad: CETs y mercado laboral ordinario", en AA.VV., Personas con discapacidad: derechos sociales y cultura de las capacidades (Coord. DÍAZ LÓPEZ, HUETE GARCÍA y DÍAZ VELÁZQUEZ), Edicions Saragossa, Barcelona, 2021, p. 397.

31 Ley 51/2003, de 2 de diciembre, de igualdad de oportunidades, no discriminación y accesibilidad universal de las personas con discapacidad (BOE nº 289, de 3 de diciembre de 2003).

32 En su artículo 8 hace referencia explícita al hecho de que las mujeres con discapacidad, entre otros colectivos, sufren un mayor grado de discriminación o presentan menor igualdad de oportunidades.

33 Real Decreto 290/2004, de 20 de febrero, por el que se regulan los enclaves laborales como medida de fomento del empleo de las personas con discapacidad (BOE nº 45, de 21 de febrero de 2004).

34 En su artículo 6.

to 290/2004 juega un papel crucial en la promoción de la igualdad y la no discriminación, apoyando la transición de estos trabajadores/as desde entornos protegidos a otros más competitivos, y reforzando la autonomía y dignidad de uno de los grupos más marginados dentro del espectro de la discapacidad.

Otra norma relevante en esta materia es la Ley 43/2006, de 29 de diciembre, para la mejora del crecimiento y del empleo en España[35]. Esta ley fomenta la creación de empleo de calidad mediante políticas activas, con especial atención en la contratación indefinida y la reducción de la temporalidad laboral. Esta normativa ofrece incentivos y bonificaciones para la contratación de personas con discapacidad[36], incluyendo una bonificación adicional para empleadores/as que contraten mujeres con discapacidad bajo contratos indefinidos. Además, promueve la conversión de contratos temporales en indefinidos, con beneficios adicionales cuando las trabajadoras son mujeres, proporcionando así estabilidad laboral y apoyando la inclusión de mujeres con discapacidad en el mercado de trabajo.

En 2013, estas leyes y la Ley 49/2007 de infracciones y sanciones en materia de igualdad de oportunidades, no discriminación y accesibilidad universal de las personas con discapacidad[37], fueron integradas en el Real Decreto Legislativo 1/2013, que promulgó la Ley General de derechos de las personas con discapacidad y de su inclusión social (LDPD)[38]. Dentro de esta legislación consolidada, el artículo 37.1. destaca un compromiso específico respecto al empleo, señalando que "*será finalidad de la política de empleo aumentar las tasas de actividad y de ocupación e inserción laboral de las personas con discapacidad, así como mejorar la calidad del empleo y dignificar sus condiciones de trabajo, combatiendo activamente su discriminación*".

---

35 Ley 43/2006, de 29 de diciembre, para la mejora del crecimiento y del empleo (BOE nº 312 de 30 de diciembre de 2006).

36 Artículo 2 de la Ley 43/2006 habla de las bonificaciones de los empleadores que contraten a personas con discapacidad.

37 Ley 49/2007, de 26 de diciembre, por la que se establece el régimen de infracciones y sanciones en materia de igualdad de oportunidades, no discriminación y accesibilidad universal de las personas con discapacidad (Vigente hasta el 4 de diciembre de 2013) (BOE nº 310 de 27 de diciembre de 2007).

38 Real Decreto Legislativo 1/2013, de 29 de noviembre, por el que se aprueba el Texto Refundido de la Ley General de derechos de las personas con discapacidad y de su inclusión social (BOE nº 289, de 3 de diciembre de 2013).

A pesar de las leyes que se han regulado en España, desde la introducción de la LISMI, no se han contemplado mejoras significativas, puesto que muchas veces el incumplimiento de la ley ha llevado a la creación de nuevas medidas que simplemente han pospuesto su aplicación o han complicado aún más el problema que se supone que deben de resolver[39]. Es más, leyes como el Real Decreto 27/2000[40] permitieron medidas alternativas a la inclusión laboral a causa del constante incumplimiento de las mismas. En ese sentido, dicho RD permitió que en lugar de cumplir con el requisito legal de reservar el 2% de los puestos de trabajo para personas con discapacidad en empresas de más de 50 trabajadores/as, un empresario/a pueda presentar excepciones y optar por contratar temporalmente actividades en un Centro Especial de Empleo (CEE) o hacer donaciones a entidades sin ánimo de lucro. Por ello, "las modalidades laborales para personas con discapacidad intelectual tradicionalmente se han desarrollado en contextos segregados, siendo la inclusión laboral una modalidad bastante residual"[41].

En 2022, se promulgó la Ley 6/2022[42] que, si bien no se centra específicamente en la inserción laboral de personas con discapacidad intelectual ni aborda directamente las dificultades previamente identificadas, sí introduce mejoras significativas en varios ámbitos, incluido el laboral, a través de la regulación de la accesibilidad cognitiva. Esta ley facilita la comprensión y la interacción en entornos diversos para este colectivo.

---

39 FERNÁNDEZ CID, M. y RUBIO-ROMERO, J., *cit.*, p. 206.

40 Real Decreto 27/2000, de 14 de enero, por el que se establecen medidas alternativas de carácter excepcional al cumplimiento de la cuota de reserva del 2 por 100 en favor de trabajadores discapacitados en empresas de 50 o más trabajadores (BOE nº 22, de 26 de enero de 2000).

41 LABORDA MOLLA, C., JARIOT GARCIA, M. y GONZÁLEZ FERNÁNDEZ, H., "Influencia de entornos laborales y prelaborales en el desarrollo de competencias de personas con discapacidad intelectual", *Revista Nacional e Internacional de Educación Inclusiva*, vol. 14, nº 1, 2021, p. 203.

42 Ley 6/2022, de 31 de marzo, de modificación del Texto Refundido de la Ley General de derechos de las personas con discapacidad y de su inclusión social, aprobado por el Real Decreto Legislativo 1/2013, de 29 de noviembre, para establecer y regular la accesibilidad cognitiva y sus condiciones de exigencia y aplicación (BOE nº 78, de 1 de abril de 2022).

Por último, cabe señalar que, a pesar de no ser una normativa, España ha desarrollado iniciativas como la Estrategia Española sobre Discapacidad 2012-2020 o la Estrategia Española sobre Discapacidad 2022-2030. Esta última estrategia, aprobada en mayo de 2022, se centra en asegurar el acceso, goce y disfrute de los derechos humanos de las personas con discapacidad y está diseñada para ser inclusiva y transversal, abordando áreas como la igualdad de género, la emergencia climática y los desafíos demográficos. Aunque su enfoque principal no es exclusivamente laboral, la estrategia impacta indirectamente en el ámbito laboral al promover la eliminación de barreras y la creación de un entorno más inclusivo para las personas con discapacidad.

IV. OBSTÁCULOS EN EL ACCESO AL EMPLEO PARA LAS MUJERES CON DIVERSIDAD FUNCIONAL INTELECTUAL

1. Nivel formativo de las mujeres con diversidad funcional intelectual

La educación desempeña un papel crucial en el desarrollo humano, sirviendo como un cimiento esencial para la inclusión y el avance tanto en el ámbito laboral como social de todos los individuos[43], sin distinción de la presencia o ausencia de discapacidades.

La legislación española respecto al derecho a la educación de las personas con discapacidad constituye un entramado complejo y detallado, diseñado para asegurar la inclusión, accesibilidad y equidad dentro del sistema educativo. Este marco legal se fundamenta en principios internacionales y nacionales que promueven una educación inclusiva y de calidad para todos los ciudadanos, independientemente de sus capacidades.

La piedra angular de este marco es la Constitución Española, que en su artículo 27 garantiza el derecho a la educación, sentando las bases para el desarrollo de políticas inclusivas en el ámbito educativo. Este derecho universal se ve reforzado y especificado para las personas con

---

[43] ADEMAR FERREYRA, H., "La educación: clave para el desarrollo humano. Una perspectiva desde la educación auténtica", *Análisis. Revista Colombiana de* Humanidades, nº 82, 2013, p. 63.

discapacidad a través de la ratificación y adaptación de la Convención Internacional sobre los Derechos de las Personas con Discapacidad por parte de España[44]. Dicha Convención, aprobada por la Asamblea General de las Naciones Unidas y ratificada por España, establece un compromiso firme con la eliminación de barreras y la promoción de condiciones equitativas para la participación plena de las personas con discapacidad en la sociedad, incluyendo el acceso a una educación inclusiva y adaptada a sus necesidades.

Además, la Ley General de derechos de las personas con discapacidad y de su inclusión social[45] consolida y armoniza previas disposiciones legales, creando un marco coherente que defiende la igualdad de oportunidades y la no discriminación. Esta ley, fundamentada en la Convención Internacional, detalla los derechos de las personas con discapacidad en varios ámbitos de la vida social y económica, enfatizando la importancia de un sistema educativo que acoja la diversidad de necesidades educativas de estos individuos.

El Código del Derecho de la Discapacidad[46] es otro recurso crucial, pues compendia la legislación estatal vigente relacionada con los derechos de las personas con discapacidad, incluyendo aquellos aspectos que inciden directamente en el derecho a la educación. Este código facilita el acceso y la interpretación de las normas que protegen y promueven una educación inclusiva, asegurando que los entornos, productos y servicios educativos sean accesibles y practicables para todos.

La Estrategia Española sobre Discapacidad 2022-2030[47], si bien no constituye una ley, traza directrices y objetivos claros para reforzar los derechos humanos de las personas con discapacidad en el próximo decenio, alineándose con la Agenda 2030 para el Desarrollo Sostenible.

---

44 Instrumento de Ratificación de la Convención sobre los derechos de las personas con discapacidad, hecho en Nueva York el 13 de diciembre de 2006 (nº 96, de 21 de abril de 2008).

45 Real Decreto Legislativo 1/2013, de 29 de noviembre, por el que se aprueba el Texto Refundido de la Ley General de derechos de las personas con discapacidad y de su inclusión social (BOE nº 289 de 3 de diciembre de 2013).

46 Véase: https://www.boe.es/biblioteca_juridica/codigos/codigo.php?id=125_Codigo_del_Derecho_de_la_Discapacidad_Legislacion_Estatal&modo=2

47 Ministerio de Derechos Sociales y Agenda 2030, Estrategia Española sobre Discapacidad 2022-2030. Para el acceso, goce y disfrute de los derechos humanos de las personas con discapacidad, Secretaría General Técnica, Centro de Publicaciones, Madrid, 2022.

Esta estrategia subraya el compromiso de España con la inclusión y la igualdad en todos los sectores, incluido el educativo, y propone medidas para integrar plenamente a las personas con discapacidad en la vida social y económica del país.

En conjunto, este cuerpo normativo demuestra el compromiso de España con la educación inclusiva y de calidad para las personas con discapacidad, enfocándose no solo en el acceso físico a los centros educativos, sino también en la calidad de la enseñanza, la formación del profesorado, y la adaptación de materiales y currículos. Este marco legal, profundamente arraigado en principios de igualdad y no discriminación, busca promover una sociedad más justa donde todos los ciudadanos, independientemente de sus capacidades, puedan disfrutar del derecho a la educación.

A pesar de los significativos avances en la legislación, aún se observan disparidades notables en el nivel educativo de las personas con discapacidad en comparación con aquellas sin discapacidad. En 2022, se reportó que un 19% de individuos con discapacidad poseía un nivel educativo primario o inferior, en contraste con solo un 5,9% de las personas sin discapacidad. Asimismo, un 61,9% de las personas con discapacidad alcanzó un nivel educativo secundario, mientras que únicamente un 19,1% logró acceder a la educación superior. Este último porcentaje resalta cuando se compara con el 38,6% de las personas sin discapacidad que obtuvieron un nivel de formación superior[48].

Al analizar los datos educativos desglosados por género entre personas con diversidad funcional, es notable que un 19,2% de las mujeres y un 18,7% de los hombres de este grupo alcanzan un nivel de educación primaria o inferior. Estas cifras incluyen el porcentaje de analfabetismo, que se registra en un 8,2% para mujeres con discapacidad y un 5,6% para hombres con discapacidad[49]. Este análisis subraya no solo las diferencias de género en los niveles más básicos de educación dentro de la comunidad con diversidad funcional, sino también pone de relieve las disparidades estructurales que persisten en el acceso a la educación básica.

---

48 Datos aportados por ODISMET.

49 Ibídem.

No obstante, al profundizar en los datos relativos a la educación superior, se observa que las mujeres con discapacidad presentan una tasa de acceso superior a la de los hombres, con un 22,9% frente a un 16,2%, respectivamente[50]. Este fenómeno no es exclusivo de las personas con discapacidad, pues sigue una tendencia similar observada en la población general, donde las mujeres también tienden a alcanzar niveles educativos más altos que los hombres[51]. Este patrón sugiere que, a pesar de las barreras adicionales impuestas por la discapacidad, las mujeres continúan esforzándose por obtener una educación superior, lo que podría estar impulsado por la necesidad de superar múltiples capas de desventajas socioeconómicas y discriminación.

Por último, se observa que el nivel educativo alcanzado varía significativamente en función del tipo de discapacidad que se presente. Este fenómeno se evidencia claramente en la tabla a continuación, la cual desglosa las diferencias educativas entre diversos tipos de discapacidades.

Tabla VI.1. Nivel educativo según tipo de discapacidad. Año 2022

	Primarios o menos (%)	**Secundaria(%)**	**Superiores (%)**
Física y otras	16,3	61,4	23,5
Intelectual	54,3	45,7	0
Psicosocial	13,3	66,2	20,5
Visual	18,3	57,8	23,9
Auditiva	18,5	63,3	18,2
No consta	14,3	68,9	23,1

Fuente: Elaboración propia partiendo de los datos de ODISMET

El análisis del nivel educativo según el tipo de discapacidad en 2022 ofrece una visión esclarecedora sobre las variadas experiencias educativas dentro de la comunidad con discapacidad. De manera general, las personas con discapacidades físicas, visuales y psicosociales muestran una mayor proporción de alcanzar niveles educativos superiores, situándose alrededor del 20% al 23,5%. Este dato resalta la efectividad de las medidas de accesibilidad y apoyo implementadas, que permiten a estas personas superar las barreras hacia la educación avanzada.

---

50 Ibídem.

51 Según los datos del INE, en el año 2022 el 44,7% de las mujeres sin discapacidad en España habían alcanzado un nivel de educación superior, comparado con el 37,5% de los hombres en la misma categoría.

Por otro lado, el grupo con discapacidad intelectual enfrenta los desafíos más significativos, con un alarmante 54,3% limitado a la educación primaria o menos y un acceso nulo a la educación superior. Este contraste subraya la necesidad urgente de desarrollar estrategias educativas más inclusivas y adaptadas que aborden específicamente las necesidades de aprendizaje de este grupo, para facilitar su progreso educativo.

La distribución porcentual en la educación secundaria es relativamente alta en todos los grupos, lo que indica que la mayoría de las personas con discapacidad logran completar este nivel de educación. Sin embargo, la transición a la educación superior se presenta como el principal obstáculo, especialmente para aquellos con discapacidades intelectuales.

En conclusión, el nivel educativo de las mujeres con diversidad funcional intelectual se caracteriza por varios aspectos críticos que reflejan desigualdades significativas en el acceso y la calidad de la educación. Aunque la ley y las convenciones internacionales proporcionan un marco robusto para la inclusión, los datos indican que las barreras persisten, especialmente para las mujeres con diversidad funcional intelectual.

Es relevante destacar que las mujeres con este tipo de discapacidad presentan tasas de analfabetismo superiores a las de los hombres con condiciones similares, lo que sugiere que las barreras educativas son particularmente pronunciadas para ellas. Además, aunque las mujeres en general tienden a alcanzar niveles educativos más altos que los hombres, este patrón no se replica del mismo modo en la población con discapacidad intelectual, donde la participación en la educación superior es significativamente baja.

Este contexto subraya la necesidad de implementar políticas educativas específicas que no solo se enfoquen en mejorar el acceso físico y curricular, sino que también aborden las necesidades específicas de las mujeres con discapacidad intelectual. Incluir formación especializada para los educadores sobre cómo abordar las diferencias de género y discapacidad, adaptar los materiales didácticos para ser inclusivos y accesibles, y garantizar que los entornos educativos promuevan la igualdad de oportunidades son pasos esenciales para cerrar estas brechas. Asimismo, es crucial que las estrategias educativas reconozcan y mitiguen las múltiples discriminaciones que enfrentan estas mujeres, facilitando un camino más equitativo hacia la educación y, por ende, hacia oportunidades laborales y sociales mejoradas. A través de un enfoque más integrador y considerado, se puede avanzar significativamente hacia el cumplimiento de los compromisos nacionales e internacionales para la inclusión plena y efectiva de todas las personas, independientemente de sus capacidades o género.

2. *Obligaciones legales de contratación de personas con discapacidad sin perspectiva de género*

Tal y como se ha mencionado con anterioridad, en España, la normativa actual establece cuotas obligatorias de empleo para personas con discapacidad, una política diseñada para fomentar su inclusión laboral. El artículo 42 del Real Decreto Legislativo 1/2013, que aprueba el Texto Refundido de la Ley General de derechos de las personas con discapacidad y de su inclusión social obliga a las empresas con de 50 o más trabajadores/as a emplear al menos un 2% de personas con discapacidad reconocida. Esta disposición busca no solo reforzar la inclusión social y laboral, sino también promover que las organizaciones adopten prácticas de contratación más inclusivas y adaptables, alineándose con los principios de equidad y accesibilidad respaldados tanto por marcos jurídicos nacionales como internacionales.

Además, la normativa va más allá de la contratación. Las empresas deben garantizar que los entornos de trabajo sean plenamente accesibles y desarrollar políticas adecuadas que apoyen el crecimiento profesional continuo de las personas con discapacidad. Esto incluye adaptaciones en el lugar de trabajo, capacitación adecuada a las necesidades específicas y apoyo continuo para promover la igualdad de oportunidades en el crecimiento y la promoción interna. De este modo, la ley no solo pretende aumentar la cantidad de empleados con discapacidad, sino también mejorar la calidad de su experiencia laboral, fomentando un entorno inclusivo que valorice la diversidad de capacidades y talentos.

En una línea similar, el Real Decreto Legislativo 5/2015[52] en su artículo 59, establece que las ofertas de empleo público deben reservar al menos un 7% de las vacantes para personas con diversidad funcional reconocida, siempre y cuando cumplan con los requisitos de los procesos selectivos. Este RDL indica que el objetivo es alcanzar progresivamente al menos un 2% de empleados con discapacidad en cada administración pública. De

52 Real Decreto Legislativo 5/2015, de 30 de octubre, por el que se aprueba el texto refundido de la Ley del Estatuto Básico del Empleado Público (BOE nº 261, de 31 de octubre de 2015).

manera específica, se destaca que, dentro de este porcentaje del 7%[53], al menos un 2% de las vacantes deben ser ocupadas por personas con diversidad funcional intelectual, abordando las barreras adicionales que enfrentan en el mercado laboral.

Cabe señalar, que esta última medida intenta dar respuesta al hecho de que las personas con discapacidad intelectual a menudo enfrentan barreras adicionales en el mercado laboral, incluidas percepciones erróneas sobre su capacidad para realizar tareas y la falta de apoyos adecuados que faciliten su integración laboral[54], de hecho, tal y como hemos visto con anterioridad son uno de los colectivos con menor tasa de actividad y un nivel educativo más bajo que el resto. En ese sentido, estas cuotas específicas para personas con discapacidad intelectual no solo ayudan a contrarrestar la discriminación, sino que también obligan a las administraciones públicas a crear entornos de trabajo adaptativos y soportes que faciliten el empleo real y efectivo de personas con este tipo de discapacidad.

Actualmente, estas cuotas de empleo para personas con diversidad funcional carecen de una perspectiva de género, lo cual podría ser revisado para mejorar la inclusión[55]. Las estadísticas indican, tal y como se ha analizado anteriormente, que las mujeres con discapacidad son contratadas en menor número, lo que sugiere que sufren una discriminación múltiple. En este contexto, sería beneficioso analizar la viabilidad de integrar un enfoque de género en la normativa existente, para asegurar que tanto hombres como mujeres con discapacidad se beneficien equitativamente de las oportunidades de empleo.

Adicionalmente, podría considerarse la implementación de políticas similares en los Centros Especiales de Empleo, donde se establezca un número mínimo de plazas reservadas para mujeres con discapacidad[56]. Tal enfoque no solo ayudaría a equilibrar la representación de género, sino

---

53 ACTUALIZACIÓN: El artículo 108 Real Decreto-ley 6/2023, de 19 de diciembre, por el que se aprueban medidas urgentes para la ejecución del Plan de Recuperación, Transformación y Resiliencia en materia de servicio público de justicia, función pública, régimen local y mecenazgo eleva la cuota al 10%.

54 SÁNCHEZ VALLE, M., VIÑARAS ABAD, M. y VÁZQUEZ BARRIO, T., “Comunicación, discapacidad y empleabilidad en la sociedad digital”, *Revista Prisma Social*, nº 36, 2022, p. 181

55 BLÁZQUEZ AGUDO, E.M., *cit.*, p. 33.

56 Ibídem.

que también podría ser un paso adelante hacia la activación laboral de un grupo frecuentemente marginalizado. Extender estas medidas podría catalizar un cambio significativo en la calidad de vida y la independencia económica de las mujeres con discapacidad, promoviendo un mercado laboral más inclusivo y justo.

3. Incentivos e inserción laboral desde una perspectiva de género

En el contexto actual del mercado laboral en España, la mayoría de las personas con discapacidad son contratadas como asalariadas. En 2022, el 90,4% de las personas con discapacidad que trabajó lo hizo como trabajador/a por cuenta ajena, lo que representa 5,5 puntos más que las personas sin discapacidad. Además, el 77,8% de estas personas disfrutaban de un contrato indefinido, superando así a la proporción de la población sin discapacidad con este tipo de contrato[57]. Estos datos reflejan una integración activa en el mercado laboral, aunque con ciertas peculiaridades. El sector de servicios es el principal ámbito de actividad para las personas con diversidad funcional, con un 80,6% trabajando en este sector, lo que representa una proporción mayor en comparación con el 75,9% de las personas sin discapacidad[58].

Resulta particularmente notable que las personas con discapacidad frecuentemente acceden a su primer empleo mediante un contrato indefinido en mayor medida que aquellos sin discapacidad. "Esta situación se explica por los incentivos que se aplican a la promoción de estos contratos"[59]. Por ejemplo, los empleadores que contratan a personas con diversidad funcional de forma indefinida pueden beneficiarse de una bonificación mensual de 375€ en la cuota empresarial a la Seguridad Social por cada trabajador/a. Esta bonificación se incrementa si el empleado tiene una discapacidad intelectual con un grado igual o superior al 33%, y se añaden incentivos adicionales si el trabajador/a tiene más de 45 años o es mujer. Sin embargo, en el caso de contratos temporales, aunque las bonificaciones son menores también se incrementan si la persona contratada perte-

---

57 Instituto Nacional de Estadística, *El Empleo…*, *cit.*, p. 6.

58 Ibídem., p. 6.

59 BLÁZQUEZ AGUDO, E.M., *cit.*, p. 34.

nece a alguno de los grupos prioritarios, como aquellos con discapacidad intelectual significativa o mujeres[60].

Estas políticas no sólo fomentan la estabilidad laboral de las personas con diversidad funcional, sino que pone un énfasis particular en las mujeres y en aquellos con diversidad funcional de tipo intelectual, promoviendo su inclusión laboral. Sin embargo, a pesar de estos avances, las estadísticas muestran que la tasa de empleo de las personas con discapacidad intelectual es solo del 19,5%. Adicionalmente, existen disparidades significativas en la tasa de empleo entre hombres y mujeres dentro de este grupo, siendo del 24,7% para hombres y solo del 11,8% para mujeres[61].

También es crucial destacar que, aunque es común la contratación indefinida de las personas con diversidad funcional, las condiciones laborales para las mujeres difieren significativamente de las de los hombres. Entre las personas con discapacidad empleadas de manera indefinida, las mujeres tienden a estar sobrerrepresentadas en puestos de trabajo a tiempo parcial, en comparación con sus contrapartes masculinas. Específicamente, la proporción de mujeres trabajando a tiempo parcial es casi el doble que la de los hombres, con un 24,7% de las mujeres en esta modalidad frente al 13,2% de los hombres. Esta disparidad subraya la necesidad de abordar las diferencias de género en las políticas de empleo para asegurar condiciones más equitativas[62].

A pesar de los incentivos ofrecidos para la contratación indefinida y a tiempo completo, las empresas muestran una tendencia a emplear más hombres que mujeres, lo que indica que estas medidas no están logrando la igualdad de oportunidades en el acceso al mercado laboral para las mujeres con discapacidad intelectual, un grupo que enfrenta tasas significativamente altas de inactividad laboral. Esta realidad pone de relieve la urgencia de revisar y adaptar las políticas de empleo existentes, incluyendo una reconsideración de los porcentajes obligatorios de contratación con una clara perspectiva de género. Sería pertinente establecer cuotas específicas para mujeres con discapacidad intelectual tanto en el mercado ordinario como en los entornos de trabajo protegido, asegurando así una representación más equitativa y fomentando un ambiente laboral inclusivo que real-

---

60 Artículo 2 de la Ley 43/2006, de 29 de diciembre, para la mejora del crecimiento y del empleo (BOE nº 312, de 30 de diciembre de 2006).

61 Datos aportados por ODISMET.

62 Ibídem.

mente valorice la diversidad y promueva la igualdad de oportunidades para todos los individuos, sin distinción de género o condición.

V. CONCLUSIONES

El análisis exhaustivo sobre la situación de las mujeres con diversidad funcional intelectual en el mercado laboral en España subraya desafíos complejos y arraigados, que se originan en la intersección de factores de género y discapacidad. Aunque se han logrado avances legislativos y políticos orientados a proteger y promover la inclusión laboral de personas con diversidad funcional, aún se enfrentan barreras significativas en su implementación efectiva, evidenciando una brecha entre la legislación y la práctica cotidiana.

La discriminación múltiple, basada en género y discapacidad, sigue siendo un obstáculo significativo para estas mujeres. No solo enfrentan estereotipos y prejuicios que limitan sus oportunidades laborales, sino que también son afectadas por políticas y prácticas laborales que no reconocen ni abordan adecuadamente sus necesidades específicas. Las cuotas laborales, aunque diseñadas para fomentar la inclusión, no han logrado modificar significativamente la dinámica de contratación, ya que aún se contrata a más hombres, reflejando una ineficacia desde una perspectiva de género.

Además, la segregación tanto en el ámbito laboral como educativo relega a estas mujeres a roles de baja calidad y mal remunerados, limitando su acceso a formación relevante y avanzada. Esta situación se agrava con una alta tasa de analfabetismo dentro del colectivo, lo que refleja barreras adicionales en el acceso a educación de calidad que podría facilitar una mejor integración laboral.

Para abordar estos desafíos de manera efectiva, es necesario un enfoque más holístico y coordinado que integre la perspectiva de género en las políticas de discapacidad. Este enfoque debe incluir una revisión profunda de las estrategias de empleo existentes y mejorar los mecanismos de apoyo y seguimiento, asegurando que las intervenciones educativas se ajusten para ser verdaderamente inclusivas y eficaces. La formación específica y adaptada puede empoderar a estas mujeres, dándoles herramientas para superar las barreras existentes y facilitando su inserción en empleos de mayor calidad y mejor remunerados.

Adicionalmente, es crucial reforzar el papel de las inspecciones y la imposición de sanciones para asegurar el cumplimiento de las normati vas sobre cuotas y bonificaciones, implementando también medidas que fomenten la transparencia y la rendición de cuentas en los procesos de contratación. Asimismo, es fundamental abandonar cualquier práctica que permita la no aplicación de estas normativas, ya que, de lo contrario, pierden toda su efectividad.

Por último, es preciso promover la participación activa de las mujeres con diversidad funcional intelectual en todos los ámbitos de la vida, no solo a nivel laboral, sino también en lo social y político, mejorando su representación y voz en espacios de toma de decisiones. Estas medidas no solo son esenciales para mejorar la calidad de vida de estas mujeres, sino que son fundamentales para el desarrollo social y económico más amplio. Al promover una mayor equidad y accesibilidad, se contribuye a la creación de una sociedad más inclusiva y justa donde cada individuo puede alcanzar su potencial sin enfrentarse a barreras insuperables debido a su género o discapacidad.

VI. BIBLIOGRAFÍA

ADEMAR FERREYRA, H., "La educación: clave para el desarrollo humano. Una perspectiva desde la educación auténtica", *Análisis. Revista Colombiana de* Humanidades, nº 82, 2013, pp. 57-85.

BLÁZQUEZ AGUDO, E.M., "Empleo y discapacidad: un análisis en perspectiva de género", *Documentación Laboral*, nº 120, 2020, pp. 27-40.

BONINO MÉNDEZ, L., "Violencia de género y prevención: el problema de la violencia masculina", en *Actuaciones sociopolíticas contra la violencia de género*, UNAF, Madrid, 1999.

CARRASCO GALÁN, M.J., "María de los Ángeles Cózar, presidenta de la CAMF: Estamos empezando a ser visibles", *Meridiam*, nº 31, 2003, pp. 24- 31.

CARTER, M. J., "Gender Socialization and Identity Theory", *Social Sciences*, vol. 3, nº 2, 2014, pp. 242-263.

FERNÁNDEZ CID, M. y RUBIO-ROMERO, J., "Mujeres con discapacidad intelectual y discriminación laboral", *Sociología del Trabajo*, nº 101, 2022, pp. 199-213.

FERNÁNDEZ ORRICO, F.J., *Inclusión laboral de personas con discapacidad intelectual*, Tirant lo Blanch, Valencia, 2021.

GOMIZ PASCUAL, M.P., "Violencia contra la mujer con discapacidad", *Sistema: revista de ciencias sociales*, nº 233-234, 2014, pp. 95-118.

HILL-COLLINS, P., *Black feminist thought*, Routledge, Londres, 1991.

INIESTA MARTÍNEZ, A., *La mujer sorda en la vida privada y pública*, Universidad de Alicante, Centro de Estudios sobre la Mujer, Alicante, 2004.

Instituto Nacional de Estadística, *El Empleo de las Personas con Discapacidad (EPD). Año 2022* [en línea], (2023), <https://www.ine.es/prensa/epd_2022.pdf>. [Consulta: 12/02/2024].

Instituto Nacional de Estadística, *El Salario de las Personas con Discapacidad. Explotación de la Encuesta Anual de Estructura Salarial 2021 y de la Base Estatal de Personas con Discapacidad. Año 2021* [en línea], (2023), <https://www.ine.es/prensa/spd_2021.pdf>. [Consulta: 12/02/2024].

JIMÉNEZ LARA, A., *Personas con discapacidad y discriminación múltiple en España: situación y propuestas,* Observatorio estatal de la Discapacidad, 2017.

LABORDA MOLLA, C., JARIOT GARCIA, M. y GONZÁLEZ FERNÁNDEZ, H., "Influencia de entornos laborales y prelabroales en el desarrollo de competencias de personas con discapacidad intelectual", *Revista Nacional e Internacional de Educación Inclusiva,* vol. 14, nº 1, 2021, pp. 200-218.

LOBATO SORIANO, H., SHUM, G., PORTILLO MAYORGA, I. y CONDE RODRÍGUEZ, A. "Mujer, discapacidad y empleo: tejiendo la discriminación", *Acciones e investigaciones sociales,* nº extra 1, 2006, pp. 1-28.

MARTÍNEZ MORENO, C., "Brecha salarial y discriminación laboral por razón de sexo", en AA.VV., *Brecha de género y universidad: dos realidades que se retroalimentan* (Coord. BENÍTEZ SÁNCHEZ), Editorial Bomarzo S.L., Albacete, 2020, pp. 23-58.

ORDÓÑEZ YRAOLAGOITIA, L., "Discriminación laboral por razón de género", *Lan Harremanak,* nº 32, 2015, pp. 262-277.

QUIRÓS HIDALGO, J.G., "Capítulo X. Dificultades para la integración laboral de las mujeres con discapacidad: exposición y reflexión", en AA.VV., *La inserción laboral de las mujeres en riesgo de exclusión social* (Coord. MARTÍNEZ BARROSO, ÁLVAREZ CUESTA Y RODRÍGUEZ ESCANCIANO), Tirant lo Blanch, 2015 (*TOL 5191884*).

Real Academia Española. *Diccionario de la lengua española,* 23ª ed., [versión 23.6 en línea] <https://dle.rae.es> [Consulta: 30/01/2024].

RUEDA NARVÁEZ, M., CAPARRÓS RUIZ, A. y NAVARRO GÓMEZ, M.L., *Discriminación salarial por razón de género y capital humano: Un análisis con datos de papel,* Editorial Aranzadi, Pamplona, 2010.

SÁNCHEZ VALLE, M., VIÑARAS ABAD, M. y VÁZQUEZ BARRIO, T., "Comunicación, discapacidad y empleabilidad en la sociedad digital", *Revista Prisma Social,* nº 36, 2022, pp. 166-194.

SAU SÁNCHEZ, V., "De la violencia estructural a los micromachismos", en AA.VV., *El sexo de la violencia. Género y cultura de la violencia* (Ed. FISAS ARMENGOL), Icaria, Barcelona, 1998, pp.165-173.

SOLER DOMINGO, A., TEIXIERA, T.C. y JAIME PASTOR, V., "Discapacidad y dependencia: una perspectiva de género" [en línea], (2008), <https://unidaddegenerosgg.edomex.gob.mx/sites/unidaddegenerosgg.edomex.gob.mx/files/files/Biblioteca%202022/Diversidad%20Funcional%2CCapacidades/DFC-3%20Discapacidad%20y%20dependencia_%20Una%20perspectiva%20de%20g%C3%A9nero_%20A_%20Soler_%20Universidad%20de%20Granada.pdf>. [Consulta: 12/02/2024].

STUART, O.W., "Race and disability: just a double oppression?", *Disability, Handicap & Society,* vol. 8, nº 2, p. 177-188.

TORRES MARTÍNEZ, J., "Inclusión laboral de las personas con discapacidad: CETs y mercado laboral ordinario", en AA.VV., *Personas con discapacidad: derechos sociales y cultura de las capacidades* (Coord. DÍAZ LÓPEZ, HUETE GARCÍA y DÍAZ VELÁZQUEZ), Edicions Saragossa, Barcelona, 2021.

Capítulo VII.
Discapacidad y empleabilidad. Análisis jurídico de las últimas novedades legislativas y sugerencias de mejora

MARIOLA SERRANO ARGÜESO
Profesora titular de Derecho del Trabajo y de la Seguridad Social.
Universidad de Deusto

SUMARIO

I. TERMINOLOGÍA Y CONCEPTUALIZACIÓN DE PERSONA DISCAPACITADA

La definición del concepto de discapacidad no ha sido pacífica. La Directiva 2000/78/CE del Consejo, de 27 de noviembre de 2000, relativa al establecimiento de un marco general para la igualdad de trato en el empleo y la ocupación[1] no lo define pero sí lo hace la Convención sobre los Derechos de las Personas con Discapacidad de 2006[2] en su artículo primero: "Las personas con discapacidad incluyen a aquellas que tengan deficiencias físicas, mentales, intelectuales o sensoriales a largo plazo que, al interactuar

1 DOCE nº 303, de 2/12/ 2000.

2 Disponible en: <https://www.un.org (Consulta: 12/03/2024),

con diversas barreras, puedan impedir su participación plena y efectiva en la sociedad, en igualdad de condiciones con las demás". El Tribunal Superior de Justicia de la Unión Europea (TSJUE) ha asumido el concepto abierto y dinámico que predica la Convención y ha reconocido la asimilación de la enfermedad a la discapacidad si concurren algunas circunstancias[3].

El artículo 2 del Real Decreto Legislativo 1/2013, de 29 de noviembre, por el que se aprueba el Texto Refundido de la Ley General de derechos de las personas con discapacidad y de su inclusión social[4] prevé una primera definición del término: serán considerados discapacitados aquellos que se encuentren en "una situación que resulte de la interacción entre las personas con deficiencias previsiblemente permanentes y cualquier tipo de barreras que limiten o impidan su participación plena y efectiva en la sociedad, en igualdad de condiciones con las demás". De la misma forma, el artículo 4 dispone que "tendrán la consideración de personas con discapacidad aquellas a quienes se les haya reconocido un grado de discapacidad igual o superior al 33 por ciento", y "el reconocimiento del grado de discapacidad deberá ser efectuado por el órgano competente en los términos desarrollados reglamentariamente".

La terminología que utilizamos cuando nos referimos a las personas con discapacidad es muy importante porque nos ayuda a cambiar lo que pensamos sobre ellos[5]. "Inútil" "deficiente", "retrasado" o "impedido" son algunos de los términos que se han utilizado en el pasado y que han venido contribuyendo a la marginación social y estigmatización de este colectivo. El Real Decreto 1971/1999, de 23 de diciembre, de procedimiento para el reconocimiento, declaración y calificación del grado de minusvalía[6] refería al término "minusvalía", reemplazado en el año 2009 por una nomenclatura más inclusiva "discapacidad". En todo caso, hay que tener en cuenta que "antes de la ratificación por España de la Convención de Naciones Unidas de 2006, la Disposición Adicional 8ª de la Ley 39/2006, de 14 de diciembre, de Promoción de la Autonomía Personal y Atención

---

3 STJUE de 11-4-2013, HK Danmark, C-335/11 y C-337/11; STJUE de 18-12-2014, FOA, C-354/13, EU:C:2014:2463 y STJUE de 18-1-2018, Ruíz Conejero, C-270/16; STJUE de 11-9-2019, DW, C-397/18. Cfr. una exhaustiva recopilación de bibliografía y jurisprudencia relativa a la discriminación por discapacidad en el ámbito laboral en: <https://wikigualdad.org/discriminacion-por-discapacidad

4 BOE nº 289, de 3/12/ 2013.

5 MARTIN MUÑOZ, M.R., "Parte Segunda. Discapacidad y empleo", *Revista de Derecho de la Seguridad Social, Laborum,* 2023, pp.169-170.

6 BOE nº 22.

a las personas en situación de dependencia[7] ya imponía que toda referencia normativa a minusválidos debía entenderse realizada a personas con discapacidad, obligando a que toda disposición elaborada por cualquier Administración Pública utilizara este término para denominarlas"[8].

Hasta febrero del año 2024, el artículo 49 de la Constitución Española (CE)[9] utilizaba "disminuidos físicos, sensoriales y psíquicos" para referirse a personas con discapacidad, si bien es cierto que en varias ocasiones se ha intentado de forma fallida su modificación. Así, en diciembre del año 2018 se elaboró un primer anteproyecto de ley por el gobierno socialista. Dicho texto legal se frustró por las elecciones generales de 2019 y por el COVID. En el 2021 el Consejo de Ministros propone una revisión y modificación íntegra de dicho artículo a fin de abordar tanto el lenguaje como su estructura y contenido. Según TURTURRO PÉREZ DE LOS COBOS esta reforma ilustraría un cambio revolucionario en la forma en que se aborda la cuestión de la discapacidad en nuestra sociedad, siendo esencial que esta nueva concepción de la discapacidad sea integrada en todos los niveles del sistema legal, incluso si no se incluye en la CE[10]. Dicho texto volvió a paralizarse con la convocatoria de elecciones anticipadas el 23 de julio de 2023. Finalmente, en el BOE de 17 de febrero se aprobaba la reforma de la denominación en la CE, la primera con contenido social desde su entrada en vigor. Así, se ha sustituido el término "disminuido" por "persona con discapacidad" lo que refleja una profunda evolución en la manera en la que la sociedad y las instituciones abordan el término discapacidad. Esto es, además de un cambio de nomenclatura se ha introducido un cambio de concepción. "Se pasa de un precepto que pivotaba de modo objetivo en la discapacidad a uno de obligada lectura subjetiva en clave de igualdad e inserción social"[11]. En efecto, las personas con discapacidad tienen talentos,

---

7 BOE, nº 299.

8 NOGUEIRA GUASTAVINO, M., "La tercera reforma constitucional (artículo 49 CE): de la protección de los disminuidos a la de las personas con discapacidad soslayando la diversidad funcional", *Briefs AEDTSS, Asociación Española de Derecho del Trabajo y de la Seguridad Social,* nº 29, 2024, p. 4.

9 BOE nº 311.

10 TURTURRO PÉREZ DE LOS COBOS, S., "El modelo social de discapacidad: un cambio de paradigma y la reforma del artículo 49 CE", *Lex Social: Revista de Derechos Sociales",* 2022, p. 39.

11 NOGUEIRA GUASTAVINO, M., "La tercera reforma constitucional (artículo 49 CE): de la protección de los disminuidos a la de las personas con discapacidad soslayando la diversidad funcional, *cit,* p. 2.

fortalezas y contribuciones únicas que aportan a la sociedad y que la hacen más inclusiva y accesible. En todo caso, aunque la modificación terminológica ayuda, no va a resolver todos los retos con los que nos encontramos y que serán abordados en los siguientes epígrafes.

II. SITUACIÓN EN EL MERCADO LABORAL DE LAS PERSONAS CON DISCAPACIDAD Y NECESIDAD DE POLÍTICAS INCLUSIVAS

La especial dificultad de incorporación al mercado laboral de las personas con discapacidad es un hecho. Veamos algunos datos actuales que nos ayudarán a comprender las distintas medidas que en el ámbito jurídico laboral se están tomando al respecto.

España cerró el año 2022 con un total de 20.159.317 personas afiliadas. De ellas, 315.850 eran personas con discapacidad, lo que supone que este colectivo representa el 1,57% del total de afiliados a la Seguridad Social. Un porcentaje que en el ejercicio 2021 fue del 1,52%. Así pues, según el Informe del Mercado de Trabajo de las Personas con Discapacidad Estatal (2023)[12] poco a poco van ganando más peso en la afiliación y su representatividad es también cada vez mayor.

El 35,3% de las personas de 16 a 64 años con discapacidad oficialmente reconocida en 2022 eran activos, 0,7 puntos más que en el año anterior. Esta tasa de actividad era 42,7 puntos inferior a la de la población sin discapacidad[13]. La brecha de género está presente de forma más acusada en este colectivo. De hecho, casi el 60% de los afiliados con discapacidad son hombres y poco más del 40% mujeres, lo que muestra una brecha de género más evidente que en el caso de la afiliación en general, dónde los porcentajes son más cercanos entre sí: el 52,86% son hombres y el 47,14% mujeres. El Régimen General (incluyendo los Sistemas Especiales Agrario y el de Empleados del hogar) acapara más del 90% de afiliación, seguido por los autónomos con el 7,79%. En cuanto al número de contratos realizados a personas con discapacidad durante el año 2022 fue de 314.948, lo que representa solo el 1,72% del total de los registrados en las oficinas

---

12 Disponible en: <https://www.sepe.es/HomeSepe/que-es-el-sepe/comunicacion-institucional/publicaciones/publicaciones-oficiales/listado-pub-mercado-trabajo/informe-mercadotrabajo-estatal-discapacitados.html (Consulta: 8/3/2023).

13 Disponible en: https://www.ine.es (Consulta: 9/3/2024).

de los Servicios Públicos de Empleo. Es interesante destacar, como hace el Informe del Mercado de Trabajo de las Personas con Discapacidad, que el número de contratos para este colectivo aumentó respecto al año anterior en 7.063 (un 2,29%) siendo este porcentaje superior al experimentado por el total de contratos registrados para el conjunto del país, que ha sufrido un descenso del 5,54% (1.074.016 contratos menos que en el año 2021). En todos los tramos de edad se aprecia también brecha de género en la contratación que, además, es especialmente baja en las mujeres de menos de 25 años, que representan algo más de la mitad que los varones. Respecto a la tipología de los contratos, como en el resto del mercado de trabajo se reflejan los efectos del Real Decreto-ley 32/2021, de 28 de diciembre, de medidas urgentes para la reforma laboral, la garantía de la estabilidad en el empleo y la transformación del mercado de trabajo[14] siendo el contrato eventual por circunstancias de la producción el más frecuente (37,07%) seguido por el indefinido ordinario (bonificado/no bonificado) con un 16,96%. Por último, destacamos que el informe del Observatorio indica que, descartando los contratos específicos para personas con discapacidad, las modalidades de contratación en las que se supera la tasa media de contratación de personas con discapacidad (1,72%) y que hayan registrado al menos mil contratos son la conversión ordinaria (2,01%), sustitución (2,81%), relevo (2,44%), mejora de la ocupabilidad inserción laboral (3,33%) y formación en alternancia (5,63%)[15].

El Artículo 27 de la Convención hace referencia al empleo de las personas con discapacidad. De esta forma, establece los principios y las normas que rigen el derecho de las personas con discapacidad al trabajo y al empleo, y sienta la base para que los Estados Partes cumplan sus compromisos en relación con los Objetivos de Desarrollo Sostenible, en particular la meta 8.5, relativa a lograr, para 2030, el empleo pleno y productivo y garantizar un trabajo decente para todos los hombres y mujeres, incluidas las personas con discapacidad, y la igualdad de remuneración por trabajo de igual valor. Las personas con discapacidad son víctimas de discriminación provocada por la segregación, el alto nivel de desempleo, la falta de cualificación adecuada, de igualdad de remuneración por un trabajo del mismo

---

14 BOE nº 313 de 30/12/2021.

15 Datos extraídos de: OBSERVATORIO DE LAS OCUPACIONES, *Informe del Mercado de Trabajo de las Personas con Discapacidad. Estatal,* (2023), <https://www.sepe.es/HomeSepe/que-es-el-sepe/comunicacion-institucional/publicaciones/publicaciones-oficiales/listado-pub-mercado-trabajo/informe-mercadotrabajo-estatal-discapacitados.html (Consulta: 8/3/2023).

valor y las situaciones que limitan el acceso a un trabajo pleno, productivo y libremente elegido. La Observación General 8/2022 del Comité sobre los Derechos de las Personas con Discapacidad interpreta el artículo 27 de la Convención y aclara las obligaciones de los Estados Parte ante las desigualdades en relación con el trabajo y el empleo. Por lo tanto, la Observación General nº 8 establece que los Estados deben garantizar el derecho al trabajo y al empleo a nivel nacional. Además, exige que el Estado parte realice un estudio exhaustivo para determinar los efectos de la discriminación por capacitismo en el derecho a la libre elección y a la igualdad en el trabajo y el empleo. Asimismo, deben realizar investigaciones sobre las barreras que enfrentan las personas con discapacidad en el empleo para identificar desafíos y resaltar prácticas y soluciones innovadoras que garanticen oportunidades de empleo. En el caso de España, esto significa cambiar las políticas de empleo para personas con discapacidad e introducir más apoyo para evitar el trabajo segregado, o revisarlas para garantizar que cumplan con los estándares identificados en esta observación general[16].

En el sentido indicado, la reciente Ley 3/2023, de 28 de febrero, de empleo[17] refiere a las personas con discapacidad entre los colectivos de atención prioritaria en el siguiente sentido[18]:

> "El Gobierno aprobará la Estrategia Española de Apoyo Activo al Empleo. En dicha Estrategia se dedicará uno de sus ejes a las personas con discapacidad. En concreto el eje 4. *Oportunidades de empleo para personas con discapacidad* incluye las actuaciones que tienen por objeto incentivar la contratación, la creación de empleo o el mantenimiento de los puestos de trabajo, y las acciones de orientación y acompañamiento individualizado en los puestos de trabajo de las personas con discapacidad".

El artículo 30, referido a la especialización y profesionalización del personal de los servicios públicos de empleo, asegura la formación y especialización de los profesionales para la atención de las personas con discapacidad, en especial para las personas con discapacidad intelectual o con trastorno del espectro de autismo. El artículo 50, por su parte, refiere a colectivos de atención prioritaria para la política de empleo, entre los que

---

16 Vid: <http://www.convenciondiscapacidad.es/2022/10/18/exposicion-y-explicacion-del-cermi-de-la-observacion-general-n-8-2022-sobre-el-articulo-27-derecho-al-trabajo-y-al-empleo-de-la-convencion-internacional-sobre-los-derechos-de-las-personas-c/ (Consulta: 8/3/ 2024).

17 BOE nº 51 de 1/03/2023.

18 No mencionaremos las modificaciones legislativas a las que nos referiremos en los siguientes epígrafes.

se encuentran las personas con discapacidad. Respecto al colectivo de personas con discapacidad, establece dicho artículo que "se reconocerá como personas con discapacidad que presentan mayores dificultades de acceso al mercado de trabajo: las personas con parálisis cerebral, con trastorno de la salud mental, con discapacidad intelectual o con trastorno del espectro del autismo, con un grado de discapacidad reconocido igual o superior al 33%; así como las personas con discapacidad física o sensorial con un grado de discapacidad reconocido igual o superior al 65%". El artículo 54, referido a personas con discapacidad demandantes de servicios de empleo destaca, entre otras cuestiones que "los servicios de empleo procurarán, prioritariamente, el acceso de dichas personas al empleo ordinario, el mantenimiento del empleo, la mejora de su empleabilidad a lo largo de su ciclo laboral y su desarrollo profesional, así como la sostenibilidad del empleo protegido. De la misma forma refiere que los servicios de empleo procurarán, prioritariamente, el acceso de dichas personas al empleo ordinario, el mantenimiento del empleo, la mejora de su empleabilidad a lo largo de su ciclo laboral y su desarrollo profesional, así como la sostenibilidad del empleo protegido. Por último, se apoyará y colaborará en el empleo con apoyo. También debemos destacar la Disposición Adicional Quinta sobre el Libro blanco de empleo y discapacidad en el que "se establecerán las medidas legislativas, los programas y servicios de empleo necesarios en favor de las personas con discapacidad".

Recientemente, el Gobierno ha aprobado, a propuesta de los Ministerios de Trabajo y Economía Social y de Derechos Sociales, Consumo y Agenda 2030, la reforma del artículo 49.1.e del Estatuto de los Trabajadores que permitirá eliminar como causa automática de extinción de la relación laboral el reconocimiento de la Incapacidad Permanente de la persona trabajadora. La norma recoge el acuerdo alcanzado con el Comité Español de Representantes de Personas con Discapacidad (CERMI). Dicha medida pretende proteger de forma más eficiente el empleo de las personas con discapacidad.

En un mundo que avanza hacia la inclusión y la diversidad, la integración laboral de personas con discapacidad sigue presentando desafíos que obstaculizan el acceso al empleo para este colectivo. Encontramos aún barreras de tipo educativo (un sistema no inclusivo) y relacionadas con la existencia de prejuicios que dificultan su acceso al mercado de trabajo. Es fundamental que, además de las medidas legales y políticas haya una verdadera implicación de las empresas, principalmente a través de la negociación colectiva, como veremos en el último epígrafe de este trabajo, pero también por medio de la responsabilidad social empresarial bien con buenas prácticas o con la elaboración de planes de diversidad. Destacamos en este ámbito la Red Mundial de Empresas y Discapacidad de la Organización Internacional del Trabajo (OIT)[19], una agrupación global de empresas multinacionales líderes que trabajan con la OIT en beneficio de las empresas, las personas con discapacidad y las economías y comunidades de todo el mundo. La red apoya a las empresas "en su camino hacia la inclusión de las personas con discapacidad, proporcionando orientación técnica y facilitando el intercambio entre empresas". Incluso se dispone de una herramienta de autoevaluación que ayuda a conocer a las empresas la situación en la que se encuentran en relación a la igualdad e inclusión de personas con discapacidad y, sobre todo, a construir una cultura empresarial inclusiva que confíe en las personas con discapacidad. Además de los ajustes razonables, a los que haremos referencia específica en este capítulo, se mencionan dos aspectos muy interesantes que dejaremos para un desarrollo posterior de este trabajo, por un lado, la accesibilidad digital que tienen como objetivo, entre otras cuestiones, hacer el contenido web más accesible y por otro, cuidar la salud mental en el trabajo.

El objetivo final de todas las medidas legislativas, políticas y prácticas empresariales que iremos viendo es que el ámbito laboral adopte prácticas respetuosas e inclusivas con las personas discapacitadas y fomentar la plena inclusión laboral de dicho colectivo.

III. ANÁLISIS CRÍTICO-CONSTRUCTIVO DE LA CONFIGURACIÓN DE LAS ACTUALES MODALIDADES DE EMPLEO

Las modalidades de empleo a las que pueden optar las personas con discapacidad están recogidas en el capítulo IV del Real Decreto Legislativo 1/2013[20]. Por razones de espacio y de especialidad, dejamos fuera lo referido al empleo público.

---

19 Disponible en: <https://www.businessanddisability.org/es/ (Consulta: 8/3/2024).

20 El Real Decreto Legislativo 2531/1970, de 22 de agosto es considerado comúnmente como la norma inicial de la política de empleo de las personas con discapacidad al ser la primera que trataba específicamente y de manera global el trabajo de este colectivo. Dicha norma tiene como precedente la Orden Ministerial de 7 de noviembre de 1968 sobre Centros de Trabajo Protegidos. A nivel europeo mencionar el artículo 10 del Tratado de Funcionamiento de la UE (TFUE) y la Carta de Derechos Fundamentales de la Unión Europea que recoge el derecho funda-

1. Empleo protegido

1.1. Centros especiales de empleo

El Real Decreto Legislativo 1/2013, en su artículo 43.1 especifica que los Centros Especiales de Empleo (CEE) son empresas "cuyo objeto principal es realizar una actividad productiva de servicios, participando regularmente en las operaciones del mercado, y tiene como finalidad el asegurar un empleo remunerado para las personas con discapacidad; a la vez que son un medio de inclusión del mayor número de estas personas en el régimen de empleo ordinario". Los CEE están regulados por Real Decreto

mental a no ser discriminado por motivos de discapacidad. También el Pilar Europeo de Derechos Sociales y su estrategia (Plan de Acción del Pilar Europeo de Derechos Sociales). Entre la normativa europea resaltamos: Directiva 2000/78/CE, de 27 de noviembre de 2000 relativa al establecimiento de un marco general para la igualdad de trato en el empleo y la ocupación (DOL 2 de diciembre 2000, nº 303) La Directiva no recoge una noción de discapacidad a los efectos de aplicar el principio de igualdad. Lo que hace es formular un marco general para luchar contra la discriminación por motivos de discapacidad en el ámbito del empleo y la ocupación. En el ámbito internacional recordar la ya mencionada varias veces Convención de las Naciones Unidas sobre los derechos de las personas con discapacidad, Nueva York el 13 de diciembre de 2006. Instrumento de 23 de noviembre de 2007; Convenio nº 159 sobre la Readaptación profesional y el empleo de las personas inválidas; Recomendación nº 168 sobre la Readaptación Profesional y el Empleo de las personas inválidas; Política y Estrategia de la OIT para la inclusión de las personas con discapacidad 2020-2023. Por otra parte, la vigente Estrategia Europea, prevista de 2021 a 2030 pone en evidencia que a pesar de los avances de la anterior Estrategia 2010-2020 debe mantenerse el foco de actuación en la accesibilidad, la calidad de vida digna y en la vida independiente del colectivo. Recordar por último que, en nuestro país, tuvo una extraordinaria importancia la Estrategia Global de Acción por el Empleo 2008-2012 y, dado el tiempo ya transcurrido, sería posible ir pensando poder elaborar un documento de similares características y ambiciones.

2273/1985[21]. El Real Decreto 496/2006[22] moderniza los Servicios de Ajuste Personal y Social que permiten ayudar a superar las barreras y dificultades que tienen las personas trabajadoras con discapacidad de los CEE en el proceso de incorporación y permanencia en un puesto de trabajo. De forma más reciente, la Orden del Ministerio de Trabajo y Economía Social TES/501/2021, de 20 de mayo, por la que se incrementan, con carácter extraordinario durante 2021, las subvenciones destinadas al mantenimiento de puestos de trabajo de personas con discapacidad en los CEE[23].

Los CEE pueden constituirse en entes públicos o privados y se caracterizan porque al menos el 70% de los empleados deben ser personas con un grado de discapacidad igual o mayor al 33%. La idea es evitar el fraude en la creación de CEE por empresas ajenas al fin de inclusión laboral. Lo cierto es que, a pesar de los años transcurridos desde la aprobación de la medida, no se ha alcanzado el propósito para el que fueron concebidos. Los centros acaban siendo el final del trayecto para las personas discapacitadas más que un medio transitorio hacia el mercado laboral real por lo que se sugiere la creación de CEE diferenciados en función del grado de discapacidad, ello ayudaría a la integración dado que personas con grados de discapacidad menos severa no se verían perjudicadas por el ritmo del centro en general[24]. También sería recomendable en el mismo sentido de facilitar la integración que trabajen en los mismos un amplio porcentaje de personas sin discapacidad.

---

21 Real 2273/1985, de 4 de diciembre, por el que se aprueba el Reglamento de los Centros Especiales de Empleo definidos en el artículo 42 de la Ley 13/1982, de 7 de abril, de Integración Social del Minusválido (BOE nº 294) modificado por Real Decreto-Ley 1/2023, de 10 de enero, de medidas urgentes en materia de incentivos a la contratación laboral y mejora de la protección social de las personas artistas (BOE 11 de enero de 2023), concretamente en las disposiciones adicional quinta (Bonificaciones por la contratación de personas con discapacidad) y final séptima (Modificación del Real Decreto 1451/1983, de 11 de mayo en el que se regulaba el empleo selectivo y las medidas de fomento del empleo de las personas trabajadoras con discapacidad).

22 Real Decreto 469/2006, de 21 de abril, por el que se regulan las unidades de apoyo a la actividad profesional en el marco de los servicios de ajuste personal y social de los Centros Especiales de Empleo. BOE nº 96.

23 BOE n nº 124.

24 SANCHEZ PACHON, L.A., "Los centros especiales de empleo: configuración e incidencia y valoración de las últimas actuaciones normativas", CIRIEC-España, Revista Jurídica de Economía Social y Cooperativa, nº 36, 2020, p. 86.

1.2. Enclaves laborales

El artículo 46 del Real Decreto Ley 1/2013 establece que los enclaves laborales son creados para facilitar la transición al empleo ordinario de las personas trabajadoras con discapacidad que se encuentran con especiales dificultades de acceso al mismo. Tratan de facilitar su integración laboral, en especial, de las personas con discapacidad intelectual. El desarrollo del mercado laboral ordinario para llevar a cabo obras y servicios que se correspondan con la actividad regular de las empresas y en las que participen un grupo de trabajadores reglamentario de los enclaves laborales está recogido en el RD 290/2004, de 20 de febrero, por el que se regulan los enclaves laborales como medida de fomento de empleo de las personas con discapacidad[25]. Los CEE pueden celebrar contratos (llamados enclaves laborales) con empresas del mercado ordinario, a las que se denominan empresas colaboradoras, para la realización de obras y servicios correspondientes a la actividad normal de las misma. De esta forma, los trabajadores de los CEE se desplazan temporalmente a la empresa colaboradora dónde trabajarán junto a los trabajadores de la empresa en un entorno de plena inclusión. Por su parte, es una oportunidad para que la empresa colaboradora pueda conocer las capacidades y potencialidades de estos trabajadores y quizá, incorporarles a su plantilla.

Según el artículo 58 del Real Decreto 290/2004 los enclaves laborales deben estar formados por 5 trabajadores como mínimo si la plantilla de la empresa colaboradora es de 50 o más trabajadores, o al menos por 3, si la plantilla es inferior; el 60% de sus trabajadores, como mínimo, debe presentar especiales dificultades para el acceso al mercado ordinario de trabajo (el resto de trabajadores debe tener un grado de discapacidad reconocido igual o superior al 33%) y, al menos, el 75% ha de tener una antigüedad mínima de 3 meses en el CEE; su duración no puede ser inferior a 3 meses ni superior a 3 años. Puede prorrogarse hasta la duración máxima por períodos no inferiores a 3 meses. Llegado el tiempo máximo establecido, el enclave sólo podrá prorrogarse si el CEE acredita que la empresa colaboradora u otra empresa del mercado ordinario de trabajo han contratado con carácter indefinido a trabajadores con discapacidad que tengan especiales dificultades de inserción laboral. Y, en cualquier caso, no podrá prorrogarse ni iniciarse uno nuevo para la misma actividad si se hubiera llegado a la duración máxima total de seis años, incluido el periodo de prorroga; durante su vigencia, los trabajadores con

---

[25] BOE nº 45.

discapacidad ocupados en el enclave mantienen la relación laboral de carácter especial con el CEE.

En este caso, la realidad es que los enclaves laborales han sido utilizados de forma fraudulenta por muchas empresas durante las últimas tres décadas con el fin evitar cumplir con exigencias legales como la cuota de reserva[26]. Es por ello que FERNÁNDEZ ORRICO, por ejemplo, ha propuesto disminuir las subvenciones a las empresas colaboradoras a fin de fomentar otras medidas como los ajustes razonables, la cuota de reserva y el empleo con apoyo, medidas que ayudarían a una mejor inclusión social[27]. También la Convención de los Derechos de las Personas con Discapacidad concibe el empleo protegido como una etapa de tránsito al empleo ordinario ya que trabajar en entornos laborales abiertos obliga a los Estados a que los mercados sean inclusivos y accesibles para estas personas. "Uno de los grandes valores de la convención reside en ser el primer texto jurídico de derechos humanos a nivel internacional que, apuesta por un nuevo modelo de discapacidad, el conocido como modelo social de discapacidad, que persigue la participación plena y efectiva de estas personas en la sociedad en igualdad de condiciones que las personas que no tienen esa condición"[28].

---

26 REY PÉREZ, J.L., Empleo ordinario o empleo protegido? El empleo de las personas con discapacidad: oportunidades y desafíos, Dykinson, Madrid, 2018, pp. 394-407. En todo caso, en la transformación normativa del empleo protegido merece resaltar la Disposición Final 14 de la Ley 9/2017, de 8 de noviembre, de Contratos del Sector Público que introduce la figura del CEE de iniciativa social, diferenciándolo de aquel que tiene ánimo de lucro. Esta modificación normativa ha posibilitado la discriminación positiva de este tipo de CEE para otorgarles ayudas y reserva de contratos públicos.

27 FERNÁNDEZ ORRICO, F., "Un cambio de paradigma: de los programas de empleo con apoyo a los servicios de empleo con apoyo. Discapacidad", *Revista de Derecho Laboral vLex,* nº 7, 2022.

28 BERNAL SANTAMARÍA, F., "Personas con discapacidad; la necesidad de los ajustes razonables para la igualdad y la no discriminación", *Revista General de Derecho del Trabajo y de la Seguridad Social,* nº 59, 2021, p. 532. El modelo social de discapacidad aboga por superar el modelo médico de discapacidad que concibe a estas personas como seres biológica y psicológicamente inferiores, como víctimas defectuosas y frágiles que habría que rehabilitar o curar, tratarlas con condescendencia, e inclusa dejarlas morir por su enfermedad o institucionalizarlas. Vid. PÉREZ M.E. y CHHABRA, G., "Modelos teóricos de discapacidad: un seguimiento del desarrollo histórico del concepto de discapacidad en las últimas cinco décadas", *Revista Española de Discapacidad (REDIS),* vol. 7, nº 1, 2019 , pp. 7-27.

2. Empleo ordinario

Para fomentar la contratación de personas con discapacidad en el empleo ordinario acudimos a medidas de acción positiva. Entre ellas destacamos los ajustes razonables, la cuota de reserva para personas con discapacidad y el empleo con apoyo. Como veremos a continuación, tanto la doctrina como la legislación apuestan por la integración de las personas discapacitadas a través del empleo ordinario. La reciente Ley de Empleo lo explicita de la siguiente manera en la exposición de motivos: "Los servicios de empleo procurarán, prioritariamente, el acceso de dichas personas al empleo ordinario, pero también la creación y funcionamiento de centros especiales de empleo y enclaves laborales que faciliten su integración en el mercado de trabajo."

2.1. Ajustes razonables

El artículo 2 de la Convención Internacional sobre los Derechos de las Personas con Discapacidad entiende por ajustes razonables "las modificaciones y adaptaciones necesarias y adecuadas que no impongan una carga desproporcionada o indebida, cuando se requieran en un caso particular, para garantizar a las personas con discapacidad el goce o ejercicio, en igualdad de condiciones con las demás, de todos los derechos humanos y libertades fundamentales. Además, la Convención considera que la denegación de ajustes razonables es una forma de discriminación.

Por su parte, la Directiva 2000/78 refiere a los ajustes razonables en sus considerandos 20 y 21 y en su artículo 5.4. En el considerando 20 dice que "es preciso establecer medidas adecuadas, es decir, medidas eficaces y prácticas para acondicionar el lugar de trabajo en función de la discapacidad, por ejemplo, adaptando las instalaciones, equipamientos, pautas de trabajo, asignación de funciones o provisión de medios de formación o encuadre". En el artículo 21 prevé que "para determinar si las medidas en cuestión dan lugar a una carga desproporcionada, deberían tenerse en cuenta, particularmente, los costes financieros y de otro tipo que éstas impliquen, el tamaño, los recursos financieros y el volumen de negocios total de la organización o empresa y la disponibilidad de fondos públicos o de otro tipo de ayuda". En el artículo 5 se regula lo que se entiende que son los ajustes razonables para las personas con discapacidad de la siguiente manera: "A fin de garantizar la observancia del principio de igualdad de trato en relación con las personas con discapacidades, se realizarán ajustes razonables. Esto significa que los empresarios tomarán las medidas adecuadas, en función de las necesidades de cada situación concreta, para permitir a las personas con discapacidades acceder al empleo, tomar parte en el mismo o progresar profesionalmente, o para que se les ofrezca formación, salvo que esas medidas supongan una carga excesiva para el empresario. La carga no se considerará excesiva cuando sea paliada en grado suficiente mediante medidas existentes en la política del Estado miembro sobre discapacidades". Así pues, la obligación de realizar ajustes razonables en el puesto de trabajo consta de tres aspectos: el concepto de ajuste, la razonabilidad del ajuste y la existencia de carga excesiva.

En la legislación española, el artículo 40.2 de la Ley General de Derechos de las Personas con Discapacidad y de su Inclusión Social establece la obligación de realizar ajustes razonables en el entorno laboral, esto es, las modificaciones y adaptaciones necesarias y apropiadas en el entorno físico, social y actitudinal que trata de satisfacer las necesidades específicas de los individuos con discapacidad, sin imponer una carga excesiva o injustificada. Estos ajustes son requeridos para mejorar, cuando sea necesario y en cada caso particular, la accesibilidad, fomentar la participación y garantizar que las personas con discapacidad puedan disfrutar y ejercer sus derechos en igualdad de condiciones.

Esta obligación de ajustes razonables es de tracto sucesivo y debiera mantenerse mientras dure la relación laboral salvo que exista una "carga excesiva o desproporcionada". Dicho concepto es de los que denominamos "conceptos jurídicos indeterminados". Al respecto, el artículo 40.2 final establece lo siguiente: "Para determinar si una carga es excesiva se tendrá en cuenta si es paliada en grado suficiente mediante las medidas, ayudas o subvenciones públicas para personas con discapacidad, así como los costes financieros y de otro tipo que las medidas impliquen y el tamaño y el volumen de negocios total de la organización o empresa". El artículo 63 indica que "se entenderá que se vulnera el derecho a la igualdad de oportunidades de las personas con discapacidad, definidas en el artículo 4.1, cuando, por motivo de o por razón de discapacidad, se produzcan discriminaciones directas o indirectas, discriminación por asociación, acosos, incumplimientos de las exigencias de accesibilidad y de realizar ajustes razonables, así como el incumplimiento de las medidas de acción positiva legalmente establecidas"[29].

---

29 El Tribunal de Justicia de la Unión Europea ha prohibido despedir a un trabajador con discapacidad permanente total al considerar que el empresario no ha efectuado ningún ajuste laboral para confirmar que las modificaciones serían una carga

El incumplimiento de esta obligación supone la existencia de una conducta discriminatoria, reconocida de forma expresa por la Convención en su artículo 2. Si bien la Directiva 2000/78 no ha incluido tal consideración, el legislador español ha calificado, en el marco del artículo 63 del Real Decreto Legislativo 1/2013, el incumplimiento de la citada obligación como una vulneración del derecho a la igualdad de oportunidades.

La Estrategia Española sobre Discapacidad 2022-2030 también se refiere a dicho concepto[30]. En cuanto al empleo prevé que hay que "regular los ajustes razonables que permitan el acceso y la permanencia en el empleo de las personas con discapacidad y facilitar los medios y apoyos para que estos sean posibles; combatir la discriminación por discapacidad en el empleo, generando canales de denuncia y mecanismos de información, control y seguimiento de situaciones de discriminación. Además, hay que asegurar que se aplican ajustes razonables en el puesto de trabajo a efectos de garantizar la accesibilidad y el pleno desarrollo de los derechos laborales de las personas trabajadoras con diversidad funcional, especialmente en caso de accidentes de trabajo que hayan dado lugar a discapacidad. Se hace especial incidencia en las mujeres con discapacidad".

Recientemente, como se ha comentado con anterioridad, el Gobierno ha aprobado la reforma del artículo 49.1 del ET que permitirá eliminar como causa automática de extinción de la relación laboral el reconocimiento de la Incapacidad Permanente de la persona trabajadora. En el futuro texto legal se prevé que las empresas deberán hacer los ajustes razonables o el cambio de puesto de trabajo que permitan a las personas que acceden a la situación de incapacidad permanente después de iniciar su relación de trabajo. El texto aprobado también establece los criterios que permiten determinar cuándo los ajustes necesarios constituirían un coste excesivo para la empresa valorando, de manera específica, si los gastos de adaptación pueden sufragarse con ayudas o subvenciones públicas de manera parcial o total y, en su caso contrario, si son excesivos

---

excesiva. Al hilo de esta cuestión, el Ministerio de Trabajo ha remitido una propuesta de anteproyecto de ley al diálogo social que modifica el artículo 49.1 del Estatuto de los Trabajadores para eliminar el supuesto de despido automático en el caso de una declaración de incapacidad en cualquiera de sus grados, permanente absoluta o total o gran invalidez. La extinción automática del contrato quedaría sólo para el caso de "muerte de la persona trabajadora" una vez que se apruebe el texto legal. Dicha propuesta ha sido aprobada en segunda vuelta del Consejo de Ministros (23/07/2024).

[30] MINISTERIO DE DERECHOS SOCIALES Y AGENDA 2030 <

en relación con el salario medio, el tamaño y el volumen de negocio de la empresa.

La accesibilidad implica pensar y crear los entornos, productos, servicios, bienes, etc., para que puedan ser utilizados por todas las personas en condiciones de seguridad y máxima autonomía transformando dicho entorno de forma positiva sin que ello suponga una carga desproporcionada o indebida[31].

En la práctica. ¿Qué ajustes razonables se pueden ofrecer en el puesto de trabajo? En este caso, hemos utilizado como ejemplo los expuestos en la "Guía de ajustes razonables de la Comisión Europea"[32]. También es interesante la "Guía de la OIT: fomentando la diversidad y la inclusión mediante ajustes en el lugar de trabajo. Una guía práctica"[33].

Entre las soluciones técnicas: instalar ascensores o rampas; colocar el mobiliario de oficina a una altura adecuada; instalar programas informáticos como lectores de pantalla, magnificadores de pantalla o software de reconocimiento de voz, etc.; proporcionar terminales Braille; utilizar interpretación en tiempo real a través de telecomunicaciones. Cabe señalar que los ajustes razonables complementan las medidas de accesibilidad y, cuando la accesibilidad ya está garantizada, la aplicación de ajustes razonables, por lo que se refiere a los dispositivos técnicos, es mucho más sencilla y menos costosa.

Otros casos de ajustes razonables, según se explicita en dicha guía podrían estar relacionados con: las modalidades de trabajo, como proporcionar un horario de trabajo flexible, teletrabajo, permisos, reubicación a una nueva oficina o reasignación a un puesto de trabajo diferente si así lo solicita el empleado; la formación para ayudar a los empleados a utilizar tecnologías de apoyo en el trabajo y tutorías para que los empleados puedan superar cualquier obstáculo que encuentren en el lugar de trabajo; la modificación de procedimientos y políticas de la empresa, como centralizar el sistema a través del cual los empleados puedan solicitar apoyo para la accesibilidad; o las medidas de concienciación para que

---

31 COMITÉ ESPAÑOL DE REPRESENTANTES DE PERSONAS CON DISCAPACIDAD,

32 EUROPEAN COMMISSION, https://ec.europa.eu › social › BlobServlet. (Consulta: 10/2/2023).

33 Disponible en: <https://www.ilo.org/global/topics/equality-and-discrimination/WCMS_560782/lang—es/index.htm (Consulta: 11/2/2024).

las personas con discapacidad puedan realizar su trabajo en un entorno laboral favorable.

Por último señalar, como hace la guía europea, que hay que ir eliminando los mitos que existen sobre los ajustes razonables como que suelen ser caros, que es complicado realizar los ajustes para los trabajadores con discapacidad, que se necesitan conocimientos técnicos especializados para planear y ofrecer ajustes razonables, o que contratar a personas con discapacidad aumentaría los riesgos para la salud y la seguridad.

Así pues, la obligación de realizar ajustes razonables en el puesto de trabajo demuestra que, hasta hace bien poco, la sociedad se ha construido sin tener en cuenta a las personas con discapacidad y sus necesidades. La Estrategia Española sobre Discapacidad admite como un paso fundamental dichas adaptaciones del puesto de trabajo ya que "implica reconocer que la exclusión no se debe a la discapacidad, sino que la exclusión o la inclusión dependen de que hagamos entornos inclusivos y respetuosos con las diferencias, aunque ello suponga modificar nuestra forma habitual de hacer las cosas".

2.2. Cuota de reserva de puestos de trabajo para personas con discapacidad

El artículo 42 de la Ley General de las Personas con Discapacidad establece al respecto[34]:

---

[34] En cuanto al empleo público, el Real Decreto Ley 6/2023, de 19 de diciembre, por el que se aprueban medidas urgentes para la ejecución del Plan de Recuperación, Transformación y Resiliencia en materia de servicio público de justicia, función pública, régimen local y mecenazgo establece lo siguiente (artículo 108): 4. En la oferta de Empleo Público se reservará un porcentaje no inferior al 10% de las plazas convocadas para ser cubiertas entre personas con discapacidad siempre que superen las pruebas selectivas, y acrediten su discapacidad y la compatibilidad con el desempeño de las tareas, de forma que progresivamente se alcance el 2% de los efectivos totales de la Administración del Estado incluida en el ámbito de aplicación de este libro. La reserva del mínimo del 10% se realizará de manera que, al menos el 2% de las plazas ofertadas lo sea para ser cubiertas por personas que acrediten discapacidad intelectual y el resto de las plazas ofertadas lo sea para personas que acrediten cualquier otro tipo de discapacidad. La reserva se hará sobre el número total de las plazas incluidas en la respectiva oferta de empleo público, pudiendo concentrarse las plazas reservadas para personas con discapacidad en aquellas convocatorias que se refieran a cuerpos, escalas o categorías que se adapten mejor a sus capacidades y competencias.

> "1. Las empresas públicas y privadas que empleen a un número de 50 o más trabajadores vendrán obligadas a que de entre ellos, al menos, el 2 por 100 sean trabajadores con discapacidad. El cómputo mencionado anteriormente se realizará sobre la plantilla total de la empresa correspondiente, cualquiera que sea el número de centros de trabajo de aquélla y cualquiera que sea la forma de contratación laboral que vincule a los trabajadores de la empresa. Igualmente se entenderá que estarán incluidos en dicho cómputo los trabajadores con discapacidad que se encuentren en cada momento prestando servicios en las empresas públicas o privadas, en virtud de los contratos de puesta a disposición que las mismas hayan celebrado con empresas de trabajo temporal".

Están obligadas todas las empresas privadas, cualquiera que sea su forma jurídica, siempre que superen una plantilla determinada. Se incluye igualmente a las empresas públicas. Según criterio de la Inspección de Trabajo, estas entidades públicas se rigen por el Derecho Privado salvo las cuestiones exceptuadas, en particular, en materia de personal laboral. El criterio de la Inspección de Trabajo indica que la obligación de contratar el 2% de personas trabajadoras discapacitadas si el régimen de contratación aplicable es el laboral ordinario y no las normas de acceso al empleo público que tiene su propia regulación en materia de reserva[35]. La obligación se refiere exclusivamente a los trabajadores por cuenta ajena por lo que quedan fuera los socios cooperativistas, trades, becarios o cualquier otra relación que no sea la de trabajo por cuenta ajena. En todo caso, sí queda claro que se incluyen los trabajadores de Empresas de Trabajo Temporal. Para calcular el número de 50 o más trabajadores hay que acudir a las reglas dispuestas en el Real Decreto 364/2005[36]. En cuanto al "dies a quo" son los 12 meses anteriores (de fecha a fecha). "Los cálculos se realizan sobre la plantilla en un periodo de tiempo y no respecto del número de trabajadores que tenga la empresa en un momento concreto". Por otra parte, la obligación se atribuye a la empresa "en su conjunto"[37].

---

35 MINISTERIO DE EMPLEO Y SEGURIDAD SOCIAL: "Criterio Técnico 98/2016, sobre actuaciones de la Inspección de Trabajo y Seguridad Social en materia de reserva de cuotas de puestos de trabajo para personas con discapacidad", (2016), <https//www.mites.gob.es. (Consulta: 8/3/2024).

36 Real Decreto 364/2005, de 8 de abril, por el que se regula el cumplimiento alternativo con carácter excepcional de la cuota de reserva en favor de los trabajadores con discapacidad (BOE nº 94 de 20/4/2005).

37 MINISTERIO DE EMPLEO Y SEGURIDAD SOCIAL: "Criterio Técnico 98/2016, sobre actuaciones de la Inspección de Trabajo y Seguridad Social en materia de reserva de cuotas de puestos de trabajo para personas con discapacidad", *cit.*

> "De manera excepcional, las empresas públicas y privadas podrán quedar exentas de esta obligación, de forma parcial o total, bien a través de acuerdos recogidos en la negociación colectiva sectorial de ámbito estatal y, en su defecto, de ámbito inferior, a tenor de lo dispuesto en el artículo 83. 2 y 3, del Texto Refundido de la Ley del Estatuto de los Trabajadores, aprobado por el Real Decreto Legislativo 2/2015, de 23 de octubre, bien por opción voluntaria del empresario, debidamente comunicada a la autoridad laboral, y siempre que en ambos supuestos se apliquen las medidas alternativas que se determinen reglamentariamente.
> En las ofertas de empleo público se reservará un cupo para ser cubierto por personas con discapacidad, en los términos establecidos en la normativa reguladora de la materia".

El artículo 5 del Real Decreto 1451/1983, de 11 de mayo: Comunicación anual. establece lo siguiente respecto a las obligaciones formales de comunicación y documentación:

> "Dentro del primer trimestre de cada año, con conocimiento de los representantes del personal, las empresas que empleen un número de trabajadores fijos que exceda de 50, deberán enviar a la oficina de empleo del INEM de la provincia en que tengan su sede social, así como a las de provincias donde tengan centros de trabajo, relación detallada de los puestos de trabajo ocupados por trabajadores minusválidos y de aquellos que por sus características queden reservados a los mismos. Las oficinas de empleo darán traslado de estas relaciones a los equipos multiprofesionales".

En cuanto a la solicitud del certificado de excepcionalidad, la empresa se debe encontrar en alguno de los siguientes casos (artículo 1.2 del RD Legislativo 2/2015):

- Que no pueda incorporar a un trabajador con discapacidad debido a la imposibilidad de los servicios públicos de empleo o a las agencias de colocación de poder atender la oferta de empleo.
- Que concurran cuestiones de carácter productivo, organizativo, técnico o económico que supongan una dificultad adicional para incorporar trabajadores con discapacidad a su plantilla. En este caso podrá exigirse la acreditación correspondiente.

Una vez que la empresa consiga la declaración de excepcionalidad tendrá una validez de tres años desde la resolución. Transcurrido ese plazo la excepcionalidad deberá solicitarse de nuevo.

¿Qué medidas alternativas pueden plantear las empresas para cumplir con la reserva del 2% de puestos de trabajo?

En función de lo establecido en el Real Decreto son las siguientes:

- Contratación a través de un contrato mercantil o civil de un centro especial de empleo o de un trabajador autónomo con discapacidad para el suministro de materias primas, maquinaria, bienes de equipo o cualquier otro tipo de bienes necesarios para el normal desarrollo de actividad de la empresa.
- Firma de un contrato mercantil o civil con un centro especial de empleo con un trabajador autónomo con discapacidad para la prestación de servicios ajenos a la actividad normal de la empresa.
- Realización de donaciones y acciones de patrocinio, con carácter monetario, para desarrollar actividades de inserción laboral y de creación de empleo de personas con discapacidad.
- Constitución de un enclave laboral, previa suscripción de un contrato con un centro especial de empleo.

La Ley de Infracciones y Sanciones del Orden Social, en su artículo 15.3, establece como infracción grave "el incumplimiento en materia de integración laboral de personas con discapacidad de la obligación legal de reserva de puestos de trabajo para personas con discapacidad, o de la aplicación de sus medidas alternativas de carácter excepcional. No obstante, lo previsto en el artículo 41 de esta ley, en el supuesto de la infracción tipificada en el artículo 15.3, la sanción se impondrá en su grado máximo cuando, en los dos años anteriores a la fecha de la comisión de la infracción, el sujeto responsable ya hubiere sido sancionado en firme por incumplimiento de la obligación legal de reserva de puestos de trabajo para personas con discapacidad o de la aplicación de sus medidas alternativas de carácter excepcional. Es infracción muy grave (16.5g) "la aplicación indebida o la no aplicación a los fines previstos legal o reglamentariamente de las donaciones y acciones de patrocinio recibidas de las empresas por fundaciones y asociaciones de utilidad pública, como medida alternativa al cumplimiento de la obligación de reserva de empleo a favor de las personas con discapacidad". El incumplimiento de dichas medidas puede conllevar sanciones económicas que en los casos más graves pueden alcanzar hasta 1.000.000 de euros, además de sanciones accesorias como no poder participar en licitaciones públicas, no poder acceder a ayudas y subvenciones públicas, inaplicación de bonificaciones o sanciones complementarias de hasta 6000 euros por cada persona con discapacidad que se haya dejado de contratar.

A pesar de que la existencia de la obligación legal de una cuota de reserva del 2% para personas discapacitadas en empresas de 50 o más trabajadores que se promulgó por primera vez en el año 1970 por el Decreto

2531/1970[38] dicha obligación se ha mantenido durante algo más de 50 años con un cumplimiento verdaderamente insatisfactorio por parte de las empresas, y ello a pesar de las modificaciones legislativas para fomentar su incumplimiento, las campañas de la Inspección de Trabajo y Seguridad Social o las cláusulas sociales para contratar con la Administración Pública[39]. Así pues, debemos preguntarnos ¿son las sanciones existentes lo suficientemente disuasorias o quizá más que sanción debemos demostrar a las empresas el potencial real de estas personas y desmitificar los prejuicios existentes?, Garantizar la inclusión social parece que exige revisar una cuota de reserva de empleo que no se está cumpliendo y también la posibilidad legal de excepcionarla.

2.3 Empleo con apoyo

El artículo 41 de la Ley General de Personas con Discapacidad lo define como "el conjunto de acciones de orientación y acompañamiento personalizado en el lugar de trabajo". La normativa específica se encuentra en el Real Decreto 870/2007, de 2 de julio[40], que establece el programa de empleo con apoyo como una iniciativa para fomentar la empleabilidad de personas con discapacidad en el mercado laboral ordinario. Así pues, el empleo con apoyo forma parte de la Responsabilidad Social Empresarial. Empleo con Apoyo supone para la empresa la puesta a disposición, sin coste alguno, de profesionales especializados que le ayudarán en el proceso de integración en su plantilla de personas con discapacidad. La función de estos profesionales es realizar un doble acompañamiento, tanto a la empresa como a la persona con discapacidad, en todos los procesos necesarios para la incorporación al puesto de trabajo, así como para su mantenimiento. Se trata de un acompañamiento individual y personalizado cuyo objetivo es que las personas con discapacidad desempeñen sus tareas de forma autónoma y eficaz, en condiciones análogas al resto de las trabajadoras y trabajadores que desempeñan puestos similares, y conforme con los

---

38 ESTEBAN LEGARRETA, R., "El nuevo artículo 49 de la Constitución Española. Un comentario en perspectiva jurídico-laboral", *Briefs AEDTSS, Asociación Española de Derecho del Trabajo y de la Seguridad Social*, nº 32, 2024.

39 Vid al respecto: DE FUENTES GARCIA-ROMERO DE TEJADA, C., "Cincuenta años de la política de empleo para la inclusión laboral de personas con discapacidad. Balance y retos de futuro", <https://docta.ucm.es/entities/publication/7647b2d7-620c-405e-95c2-215964b9e119 (Consulta:7/02/2023).

40 BOE nº 168 de 14/07/2007.

requerimientos de la empresa. Las personas profesionales del Empleo con Apoyo, en colaboración con la empresa, realizarán un análisis detallado de los puestos de trabajo para identificar oportunidades de empleo para personas con discapacidad.

Este análisis reportará información relevante sobre las características y condiciones de desarrollo del empleo para acometer la siguiente fase: la identificación de las personas con discapacidad con las potencialidades necesarias para desempeñar dicho puesto.

Los/as profesionales del Empleo con Apoyo identificarán a aquellas personas con discapacidad que por sus características y capacidades pueden desempeñar las tareas del puesto de trabajo, realizando previamente un análisis de adecuación persona-puesto.

La incorporación a un nuevo puesto de trabajo requiere siempre de un tiempo de aprendizaje y ajuste. En el caso de las personas con discapacidad, este periodo se realiza con el apoyo de una formación individualizada dirigida a optimizar la inclusión de la persona en su puesto y entorno laboral instrumentando si es necesario adaptaciones razonables requeridas por el puesto y realizando un seguimiento cercano para asegurarse de la óptima incorporación al puesto de trabajo.

Las personas profesionales del Empleo con Apoyo velarán también por las necesidades de adaptación que puedan surgir generadas por eventuales modificaciones en el puesto o en el entorno, y realizarán un seguimiento a largo plazo y una evaluación sistemática del proceso y de la satisfacción con éste, tanto de la persona con discapacidad, como de la empresa[41].

El objetivo del Empleo con Apoyo, según el Real Decreto antes mencionado, es facilitar la adaptación de personas con especiales dificultades para que puedan lograr la prestación de servicios en condiciones similares al resto de personas trabajadoras previendo un acompañamiento individualizado y acciones de orientación, por parte de las personas preparadoras especializadas (entre otras). A estos aspectos se adaptará también la contratación laboral.

Así pues, las personas que pueden acceder son:

- Personas con enfermedad mental o parálisis cerebral con un grado reconocido igual o superior al 33%.

---

[41] Disponible en: https://www.lanbide.euskadi.eus/empresas/-/informacion/empleo-con-apoyo/

- Personas con discapacidad física o sensorial con un grado reconocido igual o superior al 65% o personas sordas o con discapacidad auditiva con un grado de minusvalía reconocido igual o superior al 33%.

El seguimiento continuo y la ayuda de las personas trabajadoras con discapacidad es clave para el éxito de la integración en el mercado laboral de dichas personas, eso sí, siempre y cuando se respete y se crea de forma rigurosa en dichas metodologías. Es imprescindible un refuerzo de dichos programas que, a pesar de que está regulado como programa estatal en el Real Decreto 870/2007, de 2 de julio, en la realidad práctica está disperso en muchos programas propios autonómicos lo que fomenta una diversidad en su tratamiento. "Para muchas personas con discapacidad, el acceso al puesto de trabajo en el medio ordinario de trabajo y su permanencia son impensables sin empleo con apoyo, razón por la que es urgente asumir su condición de servicio, mejorar algunos aspectos, particularmente garantizar el apoyo sin topes temporales o de jornada mínima, y evitar las penurias de financiación padecidas por las entidades promotoras de empleo con apoyo en la mayoría de las Comunidades Autónomas"[42].

2.4. Empleo autónomo

La legislación recoge la posibilidad de los Poderes Públicos de facilitar el acceso de las personas discapacitadas (incluso con discapacidad sobrevenida) al empleo autónomo, bien sea por cuenta propia, bien por iniciativas de economía social y lo hace, fundamentalmente, a través de bonificaciones en las cotizaciones de dichos trabajadores y ayudas económicas o subvenciones. Las medidas de fomento de empleo autónomo para personas discapacitadas entraron en vigor en el año 2017, con la Ley de Reformas Urgentes del Trabajador Autónomo, lo que ha supuesto un crecimiento del 7,6% del número de personas trabajadoras autónomas discapacitadas.

Las ayudas económicas están establecidas en la Orden TAS/1622/2007, de 5 de junio por la que se regula la concesión de subvenciones al pro-

---

42 ESTEBAN LEGARRETA, R., "El nuevo artículo 49 de la Constitución Española. Un comentario en perspectiva jurídico-laboral", cit.

grama de promoción del empleo autónomo para personas con discapacidad[43]:

- Ayudas económicas para la inversión inicial que van desde los 5.000 hasta los 10.000 euros, dependientes de las Comunidades Autónomas para establecimiento y financiación.
- Financiación más barata en caso de solicitud de préstamos (hasta 4 puntos el interés).
- Ayudas para la asistencia técnica de la actividad, hasta cubrir el 75% del coste de los servicios prestados con un tope de 2.000 euros.
- Ayudas para formación, hasta cubrir el 75% del coste de los cursos justificados y con un importe máximo de 3.000 euros.

La condición para acceder a estas subvenciones es que la persona autónoma debe estar dado de alta durante un mínimo de tres años.

Las personas autónomas con discapacidad también pueden beneficiarse de una deducción del Impuesto de la Renta de las Personas Físicas (IRPF) en los seguros que les cubran a ellos y a sus hijos menores de 25 años que vivan en su domicilio. La cuantía total anual que podrá desgravarse será de 1.500 euros en caso de que los beneficiarios sean personas con discapacidad, en vez de los 500 euros permitidos al resto de las personas autónomas.

Las personas autónomas con una discapacidad igual o superior al 33% pueden solicitar en el momento de darse de alta la aplicación de una cuota reducida de 80 euros durante los primeros 24 meses (36 si los rendimientos netos anuales son inferiores al Salario Mínimo Interprofesional) llamada "tarifa plana para autónomos con discapacidad". Una vez que finalice este período, si su rendimiento neto previsto fuese igual o inferior al SMI[44] podrán solicitar, a través de Importass, la aplicación de esta cuota reducida durante los siguientes 36 meses por importe de 160 euros. No será posible beneficiarse de esta tarifa ni de la bonificación si se ha estado de alta como

---

43 Información extraída de: <https://ayudatpymes.com/gestron/autonomos-con-discapacidad/.(Consulta 26/01/2024). Y FUENTES GARCIA-ROMERO DE TEJADA, C., "Cincuenta años de la política de empleo para la inclusión laboral de personas con discapacidad. Balance y retos de futuro", <https://docta.ucm.es/entities/publication/7647b2d7-620c-405e-95c2-215964b9e119. (Consulta: 7/02/2023).

44 A partir de ahora SMI.

autónomo en los últimos dos años, o en los últimos tres en el caso de ser beneficiario de la tarifa plana o cuota reducida.

Todas las solicitudes de ampliación deberán acompañarse de una declaración relativa a que los rendimientos netos que se prevén obtener van a ser inferiores al SMI vigente. Esta reducción no resultará aplicable a los familiares de trabajadores autónomos por consanguinidad o afinidad hasta el segundo grado inclusive y adopción, que se incorporen al Régimen Especial de la Seguridad Social de los Trabajadores por Cuenta Propia o Autónomos.

Los trabajadores por cuenta propia que disfruten de estos beneficios podrán renunciar en cualquier momento expresamente a su aplicación con efectos a partir del día primero del mes siguiente al de la comunicación de la renuncia correspondiente.

Una vez finalice esta bonificación, las personas autónomas discapacitadas deberán pagar a la Seguridad Social lo mismo que cualquier otra persona autónoma.

Por último, recordar que existe la bonificación para personas autónomas con discapacidad sobrevenida. Esta bonificación entró en vigor el 1 de enero de 2019 y permite solicitar la tarifa reducida a las personas autónomas que sufran una discapacidad sobrevenida[45]. Esto es, adquirida cuando ya eran autónomas.

En el año 2024, las personas autónomas con una discapacidad de grado mayor o igual que el 33%, víctimas de violencia de género y de terrorismo, disponen de una cuota reducida de 80 euros al mes en los primeros 24 meses

2.5. Otras medidas: Empleo selectivo.

El Real Decreto 1451/1983, de 11 de mayo, en cumplimiento de lo previsto en la Ley 13/1982, de 7 de abril, regula el empleo selectivo o las medidas de fomento del empleo de los trabajadores minusválidos[46]. En la desconocida normativa se establecen reglas para la readmisión o rein-

---

45 Los requisitos para conseguir la tarifa plana para autónomos con discapacidad sobrevenida son los siguientes: estar dado de alta en el RETA; tener una discapacidad mínima del 33% reconocida por la Seguridad Social. La bonificación debe ser solicitada expresamente por el autónomo (no es de oficio).

46 BOE nº 133, de 4/06/1983.

corporación en el mundo empresarial ordinario de trabajadores que se ven afectados por una incapacidad permanente parcial, total o absoluta. Se regulan también bonificaciones, medidas de fomento de empleo, determinados aspectos referentes al cupo de reserva y se abre la posibilidad de reserva de puestos de trabajo a personas discapacitadas a través de la negociación colectiva.

IV. MODALIDADES DE CONTRATACIÓN Y DISCAPACIDAD

1. Contratación indefinida

En el caso de que se realice una contratación indefinida, si estamos ante trabajadores discapacitados sin discapacidad severa, los empleadores tendrán derecho a una bonificación mensual de la cuota empresarial a la Seguridad Social de 375 euros al mes (4.500 euros al año) durante toda la vigencia del contrato. También tendrán derecho a esta bonificación los contratos de fomento de empleo de personas con discapacidad o los contratos formativos suscritos con personas con discapacidad que se transformen en indefinidos.

La cuantía será de 425 euros al mes (5.100 euros al año) para trabajadores con parálisis cerebral, personas con enfermedad mental o discapacidad intelectual con un grado reconocido igual o superior al 33%, y personas con discapacidad física o sensorial, con un grado igual o superior al 65% (trabajadores discapacitados con discapacidad severa). En los supuestos de que las personas trabajadoras tengan 45 años o más o sean mujeres, se incrementará la bonificación respectivamente en 100 euros al mes (1.200 euros al año) o 70,83 euros al mes (850 euros año). Los incrementos son incompatibles entre sí.

2. Contrato temporal para el fomento del empleo de las personas con discapacidad

La Ley 43/2006, de 29 de diciembre, para la mejora del crecimiento y del empleo, en su Disposición Adicional Primera, regula el contrato temporal de fomento del empleo para personas con discapacidad[47]. A pesar de que con la reforma de la contratación temporal y el refuerzo formal y sustancial de la causalidad se dudó de la vigencia de dicha norma[48], el Real Decreto Ley 1/2023, de 10 de enero, de medidas urgentes en materia de incentivos a la contratación temporal y mejora de la protección social de las personas artistas[49] prevé el mantenimiento de las bonificaciones establecidas en la Ley 43/2006, de 29 de diciembre.

Esta modalidad contractual se puede celebrar con trabajadores con discapacidad con un grado igual o superior al 33% reconocido como tal por el organismo competente, o pensionistas de la Seguridad Social que tengan reconocida una pensión de incapacidad permanente en el grado total, absoluta o gran invalidez, o pensionistas de clases pasivas que tengan reconocida una pensión de jubilación o de retiro por incapacidad permanente para el servicio o inutilidad. Deben ser desempleados inscritos en la oficina de empleo que no hayan estado vinculados a la empresa, grupo de empresas o entidad en los veinticuatro meses anteriores a la contratación mediante un contrato por tiempo indefinido. Quedan excluidos los trabajadores que hayan finalizado su relación laboral de carácter indefinido en un plazo de tres meses previos a la formalización del contrato, excepto en el supuesto previsto en el artículo 8.2 de la Ley 43/2006, de 29 de diciembre (BOE de 30 de diciembre).

En cuanto a los requisitos exigibles a la empresa, no podrán contratar temporalmente a personas con discapacidad las empresas que, en los doce meses anteriores a la contratación hayan extinguido contratos indefinidos por despido reconocido o declarado improcedente o por despido colectivo. El periodo de exclusión se contará a partir del reconocimiento o declaración de improcedencia del despido o de la extinción derivada del despido colectivo. Las empresas deberán solicitar los trabajadores con discapacidad a través de la Oficina de Empleo.

---

47 El artículo 15 de la Ley 44/2007, de 13 de diciembre, para la regulación del régimen de las empresas de inserción, amplió el ámbito subjetivo de aplicación de este contrato a las empresas de inserción. Vid., un análisis de la evolución legislativa del contrato en: RUEDA MONROY, J.A., "Contenido y alcance de la reforma laboral en la contratación de personas con discapacidad", <https://riuma.uma.es/xmlui/handle/10630/24698 (Consulta: 8/02/ 2023).

48 Al respecto: RUEDA MONROY, J.A., "Contenido y alcance de la reforma laboral en la contratación de personas con discapacidad", *cit.*

49 BOE nº 9 de 11/01/2023.

La duración del contrato (que debe celebrarse por escrito y en modelo oficial) será entre doce meses y tres años. A la finalización del contrato el trabajador tendrá derecho a percibir una indemnización equivalente a doce días de salario por año de servicio. Las prórrogas no pueden ser inferiores a doce meses.

Las bonificaciones o reducciones durante toda la vigencia del contrato son las siguientes:

- Para personas trabajadoras discapacitadas sin discapacidad severa 3.500 euros al año. Si son mujeres será de 4.100 euros al año. En el caso de mayores de 45 años será de 4.100 euros al año y de 4.700 euros al año si son mujeres.
- Para personas discapacitadas con discapacidad severa menores de 45 años 4.100 euros al año y 4.700 euros al año si son mujeres. En caso de mayores de 45 años será de 4.700 euros al año y de 5.300 euros al año si son mujeres.

3. Contratos formativos

El Real Decreto Ley 32/2021 repara en las personas trabajadoras discapacitadas en lo que respecta a la ampliación de los límites temporales para la celebración, así como a la edad y duración, del contrato formativo. También se alude al colectivo para excluir la aplicación de la cláusula contenida en el artículo 42.6 del Real Decreto Legislativo 2/2015, de 23 de octubre, por el que se aprueba el texto refundido de la Ley del Estatuto de los Trabajadores relativa al convenio colectivo aplicable en contratas y subcontratas a los Centros Especiales de Empleo. Así, el artículo 11.4 d) ET, común para ambas submodalidades, establece que "los límites de edad y de duración máxima del contrato formativo no serán de aplicación cuando se concierte con personas con discapacidad [...]". Remite al futuro desarrollo reglamentario al objeto de establecer "dichos límites para adecuarlos a los estudios, al plan o programa formativo y al grado de discapacidad y características de estas personas".

La Disposición Adicional Vigésima del ET se ha visto también modificada por el RD Ley 32/2021 aunque en términos más sutiles y trascendencia mínima:

> "La primera modificación ha sido meramente léxica, para adaptar el precepto desde las dos modalidades primigenias al nuevo contrato formativo y para ajustar la naturaleza del incentivo económico para el empresario en atención a su forma de financiación, ahora la bonificación se limita al 50%

> de la cuota empresarial de la Seguridad Social correspondiente a contingencias comunes. La otra modificación, aunque de calado, es de carácter presupuestario, al haberse sustituido la naturaleza del incentivo desde la reducción a la bonificación. Mientras que la reducción se soportaba con cargo a los presupuestos propios de la Seguridad Social, la bonificación es sufragada por el Estado, con cargo a los presupuestos del Servicio Público de Empleo Estatal"[50].

El proyecto de Real Decreto por el que se desarrolla el régimen del contrato formativo previsto en el artículo 11 del texto refundido de la Ley del Estatuto de los Trabajadores, aprobado por el Real Decreto Legislativo 2/2015, de 23 de octubre[51] establece, a efectos del número máximo de contratos formativos vigentes al mismo tiempo en cada centro de trabajo, en concreto en el artículo 2.2 que "las personas trabajadoras con discapacidad o con capacidad intelectual límite contratadas mediante contratos formativos no serán computadas a efectos del número máximo de estos contratos al que se refiere el apartado anterior".

En el capítulo II se regula el contrato de formación en alternancia. El artículo 6 prevé que "no será aplicación el límite máximo de edad cuando el contrato se concierte con personas con discapacidad o con los colectivos en situación de exclusión social previstos en el artículo 2 de la Ley 44/2007, de 13 de diciembre, para la regulación del régimen de las empresas de inserción, en los casos en que sean contratados por parte de empresas de inserción que estén cualificadas y activas en el registro administrativo correspondiente". En cuanto a la duración (artículo 7) establece que "el caso de que se celebre el contrato con personas con discapacidad o con capacidad intelectual límite, el límite máximo del contrato de formación en alternancia (mínimo tres meses máximo dos años) podrá ampliarse un año de acuerdo con las previsiones específicas incluidas en el plan formativo individual y en el convenio de cooperación".

En cuanto al contrato para una práctica profesional adecuada (Capítulo III), el artículo 21.2 prevé que "El contrato para la obtención de práctica profesional deberá concertarse dentro de los tres años siguientes a la terminación de los correspondientes estudios. Si el contrato se concierta con una persona con discapacidad, este plazo será de cinco años". En cuanto a la duración, establece (artículo 22.2) que "la duración máxi-

---

50 Ibidem.

51 https://expinterweb.mites.gob.es/participa/listado. (Consulta: 12/02/2024).

ma prevista en este artículo no será de aplicación cuando ese contrato se concierte con personas con discapacidad o con los colectivos en situación de exclusión social previstos en el artículo 2 de la Ley 44/2007, de 13 de diciembre, en los casos en que sean contratados por parte de empresas de inserción que estén cualificadas y activas en el registro administrativo correspondiente".

La Disposición Adicional segunda del proyecto regula las especialidades aplicables a los contratos de formación en alternancia concertados con personas con discapacidad o con capacidad intelectual límite dirigidas a facilitar e incentivar la celebración de estos contratos con dichos colectivos:

> "1. En el desarrollo del presente Real Decreto, las administraciones competentes adoptarán aquellas medidas de adaptación que sean necesarias para facilitar e incentivar la suscripción de contratos de formación en alternancia con personas con discapacidad o con discapacidad intelectual límite y el desarrollo de actividades formativas vinculadas.
>
> 2. Sin perjuicio de las previsiones recogidas en la normativa específica, los contratos de formación en alternancia que celebren las empresas con personas con discapacidad o con capacidad intelectual límite se ajustarán a lo establecido en el artículo 11 del texto refundido de la Ley del Estatuto de los Trabajadores y en este Real Decreto, con las siguientes peculiaridades:
>
> a) Cuando la persona trabajadora sea una persona con discapacidad intelectual o con capacidad intelectual límite, hasta un 25% del tiempo de trabajo efectivo podrá dedicarse a la realización de procedimientos de rehabilitación, habilitación o de ajuste personal o social.
>
> b) Los centros en los que se imparta la formación inherente a los contratos de formación en alternancia dispondrán de las condiciones que posibiliten el acceso, la circulación y la comunicación de las personas con discapacidad, de acuerdo con lo dispuesto en la legislación aplicable en materia de inclusión, igualdad de oportunidades, no discriminación y accesibilidad universal, sin perjuicio de los ajustes razonables que deben adoptarse, de manera que se garantice la plena igualdad en el trabajo.
>
> c) Las personas con discapacidad intelectual o con capacidad intelectual límite podrán realizar en el puesto de trabajo o en procesos formativos presenciales la formación de módulos formativos que no sean a distancia".

En cuanto a la bonificación aplicable al contrato de formación en alternancia consiste en una reducción de las cuotas empresariales por todos los conceptos y cuotas de recaudación conjunta (Ley 3/2012): empresas con menos de 250 trabajadores 100%; empresas con 250 trabajadores o más: 75%.

Para el contrato de formación en alternancia (sin límite de edad, si no se ha optado por la reducción de la ley 3/2012) y contrato para la adquisición de una práctica profesional adecuada se establece una bonificación del 50% de la cuota empresarial por contingencias comunes.

4. Bonificaciones en otro tipo de contratos

- Contratos de sustitución con desempleados con discapacidad para sustituir a trabajadores con discapacidad en situación de incapacidad temporal.
- Bonificación del 100% de las cuotas empresariales a la Seguridad Social por todos los conceptos y cuotas de recaudación en conjunto.
- Contratación de un trabajador discapacitado por un Centro especial de Empleo.
- En cualquier modalidad de contrato indefinido, contrato temporal o conversión en contrato indefinido, bonificación del 100% de las cuotas empresariales a la Seguridad Social por todos los conceptos y cuotas de recaudación en conjunto.
- Trabajadores autónomos con un grado de discapacidad igual o superior al 33%, que causen alta inicial o que no hubieran estado de alta en los 2 años inmediatamente anteriores en el Régimen Especial de Trabajadores Autónomos, RETA (aplicable también a los trabajadores de cooperativas de trabajo asociado que estén encuadrados en el RETA).

Cuando se opta por la base mínima de cotización: una reducción a 62,70 euros mensuales por la cuota por contingencias comunes, incluida la incapacidad temporal, durante los 12 meses inmediatamente siguientes a la fecha de efectos del alta. Si la actividad se desarrolla en municipios de menos de 5000 habitantes la reducción de 62,40 euros se aplicará durante 24 meses.

Cuando opten por una base de cotización superior a la mínima que corresponda se establece una reducción equivalente al 80% de la cuota incluida la incapacidad temporal, durante los 12 primeros meses inmediatamente siguientes a la fecha de efectos del alta. Con posterioridad al periodo inicial de 12 meses previsto en los dos supuestos anteriores, y con independencia de la base de cotización exigida podrá aplicarse una bonificación del 50% sobre la cuota por contingencias comunes, incluida la incapacidad temporal, durante 48 meses hasta completar un periodo máximo de 5 años desde la fecha de efectos del alta.

¿Son efectivas unas bonificaciones tan complejas? ¿Debieran quizá centralizarse en determinados colectivos de especial dificultad de inclusión laboral?

Resulta interesante traer a colación las conclusiones que respecto a las bonificaciones para personas discapacitadas se establecen en el estudio sobre "Incentivos a la Contratación", realizado por la Autoridad Independiente de Responsabilidad Fiscal[52]. En el mismo se destaca que las bonificaciones y reducciones para personas con discapacidad representaron más del 40% del gasto analizado en este estudio. En 2018 superaron los 800.000 euros, distribuidos principalmente entre los CEE (42%), la contratación indefinida en la empresa ordinaria (30%) y la ONCE (21%). En cambio, los incentivos al empleo autónomo y a los contratos formativos no alcanzan, en conjunto, el 2% del total. Se denuncia que en la empresa ordinaria se incrementan las bonificaciones en caso de discapacidad severa, pero en el empleo protegido y en las bonificaciones de la ONCE no hay medidas específicas para colectivos especialmente vulnerables dentro de la discapacidad. También se recuerda que el análisis realizado no encuentra evidencia de que los incentivos autonómicos impulsen la contratación de las personas con discapacidad. El tiempo de mantenimiento del contrato exigido a las empresas beneficiarias de las ayudas actúa como desincentivo a la contratación indefinida, aunque su efecto es muy reducido. En cuanto al mantenimiento del empleo, los resultados muestran que tener una bonificación específica de discapacidad aumenta significativamente la probabilidad de estar empleado en los cinco años siguientes, frente a los contratados sin bonificación. Podemos concluir, entonces, que las bonificaciones son indispensables para la inclusión del colectivo de personas discapacitadas en el mercado de trabajo.

V. LOS LENTOS AVANCES EN LA JUBILACIÓN DE LAS PERSONAS CON DISCAPACIDAD

Algunas discapacidades acortan la esperanza de vida de las personas que las padecen. Dicha situación hace que nuestra normativa permita, en determinados casos (con un grado de 45% y 65% de discapacidad), la reducción de la edad de jubilación.

Las discapacidades que posibilitan la jubilación adelantada son, discapacidad intelectual; parálisis cerebral; anomalías genéticas (síndrome de Down, Síndrome de PraderWilli, Síndrome X frágil, osteogénesis imperfecta, acon-

[52] AUTORIDAD INDEPENDIENTE DE RESPONSABILIDAD FISCAL (AIReF): "Incentivos a la Contratación", (2020), https://www.airef.es/es/estudios/estudio-incentivos-contratacion-trabajo-autonomo/ (Consulta: 8/03/2024).

droplasia, fibrosis quística, enfermedad de Wilson); trastorno del espectro autista; anomalías relacionadas con talidomida; secuelas de polio o síndrome postpolio; daño cerebral causado por traumatismo craneoencefálico; secuelas de tumores en el sistema nervioso central; infecciones o intoxicaciones; enfermedad mental (esquizofrenia, trastorno bipolar) y enfermedad del sistema nervioso o neurológico (esclerosis lateral amiotrófica, esclerosis múltiple, leucodistrofias, síndrome de Tourette, lesión medular traumática).

Las personas con una discapacidad del 45% pueden jubilarse a partir de los 56 años y las personas con una discapacidad del 65% a partir de los 52.

El RD 370/2023, de 16 de mayo modifica parcialmente el RD 1851/2009, de 4 de diciembre, que desarrolla la anticipación de la jubilación de los trabajadores con discapacidad en un grado igual o superior al 45% [53]. Aunque cumple el mandato previsto en la recomendación 18 del Pacto de Toledo 2020 y en la Disposición Adicional cuarta de la Ley 21/2021, tal y como relata la exposición de motivos, solo se modifican algunos aspectos de uno de los dos tipos de jubilación previstos actualmente para los trabajadores con discapacidad. La modificación no afecta al RD 1539/2003, de 5 de diciembre, por el que se establecen coeficientes reductores de la edad de jubilación a favor de los trabajadores que acreditan un grado importante de discapacidad (igual o superior al 65%)[54]. Así pues, destacan las siguientes modificaciones:

- Se amplía la lista de discapacidades que permiten acceder a la jubilación ordinaria a una edad anticipada (artículo 2 y Anexo).
- El procedimiento a seguir para incluir nuevas patologías se regula en la Disposición Final cuarta. Anteriormente, la acreditación de la discapacidad se realizaba por medio de la certificación del Instituto de Mayores y Servicios Sociales (IMSERSO) o de las comunidades autónomas. Ahora también se podrá acreditar a través de informe médico. El informe deberá certificar que la persona está diagnosticada con alguna de las patologías que contempla la ley. Igualmente deberá indicar la fecha de inicio de la enfermedad discapacitante.
- Se pone en marcha un nuevo procedimiento, más ágil y sencillo, para actualizar el listado de patologías, de forma que pasará a estar en el anexo de la norma y se podrá modificar mediante Orden Ministerial del Ministerio de Inclusión. Hasta ahora, esta actualización

---

53 BOE nº 307 de 22/12/2023.

54 BOE nº 304 de 20/12/2003.

requería de la modificación de una Ley. Las nuevas patologías que, en su caso, se incorporen al ámbito de aplicación de este Real Decreto se irán incluyendo en el anexo de la norma.

- El artículo 1, en su nueva redacción exige que, para poder acceder a la pensión, una persona con discapacidad debe haber trabajado, y también cotizado, aunque la norma no lo prevea expresamente, 15 años, durante los cuales haya tenido uno de los tipos de discapacidad contemplados en el anexo del RD, y de ese periodo, además, durante al menos 5 años haya tenido además reconocido un grado de discapacidad igual o superior al 45%. GALÁN critica que se les está exigiendo el mismo esfuerzo de cotización mínima que a una persona sin discapacidad cuando la situación de partida es muy diferente. También se aplican el resto de reglas que rigen la pensión de jubilación con carácter general sin tener en cuenta la especial dificultad de inserción laboral de estas personas[55].
- En el artículo 5.3 se recoge para la acreditación del grado de discapacidad, tal y como se venía estableciendo por la jurisprudencia, la posibilidad de que en el cómputo del 45% se contemplen también los baremos complementarios. Así pues, para las personas con más de una enfermedad discapacitante, los grados de dichas discapacidades se pueden sumar. De tal manera que, al obtener el 45% exigido, puedan también acceder a la jubilación anticipada.

VI. RETOS DE LA NEGOCIACIÓN COLECTIVA EN MATERIA DE DISCAPACIDAD

El objetivo de este apartado es ver si en la negociación colectiva está presente y preocupa el problema de la discapacidad. Para ello se han revisado 243 convenios colectivos publicados en el BOE durante los años 2022 y 2023. Lo cierto es que, hecho el análisis del contenido de los mismos, son pocos los que incluyen alguna medida en materia de discapacidad que vaya más allá de lo previsto como obligación en la normativa laboral y en la mayor parte de los casos se trata de ayudas económicas adicionales por tener un hijo o hija con discapacidad, si bien es cierto que

---

55 GALA DURÁN, C., "Personas con discapacidad y jubilación: las novedades del RD 370/2023", *Briefs de la AEDT,* Asociación Española de Derecho del Trabajo y de la Seguridad Social, nº 42, 2023.

también encontramos medidas de mejora de las condiciones laborales o que tienen en cuenta la discapacidad en el tema del ingreso o promoción profesional. Veamos a continuación dichos datos.

En primer lugar, encontramos convenios que incluyen ayudas económicas como complemento a la prestación que la Seguridad Social tenga reconocida, así como complementos económicos por hijos o familiares con discapacidad en algunos casos limitando dichas ayudas a la no existencia de ingresos y en otros sin dicha limitación. Así: Resolución de 29 de diciembre de la Dirección General de Trabajo, por la que se registra y publica el convenio colectivo estatal de las empresas de seguridad para el año 2022 (BOE de 12/01/2022); Resolución de 29 de diciembre de 2021, de la Dirección General de Trabajo, por la que se registra y publica el XXII convenio colectivo para las sociedades cooperativas de crédito (diferencia en la ayuda por estudios a las personas con hijos o hijas discapacitados). En el mismo sentido, la Resolución de 29 de diciembre de 2021, de la Dirección General de Trabajo, por la que se registra y publica el convenio colectivo de Fluidmecánica Sur. SL (BOE de 17/01/2022). Resolución de 29 de diciembre de 2021, de la Dirección General de Trabajo, por la que se registra y publica el XVI convenio colectivo de Schweppes, SA (BOE de 20/01/2022); Resolución de 17 de febrero de 2022, de la Dirección General de Trabajo, por la que se registra y publica el Convenio colectivo de Al Air Liquide España, SA, y Air Liquide Ibérica de Gases, SLU (BOE/03/ 2022); III convenio colectivo de Saint-Gobain Isover Ibérica SL; Resolución de 22 de abril de 2022, de la Dirección General de Trabajo, por la que se registra y publica el Convenio colectivo de Airbus Defence and Space, SAU, Airbus Operations, SL, y Airbus Helicopters España, SA (BOE 6/05/2022). La Resolución de 17 de mayo de 2022, de la Dirección General de Trabajo, por la que se registra y publica el Convenio colectivo de Bridgestone Hispania Manufacturing, SL (BOE de 2/06/2022) limita la ayuda a que la persona con discapacidad no trabaje; Resolución de 7 de junio de 2022, de la Dirección General de Trabajo, por la que se registra y publica el Convenio colectivo de Thales España GRP, SAU (BOE de 18/06/2022); Resolución de 7 de junio de 2022, de la Dirección General de Trabajo, por la que se registra y publica el Convenio colectivo estatal de industrias lácteas y sus derivados (BOE de 17/06/2022); Resolución de 14 de junio de 2022, de la Dirección General de Trabajo, por la que se registra y publica el XXIII Convenio colectivo de contratas ferroviarias (BOE de 28/06/2022); Resolución de 12 de julio de 2022, de la Dirección General de Trabajo, por la que se registra y publica el Convenio colectivo de Radio Popular, SA (BOE de

25/07/2022); Resolución de 12 de julio de 2022, de la Dirección General de Trabajo, por la que se registra y publica el Convenio colectivo de Seguros Catalana Occidente, Sociedad Anónima Unipersonal de Seguros y Reaseguros; Bilbao Compañía Anónima de Seguros y Reaseguros, Sociedad Anónima Unipersonal; Grupo Catalana Occidente Tecnología y Servicios, Agrupación de Interés Económico; Plus Ultra Seguros Generales y Vida, Sociedad Anónima Unipersonal de Seguros y Reaseguros, Sociedad Unipersonal; Grupo Catalana Occidente, Sociedad Anónima; Grupo Catalana Occidente Gestión de Activos, Sociedad Anónima Unipersonal SGIIC; Grupo Catalana Occidente Activos Inmobiliarios, Sociedad Limitada; Grupo Catalana Occidente Gestora de Pensiones EGFP, Sociedad Anónima Unipersonal; y Grupo Catalana Occidente Reaseguros, Sociedad Anónima Unipersonal (BOE de 25/07/2022); Resolución de 19 de julio de 2022, de la Dirección General de Trabajo, por la que se registra y publica el Convenio colectivo de Hermandad Farmacéutica del Mediterráneo, Soc. Coop. Limitada (BOE de 29/07/2022); Resolución de 28 de julio de 2022, de la Dirección General de Trabajo, por la que se registra y publica el Convenio colectivo para el sector de conservas, semiconservas y salazones de pescado y marisco para los años 2021-2024 (BOE de 11/08/2022); Resolución de 10 de agosto de 2022, de la Dirección General de Trabajo, por la que se registra y publica el Convenio colectivo de Frit Ravich, SL (BOE de 24/08/2022); Resolución de 19 de agosto de 2022, de la Dirección General de Trabajo, por la que se registra y publica el Convenio colectivo de Nippon Gases España, SLU (BOE de 29/08/2022); Resolución de 31 de agosto de 2022, de la Dirección General de Trabajo, por la que se registra y publica el Convenio colectivo de Mapfre Grupo Asegurador (BOE de 12/09/2022); Resolución de 31 de agosto de 2022, de la Dirección General de Trabajo, por la que se registra y publica el XVIII Convenio colectivo de Euopcar IB, SA (BOE de 12/09/2022); Resolución de 12 de septiembre de 2022, de la Dirección General de Trabajo, por la que se registra y publica el Convenio colectivo de bolsas y mercados españoles (BOE de 23/09/2022); Resolución de 12 de septiembre de 2022, de la Dirección General de Trabajo, por la que se registra y publica el Convenio colectivo de Cervezas San Miguel, SLU (BOE de 26/09/2022); La Resolución de 22 de septiembre de 2022, de la Dirección General de Trabajo, por la que se registra y publica el XVIII Convenio colectivo de Ford España, SL (BOE de 4/10/2022) matiza que la ayuda económica que prevé es incompatible con la prestaciones por incapacidad permanente de la Seguridad Social o cualquier otra renta. Además, si más de un familiar empleado de la empresa es elegible para recibir la ayuda, sólo se aplicará a uno de ellos; Resolución de 18 de octubre de 2022, de la Dirección General de Trabajo, por la que se registra y publica el Convenio colectivo de Ercros, SA (BOE de 31/10/2022); Resolución de 7 de noviembre de 2022, de la Dirección General de Trabajo, por la que se registra y publica el Convenio colectivo de Compañía Norteña de Bebidas Gaseosas, Norbega, SLU, para sus centros de trabajo de Galdakao, San Sebastián, Vitoria-Gasteiz, Santander, Pamplona y Burgos (BOE de 19/11/2022); Resolución de 27 de noviembre de 2022, de la Dirección General de Trabajo, por la que se registra y publica el Convenio colectivo de Agfa Offset BV sucursal en España, para sus centros de trabajo de Barcelona y Madrid (BOE de 7/12/2022); Resolución de 30 de noviembre de 2022, de la Dirección General de Trabajo, por la que se registra y publica el Convenio colectivo estatal de empresas de seguridad para el periodo 2023-2026 (BOE de 14/12/2022).

En segundo lugar, pero a mucha distancia de las previsiones anteriores, podemos encontrar medidas que se engloban en el ámbito de la igualdad de oportunidades de promoción profesional. Así la Resolución de 29 de diciembre, de la Dirección General de Trabajo por la que se registra y publica el IV convenio colectivo estatal de la industria, las nuevas tecnologías y los servicios del sector metal (BOE de 12/01/2022); también relacionadas con los traslados, cambios de puntos y ceses; Resolución de 29 de diciembre de 2021, de la Dirección General de Trabajo, por la que se registra y publica el convenio colectivo estatal para las industrias de elaboración del arroz (BOE de 15/01/2022); Resolución de 4 de enero de 2022, de la Dirección de Trabajo, por la que se registra y publica el convenio colectivo de Nippon Gases España, SLU (BOE 18/01/2022); Resolución de 24 de noviembre de 2023, por la que se registra y publica el Convenio colectivo de Al Air Liquide España, SA, y Air Liquide Ibérica de Gases, SLU (BOE de 5/12/ 2023).

Por último, en cuanto a la mejora en las condiciones de trabajo más allá de lo previsto en la norma, en la Resolución de 17 de febrero de 2022, de la Dirección General de Trabajo, por la que se registra y publica el VI convenio colectivo de Baxi Calefacción, SLU, de Dietrich Thermique Iberia SL, y Baxi Sistemas y Servicios de climatización SLU refiere a la adaptación del horario. Y en la Resolución de 9 de marzo de 2022, de la Dirección General de Trabajo, por la que se registra y publica el II convenio colectivo de Canal de Isabel II SA (BOE de 12/03/2022) a la flexibilidad y control horario en caso de hijos e hijas con discapacidad; Convenio colectivo del grupo Cofely (BOE de 23/03/2022); VII convenio colectivo de supermercados Grupo Eroski (BOE de 19/04/2022) que prevé la generación de empleo directo para personas discapacitadas: En la Resolución de 19 de julio de 2022, de la Dirección General de Trabajo, por la que se registra y publica el Convenio colectivo de elaboradores de productos cocinados para su venta a domicilio (BOE de 29/07/2022) se establece que las personas trabajadoras que tengan a su cuidado personas con discapacidad tendrá preferencia para volver a sus centros de origen cuando haya vacantes. También refiere la ampliación de la suspensión de contrato y la flexibilidad para la reducción de su jornada. La Resolución de 31 de agosto de 2022, de la Dirección General de Trabajo, por la que se registra y publica el Convenio colectivo de Mapfre Grupo Asegurador (BOE de 12/09/2022) prevé que los trabajadores que tengan hijos con una discapacidad del 33% tienen la posibilidad de ausentarse del puesto de trabajo un máximo de 10 horas no recuperables.

Como vemos, son realmente pobres las medidas en relación a la discapacidad más allá de las ayudas económicas. Es por ello que el V Acuerdo para el Empleo y la Negociación Colectiva (Resolución de 19 de mayo de 2023, de la Dirección General de Trabajo, por la que se registra y publica el V Acuerdo para el Empleo y la Negociación Colectiva. BOE de 31/05/2022) no pasa por alto el papel que debe jugar la negociación colectiva para el desarrollo de las condiciones de trabajo de las personas con discapacidad. Para ello, aborda la necesidad de actuar en materia de integración plena en el empleo de las personas con discapacidad (entre otros grupos vulnerables) y prevé contemplar la discapacidad en la gestión de la prevención de riesgos laborales. En dicho Acuerdo se dedica un capítulo, el XIII, a la discapacidad destacando la importancia de que el diálogo social y la negociación colectiva deben jugar en dicho ámbito. Así se dice que "más allá de los futuros cambios normativos, la negociación colectiva debe contribuir al establecimiento de un marco equitativo para el desarrollo de las condiciones de trabajo de las personas con discapacidad, propiciando aquellas actuaciones que eliminen los obstáculos con los que se encuentran en su vida laboral y, en su caso, acudiendo a la inclusión de acciones positivas cuando se constate la existencia de situaciones desiguales de partida vinculadas a las condiciones laborales". Para ello, el acuerdo propone las siguientes medidas:

- Superar la inclusión aislada y parcial de algunas cláusulas.
- Contribuir a la transversalización de la discapacidad en el ámbito de la negociación colectiva.
- Incorporar disposiciones concretas en el convenio colectivo que contemplen medidas específicas para contribuir a la efectiva igualdad de oportunidades entre mujeres y hombres con discapacidad en el ámbito laboral.

- Incluir en los convenios colectivos disposiciones que contribuyan a la efectiva aplicación de cuestiones como las adaptaciones de puestos de trabajo, ajustes razonables, accesibilidad universal, igualdad de oportunidades en el acceso al empleo, formación y promoción profesional, condiciones laborales, adaptación y ajustes del tiempo de trabajo por razón de la discapacidad etc.
- Abordar desde la negociación colectiva la discapacidad sobrevenida.
- Establecer mecanismos de seguimiento y evaluación de las cláusulas recogidas en los convenios, y de su impacto social, así como medidas correctoras a la vista del resultado de dicha evaluación.

Vista la experiencia de los planes de igualdad entre mujeres y hombres está claro, desde nuestro humilde punto de vista, que es desde la negociación colectiva desde dónde deben impulsarse las políticas de inclusión de las personas discapacitadas. Dicho esto, en tanto en cuanto no se avance en dicho sentido y se modifique la normativa legal para su inclusión de forma obligatoria no queda otra que acudir a la Responsabilidad Social de la Discapacidad, (RSE-D), línea de trabajo espoleada por el Comité Español de Representantes de Personas con discapacidad (CERMI). Dichos planes debieran apostar por el empleo ordinario. "Es necesario revisar procedimientos de acceso y contratación, planificar y ejecutar las adaptaciones, implicar a las plantillas y revertir inercias negociando planes de igualdad con los órganos de representación de las personas trabajadoras. Además, estos planes deberían reforzar los planes de igualdad entre hombres y mujeres, dando respuesta a la preocupación del nuevo artículo 49.2 CE por las necesidades específicas de las mujeres con discapacidad"[56].

VII. BIBLIOGRAFÍA

AUTORIDAD INDEPENDIENTE DE RESPONSABILIDAD FISCAL (AIReF): "Incentivos a la Contratación", (2020), <https://www.airef.es/es/estudios/estudio-incentivos-contratacion-trabajo-autonomo/. (Consulta: 8/03/2024).

BERNAL SANTAMARÍA, F., "Personas con discapacidad; la necesidad de los ajustes razonables para la igualdad y la no discriminación", *Revista General de Derecho del Trabajo y de la Seguridad Social*, nº 59, 2021, pp. 532-549.

---

[56] ESTEBAN LEGARRETA, R., "El nuevo artículo 49 de la Constitución Española. Un comentario en perspectiva jurídico-laboral", *cit.*

De FUENTES GARCIA-ROMERO DE TEJADA, C., "Cincuenta años de la política de empleo para la inclusión laboral de personas con discapacidad. Balance y retos de futuro", <https://docta.ucm.es/entities/publication/7647b2d7-620c-405e-95c2-215964b9e119. (Consulta: 7/02/2023).

ESTEBAN LEGARRETA, R., "El nuevo artículo 49 de la Constitución Española. Un comentario en perspectiva jurídico-laboral", Briefs AEDTSS, Asociación Española de Derecho del Trabajo y de la Seguridad Social, nº 32, 2024.

FERNÁNDEZ ORRICO, F., "Un cambio de paradigma: de los programas de empleo con apoyo a los servicios de empleo con apoyo. Discapacidad", *Revista de Derecho Laboral vLex,* nº 7, 2022, pp. 80-90.

GALA DURÁN, Carolina, "Personas con discapacidad y jubilación: las novedades del RD 370/2023", Briefs de la AEDT, Asociación Española de Derecho del Trabajo y de la Seguridad Social, nº 42, 2023.

MARTIN MUÑOZ, M. R., "Parte Segunda. Discapacidad y empleo", *Revista de Derecho de la Seguridad Social, Laborum,* 2023, pp. 169-201.

MINISTERIO DE EMPLEO Y SEGURIDAD SOCIAL, "Criterio Técnico 98/2016, sobre actuaciones de la Inspección de Trabajo y Seguridad Social en materia de reserva de cuotas de puestos de trabajo para personas con discapacidad", (2016), <https// www.mites.gob.es. (Consulta: 8/3/2024).

NOGUEIRA GUASTAVINO, M., "La tercera reforma constitucional (artículo 49 CE): de la protección de los disminuidos a la de las personas con discapacidad soslayando la diversidad funcional", Briefs AEDTSS, Asociación Española de Derecho del Trabajo y de la Seguridad Social, nº 29, 2024.

PÉREZ M.E. y CHHABRA, G., "Modelos teóricos de discapacidad: un seguimiento del desarrollo histórico del concepto de discapacidad en las últimas cinco décadas", *Revista Española de Discapacidad (REDIS),* vol. 7, nº 1, 2019, pp. 7-27.

RUEDA MONROY, J.A., "Contenido y alcance de la reforma laboral en la contratación de personas con discapacidad", <https://riuma.uma.es/xmlui/handle/10630/24698.> (Consulta: 8/2/2023).

SANCHEZ PACHON, L.A., "Los centros especiales de empleo: configuración e incidencia y valoración de las últimas actuaciones normativas", *CIRIEC-España, Revista Jurídica de Economía Social y Cooperativa,* nº 36, 2020, pp. 55-91.

REY PÉREZ, J.L., *Empleo ordinario o empleo protegido? El empleo de las personas con discapacidad: oportunidades y desafíos,* Dykinson, Madrid, 2018.

TURTURRO PÉREZ DE LOS COBOS, S., "El modelo social de discapacidad: un cambio de paradigma y la reforma del artículo 49 CE", *Lex Social. Revista de Derechos Sociales",* 2022, pp. 37-65.

Capítulo VIII.

Como guante en mano o bondades de la mediación para resolver conflictos en marcos jurídico-privados de discapacidad[1]

IXUSKO ORDEÑANA GEZURAGA

Profesor titular Derecho Procesal.

Universidad del País Vasco-Euskal Herriko Unibertsitatea

SUMARIO

1 Esta investigación se ha realizado en el marco de cuatro proyectos de investigación: (1) Proyecto I+D+i de generación de conocimiento y fortalecimiento científico y tecnológico, titulado "Ejes de la Justicia en tiempos de cambio" (IP Sonia Calaza López), del Ministerio de Ciencia e Innovación, REF PID2020-113083GB-I00, (2) "Transición Digital de la Justicia" (IP Sonia Calaza López), Proyecto estratégico orientado a la transición ecológica y a la transición digital del Plan Estatal de investigación científica, técnica y de innovación 2021-2023, en el marco del Plan de Recuperación, Transformación y Resiliencia, Ministerio de Ciencia e Innovación, financiado por la Unión Europea: Next Generation UE, REF. RED 2021-130078B-I00, (3) proyecto "Digitalización, Acceso a la Justicia y Vulnerabilidad de las personas mayores" (IP Ana Isabel Blanco García), de la Consejería de Educación y Universidades de la Generalitat valenciana, REF CIGE/2022/104) y (4) Grupo de investigación de Excelencia (A), "Derechos fundamentales y UE. Retos actuales y futuros en la tutela de derechos" (IP Juan Ignacio Ugartemendia Eceizabarrena), REF GIC/IT 1455-22.

jurídico. 2.3. Peculiaridades de los distintos tipos de conflicto jurídico protagonizados por personas discapacitadas. Opción por el conflicto jurídico-privado a efectos de este estudio. II. CARA Y CRUZ DE LA SOLUCIÓN JUDICIAL DEL CONFLICTO JURÍDICO-PRIVADO O SOBRE SU IMPRESCINDIBILIDAD Y SUS INCONVENIENTES CON REFERENCIA ESPECIAL A LAS PERSONAS CON DISCAPACIDAD: 1. Identificación de la solución judicial y el derecho a utilizarla por las personas con discapacidad. 2. La cara o la imprescindibilidad de la jurisdicción, también para las personas con discapacidad. 3. La cruz o sobre los inconvenientes a pesar de las últimas reformas: 3.1. Inconvenientes generales, igualmente aplicables a conflictos protagonizados por personas con discapacidad. 3.2. ¿Pueden los ajustes de procedimiento previstos en la ley mejorar la situación para las personas con discapacidad? III. "LA JUSTICIA A LA CARTA" O LA MEDIACIÓN COMO INSTRUMENTO MÁS ADECUADO PARA SOLVENTAR LOS CONFLICTOS JURÍDICOS DE LAS PERSONAS CON DISCAPACIDAD: 1. Contextualización e identificación de este mecanismo extrajudicial a partir de su relación con el Poder Judicial: 1.1. Movimiento mundial ADR y su lectura crítica en el marco del Derecho jurisdiccional diversificado. 1.2. Mediación en cuanto instrumento de solución de conflictos, en general, y su aplicación a los conflictos jurídico-privados de las personas con discapacidad: 1.2.1. Género: la mediación en el marco del Derecho jurisdiccional diversificado. 1.2.2. Subespecie: la mediación privada con personas con discapacidad. Configuración, extensión y funcionamiento (especial hincapié en su relación con la jurisdicción) 2. Sobre las bondades de la mediación para solventar conflictos jurídicos de las personas con discapacidad: 2.1. En general. 2.2. Para las personas afectadas y para las personas con discapacidad en particular. 2.3. Para la jurisdicción. 2.4. Para la sociedad. 3. Límites de su aplicación. IV. BIBLIOGRAFÍA.

I. MARCO DE LA INVESTIGACIÓN: LAS PERSONAS CON DISCAPACIDAD Y SUS CONFLICTOS JURÍDICOS

1. Solventando deudas con el Estado Social y Democrático de Derecho: de personas disminuidas a personas con discapacitación

1.1. Sobre cómo todas y todas somos potencialmente personas con discapacidad y al mismo tiempo justiciables

Son más de 4 millones de hombres y mujeres los que, actualmente, sufren algún tipo de discapacidad en España, afectando ello a su movilidad, vida doméstica, autocuidado, audición, visión, comunicación, aprendizaje y/o interacciones y relaciones personales[2]. Luego, casi un

[2] CERMI (Comité Español de Representantes de Personas con Discapacidad), en cuanto titular principal de su página web (https://cermi.es/), avalado por el Instituto Nacional de Estadística (INE), en su informe de abril del 2022, analizando

10% de la población española es considerada persona con alguna discapacidad. No obstante, con CALAZA LÓPEZ, doctrina procesalista más experta y autorizada en la materia, en cuanto la discapacidad es múltiple y aparece en situaciones diversas (es heterogénea) y evolutiva (es cambiante y no estática), mantenemos que todas las personas somos potencialmente personas con alguna discapacidad[3]. Es, por ello, que causa tristeza y desazón el trato que, como sociedad, hemos ofrecido a estas personas durante mucho tiempo, consideradas ciudadanos y ciudadanas de segunda, relegadas a un submundo de exclusión y marginación, hecho alimentado por la falta de sensibilidad hacia las mismas y de la consiguiente discriminación del resto, fruto de la vulneración de su dignidad y valor, inherentes al ser humano. Innegablemente, esta situación ha venido producida por la sociedad, si bien avalada por una legislación que, con un claro parámetro paternalista, las consideraba "disminuidas" (en la propia Constitución -en adelante CE-, como veremos), olvidando el beneficio de la contribución que hacen y pueden hacer al bienestar general, a la diversidad de la sociedad y a su desarrollo económico, social y humano. Al respecto, merece analizar, sucintamente, el cambio legislativo que se ha producido, en nuestro país, impulsado por la Convención sobre los derechos de las personas con discapacidad (en adelante, CDPD), suscrito en Nueva York, el 13 de diciembre de 2006. Repararemos en ella y en su aplicación al ordenamiento jurídico español, principalmente, mediante la ley 8/2021, de 2 de junio, por la que se reforma la legislación civil y procesal para el apoyo a las personas con discapacidad en el ejercicio de su capacidad jurídica (en adelante, LRLCPAPD). Culmen de la evolución -hasta el momento-, a principios

---

datos del año 2020, tomando en cuenta personas mayores de 6 años. (https://www.ine.es/prensa/edad_2020_p.pdf).

3 Muy gráficamente, CALAZA LÓPEZ, S., LLORENTE SÁNCHEZ-ARJONA, M., GUZMÁN FLUJA, V., "La discapacidad en nuestro "día a día": poliédrica, cambiante, evolutiva" AA.VV., (Dres. CALAZA LÓPEZ, S., LLORENTE SÁNCHEZ-ARJONA, M., GUZMÁN FLUJA, V.), L*a discapacidad en la jurisdicción penal, administrativa y laboral,* Dykinson, Madrid 2023, pp. 9 y ss. En el mismo sentido, CALAZA LOPEZ, S., "Resiliencia física y digital de la discapacidad", AA.VV., (Dra. LÓPEZ YAGÜES, V.), *Víctimas y especial vulnerabilidad*, Tirant lo Blanch, Valencia 2023, pp. 69-70, mantiene que "la discapacidad es un atributo animal y humano: desde el mismo nacimiento -primera explosión de la vida extrauterina- comienza la "cuenta atrás" en un implacable reloj biológico que -más tarde o más temprano- marcará la hora de la degradación de los sentidos, la fragilidad del entendimiento y la contrariedad de la voluntad".

del presente año 2024, se ha modificado el art. 49 CE, dotándolo de un contenido que responde a un nuevo paradigma de consideración a las personas con discapacidad. Conscientes de que el trato a estas dice mucho de la sociedad que somos y queremos ser, nunca más las consideraremos como hombres y mujeres "disminuidos" o de segunda. Del mismo modo, y esencial a efectos de esta investigación, partimos de que todas las personas somos justiciables, protagonistas de conflictos jurídicos que requieren solución, tengamos o no una discapacidad, sin perjuicio de que nos vamos a fijar en la solución de los conflictos jurídicos que atañen a las primeras.

1.2. Haciendo frente a nuestras vergüenzas: el camino a la integración reconocida en la Constitución Española

1.2.1. Génesis del cambio: la Convención sobre los derechos de las personas con discapacidad

Tras décadas de trabajo, el mundo, entendido como el conjunto de seres humanos, reflejado, en materia de derechos humanos, en la ONU, cumplió su deuda con las personas con discapacidad el 13 de diciembre de 2006, cuando la Asamblea General, en su sede de Nueva York, aprobó la CDPD. Estamos ante el instrumento específico de derechos humanos más importante, mediante el que la ONU traslada el espíritu y la protección que se ofrece a todas las personas, en base al reconocimiento de su dignidad y valor inherentes -verdadera fuente de libertad, justicia y paz, en el mundo- en su Carta, en la Declaración de Derechos Humanos y en sus Pactos Internacionales y Convenciones Internacionales, a hombres y mujeres con discapacidad. Si bien todos ellos reconocen, en general, que todas las personas ("miembros de la familia humana") somos detentadores de derechos iguales e inalienables, la CDPD pretende, en particular, "promover, proteger y asegurar el goce pleno y en condiciones de igualdad de todos los derechos humanos y libertades fundamentales por todas las personas con discapacidad, y promover el respeto de su dignidad inherente" (art. 1), considerando principios esenciales de su ordenación (1) el respeto de la dignidad inherente, la autonomía individual, incluida la libertad de tomas las propias decisiones y la independencia de las personas; (2) la no discriminación; (3) la participación e inclusión plenas y efectivas en la sociedad; (3) el respeto por la diferencia y la aceptación de las personas con discapacidad como parte de la diversidad y la condición humanas; (4) la igualdad de oportunidades; (5) la accesibilidad; (6) la igualdad entre el hombre y la mujer y (7) el respeto a la evolución de las facultades de los niños y las niñas con discapacidad y de su derecho a preservar su identidad (art. 3).

En este marco, se reconoce la igualdad de todas las personas ante la ley y se prohíbe la discriminación de las personas con discapacidad (art. 5); su derecho a la vida y al "goce efectivo" del mismo (art. 10) y su personalidad y capacidad jurídica, en igualdad de condiciones, con los demás, en todos los aspectos de la vida (art. 12). Se contempla, al tiempo, su derecho a la libertad y seguridad (art. 14); el respeto de su integridad física y mental, en igualdad de condiciones con los demás (art. 17); su libertad de desplazamiento y nacionalidad (art. 18); el derecho a vivir de forma independiente y a ser incluidos en la comunidad (art. 19); el derecho a la movilidad personal, con la mayor independencia posible (art. 20); el derecho a la libertad de expresión, opinión y acceso a la información (art. 21); a su privacidad (art. 22); a su hogar y familia (art. 23); a la educación (art. 24); a la salud (art. 25); al trabajo y empleo (art. 27); a un nivel de vida adecuado y a la protección social (art. 28), y a la participación en la vida política y pública (art. 29) y en la vida cultural, las actividades recreativas, el esparcimiento y el deporte (art. 30)[4].

Obviamente, este reconocimiento de los derechos de las personas con discapacidad va acompañado de obligaciones generales (art. 4) y particulares (en relación a cada uno de ellos) establecidas a los Estados Partes de la CDPD, encargados, tanto de promoverlos, como de protegerlos y garantizarlos. Igualmente, como es típico en convenios de este tipo, la CDPD ordena el seguimiento de la implementación de la misma, mediante la creación del Comité sobre los derechos de las personas con discapacidad, la articulación de un sistema de cooperación entre los Estados Parte y aquél y una Conferencia periódica de aquéllos para considerar todo asunto relativo a su aplicación (arts. 31-40).

---

4 Para su estudio detallado, muy clara, CUENCA GÓMEZ, P., *Los derechos fundamentales de las personas con discapacidad. Un análisis a la luz de la convención de la ONU*, Editorial Universidad de Alcalá, Madrid 2012. Antes, CABRA DE LUNA, M.A., BARIFFI, F.J y PALACIOS RIZZO, A., *Derechos humanos de las personas con discapacidad: la Convención Internacional de las Naciones Unidas,* Centro de Estudios Ramón Areces, Madrid 2007.

Luego, reconociendo el objetivo tuitivo -protección íntegra y sistemática- de las personas con discapacidad que caracteriza la CDPD, y, especialmente, el cambio de paradigma en la concepción y tratamiento de las mismas (se supera el enfoque paternalista y asistencial, basado en un modelo médico y rehabilitador, para incidir en los derechos humanos que detentan y en las barreras que se les presentan, fruto de la actitud y el entorno, que evitan su participación plena y efectiva en la sociedad, en igualdad de condiciones con las demás personas) que supone y su trascendencia para dar visibilidad a este colectivo[5], al tiempo que ha aumentado su protección jurídica, en lo que a este estudio se refiere, nos tenemos que fijar en su art. 13, que ordena el acceso a la justicia de las personas con discapacidad. Como desarrollo del principio general relativo a la accesibilidad de la CDPD (art. 3 f)), se impone el deber de los Estados parte de que "las personas con discapacidad tengan acceso a la justicia en igualdad de condiciones con los demás" (art. 13.1). Sin que ello fuera poco, se añade lo que, a nuestro juicio, es la aportación principal de este convenio en la materia: se reconoce la posibilidad ("incluso") de que se establezcan "ajustes de procedimiento y adecuados a la edad", en todos los procesos, incluida la etapa de investigación y otras preliminares, cuando las personas con discapacidad participen directa o indirectamente en los pleitos (art. 13.1). Se prevé, asimismo, como elemento esencial para "asegurar que las personas con discapacidad tengan acceso efectivo a la justicia" que los Estados Parte promuevan la capacitación adecuada de los que trabajan en la Administración de justicia, con referencia expresa al personal policial y penitenciario (art. 13.2). Incidiremos en ambos elementos cuando estudiemos la solución judicial de los conflictos jurídicos protagonizados por las personas con discapacidad.

---

5 Lo explican, con detalle, MARTÍNEZ-PUJALTE, A.L y FERNÁNDEZ ORRICO, F.J., "El concepto de discapacidad a partir de la convención de Naciones Unidas", *Anales de Derecho y Discapacidad,* nº 1/2016. Sobre el concepto de discapacidad en el que pivota la CDPD, ITURRI GÁRATE, J.C., "Concepto jurídico de discapacidad", *Anales de derecho y discapacidad,* nº 6/2021. Un recorrido histórico sobre el concepto, incidiendo en el cambio de paradigma, BARTOLOMÉ ARAGÓN, A., "Una mirada histórica sobre el concepto de discapacidad", *Anales de Derecho y Discapacidad,* nº 8/2023.

1.2.2. Ley 8/2021, de 2 de junio, por la que se reforma la legislación civil y procesal para el apoyo a las personas con discapacidad en el ejercicio de su capacidad jurídica

Si bien es cierto que España estuvo en el primer grupo de Estados firmantes de la CDPD y que está entró en vigor, en nuestro país, a principios de mayo de 2008, no provocó modificaciones en el ordenamiento hasta 2011, año en el que se publicó la ley 26/2011, de 1 de agosto, de adaptación normativa a la Convención Internacional sobre los Derechos de las Personas con Discapacidad. Sin perjuicio de otras modificaciones legislativas posteriores, ha sido la Ley 8/2021, de 2 de junio, por la que se reforma la legislación civil y procesal para el apoyo a las personas con discapacidad en el ejercicio de su capacidad jurídica (LRLCPAPD) la que ha supuesto el mayor avance en la adaptación del ordenamiento patrio a la CDPD, al tiempo que ha ordenado las medidas pertinentes para proporcionar a las personas con discapacidad el apoyo que pueden necesitar en ejercicio de su capacidad jurídica, en igualdad de condiciones con las demás, en todos los aspectos de la vida (art. 12 CDPC), afectando ello, tanto al ámbito civil, como procesal. Resumidamente[6], en formulación de CALAZA LÓPEZ, podemos identificar los 10 ejes o cimientos de la reforma[7]: (1) el reconocimiento a los hombres y mujeres con discapacidad de plena capacidad jurídica, igual que la de todas las personas, con los mismos derechos y obligaciones, lo que conlleva el respeto a su dignidad y al derecho al desarrollo de su personalidad como al resto; (2) la desjudicialización o externalización de la discapacidad, que contrasta con la judicialización anterior, resultando, ahora, el proceso judicial "última ratio", al tiempo que se reconoce al notariado la posibilidad de decidir cargos tutelares y medidas

---

6 Realizan un análisis exhaustivo de la misma, entre otros, FONTESTAD PORTALÉS, L., "Ley 8/2021, de 2 de junio, por la que se reforma la legislación civil y procesal para el apoyo a las personas con discapacidad en el ejercicio de su capacidad jurídica", *Ars Iuris Salmanticensis: revista europea e iberoamericana de pensamiento y análisis de derecho, ciencia política y criminología,* núm 2/2021 y FERNÁNDEZ DE BUJÁN Y FERNÁNDEZ, A., "La Ley 8/2021, para el apoyo a las personas con discapacidad en el ejercicio de su capacidad jurídica: un nuevo paradigma de la discapacidad", *Diario La Ley,* nº 9961/2021.

7 CALAZA LÓPEZ, S., "La discapacidad paso a paso: del impulso legal a la concienciación social", AA.VV., (Coord. CUCARELLA GALIANA, Luis Andrés), Paz, justicia e inclusión. Objetivos de desarrollo sostenible en Derechos Humanos, Tirant lo Blanch, Valencia, 2022, pp. 199 y 200, al tiempo que califica la reforma como disruptiva y un hito para toda la sociedad.

de apoyo, debiendo comunicarlos al Registro Civil[8]; (3) en total armonía, la priorización de la jurisdicción voluntaria, frente a la contenciosa, acudiéndose a juicio únicamente si el conflicto existente no se puede solventar en el entorno más íntimo[9]; (4) la derivación a la jurisdicción contenciosa, con una legitimación amplia, al efecto, cuando exista una oposición que afecte a la misma causa de discapacitación, a la designación de un apoyo o al grado de apoyo, nunca a la designación nominal de la persona curadora; (5) la desaparición de las pretensiones clásicas de pérdida, modulación del alcance y la reintegración de la capacidad, y la relativa a la determinación de la prodigalidad, en aplicación del reconocimiento de la capacidad jurídica a todas las personas, sin perjuicio de las causas de discapacidad que podamos sufrir; (6) la aniquilación de los cargos tuitivos clásicos y radicales, como la tutela y la patria potestad prorrogada, al tiempo que se apuesta por la curatela, que es gradual, flexible y adaptativa a las necesidades de las personas con discapacidad; (7) el empoderamiento de las personas discapacitadas, convirtiendo su "voluntad, deseos y preferencias" en el eje de su vida, reconociéndoles el derecho a decidir y tomar decisiones -equivocadas o no-, como al resto de las personas[10]; (8) la importancia de la "trayectoria vital" de estos hombres y mujeres para tomar decisiones trascendentales

---

8 Sobre el rol de las personas profesionales del notariado con la nueva regulación, BARRIO DEL OLMO, C.P., "La función notarial tras la entrada en vigor de la ley 8/2021", AA.VV., (MORENO FLOREZ, R.M.), Problemática jurídica de las personas con discapacidad intelectual, Dykinson, Madrid, 2022, pp. 19 y ss., con especial hincapié en que los notarios siempre, sin perjuicio de su participación en relación a las medidas de apoyo, deben realizar "el juicio notarial de capacidad jurídica".

9 Considera CALAZA LÓPEZ, S., "Incógnitas procesales persistentes en el nuevo escenario sustantivo de la discapacidad", *Revista de Derecho Civil,* nº 3/2022, que la reforma procesal "posee todos los vicios procedimentales típicos (...) y una sola virtud: la derivación a la Jurisdicción Voluntaria". Sobre la intervención de la jurisdicción voluntaria en la materia, ROMERO PRADAS, M.I., "Jurisdicción voluntaria y discapacidad", AAVV (Dres. CALAZA LÓPEZ, S., LLORENTE SÁNCHEZ-ARJONA M., GUZMAN FLUJA, V.), La discapacidad en la jurisdicción civil, Dykinson, Madrid 2023, pp. 175 y ss. Realiza una lectura crítica de la ordenación correspondiente, CALAZA LÓPEZ, S., "Expedientes de jurisdicción voluntaria en materia de discapacidad: ¿era necesario confeccionar tantos «trajes a medida» procesales para único abrigo sustantivo?, AA.VV., (Dres. DE LUCCHI LÓPEZ-TAPIA, Y., QUESADA SÁNCHEZ, A.J., Coord. RUIZ-RICO RUIZ, J.M.), *La reforma civil y procesal en materia de discapacidad. Estudio sistemático de la Ley 8/2021, de 2 de junio,* Atelier, Barcelona, 2022, pp. 617 y ss.

10 Explica este nuevo elemento, SANCHO GARGALLO, I., "La voluntad, deseos y preferencias" de la persona con discapacidad, AA.VV., (MORENO FLOREZ,

cuando ya no pueden emitir su propia voluntad -lo que la autora identifica como "encumbramiento" de las mismas-; (9) la monitorización o revisión periódica de las medidas, en cuanto la discapacidad es evolutiva, cambiante y poliédrica y (10) la necesidad de modificar la terminología en la materia, en cuanto el lenguaje no es neutro y así lo requiere el tránsito del viejo modelo médico, rehabilitador y asistencial a un modelo de derechos humanos, que involucra a toda la sociedad.

Sin perjuicio de todas las modificaciones legislativas que ha traído la LRLCPAPD[11], una de las más importantes, a nuestro juicio, y a efectos de esta investigación, especialmente, es la relativa a los ajustes para las personas con discapacidad, introducida, para los procesos judiciales contenciosos en la LEC, y, para los correspondientes a la jurisdicción voluntaria, en la LJV (art. 7 bis, en ambos casos[12]). La analizaremos y valoraremos más tarde.

1.2.3. Más vale tarde que nunca: la reforma constitucional

Culmen del proceso iniciado, en nuestro ordenamiento jurídico, tras la ratificación de la CDPD, para adaptarse a ésta, reconociendo y protegiendo a las personas con discapacidad, saldando la deuda que la sociedad española tenía con ellas, al tiempo que se hace más grande nuestra Democracia, ha sido la reforma del art. 49 CE[13]. Impulsada por

---

R.M.), *Problemática jurídica de las personas con discapacidad intelectual,* Dykinson, Madrid, 2022, pp. 12 y ss.

11 En la Ley del Notariado, de 28 de mayo de 1862; en el Real Decreto de 24 de julio de 1889 por el que se publica el Código Civil (en adelante, CC); la Ley 1/2000, de 7 de enero, de Enjuiciamiento Civil (en adelante, LEC); la Ley 41/2003, de 18 de noviembre, de protección patrimonial de las personas con discapacidad y de modificación del Código Civil, de la ley de Enjuiciamiento Civil y de la Normativa Tributaria con esta finalidad; la Ley 20/2011, de 21 de julio, del Registro Civil; la Ley 15/2015, de 21 de julio, de la Jurisdicción Voluntaria (LJV) y en el Real Decreto de 22 de agosto de 1885 por el que se publica el Código de Comercio.

12 Si bien el art. 7 bis LEC, en su título y contenido, alude a los "ajustes para personas con discapacidad y personas mayores" mientras que el art. 7 bis LJV se refiere únicamente a los "Ajustes para personas con discapacidad".

13 Hasta ahora con el siguiente tenor literal: "Los poderes públicos realizarán una política de previsión, tratamiento, rehabilitación e integración de los disminuidos físicos, sensoriales y psíquicos a los que prestarán la atención especializada que requieran y los ampararán especialmente para el disfrute de los derechos que este Título otorga a todos los ciudadanos".

CERMI, en 2018, y sometida a los avatares políticos del país, finalmente, la tercera modificación de la CE, desde que entró en vigor, primera de contenido social, ha visto la luz a principios del año 2024. Conforme al espíritu y exigencias de la CDPD, se supera el enfoque paternalista y asistencial, basado en un modelo médico y rehabilitador, para incidir en los derechos humanos que detentan las personas con discapacidad y en las barreras que se les presentan, fruto de la actitud y el entorno, que evitan su participación plena y efectiva en la sociedad, en igualdad de condiciones con las demás personas. El nuevo texto, conforme a los nuevos tiempos y concepciones, elimina la referencia a "los disminuidos físicos, sensoriales y psíquicos", que resultaba verdaderamente hiriente, pues las personas con discapacidad son igual de completos y valiosos que el resto, y reconoce -en su primer epígrafe- que aquéllas ejercen los derechos previstos en el Título I CE, en condiciones de libertad e igualdad reales y efectivas. Asimismo, dispone, en su segundo apartado, que los poderes públicos impulsarán las políticas que garanticen la plena autonomía personal y la inclusión social de las personas con discapacidad, en entornos universalmente accesibles, y fomentarán la participación de sus organizaciones, en los términos que la ley establezca. Por último, transponiendo los arts. 6 y 7 CDPD, establece que se atenderán, particularmente, las necesidades específicas de las mujeres y los menores con discapacidad.

En lectura crítica, sin dudar de que, en general, antes de la mentada reforma, la CE amparaba a las personas con discapacidad, es innegable (y lógico) que aquélla es fruto de su época (año 1978), lo que exigía su adaptación a la nueva visión del mundo y de la sociedad, en general, y de las personas con discapacidad, en particular, amparada por la ONU, mediante la analizada CDPD. Solo así el art. 49 CE ha vuelto a convertirse en referencia para la protección y promoción de los derechos de las personas con discapacidad en España.

2. En cuanto personas con derechos y deberes, en igualdad de condiciones con los demás, protagonizan conflictos jurídicos como el resto

2.1. Presentación y elementos definitorios

Para terminar de fijar el marco de nuestra investigación, tenemos que identificar el conflicto jurídico cuyo tratamiento, para su solución, vamos a abordar; no en vano, aquél es presupuesto material para la existencia de cualquier mecanismo de resolución. Tenemos que apelar, al tiempo, en un Estado de Derecho, como el nuestro (art. 1 CE), al mantenimiento del orden público y la paz social, y a la obtención de la justicia y el bien común para justificar su necesidad de resolución. Conviene, del mismo modo, recordar que todo conflicto jurídico, en cuanto choque de intereses, en un entorno normativo, se caracteriza por las personas que lo protagonizan y la materia a la que atañe (principalmente, civil, penal, administrativo y laboral). Nos fijamos en ambos elementos, sin solución de continuidad.

2.2. Personas con discapacidad protagonistas del conflicto jurídico

Siguiendo la definición que presenta la CDPD (art. 1), nos vamos a referir a los conflictos jurídicos protagonizados por, al menos, una persona que tenga deficiencias físicas, mentales, intelectuales o sensoriales a largo plazo que, al interactuar con diversas barreras, pueda impedir su participación plena y efectiva en la sociedad, en igualdad de condiciones con las demás. Esta definición se introdujo expresamente, en nuestro ordenamiento, primero en el Real Decreto Legislativo 1/2013, de 29 de noviembre, por el que se aprueba el Texto Refundido de la Ley General de derechos de las personas con discapacidad y de su inclusión social (art. 2 a)), y, posteriormente, en el CP (art. 25), mediante reforma operada por la Ley Orgánica 1/2015, de 30 de marzo, por la que se modifica la Ley Orgánica 10/1995, de 23 de noviembre, del Código Penal (artículo único. 15). La entendemos totalmente válida para cualquier ámbito jurídico.

Tras recordar el nuevo paradigma para tratar, integrar y acercarnos a las personas con discapacidad (superado el enfoque paternalista y asistencial, basado en un modelo médico y rehabilitador, incidimos en los derechos humanos que detentan y en las barreras que se les presentan, fruto de la actitud y el entorno, que evitan su participación plena y efectiva en la sociedad, en igualdad de condiciones con las demás personas), a partir de su heterogeneidad, debemos destacar que pueden protagonizar los mismos conflictos jurídicos que cualquier otro hombre o mujer, a salvo o con la matización de aquéllos relativos, en su caso, a las medidas de apoyo que puedan necesitar en el ejercicio de su capacidad jurídica, que son exclusivos de estas personas. Por lo demás, en este estudio nos centramos en el choque de interés entre dos hombres y/o mujeres, siendo una de ellas (o ambas) una persona con discapacidad intelectual, física o mixta.

2.3. Peculiaridades de los distintos tipos de conflicto jurídico protagonizados por personas discapacitadas. Opción por el conflicto jurídico-privado a efectos de este estudio

Con la misma dignidad, derechos y deberes, en su vida y actuación social, en defensa de sus intereses, las personas con discapacidad pueden protagonizar idénticos conflictos jurídicos que el resto de españoles y españolas. Así, en el ámbito civil, en cuanto contratantes, en ejercicio de su capacidad jurídica -en su caso, con los apoyos correspondientes[14]-, y primando su voluntad, deseos y preferencias, pueden ser sujetos de cualquier tipo de conflicto (incumplimientos contractuales, en general). Del mismo modo, pueden tener controversias relacionadas con su estado civil, sus propiedades y posesiones o sucesorias. Luego, como apuntábamos, la única peculiaridad que puede aparecer en relación a estas personas, en este ámbito del derecho, la constituyen las controversias relativas a las medidas de apoyo en el ejercicio de su capacidad jurídica.

En el ámbito penal, igualmente, como el resto de la ciudadanía, pueden ser autores o autoras y participes del tipo penal o titulares del bien jurídico protegido por aquel. En esta segunda coyuntura, además, a partir de la reforma mentada, de 2015, en el CP, se define a la persona con discapacitada necesitada de especial protección: aquélla que, tenga o no judicialmente modificada su capacidad de obrar, requiera de asistencia o apoyo para el ejercicio de su capacidad jurídica y para la toma de decisiones respecto de su persona, de sus derechos o intereses a causa de sus deficiencias intelectuales o mentales de carácter permanente (art. 25). Entendemos que, con este reconocimiento, el CP distingue entre las causas de discapacidad, la mental o intelectual

---

[14] Voluntarios o de naturaleza judicial, conforme a lo expuesto anteriormente. Se centra en ambos y en su régimen, QUESADA GONZÁLEZ, M.C., "Las medidas de naturaleza voluntaria: las medidas de apoyo a la discapacidad. Sistema general. Medidas de naturaleza voluntaria y de naturaleza judicial/legal", AA.VV., (Dres. DE LUCCHI LÓPEZ-TAPIA, Y., QUESADA SÁNCHEZ, A.J., Coor. RUIZ-RICO RUIZ, J.M.), *La reforma civil y procesal en materia de discapacidad: estudio sistemático de la Ley 8/2021, de 2 de junio,* Atelier, Barcelona ,2022, pp. 243-270. En el mismo sentido, LÓPEZ JIMÉNEZ, R., "La adopción de medidas de apoyo a personas con discapacidad: la jurisdicción voluntaria y el procedimiento contencioso", *Cuadernos de derecho transnacional,* nº 2/2022.

del resto, protegiendo especialmente a las que detentan las primeras[15]. Del mismo modo, y por idéntica razón, mirando ahora a la autoría, conforme al art. 20.1 y 3 CP, están exentos de responsabilidad criminal, por inimputables, las personas que, al tiempo de cometer la infracción penal, a causa de cualquier anomalía o alteración psíquica, no puedan comprender la ilicitud del hecho o actuar conforme a esa comprensión y las que, por sufrir alteraciones en la percepción desde el nacimiento o desde la infancia, tengan alterada gravemente la conciencia de la realidad. En estos casos, la inimputabilidad impide la calificación de culpabilidad, por lo que no se impone la pena, a pesar de que la persona con discapacidad haya cometido, ciertamente, el ilícito penal. Siempre que exista pronóstico de peligrosidad, en vez de una pena, tras el hecho delictivo (nunca previamente, como medida predelictual), se impondrá una medida de seguridad, conforme a la legislación vigente (art. 6 CP). Ahora bien, en el marco de la heterogeneidad que caracteriza la discapacidad, es posible que la persona con discapacidad sea semi-imputable, porque, sin tener plena conciencia, sí detenta cierta capacidad de comprensión. En este caso, por aplicación de la eximente incompleta, se puede aplicar una medida de seguridad e, incluso, sustitutoriamente, posteriormente, una pena (art. 21.1, en relación al art. 20 y art. 104 CP). Obviamente, otras discapacidades (por ejemplo, sordomudez) no supondrán un trato diferenciado en la autoría, en cuanto no afectan a la imputabilidad, resultando, en su caso, los ilícitos penados siempre que sean típicos, antijurídicos y culpables[16].

Ahondando en la persona con discapacidad como sujeto pasivo del delito, en razón de la misma, el CP ordena tipos penales autónomos y modalidades agravadas de otros. Así, se refiere a la discapacidad, como elemento para la configuración del tipo penal o para la determinación

---

[15] Nos avala, ORTEGA MATESANZ, A., "El derecho penal y la persona con discapacidad", AA.VV., (Coord. MUÑIZ ESPADA, E.), *Contribuciones para una reforma de la discapacidad: Un análisis transversal del apoyo jurídico a la discapacidad,* La Ley-Wolters Kluwer, Madrid, 2020, p. 530.

[16] Queda claro, así, que discapacidad no es igual a inimputablidad en todo caso. Así, CONDE-PUMPIDO FERREIRO, C., "Artículo 25", AAVV (Dr. CONDE-PUMPIDO FERREIRO, C.), *Código Penal. Doctrina y jurisprudencia,* Trivium, Madrid, 1997, p. 903 y SANTANA VEGA, D.M., "Protección jurídico penal de las personas con discapacidad y de las personas mayores (1)", AA.VV., (Coord. DIAZ PALAREA, M.D., SANTANA VEGA, D.M.), *Marco jurídico y social de las personas mayores y de las personas con discapacidad,* Reus, Madrid, 2008, pp. 345-346.

de la pena, bien de modo genérico, como circunstancia sospechosa de discriminación[17]; bien en referencia a personas con necesidad especial de protección[18]; bien como causa que convierte a una persona en víctima especialmente vulnerable.

Con todo, sin entrar en detalle, es indudable que el CP ordena una respuesta diferenciada cuando el autor o la víctima es una persona con discapacidad.

Sin lugar a dudas, las personas con discapacidad detentan el mismo derecho al trabajo y al empleo que el resto de la ciudadanía, siendo principal objetivo de toda sociedad, que pretenda ser verdaderamente inclusiva, desarrollada y democrática, garantizarlo. Al respecto, conviene recordar que la CDPD reconoce el derecho de las personas con discapacidad a trabajar en igualdad de condiciones con los demás, incluyendo el derecho a tener la oportunidad de ganarse la vida mediante un trabajo libremente elegido o aceptado en un mercado y un entorno laborales abierto, inclusivo y accesible (art. 27). Sin perjuicio de que España está muy lejos de cumplir con esta obligación que le impone la CDPD[19], lo cierto es que cuando trabajan, las personas con discapacidad protagonizan los mismos conflictos jurídico-laborales que el resto (individuales, colectivos o plurales; jurídicos y económicos)[20].

---

17 Se aplica, al respecto, la agravante genérica de discriminación (art. 22.4 CP).

18 Equiparándolos, al respecto, con menores. Así, por ejemplo, arts. 140, 148, 149, 153, 155, 161, 165 CP... Incide en ello, vinculándolo con la protección que al efecto les ofrece la Ley 4/2015, de 27 de abril, del Estatuto de la víctima del delito, CALAZA LÓPEZ, S., "Ni toda la discapacidad es vulnerabilidad, ni toda la vulnerabilidad es discapacidad en el nuevo crisol digital: en busca de la confluencia", *Persona y derecho: Revista de Fundamentación de las Instituciones Jurídicas y de Derechos Humanos*, nº 89/2023.

19 Muy críticos, al respecto, BARRANCO AVILÉS, M.C., CUENCA GÓMEZ, P., "Valoración del modelo español de reconocimiento del derecho al trabajo de las personas con discapacidad desde la Convención Internacional sobre los Derechos de las Personas con Discapacidad", AA.VV., (Dra. CASTILLO DÍAZ, MARTA), I Congreso Nacional sobre Empleo de las Personas con Discapacidad: Hacia la plena inclusión laboral, Universidad Internacional de Andalucía, Sevilla, 2016, pp. 162-168.

20 Nos adentramos en las características del conflicto laboral y en sus clases, ORDEÑANA GEZURAGA, I., La conciliación y la mediación en cuanto instrumentos extrajurisdiccionales para solventar el conflicto laboral, Comares, Granada, 2009, pp. 1-51.

Por último, en el ámbito administrativo, además de los conflictos típicos de la materia (denegación de ayuda o subvención, impugnación multas, vivienda pública...) pueden darse conflictos, especialmente, por la dependencia de estas personas; en las tutelas o servicios sociales ofrecidos por la Administración; relativos a centros de ocupación y asistencia a los que asisten...[21]

Si bien todos los conflictos jurídicos descritos puedan tener como protagonistas a personas con discapacidad, en cuanto a su carácter genérico, en lo sucesivo, para ahondar en los inconvenientes de la vía judicial y en las ventajas de la mediación para abordarlos, nos vamos a centrar en los de naturaleza privada, conscientes de que las matizaciones que se pueden derivar de las otras parcelas del ordenamiento jurídico en la resolución de sus respectivas controversias jurídicas (penales, administrativas o laborales) también se aplicarán, lógicamente, a los protagonizados, en las mismas, por las personas con discapacidad.

II. CARA Y CRUZ DE LA SOLUCIÓN JUDICIAL DEL CONFLICTO JURÍDICO-PRIVADO O SOBRE SU IMPRESCINDIBILIDAD Y SUS INCONVENIENTES CON REFERENCIA ESPECIAL A LAS PERSONAS CON DISCAPACIDAD

1. Identificación de la solución judicial y el derecho a utilizarla por las personas con discapacidad

Si la solución judicial del conflicto jurídico es aquélla ofrecida por el Poder Judicial, mirando a éste y a su actividad podemos afirmar que estamos ante la vía estatal, pública, formal y garantista de resolución de conflictos, esencial en un Estado social y democrático de Derecho, como el nuestro (art. 1 CE). El Poder Judicial actúa dentro del sistema jurisdiccional, del que es eje, pero en el que aparecen también otros dos

---

[21] Una panorámica general de la intervención del Derecho administrativo en relación a las personas con discapacidad, y conflictos posibles consiguientes, TORRES LÓPEZ, M.A., *La discapacidad en el derecho administrativo,* Civitas, Madrid, 2012.

elementos fundamentales -la acción y el proceso-, totalmente engranados[22]. Entendiendo este carácter sistemático -todos los elementos se integran para obtener el mismo objetivo (la solución judicial del conflicto jurídico de forma efectiva)- como una de las principales bondades de la jurisdicción, configuramos ésta como el conjunto de órganos jurisdiccionales y los jueces y magistrados que los componen y la función que desempeñan (función jurisdiccional), siendo ambas únicas, porque una y única es la Soberanía que existe en España, la que reside en el pueblo español y de la que se deriva el Poder Judicial y su función (art. 1.2 CE). Al tiempo, es característica esencial de este sistema la autoridad de jueces y magistrados, derivada de su potestad jurisdiccional, que les habilita, en nombre del Estado, para solventar, con carácter heterónomo o dirimente -actuando *supra partes*-, las discrepancias jurídicas de la ciudadanía. Técnicamente su tarea, denominada "función jurisdiccional", consiste en aplicar el Derecho objetivo al caso concreto, juzgando y ejecutando lo juzgado -mediante la tutela declarativa y ejecutiva, respectivamente (arts. 117.1 y 9.1 CE)- y asegurando ambas mediante la tutela cautelar (art. 5 LEC). Los jueces y juezas detentan el monopolio de la función jurisdiccional (art. 117.3 CE) al tiempo que es la única tarea que pueden desarrollar (art. 117.4 CE). Esta función la acometen de modo irrevocable, sometidos única y exclusivamente a la Ley, en cuanto forma de proteger y garantizar su independencia, y con el objetivo de garantizar la coercibilidad de las leyes.

No se entiende la jurisdicción o el monopolio judicial en la resolución de conflictos, tras la prohibición de la autotutela (art. 455 CP), sin hacer referencia al segundo gran eje del Derecho jurisdiccional: aquélla que denominamos acción o derecho de acción. Constitucionalizada en el art. 24 CE, que ordena el derecho a la tutela judicial efectiva, entendemos por acción o derecho de acción, el conjunto de derechos que se reconoce a la ciudadanía frente o ante la jurisdicción. Como apunta la jurisprudencia del Tribunal Constitucional, "la primera nota del derecho a la tutela judicial consiste en la libre facultad que tiene el demandante para incoar el proceso y someter al demandado a los efectos

---

22 Siguiendo la construcción de "Derecho jurisdiccional", en cuanto última evolución de la materia tradicionalmente llamada "Derecho procesal", de MONTERO AROCA, J., "Del derecho procesal al derecho jurisdiccional", *Justicia*, nº 2/1984. También, *La herencia procesal española*, Universidad Nacional Autónoma de México, México 1994 y *El derecho procesal en el siglo XX*, Tirant lo Blanch, Valencia, 2000, pp. 19-45.

del mismo"[23]. Son parte de este derecho, igualmente, la prohibición de la indefensión, el derecho a una resolución, el derecho a la ejecución de la misma, el derecho a los recursos y el derecho a la tutela cautelar. La acción requiere, a mayor abundancia, que, en todo caso, se respeten la ley y las garantías que ésta reconoce a las partes del proceso[24]. Obviamente, este derecho de acción se reconoce a toda la ciudadanía, incluida las personas con discapacidad, quienes, en su caso, actuarán con el apoyo establecido (de forma privada, en sede notarial, o ante un juzgado, en la jurisdicción voluntaria o contenciosa; sea personal -guarda de hecho, curador o defensor judicial-, o de otro tipo) en ejercicio de su capacidad jurídica (art. 7.2 LEC).

Tercer gran elemento del sistema jurisdiccional, tanto los jueces, para realizar su labor, como la ciudadanía, para ejercer su derecho de acción, requieren del proceso. Los primeros sólo pueden ejercer la función jurisdiccional mediante y en el proceso, debiendo seguir una sucesión de actos con los requisitos y las formas exigidas por la ley, en cuanto forma de evitar su discrecionalidad. Del mismo modo, el proceso es el medio o instrumento jurídico por el que las personas justiciables ven satisfecho su derecho acción, en general, y el compendio de derechos que el mismo conlleva, en particular.

---

[23] Literal, STC 65/1985, de 23 de mayo. Este derecho es el *prius lógico* para poder ejercer el resto de los que integran la acción. Lo apuntan, enfatizando su carácter esencial para la eficacia del derecho de acción: STC 19/1981, de 8 de junio, STC 111/2000, de 5 de mayo y STC 11/2001, de 29 de enero.

[24] Reconoce otras garantías para la ciudadanía, en el ámbito jurisdiccional, la propia CE en su art. 24.2: el derecho al juez ordinario predeterminado por la ley, el derecho a la defensa y asistencia de letrado, el derecho de los justiciables a ser informados de la acusación formulada contra ellos, el derecho a un proceso público sin dilaciones indebidas y con todas las garantías, el derecho a utilizar los medios de prueba pertinentes para su defensa, el derecho a no declarar contra sí mismo y a no confesarse culpable y el derecho a la presunción de inocencia. La mayoría de estos se prevén para el proceso penal, mostrando el legislador una protección especial de la ciudadanía que concurre en el mismo. Los tratamos, con profusión, ORDEÑANA GEZURAGA, I., *El Estatuto jurídico de la víctima en el Derecho jurisdiccional penal español*, Instituto Vasco de Administración Pública, Oñati, 2014, pp. 39-60.

2. *La cara o sobre la imprescindibilidad de la jurisdicción, también para las personas con discapacidad*

No hay Estado de Derecho, sin Poder Judicial, igual que tampoco se puede hacer o garantizar la justicia, mediante la resolución del conflicto jurídico (sea mediante el cauce que sea), sin auxilio y/o control de aquél, en cuanto "la justicia emana del pueblo y se administra en nombre del Rey por Jueces y Magistrados integrantes del poder judicial" (art. 117.1 CE). De ahí que sea incuestionable la existencia, necesidad e importancia del Poder Judicial. Ello no quita -como veremos, en el próximo apartado- que fueron los defectos o debilidades de la vía judicial y el afán de mejorarla la génesis de los mecanismos extrajudiciales de resolución de conflictos, en el contexto del movimiento mundial *Alternative Dispute Resolution* (ADR), y el objetivo de cada una de las técnicas extrajudiciales en particular.

No obstante, para argumentar la imprescindibilidad del Poder Judicial y su actividad debemos remarcar el fundamento de los mecanismos extrajudiciales: éstos se han de basar en la libertad de las partes, debiendo considerarse ésta el alfa y omega, tanto de su configuración, como desarrollo y resultado. Ello supone que cualquier justiciable en conflicto, incluidas las personas con discapacidad, debe poder elegir acudir a la vía judicial o a un mecanismo extrajudicial. Sin embargo, esta elección únicamente es posible cuando la materia de la controversia jurídica sea disponible o transaccionable. En otros términos, cuando el conflicto verse sobre materia indisponible, imperativa, de orden público o *ius cogens,* la vía judicial es la única forma para solventarlo. En este orden de cosas, en relación a las personas con discapacidad, y respecto a su capacidad jurídica, en primer lugar, tenemos que recordar que, aunque la LRLCPAPD haya desjudicializado o externalizado su protección jurídica, apostando por la intimidad y privacidad familiar (y la actividad notarial) como cauce para establecer las medidas de apoyo que puedan necesitar en el ejercicio de aquélla, con respeto a sus derechos, voluntad y preferencias, es la actuación judicial (en primer lugar, mediante la jurisdicción voluntaria y, en último, mediante la jurisdicción contenciosa) la que dota de seguridad jurídica a la intervención social al efecto. Conviene, apuntar, además, que, en cuanto la discapacidad es evolutiva y cambiante, la intervención judicial puede ser necesaria en más de una ocasión. Nos referiremos a esta concreta intervención judicial como aquélla atinente a la propia discapacidad, sin perjuicio de que, en el desarrollo de su vida y proyecto personal, las personas con discapacidad recurran en otras ocasiones, como el resto de los y las justiciables, a la vía judicial en resolución de los conflictos jurídicos. Nos referiremos a ella como intervención judicial ordinaria.

3. La cruz o sobre los inconvenientes a pesar de las últimas reformas

3.1. Inconvenientes generales, igualmente aplicables a conflictos protagonizados por personas con discapacidad

Sin perjuicio de su imprescindibilidad y fortalezas abundantes (carácter de sistema articulado en torno a la jurisdicción, la acción y el proceso; su previsión íntegra en la ley, fuente de seguridad jurídica; el aval del Estado, en cuanto se estructura en torno a uno de sus poderes; especialización mediante los órdenes jurisdiccionales; la garantía de su resultado -la resolución del conflicto jurídico-, pues al ser la potestad jurisdiccional irrenunciable, cuando unas personas presentan una disputa a la autoridad jurisdiccional, ésta viene obligada a resolverla; protección integral mediante los tres tipos de tutela -declarativa, ejecutiva y cautelar-; la necesidad de motivar las resoluciones judiciales (arts. 24 y 120.3 CE); la irrevocabilidad o el efecto de cosa juzgada de las sentencias firmes; el conjunto de garantías que se reconoce a la ciudadanía, en general en la ley, y en torno al derecho de acción, en particular...),[25] no es menos cierto que la jurisdicción presenta otras tantas debilidades, que podemos reconocer como endogámicas, en cuanto derivan de las características básicas de la misma, que, además, pueden verse acentuadas cuando alguna de las partes del pleito civil (o ambas) son personas con discapacidad.

Se considera debilidad de la vía jurisdiccional su carácter adversativo, alimentado por el principio de dualidad de posiciones que rige el proceso, y que lleva a las partes a actuar, en juicio, en defensa de su interés (pretensión-resistencia), mediante el ataque directo a la contraparte, dirigido a convencer a la autoridad jurisdiccional. Ciertamente, ésta decide heterónomamente *supra partes*, en base a las pruebas realizadas, en

---

[25] Incidimos en sus bondades, ORDEÑANA GEZURAGA, I., "Bienvenidos arbitraje comercial y de inversiones y resto de mecanismos extrajurisdiccionales al Derecho jurisdiccional diversificado, rama del Derecho que ordena la solución de los conflictos jurídicos", *Arbitraje: revista de arbitraje comercial y de inversiones*, nº 3/2017.

aplicación estricta de la ley, con el indefectible resultado de que una de las partes gana el pleito y la otra parte lo pierde. Son sabidos los efectos derivados de esta metodología: afectación de las relaciones personales y/o jurídicas; posibles juicios futuros -de ejecución o propiamente declarativos derivados del cumplimiento de la sentencia, recursos...-...

El tiempo que requiere la vía judicial para solventar los conflictos, reflejado en la dilación de los procesos, y el consiguiente retraso en la resolución de los conflictos jurídicos, se estima otra tara principal de la misma.

Otro defecto de la jurisdicción es su coste elevado, no sólo para las partes del juicio (en su caso, una o más personas con discapacidad), sino también para el erario público. Este elemento puede convertirse en un gran inconveniente para una persona con discapacidad que, con escasos ingresos, no puede afrontar los gastos de un pleito[26]. Ello puede reflejar, además, indefectiblemente la incapacidad intrínseca del sistema jurisdiccional para asegurar a toda la ciudadanía el acceso a la justicia, elemento especialmente apelado en la creación del movimiento mundial ADR.

Totalmente vinculado, es sabido que la actuación del Poder judicial, además de su importe económico, tiene un costo emocional_muy fuerte, en cuanto los juicios son fuente de gran stress para la ciudadanía[27]. Si éste es nocivo para cualquier justiciable, lo puede ser más para una persona con discapacidad, más cuando los profesionales del ámbito judicial carecen de sensibilidad y formación para el tratamiento con personas con discapacidad[28]. En la misma línea, la formalidad y tecnicismo que carac-

---

26 Se hace eco de ello, SUÁREZ XAVIER, P.R., "Algunas reflexiones sobre la inclusión de las personas con discapacidad desde la óptica procesal: el facilitador y otras lecciones pendientes", AA.VV., (Dras. CALAZA LÓPEZ, S., LUACES GUTIÉRREZ, A.I., LLORENTE SÁNCHEZ-ARJONA, M.), *Justicia y discapacidad en un entorno virtual,* Dykinson, Madrid, 2023, p. 95.

27 En nuestro apoyo, FERNÁNDEZ ORTEGA, F., "El coste de la justicia", *Cuadernos de derecho judicial,* nº 15/2001. También, LADRÓN TABUENCA, M.P., "Mediación intrajudicial y discapacidad", AA.VV., (Coord. FERNÁNDEZ PÉREZ, A.), *Avances para una justicia sostenible: ponencias y comunicaciones de la Jornada sobre "Métodos alternativos de resolución de controversias y cultura de la paz" (16 diciembre 2022),* Aranzadi, Cizur Menor 2023, p. 270.

28 Con nosotros, VELARDE D'AMIL, Y., "Consideraciones críticas sobre la Ley 8/2021, de 2 de Junio, por la que se reforma la legislación civil y procesal para el apoyo a las personas con discapacidad en el ejercicio de su capacidad jurídica",

teriza a la vía heterónoma judicial -fuente, al tiempo, de sus garantías-, que hace que los y las justiciables se sientan muy pequeñitos en manos de jueces y juezas y de sus abogados y abogadas, también, se puede ver acrecentada en el caso de las personas con discapacidad.

Tampoco podemos omitir que, el carácter homogéneo de la actuación judicial, que, en ejercicio de la potestad y función jurisdiccional, aplica el Derecho objetivo al caso concreto, sin distinguir las coyunturas y necesidades concretas, hace que las decisiones judiciales no se avengan, en muchos casos, a los deseos y necesidades de hombres y mujeres con discapacidad. Es innegable, al respecto, que a pesar de ser personas, como el resto, y requerir una solución a su conflicto jurídico, como el resto, su discapacidad puede requerir, tanto en el tratamiento del conflicto, como en su solución, la toma en cuenta de circunstancias y necesidades especiales, derivadas de la propia discapacidad[29].

Cierto es que la naturaleza pública de los juicios (art. 120 CE), que puede no convenir, en general, a las personas que quieren guardar con celo su intimidad, y que se ve limitada en los juicios con personas con discapacidad, en relación a la misma y sus medidas de apoyo -pudiéndose celebrar a puerta cerrada a solicitud de las partes o por decisión de oficio (art. 754 LEC)[30]-, no se aplica al resto de juicios civiles, con lo que también puede ser un inconveniente para aquéllas, cuando acuden a sede judicial para una intervención ordinaria ajena a las medidas de apoyo.

Resumiendo, las debilidades de la vía judicial, innatas a su funcionamiento, y sin duda, fuente de sus principales virtudes (seguridad jurídica, irrevocabilidad y permanencia de sus decisiones, contundencia de sus resoluciones que cuentan con el aval del Estado…) pueden tornarse en fuente de inconvenientes, para la ciudadanía, en general, y para las personas con discapacidad, en particular. No obstante, al hilo de lo analizado en apartados anteriores, no obstante, la pregunta sucesiva es:

Anuario de mediación y solución de conflictos, nº 9/2022. Al respecto, se refiere a "un entorno social hostil que dificulta el ejercicio del derecho al acceso a la justicia", ÁLVAREZ RAMÍREZ, G., "Discapacidad y mediación", *Revista Aldaba*, nº 42/2017.

29 Literalmente remarca ÁLVAREZ RAMÍREZ, G., "Discapacidad y mediación", *op.cit.*, "además de las manifestaciones inherentes a cualquier conflicto, en el ámbito de la discapacidad se revelan circunstancias que le son propias, necesidades concretas que deben ser satisfechas".

30 Es decir, en aquella intervención judicial atinente a la propia discapacidad.

3.2. ¿Pueden los ajustes de procedimiento previstos en la ley mejorar la situación para las personas con discapacidad?

Consideramos una de las modificaciones más importantes que ha traído la LRLCPAPD los ajustes para las personas con discapacidad, introducida, para los procesos judiciales contenciosos en la LEC, y, para los correspondientes a la jurisdicción voluntaria, en la LJV (art. 7 bis, en ambos casos)[31]. Sin perjuicio de que son los mismos, nos interesa su análisis crítico en referencia a la intervención judicial ordinaria para los y las justiciables con discapacidad. Para ello, vamos a apuntar su régimen jurídico, para valorarlo y concluir si, realmente, convierten en mejor o más adecuada la vía judicial para conflictos protagonizados por personas con discapacidad.

En cumplimiento de lo previsto, al respecto, en la CDPD (art. 13), es decir, para garantizar a las personas con discapacidad el acceso a la justicia en igualdad de condiciones con los demás, el art. 7 bis LEC ordena, tanto para aquéllas, como las personas mayores de 65 años, "las adaptaciones y los ajustes que sean necesarios para garantizar su participación en condiciones de igualdad"[32]. Estas adaptaciones y ajustes, en el caso de las personas con discapacidad, las tienen que pedir ellas (se entiende que, en su caso, la persona que les apoya, conforme a las medidas de apoyo que se les hayan establecido) o el Ministerio Fiscal, pudiendo también ser decididas de oficio. Igualmente, las personas mayores de 65 años deben instarlas, mientras que, para las mayores de 80, además de la propia solicitud, se dispone la posibilidad de que se adopten de oficio. Entendemos que ambas disposiciones se han de combinar cuando la persona con discapacidad es mayor de 65 años y menor de 80, pudiendo, en esta coyuntura, decretarse por solicitud propia, por el Ministerio Fiscal o de oficio. Interpretamos, asimismo, que las personas con discapacidad pueden pedir estas adaptaciones, aunque no intervengan

---

[31] Se han introducido, igualmente, para la intervención previa notarial (art. 25 Ley del Notariado de 28 de mayo de 1862)

[32] Mantiene que, también, se aplican al resto de procesos (administrativo y laboral), por ser la LEC supletoria de aquéllos, RECOVER BALBOA, T., "Acceso a la justicia: ajustes de procedimiento para las personas con discapacidad", *Anales de derecho y discapacidad*, nº 7/2022. Se prevén específicamente para el proceso penal (art. 109 LECR), fruto de la modificación articulada por la LRLCPAPD. Sus líneas básicas, HERNÁNDEZ DE LA PEÑA, I., "Los ajustes procedimentales en el proceso penal: Discapacidad intelectual y la figura del facilitador", *Lex Criminalis*, nº 4/2023.

como partes, es decir, cuando actúan como testigos o, incluso, peritos.[33] Del mismo modo, conforme al art. 7 bis LEC, leemos que estos ajustes se darán cuando “sean necesarios para garantizar su participación en condiciones de igualdad”. Luego, si la discapacidad no limita de ninguna manera el acceso a la justicia en igualdad, no se utilizarán. Al respecto, tenemos que recordar que la discapacidad es heterogénea con lo que, a priori, estas medidas también lo deben ser[34]. Lógicamente, no es la misma la adaptación que requiere una persona con problemas de movilidad (tetrapléjico, por ejemplo), que un sordo, un ciego o una persona con problemas de comprensión, tanto para acceder al palacio de justicia y a la sala concreta del juicio, como para su intervención en el mismo. En cualquier caso, conforme a su ordenación, se han de extender a todas las fases y actuaciones procesales, incluidos los actos de comunicación (citaciones, emplazamientos, requerimientos y notificaciones) y pueden ser relativas a la comunicación, la comprensión[35] y la interacción con el entorno[36]. Aunque la regulación guarda silencio, al respecto, entendemos que lo normal es instarlas antes del inicio del proceso civil o, de no haberlas previsto, una vez iniciado éste, cuando resulten necesarias. Del mismo modo, lo más lógico es pensar que es el Letrado de la Administración de Justicia el encargado de aceptarlas y, en su caso, velar por su implementación[37]. A pesar del silencio, al

---

[33] En nuestro aval, GUTIÉRREZ BARRENENGOA, A., “El derecho de acceso a la justicia de las personas con discapacidad y la necesidad de adoptar los ajustes necesarios para garantizarlo”, *Revista de Derecho, Empresa y Sociedad,* nº 20-21/2022.

[34] En nuestra defensa, VILLAR FUENTES, I., “Ajustes procedimentales para garantizar el acceso a la justicia de las personas con discapacidad”, AA.VV., (Dres. DE LUCCHI LÓPEZ-TAPIA, Y., QUESADA SÁNCHEZ, A.J., Coord. RUIZ-RICO RUIZ, J.M.), *La reforma civil y procesal en materia de discapacidad: estudio sistemático de la Ley 8/2021, de 2 de junio,* Atelier, Barcelona, 2022, p. 727. En general, mantiene que “El Legislador no puede entrar a detallar -en una suerte de listado cerrado- tantos tipos de herramientas procesales como causas de discapacidad existan”, CALAZA LÓPEZ, S., “Ni toda la discapacidad es vulnerabilidad, ni toda la vulnerabilidad es discapacidad en el nuevo crisol digital: en busca de la confluencia”, *op.cit.*

[35] Ambos entendidos especialmente en relación a la actuación judicial y la actuación de las partes (incluida la persona concreta con discapacidad) en vista.

[36] Al respecto, consideramos esenciales las barreras arquitectónicas.

[37] En nuestro apoyo, DE LUCCHI LÓPEZ-TAPIA, Y., “El alcance de la intervención jurisdiccional con relación al ejercicio de la capacidad jurídica de las personas con discapacidad”, AA.VV., (Dres. DE LUCCHI LÓPEZ-TAPIA, Y., RUIZ-RICO RUIZ, J.M., Coord. QUESADA SÁNCHEZ, A.J.), *La reforma civil y procesal en materia*

respecto, de la nueva normativa, en el marco de la protección de los derechos humanos de las personas con discapacidad, en general, que requiere la CDPD, y del acceso a la justicia, en particular, la denegación injustificada de estas medidas de adopción no puede tener otro efecto que la nulidad radical del pleito, motivado por la indefensión a la que da lugar[38].

Se reconoce expresamente el derecho a entender y ser entendidos en todas las actuaciones, debiendo, al efecto, hacérseles las comunicaciones orales y escritas con lenguaje claro, sencillo y accesible, de un modo que tenga en cuenta sus características personales y sus necesidades, haciendo uso de medios como la lectura fácil. Incluso, se reconoce la posibilidad, cuando sea necesario, de hacer la comunicación, también, a la persona que preste apoyo a la persona con discapacidad para el ejercicio de su capacidad jurídica. Obviamente, estas medidas están dirigidas para las personas con discapacidad de comprensión, no otras (movilidad, por ejemplo). En la línea, se prevé la asistencia o apoyos necesarios para que puedan hacerse entender, apuntándose, expresamente, la interpretación en las lenguas de signos reconocidas legalmente y medios de apoyo a la comunicación oral de personas sordas, con discapacidad auditiva y sordociegas.

Se posibilita, al tiempo, la intervención de un facilitador/a, profesional experto que realice las tareas de ajuste y adaptación necesarias para que hombres y mujeres con discapacidad puedan entender y ser entendidas[39]. Se critica especialmente que -sin referencia expresa a ello, en el precepto que analizamos- el preámbulo de la LRLCPAPD (apartado V) recoja expresamente que su coste será a cargo de la persona con

---

de discapacidad: estudio sistemático de la Ley 8/2021, de 2 de junio, Atelier, Barcelona, 2022, p. 157.

38 En nuestro apoyo, HERNÁNDEZ DE LA PEÑA, I., "Los ajustes procedimentales en el proceso penal: Discapacidad intelectual y la figura del facilitador", op.cit., pues "el no proporcionar ajustes de procedimiento sería una forma de discriminación por motivos de discapacidad en lo que refiere al derecho de acceso a la justicia". En la misma línea, DE ASÍS, R., "Los ajustes de procedimiento en el discurso de los derechos", *Anales de derecho y discapacidad*, nº 7/2022.

39 En general, sobre su función, MUYO BUSSAC, P., "El rol del facilitador en los procesos civiles en los que intervengan personas con discapacidad intelectual", AA.VV., (Dres. LÓPEZ SÁNCHEZ, J., HERRERO PEREZAGUA, J.F.), *Los vulnerables ante el proceso civil*, Atelier, Barcelona, 2022, pp. 365 y ss.

discapacidad[40]. Se censura, asimismo, su configuración potestativa y no obligatoria[41].

Se reconoce, igualmente, el derecho de las personas con discapacidad de estar acompañadas de una persona de su elección -diferente al profesional de la abogacía o procura-, desde el primer contacto con las autoridades y funcionarios. No vemos problema alguno en que esta persona sea el mismo facilitador o facilitadora[42], al tiempo de que tampoco dudamos de las bondades de ello, en cuanto puede ayudar a hacer más agradable el paso por la vía judicial que, como decíamos, es por sí muy estresante para el justiciable, sea una persona con discapacidad o no. Además, conviene recordar que el art. 13.2 CDPD requiere a las personas que trabajan en la Administración de Justicia, incluido el personal policial y penitenciario, la capacitación adecuada para trabajar con personas con discapacidad. Entendiendo que ello ha de conllevar, en primer lugar, una sensibilización de aquéllas con las personas con discapacidad, echamos de menos alguna referencia al respecto en el art. 7 bis LEC[43], si bien es cierto que la DA 2 LRLCPAPD lo requiere no solo para jueces, magistrados, fiscales, letrados de la Administración de Justicia, fuerzas y cuerpos de seguridad, médicos forense y resto de personal al servicio de la Administración de justicia y otros funcionarios

---

40 En este sentido, FERNANDEZ DE BUJÁN, A., "Los ajustes para personas con discapacidad", AA.VV., (Dr. CALAZA LÓPEZ, S., Coord. DE PRADA RODRÍGUEZ, M.), *Jurisdicción Voluntaria, Ley 15/2015, de 2 de julio, de jurisdicción voluntaria,* Tirant lo Blanch, Valencia, 2022, pp. 124-125. Lo considera un olvido del legislador, CUADRADO SALINAS, C., "Personas vulnerables y ajustes del procedimiento. Luces y sombras de su regulación actual", *Revista General de Derecho Procesal,* nº 62, 2004.

41 Así, entre otros, DE LUCCHI LÓPEZ-TAPIA, Y., "Ajustes procedimentales para garantizar el acceso a la justicia de las personas en situación de discapacidad: el nuevo artículo 7 bis de la Ley de Enjuiciamiento Civil", *Práctica de los Tribunales,* nº 151/2021.

42 Mantiene la opinión contraria, ARIZA COLMENAREJO, M.J., "La figura del facilitador y su rol en el proceso", AA.VV., (Dres. CALAZA LÓPEZ, S., LLORENTE SÁNCHEZ-ARJONA, M., GUZMAN FLUJA, V.), *La discapacidad en la jurisdicción civil,* Dykinson, Madrid, 2023, p. 18.

43 Con nosotros, VELARDE D'AMIL, Y., "Consideraciones críticas sobre la Ley 8/2021, de 2 de Junio, por la que se reforma la legislación civil y procesal para el apoyo a las personas con discapacidad en el ejercicio de su capacidad jurídica", *op.cit.*

que desempeñen funciones en esta materia, sino también a abogados, procuradores y graduados sociales.

Más controvertida nos parece la medida prevista en el último apartado del art. 7 bis LEC: el reconocimiento del carácter preferente de los juicios declarativos y ejecutivos en los que alguna de las partes interesadas sea una persona mayor de 80 años. Entendiendo que esta disposición vinculada únicamente con la edad, se aplicará, en su caso -en interpretación literal del precepto que nos ocupa-, a las personas con discapacidad siempre que sean mayores de 80 años, y que su justificación es la esperanza de vida que, lógicamente, queda a estas personas (menor que la de las personas más jóvenes), entendemos que atenta a la igualdad de todas las personas que rige el ordenamiento jurídico español (arts.1 y 14 CE) en el ejercicio de su derecho a la tutela judicial efectiva (art. 24 CE). Ello, porque la necesidad de protección del interés del justiciable puede ser igual de importante (o más) en el caso de personas más jóvenes. Piénsese, por ejemplo, que el incumplimiento de un contrato y la consiguiente prestación pecuniaria derivada, puede tener mucha mayor trascendencia para una persona joven que para una mayor, o, por lo menos, la misma. Otra cosa es que, la preferencia de la tramitación se limite al proceso judicial civil relativo a las medidas judiciales de apoyo a las personas con discapacidad (aquello que venimos llamando tratamiento judicial de la discapacidad). Ello, previsto expresamente en la LEC (art. 753.3 LEC), resulta más lógico y convincente.

Con todo, sin dudar de la necesidad de los ajustes de procedimiento para las personas con discapacidad -basadas, hasta ahora, en las buenas prácticas procesales-[44], en aras de garantizar su accesibilidad a la jurisdicción; sin perjuicio de que su efectiva existencia requiere medios, siendo prioritaria pero insuficiente su previsión legal[45]; conviene remarcar que el límite que tienen estos son las normas imperativas relativas al proceso, en general, y al civil, en particular, marcadas por el derecho a la tutela judicial efectiva de ambas partes procesales (art. 24 CE). Ello hace que las partes deban actuar en igualdad en la jurisdicción, protegiendo especialmente, la autoridad jurisdiccional, la evitación de su

---

44 Así, FERNÁNDEZ MARTÍNEZ, J.M., “Una justicia inclusiva”, *Revista de Derecho Laboral vLex*, nº 7, 2022.

45 En otros términos: se requieren medios. En este sentido, TORIBIO GÓMEZ, J., “El acceso a la justicia por parte de las personas sordas en España”, *Anales de derecho y discapacidad*, nº 8/2023.

indefensión, lo que supone que no se puede permitir o hacer un ajuste o adaptación que limite la posibilidad de defensa de la parte contraria. De ello deducimos que todo ajuste de procedimiento -como apunta su nombre-se tiene que limitar a la forma del proceso (al procedimiento, es decir, a la forma de los actos procesales, tanto de las partes, como del juez), que pueden flexibilizar, nunca a la sustancia (a su razón de ser y finalidad)[46]. Así, no pueden las adaptaciones afectar al principio de dualidad de posiciones, a la contradicción, al derecho de defensa o a la naturaleza heterónoma de la jurisdicción. En otros términos: las adaptaciones que se pueden hacer en el proceso civil español, con origen en la CDPD, no pueden modificar los fundamentos y elementos esenciales de la jurisdicción[47], con lo que sus inconvenientes se mantienen intactos cuando las personas afectadas sean personas con discapacidad. Estas adaptaciones no pueden dar lugar a "una justicia a la carta". Ello nos remite directamente al ámbito de los mecanismos extrajudiciales, requiriéndonos el estudio de las ventajas, inconvenientes y límites de la mediación para solventar conflictos jurídicos privados protagonizados por personas con discapacidad.

---

46 Incidimos en la diferencia proceso-procedimiento, esencial para la lectura crítica de esta cuestión, ORDEÑANA GEZURAGA, I., "Análisis de la Ley 1/2008, de 8 de febrero, de mediación familiar que ¿viene a crear el marco jurídico adecuado para la resolución extrajurisdiccional del conflicto familiar en el ámbito de la CCAA vasca?", *Revista Vasca de Administración Pública*, nº 81/2008. En sentido diferente al nuestro, al tiempo que mantiene que "cuando hablamos de ajustes de procedimiento no hablamos de una cuestión formal, ni aun meramente procesal, sino de los elementos que permiten y apuntalan la cuestión básica, de derechos humanos", RECOVER BALBOA, T., "Acceso a la justicia: ajustes de procedimiento para las personas con discapacidad", *op.cit.* En nuestro sentido, comentando las últimas sentencias del TC, al respecto, criticando que los ajustes puedan afectar al derecho a la tutela judicial efectiva, PÉREZ TORTOSA, F., "El pleno y efectivo acceso de las personas con discapacidad a la tutela jurisdiccional en la doctrina constitucional (1)", *La Ley Derecho de Familia: Revista jurídica sobre familia y menores*, nº 36/2022.

47 Muy claro, al respecto, FERNÁNDEZ MARTÍNEZ, J.M., "Una justicia inclusiva, *op.cit.*: "el acceso de las personas con discapacidad a la Justicia debes ser idéntico que el conjunto de la ciudadanía, con los mismos derechos y las mismas cargas procesales". También, ARIZA COLMENAREJO, M. J., "La figura del facilitador y su rol en el proceso", *op.cit.*, p. 16, aludiendo al principio de igualdad de armas.

III. "LA JUSTICIA A LA CARTA" O LA MEDIACIÓN COMO INSTRUMENTO MÁS ADECUADO PARA SOLVENTAR LOS CONFLICTOS JURÍDICOS DE LAS PERSONAS CON DISCAPACIDAD

1. Contextualización e identificación de este mecanismo extrajudicial a partir de su relación con el Poder Judicial

1.1. Movimiento mundial ADR y su lectura crítica en el marco del Derecho jurisdiccional diversificado

La resolución del conflicto jurídico basada en la negociación de las propias partes en conflicto (*intra partes*), renunciando a la intervención de la autoridad social o estatal pertinente ha existido desde siempre, en todos los lugares y sociedades del mundo[48], sin perjuicio de ello, modernamente, se considera EEUU, cuna del movimiento extrajudicial conocido como *Alternative Dispute Resolution* (ADR), lugar de donde se ha extendido a todo el planeta. Tenemos que identificar, como su contexto doctrinal, el movimiento ideológico-práctico autodenominado "Critical Legal Studies", que, con origen en la línea filosófica-jurídica de pensamiento caracterizada por la vuelta al realismo jurídico, surgió en la década de los 70 del siglo pasado en la Universidad de Harvard, y como hecho puntual concreto, que marcó el inicio del cambio en la cultura y mentalidad en la resolución de conflictos norteamericana, la denominada Conferencia Pound, que abordó, en mayo de 1976, las causas de la insatisfacción popular de la Administración de Justicia americana (*The causes of popular dissatisfaction with the Administration of Justice*). Todas las debilidades del sistema jurisdiccional norteamericano -en definitiva, del Poder Judicial articulado en los Estados modernos civilizados- quedaron patentes: los efectos negativos de su naturaleza adversativa, que hace más enemigos a las partes; su tecnicismo; su carestía; el

---

48 Subyace la idea de que la negociación es el fundamento de todos los mecanismos extrajudiciales, además de un mecanismo per se, e, incluso, una técnica. Lo explicamos, ORDEÑANA GEZURAGA, I., "Tres tristes tigres... o haciendo luz en relación a la negociación en el nuevo marco jurídico del sistema estatal de resolución de conflictos: la negociación como eje de todos los medios adecuados de resolución de conflictos, como mecanismo autónomo y como técnica", *Revista vasca de derecho procesal y arbitraje,* nº 1/2023.

colapso de los órganos judiciales y sus consecuencias; su ineficacia... especialmente, se destacó la incapacidad intrínseca del sistema jurisdiccional para asegurar a toda la ciudadanía el acceso a la justicia. Sin conformarse con la mera constatación del problema, en busca de soluciones, se mostró la importancia de la existencia y utilización de mecanismos privados de resolución de conflictos jurídicos, ajenos al aparato jurisdiccional, que actúen en base al acuerdo de voluntades, conforme a reglas flexibles e informales, en cuanto medio para asegurar a la ciudadanía, sin perjuicio de sus recursos económicos, la tutela adecuada de sus derechos[49]. Conviene, asimismo, destacar que, lejos de plantear la eliminación de la vía jurisdiccional, el acontecimiento puntual que describimos -y el movimiento ADR, en general- únicamente postuló la necesidad de diversificar los medios de resolución de conflictos, reservando la actuación judicial y los recursos limitados con los que ésta cuenta, para aquellos casos en que su utilización no sea ineficaz, contribuyendo, con ello, a la mejora de la propia jurisdicción, reduciendo el colapso de los órganos judiciales y la sobreactividad de los jueces.

Con esta inspiración, hemos articulado el que, a nuestro juicio, debe ser el sistema de resolución de conflictos jurídicos de un Estado del siglo XXI, analizado por el Derecho jurisdiccional diversificado, última evolución de la disciplina jurídica tradicionalmente llamado Derecho procesal. Concretamente, bebiendo de la experiencia norteamericana, entendemos que, por más medios que se dediquen al Poder Judicial, éste siempre va a funcionar de forma parecida, con las mismas fortalezas y debilidades. Por ello, igual que se hizo en EEUU, el siglo pasado, proclamamos la necesidad de diversificar los mecanismos de resolución de conflictos, correspondiendo al Estado ofrecer (o reconocer) a la ciudadanía un conjunto de mecanismos de resolución de conflictos, para que los y las justiciables, libremente, conforme a sus necesidades y coyunturas, elijan el que más les convenga[50]. Consideramos la facultad de elección del método de resolución del ciudadano o ciudadana la primera base para la legitimación del resultado. Sin

---

49 Acopian sus actas, AA.VV., (Ed. LEVIN-WHELLER), *The Pound Conference: Perspectives of Justice in future*, Minnesota, Saint Paul, 1979 y SANDER, F.E.A., *Conference on causes of popular dissatisfaction with the Administration of Justice*, National Center for State Courts, Washington, 1976.

50 Comparte nuestra teoría, en relación a la ciudadanía, en general, y las personas con discapacidad, en particular, ÁLVAREZ RAMÍREZ, G.E., *Discapacidad y sistemas alternativos de resolución de conflictos. Un cauce adicional de acceso a la justicia y una oportunidad para la inclusión*, Cinca, Madrid, 2013, p. 17.

solución de continuidad, no obstante, proclamamos la mutua interdependencia y la necesidad de convivencia entre el Poder Judicial (jurisdicción) y los mecanismos ADR. En cuanto no puede haber justicia sin ley, y el máximo garante de su respeto, en un Estado de Derecho, es el Poder Judicial, corresponde a éste el auxilio y control de las técnicas extrajurisdiccionales, en general, y de la mediación, en particular. Del mismo modo, es innegable que la existencia y empleo de estos mecanismos contribuye a la mejora del Poder Judicial, en cuanto le permiten dedicar sus medios a los conflictos jurídicos más importantes, aquéllos caracterizados por su indisponibilidad. Con todo, jurisdicción y mecanismos ADR convergen en el sistema estatal de resolución de conflictos, analizado por el Derecho jurisdiccional diversificado, que no es más que la evolución natural de aquella disciplina jurídica que, primigeniamente, fue llamada práctica forense y, más tarde, primero, Derecho procesal, y, posteriormente, Derecho jurisdiccional[51].

1.2. Mediación en cuanto instrumento de solución de conflictos, en general, y su aplicación a los conflictos jurídico-privados de las personas con discapacidad

1.2.1. Género: la mediación en el marco del Derecho jurisdiccional diversificado

Configuramos la mediación, en cuanto instrumento de solución de conflictos, en general, y de conflictos privados, en particular, con criterio iuspositivista, conforme la define la ley 5/2012, de 6 de julio, de mediación en asuntos civiles y mercantiles (en adelante, LMACM), como un medio de solución de conflictos, en el que dos o más partes intentan voluntariamente alcanzar por sí mismas un acuerdo con la intervención de un (órgano) mediador (art. 1). Aunque la flexibilidad que caracteriza a los mecanismos ADR también aparece en la mediación ("cualquiera que sea su denominación" dice el mentado art. 1 LMACM), sus elementos esenciales son tres:

---

51 Incidimos en la evolución de nuestra disciplina, ORDEÑANA GEZURAGA, I., "Bienvenidos arbitraje comercial y de inversiones y resto de mecanismos extrajurisdiccionales al Derecho jurisdiccional diversificado, rama del Derecho que ordena la solución de los conflictos jurídicos", *op.cit.* Entendemos fundamental, en esta evolución, el paso del Derecho procesal al Derecho jurisdiccional configuración del profesor MONTERO AROCA. En este sentido, vid. nota a pie de página 22.

(1) su base contractual[52] y (2) la participación de un (órgano) mediador, que actúa *intra partes* o *infra partes,*[53] para intentar obtener (3) (su objetivo) la resolución del conflicto jurídico[54], mediante un acuerdo que puede alcanzar -como explicaremos- efectos públicos (arts. 23 a 27 LMACM).

Mirando ahora a la relación Poder Judicial-mediación, de los tres elementos ejes de aquél (jurisdicción, acción y proceso), únicamente detectamos el segundo en la mediación, tanto en la medición *ad hoc* o configurada para el caso concreto, como en aquélla que podemos llamar mediación

---

52 Se basa en la libertad de las partes, quienes, en ejercicio de su autonomía de la voluntad, optan por no acudir a la jurisdicción a resolver su conflicto. Del mismo modo, nadie está obligado a mantenerse en el procedimiento de mediación, ni a concluir un acuerdo (art. 6 LMACM). Consecuentemente, en su tramitación, deben las partes actuar con lealtad, buena fe y respeto mutuo (art. 10.2 LMACM). En términos jurisdiccionales, podemos decir que el principio dispositivo, que informa el proceso civil, también informa el procedimiento de mediación. Lo apunta expresamente el preámbulo de la LMACM.

53 Nos referimos a "órgano" porque el tercero -*third neutral*, en el entorno anglosajón- puede ser unipersonal o pluripersonal (art. 18 LMACM). Puede, al tiempo, crearse para el caso concreto (*ad hoc*) o ser permanente, en el marco de lo que se denomina mediación institucional (art. 5 LMACM). El tercero interviene, con todo, en el ámbito de actuación que le reconocen las partes (art. 10 LMACM). A diferencia del juez/a, la persona mediadora no detenta autoridad pública alguna, salvo la mera confianza que depositan en él, para realizar su labor, las partes del conflicto. Es el órgano mediador, a nuestro juicio, el elemento más importante de la mediación. En nuestro apoyo, por todos, ORTUÑO MUÑOZ, J.P., «El reto de la mediación en el panorama internacional», AA.VV., (Coord. ROMERO NAVARRO, F.), *La mediación. Una visión plural. Diversos campos de aplicación,* Consejería de Presidencia y Justicia y Seguridad Gobierno de Canarias, Canarias, 2005, p. 61, afirma que «la piedra angular de toda mediación es la figura del mediador». Mas pasionalmente sentencia, REDORTA LORENTE, J., "La mediación en España", AA.VV., (Coord. GOTTHEIL, J., SCHIFFRIN, A.), *Mediación: una transformación en la cultura,* Paidós, Buenos Aires, 1996, p. 178, que la mediación vale lo que valen los mediadores, pues las técnicas siempre dependen de las personas que las aplican. Ahonda en su estatuto, conforme a la ordenación de la LMACM, CARRETERO MORALES, E., "El estatuto del mediador civil y mercantil", *Revista de mediación,* nº 1, 2014.

54 Con términos significativos, apunta el preámbulo de la LMACM que es una institución "ordenada a la paz jurídica". En la misma línea, la describen como "instrumento de paz social", GARCÍA VILLALUENGA, L., VÁZQUEZ DE CASTRO, E., "La mediación civil en España: luces y sombras de un marco normativo", *Política y sociedad,* nº 1, 2013. «Instrumento de paz, solidaridad y unión» la califican ÁLVAREZ, G.S., HIGHTON, E.I y JASSAN, E., *Mediación y justicia,* Depalma, Buenos Aires, 1996, p. VII.

institucional y que se da en el marco de una institución (art. 5 LMACM). Es así, en primer lugar, porque los mediadores no detentan autoridad alguna, más que la reconocida por las partes para auxiliar a resolver el conflicto concreto (arts. 6 y 10 LMACM). Del mismo modo, no existe un "proceso" de mediación, sino un procedimiento: las partes no litigan, conforme al principio de dualidad de posiciones, para que un tercero neutral imponga una solución; más al contrario, negocian de buena fe, con lealtad y respeto mutuo, con la ayuda del mediador, para intentar llegar a un acuerdo[55]. Sin embargo, los efectos públicos que se pueden reconocer al acuerdo de mediación, convirtiéndolo en título ejecutivo si se eleva a escritura pública (art. 25 LMACM), exigen que, en su tramitación, se reconozcan unos derechos a las partes y se impongan los respectivos deberes al órgano mediador. Así se reconoce a las partes el derecho a la igualdad (art. 7 LMACM), a la negociación con lealtad, buena fe y respeto mutuo (art. 10.2 LMACM)[56] y

---

55 Con este fundamento, a diferencia de lo que acontece en la jurisdicción y en el arbitraje, la mediación no garantiza un resultado final (la resolución de conflicto). En la mediación *ad hoc* serán las partes las que establezcan la tramitación, con respeto a los derechos de las partes y deberes del órgano mediador que ordena la LMACM. En la mediación institucional (art. 5 LMACM), por su parte, será la institución encargada de la mediación la que fije su tramitación, con los mismos límites. Con la regulación vigente, y atendiendo a la neutralidad que exige el legislador al mediador (art. 8 LMACM), se veta a éste la posibilidad de realizar propuestas de solución, algo que censuramos totalmente, en cuanto entendemos que esta facultad debe ser característica esencial de la mediación, sin perjuicio de que las partes sean plenamente libres de aceptar y hacer suya esa propuesta, convirtiéndola, en su caso, en acuerdo. Lo explicamos, en relación a la mediación familiar, con argumentación totalmente aplicable a la mediación, en general, ORDEÑANA GEZURAGA, I., "Análisis de la Ley 1/2008, de 8 de febrero, de mediación familiar que ¿viene a crear el marco jurídico adecuado para la resolución extrajurisdiccional del conflicto familiar en el ámbito de la CCAA vasca?", *op.cit.* A nuestro favor, ZATO ETCHEVERRÍA, M., "Una aproximación al mapa de la mediación en la Unión Europea", *Revista de mediación,* nº 1/2015. Explica las bondades y tachas de la posibilidad, HERRERA DE LAS HERAS, R., "La mediación obligatoria para determinados asuntos civiles y mercantiles", *Indret: Revista para el Análisis del Derecho,* nº 1/2017. Por último, en relación a la tramitación que prevé la LMACM, como apunta su preámbulo, cabe señalar que "es un procedimiento sencillo y flexible que permite que sean los sujetos implicados en la mediación los que determinen libremente sus fases fundamentales. La norma se limita a establecer aquellos requisitos imprescindibles para dar validez al acuerdo que las partes pueden alcanzar".

56 Lo que conlleva el deber de las partes de colaborar y apoyar al mediador, manteniendo la adecuada deferencia a su actividad (art. 10.3 LMACM).

a la confidencialidad de la tramitación (art. 9 LMACM)[57]. Detentan, asimismo, el derecho a que el órgano mediador, unipersonal o colegiado, actúe con imparcialidad y neutralidad (arts. 7, 8 y 13 LMACM), debiendo cumplir fielmente el encargo, incurriendo, en caso contrario, en responsabilidad por los daños y perjuicios que cause (art. 14 LMACM)[58]. En el marco de la realización y previa constitucionalización del Derecho jurisdiccional diversificado, somos partidarios *lege ferenda* de que estas garantías se recojan en el art. 24 CE[59].

Fijándonos, ahora, en su relación con la vía jurisdiccional y las tres tutelas que ofrecen los jueces, lo primero que tenemos que apuntar es que solo cabe mediación en materia disponible (art. 2 LMACM). Luego, en los conflictos de esta naturaleza -incluso en los transfronterizos (art. 3 LMACM)-, los justiciables pueden, en ejercicio de su libertad, elegir acudir a este mecanismo, renunciando al derecho a la tutela judicial efectiva del art. 24 CE[60]. Nunca se puede emplear este mecanismo en conflictos en relación

---

57 Deber de confidencialidad que afecta al propio mediador, a las instituciones de mediación, en su caso, y a las partes. Sobre su importancia, ÁLVAREZ MORENO, M.T., «La mediación en asuntos civiles y mercantiles. Algunas cuestiones suscitadas al hilo de la Propuesta de Directiva del Parlamento y del Consejo de 22 de octubre de 2004, sobre ciertos aspectos de la mediación en asuntos civiles y mercantiles», *Revista Poder Judicial*, nº 77/2004, calificando la confidencialidad como "piedra angular de la mediación".

58 Sobre la responsabilidad del órgano mediador, y la garantía que conlleva para los justiciables, COBAS COBIELLA, M.E., VALERO LLORCA, J., "La responsabilidad del mediador a la luz de la Ley 5/2012, de 6 de Julio, de Mediación en asuntos civiles y mercantiles. Aproximación a la cuestión", *Diario La Ley*, nº 7987/2012.

59 Ahondamos en la cuestión, ORDEÑANA GEZURAGA, IXUSKO, "¿Quién pone el cascabel al gato? O sobre la necesidad de constitucionalizar las técnicas extrajurisdiccionales en nuestro ordenamiento jurídico y una propuesta abierta al debate", *Revista vasca de derecho procesal y arbitraje*, nº 3/2018.

60 En relación a la renuncia del derecho del art. 24 CE, apunta, correctamente, MARTÍ MINGARRO, L., "La mediación civil y mercantil en la nueva ley 5/2012, de 6 de julio", *Revista jurídica de Castilla y León*, nº 29/2013, que "se trata de una renuncia temporal, condicional, explícita y contractual". Sobre la naturaleza disponible de los conflictos que solventa este mecanismo, la STC 81/1992, de 28 de mayo postula en relación a la conciliación -totalmente aplicable a la mediación- que «constituye un método autocompositivo de solución de conflictos intersubjetivos de naturaleza disponible en el que las partes, a través de la intervención de un tercero, evitan el nacimiento o ponen fin a un litigio entre ellas surgido». En la misma dirección, en la doctrina, por todos, MARTÍNEZ DE MURGUÍA, B., *Mediación y resolución de conflictos. Una guía introductoria*, Paidós, Barcelona, 1999, p. 96.

al orden público o normas imperativas (estado civil, filiación...). Nos topamos, otra vez, con la imprescindibilidad de la jurisdicción.

En esta coyuntura, optando los justiciables por la mediación, y muestra de que es una técnica integrante del sistema estatal de resolución de conflictos, el legislador reconoce que la solicitud de su inicio suspende la prescripción o caducidad de las pretensiones judiciales, desde la fecha en la que conste la recepción de dicha solicitud por el mediador o el depósito ante la institución de mediación, en su caso, y hasta la fecha de la firma del acuerdo de mediación, o en su defecto, la firma del acta final, o se produzca la terminación de la mediación por alguna de las causas previstas en la LMACM (art. 4)[61]. Del mismo modo, existiendo un pacto, por escrito, que recoja el compromiso de someter controversias presentes o futuras a la mediación, el legislador dispone que se "deberá intentar el procedimiento pactado de buena fe, antes de acudir a la jurisdicción o *a otra solución extrajudicial*"[62]. En una apuesta firme por la mediación, la LMACM agrega que "dicha cláusula surtirá efectos incluso cuando la controversia verse sobre la validez o existencia del contrato en el que conste" (art. 6.2 LMACM). Todo ello sin olvidar que la mediación es voluntaria en su origen y desarrollo[63]. En plena coherencia, la LEC, modificada por la LMACM, reconoce la facultad de las partes del proceso civil de disponer de éste para someterse a mediación, excepto cuando la ley lo prohíba o establezca limitaciones, por razones de interés general o en beneficio de tercero (arts. 19.1, 443 y 770 LEC). En la misma línea, si una de las partes en conflicto, firmante de un pacto de mediación, se encuentra sorpresivamente en la posición de demandado de pleito civil, puede interponer declinatoria (arts. 39 y 63 LEC). Debería ser la única actuación a realizar para evitar la sumisión tácita al órgano judicial (art. 56 LEC). La confianza del legislador respecto a la mediación queda patente, asimismo, al recoger expresamente la posibilidad del juez, de informar a las partes, e incluso, invitarles,

---

61 Apunta especialmente la LMACM que, si en el periodo de quince días naturales, a contar desde la recepción de la solicitud de inicio de la mediación, no se firma el acta de la sesión constitutiva (art. 19 LMACM), se reanuda el computo de los plazos de prescripción o caducidad judicial.

62 Quede claro, por tanto, que la mediación no es únicamente alternativa a la jurisdicción, sino también a otros mecanismos ADR, especialmente el arbitraje.

63 "Nadie está obligado a mantenerse en el procedimiento de mediación ni a concluir un acuerdo" dispone el art. 6.3 LMACM, aludiendo a lo que nosotros denominamos alfa y omega de la mediación.

a acudir a mediación, tanto en el juicio ordinario propiamente dicho (art. 414 LEC), como en el verbal (art. 440 LEC).

En el marco de la función de auxilio jurisdiccional debemos situar la posibilidad de los justiciables, que acuden a mediación, de solicitar a los jueces medidas cautelares u otras medidas urgentes imprescindibles para evitar la pérdida irreversible de bienes y derechos (art. 10.2 II LMACM)[64]. Del mismo modo, es posible convertir el acuerdo de mediación en título ejecutivo, elevándolo a escritura pública o, si se hubiera alcanzado después de iniciado un proceso judicial, solicitando las partes su homologación judicial (arts. 25 LMACM y 517 LEC). Detentando la jurisdicción el monopolio del uso legítimo de la fuerza, será, en su caso, competente, para su ejecución, el juzgado de primera instancia del lugar en el que se hubiera firmado el acuerdo de mediación (art. 545.2 LEC), pudiendo procederse, al efecto, siempre que hayan pasado 20 días desde que la firma del acuerdo haya sido notificada al ejecutado (art. 548 LEC). Se deberá presentar al órgano jurisdiccional el propio acuerdo y copia de las actas de la sesión constitutiva y final del procedimiento (art. 550.1 LEC) y se reconoce al ejecutado el derecho a la oposición (art. 556 LEC).

Muestra de la función de control de la vía jurisdiccional respecto a la mediación, contra el acuerdo que pone fin a ésta se puede ejercitar la acción de nulidad por las causas que invalidan los contratos (art. 23.4 LMACM).

1.2.2. Subespecie: la mediación privada con personas con discapacidad. Configuración, extensión y funcionamiento (especial hincapié en su relación con la jurisdicción)

La mediación es una y única en cuanto método extrajudicial de resolución de conflictos, si bien muestra particularidades en su aplicación a los distintos ámbitos del Derecho y sus correspondientes conflictos (privados, penales, administrativos y laborales). Ubicados en la mediación privada, en cuanto especie de género, debemos identificar la mediación privada con personas con discapacidad como subespecie de la misma. En este apartado

---

64 Explica la posibilidad, diferenciando que las medidas cautelares se adopten antes del inicio de la mediación o en su tramitación, PÉREZ DAUDÍ, V., "La mediación y las medidas cautelares", *Indret: Revista para el Análisis del Derecho*, nº 3, 2012.

nos limitados a su sucinto análisis objetivo para, en los próximos, acometer su valoración y lectura crítica.

Conformamos la mediación privada con personas con discapacidad, a partir de la definición de la mediación privada, como una mediación, en una cuestión o conflicto de derecho privado, en la que, al menos, una de las partes -obviamente, podrán serlo las dos- es una persona con discapacidad. Por lo demás, la materia a solventar es de derecho privado, apareciendo, por ende, todos los rasgos apuntados de la mediación privada (fundamento contractual, intervención de un tercero neutral *intra partes* y el objetivo de alcanzar un acuerdo, que puede tener efectos públicos). Así, fijándonos en sus caracteres:

(1) En cuanto a la técnica extrajudicial, en general: estamos ante un mecanismo de resolución autocompositivo, en el que dos personas en conflicto apuestan por crear un espacio flexible de diálogo para, con ayuda de un tercero, obtener un acuerdo negociado al mismo, con intención de que ambas salgan ganando. Las partes pueden optar por configurar una mediación, en todos sus elementos, para el caso concreto (mediación *ad hoc*) (tercero, tiempo y lugares, procedimiento...) o por utilizar una mediación prevista por una institución (mediación institucional). En ambos casos, en cuanto forma de hacer justicia, este mecanismo únicamente se puede legitimar, en nuestro Estado de Derecho, con auxilio y control del Poder Judicial.

(2) En cuanto al conflicto a resolver (objeto de la mediación): presupuesto material de todo mecanismo de resolución, y de la mediación, en particular, la controversia a solventar, en la coyuntura que analizamos, es de derecho privado, pudiendo tratarse de una discrepancia relativa a la propia discapacidad (es decir, surgido en relación a la fijación o revisión de las medidas de apoyo)[65] o surgida en la actuación ordinaria, en el tráfico jurídico-privado, de, al menos, una

[65] Típico supuesto en que la propia persona afectada y/o su familia no se ponen de acuerdo en la persona que debe prestar los apoyos a la primera; también puede tratarse de conflictos relativos a la actuación de la persona que presta sus apoyos (curador, defensor judicial o guardador): rendición de cuentas, decisiones patrimoniales, etc. Legitima la posibilidad de utilizar la mediación, en esta coyuntura, CALAZA LÓPEZ, S., “Incógnitas procesales persistentes en el nuevo escenario sustantivo de la discapacidad”, *op.cit.* También, LADRÓN TABUENCA, M.P., “Mediación intrajudicial y discapacidad”, *op.cit.*, p. 283.

persona con discapacidad[66]. En todo caso, se ha de tratar de un conflicto sobre materia disponible (art. 6 LMACM).

(3) En cuanto a las partes (o sujetos de la mediación): son justiciables que, en ejercicio de su libertad (art. 1 CE), optan por escapar -a priori- de la tutela declarativa civil judicial[67] y apuestan por el dialogo, con ayuda de un tercero, para solventar su conflicto. Como mínimo una de las partes es una persona con deficiencias físicas, mentales, intelectuales o sensoriales a largo plazo que, al interactuar con diversas barreras, pueda impedir su participación plena y efectiva en la sociedad, en igualdad de condiciones con los demás. Es, en todo caso, una persona con capacidad jurídica, en igualdad de condiciones con los demás, en todos los aspectos de la vida, que puede actuar, como los demás, en el tráfico jurídico y que tiene el mismo derecho de acceso a la justicia, sea mediante la jurisdicción, sea mediante un mecanismo extrajudicial, como la mediación, siempre con el auxilio y control del Poder Judicial. Cabe destacar que la LMACM ya en su origen (año 2012), y a propuesta de CERMI, requería -y requiere- garantizar la igualdad de oportunidades para las personas con discapacidad en el procedimiento de mediación, exigiendo "en especial (...) garantizar la accesibilidad de los entornos, la utilización de la lengua de signos y los medios de apoyo a la comunicación oral, el braille, la comunicación táctil o cualquier otro medio o sistema que permita a las personas con discapacidad participar plenamente del proceso" (DA 4 LMACM).

(4) En cuanto al tercero: requisito imprescindible para la identificación de la mediación -si no actúa el *third neutral*, estaríamos ante una mera negociación-, las partes pueden elegir libremente a la/s

---

66 Pueden ser conflictos derivados de la propia discapacidad (una persona con problemas de movilidad que requiere de ascensor en su casa y el resto de vecinos se niega) o no (derivados de actividad económica, de sucesiones, responsabilidades civiles...). Recogen un listado de conflictos típicos en los que se pueden ver envueltos personas con discapacidad, MUNUERA GÓMEZ, M.P., ALEMÁN BRACHO, C., *Mediación y dependencia. Accesibilidad universal*, Civitas-Thomson Reuters, Cizur Menor, 2015, pp. 166-167.

67 Decimos "a priori" porque rehúsan a utilizar un juicio declarativo civil para solventar su conflicto, sin perjuicio de que su mediación imperativamente está sometida al auxilio y control judicial, en los términos expuestos, en el marco del Derecho jurisdiccional diversificado.

persona/s que les asiste/n en la negociación[68]. Estamos ante un elemento esencial y estructural de cualquier mediación y de la mediación privada con personas con discapacidad, en particular. Pueden así las partes escoger una persona que conoce la discapacidad que padece alguna de las partes -o ambas-[69], que es sensible con la cuestión y que, además, cumpla el resto de requisitos (formación, valores, cualidades, idioma...) que estimen necesarios. En todo caso, la persona mediadora debe hallarse en el pleno ejercicio de sus derechos civiles (art. 11 LMACM); ser y actuar con imparcialidad (arts. 7 y 13 LMACM), confidencialidad (art. 9 LMACM), obviamente, con respeto escrupuloso a la ley, facilitando la comunicación entre las partes (art. 13 LMACM), pudiendo, incluso, proponer soluciones al conflicto a las partes, sin que pueda imponerlas[70], siendo plenamente responsable de sus actos (art. 14 LMACM). Conforme a la naturaleza autocompositiva del mecanismo, las personas mediadoras no detentan autoridad alguna, más que la reconocida por las partes para auxiliar a resolver el conflicto concreto (arts. 6 y 10 LMACM).

No advertimos problema alguno para que, en la mediación, además de un mediador (o más), intervenga un facilitador, en la configu-

---

68 El órgano mediador (*third neutral*) puede ser unipersonal o colegiado (art. 18 LMACM). Es posible, incluso, que dejen en manos de una institución su elección, en el marco de lo que conocemos como mediación institucional.

69 No son las mismas las circunstancias y necesidades de una persona que padece síndrome de Asperger, síndrome de Down, trastorno de espectro autista que las de un ciego, un sordo o un tetrapléjico, por ejemplo. Es unánime, en la doctrina, la consideración de que el mediador debe tener formación específica en el ámbito de la discapacidad. Así, entre otros, LADRÓN TABUENCA, Pilar, "Mediación intrajudicial y discapacidad", *op.cit.*, p. 280 y VELARDE D'AMIL, Yvette, "Consideraciones críticas sobre la Ley 8/2021, de 2 de junio, por la que se reforma la legislación civil y procesal para el apoyo a las personas con discapacidad en el ejercicio de su capacidad jurídica", *op.cit.*

70 El mediador actúa conforme a su "plan de mediación", pudiendo tener un rol más activo o pasivo. En cualquier caso, somos favorables a reconocer su facultad de proponer -nunca imponer- una propuesta de solución. Nos explicamos, ORDEÑANA GEZURAGA, I., *La conciliación y la mediación en cuanto instrumentos extrajurisdiccionales para solventar el conflicto laboral*, *op.cit.*, pp. 201 y ss. Enumeran las funciones o intervenciones típicas del mediador en conflictos jurídicos en los que intervienen personas con discapacidad, MUNUERA GÓMEZ, M.P., ALEMÁN BRACHO, C., *Mediación y dependencia. Accesibilidad universal*, *op.cit.*, pp. 155-156.

ración prevista y estudiada para el proceso judicial (art. 7 bis LEC). Luego, además del tercero neutral, puede intervenir una persona que facilita la actuación y comunicación de la persona con discapacidad. No obstante, en la lógica de la eficacia que persiguen y diferencia los mecanismos extrajudiciales de la vía jurisdiccional, lo más apropiado es que el tercero neutral sea una persona que cumpla ambas funciones[71].

(5) En cuanto al método: como en todos los mecanismos extrajudiciales, como venimos diciendo, la libertad es el alfa y omega de la mediación privada con personas con discapacidad. Libremente se acude a ella; libremente se configura -incluida la posibilidad de acudir a una mediación institucional, por tanto, ya preconfigurada- (elección del tercero; tiempos, lugares, formas y procedimiento, en general); libremente se actúa y, libremente, en su caso, se obtiene un acuerdo. Obviamente, con la misma libertad las partes pueden abandonarla en cualquier momento (art. 6 LMACM). En este contexto, las partes no litigan, conforme al principio de dualidad de posiciones, para que un tercero neutral imponga una solución; más al contrario, negocian de buena fe, con lealtad y respeto mutuo (art. 10.2 LMACM), con la ayuda de la/s persona/s mediadora/s, para intentar llegar a un acuerdo que satisfaga los intereses y necesidades de ambas. Con todo, la mediación es el mecanismo extrajudicial caracterizado por el protagonismo, capacidad de autodeterminación y la responsabilidad de las personas implicadas. Es, al tiempo, el mecanismo en el que las partes son y deben ser siempre iguales, tanto en la configuración de la técnica, como en el dialogo, la negociación que conlleva y, en su caso, el resultado último (art. 7 LMACM).

(6) En cuanto al procedimiento, reiteramos que no existe un "proceso" de mediación, sino un procedimiento. Ello porque las partes no litigan, conforme al principio de dualidad de posiciones, para que un tercero neutral imponga una solución; más al contrario, negocian de buena fe, con lealtad y respeto mutuo, con la ayuda del mediador,

[71] En sentido contrario al nuestro, diferenciando ambas figuras (mediador-facilitador) y considerando obligatoria la intervención del segundo en el procedimiento de mediación, PÉREZ TORTOSA, F., "Mediación, e-mediación e i-mediación con personas con discapacidad intelectual", *Actualidad Civil*, nº 11, 2022.

para intentar llegar a un acuerdo. Este procedimiento es confidencial (art. 9 LMACM) y flexible, pudiéndolo configurar las propias partes (art. 10 LMACM) o, en su caso, confiar en el que ha creado una institución. Se inicia de común acuerdo entre las partes o a solicitud de una de ellas, en cumplimiento de un pacto de sometimiento a mediación existente entre aquellas (art. 16 LMACM) y, normalmente- salvo acuerdo contrario de ambas partes-, se celebra una sesión informativa (art. 17 LMACM), otra constitutiva (art. 19 LMACM) y cuantas sean necesarias hasta obtener un acuerdo o considerar que este no cabe (arts. 20, 21 y 22 LMACM). Todas las actuaciones o parte de ellas pueden darse por medios electrónicos o digitales -entrando en el ámbito de lo que conocemos como *On Line Dispute Resolution* (ODR)-, siempre que quede garantizada la identidad de los intervinientes y el respeto a la legalidad y a los principios de la mediación previstos en la Ley (art. 24.1 LMACM)[72].

(7) En cuanto al resultado, este mecanismo, conforme a su naturaleza consencual, puede terminar con acuerdo o sin él, reflejándolo así su acta final (art. 22 LMACM). En el segundo caso, se habrá -casi seguro- mejorado la comunicación entre las partes. De obtenerse acuerdo, sobre todas o parte de las materias sometidas a mediación, cumpliendo la legalidad y respondiendo a las necesidades e intereses de ambas partes (art. 23 LMACM), con elevación a escritura pública (art. 25 LMACM), se obtendrá un título ejecutivo que se puede ejecutar ante el Juzgado de Primera Instancia del lugar en que se hubiera firmado el acuerdo de mediación (art. 26 LMACM).

(8) En cuanto a la relación con la jurisdicción, nos remitimos a todo lo apuntado en relación a la mediación privada, en general, donde hemos acreditado que, muestra de que la mediación es un instrumento de hacer justicia, parte del sistema de justicia del siglo XXI, analizado por el Derecho jurisdiccional diversificado, solo puede darse con el auxilio y control del Poder Judicial, recurriendo en el desarrollo de este mecanismo, en los términos expuestos, a las tres tutelas (declarativa, ejecutiva y cautelar) que ofrece el Poder Judicial.

---

[72] Es más, la LMACM (art. 24.2) preferencia la mediación por medios electrónicos en reclamaciones de cantidad que no exceda de 600 euros, salvo que el empleo de éstos no sea posible para alguna de las partes.

2. Sobre las bondades de la mediación para solventar los conflictos jurídicos de las personas con discapacidad

2.1. En general

El análisis previo y, concretamente, sus dos ejes principales -(1) las personas con discapacidad y sus conflictos jurídicos y (2) la mediación como instrumento de resolución del conflicto jurídico privado- acredita sobradamente que ambos son el maridaje perfecto, por la multitud de fortalezas que se derivan de su conjunción. Mientras la jurisdicción, desde el año 2021, gracias a la LRLCPAPD, ordena y pretende ofrecer "ajustes de procedimiento" para garantizar el acceso a la justicia a las personas con discapacidad (art. 7 bis LEC) (limitados -como hemos visto- a cuestiones de forma), la mediación es per sé, de origen y desde siempre, en general y en el caso concreto, no solo un ajuste del procedimiento -entendido como tramitación en el empeño de negociación de las partes guiado por el *third neutral*- sino un ajuste de todo el mecanismo (personas, formas, garantías y contenido), encaminado a la solución consensuada del conflicto, en beneficio de ambas partes. Esta configuración, en el marco del Derecho jurisdiccional diversificado -esto es, articulada la mediación como uno de los mecanismos de resolución de conflictos que ofrece el Estado a todas las personas para hacer justicia con apoyo y control judicial, es fuente de abundantes bondades, tanto para las partes, como para la propia jurisdicción y la sociedad española, en general.

2.2. Para las personas afectadas y para las personas con discapacidad en particular

Reparando, en primer lugar, en las propias personas protagonistas del conflicto jurídico privado (sea una o ambas personas con discapacidad), son indudables las ventajas derivadas, para las mismas, de la libertad o autonomía de la voluntad que rige, en todos sus elementos y fases, la mediación. Como sabemos, en este mecanismo se hace justicia desde, con y para los propios justiciables en conflicto, con auxilio y control judicial. Así, esta libertad casa a la perfección con la concepción de persona con discapacidad actual amparada por la ONU: superado el enfoque paternalista, médico-asistencial y rehabilitador, se considera la persona con discapacidad digna, como el resto, poseedor de todos los derechos humanos, con capacidad jurídica y de obrar, en igualdad de condiciones con las demás personas. Ello conlleva que la persona con discapacidad, como cualquier otra, puede libremente, de acuerdo a su voluntad, deseos y preferencias, elegir renunciar (parcialmente) a la jurisdicción y acudir a la mediación para resolver su conflicto jurídico-privado, sea relativo a la propia discapacidad, sea cualquier otro ocasionado en el tráfico jurídico. Con ello, deciden sobre su vida, siendo los conflictos jurídicos parte de la misma, tomando el timón de la misma, conforme a sus necesidades e intereses. En otros términos: la mediación es, para cualquier justiciable, y para las personas con discapacidad, en particular, fuente de autodeterminación, empoderamiento y legitimación individual y social[73].

Además de libertad, la mediación es igualdad. Es un espacio paritario, ecuánime y simétrico creado por las partes en conflicto para solventar mediante la negociación, con ayuda de una tercera persona, aquél. En este contexto, ambas deben tener las mismas oportunidades y posibilidades, vetándose expresamente la discriminación, al tiempo que se valora positivamente la diversidad. Ello hace de la mediación un instrumento de integración e inclusión[74], gran deuda de la sociedad (y su Poder Judicial) con las personas con discapacidad y gran anhelo de éstas. En conjunción entre lo individual y lo colectivo es, pues, un valor incontestable su naturaleza de instrumento para poner fin a la discriminación al tiempo que ayuda a aumentar la autoestima de las personas.

---

73 Destaca la aportación de la mediación al verdadero empoderamiento de la persona con discapacidad, MUNUERA GÓMEZ, P., "Mediación con personas con discapacidad: igualdad de oportunidades y accesibilidad de la justicia", *Política y sociedad*, nº 1, 2013. Apunta que la mediación convierte a las partes en conflicto en centro del mecanismo de resolución, ROSA RODRÍGUEZ, M.M., "Fundamentos filosóficos de la mediación: la justicia y la persona", *La Ley. Mediación y Arbitraje*, nº 10, 2022.

74 En este sentido mantiene que la mediación "no solo se presenta como una vía alternativa a través de la cual ejercer el derecho de acceso a la justicia de forma más accesible y eficaz, sino también como un instrumento que favorece su inclusión social", ORTIZ DE ZARATE BEITIA, N., "La mediación y el acceso a la justicia en el ámbito de la discapacidad", *Revista de mediación*, nº 1, 2021. En la línea, ÁLVAREZ RAMÍREZ, G.E., "La mediación, una oportunidad para la inclusión de las personas con discapacidad", *Anales de derecho y discapacidad*, nº 5/2020. También, GARCÍA LORENTE, J y SALINAS GARCÍA, M., "El derecho de defensa de las personas con discapacidad", AA.VV., (Dr. FERNÁNDEZ MARTÍNEZ, J.M., Coord. DE RADA GALLEGO, I.), *Guía de buenas prácticas sobre el acceso a la Justicia de las personas con discapacidad*, Foro Justicia y Discapacidad-Consejo General del Poder Judicial, Madrid, 2021, pp. 47-49.

La mediación es, además, un espacio de diálogo flexible, adaptado a las necesidades e intereses de las partes que, en el caso de las personas con discapacidad (sea física, intelectual, orgánica o sensorial), no se reducen a las típicas del conflicto o relación jurídica (necesidad de mantener la relación, de solventarlo de manera productiva...) sino que abarcan, también, especialmente, las relativas a la propia discapacidad[75]. Es más, personas con la misma discapacidad pueden tener necesidades distintas. En cualquier caso, esta flexibilidad se extiende a las personas (posibilidad de elegir el *third neutral* conocedor y experto de la discapacidad concreta que, además, cumpla los requisitos que requieren las partes; y/o de que, también, intervenga un facilitador; y/o la persona que ofrece los apoyos necesarios a la persona con discapacidad,...), a los sitios (se puede realizar en el lugar/es que venga bien y convengan ambas partes, superando limitaciones arquitectónicas y/u otras derivadas de la discapacidad), tiempos (de actuación de las partes y el tercero[76]) y tramitación en general (fases, descansos,...), algo realmente complicado en vía judicial. Es fundamental, al respecto, la labor del *third neutral*, siempre en el marco de las facultades que, al efecto, le reconozcan las partes.

---

75 Lo remarcan, GARCÍA SABATER, A.B., GIMENO CRESPO, J.V., "La práctica de la mediación con personas con discapacidad", AA.VV., (Dra. ARANDA JURADO, M.M.), *La práctica de la mediación intrajudicial en el ordenamiento jurídico*, Tirant lo Blanch, Valencia, 2023, pp. 87-88. En la línea, ÁLVAREZ RAMÍREZ, G.E., *Discapacidad y sistemas alternativos de resolución de conflictos. Un cauce adicional de acceso a la justicia y una oportunidad para la inclusión*, *op.cit.*, p. 82, afirma que "la proximidad y cercanía que se ofrece en el espacio de mediación permite una mayor permeabilidad del procedimiento y su adaptabilidad a los diversos sujetos y circunstancias que puedan surgir durante el mismo, independientemente del resultado que produzca".

76 A veces, las personas con discapacidad requieren más tiempo (habitual en discapacidad intelectual), para entender, para hablar, para asimilar... algo difícil de obtener en la jurisdicción y que ofrece, por definición, la mediación. Ello, sin perjuicio de que ésta, a priori, persiga, también, una eficacia temporal, solventando las controversias más rápido que en la jurisdicción. Remarca que el tiempo se ha de adaptar a las necesidades de las partes, requiriendo, a veces, periodos entre sesiones más largos, otras veces, más cortos, respetando, en todo caso, los ritmos de cada persona al expresarse, SANMIGUEL ABEL, I., "La mediación con personas con discapacidad intelectual", AA.VV., (Dra. CASTILLEJO MANZANARES, R., Coord. TORRADO TARRÍO, C.), *La mediación. Nuevas realidades, nuevos retos. Análisis en los ámbitos civil y mercantil, penal y de menores, violencia de género, hipotecario y sanitario*, La Ley, Madrid, 2013, p. 714. Señala, asimismo, que "la duración de las sesiones variará en función de la capacidad de concentración de las partes y/o de la intensidad emocional que generan los temas a tratar".

Esta flexibilidad es muestra, asimismo, de que mediante la mediación se articula un mecanismo de justicia en y para el caso concreto.

Conviene remarcar que la mediación es y se basa en el diálogo libre e igualitario; la negociación entre las partes se realiza con ayuda de un tercero, en un procedimiento que escapa de la dinámica adversarial (principio de dualidad de posiciones) típica del proceso judicial y alimenta, siempre desde la buena fe, el mutuo entendimiento, la cesión recíproca y el beneficio correlativo. Este contexto de empoderamiento de ambas partes, que legitima, tanto su actuación, como el resultado, enseña a las partes a manejar sus relaciones jurídicas y a evitar conflictos futuros.

Se han apuntado anteriormente las bondades derivadas del carácter confidencial de la mediación, especialmente atractivas para personas con discapacidad[77], en cualquier caso, en general, y cuando se discute sobre sus medidas de apoyo, en particular. A ello, hay que sumarle su menor coste, no solo económico, sino temporal -cuando así lo requieran las partes- y emocional[78].

El resultado de la mediación, sea positivo (un acuerdo) o no, también es una potencia del mecanismo extrajudicial que nos ocupa. Desde la libertad y la igualdad, las partes pueden, con ayuda del tercero, articular un acuerdo creativo, del que son directamente responsables, que satisfaga las necesidades de ambas, garantizando, en su caso, el mantenimiento de la relación jurídica[79]. Es una forma, al tiempo, y en la heterogeneidad de la discapacidad, de asegurar una calidad de vida a las personas que la sufren. Incluso, de no obtenerse un acuerdo, el diálogo de las partes, con ayuda del tercero, ayudará, casi siempre, a mejorar su relación al tiempo que les enseña a gestionar los conflictos de forma positiva[80].

---

77 Al respecto, describen, GARCÍA SABATER, A.B y GIMENO CRESPO, J.V., "La práctica de la mediación con personas con discapacidad", *op.cit.*, p. 100, que "muchas personas pueden ser reacias a revelar públicamente su necesidad de accesibilidad y muchas discapacidades invisibles pueden no ser ni obvias ni siempre cómodamente reveladas".

78 Lo remarcan, MUNUERA GÓMEZ, M.P y ALEMÁN BRACHO, C., *Mediación y dependencia. Accesibilidad universal, op.cit.*, p. 126.

79 En nuestro aval, ASENSIO FERNÁNDEZ, I., GÓNGORA GÓMEZ, F., "Aplicaciones de la mediación familiar a los conflictos derivados de la atención a situaciones de dependencia", *Revista de Mediación*, nº 9, 2016.

80 En este sentido, ÁLVAREZ RAMÍREZ, G.E., "La mediación, una oportunidad para la inclusión de las personas con discapacidad", *op.cit.*, mantiene que "la mediación es un recurso alternativo para la convivencia pacífica que proporciona habilida-

2.3. Para la jurisdicción

Somos firmes defensores de que la mediación hace más fuerte y mejor el Poder Judicial y su labor, en el marco del Derecho jurisdiccional diversificado. Y es que las ventajas de la mediación, en su aplicación a los conflictos jurídico-privados de personas con discapacidad, se trasladan directamente a la jurisdicción. Por un lado, porque gracias al funcionamiento adecuado de la mediación, el Poder Judicial puede dirigir sus recursos limitados a la solución de otros conflictos, ofreciendo una tutela más efectiva a la ciudadanía afectada. Ello es, al tiempo, una muestra de la aportación de las personas con discapacidad a la sociedad. Por otro lado, porque como no se puede configurar la mediación sin auxilio y control judicial, es decir, siendo la jurisdicción eje del sistema estatal de resolución de conflictos, el funcionamiento adecuado de la mediación -en definitiva, la apuesta por la cooperación en la gestión del conflicto- es reflejo del efectivo acceso a la justicia que garantiza el Poder Judicial.

2.4. Para la sociedad

Estrechamente anudado, las fortalezas de la mediación, en la resolución del conflicto jurídico-privado de las personas con discapacidad, para las propias personas y para el Poder Judicial, se extienden directamente a la sociedad española. Es indudable que, en cuanto instrumento de empoderamiento e inclusión de las personas con discapacidad, su uso, fomento y normalización, nos convierte en una sociedad más democrática, justa y solidaria; que, en vez de excluir, integra; que avala la participación social de todas las personas, haciendo fortaleza de la diversidad humana y garantizando un verdadero bienestar y cohesión social[81]. A ello hay que sumar que, en cuanto mecanismo basado en el diálogo y entendimiento mutuo, en libertad e igualdad, contribuye a una cultura de paz, convirtiéndose en una forma efectiva de asegurar el acceso a la justicia, a todas las personas,

---

des para encontrar nuevas y mejores maneras de afrontar las controversias, más allá de conseguir acuerdos o no, donde lo importante es su utilidad como recurso vital".

81 Gráficamente, ÁLVAREZ RAMÍREZ, G.E., "La mediación, una oportunidad para la inclusión de las personas con discapacidad", *op.cit.*, apunta que "promover que las personas con discapacidad se reúnan en un espacio respetuoso e igualitario para hablar de sus problemas genera contextos de pertenencia social, de participación para todos con independencia de sus condiciones o circunstancias personales. Eso es inclusión".

y a las que cuentan con alguna discapacidad, en particular, tal y como requiere el art. 13 CDPD.

En definitiva, consideramos, este mecanismo extrajudicial como el instrumento o la forma de respetar la dignidad humana, la autonomía e independencia de las personas con discapacidad, devolviéndoles su lugar en la sociedad, que les tuvo, durante muchos años, apartadas, excluidas y marginadas. Es la receta para obtener una justicia inclusiva.

3. Límites de su aplicación

Apuntadas las bondades de la mediación para la resolución de conflictos jurídico-privados de las personas con discapacidad, postulamos su normalización y uso, no obstante, debemos mostrar, si quiera brevemente, los límites que aparecen en su aplicación. Estos límites condicionan a todos los justiciables, en general, y a las personas con discapacidad, en particular.

Al respecto, en el marco del Derecho jurisdiccional diversificado, mantenemos que la mediación es siempre una opción. Por un lado, porque, en ocasiones, no se puede utilizar, por recaer el conflicto jurídico sobre materia indisponible o imperativa, deviniendo, por ende, la vía judicial como instancia obligatoria. Por otro, porque, en otras, aunque el conflicto sea disponible, no conviene a las partes utilizar, porque no responde a sus necesidades e intereses.

En este contexto, en todo caso, para que las personas con discapacidad puedan acudir a la mediación consideramos esenciales los siguientes elementos:

(1) la concurrencia de su libertad en todo momento. Deben acudir, configurar, actuar y, en su caso, culminar la mediación conforme a su plena autonomía de voluntad, con conocimiento y deseo. En otros términos: en cuanto la mediación se basa en la negociación, en la facultad de disposición de sus derechos, las partes tienen que ser plenamente conscientes de lo que hacen y para lo que lo hacen[82]. En

---

[82] Con nosotros, LIDÓN HERAS, L y GIMENO CRESPO, J.V., "Igualdad y empoderamiento en la mediación de las personas con discapacidad: una especial referencia a la ley 24/2018, de 5 de diciembre, de mediación de la Comunitat Valenciana", *Drets. Revista Valenciana de Reformes Democràtiques*, nº 4/2020. También, CARO CATALÁN, J., "La tutela no jurisdiccional de los derechos de las personas con discapacidad", AA.VV., (ÁLVAREZ ALARCÓN, A.), *Justicia y personas vulnerables en*

este sentido, en cuanto la discapacidad es plural, diversa y heterogénea, existen casos (grave discapacidad intelectual) en los que la propia persona afectada no puede tomar esta decisión, ni actuar en el procedimiento de mediación, sin perjuicio de que lo haga la persona que le apoya, conforme a las medidas de apoyo voluntaria o judicialmente establecidas. Al respecto, consideramos esencial la labor del *third neutral*, que no ha de permitir la intervención de una persona con discapacidad que no sea consciente del alcance de su decisión[83].

(2) la existencia de la igualdad de las partes en todo momento. Proclamada, especialmente, cuando interviene una (o más) personas con discapacidad, como espacio de autodeterminación, empoderamiento e integración, la mediación no puede pervertirse, convirtiéndose en escenario de discriminación, abuso o ilegalidad. De ello debe cuidar especialmente la persona mediadora.

(3) la existencia de la buena fe en la negociación. Cuando las partes acuden a la mediación, lo hacen con la intención de escapar de los inconvenientes de la jurisdicción y fomentar un espacio de diálogo, para obtener el beneficio mutuo (*win-win*), a partir del entendimiento del conflicto, su solución creativa y la evitación de futuros, al tiempo que se intenta mantener las relaciones jurídicas o que se perjudiquen lo mínimo posible. Este deseo, intención o propósito debe mantenerse desde el principio del procedimiento a su fin y es

---

Iberoamérica y en la Unión Europea, Tirant lo Blanch, Valencia, 2021, p. 489. Resume, en relación a las personas con discapacidad intelectual, PÉREZ TORTOSA, FRANCESC, "Mediación, e-mediación e i-mediación con personas con discapacidad intelectual", *op. cit.*, "podrán acudir a un procedimiento de mediación siempre que se verifique comprenden el alcance de sus decisiones", al tiempo que mantiene que, en estos casos, debería acudirse obligatoriamente a una pericia por parte de un profesional experto en la materia que establecería, con carácter vinculante, si la persona con discapacidad intelectual puede someterse o no al procedimiento de mediación. También, en relación a las mismas personas, MARTÍNEZ, M.C., "Personas con discapacidad intelectual: igualdad jurídica, protección asistencial y asistencia sanitaria", *Foro. Nueva Época*, nº 11-12/2010, afirmaba que para poder participar en la mediación a las personas con discapacidad intelectual deben "comprender el proceso y las opciones en discusión y (...) dar un consentimiento voluntario e informado a cualquier acuerdo alcanzado".

[83] Destacan, al respecto, que el mediador debe conocer el tipo de discapacidad, GARCÍA SABATER, A.B y GIMENO CRESPO, J.V., "La práctica de la mediación con personas con discapacidad", *op.cit.* p. 95.

lo que se entiende como buena fe[1]. También de ello debe cuidar la persona mediadora, velando por el respeto mutuo de las partes. Al mismo tiempo, las partes deben colaborar con aquél en la resolución del conflicto.

(4) En un Estado social y democrático de Derecho, como el español, únicamente se puede hacer justicia con apoyo y control del Poder Judicial, garantía esencial, siempre, y más cuando una de las partes, en conflicto, es una persona con discapacidad.

IV. BIBLIOGRAFÍA

AA.VV., (Ed. LEVIN-WHELLER), *The Pound Conference: Perspectives of Justice in future*, Minnesota, Saint Paul, 1979.

ÁLVAREZ, G.S., HIGHTON, E.I y JASSAN, E., *Mediación y justicia*, Depalma, Buenos Aires. 1996.

ÁLVAREZ MORENO, M.T., «La mediación en asuntos civiles y mercantiles. Algunas cuestiones suscitadas al hilo de la Propuesta de Directiva del Parlamento y del Consejo de 22 de octubre de 2004, sobre ciertos aspectos de la mediación en asuntos civiles y mercantiles», *Revista Poder Judicial*, nº 77, 2004.

ÁLVAREZ RAMÍREZ, G.E., *Discapacidad y sistemas alternativos de resolución de conflictos. Un cauce adicional de acceso a la justicia y una oportunidad para la inclusión*, Cinca, Madrid. 2013.

ÁLVAREZ RAMÍREZ, G.E., "La mediación, una oportunidad para la inclusión de las personas con discapacidad", *Anales de derecho y discapacidad*, nº 5, 2020.

ÁLVAREZ RAMÍREZ, G., "Discapacidad y mediación", *Revista Aldaba*, nº 42, 2017.

ARIZA COLMENAREJO, M.J., "La figura del facilitador y su rol en el proceso", AA.VV., (Dres. CALAZA LÓPEZ, S., LLORENTE SÁNCHEZ-ARJONA, M., GUZMAN FLUJA, V.), *La discapacidad en la jurisdicción civil*, Dykinson, Madrid, 2023.

ASENSIO FERNÁNDEZ, I y GÓNGORA GÓMEZ, F., "Aplicaciones de la mediación familiar a los conflictos derivados de la atención a situaciones de dependencia", *Revista de Mediación*, nº 9, 2016.

BARRANCO AVILÉS, M.C y CUENCA GÓMEZ, P., "Valoración del modelo español de reconocimiento del derecho al trabajo de las personas con discapacidad desde la Convención Internacional sobre los Derechos de las Personas con Discapacidad", AA.VV., (Dra. CASTILLO DÍAZ, MARTA), *I Congreso Nacional sobre Empleo de las*

[1] En este sentido, ORDEÑANA GEZURAGA, I., "Los (mal llamados) medios adecuados de solución de conflictos (MASC) y su aplicación a los conflictos jurídicos de las personas mayores: potencialidades, peligros y límites", *Revista General de Derecho Procesal*, nº 62, 2024.

Personas con Discapacidad: Hacia la plena inclusión laboral, Universidad Internacional de Andalucía, Sevilla, 2016.

BARRIO DEL OLMO, C.P., "La función notarial tras la entrada en vigor de la ley 8/2021", AA.VV., (MORENO FLOREZ, R.M.), *Problemática jurídica de las personas con discapacidad intelectual,* Dykinson, Madrid, 2022.

BARTOLOMÉ ARAGÓN, A., "Una mirada histórica sobre el concepto de discapacidad", *Anales de Derecho y Discapacidad,* nº 8, 2023.

CABRA DE LUNA, M.A., BARIFFI, F.J y PALACIOS RIZZO, A., *Derechos humanos de las personas con discapacidad: la Convención Internacional de las Naciones Unidas,* Centro de Estudios Ramón Areces, Madrid, 2007.

CALAZA LÓPEZ, S., "Incógnitas procesales persistentes en el nuevo escenario sustantivo de la discapacidad", *Revista de Derecho Civil,* nº 3, 2022.

CALAZA LÓPEZ, S., "Expedientes de jurisdicción voluntaria en materia de discapacidad: ¿era necesario confeccionar tantos «trajes a medida» procesales para único abrigo sustantivo? AA.VV., (Dres. DE LUCCHI LÓPEZ-TAPIA, Y., QUESADA SÁNCHEZ, A.J., Coord. RUIZ-RICO RUIZ, J.M.), *La reforma civil y procesal en materia de discapacidad. Estudio sistemático de la Ley 8/2021, de 2 de junio,* Atelier, Barcelona, 2022.

CALAZA LÓPEZ, S., "La discapacidad paso a paso: del impulso legal a la concienciación social", AA.VV., (Coord. CUCARELLA GALIANA, Luis Andrés), *Paz, justicia e inclusión. Objetivos de desarrollo sostenible en Derechos Humanos,* Tirant lo Blanch, Valencia, 2022.

CALAZA LÓPEZ, S., "Ni toda la discapacidad es vulnerabilidad, ni toda la vulnerabilidad es discapacidad en el nuevo crisol digital: en busca de la confluencia", *Persona y derecho: Revista de Fundamentación de las Instituciones Jurídicas y de Derechos Humanos,* nº 89, 2023.

CALAZA LÓPEZ, S., LLORENTE SÁNCHEZ-ARJONA, M y GUZMÁN FLUJA, V., "La discapacidad en nuestro "día a día": poliédrica, cambiante, evolutiva" AAVV (Dres. CALAZA LÓPEZ, S., LLORENTE SÁNCHEZ-ARJONA, M., GUZMÁN FLUJA, V.), L*a discapacidad en la jurisdicción penal, administrativa y laboral,* Dykinson, Madrid, 2023.

CALAZA LOPEZ, S., "Resiliencia física y digital de la discapacidad", AA.VV., (Dra. LÓPEZ YAGÜES, V.), *Víctimas y especial vulnerabilidad,* Tirant lo Blanch, Valencia, 2023.

CARO CATALÁN, J., "La tutela no jurisdiccional de los derechos de las personas con discapacidad", AA.VV., (ÁLVAREZ ALARCÓN, A.), *Justicia y personas vulnerables en Iberoamérica y en la Unión Europea,* Tirant lo Blanch, Valencia, 2021.

CARRETERO MORALES, E., "El estatuto del mediador civil y mercantil", *Revista de mediación,* nº 1, 2014.

COBAS COBIELLA, M.E. y VALERO LLORCA, J., "La responsabilidad del mediador a la luz de la Ley 5/2012, de 6 de Julio, de Mediación en asuntos civiles y mercantiles. Aproximación a la cuestión", *Diario La Ley,* nº 7987, 2012.

CONDE-PUMPIDO FERREIRO, C., "Artículo 25", AA.VV., (Dr. CONDE-PUMPIDO FERREIRO, C.), *Código Penal. Doctrina y jurisprudencia,* Trivium, Madrid, 1997.

CUADRADO SALINAS, C., "Personas vulnerables y ajustes del procedimiento. Luces y sombras de su regulación actual", *Revista General de Derecho Procesal*, nº 62, 2004.

CUENCA GÓMEZ, P., *Los derechos fundamentales de las personas con discapacidad. Un análisis a la luz de la convención de la ONU*, Editorial Universidad de Alcalá, Madrid, 2012.

DE ASÍS, R., "Los ajustes de procedimiento en el discurso de los derechos", *Anales de derecho y discapacidad*, nº 7, 2022.

DE LUCCHI LÓPEZ-TAPIA, Y., "Ajustes procedimentales para garantizar el acceso a la justicia de las personas en situación de discapacidad: el nuevo artículo 7 bis de la Ley de Enjuiciamiento Civil", *Práctica de los Tribunales*, nº 151, 2021.

DE LUCCHI LÓPEZ-TAPIA, Y., "El alcance de la intervención jurisdiccional con relación al ejercicio de la capacidad jurídica de las personas con discapacidad", AA.VV., (Dres. DE LUCCHI LÓPEZ-TAPIA, Y., RUIZ-RICO RUIZ, J.M., Coord. QUESADA SÁNCHEZ, A.J.), *La reforma civil y procesal en materia de discapacidad: estudio sistemático de la Ley 8/2021, de 2 de junio*, Atelier, Barcelona 2022.

FERNÁNDEZ DE BUJÁN, A., "La Ley 8/2021, para el apoyo a las personas con discapacidad en el ejercicio de su capacidad jurídica: un nuevo paradigma de la discapacidad", *Diario La Ley*, nº 9961, 2021.

FERNANDEZ DE BUJÁN, A., "Los ajustes para personas con discapacidad", AA.VV., (Dr. CALAZA LÓPEZ, S., Coord. DE PRADA RODRÍGUEZ, M.), *Jurisdicción Voluntaria, Ley 15/2015, de 2 de julio, de jurisdicción voluntaria*, Tirant lo Blanch, Valencia, 2022.

FERNÁNDEZ MARTÍNEZ, J.M., "Una justicia inclusiva", *Revista de Derecho Laboral vLex*, nº 7, 2022.

FERNÁNDEZ ORTEGA, F., "El coste de la justicia", *Cuadernos de derecho judicial*, nº 15, 2001.

FONTESTAD PORTALÉS, L., "Ley 8/2021, de 2 de junio, por la que se reforma la legislación civil y procesal para el apoyo a las personas con discapacidad en el ejercicio de su capacidad jurídica", *Ars Iuris Salmanticensis: revista europea e iberoamericana de pensamiento y análisis de derecho, ciencia política y criminología*, núm 2/2021.

GARCÍA SABATER, A.B y GIMENO CRESPO, J.V., "La práctica de la mediación con personas con discapacidad", AA.VV., (Dra. ARANDA JURADO, M.M.), *La práctica de la mediación intrajudicial en el ordenamiento jurídico*, Tirant lo Blanch, Valencia, 2023.

GARCÍA LORENTE, J y SALINAS GARCÍA, M., "El derecho de defensa de las personas con discapacidad", AA.VV., (Dr. FERNÁNDEZ MARTÍNEZ, J.M., Coord. DE RADA GALLEGO, I.), *Guía de buenas prácticas sobre el acceso a la Justicia de las personas con discapacidad*, Foro Justicia y Discapacidad-Consejo General del Poder Judicial, Madrid, 2021.

GARCÍA VILLALUENGA, L y VÁZQUEZ DE CASTRO, E., "La mediación civil en España: luces y sombras de un marco normativo", *Política y sociedad*, nº 1, 2013.

GUTIÉRREZ BARRENENGOA, A., "El derecho de acceso a la justicia de las personas con discapacidad y la necesidad de adoptar los ajustes necesarios para garantizarlo", *Revista de Derecho, Empresa y Sociedad*, nº 20-21, 2022.

HERRERA DE LAS HERAS, R., "La mediación obligatoria para determinados asuntos civiles y mercantiles", *Indret: Revista para el Análisis del Derecho*, nº 1, 2017.

HERNÁNDEZ DE LA PEÑA, I., "Los ajustes procedimentales en el proceso penal: Discapacidad intelectual y la figura del facilitador", *Lex Criminalis*, nº 4, 2023.

ITURRI GÁRATE, J.C., "Concepto jurídico de discapacidad", *Anales de derecho y discapacidad*, nº 6, 2021.

LADRÓN TABUENCA, M.P., "Mediación intrajudicial y discapacidad", AA.VV., (Coord. FERNÁNDEZ PÉREZ, A.), *Avances para una justicia sostenible: ponencias y comunicaciones de la Jornada sobre "Métodos alternativos de resolución de controversias y cultura de la paz" (16 diciembre 2022)*, Aranzadi, Cizur Menor, 2023.

LIDÓN HERAS, L y GIMENO CRESPO, J.V., "Igualdad y empoderamiento en la mediación de las personas con discapacidad: una especial referencia a la ley 24/2018, de 5 de diciembre, de mediación de la Comunitat Valenciana ", *Drets. Revista Valenciana de Reformes Democràtiques*, nº 4, 2020.

LÓPEZ JIMÉNEZ, R., "La adopción de medidas de apoyo a personas con discapacidad: la jurisdicción voluntaria y el procedimiento contencioso", *Cuadernos de derecho transnacional*, nº 2, 2022.

MARTÍ MINGARRO, L., "La mediación civil y mercantil en la nueva ley 5/2012, de 6 de julio", *Revista jurídica de Castilla y León*, nº 29, 2013.

MARTÍNEZ, M.C., "Personas con discapacidad intelectual: igualdad jurídica, protección asistencial y asistencia sanitaria", *Foro. Nueva Época*, nº 11-12, 2010.

MARTÍNEZ DE MURGUÍA, B., *Mediación y resolución de conflictos. Una guía introductoria*, Paidós, Barcelona, 1999.

MARTÍNEZ-PUJALTE, A.L y FERNÁNDEZ ORRICO, F.J., "El concepto de discapacidad a partir de la convención de Naciones Unidas", *Anales de Derecho y Discapacidad*, nº 1, 2016.

MONTERO AROCA, J., "Del derecho procesal al derecho jurisdiccional", *Justicia*, nº 2, 1984.

MONTERO AROCA, J., *La herencia procesal española*, Universidad Nacional Autónoma de México, México 1994.

MONTERO AROCA, J., *El derecho procesal en el siglo XX*, Tirant lo Blanch, Valencia, 2000.

MUNUERA GÓMEZ, P., "Mediación con personas con discapacidad: igualdad de oportunidades y accesibilidad de la justicia", *Política y sociedad*, nº 1, 2013.

MUNUERA GÓMEZ, M.P y ALEMÁN BRACHO, C., *Mediación y dependencia. Accesibilidad universal*, Civitas-Thomson Reuters, Cizur Menor, 2015.

MUYO BUSSAC, P., "El rol del facilitador en los procesos civiles en los que intervengan personas con discapacidad intelectual", AA.VV., (Dres. LÓPEZ SÁNCHEZ, J.,

HERRERO PEREZAGUA, J.F.), *Los vulnerables ante el proceso civil*, Atelier, Barcelona 2022.

ORDEÑANA GEZURAGA, I., "Análisis de la Ley 1/2008, de 8 de febrero, de mediación familiar que ¿viene a crear el marco jurídico adecuado para la resolución extrajurisdiccional del conflicto familiar en el ámbito de la CCAA vasca?", *Revista Vasca de Administración Pública*, nº 81, 2008.

ORDEÑANA GEZURAGA, I., *La conciliación y la mediación en cuanto instrumentos extrajurisdiccionales para solventar el conflicto laboral*, Comares, Granada, 2009.

ORDEÑANA GEZURAGA, I., *El Estatuto jurídico de la víctima en el Derecho jurisdiccional penal español*, Instituto Vasco de Administración Pública, Oñati, 2014.

ORDEÑANA GEZURAGA, I., "Bienvenidos arbitraje comercial y de inversiones y resto de mecanismos extrajurisdiccionales al Derecho jurisdiccional diversificado, rama del Derecho que ordena la solución de los conflictos jurídicos", *Arbitraje: revista de arbitraje comercial y de inversiones*, nº 3, 2017.

ORDEÑANA GEZURAGA, I., "¿Quién pone el cascabel al gato? O sobre la necesidad de constitucionalizar las técnicas extrajurisdiccionales en nuestro ordenamiento jurídico y una propuesta abierta al debate", *Revista vasca de derecho procesal y arbitraje*, nº 3, 2018.

ORDEÑANA GEZURAGA, I., "Tres tristes tigres... o haciendo luz en relación a la negociación en el nuevo marco jurídico del sistema estatal de resolución de conflictos: la negociación como eje de todos los medios adecuados de resolución de conflictos, como mecanismo autónomo y como técnica", *Revista vasca de derecho procesal y arbitraje*, nº 1, 2023.

ORDEÑANA GEZURAGA, I., "Los (mal llamados) medios adecuados de solución de conflictos (MASC) y su aplicación a los conflictos jurídicos de las personas mayores: potencialidades, peligros y límites", *Revista General de Derecho Procesal*, nº 62, 2024.

ORTEGA MATESANZ, A., "El derecho penal y la persona con discapacidad", AA.VV., (Coord. MUÑIZ ESPADA, E.), *Contribuciones para una reforma de la discapacidad: Un análisis transversal del apoyo jurídico a la discapacidad*, La Ley-Wolters Kluwer, Madrid, 2020.

ORTIZ DE ZARATE BEITIA, N., "La mediación y el acceso a la justicia en el ámbito de la discapacidad", *Revista de mediación*, nº 1, 2021.

ORTUÑO MUÑOZ, J.P., «El reto de la mediación en el panorama internacional», AA.VV., (Coord. ROMERO NAVARRO, F.), *La mediación. Una visión plural. Diversos campos de aplicación*, Consejería de Presidencia y Justicia y Seguridad Gobierno de Canarias, Canarias, 2005.

PÉREZ DAUDÍ, V., "La mediación y las medidas cautelares", *Indret: Revista para el Análisis del Derecho*, nº 3, 2012.

PÉREZ TORTOSA, F., "El pleno y efectivo acceso de las personas con discapacidad a la tutela jurisdiccional en la doctrina constitucional (1)", *La Ley Derecho de Familia: Revista jurídica sobre familia y menores*, nº 36, 2022.

PÉREZ TORTOSA, F., "Mediación, e-mediación e i-mediación con personas con discapacidad intelectual", *Actualidad Civil*, nº 11, 2022.

QUESADA GONZÁLEZ, M.C., "Las medidas de naturaleza voluntaria: las medidas de apoyo a la discapacidad. Sistema general. Medidas de naturaleza voluntaria y de naturaleza judicial/legal", AA.VV., (Dres. DE LUCCHI LÓPEZ-TAPIA, Y., QUESADA SÁNCHEZ, A.J., Coord. RUIZ-RICO RUIZ, J.M.), *La reforma civil y procesal en materia de discapacidad: estudio sistemático de la Ley 8/2021, de 2 de junio,* Atelier, Barcelona, 2022.

RECOVER BALBOA, T., "Acceso a la justicia: ajustes de procedimiento para las personas con discapacidad", *Anales de derecho y discapacidad,* nº 7, 2022.

REDORTA LORENTE, J., "La mediación en España", AA.VV., (Coord. GOTTHEIL, J., SCHIFFRIN, A.), *Mediación: una transformación en la cultura,* Paidós, Buenos Aires, 1996.

ROMERO PRADAS, M.I., "Jurisdicción voluntaria y discapacidad", AA.VV., (Dres. CALAZA LÓPEZ, S., LLORENTE SÁNCHEZ-ARJONA M., GUZMAN FLUJA, V.), *La discapacidad en la jurisdicción civil,* Dykinson, Madrid, 2023.

ROSA RODRÍGUEZ, M.M., "Fundamentos filosóficos de la mediación: la justicia y la persona", *La Ley. Mediación y Arbitraje,* nº 10, 2022.

SANCHO GARGALLO, I., "La voluntad, deseos y preferencias" de la persona con discapacidad, AA.VV., (MORENO FLOREZ, R.M.), *Problemática jurídica de las personas con discapacidad intelectual,* Dykinson, Madrid, 2022.

SANDER, F.E.A., *Conference on causes of popular dissatisfaction with the Administration of Justice,* National Center for State Courts, Washington, 1976.

SANMIGUEL ABEL, I., "La mediación con personas con discapacidad intelectual", AA.VV., (Dra. CASTILLEJO MANZANARES, R., Coord. TORRADO TARRÍO, C.), *La mediación. Nuevas realidades, nuevos retos. Análisis en los ámbitos civil y mercantil, penal y de menores, violencia de género, hipotecario y sanitario,* La Ley, Madrid, 2013.

SANTANA VEGA, D.M., "Protección jurídico penal de las personas con discapacidad y de las personas mayores (1)", AA.VV., (Coord. DIAZ PALAREA, M.D., SANTANA VEGA, D.M.), *Marco jurídico y social de las personas mayores y de las personas con discapacidad,* Reus, Madrid, 2008.

SUÁREZ XAVIER, P.R., "Algunas reflexiones sobre la inclusión de las personas con discapacidad desde la óptica procesal: el facilitador y otras lecciones pendientes", AA.VV., (Dras. CALAZA LÓPEZ, S., LUACES GUTIÉRREZ, A.I., LLORENTE SÁNCHEZ-ARJONA, M.), *Justicia y discapacidad en un entorno virtual,* Dykinson, Madrid, 2023.

TORIBIO GÓMEZ, J., "El acceso a la justicia por parte de las personas sordas en España", *Anales de Derecho y Discapacidad,* nº 8, 2023.

TORRES LÓPEZ, M.A., *La discapacidad en el derecho administrativo,* Civitas, Madrid, 2012.

VELARDE D'AMIL, Y., "Consideraciones críticas sobre la Ley 8/2021, de 2 de Junio, por la que se reforma la legislación civil y procesal para el apoyo a las personas con discapacidad en el ejercicio de su capacidad jurídica", *Anuario de mediación y solución de conflictos,* .

VILLAR FUENTES, I., "Ajustes procedimentales para garantizar el acceso a la justicia de las personas con discapacidad", AA.VV., (Dres. DE LUCCHI LÓPEZ-TAPIA, Y., QUESADA SÁNCHEZ, A.J., Coord. RUIZ-RICO RUIZ, J.M.), *La reforma civil y procesal en materia de discapacidad: estudio sistemático de la Ley 8/2021, de 2 de junio,* Atelier, Barcelona, 2022.

ZATO ETCHEVERRÍA, M., "Una aproximación al mapa de la mediación en la Unión Europea", *Revista de mediación,* nº 1, 2015.

Capítulo IX.

Consideraciones generales con relación a la responsabilidad civil de las personas con discapacidad

JAVIER LARENA BELDARRAIN
Profesor Titular de Derecho Procesal.
Universidad de Deusto

SUMARIO

I. INTRODUCCIÓN

Tal como señala el Preámbulo de la Ley 8/2021, de 2 de junio, por la que se reforma la legislación civil y procesal para el apoyo a las personas con discapacidad en el ejercicio de su capacidad jurídica, se procede con este nuevo marco, ni más ni menos, que a un cambio de "un sistema como el hasta ahora vigente en nuestro ordenamiento jurídico, en el que predomina la sustitución en la toma de decisiones que afectan a las personas con discapacidad, por otro basado en el respeto a la voluntad y a las preferencias de la persona quien, como regla general, será la encargada de tomar sus propias decisiones".

Se pretende de este modo, adaptar nuestra legislación a los dictados establecidos por la Convención de Nueva York, de 13 de diciembre de 2006, relativa a los derechos de las personas con discapacidad[1]. Ahora bien, esta

---

1 Y cuya finalidad "es promover, proteger y asegurar el goce pleno de pleno y en condiciones de igualdad, de todos los derechos humanos y libertades fundamentales

norma no solo ha supuesto una novedosa forma de enfocar la regulación jurídica de la capacidad sino, lo que es más importante, un distinto entendimiento de la noción misma de discapacidad y del concepto de la capacidad jurídica de las personas con discapacidad[2].

---

por todas las personas con discapacidad, así como promover el respeto de su dignidad inherente". UREÑA CARAZO, B., "El nuevo proceso de apoyo a las personas con discapacidad: un enfoque humanista", *La Ley Derecho de Familia*, nº 33, primer trimestre de 2022, p. 1 (LA LEY 978/2022).

Tal como establece el artículo 12 de la Convención, los Estados Partes:

- Reconocerán que las personas con discapacidad tienen capacidad jurídica en igualdad de condiciones que las demás en todos los aspectos de la vida;
- Adoptarán las medidas pertinentes para proporcionar acceso a las personas con discapacidad al apoyo que puedan necesitar;
- Asegurarán que, en todas las medidas relativas al ejercicio de la capacidad jurídica por las personas con discapacidad, se proporcionen salvaguardas adecuadas y efectivas; y
- Tomarán todas las medidas que sean pertinentes y efectivas para garantizar el derecho de las personas con discapacidad al tráfico jurídico y económico en igualdad de condiciones con las demás. Así, a ser propietarias y heredar bienes, controlar sus propios asuntos económicos y tener acceso en igualdad de condiciones a préstamos bancarios, hipotecas y otras modalidades de crédito financiero, así como a velar por que las personas con discapacidad no sean privadas de sus bienes de manera arbitraria, es decir, por la protección de su patrimonio.

Pueden verse a este respecto, FERNÁNDEZ DE BUJÁN, A., "La Ley 8/2021, para el apoyo a las personas con discapacidad en el ejercicio de su capacidad jurídica: un nuevo paradigma de la discapacidad", *Diario La Ley*, nº 9961, 26 de noviembre de 2021, p. 2 (LA LEY 12161/2021); y GARRIDO CARRILLO, F. J., "Panorama de las medidas de apoyo a las personas con discapacidad. Cuestiones sustantivas y procesales (1)", *Actualidad Civil*, nº 2, febrero 2023, p. 3 (LA LEY 1447/2023).

2 Con esta rotundidad lo afirma la profesora GARCÍA RUBIO, que valora muy positivamente esta disposición, aun cuando considera que estamos ante una norma técnicamente mejorable (*vid.* AA.VV., "Diálogos para el futuro judicial XXXVI. La Ley 8/2021, de 2 de junio, y la reforma de la capacidad civil", *Diario La Ley*, nº 9980, p. 2 (LA LEY 13548/2021), cuya llegada, para algunos, se ha demorado en exceso en el tiempo (*vid.* GONZÁLEZ CHINCHILLA, M., "La responsabilidad civil de las personas con discapacidad, tras la Ley 8/2021, de 2 de junio. Cuestiones materiales y procesales de interés", *Diario La Ley*, nº 9993, 20 de enero de 2022, p. 1 (LA LEY 14051/2021). En todo caso, la doctrina la considera "la más importante de Derecho civil desde la Constitución". *Vid.* FERNÁNDEZ DE BUJÁN, A., "La Ley 8/2021, para el apoyo a las personas con discapacidad en el ejercicio de su capacidad jurídica: un nuevo paradigma de la discapacidad", *Diario La Ley*, nº 9961, 26 de noviembre de 2021, p. 5 (LA LEY 12161/2021). Con relación a la tramitación legislativa de la disposición que nos ocupa, resulta muy interesante el estudio que

Es, como concluye DE PRADA RODRÍGUEZ, una disposición que "se basa en una concepción de la discapacidad en defensa de los derechos humanos, garantista, exigente y transformadora. Una Ley que ha significado un cambio histórico: una gran reforma del Derecho civil, sustantivo y procesal en materia de discapacidad y que afecta de forma transversal y completa a todo nuestro ordenamiento jurídico"[3].

Con todo, quizá opiniones como la de GONZÁLEZ CHINCHILLA nos ofrezcan una visión más realista de las cosas, en la medida en que nos recuerda que no podemos obviar el hecho de que estamos ante una modificación que se ha demorado en exceso en el tiempo –algo que, desgraciadamente, ocurre con demasiada frecuencia cuando se trata de trasponer las Directivas comunitarias al Derecho positivo interno-, teniendo en cuenta que, ya desde la referida Convención de Nueva York, de 12 de diciembre de 2006, se consideraba como una cuestión esencial la del necesario reconocimiento de la plena capacidad jurídica de las personas con discapacidad, equiparándose así al resto de la población[4].

En resumen, el nuevo marco propuesto aboga decididamente por la autonomía de la voluntad de la persona discapacitada, de cara a decidir si va a necesitar la aplicación de medidas de apoyo, de manera que, únicamente cuando se observe una ausencia de tal voluntad, será el momento en que el juzgador intervenga dictaminando aquellas que procedan.

No en vano, señala a este respecto el artículo 249 de la Ley 8/2021, que las medidas de apoyo de origen legal o judicial únicamente serán procedentes en defecto o insuficiencia de la voluntad de la persona de que se trate. El nuevo sistema, al basarse decididamente en la autonomía de la voluntad, deja por tanto de lado la idea del denominado "interés superior del discapacitado", si bien tampoco prescinde totalmente de él, ya que, en algunas ocasiones, resultará tremendamente complicado conocer cuál es la concreta voluntad de la persona, con lo que el Juez deberá adoptar las

---

realiza MORO ALMARAZ, M.J., "La tramitación legislativa de la Ley 8/2021", *La Ley Derecho de Familia,* nº 31, 1 de julio de 2021, pp. 1-13.

3 AA.VV., "Diálogos para el futuro judicial XXXVI. La Ley 8/2021, de 2 de junio, y la reforma de la capacidad civil", *Diario La Ley,* nº 9980, p. 4 (LA LEY 13548/2021).

4 *Vid.* GONZÁLEZ CHINCHILLA, M., "La responsabilidad civil de las personas con discapacidad, tras la Ley 8/2021, de 2 de junio. Cuestiones materiales y procesales de interés", *cit.*, p. 1.

medidas de apoyo que procedan en el caso concreto, tomando necesariamente en consideración el interés referido[5].

Asé pues, la Ley 8/2021, de 2 de junio, por la que se reforma la legislación civil y procesal para el apoyo a las personas con discapacidad en el ejercicio de su capacidad jurídica, introduce, entre otras cuestiones, una serie de modificaciones, tanto en el Código Civil como en el Penal, con relación al régimen de responsabilidad de las personas con discapacidad.

Como vamos a ir analizando en los epígrafes siguientes, la nueva regulación toma como punto de partida el hecho de que la persona con discapacidad resulta responsable por los daños que haya podido causar a otros por sus actos, sin perjuicio, eso sí, de la responsabilidad que pueda recaer en el curador que ostente facultades de representación plena y, en su caso, en el guardador de hecho o en cualesquiera otras personas que lleven a cabo funciones de apoyo con relación a la referida persona discapacitada.

Siguiendo la propia literalidad de la disposición referida, a tenor de lo recogido ya en su Exposición de Motivos, la comprensión de las personas con discapacidad como sujetos plenamente capaces, en la doble dimensión de titularidad y ejercicio de sus derechos, ha de repercutir también de modo ineluctable en la idea de responsabilidad lo que ha de conllevar el correlativo cambio en el concepto de imputación subjetiva en la responsabilidad civil por hecho propio y en una nueva y más restringida concepción de la responsabilidad por hecho ajeno".

Indudablemente, la nueva Ley está aportando un marco novedoso, una forma distinta de concebir la responsabilidad en estos supuestos, si bien, como vamos a ir descubriendo, no es tanta la novedad, por cuanto que la persona discapacitada, salvo que careciese absolutamente de la capacidad de querer y entender, ya era concebida como sujeto responsable de los hechos dañosos en los que interviniese. Veamos todo ello con mayor detalle.

---

[5] *Vid.* RODRÍGUEZ ELORRIETA, N., "Los fundamentales cambios producidos por la Ley 8/2021, de 2 de junio, de reforma en materia de discapacidad. Especial referencia al régimen de responsabilidad civil extracontractual", *Actualidad Civil*, nº 11, noviembre 2021, p. 3 (LA LEY 12389/2021).

II. ANTECEDENTES DE LA REGULACIÓN ACTUAL DE LA RESPONSABILIDAD CIVIL DE LAS PERSONAS CON DISCAPACIDAD

Como bien nos recuerda MORENO MARÍN, ya en el Fuero de Cuenca, dentro del Derecho común de la Baja Edad Media, se alude por vez primera a la responsabilidad por hecho ajeno, disponiéndose al respecto que "si un padre, o una madre tiene un hijo perturbado y teme pagar las penas pecuniarias de los delitos que pueda cometer, téngalo cautivo o atado hasta que se calme o se cure, mientras continúe fuera de sí, para que no cause daño; pues por cualquier daño que cause, los padres tienen que responder".

También el texto de las Partidas, antecedente directo del artículo 1903.3 del Código Civil, resultaba taxativo en este sentido, ya que, en alusión a los que denominaba "locos, furiosos o desmemoriados", establecía que no estarían "exentos de culpa los parientes de éstos cuando no los hacen guardar de manera que no puedan hacer mal a otro"[6].

De hecho, si bien es cierto que, inicialmente, el artículo 32.2º CC señalaba que "la menor edad, la demencia o imbecilidad, la sordomudez, la prodigalidad y la interdicción civil no son más que restricciones de la personalidad jurídica. Los que se hallaren en alguno de esos estados son susceptibles de derechos y aun de obligaciones cuando éstas nacen de los hechos o de relaciones entre los bienes de un incapacitado y un tercero", argumento que servía para sostener la posibilidad de que el incapaz fuese responsable de los perjuicios que causase, en la medida en que resultase consciente del alcance de sus actuaciones, la posterior derogación de este precepto, operada por la reforma del Código Civil en materia de tutela llevada a cabo por la Ley 13/1983, de 24 de octubre, cerró definitivamente la puerta abierta a la tesis apuntada.

Así, si nos atenemos a lo dispuesto en el texto de nuestro Código Civil, no se contenía pronunciamiento alguno relativo a la responsabilidad por hecho propio atribuible a la persona con discapacidad. Realmente, quizá

---

6 Así lo dispone la Partida 7ª, Título I, Ley 9ª. *Vid.* MORENO MARÍN, M.D., "La responsabilidad civil extracontractual de las personas con discapacidad a la luz de la Ley 8/2021, de 2 de junio: una visión crítica", *Diario La Ley*, nº 10107, 11 de julio de 2022, p. 3 (LA LEY 6496/2022).

por aplicación de una visión cómoda o, incluso, paternalista de las cosas, se consagraba más bien una irresponsabilidad civil del incapaz[7].

Efectivamente, con anterioridad a la entrada en vigor de la Ley 8/2021, no existía una norma concreta que estableciese la responsabilidad de las personas discapacitadas con respecto a los daños y perjuicios causados a terceros, tomando así en consideración, únicamente, lo dispuesto en el artículo 1903 del Código Civil, en cuya virtud se declara la responsabilidad de los tutores por los perjuicios que ocasionen los discapacitados que se encuentren bajo su autoridad y compañía.

A este respecto, echando un vistazo a las resoluciones del Tribunal Supremo, observamos que, tradicionalmente, se ha optado por la traslación de la responsabilidad por los hechos dañosos que pudiesen cometer las personas incapacitadas, hacia aquellos sujetos que ostenten su guarda o representación, al amparo de justificaciones clásicas como la *culpa in educando, in vigilando* o *in custodiando*[8].

De esta manera, parecía más que razonable, por evidentes motivos de justicia social, que los perjudicados por un hecho dañoso planteasen su reclamación directamente contra quienes ejerciesen como tutores, curadores o, simplemente, representantes de los menores o incapaces causantes de aquél, apoyándose así en lo dispuesto en el artículo 1903 del Código Civil.

Asimismo, la propia práctica de los Tribunales se inclinaba por esta tesis, al considerar que resultaba incuestionable la menor dificultad que implicaba para los afectados, dirigir sus demandas contra los sujetos mencionados, en lugar de frente a los menores o incapaces.

Estos argumentos son corroborados desde una perspectiva puramente procesal, ya que se observa cómo, en la gran mayoría de los litigios, los individuos afectados interponen su demanda frente a quienes actúan como supervisores de las personas discapacitadas, en la medida en que estiman que resulta mucho más factible la obtención del resarcimiento si se pro-

---

7 En estos concretos términos se expresa MORENO MARÍN, M.D., "La responsabilidad civil extracontractual de las personas con discapacidad a la luz de la Ley 8/2021, de 2 de junio: una visión crítica", cit., p. 3.

8 Vid. GONZÁLEZ CHINCHILLA, M., "La responsabilidad civil de las personas con discapacidad, tras la Ley 8/2021, de 2 de junio. Cuestiones materiales y procesales de interés", *Diario La Ley,* nº 9993, 20 de enero de 2022, p. 4 (LA LEY 14051/2021).

cede de esta manera, que si se ejerce la acción directamente contra estas últimas, dado el evidente riesgo de que carezcan de la solvencia necesaria para poder afrontar el perjuicio causado.

Con todo, la doctrina mayoritaria, haciendo una interpretación, conforme a un criterio subjetivo, de lo dispuesto en el artículo 1902 del Código Civil, considera que, para poder determinar la culpabilidad del causante del hecho dañoso, será fundamental establecer si tiene la capacidad necesaria para asumir la responsabilidad de sus actuaciones. De este modo, el juzgador deberá valorar la capacidad de discernimiento del autor en el momento de la comisión del hecho dañoso[9].

Ya como más inmediato precedente de la nueva concepción de las personas discapacitadas que, como veremos, establece la regulación vigente, resulta obligada la cita de la regulación establecida al respecto en el Real Decreto Legislativo 1/2013, de 29 de noviembre, por el que se aprobó el Texto Refundido de la Ley General de derechos de las personas con discapacidad y de su inclusión social, cuyo artículo 4 refiere literalmente que:

1. Son personas con discapacidad aquellas que presentan deficiencias físicas, mentales, intelectuales o sensoriales, previsiblemente permanentes que, al interactuar con diversas barreras, puedan impedir su participación plena y efectiva en la sociedad, en igualdad de condiciones con los demás.
2. Además de lo establecido en el apartado anterior, y a todos los efectos, tendrán la consideración de personas con discapacidad aquellas a quienes se les haya reconocido un grado de discapacidad igual o superior al 33 por ciento. Se considerará que presentan una discapacidad en grado igual o superior al 33 por ciento los pensionistas de las Seguridad Social que tengan reconocida una pensión de incapacidad permanente en el grado de total, absoluta o gran invalidez, y a los pensionistas de clases pasivas que tengan reconocida una pensión de jubilación o de retiro por incapacidad permanente para el servicio o inutilidad".

Para terminar, reseñar que, desde la perspectiva del Derecho comparado, a propósito de las cuestiones que estamos analizando, se aprecia

---

[9] Vid. MORENO MARÍN, M.D., "La responsabilidad civil extracontractual de las personas con discapacidad a la luz de la Ley 8/2021, de 2 de junio: una visión crítica", *cit.*, p. 4.

la existencia de dos regulaciones claramente diferenciadas: de un lado, aquella que considera exentas de responsabilidad a las personas incapaces, en la medida en que, en el momento de la comisión del hecho dañoso, carezcan de imputabilidad y, por tanto, no tengan la necesaria capacidad de entender y querer el resultado acontecido; de otro lado, aquella que estima que, más allá de la exención de la responsabilidad aludida por quienes propugnan la postura anterior, la consideración de la concurrencia de una inequívoca culpa objetiva, debe prevalecer en todo caso.

La primera opción, que constituye la postura mayoritaria, prevé, de cara a la indemnización, la denominada "responsabilidad por equidad", en cuya aplicación se compensaría a los eventuales perjudicados por los hechos dañosos, otorgándoles una reparación equitativa –en atención a la situación socio-económica del autor del daño y de la víctima-, para aquellos casos en los que no exista la figura del denominado guardador legal, o éste sea declarado insolvente, o, simplemente, no sea declarado responsable del perjuicio causado.

Por su parte, aquellas regulaciones en las que se sostiene un criterio de culpa objetiva, y que abogan así por la indemnización de las víctimas en todo caso, se caracterizan por el hecho de que en ellas no se toma en consideración la necesidad de que exista una determinada capacidad de raciocinio por parte del causante del hecho dañoso, con lo que, en consecuencia, la persona discapacitada será responsable del concreto perjuicio acontecido, tanto si goza de discernimiento suficiente en el momento de la efectiva comisión del mismo, como si no es así[10]. Lo importante, para

---

[10] *Vid.* MORENO MARÍN, M.D., "La responsabilidad civil extracontractual de las personas con discapacidad a la luz de la Ley 8/2021, de 2 de junio: una visión crítica", *cit.*, p. 5.

A propósito de esta cuestión, refiere ZURITA MARTÍN que, en el Código Civil alemán, "después de declarar que toda persona que causa un daño a otra en estado de inconsciencia, o en un estado de perturbación mental anormal que impide el ejercicio del libre albedrío, no es responsable de tal daño (art. 827 BGB), el artículo 829 dispone que deberá, no obstante, en la medida en que no puede obtenerse la reparación por parte de un tercero con deber de cuidado, indemnizar el daño en la medida en que la equidad exija la indemnización en las circunstancias de las partes interesadas, y en la medida en que no se vea privada de los medios que necesita para una manutención razonable y para el cumplimiento de sus obligaciones legales de alimentos" Y, continúa la misma autora, "también el Código italiano se manifiesta expresamente respecto a la responsabilidad patrimonial del inimputable, estableciendo en su artículo 2047 que en caso de daño causado por

quienes optan por esta segunda interpretación, es que el perjudicado sea indemnizado con independencia de cualquier otra consideración en tal sentido, que pudiera dar lugar a la privación del obligado –e incuestionable- resarcimiento.

III. REGULA: NOVEDADES INTRODUCIDAS POR LA LEY 8/2021, DE 2 DE JUNIO, POR LA QUE SE REFORMA LA LEGISLACIÓN CIVIL Y PROCESAL PARA EL APOYO A LAS PERSONAS CON DISCAPACIDAD EN EL EJERCICIO DE SU CAPACIDAD JURÍDICA

Con relación a la responsabilidad civil de las personas con discapacidad, la reciente Ley 8/2021 introduce en el Libro I de nuestro Código Civil –curiosamente, el que alude las personas, cuando lo más lógico sería que se integrase en el Libro IV, comprensivo de la regulación referente a las obligaciones y contratos- un artículo nuevo, el 299, a cuyo tenor:

> "La persona con discapacidad responderá por los daños causados a otros, de acuerdo con el Capítulo II del Título XVI del Libro Cuarto, sin perjuicio de lo establecido en materia de responsabilidad extracontractual respecto a otros posibles responsables".

Igualmente, se ha procedido a modificar el texto original del artículo 1903 CC, al que se ha añadido un cuarto párrafo, quedando así redactado de la siguiente manera:

> "La obligación que impone el artículo anterior es exigible no sólo por los actos u omisiones propios, sino por los de aquellas personas de quienes se debe responder.
>
> Los padres son responsables de los daños causados por los hijos que se encuentren bajo su guarda.
>
> Los tutores lo son de los perjuicios causados por los menores que están bajo su autoridad y habitan en su compañía.

---

persona incapaz de comprender o querer, la indemnización corresponde a quien esté obligado a vigilar al incapaz, salvo que demuestre que no ha podido prevenir el hecho; y en el caso de que el perjudicado no haya podido obtener una indemnización, el juez, en consideración de las condiciones económicas de las partes, podrá condenar al autor del daño a una justa indemnización". *Vid.* ZURITA MARTÍN, I., "Personas con discapacidad y responsabilidad civil", en AA.VV., *Un nuevo orden jurídico para las personas con discapacidad*, Bosch, Barcelona, 2021, p. 11 (LA LEY 11486/2021).

Los curadores con facultades de representación plena lo son de los perjuicios causados por la persona a quien presten apoyo, siempre que convivan con ella.

Lo son igualmente los dueños o directores de un establecimiento o empresa respecto de los perjuicios causados por sus dependientes en el servicio de los ramos en que los tuvieran empleados, o con ocasión de sus funciones.

Las personas o entidades que sean titulares de un Centro docente de enseñanza no superior responderán por los daños y perjuicios que causen sus alumnos menores de edad durante los períodos de tiempo en que los mismos se hallen bajo el control o vigilancia del profesorado del Centro, desarrollando actividades escolares o extraescolares y complementarias.

La responsabilidad de que trata este artículo cesará cuando las personas en él mencionadas prueben que emplearon toda la diligencia de un buen padre de familia para prevenir el daño".

Antes de analizar las reformas introducidas y, como punto de partida, conviene clarificar, como muy acertadamente plantea ALCAÍN MARTÍNEZ, la frecuente confusión que se ha venido produciendo entre conceptos como discapacidad, incapacitación e inimputabilidad civil[11].

Tal como expone la autora citada, han sido tres razones las que han llevado a esta indefinición de los términos empleados: por un lado, el tradicional modelo médico-rehabilitador o asistencialista subyacente en la regulación prevista en nuestro Código Civil, de otro lado, porque la anterior reforma operada por la Ley 13/1983, de 24 de octubre, ponía más atención en el patrimonio de la persona que en la propia persona discapacitada; y, finalmente, porque desde una perspectiva puramente jurisprudencial, se venía "metiendo en el mismo saco", a todas las personas con discapacidad, sin hacer distinción alguna al respecto.

Obviamente, esta cuestión reclamaba un cambio importante, pasando a concebir al sujeto discapacitado, en el caso en que fuere agente del daño, más allá de clasificaciones peyorativas tales como "persona con enfermedad mental", "persona violenta", "persona insolvente" para hacer frente a las indemnizaciones que se deriven de los perjuicios causados por el hecho dañoso, "persona mayor con enfermedad degenerativa", "persona incapaz de entender y querer", etc[12].

---

11 *Vid.* ALCAÍN MARTÍNEZ, E., "La responsabilidad civil de las personas con discapacidad: conexión entre el Derecho de Daños y el Derecho de la Discapacidad", *Actualidad Civil*, nº 6, junio 2021, pp. 7-8 (LA LEY 7798/2021).

12 *Vid.* ALCAÍN MARTÍNEZ, E., "La responsabilidad civil de las personas con discapacidad: conexión entre el Derecho de Daños y el Derecho de la Discapacidad", *cit.*, p. 8.

Es obvio que habrá que hacer valoraciones caso por caso, y que habrá situaciones más complejas que otras a la hora de determinar la responsabilidad, pero no podemos dejar de pensar que constituirán la excepción en todo caso. De ahí que haya que prescindir –y así debemos interpretar la reforma operada por la Ley 8/2021- de la tradicional división entre los operadores jurídicos que hacen equivalente la discapacidad a la incapacidad, a la inimputabilidad civil o a la minoría de edad, derivando de ello una exoneración de responsabilidad o una traslación de esta a tercero; y aquellos otros sectores de la doctrina y de la jurisprudencia que aceptan la imputabilidad civil sin prejuzgar con carácter previo a la valoración judicial.

Más allá de esta cuestión, y centrándonos en lo dispuesto en ambos preceptos, resulta más que evidente el espíritu que subyace en la nueva regulación introducida por el texto legal que nos ocupa, a propósito de la responsabilidad civil que recae sobre las personas discapacitadas, que no es otro que la aplicación al esquema clásico de la responsabilidad extracontractual por los hechos propios, recogida en el 1902 de nuestro Código Civil, de la nueva perspectiva que implica la consideración de dichos individuos como sujetos plenamente capaces y, por ello, indefectiblemente responsables de sus actos.

A tenor de lo expuesto, es obvio que, de cara a la exigencia de la oportuna responsabilidad, continúa siendo necesaria la concurrencia de una conducta negligente o culposa por parte del autor de los hechos.

En este orden de cosas, nos quedamos con la taxativa interpretación que hace el Profesor LLAMAS POMBO a propósito de la regulación contenida en el referido artículo 299 de nuestro Código Civil, cuando señala que únicamente puede contemplarse de una forma posible, por cuanto que, cuando una persona discapacitada causa un hecho dañoso, acontece la superposición de tres responsabilidades distintas, a saber:

- La responsabilidad directa de la propia persona discapacitada que ha sido la causante directa del daño.
- Una responsabilidad solidaria, por hecho ajeno, conforme al 1903 CC del curador con facultades de representación y convivencia con el responsable, responsabilidad que puede entenderse, bien objetiva, bien por culpa con inversión de la carga de la prueba.
- Y, finalmente, una responsabilidad directa y solidaria, por hecho propio, conforme al 1902 CC, de todos aquellos –incluyendo al curador- que realizan funciones de apoyo a la persona discapacitada,

para el caso de que incurran en culpa o negligencia, sometida a las reglas generales de la carga de la prueba (las cuales, para los supuestos generales de responsabilidad civil, están sometidas también a la inversión de carga de la prueba)[13].

Por otro lado, resulta cuando menos curiosa la modificación introducida en el artículo 1903 CC ya que limita la responsabilidad por hecho ajeno, con relación a aquellos sujetos que ejerzan las labores de apoyo de la persona discapacitada, a que estos últimos ostenten lo que denomina como una "representación plena", exigiéndose también que convivan con el discapacitado. Asimismo, se reclama que la medida de apoyo que se esté aplicando sea la del curador, extremo que parece por tanto excluir del escenario de la responsabilidad por hecho ajeno, a cualquier otro tipo de figura que desarrolle tales funciones de asistencia al discapacitado.

De este modo, el sujeto que no sea civilmente imputable, lo será por carecer de la capacidad de discernimiento suficiente, caso en el que, lógicamente, estará representado por el curador. Así, el perjuicio será reparado en todo caso, tal como pretende la reforma operada en el citado artículo 1903 CC, considerando que únicamente responderá el curador con funciones representativas, porque solo será la persona discapacitada que carezca de capacidad natural, la que requerirá de representación y la que será, en cualquier caso, civilmente inimputable. Por tanto, aquellos discapacitados que no estén sometidos a representación responderán por los perjuicios que ocasionen, siempre que tengan la suficiente capacidad natural pero, si careciesen de ella, podrán encontrarse bajo un régimen de representación y, en dichos supuestos, siendo inimputables, responderá el curador[14].

Pero, vayamos por partes: en primer lugar, se introduce un concepto, el de la referida "representación plena", que necesita ser concretado, cuestión que parece estar resuelta a tenor de lo dispuesto en el artículo 259 de Código Civil, según el cual:

> "Cuando el poder contenga cláusula de subsistencia para el caso de que el poderdante precise apoyo en el ejercicio de su capacidad o se conceda solo

---

13 *Vid.* LLAMAS POMBO, E., "La responsabilidad civil de las personas con discapacidad", *Práctica de Derecho de Daños*, nº 149, Cuarto trimestre de 2021, p. 16 (LA LEY 13458/2021).

14 Vid. RODRÍGUEZ ELORRIETA, N., "Los fundamentales cambios producidos por la Ley 8/2021, de 2 de junio, de reforma en materia de discapacidad. Especial referencia al régimen de responsabilidad civil extracontractual", *Actualidad Civil*, nº 11, noviembre 2021, p. 11 (LA LEY 12389/2021).

para ese supuesto y, en ambos casos, comprenda todos los negocios del otorgante, el apoderado, sobrevenida la situación de necesidad de apoyo, quedará sujeto a las reglas aplicables a la curatela en todo aquello no previsto en el poder, salvo que el poderdante haya determinado otra cosa".

Se deduce así de lo regulado, que la representación plena es aquella cuya puesta en práctica abarca todas las actuaciones, tanto de carácter patrimonial como personal, que resultan de relevancia para la persona discapacitada a la que se presta la concreta labor de apoyo.

En todo caso, coincidimos totalmente con las apreciaciones que realiza GONZÁLEZ CHINCHILLA a este respecto, cuando puntualiza que, como a la luz de la regulación vigente, la inteligencia del precepto no debe ser otra que la que nos lleva a considerar como tal representación plena, aquella que implica que la persona discapacitada necesite, de manera constante, el apoyo de quien lo lleve a cabo, para todos los actos que realice; ya que tanto un curador como un guardador de hecho, pueden asumir una representación parcial para ciertas actuaciones del sujeto discapacitado, podría colegirse que, a sensu contrario, no serían responsables en el caso de que de los actos de este último se produjese un perjuicio para tercero, lo cual resulta, cuando menos, de difícil justificación práctica de cara, sobre todo, a los perjudicados por tales actuaciones[15].

Ahora bien, si nos remitimos a la opinión del Tribunal Supremo a propósito de esta cuestión, resulta sumamente interesante, por clarificadora del problema, la doctrina expuesta en la primera decisión que adopta en aplicación de la Ley 8/2021, que no es otra que la Sentencia de 8 de septiembre de 2021, en la que se dilucida la provisión de medidas de apoyo con respecto a una persona afectada por el trastorno conocido como "síndrome de Diógenes", y en cuyo Fundamento de Derecho segundo se refiere que, a la hora de llevar a cabo la labor de juzgar sobre la procedencia de las medidas y su contenido, el Juez necesariamente ha de tener en cuenta las directrices legales previstas en el Código Civil y, más en concreto, en su art. 268, cuando refiere que las medidas que sean adoptadas por el juzgador, en el procedimiento de provisión de apoyos, deberán responder a las necesidades de la persona que las precise y ser proporcionadas a esta necesidad, respetando en todo caso la máxima autonomía del sujeto discapacitado en el ejercicio de su capacidad jurídica

---

[15] *Vid.* GONZÁLEZ CHINCHILLA, M., "La responsabilidad civil de las personas con discapacidad, tras la Ley 8/2021, de 2 de junio. Cuestiones materiales y procesales de interés", *Diario La Ley*, nº 9993, 20 de enero de 2022, p. 8 (LA LEY 14051/2021).

y atendiendo en todo caso, a lo que constituya su voluntad, deseos y preferencias[16].

---

[16] *Vid.* STS de 8 de septiembre de 2021, rec. 4187/2019, Fundamento Jurídico 2º. Para una mejor comprensión del asunto, conviene reproducir los antecedentes de hecho de esta resolución:

"PRIMERO.- *Tramitación en primera instancia*

1. El Ministerio Fiscal promovió demanda de juicio verbal ante el Juzgado de Primera Instancia nº 9 de Oviedo, para la determinación de la capacidad, medios de apoyo y salvaguardias adecuadas y efectivas para su ejercicio de D. Federico, y pidió que se dictase sentencia por la que: "determinando los extremos objeto de este procedimiento arriba indicados, lo que comportará, teniendo como base la concreción de las habilidades conservadas:
   1. La fijación precisa de la extensión de su capacidad jurídica.
   2. Los medios de apoyo que se desprendan como más idóneos para la conservación de la capacidad jurídica arriba determinada: tutela, curatela, defensor judicial, régimen de guarda, o cualquier otro medio de apoyo adecuado.
   3. Los actos a los que se refiera su intervención, cuando así proceda; debiéndose nombrar la persona que haya de asistirle o representarle y velar por él, conforme a lo dispuesto en el art. 12 de la Convención sobre los derechos de las personas con discapacidad, el art. 759.2 de la Ley de Enjuiciamiento Civil, en relación con lo establecido en el Libro Primero, Título X, Capítulo I, II, III, IV y V del CC, relativos a la Tutela, Curatela, Defensor Judicial y Guardador de hecho.
   4. Las salvaguardias adecuadas y efectivas para asegurar que las medidas relativas al ejercicio de la capacidad jurídica respeten los derechos, la voluntad y las preferencias de la persona, que no haya conflicto de intereses ni influencia indebida, y finalmente que sean proporcionales y adaptadas a sus circunstancias personales".
2. El procurador Fernando López Castro, en representación de la Administración del Principado de Asturias, contestó a la demanda y pidió al Juzgado que dictase sentencia:

   "con pronunciamiento respecto a la modificación de la capacidad de don Federico deducida por el Ministerio Público en función de las pruebas que se practiquen, singularmente del informe del Médico Forense, constituyéndose, así mismo, en su caso, la institución tutelar oportuna".
3. El Juzgado de Primera Instancia nº 9 de Oviedo dictó sentencia con fecha 18 de marzo de 2019, cuya parte dispositiva es como sigue:

   Fallo: Estimo parcialmente la demanda formulada por el Ministerio Fiscal y, en consecuencia, modifico la capacidad de obrar de D. Federico acordando como medida de apoyo la asistencia en el orden y limpieza de su domicilio sito en ... , de modo que se autoriza a la CCAA Principado de Asturias como tutora del demandado a la entrada en el domicilio de D. Federico sito en la ... con la periodicidad que estime la tutora conveniente a los efectos de lim-

De igual manera, señala la resolución que nos ocupa, que el Juez no

---

piar y ordenar dicho domicilio, tutelando la entidad pública a D. Federico solo en este preciso aspecto en las condiciones reseñadas en los fundamentos jurídicos cuarto y quinto de la presente sentencia
Notifíquese la presente sentencia a las partes.
Una vez firme, remítase testimonio de la presente sentencia al Registro Civil a los efectos legalmente establecidos.
Contra esta resolución cabe recurso de apelación ante la Audiencia Provincial de Asturias a interponer ante este Juzgado dentro del plazo de veinte días a contar desde la notificación de esta resolución, mediante la previa constitución de un depósito de 50 euros en la cuenta de consignaciones de este Juzgado.
Las costas causadas se declaran de oficio.
SEGUNDO.- Tramitación en segunda instancia
1. La sentencia de primera instancia fue recurrida en apelación por la representación de Federico.
2. La resolución de este recurso correspondió a la Sección 5.ª de la Audiencia Provincial de Asturias mediante sentencia de 19 de junio de 2019, cuya parte dispositiva es como sigue:
Fallamos: Desestimar el recurso de apelación interpuesto por Don Federico contra la sentencia dictada en fecha dieciocho de marzo de dos mil diecinueve por la Ilma. Sra. Magistrado-Juez del Juzgado de Primera Instancia nº 9 de Oviedo, en los autos de los que el presente rollo dimana, que se confirma.
No procede expresa imposición respecto de las costas de esta alzada.
TERCERO.- Interposición y tramitación del recurso de casación
El procurador Francisco Javier Fumanal Fernández, en representación de Federico, interpuso recurso de casación ante la Sección 5.ª de la Audiencia Provincial de Asturias.
El motivo del recurso de casación fue:
1º) Infracción del art. 199 CC, en relación con los arts. 200 y 322 del mismo texto legal, referidos a las causas de incapacitación y presunción de capacidad, con infracción de la jurisprudencia que los interpreta, pues la sentencia recurrida se apoya en un posible trastorno, lo que resulta insuficiente para modificar la capacidad de obrar».
2. Por diligencia de ordenación de 8 de julio de 2019, la Audiencia Provincial de Asturias (Sección 5.ª) tuvo por interpuesto el recurso de casación mencionado, y acordó remitir las actuaciones a la Sala Primera del Tribunal Supremo con emplazamiento de las partes para comparecer por término de treinta días.
3. Recibidas las actuaciones en esta sala, comparecen como parte recurrente D. Federico, representado por la procuradora Paloma Izquierdo Labrada; y como parte recurrida la Administración del Principado de Asturias, representada por el procurador Fernando López Castro. Es parte el Ministerio Fiscal

debe perder de vista que, en aplicación de un principio fundamental como es el de intervención mínima y de respeto al máximo de la autonomía de la persona con discapacidad, la Ley presenta como regla general que el contenido de la curatela consiste en la adopción de las medidas de asistencia que fueran necesarias en ese caso, con lo cual, el párrafo segundo del artí-

---

4. Esta sala dictó auto de fecha 9 de diciembre de 2020, cuya parte dispositiva es como sigue:

   "Admitir el recurso de casación interpuesto por don Federico contra la sentencia dictada con fecha de 19 de junio de 2019, por la Audiencia Provincial de Oviedo (Sección 5.ª), en el rollo de apelación nº 206/2019 dimanante del procedimiento de modificación de capacidad de la capacidad de obrar nº 781/2018 del Juzgado de Primera Instancia nº 9 de Oviedo".
5. El Ministerio Fiscal presentó escrito a efectos de la posible impugnación del recurso y concluyó: "[...] considera que procede la desestimación del recurso de casación interpuesto".

   No obstante, y conforme a las razones expuestas en el apartado anterior, en atención a la materia de que se por la necesidad de velar para que la limitación de los derechos del recurrente se haga de la forma más adecuada posible para su protección, el Fiscal solicita de la Sala:

   "a) que acuerde que D. Federico quede sujeto a la institución de la curatela, manteniendo al curador en las facultades establecidas en la sentencia recurrida, salvo en lo relativo a la elección de los servicios de mantenimiento y limpieza en que asistiría a D. Federico en la contratación y solo supliría su voluntad en caso de la negativa de éste a contratar servicio alguno, y ampliándolas a las decisiones y actuaciones sanitarias tendentes a garantizar los tratamientos y terapias de todo tipo que requiera para el control y cuidado de la enfermedad que ha motivado la modificación de su capacidad.

   b) que se establezca el control cada seis meses de las medidas de apoyo acordadas a fin de valorar, a la vista de la evolución de D. Federico, si procede dejarlas sin efecto en caso de mejora o su ampliación si fuera necesario".
6. Dado traslado, la representación procesal de la Administración del Principado de Asturias presentó escrito en el que manifestaba su adhesión a las alegaciones efectuadas por el Ministerio Fiscal, ya que velará por los derechos e intereses del presunto incapaz.
7. Al no solicitarse por todas las partes la celebración de vista pública, se señaló para votación y fallo el día 27 de mayo de 2021, en que ha tenido lugar. Por providencia de 27 de mayo de 2021, se acuerda suspender la deliberación del presente recurso y someter su decisión al pleno de la sala, a cuyo efecto se señala votación y fallo el día 14 de julio de 2021, en que ha tenido lugar".

culo 269 del Código Civil, prescribe que el juzgador deberá precisar los actos para los que la persona requiera la asistencia del curador en el ejercicio de su capacidad jurídica atendiendo a sus concretas necesidades de apoyo, si bien, cuando sea necesario, al resultar insuficientes las medidas asistenciales, sea posible dotar a la curatela de funciones de representación, fundamentalmente, cuando la discapacidad afecte directamente y con frecuencia a las facultades de tomar decisiones y de autodeterminación de la persona, por haber quedado afectada gravemente la propia consciencia, en la medida en que constituye un presupuesto de cualquier juicio prudencial ínsito al autogobierno, o, incluso, en otros casos, a la voluntad[17].

Vemos, en estos supuestos, cómo la necesidad se impone y puede resultar precisa la constitución de una curatela con funciones representativas para que el afectado pueda ejercitar sus derechos a través de su curador. Así, el artículo 269 del Código Civil, al prever esta posibilidad, remarca su carácter excepcional y la exigencia de precisar el alcance de la representación, esto es, de concretar los actos para los que se precise la misma, de forma que, solamente en aquellos casos excepcionales en los que resulte imprescindible, por las circunstancias de la persona con discapacidad, la autoridad judicial determinará en resolución motivada los actos concretos en los que el curador habrá de asumir la representación de la persona con discapacidad[18].

En alusión al caso concreto, resulta de sumo interés cómo la Sentencia resuelve la problemática de la asunción de responsabilidad por hecho ajeno en este tipo de tesituras, ya que al considerar que ha quedado acreditado que el individuo en cuestión padece un trastorno de la personalidad, consistente en un trastorno de conducta que le lleva a recoger y acumular basura de forma obsesiva, al tiempo que abandona su cuidado personal de higiene y alimentación, la resolución se hace eco de los informes del médico forense y los servicios sociales, que destacan, para hacerse cargo de la situación, la nula conciencia que tiene la persona del trastorno que lamentablemente padece y de sus indeseables consecuencias.

Más en concreto, se destaca el hecho de que el sujeto no se percata de las graves carencias de higiene y alimentación que tiene, así como del olor nauseabundo que desprenden, tanto él como su casa, y que se percibe en el descansillo del piso y en la entrada del inmueble, situación que ha aca-

---

[17] Ibídem.

[18] Ibídem.

bado por provocarle un cuadro evidente de aislamiento social, incluso de sus vecinos y otrora amigos, los cuales, además, padecen las consecuencias de todo este panorama.

Eso sí, remarca la Sentencia que comentamos, lo que es importante de cara a la resolución final del asunto planteado, que, al margen del evidente trastorno de conducta que se observa en la persona aludida, no se aprecian sustancialmente afectadas sus facultades cognitivas[19].

Resulta totalmente objetivo, que el trastorno que padece la persona discapacitada está degenerando en una degradación personal, sin que sea consciente de ello, lo que incide directamente en el ejercicio de su propia capacidad jurídica, también en sus relaciones sociales y vecinales, y pone en evidencia la necesidad que tiene de las medidas de apoyo asistenciales acordadas.

Por tales motivos, precisa de la ayuda de otras personas que aseguren la satisfacción de las necesidades mínimas de higiene personal y salubridad en el hogar, sin dejar de contar, en la medida de lo posible, con su voluntad, deseos y preferencias. Es lógico que mientras perdure la falta de conciencia de su situación y rechace la asistencia de los servicios sociales, será necesario suplir en esto su voluntad.

Estas medidas, que, en su ejecución, como muy bien informa el Ministerio Fiscal, deben tratar de contar con la anuencia y colaboración del discapacitado, cuando fuera necesario, podrán requerir el auxilio para la satisfacción del servicio que precisa el afectado. En principio, el ejercicio de esta función de apoyo no requiere que la curadora tenga que asumir unas determinadas funciones de representación, si no es para asegurar la prestación de los servicios asistenciales y de cuidado personal cuando no exista la anuencia del interesado.

En definitiva, se observa que, en realidad, el principal escollo que presenta la validación de estas medidas a la luz del nuevo régimen de provisión judicial de apoyos es la directriz legal de que en la provisión de las medidas y en su ejecución se cuente en todo caso con la voluntad, deseos y preferencias del interesado.

Por último, en lo que respecta a la responsabilidad derivada de aquellos perjuicios que se originen como consecuencia de hechos que sean cons-

---

19 Vid. STS de 8 de septiembre de 2021, rec. 4187/2019, Fundamento Jurídico 4º.

titutivos de infracción penalmente punible, la Exposición de Motivos de la Ley 8/2021 señala que, de cara a mantener la coherencia del sistema, resulta también necesaria la modificación de algunos preceptos del Código Penal relativos a la cuestión que analizamos, cuando la responsabilidad se atribuye a persona distinta del autor del hecho delictivo.

De este modo, para el caso de que la persona discapacitada causare daños que estuvieran derivados de unos hechos que fueran constitutivos de delito, señala el artículo 118.1° de nuestro Código Penal que:

> "En los casos de los números 1.° y 3.°, son también responsables por los hechos que ejecuten los declarados exentos de responsabilidad penal, quienes ejerzan su apoyo legal o de hecho, siempre que haya mediado culpa o negligencia por su parte y sin perjuicio de la responsabilidad civil directa que pudiera corresponder a los inimputables
> Los Jueces o Tribunales graduarán de forma equitativa la medida en que deba responder con sus bienes cada uno de dichos sujetos".

Vemos que, conforme a lo dispuesto, dentro de las eximentes de la responsabilidad criminal que se recogen en el artículo 20 de nuestro Código Penal, se alude a quien, en el momento de cometer la infracción, por razón de cualquier anomalía o alteración psíquica, no sea capaz de comprender la ilicitud del hecho o bien actuar conforme a dicha comprensión. De este modo, el trastorno mental transitorio no eximirá de pena cuando hubiera sido provocado por el sujeto, con el propósito de cometer el delito o hubiera debido prever su comisión. Asimismo, se considera exento de tal responsabilidad penal al que, por sufrir alteraciones en la percepción desde el nacimiento o desde la infancia, tenga gravemente alterada la conciencia de la realidad.

En todo caso, cuando la persona con discapacidad cometa un delito, pero resulte penalmente responsable en la medida en que no sean de aplicación al supuesto las eximentes que acabamos de referir, se establece la responsabilidad subsidiaria de su curador, tal como refiere el artículo 120.1 del Código Penal, estimando así que serán responsables civilmente, en defecto de quien criminalmente lo sea, "los curadores con facultades de representación plena que convivan con la persona a quien prestan apoyo, siempre que haya por su parte culpa o negligencia"[20].

---

[20] Resulta muy interesante el pormenorizado análisis que, a este respecto, realiza el Profesor LLAMAS POMBO, desgranando los "puntos débiles" que a su juicio concurren en la legislación reseñada, y dejando así al descubierto las carencias de la misma y los problemas que origina su aplicación práctica. *Vid.* LLAMAS

Por último, ya desde una perspectiva puramente procesal, cabe reseñar que, si el proceso penal finalizase con una Sentencia absolutoria, se establece como regla general que la persona perjudicada por los hechos podría iniciar un proceso civil posterior, ya que la exención de responsabilidad penal no implica necesariamente que no haya una responsabilidad de naturaleza civil, acorde a lo dispuesto en el artículo 1902 de nuestro Código Civil.

Ahora bien, a este respecto, tal como refiere la vigente Ley de Enjuiciamiento Criminal en su artículo 116,

> "La extinción de la acción penal no lleva consigo la de la civil, a no ser que la extinción proceda de haberse declarado por sentencia firme que no existió el hecho de que la civil hubiese podido nacer.
> En los demás casos, la persona a quien corresponda la acción civil podrá ejercitarla, ante la jurisdicción y por la vía de lo civil que proceda, contra quien estuviere obligado a la restitución de la cosa, reparación del daño o indemnización del perjuicio sufrido".

Así pues, si la comentada ausencia de responsabilidad penal tuviese su origen en el hecho de la inexistencia de los hechos que se imputan al causante, como es obvio no podría derivarse tampoco una responsabilidad civil para él. Cuestión distinta sería que tales hechos se hubieran producido, pero que la persona autora de los mismos resultase exenta de responsabilidad por su comisión, al considerarla inimputable, ebria o intoxicada, o bien por razón de estado de necesidad, miedo insuperable o error invencible, ya que, en estos supuestos, la ausencia de responsabilidad penal no eximiría a la persona de una responsabilidad civil, con lo que ésta podría establecerse en la Sentencia penal, salvo los supuestos de renuncia a la acción civil por parte de la víctima, o de reserva del ejercicio de la misma en un posterior procedimiento civil.

IV. CONCLUSIONES

La reciente Ley 8/2021, de 2 de junio, por la que se reforma la legislación civil y procesal para el apoyo a las personas con discapacidad en el ejercicio de su capacidad jurídica, supone un cambio fundamental para todos los operadores jurídicos, en la medida en que, como ya refiere en su Preámbulo, se

---

POMBO, E., "Discapacidad y responsabilidad civil", en AA.VV., *El nuevo Derecho de las capacidades*, La Ley, Madrid, 2021, pp. 13-15 (LA LEY 13864/2021).

pasa a concebir a las personas con incapacidad como sujetos plenamente capaces, lo que implica que se produzca un cambio correlativo en el concepto de imputación subjetiva en la responsabilidad civil por hecho propio, y en una y más restringida concepción de la responsabilidad por hecho ajeno.

De esta forma, a diferencia de la regulación anterior, a cuyo tenor los denominados incapacitados estaban generalmente exentos de imputación de responsabilidad, transmitiéndose la misma a sus representantes o guardadores al considerar que en ellos concurría una culpa in vigilando, in educando y/o in custodiando con respecto a los primeros, se ha planteado un marco distinto en el que se eliminan las figuras por las que se reemplazaba la toma de decisiones por sí mismas de las personas discapacitadas, reemplazándose por un sistema de apoyos que deberá respetar, en todo caso, la voluntad manifestada por estas últimas.

Igualmente, en aquellos casos donde no concurra la figura del curador, o bien éste carezca de facultades de representación o, simplemente, no conviva con la persona responsable de los hechos, solo podrá imputarse responsabilidad solidaria a las otras personas que ejerzan labores de apoyo, cuando se ponga de manifiesto fehacientemente que incurrieron en responsabilidad por hecho propio.

Eso sí, en lo que al ámbito de la responsabilidad extracontractual respecta, se sigue manteniendo la concepción tradicional, por la que se considera responsable del hecho dañoso y, por ello, obligado a efectuar su reparación, a aquél en quien concurra culpa o negligencia. Sigue así vigente y sin cambios, dentro de la materia que nos ocupa, el criterio de responsabilidad subjetiva que recoge el 1902 de nuestro Código Civil.

Hacemos nuestra la opinión de la Profesora ZURITA MARTÍN, cuando concluye que la reforma operada no otorga una respuesta segura a las personas discapacitadas "cuyas facultades volitivas y cognitivas no alcanzar el juicio mínimo de entender y querer", estén o no bajo la guarda de un curador que les represente. Y ello porque el nuevo concepto de imputación subjetiva al que alude expresamente la Exposición de Motivos de la Ley 8/2021, no se plasma, dentro de su articulado, "en un reconocimiento expreso de la atribución de responsabilidad al margen del principio de culpa que preside nuestro sistema"[21].

---

21 *Vid.* ZURITA MARTÍN, I., "Personas con discapacidad y responsabilidad civil", en AA.VV., *Un nuevo orden jurídico para las personas con discapacidad*, Bosch, Barcelona, 2021, p. 10 (LA LEY 11486/2021).

En todo caso, serán los órganos jurisdiccionales quienes, en aplicación de la regulación establecida, y que hemos ido analizando de manera pormenorizada en los apartados anteriores, tendrán la última palabra con respecto al desarrollo futuro de la nueva forma de concebir la institución. Su interpretación -y consiguiente enjuiciamiento-, de cada situación que acontezca en la práctica cotidiana, resultará absolutamente decisiva en este sentido.

Es obvio que, paulatinamente, deben ir desapareciendo las habituales reticencias a la interposición de acciones civiles contra las personas discapacitadas, -sustentadas en no pocas ocasiones en la más que probable situación de insolvencia en la que puedan encontrarse las mismas-, así como al reconocimiento, por parte de los órganos jurisdiccionales, de esta acción directa de reclamación.

V. BIBLIOGRAFÍA

AA.VV., "Diálogos para el futuro judicial XXXVI. La Ley 8/2021, de 2 de junio, y la reforma de la capacidad civil", *Diario La Ley*, nº 9980, pp. 1-21 (LA LEY 13548/2021).

ALCAÍN MARTÍNEZ, E., "La responsabilidad civil de las personas con discapacidad: conexión entre el Derecho de Daños y el Derecho de la Discapacidad", *Actualidad Civil*, nº 6, junio 2021, pp. 1-31 (LA LEY 7798/2021).

FERNÁNDEZ DE BUJÁN, A., "La Ley 8/2021, para el apoyo a las personas con discapacidad en el ejercicio de su capacidad jurídica: un nuevo paradigma de la discapacidad", *Diario La Ley*, nº 9961, 26 de noviembre de 2021, pp. 1-11 (LA LEY 12161/2021).

GARRIDO CARRILLO, F. J., "Panorama de las medidas de apoyo a las personas con discapacidad. Cuestiones sustantivas y procesales (1)", *Actualidad Civil*, nº 2, febrero 2023, pp. 1-35 (LA LEY 1447/2023).

GONZÁLEZ CHINCHILLA, M., "La responsabilidad civil de las personas con discapacidad, tras la Ley 8/2021, de 2 de junio. Cuestiones materiales y procesales de interés", *Diario La Ley*, nº 9993, 20 de enero de 2022, pp. 1-16 (LA LEY 14051/2021).

LLAMAS POMBO, E., "La responsabilidad civil de las personas con discapacidad", *Práctica de Derecho de Daños*, nº 149, Cuarto trimestre de 2021, pp. 1-22 (LA LEY 13458/2021).

LLAMAS POMBO, E., "Discapacidad y responsabilidad civil", en AA. VV., *El nuevo Derecho de las capacidades*, La Ley, Madrid, 2021, pp. 1-22 (LA LEY 13864/2021).

MORENO MARÍN, M. D., "La responsabilidad civil extracontractual de las personas con discapacidad a la luz de la Ley 8/2021, de 2 de junio: una visión crítica", *Diario La Ley*, nº 10107, 11 de julio de 2022, p. 1-19 (LA LEY 6496/2022).

MORO ALMARAZ, M. J., "La tramitación legislativa de la Ley 8/2021", *La Ley Derecho de Familia*, nº 31, 1 de julio de 2021, pp. 1-13.

RODRÍGUEZ ELORRIETA, N., "Los fundamentales cambios producidos por la Ley 8/2021, de 2 de junio, de reforma en materia de discapacidad. Especial referencia al régimen de responsabilidad civil extracontractual", *Actualidad Civil*, nº 11, noviembre 2021, pp. 1-20 (LA LEY 12389/2021).

UREÑA CARAZO, B., "El nuevo proceso de apoyo a las personas con discapacidad: un enfoque humanista", *La Ley Derecho de Familia*, nº 33, primer trimestre de 2022, pp. 1-16 (LA LEY 978/2022).

ZURITA MARTÍN, I., "Personas con discapacidad y responsabilidad civil", en AA.VV., *Un nuevo orden jurídico para las personas con discapacidad*, Bosch, Barcelona, 2021, pp.1-20 (LA LEY 11486/2021).

TERCERA PARTE:
PERSPECTIVA SOCIAL: ESTUDIOS Y EXPERIENCIAS

Capítulo X.

Economía social como modelo de empresa inclusiva para personas con discapacidad

MARTA ENCISO-SANTOCILDES
Profesora Titular. Universidad de Deusto

GABRIEL VELA MICOULAUD
Profesor Licenciado Encargado. Universidad de Deusto

SUMARIO:

I. INTRODUCCIÓN

En el contexto actual de España, la integración plena de las personas con discapacidad en el ámbito laboral sigue representando un desafío significativo. A pesar de los progresos legales y sociales alcanzados en las últimas décadas mediante iniciativas y medidas destinadas a reducir las disparidades que obstaculizan o limitan el acceso de las personas con discapacidad a oportunidades profesionales y personales, estas aún enfrentan numerosos obstáculos para asegurar un empleo digno y estable[1].

---

1 PUPIALES RUEDA, B.E yCÓRDOBA ANDRADE, L., "La inclusión laboral de personas con discapacidad: un estudio etnográfico en cinco comunidades de España",

En materia de empleo, llama la atención la "generalidad e intensidad en los datos, las bajas tasas de actividad y empleo y la más elevada tasa de paro afectan a todas las personas con discapacidad, siendo más intensa la brecha cuando confluyen determinados factores como el grado de discapacidad, tipologías de discapacidad, edad, sexo, entorno rural, escasa cualificación, entre otros."[2].

La Declaración Universal de Derechos Humanos, en su artículo 23, proclama que "toda persona tiene derecho al trabajo, a la libre elección de su trabajo, a condiciones equitativas y satisfactorias de trabajo y a la protección contra el desempleo", considerándose incluidas evidentemente las personas con discapacidad como sujetos acreedores de este Derecho.

Otros instrumentos a nivel Internacional han sido más específicos sobre discapacidad y empleo. La Carta Social Europea, en su art. 15 recoge el derecho de las personas con discapacidad entre otras cuestiones a promover su contratación y mantenimiento del puesto de trabajo, adaptando las condiciones de trabajo a sus necesidades, o al establecimiento de empleo protegido[3].

Por su parte, la Convención de 2006 de Naciones Unidas sobre los Derechos de las Personas con Discapacidad[4] tiene como propósito "promover, proteger y asegurar el goce pleno y en condiciones de igualdad de todos los derechos humanos y libertades fundamentales por todas las personas con discapacidad, y promover el respeto de su dignidad inherente", para lo que establece entre otras cuestiones un conjunto de Libertades y Derechos, entre los que se encuentra el Derecho de las personas con discapacidad a trabajar, en igualdad de condiciones con las demás.

Archivos de Medicina, vol. 2, nº 2, 2016, pp. 279-289.

2 REAL PATRONATO SOBRE DISCAPACIDAD: «Libro blanco sobre empleo y discapacidad» [en línea], (2023), <https://www.mdsocialesa2030.gob.es/derechos-sociales/discapacidad/docs/Libro_blanco_empleo_discapacidad_2023.pdf>. [Consulta: 01/04/2024]

3 España. «Instrumento de ratificación de la Carta Social Europea (revisada), hecha en Estrasburgo el 3 de mayo de 1996» [en línea], (2021) <https://www.boe.es/buscar/act.php?id=BOE-A-2021-9719>. [Consulta: 01/04/2024]

4 NACIONES UNIDAS. «Convención sobre los Derechos de las Personas con Discapacidad» [en línea], (2008) <https://www.un.org/esa/socdev/enable/documents/tccconvs.pdf> [Consulta: 01/04/2024]

A nivel de la Unión Europea, la Convención de Naciones Unidas supuso un aliciente para avanzar en el establecimiento de normas mínimas sobre los derechos de las personas con discapacidad y desde el 2010 establece una estrategia decenal[5]. De hecho, la evaluación de la Estrategia de Discapacidad 2010-2020 identificó el empleo como una de las cinco prioridades políticas para futuras acciones. Esta nueva estrategia incide en materia de empleo con el fin de desarrollar el potencial y el talento de las personas con discapacidad lo que redundará en beneficio de los individuos, de la economía y de la sociedad. El acceso a un empleo sostenible y de calidad no deja de ser la mejor manera de garantizar la autonomía económica y la social de las personas con discapacidad.

Los Objetivos de Desarrollo Sostenibles mencionan a las personas con discapacidad con carácter general como personas vulnerables a las que empoderar, y de manera específica en cuatro de los objetivos: Objetivo 4 (Garantizar una educación inclusiva, equitativa y de calidad y promover oportunidades de aprendizaje durante toda la vida para todos); Objetivo 8 (Promover el crecimiento económico inclusivo y sostenible, el empleo y el trabajo decente para todos); Objetivo 10 (Reducir la desigualdad en y entre los países); y Objetivo 11 (Lograr que las ciudades sean más inclusivas, seguras, resilientes y sostenibles).

España se alinea en toda esta estrategia internacional, adaptando su legislación y las diferentes políticas, para avanzar en los derechos de las personas con discapacidad, entre otros en materia de empleo. Para logarlo, el mercado laboral debe ser abierto, inclusivo y no discriminatorio, lo que implica en primer lugar remover todas aquellas barreras para lo impiden, así como adoptar las medidas positivas que favorezcan el acceso al empleo de las personas con discapacidad. Vamos a proceder a su análisis.

---

5 En este momento se encuentra en vigor la segunda, relativa a 2021-2030. EUROPEAN COMISION. «Union of Equality Strategy for the Rights of Persons with Disabilities 2021-2030» [en línea], (2021), <https://ec.europa.eu/social/main.jsp?catId=738&langId=en&pubId=8376&furtherPubs=yes>. [Consulta: 01/04/2024]

II. PERSONAS CON DISCAPACIDAD Y EMPLEO EN ESPAÑA

Se define persona con discapacidad como aquella que presenta deficiencias físicas, mentales, intelectuales o sensoriales, previsiblemente permanentes que, al interactuar con diversas barreras, puedan impedir su participación plena y efectiva en la sociedad, en igualdad de condiciones con los demás, así como la persona a quien se le haya reconocido un grado de discapacidad igual o superior el 33 por ciento[6].

Resulta necesario obtener una información amplia del colectivo de personas con discapacidad, además de las personas que cuentan con un reconocimiento de discapacidad[7]. Procede recoger un mayor número de datos como por ejemplo sobre el estado de salud, aspectos del ámbito laboral, educativo, accesibilidad en movilidad, accesibilidad tecnológica, prestaciones sociales y económicas, o personas cuidadoras. Con ello, las Administraciones Públicas y otros usuarios como las organizaciones del Tercer Sector de Acción Social, pueden planificar políticas destinadas a las personas con discapacidad que permitan la promoción de la autonomía personal y la prevención de las situaciones de dependencia.

Es por ello, que desde 1986, el Instituto Nacional de Estadística (INE) lleva a cabo una operación estadística más amplia, dando de esta manera respuesta a esta necesidad[8]. La última, de 2020, indica que un total de 4,32 millones de personas en España tienen una discapacidad de los cuales el 41% son hombres y el 59% mujeres. La tasa de discapacidad (en relación con la población) se situó 94,9 de cada mil habitantes, siendo un 81,2 por mil entre los hombres y 112,0 por mil entre las mujeres. En el

---

6 Art. 4 del El Real Decreto Legislativo 1/2013, de 29 de noviembre, por el que se aprueba el Texto Refundido de la Ley General de derechos de las personas con discapacidad y de su inclusión social.

7 Esta cuestión relativa a la recopilación de datos y estadísticas no es menor, y de hecho se encuentra recogida en el art. 31 de NACIONES UNIDAS. «Convención sobre los Derechos de las Personas con Discapacidad» [en línea], *cit.*

8 Esta encuesta del año 2020 es la cuarta de una serie, tras la del 2008 (Encuesta de discapacidad, autonomía personal y situaciones de dependencia), 1986 (Encuesta sobre discapacidades, deficiencias y minusvalías), y 1999 (Encuesta sobre discapacidades, deficiencias y estado de salud), la primera efectuada. Se espera una actualización en 2024 según recoge el Real Decreto 51/2024, de 16 de enero, por el que se aprueba el Programa anual 2024 del Plan Estadístico Nacional 2021-2024.

caso de los hogares españoles, en uno de cada cinco (el 20,5% del total) residía al menos una persona con discapacidad a fecha de este estudio. Por su parte, en más de un millón de hogares la persona con discapacidad vivía sola, y en torno a 270.000 hogares con más de una persona tenían todos sus miembros con algún tipo de discapacidad[9].

Si nos fijamos en el número de personas que tienen reconocida una discapacidad mayor o igual que el 33% en España en el año 2022 ascienden a 3.391.955 (un 7,1% de la población) de las cuales el 50,2% son hombres (1.701.344) y un 49,80 % mujeres (1.690.611)[10.]. Desde el año 2021, se reconoce también a las personas con capacidad intelectual límite, entendiéndose como tal a aquellas personas que acrediten oficialmente, según los baremos vigentes de valoración de la situación de discapacidad, al menos un 20% de discapacidad intelectual y que no alcancen el 33 por ciento[11]. Con esta medida, se logra que se encuentren protegidos especialmente por las políticas de empleo para personas con discapacidad, de modo que actualmente sus empleadores (empresas en general, autónomos, cooperativas y sociedades laborales) pueden acceder también a subvenciones por su contratación.

El colectivo de personas con discapacidad, por sus propias necesidades requiere una protección y atención, y que han sido contempladas por nuestra Carta Magna. La Constitución Española de 1978, en su art. 49 recogía un mandato a los poderes públicos de protección de las personas con discapacidad por medio de políticas de "(...) previsión, tratamiento, rehabilitación e integración (...)" con el fin de que puedan disfrutar de los derechos que otorga la Constitución a toda la ciudanía. Este mandato se ha visto concretado en actuaciones de los diferentes poderes públicos y

---

9 INSTITUTO NACIONAL DE ESTADÍSTICA (INE): «Encuesta de Discapacidad, Autonomía personal y Situaciones de Dependencia (EDAD) Principales resultados» [en línea], (2022), <https://www.ine.es/dyngs/INEbase/es/operacion.htm?c=Estadistica_C&cid=1254736176782&menu=resultados&idp=1254735573175>. [Consulta: 01/04/2024]

10 MINISTERIO DE ASUNTOS SOCIALES Y AGENDA 2030: «Base estatal de datos de personas con valoración del grado de discapacidad» [en línea], (2022), <https://imserso.es/el-imserso/documentacion/estadisticas/base-estatal-datos-personas-con-discapacidad>. [Consulta: 01/04/2024]

11 Real Decreto 368/2021, de 25 de mayo, sobre medidas de acción positiva para promover el acceso al empleo de personas con capacidad intelectual límite.

un considerable desarrollo legislativo y financiador (siempre mejorable), según la distribución de competencias existentes en España[12].

En el año 2024 se ha procedido a modificar este artículo, cambio demandado por las organizaciones representativas desde hacía más de 20 años. En primer lugar, para dejar de usar el término *disminuidos*, pasando a ser denominadas personas con discapacidad, que es la que de hecho se usaba de manera habitual tanto a nivel social como legal y considerada más dignificadora y actualizada. Pero el cambio, junto con el necesario cambio lingüístico y simbólico de muy alto valor, implica un cambio de concepto y paradigma, y actualiza su contenido para modernizarlo y adaptarlo a los convenios internacionales suscritos por España, de manera relevante a la Convención sobre los Derechos de las Personas con Discapacidad de 2006[13]. El foco se establece sobre las personas con discapacidad y sus derechos en condiciones de igualdad garantizando la plena autonomía personal y la inclusión social. Asimismo, se añade como novedad la participación de sus organizaciones representativas y, por último, se hace referencia a la especial atención a mujeres y niños con discapacidad[14]. Esta protección y sus correspondientes políticas implican "(…) promover, proteger y asegurar el goce pleno y en condiciones de igualdad de todos los derechos humanos y libertades fundamentales por todas las personas con discapacidad, y promover el respeto de su dignidad inherente."[15].

---

12 Un completo análisis de esta cuestión en la Constitución española, así como a nivel comparado puede verse en: ROJAS RIVERO, G.P., "El mercado de trabajo de las personas con discapacidad en Europa y en el ámbito internacional, conforme al modelo del estado social de derecho" en Real Patronato sobre Discapacidad, *Libro blanco sobre empleo y discapacidad*, Madrid, 2023, pp. 695-855.

13 NACIONES UNIDAS. «Convención sobre los Derechos de las Personas con Discapacidad» [en línea], *cit.*

14 Art. 49 de la Constitución Española tras la reforma del año 2024 se redacta de la siguiente manera: «Artículo 49. 1. Las personas con discapacidad ejercen los derechos previstos en este Título en condiciones de libertad e igualdad reales y efectivas. Se regulará por ley la protección especial que sea necesaria para dicho ejercicio. 2. Los poderes públicos impulsarán las políticas que garanticen la plena autonomía personal y la inclusión social de las personas con discapacidad, en entornos universalmente accesibles. Asimismo, fomentarán la participación de sus organizaciones, en los términos que la ley establezca. Se atenderán particularmente las necesidades específicas de las mujeres y los menores con discapacidad»

15 Art. 1 de NACIONES UNIDAS. «Convención sobre los Derechos de las Personas con Discapacidad» [en línea], *cit.*

Uno de los derechos que se reconocen a las personas con discapacidad es a trabajar y por tanto la obligación de los estados de promover y salvaguardar este derecho, que implica la oportunidad de ganarse la vida mediante un trabajo libremente elegido o aceptado en un mercado y un entorno laborales que sean abiertos, inclusivos y accesibles a las personas con discapacidad. Este derecho está reconocido y definido su alcance en el art. 27 de la Convención sobre los Derechos de las Personas con Discapacidad, ya mencionado, y exige que se adopten medidas, incluyendo las legislativas, para su ejercicio efectivo, que incluye la prohibición de discriminación por razón de la discapacidad y la protección de sus derechos en igualdad de condiciones, la adaptación de los lugares de trabajo, o el acceso a los programas de formación, orientación y a los servicios de colocación.

En cuanto a los datos en España, de todo el conjunto de personas con discapacidad, un total de 1,58 millones de personas estaban en el año 2020 en edad de trabajar (entre 16 y 64 años), es decir, en torno al 37%. En cuanto a la distribución por géneros, el 48% son hombres y el 52% mujeres Casi una de cada cuatro de estas personas indicó estar trabajando (23,7% de los hombres y 23,5% de las mujeres). En relación con el tipo de trabajo y contrato, el 88,0% de las personas ocupadas con discapacidad eran asalariadas y el 10,6% trabajadoras por cuenta propia. Siete de cada 10 asalariados tenían un contrato indefinido y el 76,3% realizaba jornada completa. El 30,4% tuvieron ocupaciones elementales, el 17,5% desempeñaron puestos de técnicos y el 15,9% eran empleados administrativos[16] Los datos nos indican que solo una cuarta parte de las personas con discapacidad se encuentran trabajando, por lo que aumentar su tasa de actividad y "asegurar su derecho a un empleo digno en entornos laborales abiertos, inclusivos y accesibles, y posibilitando su promoción y desarrollo laboral en igualdad de condiciones" constituye uno de los ejes estratégicos de la Estrategia Española sobre Discapacidad 2022-2030[17].

---

[16] INSTITUTO NACIONAL DE ESTADÍSTICA (INE): «Encuesta de Discapacidad, Autonomía personal y Situaciones de Dependencia (EDAD) Principales resultados» [en línea], *cit.*

[17] MINISTERIO DE DERECHOS SOCIALES Y AGENDA 2030. «Estrategia Española sobre Discapacidad 2022-2030, para el acceso, goce y disfrute de los derechos humanos de las personas con discapacidad» [en línea], (2022), <https://www.mdsocialesa2030.gob.es/derechos-sociales/discapacidad/docs/estrategia-espanola-discapacidad-2022-2030-def.pdf>. [Consulta: 01/04/2024]

Es por ello, que uno de los siete ejes sobre los que se articula la Estrategia Española de Apoyo Activo al Empleo hace referencia a las oportunidades de empleo para personas con discapacidad, con el objeto de incentivar la contratación, la creación de empleo o el mantenimiento de los puestos de trabajo, así como las acciones de orientación y acompañamiento individualizado en los puestos de trabajo de las personas con discapacidad[18].

En cuanto a los colectivos de atención prioritaria para la política de empleo, la Ley 3/2023, de 28 de febrero, de Empleo, incluye a personas con discapacidad, personas con capacidad intelectual límite, personas con trastornos del espectro autista. Dentro de estas, se reconoce a colectivos con mayores dificultades de acceso al mercado de trabajo: las personas con parálisis cerebral, con trastorno de la salud mental, con discapacidad intelectual o con trastorno del espectro del autismo, con un grado de discapacidad reconocido igual o superior al 33 por ciento; así como las personas con discapacidad física o sensorial con un grado de discapacidad reconocido igual o superior al 65 por ciento.

Se persigue alentar el acceso al mercado de trabajo y la promoción profesional de las personas con discapacidad (art. 37-2 de Ley General de Derechos de las personas con discapacidad y de su inclusión social[19]) a través de diversos mecanismos:

a) Empleo ordinario, que incluye el trabajo en empresas y las Administraciones Públicas.

b) El empleo protegido en centros especiales de empleo, y los enclaves laborales.

c) El empleo autónomo.

Por un lado, el empleo ordinario hace referencia a la ocupación desempeñada por una persona con discapacidad en empresas convencionales o privadas, sujeta a la normativa laboral general, o a las Administraciones Públicas. El empleo ordinario es el sistema que la ley considera prioritario siempre que resulte posible. En el caso de las personas con discapacidad que no puedan ejercer una actividad laboral en las condiciones habituales

---

18 Ley 3/2023, de 28 de febrero, de Empleo.

19 Real Decreto Legislativo 1/2013, de 29 de noviembre, por el que se aprueba el Texto Refundido de la Ley General de derechos de las personas con discapacidad y de su inclusión social.

o tengan dificultades en el acceso contarán además con el sistema de empleo protegido[20], tal y como se expondrá más adelante.

El empleo ordinario, descrito en el artículo 37.2.a) de la Ley 1/2013 anteriormente mencionada, se distingue también por la implementación, por parte de las autoridades públicas, de una serie de medidas orientadas a promover la contratación de personas con discapacidad y facilitar su inclusión en el mercado laboral convencional, salvaguardando así el principio de igualdad de oportunidades. Entre las medidas establecidas se incluyen el estímulo del empleo, la adecuación de puestos de trabajo y/o provisión de equipos de protección personal, la cuota de reserva de empleo para personas con discapacidad, el empleo con apoyo, así como las disposiciones específicas en los contratos de prácticas y de formación, contempladas en el Estatuto de los Trabajadores[21].

Es importante destacar que la norma también recoge el supuesto de autoempleo, ya sea individual, o colectivo o de trabajo asociado llevado a cabo a través de Sociedades Cooperativas o Sociedades Laborales, fórmulas de la Economía Social que también fomentan la participación de las personas con discapacidad[22].

Por otro lado, el trabajo protegido emerge como una política destacada de inserción laboral dirigida a personas con discapacidad, a través de dos fórmulas principales: los Centros Especiales de Empleo (CEE) y los enclaves laborales. La premisa fundamental que subyace tras el concepto de empleo protegido radica en la situación de que las personas con discapacidad se pueden enfrentar a barreras significativas para acceder al mercado de trabajo ordinario, lo que motiva la creación de entidades especializadas con el propósito de facilitar la integración de este colectivo en el ámbito laboral[23].

---

20 LIDÓN HERAS, L., «Derechos humanos y discapacidad en España. Informe de situación. Fundación ONCE, 2007» [en línea], (2007), <https://biblioteca.fundaciononce.es/publicaciones/otras-editoriales/derechos-humanos-y-discapacidad-en-espana-informe-de-situacion>. [Consulta: 22/02/2024]

21 ALONSO-OLEA GARCÍA, B., "El empleo protegido y ordinario de los trabajadores con discapacidad: perspectiva del derecho interno español", *Revista Panorama Social,* nº 26, 2017, pp. 57-67.

22 ECHEBARRIA RUBIO, A., "Centros especiales de empleo de Euskadi. El modelo vasco de inclusión sociolaboral", *CIRIEC-España, Revista Jurídica de Economía Social y Cooperativa,* nº 36, 2020, pp. 153-175.

23 CALDERÓN, M.J. y CALDERÓN, B., "Los Centros Especiales de Empleo como mecanismo de tránsito hacia el mercado de trabajo ordinario", *CIRIEC-España, Revista de Economía Pública, Social y Cooperativa,* nº 75, 2012, pp. 223-249.

III. EMPLEO AUTÓNOMO Y EL EMPLEO ORDINARIO PARA LAS PERSONAS CON DISCAPACIDAD

1. Empleo autónomo

El empleo autónomo constituye una opción para las personas con discapacidad. De hecho, los últimos datos del INE (EDAD, 2020)[24] indican que el número de personas con discapacidad que están trabajando por cuenta propia en España asciende a 53.400, lo que representa una tasa del 10,3% (tasa de 15,8% en el caso de personas sin discapacidad que trabajan por cuenta propia) Además, una gran mayoría, el 67,2%, son empresarios/as sin personas asalariadas. Por grupos de edad, entre las personas con discapacidad que trabajan por cuenta propia el 77,8% tienen entre 45 y 64 años y el 21,4% tienen entre 25 y 44 años. Si se atiende al nivel de estudios, el 58,0% de las personas con discapacidad que trabajan por cuenta propia tienen estudios de secundaria y/o programas formación e inserción laboral, seguidos de los que tienen estudios superiores, incluyendo doctorado (30,4%), y en tercer lugar los que tienen estudios primarios (11,4%). El tipo de discapacidad más común entre las personas con discapacidad que trabajan por cuenta propia es la discapacidad física (55,2%), seguido de personas con una incapacidad reconocida (22,4%).

En cuanto al potencial, los datos comparativos indican que entre la población con discapacidad la intención de emprender es casi un 24% menor y la involucrada en un proceso emprendedor también es casi un 32% menor en comparación con la población involucrada sin discapacidad. Pero esta opción de empleo cuenta con un cierto potencial pues casi el 7% de las personas con discapacidad manifiesta su intención de emprender en un corto espacio de tiempo (3 meses) y en torno al 10% está involucrado en el fenómeno emprendedor[25].

---

[24] INSTITUTO NACIONAL DE ESTADÍSTICA (INE): «Encuesta de Discapacidad, Autonomía personal y Situaciones de Dependencia (EDAD) Principales resultados» [en línea], *cit.*

[25] REAL PATRONATO SOBRE DISCAPACIDAD: «Libro blanco sobre empleo y discapacidad» [en línea], (2023), *cit.*

Con el fin de impulsar el trabajo autónomo, se aprobó la primera Estrategia Nacional (ENDITA) para el periodo 2022-2027[26]. El plan pretende dar respuesta a tres prioridades: (1) responder de modo efectivo a las necesidades de las personas que desarrollan trabajo autónomo; (2) dimensionar el trabajo autónomo como elemento clave en una economía regenerada y sostenible; y (3) reforzar el trabajo autónomo para contribuir a la igualdad y a la inclusión social. Para ello, establece seis ámbitos de actuaciones, siendo en el primero de ellos (Eje 1: Hacia la inclusión y la cohesión social por medio del trabajo autónomo) en su apoyo a colectivos con dificultades de acceso al mercado de trabajo el que concreta las medidas en relación con las personas con discapacidad. Estas medidas se refieren a planes de emprendimiento específicos, información, financiación y ayudas económicas, orientación y acompañamiento o formación.

2. *Empleo ordinario*

En cuanto al empleo ordinario, y con el fin de incrementar el número de personas con discapacidad que acceden al mismo, se constituye como medida de acción positiva una obligación de reserva de puestos de trabajo[27]. En el caso de las Administraciones Publicas constituyen uno de los principales ámbitos de actuación dirigidos a lograr la inclusión plena y efectiva de estas personas en la sociedad, en igualdad de condiciones con todas las demás[28]. En las ofertas de empleo público se reservará un cupo no inferior al 10% por ciento de las vacantes para ser cubiertas entre personas con discapacidad cuyo grado de minusvalía sea igual o superior al 33 por ciento[29]. Este porcentaje fue establecido en

---

[26] MINISTERIO DE TRABAJO Y ECONOMÍA SOCIAL: «Estrategia Nacional de impulso del trabajo autónomo 2022-2027» [en línea], (2023), <https://www.mites.gob.es/trabajoautonomo/ficheros/endita/ENDITA-2022-2027.pdf>. [Consulta: 01/04/2024]

[27] Un muy interesante análisis de las cuotas de reserva y su eficacia puede verse en: CABEZA PEREIRO, J., "Los derechos de las personas con discapacidad" en Real Patronato sobre Discapacidad, *Libro blanco sobre empleo y discapacidad,* Madrid, 2023, pp. 227-296.

[28] INSTITUTO NACIONAL DE ADMINISTRACIÓN PÚBLICA: «Libro blanco sobre acceso e inclusión en el empleo público de las personas con discapacidad» [en línea], (2015), <https://bci.inap.es/alfresco_file/7f302e5c-dc9a-4424-9cfa-0cf405910087>. [Consulta: 01/04/2024]

[29] Modificado por el Real Decreto-ley 6/2023, de 19 de diciembre, por el que se aprueban medidas urgentes para la ejecución del Plan de Recuperación,

2023, siendo el inicialmente fijado en 5%[30], e incrementado al 7% en 2011[31]. De este porcentaje, al menos el dos por ciento de las plazas ofertadas deben ser cubiertas por personas que acrediten discapacidad intelectual. Esta obligación admite excepciones en los casos en que resulte imposible a los servicios públicos de empleo competentes o agencias de colocación atender la demanda de la empresa o que no se encuentren personas interesadas en aceptar la oferta.

Las plazas reservadas para personas con discapacidad podrán incluirse dentro de las convocatorias de plazas de ingreso ordinario (art. 3) o convocarse en un turno independiente (art. 4). Asimismo, se aplicará a los supuestos de convocatoria de promociones internas (art. 5) así como a las contrataciones temporales (art. 6). En estos procesos, se establecerán para las personas con discapacidad con grado de minusvalía igual o superior al 33 por ciento que lo soliciten las adaptaciones y los ajustes razonables necesarios de tiempo y medios para su realización, para asegurar que las personas con discapacidad participan en condiciones de igualdad (art. 8).

Asimismo, la mencionada reforma del año 2023 establece la constitución de una unidad de inclusión del personal con discapacidad en cada uno de los departamentos ministeriales, con las siguientes funciones:

- prestar el apoyo administrativo especializado que precise en materia de inclusión del personal con discapacidad,
- asegurar las medidas de adaptación de puesto de trabajo y velar por la plena incorporación y desarrollo profesional de dicho personal en su ámbito laboral,
- el seguimiento y evaluación de las medidas en favor de las personas con discapacidad en las ofertas de empleo público,
- elaboración de estadísticas relativas a la efectiva ocupación de plazas en su correspondiente ámbito.

Transformación y Resiliencia en materia de servicio público de justicia, función pública, régimen local y mecenazgo.

30 Art. 2 del Real Decreto 2271/2004, de 3 de diciembre, por el que se regula el acceso al empleo público y la provisión de puestos de trabajo de las personas con discapacidad.

31 Ley 26/2011, de 1 de agosto, de adaptación normativa a la Convención Internacional sobre los Derechos de las Personas con Discapacidad.

En lo que respecta a las empresas privadas se establece un porcentaje de personas con discapacidad del 2% del total de la platilla para aquellas con 50 o más trabajadores, incluyendo a los trabajadores puestos a disposición a través de una empresa de trabajo temporal (ETT)[32].

Asimismo, se atiende la posibilidad de que algunas empresas presenten especial dificultad para incorporar trabajadores con discapacidad a la plantilla de la empresa, y así lo acrediten[33]. Estas empresas deberán solicitar de los servicios públicos de empleo competentes la declaración de excepcionalidad, y además llevar a cabo alguna de las medidas alternativas establecidas en esta normativa (art. 2):

1) La celebración de un contrato mercantil o civil con un centro especial de empleo o con un trabajador autónomo con discapacidad, para el suministro de materias primas, maquinaria, bienes de equipo o cualquier otro tipo de bienes necesarios o para la prestación de servicios ajenos y accesorios a la actividad normal de la empresa.

2) Realización de donaciones y de acciones de patrocinio de carácter monetario, para el desarrollo de actividades de inserción laboral y de creación de empleo de personas con discapacidad. La entidad beneficiaria debe ser una fundación o una asociación de utilidad pública cuyo objeto social sea, entre otros, la formación profesional, la inserción laboral o la creación de empleo en favor de las personas con discapacidad que permita la creación de puestos de trabajo para aquéllas y, finalmente, su integración en el mercado de trabajo.

3) La constitución de un enclave laboral definido como "(...) el contrato entre una empresa del mercado ordinario de trabajo, llamada empresa colaboradora, y un centro especial de empleo para la realización de obras o servicios que guarden relación directa con la actividad normal de aquélla y para cuya realización un grupo de trabajadores con discapacidad del centro especial de empleo

---

32 Art. 42 del Real Decreto Legislativo 1/2013, de 29 de noviembre, por el que se aprueba el Texto Refundido de la Ley General de derechos de las personas con discapacidad y de su inclusión social.

33 Art. 2 del Real Decreto 364/2005, de 8 de abril, por el que se regula el cumplimiento alternativo con carácter excepcional de la cuota de reserva en favor de los trabajadores con discapacidad.

se desplaza temporalmente al centro de trabajo de la empresa colaboradora[34].

La norma establece unos importes mínimos anuales que las medidas alternativas deben alcanzar, siendo al menos, tres veces el indicador público de renta de efectos múltiples (IPREM) anual por cada trabajador con discapacidad dejado de contratar por debajo de la cuota del dos por ciento, y en el caso de las donaciones 1,5[35].

En cuanto al grado de cumplimiento de la obligación de reserva de puestos de trabajo en las empresas, un 26,3% de las empresas con más de 50 trabajadores cumplen con esta obligación. En torno al 65% combina la contratación directa de las personas con discapacidad con medidas alternativas, y un 8,7% opta únicamente por medidas alternativas[36]. En el caso de las Administraciones Públicas no se dispone de un registro completo de todas ellas. De hecho, el Ministerio para la Transformación Digital y de la Función Pública elabora con carácter bianual un Boletín Estadístico del Personal al Servicio de las Administraciones Públicas, donde no recoge información sobre esta cuestión[37]. En el caso de la Administración General del Estado se recoge que un 3% de las incorporaciones de los últimos años en que hay registro publicado (2019 y 2020), entraron a la Administración General del Estado durante estos dos años tenían una discapacidad superior al 33%, quedando en torno al 54% de las plazas convocadas cubiertas, pasando el resto al turno general[38]. Sí es cierto, que en un futuro inme-

---

34 Regulados y definidos (art. 1-2) por el Real Decreto 290/2004, de 20 de febrero, por el que se reglamentan los enclaves laborales como medida de fomento del empleo de las personas con discapacidad.

35 El Indicador Público de Renta de Efectos Múltiples (IPREM) es un índice empleado en España como referencia para la concesión de ayudas, subvenciones o el subsidio de desempleo. Nació en 2004 para sustituir al Salario Mínimo Interprofesional como referencia para estas ayudas. Se actualiza anualmente en la Ley de Presupuestos. Para el año 2004 el IPREM anual es de 7.200,00€.

36 FUNDACIÓN ADECCO, «Encuesta Fundación Adecco 40 aniversario LISMI» [en línea], (2022), <https://fundacionadecco.org/notas-de-prensa/un-263-de-las-empresas-de-mas-de-50-empleados-ha-conseguido-incorporar-al-2-de-trabajadores-con-discapacidad-exigido-por-ley/>. [Consulta: 01/04/2024]

37 MINISTERIO PARA LA TRANSFORMACIÓN DIGITAL Y DE LA FUNCIÓN PÚBLICA, «Boletín Estadístico del personal al servicio de las Administraciones Públicas» [en línea], (2023), <https://funcionpublica.digital.gob.es/funcion-publica/rcp/boletin.html>. [Consulta: 01/04/2024]

38 MINISTERIO DE HACIENDA Y FUNCIÓN PÚBLICA, «Informe sobre Acceso de Personas con Discapacidad al Empleo Público en la Administración General

diato estarán disponibles estos datos a través de las unidades de inclusión del personal con discapacidad, puesto que una de sus funciones es la elaboración de estadísticas relativas a la efectiva ocupación de plazas en su correspondiente ámbito.

IV. CENTROS ESPECIALES DE EMPLEO COMO FÓRMULA DE INCLUSIÓN LABORAL DE LAS PERSONAS CON DISCAPACIDAD

Junto con el empleo autónomo y el ordinario, ya analizados, Ley General de Derechos de las personas con discapacidad y de su inclusión social[39], menciona el empleo protegido en centros especiales de empleo (CEE), para el supuesto en que las personas con discapacidad no puedan ejercer una actividad laboral en las condiciones habituales o tengan dificultades en el acceso, con lo que contarán además con el sistema de empleo protegido. En el año 2022, el Ministerio de Derechos Sociales y Agenda 2030 presentó la Estrategia Española sobre Discapacidad 2022-2030[40]. Esta iniciativa surge como una respuesta ambiciosa y necesaria a esta realidad, marcando un avance significativo en la búsqueda de igualdad de oportunidades para las personas con discapacidad.

Entre los objetivos que fija la Estrategia se encuentra el fortalecimiento del acceso al empleo para las personas con discapacidad a través de la Economía Social. Para alcanzar este propósito, se contemplan medidas como el impulso a la inversión, la promoción de la formación continua, la implementación de incentivos para la contratación y el respaldo a los centros especiales de empleo de iniciativa social. En este contexto, se explorará el papel de los Centros Especiales de Empleo como una herramienta fundamental en la construcción de una sociedad más inclusiva y

---

del Estado. Ejercicios 2019 y 2020» [en línea], (2022), <https://funcionpublica.digital.gob.es//dam/es/portalsefp/funcion-publica/ep-pp/empleo_publico/INFORMEDISCAPACIDAD_OEP2019-2020.pdf.pdf>. [Consulta: 01/04/2024]

39 Real Decreto Legislativo 1/2013, de 29 de noviembre, por el que se aprueba el Texto Refundido de la Ley General de derechos de las personas con discapacidad y de su inclusión social.

40 MINISTERIO DE DERECHOS SOCIALES Y AGENDA 2030, «Estrategia Española sobre Discapacidad 2022-2030, para el acceso, goce y disfrute de los derechos humanos de las personas con discapacidad» [en línea], *cit.*

equitativa y un modelo de empresa inclusiva para las personas con discapacidad.

1. Centros Especiales de Empleo: concepto, tipos y características

En la década de los años ochenta, emergieron los Centros Especiales de Empleo (CEE), con el propósito de facilitar la integración laboral de personas con discapacidad. Estos centros se delinearon como entidades productivas que operan en diversos sectores económicos, siguiendo el modelo de cualquier otro tipo de empresa[41]. Sin embargo, su singularidad radica en su enfoque hacia la creación de oportunidades laborales para personas con discapacidad, ya que es una condición fundamental que al menos el 70% de la fuerza laboral de estos centros esté compuesta por personas con un grado de discapacidad igual o superior al 33%[42].

Esta característica ha llevado a los CEE a ser reconocidos como un ejemplo de éxito a nivel europeo, con especial relevancia en el contexto español, debido a su contribución significativa a la generación de empleo[43]. No obstante, a continuación, será preciso hacer una distinción de los diferentes tipos de CEE que identifica la doctrina, así como cuáles se consideran como entidades de Economía Social. Esta distinción resulta crucial, dado que, por ejemplo, solo los CEE de iniciativa social son mencionados en la Estrategia Española sobre Discapacidad 2022-2030, comentada previamente.

---

41 SANTOS JAEN, J.M., ORTIZ MARTÍNEZ, E. y MARÍN HERNÁNDEZ, S., "Centros Especiales de Empleo ¿Objetivo mercantil o social? Un análisis a través del estudio de su situación económico-financiera", *Investigaciones Regionales – Journal of Regional Research,* 51 (3), 2021, pp. 83-105.

42 *Vid.* el artículo 43.2 del Real Decreto Legislativo 1/2013, de 29 de noviembre, por el que se aprueba el Texto Refundido de la Ley General de derechos de las personas con discapacidad y de su inclusión social, establece que: «La plantilla de los centros especiales de empleo estará constituida por el mayor número de personas trabajadoras con discapacidad que permita la naturaleza del proceso productivo y, en todo caso, por el 70 por 100 de aquélla.»

43 GARCÍA, M.I.G., "Los Centros Especiales de Empleo. Aproximación a su régimen jurídico", *CIRIEC-España. Revista jurídica de economía social y cooperativa,* nº 26, 2015, pp. 233-260.

1.1. Concepto y evolución legal de Centro Especial de Empleo

La evolución normativa de los Centros Especiales de Empleo (CEE) en España tuvo su inicio con la promulgación de la Ley de Integración Social del Minusválido (LISMI) en 1982, la cual estableció un primer marco que posteriormente se detalló en el Real Decreto 2273/1985. Desde entonces, se han sucedido diversas normativas que han incidido en la relación laboral especial, la asignación de ayudas y subvenciones públicas, así como en alternativas a la cuota de reserva y la contratación de personas con discapacidad. Entre los hitos más destacados se encuentran los decretos de regulación laboral especial y la normativa referente a enclaves laborales y unidades de apoyo, entre otros.

A pesar del papel fundamental de los CEE en la creación de empleo para personas con discapacidad, especialmente para aquellas personas con mayores barreras de inserción, la Ley General de derechos de las personas con discapacidad y de su inclusión social de 2013 no otorgó prioridad ni organizó adecuadamente la labor histórica de estos centros, lo que supuso una oportunidad desaprovechada para establecer un nuevo marco de desarrollo. Además, la falta de respuesta ante las críticas sobre su potencial segregador y su carácter subsidiario en relación con el empleo ordinario, anteriormente comentado, y en consonancia con las directrices de la Convención de la ONU, no mejoró la situación[44].

Esta Ley del año 2013, concretamente, en su artículo 43, establece que los CEE son aquellos que; (i) requieren que sus trabajadores realicen laborales productivas, participando la empresa de manera regular en actividades de mercado; (ii) que garanticen que los empleos sean remunerados; (iii) que ofrezcan servicios de ajuste personal y social; (iv) que sirvan como un medio de integración en el mercado laboral ordinario; y (v) se exige que al menos el 70% de sus empleados posea un certificado de discapacidad.

---

44 ORTEGA CAMARERO, M.T., "El empleo protegido en España: Retos para un nuevo modelo de centros especiales de empleo", *International Humanities Review,* 2023, pp. 2-15.

1.2. Tipos de Centros Especiales de Empleo

La literatura más reciente[45] hace una clasificación de los diferentes Centros Especiales de Empleo que existen en España, tal y como se establece en la siguiente figura:

Figura X.1: Clasificación de los Centros Especiales de Empleo según la literatura

Fuente: Elaboración Propia

En primer lugar, según el artículo 45 de la Ley General de derechos de las personas con discapacidad y de su inclusión social (1/2013), los CEE podrán ser creados por organismos públicos o por organismos privados, siempre respetando la diferente normativa relativa a las condiciones de trabajo.

Por otro lado, el Reglamento de los Centros Especiales de Empleo aprobado en el año 1985 a partir de la Ley 13/1982 de Integración Social del Minusválido, establece en su artículo 5.b que, considerando los posibles beneficios que puedan obtenerse, los Centros pueden operar con o sin fines de lucro, dependiendo de si esos beneficios se reinvierten completamente en la institución misma o si una parte de ellos se destina a otros propósitos que el Centro deba cubrir.

Finalmente, los Centros Especiales de Empleo se categorizan en dos modalidades: aquellos de iniciativa social y los de carácter empresarial.

---

45 Vid. ECHEBARRIA RUBIO, A., "Centros especiales de empleo de Euskadi. El modelo vasco de inclusión sociolaboral", *cit.*

Esta distinción se fundamenta en una modificación legislativa introducida mediante una disposición adicional en la Ley 9/2017, la cual versa sobre aspectos relacionados con la contratación pública. La reforma agregó un nuevo párrafo al artículo 43 de la Ley 1/2013 de derechos de las personas con discapacidad y su inclusión social.

En dicho apartado, se precisó y agregó la definición de los CEE de iniciativa social, los cuales son identificado como aquellos que son promovidos y participados en más de un 50% por entidades, ya sean públicas o privadas, que no buscan obtener ganancias o que tienen como objetivo principal su carácter social. Dichas entidades se comprometen a reinvertir todos sus beneficios en la creación de empleo para personas con discapacidad y en mejorar su competitividad y su actividad económica social. Además, tienen la facultad de reinvertir esos beneficios en su propio centro especial de empleo o en otros centros especiales de empleo de iniciativa social.

En consecuencia, se consigue definir de manera precisa los CEE de iniciativa social y establecer los requisitos que deben cumplir, siendo además importante destacar que esta modificación representa un avance significativo para estos CEE y da respuesta a una de las reivindicaciones del sector de la discapacidad[46].

1.3. Características principales de los Centros Especiales de Empleo de la Economía Social

Dentro de la clasificación anteriormente hecha de los Centros Especiales de Empleo, conforme a su titularidad y su finalidad de beneficios, se observa que los CEE de iniciativa social son los que más se adhieren a los principios y características propios de los CEE que forman parte de la Economía Social[47].

A pesar de que la Ley de Economía Social no mencione específicamente que los CEE deban ser de iniciativa social para ser considerados como

---

46 SANTOS, J.M. y GRACIA, M. D., "Análisis del modelo empresarial de los centros especiales de empleo. Rentabilidad vs solidaridad", *La Razón histórica: Revista hispanoamericana de Historia de las Ideas*, 38, 2018, pp. 98-114.

47 La definición de Centro Especial de Empleo de Economía Social se obtiene de un estudio de Monzón en el año 2014. *Vid.* MONZÓN, J.L., ANTUÑANO, I. y MURGUI, S., Informe sobre el impacto económico y social de los Centros Especiales de Empleo en España, *Resumen ejecutivo Fundación ONCE*, 2014.

una entidad de Economía Social[48], algunos autores discrepan de la noción de que todos los CEE pertenecen a la Economía Social. Se sostiene que la consideración generalizada de los CEE como parte de la Economía Social debe restringirse a aquellos de iniciativa social, dado que son los que principalmente se adhieren a estos principios y comparten el objetivo de promover políticas de cooperación, solidaridad, equidad entre individuos y responsabilidad hacia la cohesión social[49]. Y, aunque todos los CEE cumplen el propósito de proporcionar empleo a personas con discapacidad, este criterio por sí solo no es suficiente para clasificarlos como Economía Social, ya que otras entidades convencionales también pueden incluir este objetivo dentro de sus políticas de responsabilidad social empresarial[50].

En consecuencia, siguiendo la descripción que la doctrina realiza de los CEE de Economía Social, se puede extraer las siguientes características[51], tal y como se recoge en la siguiente figura:

Figura X.2. Características de los Centros Especiales de Empleo de Economía Social

CARACTERÍSTICAS DE LOS CEE DE ECONOMÍA SOCIAL

- Propósito social explícito prioritario y medible
- Actividad económica continuada y con orientación de mercado
- Actividad económica con enfoque empresarial
- Utilización prioritaria de los beneficios para el cumplimiento del propósito social
- Formas de organización que garantizan el propósito social

Fuente: Elaboración propia según Monzón (2016)

---

48 Conforme al artículo 5 de la Ley 5/2011, de 29 de marzo, de Economía Social: «... *forman parte de la economía social... los centros especiales de empleo...*»

49 MORATALLA, P., "Centros especiales de empleo", *CIRIEC-España, Revista Jurídica,* nº 29, 2016, pp. 1-38.

50 ORTEGA CAMARERO, M.T., "El empleo protegido en España: Retos para un nuevo modelo de centros especiales de empleo", *cit.*

51 MONZÓN-CAMPOS, J.L., "Identificación y análisis de las características identitarias de la empresa social europea: aplicación a la realidad de los Centros Especiales de Empleo de la economía española", *CIRIEC-España, Revista de Economía Pública, Social y Cooperativa,* nº 87, 2016, pp. 295-326.

En primer lugar, los Centros Especiales de Empleo (CEE) en el ámbito de la Economía Social se distinguen por su enfoque en un propósito social explícito, el cual se centra prioritariamente en la integración de personas con discapacidad. Este propósito social debe ser claro y medible, y se diferencia de los objetivos de rentabilidad financiera que predominan en los entornos capitalistas.

En segundo lugar, estos centros deben desarrollar una actividad económica sostenida y orientada al mercado. En el contexto de la Economía Social, los CEE operan continuamente en el mercado de bienes y servicios, con una concentración significativa en el sector de servicios (55,4%), seguido por el sector industrial (19%) y el comercio (11,4%).

En tercer lugar, la gestión de estos centros debe tener un enfoque empresarial, lo que implica la utilización de mano de obra remunerada al tiempo que se brinda apoyo para la integración de personas con discapacidad. Para financiar sus operaciones, los CEE de la Economía Social dependen de una variedad de fuentes de financiación, con un notable 44% de recursos provenientes de Fondos Propios, además de subvenciones (17,6%) y deudas (37,9%).

En cuarto lugar, es fundamental que los beneficios generados por estos centros se prioricen para cumplir con su propósito social. Esto los sitúa dentro del espectro de organizaciones sin ánimo de lucro, donde los objetivos sociales superan a los financieros.

Finalmente, los CEE de la Economía Social deben adoptar estructuras organizativas que aseguren la realización efectiva de su propósito social, como lo son sistemas de gobernanza democráticos y participativos.

Tras haber analizado la conceptualización de los CEE en el contexto de la Economía Social, es crucial ahora examinar su contribución concreta en el panorama laboral español. Para ello, se proporcionarán datos, así como una visión general de la evolución de los CEE en España. Se explorará tanto la relevancia cuantitativa de estos centros en términos de empleo generado para personas con discapacidad como los cambios y tendencias significativas que han caracterizado su desarrollo a lo largo del tiempo. Se pretende, con ello, arrojar luz sobre el impacto real y la importancia de los CEE en el mercado laboral español.

2. *Contribución de los Centros Especiales de Empleo en España: datos y evolución*

La disponibilidad de datos concernientes al número de Centros Especiales de Empleo (CEE) en España y la cantidad de empleados que los integran se encuentra fragmentada y presenta dificultades para su localización. Sin embargo, las cifras disponibles indican un incremento en su cantidad durante los últimos años.

Figura X.3. Evolución del número de Centros Especiales de Empleo de iniciativa social en España (2015-2020)

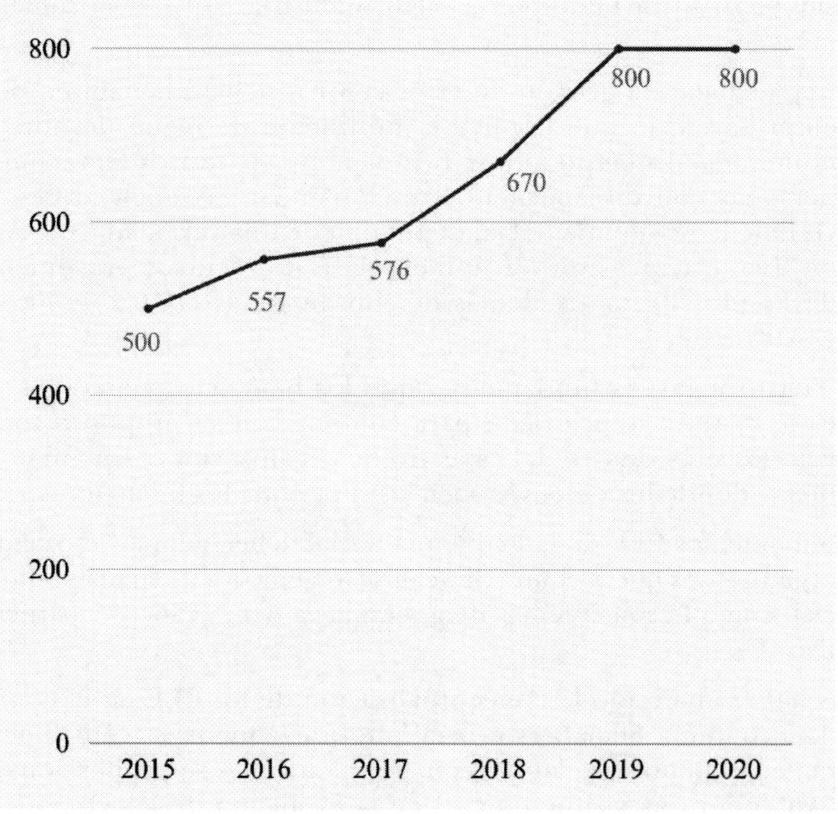

Fuente: Elaboración propia según datos de CEPES

Se observa en la Figura X.3 un aumento constante en el número de CEE de iniciativa social en España durante el período analizado (2015-2020). El gráfico muestra un crecimiento de un 60%, pasando de 500 a 800 CEE entre 2015 y 2020. Este crecimiento anual del número de CEE podría estar asociado a la entrada en vigor de las leyes del 2013 y 2017 que establecieron medidas de apoyo a la creación y consolidación de los CEE.

Sin embargo, es probable que el crecimiento del número de CEE no sea homogéneo en todas las regiones de España. Por ello, desde la Federación Empresarial Española de Asociaciones de Centros Especiales de Empleo se aportan los datos de contratación de personas con discapacidad en CEE a lo largo de las diferentes Comunidades Autónomas, tal y como se plasma en la *Tabla X.1*[52].

Tabla X.1. Datos de contratación de personas con discapacidad en CEE (2018-2020)

	2018	**2019**	**2020**
Andalucía	16.154	16.783	14.276
Aragón	2.048	1.958	1.902
Asturias	3.127	3.693	2.886
Islas Baleares	1.447	1.510	972
Canarias	3.469	3.032	1.693
Cantabria	1.302	1.337	979
Castilla la Mancha	3.517	3.819	3.147
Castilla y León	4.739	4.475	3.351
Cataluña	9.885	10.014	7.152
C. Valenciana	6.972	6.542	5.651
Extremadura	2.397	2.259	2.303
Galicia	3.284	3.356	2.879
C. Madrid	13.916	14.658	10.084
Región de Murcia	1.176	1.228	1.223
C. Foral Navarra	830	780	665
País Vasco	7.672	7.127	5.561
La Rioja	957	753	595
Ceuta	39	54	84
Melilla	42	43	53
TOTAL	82.973	83.401	65.456

Fuente: Elaboración propia según datos de FEACEM

52 FEACEM: «Contratación de personas con discapacidad en CEE» [en línea], (2021), <http://www.feacem.es/es/centros-especiales-de-empleo/cifras/contratacion-de-personas-con-discapacidad-en-CEE>. [Consulta: 01/04/2024]

Se observa una caída significativa en el número total de personas con discapacidad contratadas en CEE entre 2018 y 2020, pasando de 82.973 a 65.456, lo que representa una reducción del 21%. La pandemia del COVID-19 podría ser uno de los factores que explica la caída en las contrataciones, al haber tenido un impacto negativo en la economía en general y en el mercado de trabajo en particular. Además, la caída de las contrataciones no es homogénea en todas las CCAA. Las que más sufren son aquellas con mayor población, como Andalucía, Cataluña, Madrid y la Comunidad Valenciana. En cambio, en otras como Ceuta y Melilla se observa un ligero aumento.

Por otra parte, si atendemos el porcentaje que representan las contrataciones en CEE sobre el total de los contratos realizados a personas con discapacidad, se puede observar cómo en los últimos años este porcentaje se ha incrementado en gran medida. Tal y como se observa en la *Tabla X.2,* en el año 2006 los contratos celebrados a personas con discapacidad en CEE suponían un 47,5% sobre el total de contratos celebrados con personas con discapacidad. Mientras tanto, el último año en el que se proporcionan datos, 2022, suponían un 71% sobre el total, lo cual demuestra la importancia con que cuentan los CEE en el país y su contribución a la inclusión laboral de las personas con discapacidad.

En el año 2022, se llevaron a cabo un total de 123.515 contrataciones dirigidas específicamente a personas con discapacidad, lo que representa un porcentaje del 18,5% en relación con el total de la población activa que tiene alguna discapacidad. Los Centros Especiales de Empleo contribuyeron con 87.714 de estas contrataciones, lo que equivale al 13,1% de la población activa y constituye el 71% de todos los contratos específicos realizados durante el año para personas con discapacidad.

Tabla X.2. Volumen de contratos específicos realizados a personas con discapacidad en España (2006-2007)

Año	Centros Especiales de Empleo	Empresas ordinarias	Total
2006	26.290	29.033	55.323
2007	28.438	30.176	58.616
2008	26.008	29.706	55.714
2009	30.442	21.135	51.577
2010	39.331	21.797	61.128
2011	40.970	21.114	62.084
2012	41.738	19.270	61.008
2013	49.608	20.040	69.648
2014	59.559	23.418	82.977
2015	68.613	26.625	95.238
2016	68.648	30.154	98.802
2017	77.677	32.391	110.068
2018	82.981	33.892	116.873
2019	83.408	34.410	117.818
2020	65.461	21.245	86.706
2021	85.902	28.416	114.315
2022	87.714	35.801	123.515

Fuente: Elaboración propia según datos extraídos de Odismet

Sin embargo, conforme dispone Odismet, se observa un alto nivel de temporalidad en el empleo. Los contratos específicos de carácter temporal para personas con discapacidad representan el 63,4% del total, llegando incluso al 75% en el caso de los contratos en CEE. Una cuarta parte de los contratos otorgados a personas con discapacidad se encuentran en la categoría de "Eventuales por circunstancias de la producción" (un 32,5% en el caso de los CEE), seguidos por los contratos temporales. En términos geográficos, las comunidades autónomas de Andalucía, Madrid y Cataluña concentran la mayor parte de las contrataciones realizadas (representando el 46,6% del total). Para los CEE, la situación es similar, aunque el País Vasco tiene una mayor participación. A nivel provincial, Madrid, Barcelona, Sevilla y Valencia son las áreas con mayor número de contratos emitidos.

La alta prevalencia de contratos temporales y eventuales en las contrataciones dirigidas a personas con discapacidad refleja una realidad preocupante en el mercado laboral, donde la estabilidad laboral para este colectivo sigue siendo un desafío pendiente. Es crucial implementar políticas y medidas que promuevan la inclusión laboral sostenible y el acceso a empleos estables y de calidad para las personas con discapacidad, con el fin de garantizar su plena participación en el ámbito laboral y social.

Por último, una cuestión relevante es el análisis del impacto económico que tienen los CEE. Varios estudios se han centrado, para ello, en calcular el retorno del gasto público dedicado a los CEE[53]. De acuerdo con un estudio elaborado por KPMG en 2013 encargado por la Fundación ONCE y la patronal estatal FEACEM, el análisis del rendimiento económico de los Centros CEE en España revela que estos generan un retorno de 1,44 euros por cada euro recibido de fondos públicos, basado en datos de 2011. Este retorno se materializa a través de contribuciones fiscales, aportaciones a la Seguridad Social y economías en diversas áreas, tales como ayudas, pensiones, gastos en salud y plazas en centros ocupacionales[54].

Además, desde entidades específicas, a través de metodologías que monetizan de forma objetiva y comparable el valor global generado a los grupos de interés, consiguen cuantificar el valor generado a la Administración Pública. Es el caso de Gureak, grupo empresarial vasco que genera y gestiona oportunidades laborales estables adaptadas a las personas con discapacidad en diversos mercados.

En el año 2022, este grupo contaba con 5.954 personas en su equipo, de las cuales un 83% son personas con discapacidad (4.959 personas) y un 57% son personas con mayores necesidades de apoyo, es decir, personas con una discapacidad superior al 65%, lo cual demuestra la apuesta de la organización por las personas con mayores necesidades de apoyo.

Y, respecto a la cuantificación del retorno a la Administración Pública, desde Gureak se estudia el Valor Social Integrado (VSI)[55], una metodolo-

---

53 Vid. AYUSO SIART, S., "El valor social generado por los centros especiales de empleo en España: comparación de dos enfoques de monetización", *Revesco* nº 145, 2023, pp. 1-18; JORDÁN DE URRÍES, F.B., DE LEÓN, D., HIDALGO, F., MARTÍNEZ, S. y SANTAMARÍA, M., "Aproximación al análisis coste beneficio entre empleo con apoyo y centros especiales de empleo mediante simulación comparativa con 24 trabajadores", *Revista Española de Discapacidad*, vol. 2, nº 1, 2014, pp. 33-50.

54 KPMG, «Presente y futuro de los Centros Especiales de Empleo» [en línea], (2013), <https://biblioteca.fundaciononce.es/publicaciones/colecciones-propias/programa-operativo/presente-y-futuro-de-los-centros-especiales-de>. [Consulta: 22/02/2024]

55 "La metodología del análisis del Valor Social Integrado (VSI), desarrollada por Retolaza, Ruiz-Roqueñi, San José y Barrutia (2014), es un sistema de contabilidad social que permite cuantificar y monetizar el valor creado por la actividad económica y/o social de una organización. La metodología se fundamenta en la

gía con la que se consigue cuantificar el valor generado por su actividad a la Administración Pública. Tal y como se refleja en la Figura X.4, de cada 1€ que Gureak recibe de la Administración Pública, devuelve más de 2€ vía impuestos, ayudas sustituidas, generación de actividad productiva a familias y creación de puestos de trabajo.

Figura X.4. Retorno a la Administración Pública de Gureak (2022)

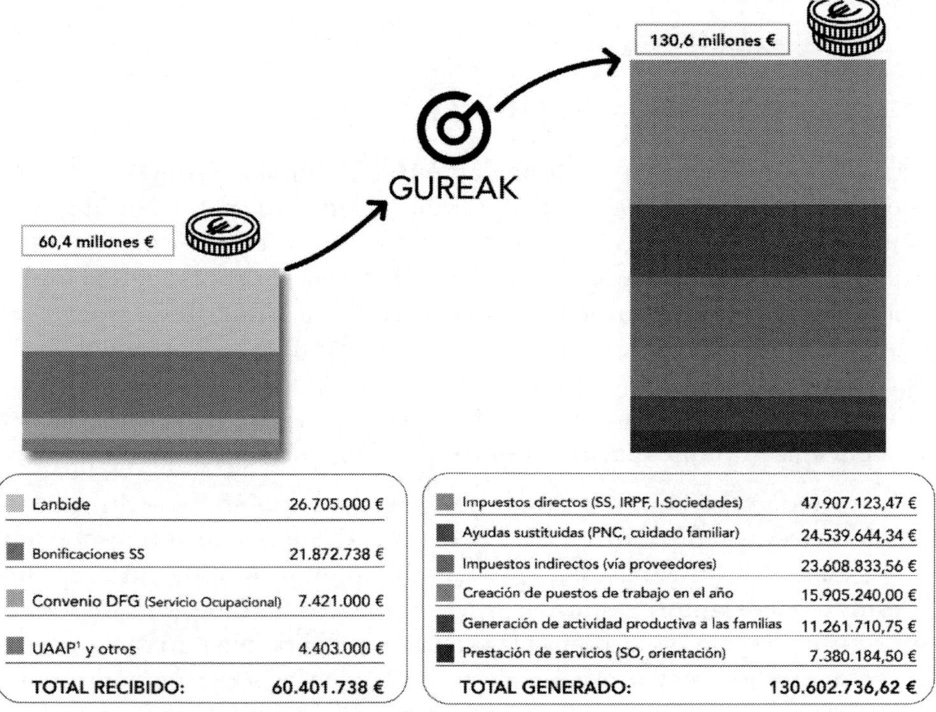

Fuente: Informe Anual de 2022 de Gureak

En definitiva, las estrategias de respaldo a los CEE juegan un rol esencial en promover la inclusión sociolaboral de individuos con discapacidad. Estas iniciativas, que comprenden programas de asistencia y subsidios, no solo facilitan las adecuaciones requeridas para asegurar condiciones laborales justas, sino que también apuntan a compensar posibles disparidades

perspectiva de la teoría de los stakeholders (FREEMAN, 1984; FREEMAN, HARRISON, WICKS, PARMAR y de COLLE, 2010; RETOLAZA y SAN-JOSÉ, 2011)" Vid. AYUSO SIART, S., "El valor social generado por los centros especiales de empleo en España: comparación de dos enfoques de monetización", cit.

de productividad frente a las empresas convencionales[56]. Es crucial destacar que, más allá de su influencia directa en la inclusión, las ayudas y subvenciones asignadas a los CEE estimulan la actividad económica, generando así empleo y riqueza en la sociedad. Esto conlleva a retornos significativos para las finanzas públicas mediante ingresos fiscales y reducción de gastos, evidenciando así la eficacia y el beneficio económico de respaldar a los CEE.

V. CONCLUSIÓN

La elección de la mayor idoneidad entre el empleo ordinario o el empleo protegido ha sido objeto de un amplio debate por parte de la comunidad académica y de distintas organizaciones internacionales en años recientes, y es que de un sector de la literatura (y la propia legislación) se puede deducir que el empleo ordinario debe ser preferible respecto del protegido[57]. Y es que el hecho de que la ocupación de las personas con discapacidad se lleve a cabo en gran media en CEE y no en espacios de trabajo ordinarios, puede dar muestras de la segregación y segmentación laboral de la persona con discapacidad dentro del mercado de trabajo[58].

Así y todo, un sector de la literatura se entiende que estos centros representan una alternativa exitosa para el empleo de ciertos grupos específicos de personas con discapacidad. No hay duda, entonces, de que las ideas de estos mismos autores, sí que sostienen que los CEE de iniciativa social contribuyen de manera directa a la inclusión de personas con discapacidad que requieren de mayor apoyo, al entender que promueven activamente la creación de empleo digno y de alta calidad, al tiempo que sirven como un medio para la inclusión en el mercado laboral convencional[59]. Sin embargo, no parecen estar cumpliendo su función como medio para lograr

---

56 AYUSO SIART, S., "El valor social generado por los centros especiales de empleo en España: comparación de dos enfoques de monetización", *cit.*

57 ORTEGA CAMARERO, M.T., "El empleo protegido en España: Retos para un nuevo modelo de centros especiales de empleo", *cit.*

58 FERREIRA, A.V., DÍAZ VELÁZQUEZ, E., "Discapacidad, exclusión social y tecnologías de la información", *Política y Sociedad*, vol. 46, nº 1 y 2, 2009, pp. 237-253.

59 ECHEBARRIA RUBIO, A., "Centros especiales de empleo de Euskadi. El modelo vasco de inclusión sociolaboral", *cit.*

la integración laboral para trabajadores con discapacidad en el mercado ordinario[60].

En consecuencia, algunos sectores abogan por una mejor inserción laboral de personas con discapacidad en empleos ordinarios frente a la modalidad de integración laboral representada por el empleo protegido de los CEE. Si bien, el empleo protegido constituye per se un *entorno laboral inclusivo*, el empleo ordinario debe llevar a cabo un importante esfuerzo de adaptación para lograrlo.

VI. BIBLIOGRAFÍA

ALONSO-OLEA GARCÍA, B., "El empleo protegido y ordinario de los trabajadores con discapacidad: perspectiva del derecho interno español", *Revista Panorama Social*, nº 26, 2017, pp. 57-67.

AYUSO SIART, S., "El valor social generado por los centros especiales de empleo en España: comparación de dos enfoques de monetización", *Revesco* nº 145, 2023, pp. 1-18.

CABEZA PEREIRO, J., "Los derechos de las personas con discapacidad" en Real Patronato sobre Discapacidad, *Libro blanco sobre empleo y discapacidad*, Madrid, 2023, pp. 227-296.

CALDERÓN, M.J y CALDERÓN, B., "Los Centros Especiales de Empleo como mecanismo de tránsito hacia el mercado de trabajo ordinario", *CIRIEC-España, Revista de Economía Pública, Social y Cooperativa*, nº 75, 2012, pp. 223-249.

ECHEBARRIA RUBIO, A., "Centros especiales de empleo de Euskadi. El modelo vasco de inclusión sociolaboral", *CIRIEC-España, Revista Jurídica de Economía Social y Cooperativa*, nº 36, 2020, pp. 153-175.

EUROPEAN COMISION, «Union of Equality Strategy for the Rights of Persons with Disabilities 2021-2030» [en línea], (2021), <https://ec.europa.eu/social/main.jsp?catId=738&langId=en&pubId=8376&furtherPubs=yes>. [Consulta: 01/04/2024]

FEACEM, «Contratación de personas con discapacidad en CEE» [en línea], (2021), <http://www.feacem.es/es/centros-especiales-de-empleo/cifras/contratacion-de-personas-con-discapacidad-en-CEE>. [Consulta: 01/04/2024]

FERREIRA, A.V. y DÍAZ VELÁZQUEZ, E., "Discapacidad, exclusión social y tecnologías de la información", *Política y Sociedad*, vol. 46, nº 1 y 2, 2009, pp. 237-253.

FUNDACIÓN ADECCO, «Encuesta Fundación Adecco 40 aniversario LISMI» [en línea], (2022), <https://fundacionadecco.org/notas-de-prensa/un-263-de-las-empresas-de-

[60] ORTEGA CAMARERO, M.T., "El empleo protegido en España: Retos para un nuevo modelo de centros especiales de empleo", *cit.*

mas-de-50-empleados-ha-conseguido-incorporar-al-2-de-trabajadores-con-discapacidad-exigido-por-ley/>. [Consulta: 01/04/2024]

GARCÍA, M.I.G., "Los Centros Especiales de Empleo. Aproximación a su régimen jurídico", *CIRIEC-España. Revista jurídica de economía social y cooperativa*, nº 26, 2015, pp. 233-260.

INSTITUTO NACIONAL DE ADMINISTRACIÓN PÚBLICA, «Libro blanco sobre acceso e inclusión en el empleo público de las personas con discapacidad» [en línea], (2015), <https://bci.inap.es/alfresco_file/7f302e5c-dc9a-4424-9cfa-0cf405910087>. [Consulta: 01/04/2024]

INSTITUTO NACIONAL DE ESTADÍSTICA (INE), «Encuesta de Discapacidad, Autonomía personal y Situaciones de Dependencia (EDAD) Principales resultados» [en línea], (2022), <https://www.ine.es/dyngs/INEbase/es/operacion.htm?c=Estadistica_C&cid=1254736176782&menu=resultados&idp=1254735573175>. [Consulta: 01/04/2024]

JORDÁN DE URRÍES, F.B., DE LEÓN, D., HIDALGO, F., MARTÍNEZ, S. y SANTAMARÍA, M., "Aproximación al análisis coste beneficio entre empleo con apoyo y centros especiales de empleo mediante simulación comparativa con 24 trabajadores", *Revista Española de Discapacidad*, vol. 2, nº 1, 2014, pp. 33-50.

KPMG, «Presente y futuro de los Centros Especiales de Empleo» [en línea], (2013), <https://biblioteca.fundaciononce.es/publicaciones/colecciones-propias/programa-operativo/presente-y-futuro-de-los-centros-especiales-de>. [Consulta: 22/02/2024]

LIDÓN HERAS, L., «Derechos humanos y discapacidad en España. Informe de situación. Fundación ONCE, 2007» [en línea], (2007), <https://biblioteca.fundaciononce.es/publicaciones/otras-editoriales/derechos-humanos-y-discapacidad-en-espana-informe-de-situacion>. [Consulta: 22/02/2024]

MINISTERIO DE ASUNTOS SOCIALES Y AGENDA 2030, «Base estatal de datos de personas con valoración del grado de discapacidad» [en línea], (2022), <https://imserso.es/el-imserso/documentacion/estadisticas/base-estatal-datos-personas-con-discapacidad>. [Consulta: 01/04/2024]

MINISTERIO DE DERECHOS SOCIALES Y AGENDA 2030, «Estrategia Española sobre Discapacidad 2022-2030, para el acceso, goce y disfrute de los derechos humanos de las personas con discapacidad» [en línea], (2022), <https://www.mdsocialesa2030.gob.es/derechos-sociales/discapacidad/docs/estrategia-espanola-discapacidad-2022-2030-def.pdf>. [Consulta: 01/04/2024]

MINISTERIO DE HACIENDA Y FUNCIÓN PÚBLICA, «Informe sobre Acceso de Personas con Discapacidad al Empleo Público en la Administración General Del Estado. Ejercicios 2019 y 2020» [en línea], (2022), <https://funcionpublica.digital.gob.es//dam/es/portalsefp/funcion-publica/ep-pp/empleo_publico/INFORMEDISCAPACIDAD_OEP2019-2020.pdf.pdf>. [Consulta: 01/04/2024]

MINISTERIO DE TRABAJO Y ECONOMÍA SOCIAL, «Estrategia Nacional de impulso del trabajo autónomo 2022-2027» [en línea], (2023), <https://www.mites.gob.es/trabajoautonomo/ficheros/endita/ENDITA-2022-2027.pdf>. [Consulta: 01/04/2024]

MINISTERIO PARA LA TRANSFORMACIÓN DIGITAL Y DE LA FUNCIÓN PÚBLICA, «Boletín Estadístico del personal al servicio de las Administraciones Públicas» [en línea], (2023), <https://funcionpublica.digital.gob.es/funcion-publica/rcp/boletin.html>. [Consulta: 01/04/2024]

MONZÓN-CAMPOS, J.L., "Identificación y análisis de las características identitarias de la empresa social europea: aplicación a la realidad de los Centros Especiales de Empleo de la economía española", *CIRIEC-España, Revista de Economía Pública, Social y Cooperativa,* nº 87, 2016, pp. 295-326.

MONZÓN, J.L., ANTUÑANO, I y MURGUI, S., Informe sobre el impacto económico y social de los Centros Especiales de Empleo en España, Resumen ejecutivo Fundación ONCE, 2014.

MORATALLA, P. "Centros especiales de empleo", *CIRIEC-España, Revista Jurídica,* nº 29, 2016, pp. 1-38.

ORTEGA CAMARERO, M.T., "El empleo protegido en España: Retos para un nuevo modelo de centros especiales de empleo", *International Humanities Review,* 2023, pp. 2-15.

PUPIALES RUEDA, B.E y CÓRDOBA ANDRADE, L., "La inclusión laboral de personas con discapacidad: un estudio etnográfico en cinco comunidades de España", *Archivos de Medicina,* vol. 2, nº 2, 2016, pp. 279-289.

REAL PATRONATO SOBRE DISCAPACIDAD, «Libro blanco sobre empleo y discapacidad» [en línea], (2023), <https://www.mdsocialesa2030.gob.es/derechossociales/discapacidad/docs/Libro_blanco_empleo_discapacidad_2023.pdf>. [Consulta: 01/04/2024]

ROJAS RIVERO, G.P., "El mercado de trabajo de las personas con discapacidad en Europa y en el ámbito internacional, conforme al modelo del estado social de derecho" en *Real Patronato sobre Discapacidad, Libro blanco sobre empleo y discapacidad,* Madrid, 2023, pp. 695-855.

SANTOS JAEN, J.M, ORTIZ MARTÍNEZ y E.; MARÍN HERNÁNDEZ, S., "Centros Especiales de Empleo ¿Objetivo mercantil o social? Un análisis a través del estudio de su situación económico-financiera", *Investigaciones Regionales – Journal of Regional Research,* vol. 51, nº 3, 2021, pp. 83-105.

SANTOS, J.M. y GRACIA, M.D., "Análisis del modelo empresarial de los centros especiales de empleo. Rentabilidad vs solidaridad", *La Razón histórica: Revista hispanoamericana de Historia de las Ideas,* nº 38, 2018, pp. 98-114.

Capitulo XI.

Aprendizaje-servicio como herramienta de inclusión y empoderamiento para colectivos con discapacidad

AITZIBER MUGARRA-ELORRIAGA
Catedrática de Economía. Equipo EDISPe.
Universidad de Deusto–Fundación Zerbikas–
Red Española de Aprendizaje-Servicio (REDAPS)

SUMARIO:

I. APRENDIZAJE-SERVICIO COMO HERRAMIENTA DE EMPODERAMIENTO

A modo de introducción, en la Red Española de Aprendizaje-Servicio (REDApS) entendemos el Aprendizaje-Servicio como aquella "propuesta educativa que combina procesos de aprendizaje y de servicio a la comunidad en un solo proyecto bien articulado donde los participantes aprenden al trabajar en necesidades reales del entorno con la finalidad de mejorarlo".

Es una metodología de aprendizaje, pero va más allá: es una filosofía que reconcilia las dimensiones cognitiva y ética de la persona, pero también una pedagogía que combina calidad educativa e inclusión social y al mismo tiempo una estrategia para el desarrollo comunitario fomentando el capital social de la comunidad. Para saber más al respecto de cómo desarrollar un proyecto de aprendizaje-servicio, la Fundación Zerbikas cuenta con guías sencillas explicándolo paso a paso, y la Red Española de Aprendizaje-Servicio cuenta con diversos recursos disponibles en su página web.

Respecto a su impacto en las personas y colectivos participantes en proyectos de aprendizaje-servicio, son ya varios los análisis al respecto, fomentados desde la *International Association for Research on Service-Learning and Communitiy Engagement* (IARSLCE), liderada por Andrew Furco. Estos estudios van evidenciando el impacto significativo del aprendizaje-servicio en varias áreas clave. Por un lado, impacta en la calidad de sus aprendizajes aumentando su motivación y compromiso con su propio proceso educativo, al encontrarle un sentido y utilidad práctica. Y eso se traduce en mejoras en su rendimiento académico.

Además del desarrollo de competencias específicas de su curriculum académico, los estudios han identificado impactos positivos en el desarrollo de competencias genéricas como trabajo en equipo, habilidades comunicativas, resolución de problemas, capacidades interculturales, análisis crítico, perspectiva ética... en definitiva, mejoras en sus habilidades sociales que hoy en día se consideran clave en el desarrollo tanto personal como profesional.

Los estudios también han identificado impactos positivos en el nivel de compromiso ciudadano de las personas participantes en proyectos de aprendizaje-servicio, que se convierten así en laboratorios de participación activa en la comunidad.

Y, por último, pero no menos importante a efectos de este capítulo, debemos destacar que las investigaciones de impacto apuntan a que la participación en proyectos de aprendizaje-servicio mejora el autoconcepto de las personas participantes, la confianza en si mismos y en sus posibilidades, en definitiva en su autoestima, impacto además aún más acusado en aquellos participantes con baja autoestima. Este efecto es de especial importancia para colectivos en riesgo de exclusión por diversas razones, y entre ellos se ubican habitualmente las personas con discapacidad.

En resumen, podemos identificar mejoras en los desarrollos académico y cognitivo, cívico, vocacional y profesional, ético y moral, social y personal.

II. APRENDIZAJE-SERVICIO Y DISCAPACIDAD: MUESTRA

El objetivo de este capítulo es mostrar las oportunidades del aprendizaje-servicio como herramienta para el empoderamiento de personas con discapacidad. Debido a que en la actualidad el aprendizaje-servicio se ha convertido en una cuestión de moda y bajo esa etiqueta podemos encontrarnos con experiencias y prácticas muy meritorias y exitosas pero que no son aprendizaje-servicio, hemos optado por analizar un universo de experiencias ya evaluadas y aceptadas por expertos como aprendizaje-servicio.

Nos referimos a las experiencias reconocidas por los Premios Aprendizaje-Servicio desde 2015 promovidas por la Red Española de Aprendizaje-Servicio (REDAPS), la Fundación Educo y hasta 2023 la Fundación Edebé, con la colaboración del Ministerio de Educación, Formación Profesional y Deportes[1] y entre otros, de la organización *Plena Inclusión*, representando a las personas con discapacidad intelectual o del desarrollo y actualmente formada por 17 federaciones y 884 asociaciones.

Aunque existen reconocimientos con trayectoria más larga en Argentina y Estados Unidos, a efectos de nuestro estudio nos interesan las experiencias de aprendizaje-servicio desarrolladas en España.

1 Y en el que en esta nueva convocatoria 2024 colaboran las siguientes entidades: CENEAM, Mullor Fundación, Fundación Ana Bella, Fundación La Caixa, DKV Seguros, Plena Inclusión, OEI, Fundación Princesa de Girona, Associació Acció Socioeducativa i d'Esplai La Florida, Esemtia, Asociación Torresco, y Asociación de Centros Educativos de Economía Social andaluces (ACES).

Gráfico XI.1. Evolución temporal del número de proyectos presentados a los Premios Aprendizaje-Servicio.

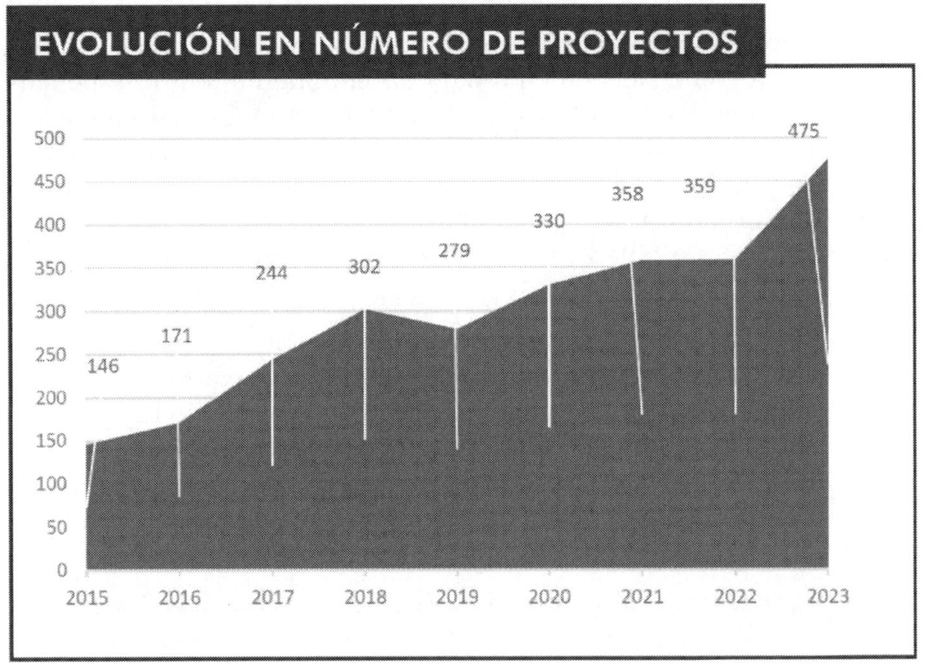

Fuente: REDAPS

Empezaron en 2015 con 146 proyectos presentados y han ido creciendo en participación hasta los 475 presentados en la última edición por el momento, correspondiente a 2023, involucrando a 941 centros -muchos proyectos desarrollados en red entre varias entidades-, con proyectos provenientes de todas las comunidades autónomas. Por titularidad del centro, aproximadamente un 40-50% suelen ser centros públicos, un 40% concertados-privados, y un 10-20% son liderados por entidades sociales.

Por niveles educativos, los proyectos liderados en niveles de ESO y bachillerato suelen ser los más numerosos (40-50%), seguidos por infantil-primaria (25-40%), y el resto corresponde a la formación profesional, entendida en sentido amplio al englobar la formación profesional básica, los ciclos formativos de grado medio y de grado superior; la formación profesional adaptada o especial y el aprendizaje de tareas del alumnado con necesidades educativas especiales, la formación profesional en enseñanzas artísticas, las escuelas de adultos y, por último, la formación para el empleo.

Evidentemente, en España hay más proyectos de aprendizaje-servicio que los que se presentan a las convocatorias de estos premios, pero ciertamente configuran un universo de experiencias amplio y representativo, en el que no se admiten proyectos liderados desde las universidades, aunque sí aquellos en los que éstas participen pero siendo liderados por otras entidades.

Además, estos premios cuentan con un proceso de evaluación en tres fases: un primer cribado con casi 140 expertos agrupados en parejas, una evaluación intermedia con 6 jueces y un jurado final con 18 personas, que nos da plena confianza de que los proyectos premiados son realmente proyectos de aprendizaje-servicio de máxima calidad.

Las categorías de premios también han ido evolucionando, desde los 9 premios iniciales en 2015 a los 20 en 2023, ya por categorías temáticas: desde apoyo a personas mayores, inmigración y convivencia, igualdad entre hombres y mujeres, cooperación al desarrollo, solidaridad y derechos humanos, a fomento de la lectura, educación ambiental, donación de sangre y tejidos, salud y medio ambiente, promoción de hábitos saludables y prevención de la obesidad, ApS a través del juego, ApS enfocado en las TIC, pasando por empoderamiento juvenil, participación, incorporación del ApS al proyecto educativo global...

De hecho, desde 2016 ya hay una categoría específica para inclusión, con alta participación, ya que en 2023 de los 475 proyectos presentados 103 (22%) tenían conexión con esta categoría[2].

De este proceso, obtenemos un universo de 162 proyectos reconocidos premiados y finalistas, que hemos analizado en busca de aquellos en los que se vean involucradas personas con discapacidad. Y hemos identificado diversos niveles de implicación: ciertamente, muchos de los proyectos centran su servicio en la comunidad en general, en la que entendemos incluidas las personas con discapacidad. Pero hemos sido más estrictos en nuestra selección, identificando por un lado 21 proyectos ApS que centran su servicio en las personas con discapacidad, a los que añadimos 4 proyectos más también centrados en el servicio a este colectivo pero en que éste participa como parte de la red que sustenta el proyecto, incluyendo el caso de ApS mutuo: estudiantes aprenden sirviendo a personas con discapacidad y al mismo tiempo personas con discapacidad aprenden sirviendo a estudiantes y otros colectivos. Por último, hemos identificado 6 proyectos

---

[2] Cada proyecto puede optar a presentarse en tres categorías.

más en los que las personas con discapacidad son los verdaderos protagonistas del ApS.

Entre esos 31 proyectos están incluidos, claro está, los 7 proyectos premiados en la categoría de inclusión desde 2017, pero también aparecen en otras categorías como educación no formal, solidaridad y derechos humanos, promoción de hábitos saludables y prevención de la obesidad, fomento de la lectura, ApS enfocado en las TIC, medio ambiente... También se centran en diversas discapacidades: dificultades motoras, ELA, ceguera... síndrome de Down, enfermedad mental, autismo... Es decir, estas experiencias son muy variadas y ofrecen un amplio abanico de ideas en las que inspirarse para imaginar y crear nuevos proyectos de aprendizaje-servicio adaptados a las circunstancias de cada contexto.

III. APRENDIZAJE-SERVICIO Y DISCAPACIDAD: EXPERIENCIAS DE SERVICIO PARA LAS PERSONAS CON DISCAPACIDAD

Ya en la primera convocatoria de los premios, en 2015, encontramos la primera experiencia premiada en el nivel de formación profesional: **Tijeras que cortan barreras**[3]. Se trata de la experiencia desarrollada por el Centro de Iniciación y Formación Ocupacional (CIFO) de Santurtzi, en Bizkaia, en colaboración con los talleres ocupacionales Ranzari, de la misma localidad. Estudiantes del taller de Peluquería-Estética de Formación Profesional Básica semanalmente y como parte de sus prácticas dan respuesta a las necesidades higiénico-estéticas del colectivo de aproximadamente 60 usuarios de los talleres ocupacionales Ranzari para personas con discapacidad psíquica. Pero además configuran el salón de belleza en un espacio de socialización y normalización para estas personas, generando encuentro, cercanía y cariño como un paso para avanzar en su autoestima personal.

En 2017 fue reconocido como finalista el proyecto **Human Tecnology**[4], del Instituto de Educación Superior (IES) Pablo Serrano de Zaragoza para varios Colegios de Educación Especial de la región. Estudiantes de Formación Profesional Básica y del ciclo formativo de grado superior de Mantenimiento Electrónico del IES fabrican y reparan diversos elementos, como

---

3 https://www.youtube.com/watch?v=28VQv6eJgP8

4 https://www.youtube.com/watch?v=ahKsjHLlL1o&t=2s

temporizadores y elementos de control remoto, adaptando juguetes y otros equipos electrónicos para que puedan ser utilizados en sus aulas por los alumnos de educación especial.

En 2018, y premiados en la categoría de solidaridad y derechos humanos, estudiantes de Grado Superior de Automatización y Robótica Industrial del Centro Integrado de Formación Profesional (CIP FP) Salesianos, en Pamplona, ponen en marcha el proyecto **Electrónica y TEA. Construyendo puentes**[5]. Para ello idean, diseñan y construyen dispositivos electrónicos que facilitan la interacción con el entorno de niños y niñas con Trastorno del Espectro Autista (TEA), colaborando con la Asociación Navarra de Autismo y con el Colegio Santa Luisa de Marillac, principales usuarios de sus diseños. Ambos reconocen que los dispositivos desarrollados suponen una verdadera mejora en su actividad diaria, y además permiten visibilizar a un entorno más joven las problemáticas del autismo.

También en 2018, premiados en la categoría de inclusión, estudiantes de bachillerato del IES Arguinegín, en Mogán, Canarias, en su asignatura Psicología, lanzan el proyecto **Estimulación Cognitiva y acompañamiento a mayores**[6]. Sumando alumnado de otros niveles, preparan materiales y desarrollan actividades de estimulación cognitiva (lúdicas, plásticas, manualidades, música, danza...) para personas mayores con diversidad funcional del Centro para la Autonomía Personal de su municipio, colaborando también con el Ayuntamiento de Mogán y la Cruz Roja.

En 2018, pero desde el ámbito de la educación no formal, la Asociación APES, en Ourense, desarrolla el **proyecto de detectives sociales As de Guía**[7], en el que niños y niñas de 3 a 11 años sensibilizan a su comunidad acerca de la discapacidad, dinamizando juegos adaptados, enseñando lengua de signos, difundiendo carteles informativos, señalando accesibilidad y no accesibilidad y adecuando espacios por medio de carteles y letreros en lengua de signos, sistema braille o pictogramas, con la colaboración del Centro Cívico A Cuña.

---

[5] https://www.youtube.com/watch?v=hoa05gjSte4&t=4s

[6] https://www.youtube.com/watch?v=scJWzMv5OEg&t=2s

[7] https://www.youtube.com/watch?v=ywjpuQCvqhE&t=2s

También en 2018 fue reconocido como finalista el proyecto **La salud es para todos**[8], del Instituto Técnico Profesional Pax, en Valencia, en el que estudiantes aplican sus conocimientos de Higiene Bucodental y de Dietética planificando y ejecutando talleres de salud para entidades que atienden a personas vulnerables, en función de sus necesidades, trabajando en red con diversas entidades. Entre ellas encontramos el Centro de Atención a la Inclusión Asindown, con el taller de exploración "Cuidando nuestra sonrisa".

En 2019 fue premiado en la categoría de hábitos saludables y prevención de la obesidad, el proyecto **Espacio universo**[9], del Colegio Safa-Grial, en Valladolid. Estudiantes del ciclo de formación profesional de Técnico en Cuidados Auxiliares de Enfermería preparan y llevan a cabo talleres prácticos destinados a un colectivo de adultos atendidos en el Centro San Juan de Dios, con el fin de promover la salud de las personas con discapacidad intelectual a través de los autocuidados, adaptando contenidos y metodología a sus características y dificultades.

También en 2019 pero en la categoría de fomento de la lectura, resultó premiado el proyecto **Píctame un cuento**[10], del Colegio Rodrigo Giorgeta, en Valencia, en el que estudiantes de segundo curso del Ciclo Formativo de Integración Social diseñan e implementan actividades para crear una biblioteca de cuentos con pictos (palabras substituidas por dibujos) para el alumnado de Primaria del Centro de Educación Especial Sebastián Burgos. Lo completan con actividades de cuentacuentos dirigidas especialmente a abordar la competencia emocional.

También desde Valencia en 2019 resultó premiado en la categoría de ApS enfocado a las TICs, el proyecto **Print 3D: planos de metro táctiles**[11], del IES Conselleria. Estudiantes de 1° de FP Básica en Informática y Comunicaciones, diseñan e imprimen con tecnología 3D una versión táctil de los planos de metro de la ciudad de Valencia, para favorecer la accesibilidad al mismo por parte de las personas invidentes.

Y en 2019 en la categoría de proyecto educativo global del centro fue premiado el Colegio Sagrado Corazón de Pamplona por su proyecto **Edu-**

---

8 https://www.youtube.com/watch?v=ScxtqvGEs2U

9 https://www.youtube.com/watch?v=HX6eK13rfFY

10 https://www.youtube.com/watch?v=y3XmT_GqWVU

11 https://www.youtube.com/watch?v=CTHV58ruzHs&t=3s

car al servicio de la comunidad[12], con 16 proyectos a lo largo de todas las etapas, desde infantil a Bachillerato, y en diferentes ámbitos, entre ellos la discapacidad intelectual y el autismo, colaborando con los colegios de educación especial El Molino e Isterria, Aspace.

En 2020 el proyecto **Plantant Valors**[13], del IES Blasco Ibañez, en Cullera, recibió el premio a la educación ambiental, gracias a que los estudiantes de FPB de Agrojardinería, reforestan una zona gravemente afectada por los incendios de Cullera, involucrando a todos los centros educativos de la población; también al Taller Ocupacional Jardinería SERVEF. Además, elaboran una unidad didáctica y lanzan una campaña de eliminación de una especie invasora.

En 2021, fue premiado en la categoría de hábitos saludables el proyecto **Muévete Canteras**[14], del IES Tony Gallardo, en Las Palmas de Gran Canaria, en el que estudiantes del Grado Superior de Acondicionamiento Físico y Enseñanza y Animación Sociodeportiva diseñan, planifican y ejecutan una semana de actividades físico-deportivas en la emblemática Playa de las Canteras, implicando a distintos centros de mayores, personas con discapacidad, centros de primaria y secundaria, además de a los viandantes.

También en 2021 fue premiado en la categoría de solidaridad y derechos humanos, el proyecto **Gastando suela**[15], del Colegio Amor de Dios de Oviedo, en el que estudiantes de Educación Superior Obligatoria (ESO) organizan una Ruta Solidaria Cultural que transcurre por la ciudad de Oviedo para recaudar donativos, sensibilizar ante distintas causas y dar visibilidad a diferentes entidades sociales que trabajan temas de pobreza, exclusión y discapacidad, en colaboración -entre otras- con Galbán, Duchenne, Adansi y la Asociación Síndrome de Down.

---

12 https://www.youtube.com/watch?v=7F7hImxShwU&embeds_referring_euri=https%3A%2F%2Fwww.aprendizajeservicio.net%2F&source_ve_path=Mjg2NjY&feature=emb_logo

13 https://www.youtube.com/watch?v=XyX0j7gf14E

14 https://www.aprendizajeservicio.net/premio-promocion-de-habitos-saludables-y-prevencion-de-la-obesidad-5/

15 https://www.youtube.com/watch?time_continue=2&v=p9MM96sU9CA&embeds_referring_euri=https%3A%2F%2Fwww.aprendizajeservicio.net%2F&embeds_referring_origin=https%3A%2F%2Fwww.aprendizajeservicio.net&source_ve_path=Mjg2NjY&feature=emb_logo

Y en la categoría de TICs, el proyecto **Tics para todos**[16], del Colegio Laviaga-Castillo, en La Almunia de Santa Godina (Zaragoza), en el que estudiantes de Bachillerato de la asignatura de TIC I, desarrollan juegos de ordenador adaptados a personas con discapacidad intelectual a fin de mejorar su bienestar emocional y estimular sus capacidades cognitivas, en colaboración con la Asociación de Disminuidos Psíquicos La Paz (ADISPAZ).

En la categoría de participación, en 2021 fue premiado el proyecto **Un patio para todos**[17], del Colegio Santiago Apóstol en Valencia, en el que estudiantes de la ESO contribuyen al diseño, desarrollo, realización y evaluación de la Zona Santiago, un nuevo espacio socioeducativo en el Cabañal a disposición de la población gitana y no gitana del barrio para compartir eventos de naturaleza deportiva, medioambiental y formativa y en su construcción colaboran con trabajadores con Trastorno Mental Grave.

Y en la categoría inclusión, fue premiado el proyecto **Una sola voz 1.0**[18], del Colegio María Auxiliadora en Béjar (Salamanca), en el que estudiantes de la ESO preparan, organizan y ponen en práctica acciones que contribuyen a reducir el impacto ambiental en el entorno (Béjar), en colaboración con un colectivo de personas con discapacidad intelectual reunidos en ASPRODES.

En 2022 en la categoría solidaridad y derechos humanos fue premiado el proyecto **Incluyéndo-T**[19], de la Escuela de Educación Infantil Julio César de Sevilla, en el que niños y niñas de Educación Infantil -de 3 a 6 años- investigan su barrio con una mirada inclusiva y proponen cómo mejorar la accesibilidad cognitiva de su entorno y el cuidado y respeto hacia los espacios comunes de todos los vecinos y vecinas. Además, elaboran un catálogo de espacios accesibles, carteles informativos en su barrio y realizan una petición formal al ayuntamiento junto con Autismo Sevilla para la instalación de un punto de información que mejore la vida de las personas con autismo.

---

16 https://www.youtube.com/watch?v=8LP82vewT0s

17 https://www.youtube.com/watch?v=QkRjI6KKcJc&embeds_referring_euri=https%3A%2F%2Fwww.aprendizajeservicio.net%2F&embeds_referring_origin=https%3A%2F%2Fwww.aprendizajeservicio.net&source_ve_path=Mjg2NjY&feature=emb_logo

18 https://www.youtube.com/watch?v=pMpkWMa1oAI&t=92s

19 https://www.youtube.com/watch?v=9DApHvIy350

También en 2022 pero en la categoría de empoderamiento juvenil, fue premiado el proyecto **Juntos nos movemos**[20], del CIP FP LUMBIER IIP, en Lumbier (Navarra), en el que estudiantes de FP Conducción de Grupos en el Medio Natural llevan a cabo una campaña de sensibilización sobre la discapacidad motriz y organizan una campaña de captación de fondos en apoyo a la compra de un exoesqueleto para la Asociación de Esclerosis Múltiple de Navarra.

Y en ese mismo año en la categoría de calidad en proyectos ApS y FP, resultó premiado el proyecto **Guía de Buenas Prácticas para acompañar a personas con discapacidad en entornos laborales inclusivos**[21], del Centro Educativo Egibide en Vitoria-Gasteiz. Estudiantes de FP de Integración Social elaboraron y difundieron una guía para sensibilizar acerca de la dificultad de acceso que tienen las personas con discapacidad intelectual a empresas del mercado laboral ordinario, colaborando con Gureak y Ehlabe, entre otras entidades.

Y en la categoría inclusión fue premiado el proyecto **Fem un Salt més inclusiu**[22], del Institut Salvador Sunyer I Aimeric, en Salt (Girona), gracias al cual alumnado de 3º ESO realizó diferentes actividades a nivel arquitectónico, cultural y deportivo para hacer que su localidad fuera más accesible para todas las personas, presentando un informe sobre la accesibilidad de Salt ante su Ayuntamiento para promover las mejoras necesarias; creando juegos y vídeo-cuentos inclusivos y participando en la organización y gestión de una carrera inclusiva, junto con la Asociación Multicapacitats, la Fundación Atenea y la Escola La Maçana.

Y en 2023 en la categoría de participación fue premiado el proyecto **Haciendo barrio. Jóvenes por una ciudadanía activa**[23], del Colegio Nuestra Señora de Fátima en Madrid, en el que estudiantes de ESO colaboran con los miembros del huerto comunitario en su cuidado, instalación de riego,

---

20 https://www.youtube.com/watch?v=D_Kq1W7gstI

21 https://www.youtube.com/watch?v=QUQmgYv6AgM&embeds_referring_euri=https%3A%2F%2Fwww.aprendizajeservicio.net%2F&embeds_referring_origin=https%3A%2F%2Fwww.aprendizajeservicio.net&source_ve_path=Mjg2NjY&feature=emb_logo

22 https://www.youtube.com/watch?v=kb1YF9JPzmo

23 https://www.youtube.com/watch?v=ucFOFBmvRbk&embeds_referring_euri=https%3A%2F%2Fwww.aprendizajeservicio.net%2F&embeds_referring_origin=https%3A%2F%2Fwww.aprendizajeservicio.net&source_ve_path=Mjg2NjY&feature=emb_logo

paneles solares y pérgola como espacio protegido para el desarrollo de eventos y formaciones. Además, comparten la experiencia con personas con discapacidad intelectual junto a la Fundación Ande y se forman en igualdad de género para realizar una campaña de sensibilización de la temática.

También en 2023 y en categoría ApS a través del juego fue premiado el proyecto **Zafra verde y ocio saludable**[24], de la Escuela Profesional Dual ZAFRA VI, en Zafra, en el que sus estudiantes en las especialidades de Albañilería y Jardinería se unen a diferentes entidades del barrio -como la Fundación ASMI, DOWN Zafra, FEAFES Zafra y Plena Inclusión Zafra- para recuperar y valorar espacios verdes inutilizados, diseñando y creando ajardinamiento y juegos de petanca y de ajedrez para poder disfrutar juntos pequeños y mayores de esta nueva infraestructura urbana.

Asimismo, ese año 2023 en la categoría de calidad en ApS y FP, ha sido premiado el proyecto **Relacionarte. Claves para la interacción social**[25], de las Escuelas San José, de Valencia, en el que estudiantes del ciclo de Integración Social llevan a cabo un programa de entrenamiento en habilidades sociales para personas en situación de vulnerabilidad beneficiarias de diferentes entidades sociales de la ciudad, como la Asociación Valenciana Pro-Personas con Discapacidad Intelectual (ASPRONA) y Capacidades diferentes y responsables (CADIR).

Por último, ese año recibió el premio en categoría inclusión el proyecto **Calahorra de tod*s y para tod*s**[26], del Colegio Santa Teresa de Calahorra (La Rioja), en el que estudiantes de FP Básica Especial se plantean el reto de pictografiar los edificios municipales para hacer frente al problema de comunicación y accesibilidad cognitiva en su ciudad, y sensibilizan al alumnado de 5º y 6º de Primaria que se unen al proyecto ampliándolo al comercio local. Todo ello en colaboración con otras entidades, entre ellas el

---

24 https://www.youtube.com/watch?time_continue=3&v=hVpPUXXoui8&embeds_referring_euri=https%3A%2F%2Fwww.aprendizajeservicio.net%2F&embeds_referring_origin=https%3A%2F%2Fwww.aprendizajeservicio.net&source_ve_path=Mjg2NjY&feature=emb_logo

25 https://www.youtube.com/watch?v=nyio_5RioCI&embeds_referring_euri=https%3A%2F%2Fwww.aprendizajeservicio.net%2F&embeds_referring_origin=https%3A%2F%2Fwww.aprendizajeservicio.net&source_ve_path=Mjg2NjY&feature=emb_logo

26 https://www.youtube.com/watch?v=6saK1frRNEo&t=3s

Centro Aragonés de Comunicación Aumentativa y Alternativa (ARASAAC) y la Asociación Igual a Tí.

IV. APRENDIZAJE-SERVICIO Y DISCAPACIDAD: EXPERIENCIAS DE SERVICIO CON LAS PERSONAS CON DISCAPACIDAD

En 2016, en la segunda convocatoria, en la categoría de secundaria-bachillerato, fue premiada la experiencia de **Ciudades amigables para todas las personas,** con su primera experiencia en Portugalete, pero que ya se ha extendido a otros municipios y colegios y cuenta con una guía[27] y una página web[28] para su replicado. En esta experiencia, alumnado de 4º de ESO junto con personas con diversidad funcional mapean su entorno, compartiéndolo en OpenStreetMap y planteando propuestas de mejora. Realmente el proyecto, con connotaciones de ciencia ciudadana, busca cumplir un triple objetivo:

1. Hacer partícipes a los ciudadanos –especialmente a los jóvenes– en la creación del conocimiento en materia de accesibilidad urbana.
2. Evidenciar la existencia de barreras a la accesibilidad universal en el entorno urbano, en concreto desde la perspectiva de las dificultades físicas/motoras, implicando especialmente a la juventud en la búsqueda de soluciones.
3. Desarrollar una plataforma de visualización y análisis de indicadores que facilite generar rutas amigables/seguras y, a su vez, la elaboración de informes de accesibilidad urbana.

Para la sensibilización relacionada con el segundo objetivo, fueron invitados los propios protagonistas de las dificultades de movilidad, a través de sus organizaciones representativas. Pero a medida que avanzaba la experiencia, ésta se descubrió como una potente herramienta de empoderamiento para este colectivo. De esta forma se ha convertido también en una experiencia de aprendizaje-servicio para ellos: servían mostrándonos de

---

27 MUGARRA-ELORRIAGA, A. (coord.), "Ciudades amigables para todas las personas: Aprendizaje y Servicio Solidario para proyectos innovadores e inclusivos", *DEUSTO Social Impact Briefings* nº 2, 2017.

28 https://ciudadesamigables.com/

forma experiencial la ciudad desde sus ojos, y aprendían la potencialidad de la herramienta tecnológica para revertir la situación.

En 2017 en su primera convocatoria recibió el premio Inclusión de la discapacidad el proyecto **Projecte Junts**[29], gracias al cual niños y niñas de la Escola Font d'en Fargas de Barcelona colaboran en la recuperación de espacios naturales, agrícolas y forestales del Parque de Collserola junto con jóvenes atendidos por la Fundació Els 3 Turons -centrada en la salud mental-, los cuales, a su vez, realizan tareas de jardinería en la escuela recogiendo las demandas que ésta les hace. Y se sienten acogidas y valoradas por la comunidad escolar al ser partícipes de un proyecto real que da servicio a la escuela.

V. APRENDIZAJE-SERVICIO Y DISCAPACIDAD: EXPERIENCIAS DE APRENDIZAJE DE LAS PERSONAS CON DISCAPACIDAD

Encontramos el primer proyecto liderado por personas con discapacidad en 2016: **La integración natural**[30], impulsado por CEOM (Asociación para la integración de las personas con discapacidad intelectual) de El Palmar, Murcia. En esta experiencia, en la categoría de Formación Profesional, jóvenes con discapacidad intelectual ponen en marcha y dinamizan un aula natural para escolares de primaria, destinada a la sensibilización medioambiental a fin de concienciarlos de la fragilidad que vive nuestro entorno y de la necesidad de respetar y cuidar tanto el medio ambiente como las personas que nos rodean.

A través de sesiones multisensoriales al aire libre, los pequeños escolares participantes además de descubrir aspectos relacionados con la conservación del medio ambiente, la flora, la fauna y el relieve de la zona, interactúan con personas con discapacidad intelectual, lo cual favorece la normalización e inclusión social de este colectivo.

---

29 https://www.youtube.com/watch?v=4ioaGPv623A

30 https://www.youtube.com/watch?v=8K8BPRMaLd0&t=3s

En 2019 fue premiado, en la categoría promoción de hábitos saludables y prevención de la obesidad, el CEIP Juan Pablo I, en Valderrubio (Granada), por el proyecto **Constribuyendo a la salud física y mental**[31] en un proyecto colaborativo con otros cinco centros educativos: CEE Jean Piaget, Ogíjares (Granada); CEIP Medina Elvira, Atarfe (Granada); CEIP Al Andalus, San Pedro de Alcántara (Málaga); Centros Educativos Ave María (Granada); IES La Contraviesa, Albuñol (Granada). Con ese juego de palabras, sus estudiantes construyen y contribuyen a generar prácticas y hábitos saludables, convirtiéndose en verdaderos promotores de salud comunitaria, promoviendo pautas de alimentación saludable, incluyendo aspectos de salud mental y dimensión emocional en el bienestar de la población.

Ese año 2019 en la categoría de educación no formal, fue premiado la Fundación A la Par, de Madrid, por su **Proyecto Intergeneracional**[32], en el que jóvenes de entre 18 y 25 años con discapacidad intelectual ligera o inteligencia límite realizan un proyecto intergeneracional con las personas mayores del Centro de día DomvsVi San Bernardo, organizando jornadas compartidas con actividades diversas: compartir música, creación de tarjetas navideñas, talleres de escucha activa y memoria, elaboración de recetas de cocina, visitas guiadas...

Y ese año el premio específico de inclusión recayó en el Institut Cap Norfeu, en Roses por su proyecto **Ecoteatre**[33], en el que estudiantes con discapacidad intelectual y/o trastorno de espectro autista, con el objetivo de concienciar sobre alimentación saludable, eligen, adaptan, confeccionan el atrezzo y los decorados e interpretan un cuento infantil con mensaje pedagógico para niños y niñas de Primaria de las escuelas cercanas.

En 2020 fue premiado en la categoría de inclusión el proyecto **Connect@ ts amb la cuina**[34], del CC Sant Josep Obrer II y la Organització Mater Misericordiae, en Palma. Conjuntamente, alumnado de Formación Profesional Básica y alumnado de Educación Especial en programas de Transición a la Vida Adulta y de Agroalimentaria-ocupacional trabajan para ofrecer, por

---

31 https://www.youtube.com/watch?time_continue=10&v=ZTZ3sd6VrUw&embeds_referring_euri=https%3A%2F%2Fwww.aprendizajeservicio.net%2F&source_ve_path=Mjg2NjY&feature=emb_logo

32 https://alapar.org/url_videos/CAMPVS_premio_APS.mp4

33 https://www.youtube.com/watch?v=fR_T4I7dKtE

34 https://vimeo.com/367735239

un lado, un recetario digital accesible de cocina tradicional mallorquina y, por otro lado, talleres de cocina y autocuidado en la alimentación, con la finalidad de resolver la necesidad de autonomía de un adolescente, joven o persona con discapacidad en la cocina.

En 2023 en la categoría de hábitos saludables, fue premiado el proyecto **Cocina verde–Máster chef**[35], de la Asociación para la Inclusión Social de Personas con Diversidad Funcional de la Comunidad de Madrid (ASPIMIP) en colaboración con el Colegio de Educación Infantil y Primaria (CEIP) Félix Rodríguez de la Fuente, en Coslada. Como contribución a la lucha contra la obesidad infantil, chicos y chicas con discapacidad de su centro ocupacional enseñan a los niños y niñas de 3 años los alimentos saludables y no saludables, a realizar algunas recetas sencillas y sanas y la importancia de la reducción de residuos y desperdicios, así como el compost y el cubo marrón.

VI. CONCLUSIONES

El Aprendizaje-Servicio ofrece contextos diversos para que las personas con discapacidad puedan hacerse presentes en la sociedad, tomados en cuenta, y así poder sensibilizar al resto con respecto al respeto y al valor de las diferencias.

Así, las circunstancias y especificidades de las vidas de las personas con discapacidad ofrecen excusas para acercar a otros colectivos sociales a entender la vida desde estas situaciones, abriendo las mentes y las sensibilidades para construir una sociedad abierta a todas las personas, independientemente de sus circunstancias, no dejando a nadie atrás.

Aunque suelen ser más habituales los proyectos de ApS y discapacidad con estudiantes de secundaria, bachillerato, universidad y sobre todo formación profesional, son de especial interés los proyectos con infantil y primaria en la medida en que esas experiencias marcan una forma de entender la inclusión desde las primeras etapas de la vida, normalizándola.

Además, estas experiencias contribuyen a crear redes de colaboración y complicidad que impulsen las demandas ante organizaciones públicas y privadas para avanzar en la inclusión en todos los ámbitos. Aún más si son

35 https://www.youtube.com/watch?v=juLoZm-FWj8

a las propias personas con discapacidad las protagonistas del ApS, demostrando así que no tienen por qué limitarse a ser destinatarias del servicio como colectivo al que “servir”, sino que ellos pueden contribuir desde su posición diferencial a “servir” a toda la sociedad.

En definitiva, el Aprendizaje-Servicio es una herramienta más en el camino a la inclusión e integración de las personas con discapacidad en la sociedad, ofreciendo oportunidades muy variadas para ello, de las que las experiencias señaladas en este capítulo son solo una muestra a efectos de inspirar nuevos proyectos.

Para ello se puede contar con el apoyo de las redes impulsoras del Aprendizaje-Servicio, como es el caso de la Red Española de Aprendizaje-Servicio (REDAPS), de la que la Fundación Zerbikas es parte como grupo territorial, o en el ámbito universitario la Asociación de Aprendizaje-Servicio universitario y las nuevas redes universitarias creándose en el ámbito europeo, o CLAYSS liderando el movimiento en el continente americano... Todos ellos comparten recursos con los que empezar a poner en marcha nuevos proyectos ApS.

VII. FUENTES

1. Bibliografía

BATLLÉ, R., Aprendizaje-servicio, compromiso social en acción, Ed. Santillana, 2020.

BILLIG, S., “Lessons from Research on Teaching and Learning: Service Learning as Effective Instruction”. En: Growing to Greatness: The State of Service-Learning Project 2004 Report; NYLC & State Farm, St. Paul, 2006.

CELIO, C.I., DURLAK, J. y DYMNICKI, A., “A Meta-Analysis of the Impact of Service-Learning on Students”, *Journal of Experiential Education*, vol. 34, nº 2, 2023, pp. 164-181. DOI: 10.1177/105382591103400205 2011.

FURCO, A. y ROOT, S., “Research Demonstrates the Value of Service-Learning”. *Phi Delta Kappan*, vol. 91, nº 5, 2010, pp. 16-20.

MARTÍNEZ-ODRIA, A., GALÁN GAMONALES, M.J. y BATLLE, R., El impacto social del aprendizaje-servicio detectado por la comunidad, Fundación Edebé y Red Española de Aprendizaje-Servicio, 2023.

MUGARRA-ELORRIAGA, A. (coord.), ALONSO VICARIO, A., BORGES HERNÁNDEZ, C.E., ECHANIZ BARRONDO, A., GARCÍA PÉREZ, A., GÓMEZ GOIRI, M. y PIJOAN LAMAS, A., “Ciudades amigables para todas las personas: Aprendizaje y Servicio Solidario para proyectos innovadores e inclusivos”, *DEUSTO Social Impact Briefings*, nº 2, 2017.

2. *Guías APS Zerbikas*

ZERBIKAS Guía 0: RUBIO, L. (coord.), Aprendizaje y servicio solidario. Guía de bolsillo, 2008.

ZERBIKAS Guía 1: PUIG, J.M., MARTIN, X. y BATLLE, R., *Cómo iniciar un proyecto de aprendizaje y servicio solidario,* 2008.

ZERBIKAS Guía 2: HERNANDEZ, C., MENDIA, R. y LARRAURI, J., *Aprendizaje y servicio solidario y desarrollo de las competencias básicas.* 2009.

ZERBIKAS Guía 3: MENDIA, R. y MORENO, V., *Aprendizaje y servicio solidario: una estrategia para la inclusión social,* 2010.

ZERBIKAS, *¡Practica APS! Guía práctica de aprendizaje-servicio para jóvenes,* 2010.

ZERBIKAS Guía 4: MENDIA, R., *Aprendizaje y servicio solidario: Aprender a emprender sirviendo a la comunidad,* 2011.

ZERBIKAS Guía 5: MENDIA, R., *Aprendizaje y servicio solidario: un proyecto integrado de aprendizaje,* 2012.

ZERBIKAS Guía 6: MENDIA, R., *Aprendizaje y servicio solidario: el acompañamiento educativo,* 2013.

ZERBIKAS, *JxB Jóvenes por el Barrio. Compartir un proyecto de aprendizaje-servicio y llevarlo a escala de ciudad.* 2013.

ZERBIKAS, *Buenas prácticas de Aprendizaje Servicio: Inventario de experiencias educativas con finalidad social,* 2013.

ZERBIKAS Guía 7: MENDIA, R., *Aprendizaje-servicio solidario. Personas mayores activas,* 2016.

ZERBIKAS Guía 8: MENDIA, R., *Aprendizaje-servicio solidario en el tiempo libre educativo,* 2017.

ZERBIKAS Guía 9: MENDIA, R., *Aprendizaje-servicio. Guía para familias,* 2023.

ZERBIKAS Guía 10: LÓPEZ, C., MARRERO, M. y MENDIA, R., *Aprendizaje-servicio y menores con medidas judiciales* , 2023.

ZERBIKAS Guía 11: MENDIA, R., *Aprendizaje-Servicio Solidario: Un reto con utilidad social. Guía práctica de Aprendizaje-Servicio para la Formación Profesional,* 2024.

3. *Webgrafía*

PREMIOS APRENDIZAJE-SERVICIO www.aprendizajeservicio.com

FUNDACION ZERBIKAS www.zerbikas.es

RED ESPAÑOLA DE APRENDIZAJE-SERVICIO (REDAPS) www.aprendizajeservicio.net

Capítulo XII.

Vidas entre Derechos ¿Estamos preparados como sociedad?

MARÍA DE LOS ÁNGELES ANDRÉS ACHA
Voluntaria Fundación Zerbikas

SUMARIO:

I. PAPEL DE LA SOCIEDAD EN EL REMARQUE DE LAS DIFERENCIAS EN LA POBLACIÓN

Estamos de acuerdo en que todos los individuos son únicos en su funcionamiento y es esa diversidad la que enriquece la sociedad. ¿Qué hace que el tener una discapacidad[1] marque y condicione tu existencia?

Cuando nacemos lo único que nos diferencia es nuestro sexo, el tener una vulva o un pene porque en un primer momento -si es un nacimiento el

[1] La OMS define a la Discapacidad como: "Cualquier restricción o impedimento de la capacidad de realizar una actividad en la forma o dentro del margen que se considera normal para el ser humano". La nueva definición de 2022 dice: "la discapacidad es un fenómeno complejo que refleja una relación estrecha y al límite entre las características del ser humano y las características del entorno en donde vive". Como podemos observar en la segunda definición, ya se habla de entornos, bajo mi prisma un elemento de gran importancia que condiciona nuestra existencia.

protocolo sanitario- es igual para todos los bebés en este mundo desarrollado en el que nos toca vivir. Más adelante hablaremos de la asistencia sanitaria en edades posteriores. Hasta los 6 meses o un año de vida no empieza la discriminación cuando, por ejemplo, una niña o un niño quiere jugar en el parque con sus iguales y no puede porque ese parque carece de accesibilidad y de juegos inclusivos. Cuando el cuerpo se empieza a convertir en elemento diferencial es cuando la sociedad nos juzga y nos hace sentir ciudadanos y ciudadanas de segunda.

1. Cuerpos y sociedad

La sociedad de hoy nos impone el culto al cuerpo y es la base principal por la que seremos objeto de discriminación por parte de la sociedad. Las personas buscan la percepción o intentar ajustarse a los estándares de belleza impuestos por la sociedad. La obsesión por conseguir un cuerpo perfecto puede llevar a actos extremos como la obsesión por la delgadez, el exceso de cirugía estética y el uso de sustancias perjudiciales para la salud debido a que la belleza no sólo se define por la apariencia física, sino que también se relaciona con valores como la autoaceptación, la autoestima, la salud y el bienestar mental. El aspecto físico hace que aparezca la discriminación y establece la exclusión de las personas que no cumplen con los cánones comunes de belleza. Este hecho puede acarrear problemas de autoestima, ansiedad, depresión y trastornos alimentarios en personas que no se sienten lo suficientemente atractivas según los estándares establecidos. Nuestros cuerpos son sólo parte de nuestro sello como personas y no deberían definir quiénes somos ni nuestro valor como individuos. Es importante aprender a amar y cuidar el cuerpo. Necesitamos abogar por una cultura de amor a nuestro ser y la diversidad de nuestros cuerpos, donde todas las personas se sientan a gusto y seguras de sus cuerpos, independientemente de si cumplen con los estándares de belleza establecidos. Como señala Mari Luz Esteban[2], debemos tener en cuenta el marco sociocultural en

---

2 ESTEBAN, M.L., *Antropología del cuerpo. Género, itinerarios corporales, identidad y cambio.* Bellaterra, Barcelona, 2004, pp.26-29. "Es un cuerpo, señala el mismo Foucault, prisionero de un dispositivo de dominación, pero libre al mismo tiempo del mismo; un cuerpo identificado pero libre de identidades limitantes, un cuerpo que probablemente son muchos cuerpos. Un cuerpo, que apenas estamos aprendiendo a pensar y escribir. Se responde así a una necesidad de entender también de otra manera la diversidad, lo que contribuye a resolver la tensión entre explicar

el que vivimos e interactuamos. ¿Qué pasa cuando tu cuerpo no sigue las reglas? Como sociedad, funcionamos creando un marco de estándares para que las personas y grupos se adhieran a las normas culturales de género. Todo lo que se desvíe de estos estándares se considera inferior. Se ignora y silencia la diversidad humana más allá de los dos géneros, marginando los cuerpos intersexuales y forzándolos a categorías binarias. En otras palabras, no es demasiado "masculino" ni demasiado "femenino". Nuestros cuerpos están diseñados para funcionar y verse de cierta manera, expresar nuestra identidad y están etiquetados en consecuencia. Al mismo tiempo, el mundo interpreta nuestros cuerpos a través de normas culturales y roles sociales.

Debido a que la cultura favorece ciertas identidades, las identidades que no coinciden con las personas denominadas estándares pueden enfrentar desventajas y discriminación. Los grupos no normativos se consideran "otros" y no tienen lugar en los espacios sociales reservados a personas estándares. Los grupos no normativos desestabilizan las normas y los sistemas de poder al expresar públicamente sus opiniones sin ajustarse a categorías establecidas.

2. Sociedad

¿Qué hace que el tener una discapacidad marque y condicione tu existencia? Cuando tienes una discapacidad, en este sistema capacitista y heteronormativo se decide por la persona sin mirar sus deseos o anhelos.

Seguramente pienses que no somos una sociedad capacitista, pero... ¿alguna vez te has limitado en ir a algún lugar porque sabes que no es accesible o simplemente porque te da miedo que no te dejen entrar? ¿Alguna vez te han dejado de invitar a un evento por considerar que "no es apto para ti"? ¿Has tenido miedo de que tu perfil profesional no se vea valorado en el trabajo o que te duren los trabajos un minuto porque no seas una persona adecuada por tu discapacidad? ¿Te has planteado como cuestiones básicas -como son el hecho de ir al baño o pasar un paso de cebra- es un privilegio que solo puede hacer determinado grupo de población? En caso de que tu respuesta sea negativa es porque

---

la existencia humana y comprenderla a partir de una ciencia social que no se olvide de reflejar el sentido de la vida para las personas inmersas en distintos procesos de pequeño o gran alcance."

estás ejerciendo un sistema de opresión denominado capacitismo que coloca a las personas con discapacidad en una posición inferior al grupo dominante. Esto se traduce en una situación privilegiada que para las personas sin discapacidad les permite ejercer todos sus derechos frente a las personas con discapacidad, lo que les provoca una discriminación al no poder ejercer sus derechos en igualdad de oportunidades. Evidencia clara de la presencia del capacitismo en nuestra sociedad se encuentra en cada rincón, al igual que la humedad que se impregna en todas partes. Esta discriminación se refleja en nuestras calles, edificios, medios de comunicación, sistemas de justicia, leyes y políticas públicas, así como en nuestras acciones y pensamientos diarios. El mundo ha sido estructurado y planificado en base a las necesidades y capacidades de un grupo privilegiado y estandarizado de individuos, que se mueven y comunican de una manera específica (por lo tanto, caminando y de forma verbal), limitando así la existencia de aquellos que experimentan el mundo de manera diferente. El desafío radica en crear un entorno inclusivo que permita a las personas con discapacidad vivir y ejercer sus derechos de la misma manera que cualquier otro individuo. Hagamos un nuevo modelo y trabajemos juntos para superarlo.

Pongamos de manifiesto la primera vulneración de los derechos humanos, Como expreso en el capítulo “Intervención desde los márgenes”[3], ¿qué separa de la posición de libertad más o menos consignada por la asistencia personal de la que disfruto de la de mis amigas? La respuesta es simple: UNA PUERTA. El cruzar esa puerta puede determinar el futuro una vez más. Hoy en día se siguen construyendo residencias para las personas con discapacidad que son financiadas desde los poderes públicos y a veces gestionadas por las propias organizaciones de personas con discapacidad. Residencias con el etiquetado de “especializadas y sanitarias”, donde se segrega y margina.

Para lograr esto, es fundamental promover la inclusión en todos los ámbitos de la sociedad, desde la educación hasta el trabajo, pasando por la cultura y el ocio. Se deben eliminar las barreras físicas, sociales y económicas que impiden que las personas con discapacidad puedan ejercer plenamente sus derechos. Es necesario también fomentar la sensibiliza-

---

[3] ANDRÉS, M., “Intervención desde los márgenes”, en GANDARIAS GOIKOETXEA, I., RUIZ NAREZO, M., PAÑOS CASTRO, J. (coord.) *Perspectivas Feministas en la Intervención Socioeducativa: Reflexiones y Buenas Practicas*. Editorial Síntesis, Madrid, 2022.

ción y la formación en materia de discapacidad para que la sociedad en su conjunto entienda las necesidades y potencialidades de las personas con discapacidad. Además, es fundamental que las leyes y normativas contemplen la diversidad y promuevan la igualdad de oportunidades para todas las personas, independientemente de sus capacidades.

En resumen, para avanzar hacia una sociedad más inclusiva y justa, es imprescindible que pongamos en el centro a las personas con discapacidad, escuchemos sus voces y trabajemos juntos para que todas las vidas sean vidas con derechos.

II. CUESTIÓN DE PALABRAS

Las personas pensamos como hablamos, y el lenguaje es lo que marca cómo pensamos sobre las personas. El lenguaje también tiene el poder de perpetuar estereotipos y prejuicios. Por eso es importante ser conscientes de las palabras que utilizamos y cómo afectan a los demás. Por ejemplo, usar términos como "negrito" o "chinito" para referirse a personas de ciertas etnias es despectivo y perpetúa la discriminación racial.

Cambiar el lenguaje puede ser un desafío, ya que a menudo usamos palabras y frases de forma automática, sin pensar en su impacto. Aunque sea un gran reto, debemos reflexionar sobre las palabras que usamos y ser conscientes de su poder para cambiar la forma en que pensamos sobre las personas y el mundo que nos rodea. Cuando estamos delante de una persona con un cuerpo no normativo, nuestro cerebro se bloquea y no sabemos cómo tratar o referirnos a la persona en muchas ocasiones, haciéndolas sentir ciudadanos y ciudadanas de segunda olvidándonos que, ante todo, son personas.

En el caso de discapacidad existe doble moral de lo que pueden o no hacer que -como veremos más adelante- también es cuestión de género. Se suele decir que lo que no se nombra no existe y qué verdad es. La Encuesta Discapacidad y Relaciones Sociales[4] de Fundación Adecco, de reciente publicación, pone de relieve que el 43% de los españoles admite

---

4 De esta encuesta se extrae que las personas con discapacidad creen que los grandes detonadores de la discriminación son, por este orden: prejuicios (45,6%), desconocimiento (26,3%), indiferencia (21,7%) y sobreprotección (6,4%). No podemos obviar que hasta hace poco se hacia todo lo posible para que el cuerpo

sentir cierta incomodidad cuando se relaciona con personas con discapacidad, Asimismo, el 63% "no puede evitar" tratar a las personas con discapacidad intelectual como si fueran niños y un 58% siente reparo a la hora de preguntar a una persona con discapacidad si necesita ayuda, por temor a ofenderla.

Os estaréis preguntando ¿cómo debemos tratar a las personas o al colectivo? Ante todo, sin olvidar que son personas. Antiguamente, se objetivaba y se denominaron Minusválidos. Si separamos la palabra Minus-válidos: menos válidos o válidas, menos productivas y productivos para la sociedad. Posteriormente, se denominaron discapacidad: dis-capacidad menos capaces ¿para qué? Para el mandato de la sociedad, pero aún nadie las consideraba personas, por lo tanto, estaban en el subsuelo de la sociedad, legislación, etc., a pesar de que los poderes públicos hayan hecho creer lo contrario.

Tras una histórica reivindicación, se introdujo el término personas. La ONU reconoció en 2006, en la Convención Internacional de Derechos, la expresión "persona con discapacidad" como la terminología correcta para utilizar en leyes, textos y documentación de cualquier índole. Esta expresión pone a la persona en el centro y la discapacidad es una característica más de la persona. En un intento por recuperar dignidad; también utilizamos el término "persona con capacidades diferentes", el cual creo que desvirtúa el término porque todas las personas tienen capacidades diferentes. Cada vez más personas se posicionan a favor de la filosofía del Movimiento de Vida Independientemente[5] que acuña el término "per-

---

defectuoso fuera normal y, si no podía ser, se encerraba entre muros carentes de derechos.

5 https://vicoval.org/movimiento-de-vida-independiente
Movimiento Mundial de Vida Independiente (*Independent Living Movement*, ILM) Nace en los Estados Unidos, entre los años 60 y 70, como un nuevo movimiento social, en esta ocasión, de personas con diversidad funcional, que lucha por la emancipación y el empoderamiento de este colectivo. En especial, de aquellas personas que necesitan cada día de su vida apoyos humanos para realizar distintas actividades. La Filosofía Mundial de Vida Independiente se constituye en un nuevo pensamiento teórico-práctico en torno a la realidad humana, denominada "diversidad funcional". Los pilares en los que se basa la FILOSOFÍA (mundial) DE VIDA INDEPENDIENTE, son: *Toda vida humana tiene un valor. *Todos/as, cualquiera que sea su diversidad, son capaces de realizar elecciones. *Las personas con discapacidad lo son por la respuesta de la sociedad a su diversidad física, intelectual y sensorial y tienen derecho a ejercer el control de sus vidas. *Las personas con discapacidad tienen derecho

sonas con diversidad funcional", avanzando hacia el modelo social y una sociedad diversa anticapacitista carente de paternalismo, donde el individuo se considera atravesado de diferentes formas de opresión por las cuales no tiene igualdad de oportunidades. Es un término más positivo. Y no cabe duda de que es verdad. Todas las personas somos diversas. Todas las personas tenemos dificultades, necesidades y talentos, pero existe controversia con este término porque no es muy concreto. A muchas personas no les gustan las etiquetas: llaman etiquetas a palabras como "lesbiana", "inmigrante" o "persona con discapacidad". A menudo necesitamos las etiquetas. En un mundo perfecto, no las necesitaríamos, pero mientras haya personas que necesitan apoyo o que sufren injusticias, vamos a necesitar etiquetas.

En conclusión, a nivel casual referirse como la persona se sienta cómoda, teniendo en cuenta que somos personas, y a nivel de texto y cuestiones legales referirse con el término "persona con discapacidad", que es el único aprobado por la ONU. Parafraseando al musical "la jaula de las locas", somos lo que somos, nuestro mundo es donde estamos a gusto.

1. *Modificación de la Constitución Española con respecto a término personas con discapacidad: ¿Supone un cambio importante?*

Recientemente hemos asistido a una demanda histórica del colectivo: la modificación del artículo 49 de la Constitución Española[6] para la integración de disminuidos físicos, sensoriales y psíquicos. Si analizamos la frase, podemos hablar sin miedo a equivocarnos de que, en primer lugar, no se menciona la palabra "persona" por lo que se les considera sujetos que han perdido fuerzas o aptitudes, o las posee en

---

a la plena participación en la sociedad. *Las mujeres y hombres con discapacidad reclaman su derecho individual y colectivo a vivir de manera activa e independiente, estando incluidos/as en la comunidad, con los apoyos humanos necesarios (Asistencia Personal).

6 La Constitución española de 1978. Título I. De los derechos y deberes fundamentales. Capítulo tercero. De los principios rectores de la política social y económica. Artículo 49: Los poderes públicos realizarán una política de previsión, tratamiento, rehabilitación e integración de los disminuidos físicos, sensoriales y psíquicos, a los que prestarán la atención especializada que requieran y los ampararán especialmente para el disfrute de los derechos que este Título otorga a todos los ciudadanos. Fuente: https://app.congreso.es/consti/constitucion/indice/titulos/articulos.jsp?ini=49&tipo=2

grado menor a lo normal; se les considera al margen y por eso hay que integrarles. Ante este escenario, las personas con discapacidad no se han sentido parte de la sociedad como sujetos activos, de ahí la importancia del lenguaje. Veamos pues lo sustancioso de la modificación de este artículo. Se especifica que las personas con discapacidad tienen derecho a ejercer los derechos contemplados en el Título I en condiciones de libertad e igualdad reales y efectivas. La palabra "persona" otorga un estatus para los derechos. Además, se menciona por primera vez la autonomía personal en contraposición a la inclusión, y cuando se menciona la inclusión se debe a que algo está excluido. Si está excluido es porque no participa en la comunidad. ¿Por qué se intenta fomentar la participación social de las personas en la comunidad? Cuando hablamos de personas con discapacidad ¿se promueve la participación en sus asociaciones? Cada persona actúa de un modo determinado y hay muchas que funcionan de manera distinta a la mayoría, ocurriendo en ocasiones que -al hablar de las personas con discapacidad- son discriminadas por ello. Debemos asegurar la participación en todos sus ámbitos (laboral, social, educativo, de ocio, etc.) y una vida en igualdad de oportunidades, concepciones todas ellas relacionadas directamente con la calidad de vida y con la posibilidad de alcanzar un grado mínimo de dignidad como seres humanos.

Entonces ¿por qué no se fomenta la participación social del grupo de personas con discapacidad? ¿a quién beneficia? Partimos de que somos una sociedad paternalista desde la que existe un grupo de personas que no se corresponden a la normatividad y por lo tanto se deben proteger. De esta manera, encuentra un tercero que pueda asesorarle sobre las mejores acciones y métodos para garantizar los mejores resultados para estas personas. El paternalismo del pensamiento proteccionista es complejo porque permite a las personas ejercer su voluntad en situaciones específicas y al mismo tiempo les permite actuar de una manera moralmente defendible. Si no quieres hacer lo que quieres, hazlo. Daño autoinfligido. Esto se basa en mitos que carecen de sustento científico y algunos mitos que legitiman las reacciones políticas, jurídicas y sociales que vive la sociedad. Paternalismo es un término utilizado para describir medidas paternalistas. El paternalismo es un tema complejo. A veces está bien hacer algo en contra de los deseos de una persona; si así fuera, sería malo para tu bienestar. Los modelos políticos, legales y sociales que se están retratando apuntan a salvaguardar a las personas con discapacidad, pero en realidad han adoptado un sistema que las discrimina, impidiéndoles participar en la política. Sus propias estructuras sociales y personales los hacen dependientes de los demás y no pueden hacer nada al respecto.

A la sociedad le viene bien perpetuar este paternalismo y capacitismo por su reconocimiento social de buena sociedad y porque ejerce su poder como sociedad. A las personas que dirigen la participación social o vida de este grupo no les interesa que se acabe: Moral Cabrero[7] explica que el capacitismo se manifiesta en maltrato de diversas formas. Y para Keller y Galgay[8], nos encontramos particularidades en lo que a las micro agresiones capacitistas se refiere: es una tragedia continuada a lo largo de una vida que no vale la pena ser vivida.

Para Moral Cabrero, al igual que para mí, existe una Ganancia secundaria: quien se relaciona con una persona con discapacidad casi siempre busca un reconocimiento de su interacción/acción por terceros o para sentirse mejor consigo mismo. Las personas con discapacidad representan en este caso una oportunidad para la explotación social; el beneficio puede ser desde un crédito social de algún tipo hasta una mayor autoestima a través de la comparación social con una persona con discapacidad.

Para una sociedad anticapacitista este cambio supone un cambio de mentalidad. Para la sociedad este cambio, será una apertura de mente y mirada. Por esta razón, la sociedad y la cultura serán avanzadas, justas e iguales cuando no haya obstáculos, grandes o pequeños, que impidan florecer las capacidades y talentos que cada individuo posee, y prohíban o coarten la libertad de actuar.

Retomando la cuestión de si la reforma de la palabra "minusválidos" por "persona con discapacidad" supone algún cambio la respuesta es no: está bien el hecho de que por fin a un grupo de personas les empecemos a llamar personas, pero todo cambio de lenguaje debe estar acompañado de cambio de mentalidad para ser efectivo; si no es así seguiremos coartando derechos y oportunidades a este colectivo.

Por lo tanto, bajo mi prisma, más que un cambio supone un reto para la sociedad. Este reto implica cambiar la forma en la que nos

---

7 MORAL CABRERO, E., *Microagresiones capacitistas. Estudio de la discriminación por discapacidad en la vida cotidiana* (Tesis Doctoral no publicada). Universidad de Salamanca, Salamanca, 2021, p. 55.

8 KELLER, R.M. y GALGAY, C.E., *Microaggressive experiences of people with disabilities,* 2010.

relacionamos y nos comunicamos: esto es, en primer lugar, proveer primordialmente a todo el mundo de un lenguaje más accesible cuya comunicación sea en formato accesible, supone desterrar el paternalismo ya que no necesitan ni palmaditas en la espalda, ni felicitaciones extras, ni regalos, ni nada. Necesitan derechos y facilidades para estar en igualdad de condiciones y poder tener la vida que quieran tener. Para ello empezar por dotar de apoyos necesarios es un buen comienzo, el entorno físico es decisivo: puede limitar o favorecer la autonomía. Es imprescindible adaptar los entornos en los que vivimos a las necesidades de todas las personas. Hay que incidir en todos los ámbitos: en la escuela, en el laboral, en el entorno... pensando que podemos llegar a todos los sitios. Y tener claro que hay que seguir con la pelea, que no hay logros conseguidos para siempre. Y tener como horizonte el nivel de accesibilidad de otros países europeos, donde el transporte y los entornos urbanos son mucho menos discapacitantes y hay más empatía social.

Pero luchar contra el sistema capacitista implica también educar socialmente y trabajar en red, supone un cambio de concientización y también la acción coordinada para transformar las instituciones públicas y privadas: Estructurar problemas, seleccionar alternativas, redefinir las estructuras y procesos.

2. Cuestión de género: Sistema de opresión

La vida de una mujer con discapacidad es la vida de una mujer: por el hecho de ser mujer ya tiene su carga y su mochila. La discapacidad es social. Es la sociedad la que no sabe dar respuesta a una persona con todas sus características y sus diversidades. Es preciso que las personas con discapacidad, como otras, tengan su autonomía, puedan decidir sobre su vida por sí mismas. Cuando se necesitan apoyos, tienen que estar disponibles.

Las mujeres con discapacidad se enfrentan al problema social y estructural donde se las coloca en el subsuelo del iceberg, allá donde son doblemente invisibles y marginadas debido a su vida como mujeres que no encajan en los mandatos tradicionales del patriarcado en comparación con otras mujeres. En la sociedad de hoy donde se han conseguido cambios sociales significativos para las mujeres en general, pero este grupo enfrenta prejuicios y estereotipos que las pone en el margen del mercado laboral mucho más que los hombres con discapacidad y otras mujeres sin discapacidad o les resulta difícil tener participación social, cultural y política. Al igual que las mujeres sin discapacidad, las mujeres con discapacidad -debido a sus roles de género- tienen desigualdades en el acceso y control sobre los recursos, el uso de sus derechos y la comprensión del empleo, la educación, la imagen social, las autopercepciones, los derechos sexuales, los derechos reproductivos y la sociedad. El binomio entre igualdad y discapacidad presenta grietas; a pesar del creciente desarrollo de estas dos áreas de intervención de políticas públicas, su inconsistencia es evidente, es decir que ambas trabajan juntas, pero poco cohesionadas. Uno de los principales problemas que enfrentan los poderes públicos para solucionar el problema de la discriminación contra las mujeres con discapacidad es la falta de estadísticas y estudios que nos ayuden a conocer la situación de este grupo. Las mujeres con discapacidad son y siguen siendo "invisibles" en la sociedad. Ser mujer con discapacidad se caracteriza por un proceso de discriminación interseccional, como mujer y persona con discapacidad, atravesadas por barreras que dificultan el ejercicio de derechos y responsabilidades humanas, la participación plena en la sociedad y el logro de objetivos de vida. La evolución de los países desarrollados conduce a profundos cambios en la vida pública, empresarial y familiar, creando nuevas necesidades a las que diferentes estructuras institucionales intentan dar respuesta. Entre los cambios ocurridos podemos señalar la inclusión de la mujer en el mundo. Sin embargo, existe una brecha entre las nuevas demandas de la población -igual o comparable a los ciudadanos de otros países europeos desarrollados- y la falta de políticas sociales que garanticen la respuesta a las desigualdades.

Resolver esta contradicción es un objetivo de todas las políticas desarrolladas, tanto a nivel municipal como autonómico. Las medidas establecidas encajan bien con las estrategias y acciones que se están poniendo en marcha actualmente en los países más desarrollados de Europa y en la Unión Europea: políticas europeas con perspectiva de género poniendo el foco en programas contra la violencia contra las mujeres, programas contra el analfabetismo y la falta de educación, así como distribución de ciertos servicios que pueden facilitar la participación de las mujeres. En la vida laboral, el trabajo se considera el mejor antídoto contra la exclusión social. Todas las actividades que ofrecen las organizaciones en diferentes contextos tienen como objetivo ayudar a las mujeres a encontrar trabajo, porque somos un grupo diverso, por lo que existe una clara necesidad de soluciones, actividades y programas diferentes y únicos dentro de estas actividades. Por tanto, es necesario planificar actividades para satisfacer las necesidades actuales de los clientes/usuarios. Las mujeres con discapacidad en todo el mundo siguen sufriendo violencia institucional y relacionada con la discapacidad que viola los derechos que toda persona -independientemente de su condición personal- tiene. En este sentido, las medidas tomadas deben permitir que cada persona sea independiente y asuman responsabilidades en todos los aspectos de la vida por lo tanto centrarse en desarrollar y proporcionar servicios y apoyo en las áreas de necesidad.

El Informe sobre la situación de las mujeres con discapacidad en la Unión Europea[9] alerta sobre el mayor riesgo de pobreza y de exclusión social que sufre este colectivo, al tiempo que pide a las instituciones de nivel estatal, regional y local que tengan en cuenta las necesidades específicas de las mujeres con discapacidad en todas las políticas, y en particular en las de urbanismo, educación, empleo, vivienda, transporte, salud y servicios sociales.

Las mujeres con discapacidad afrontan, a causa de su rol de género, desigualdades con relación al acceso y control de los recursos, el disfrute de sus derechos y su situación con respecto al empleo, la educación, su imagen social, su autopercepción, sus derechos sexuales y reproductivos y su participación socio-política.

El IV Plan para la Igualdad de Mujeres y Hombres en la CAPV[10] afirma en su primer eje, mainstreaming, que los hombres y las mujeres no son colectivos homogéneos, por lo que el Plan no puede ser insensible a la diversidad existente dentro de cada uno de ellos. En este sentido, merecen para el Plan una atención especial las mujeres o grupos de mujeres que sufren una múltiple discriminación por concurrir en ellas otros factores que puedan dar lugar a situaciones de discriminación, como la discapacidad. Por ello, con carácter general y de manera transversal, a la hora de desarrollar, ejecutar y evaluar cada uno de los objetivos y actuaciones previstas, el citado documento indica que deben tenerse en cuenta "las especificidades de los distintos grupos de mujeres y hombres y, en particular, las de las mujeres que sufren discriminación múltiple".

---

9 Parlamento Europeo, INFORME sobre la situación de las mujeres con discapacidad en la Unión Europea, 23 de marzo de 2007, A6-0075/2007, https://www.europarl.europa.eu/doceo/document/A-6-2007-0075_ES.html

10 Tiene entre sus principios rectores el respeto a la diversidad y la diferencia, al tiempo que su Objetivo Estratégico 1 consiste en "incorporar el enfoque de la diversidad y la diferencia de las mujeres en los planes, programas, proyectos y servicio".

Además, uno de los principios rectores del *III Plan Municipal para la Igualdad de Mujeres y Hombres del Ayuntamiento de Bilbao* es el respeto a la diversidad y la diferencia, que implica considerar que las diferentes medidas que se desarrollen deben garantizar la igualdad de oportunidades y la no discriminación de las personas, independientemente de su sexo, edad, grado de discapacidad u otras circunstancias. Por ello, según afirma el Plan, todos los objetivos estratégicos y su operatividad en programas, objetivos generales, etc. deben considerar este principio como guía en la definición y desarrollo de sus actuaciones. Además, uno de los objetivos estratégicos del Plan de Gobierno del Ayuntamiento de Bilbao es la igualdad de mujeres y hombres, proceso que no puede culminarse con éxito sin tener en cuenta las especificidades de mujeres con discapacidad.

Pero según pone de manifiesto el *I Plan Integral para Mujeres con Discapacidad* de CERMI[11], el nivel de articulación entre el enfoque de género y el de la discapacidad es escaso. Efectivamente, a pesar del creciente desarrollo de estos dos ámbitos de intervención en las políticas públicas, puede observarse su falta de integración: podría afirmarse que ambos discurren de forma paralela, pero sin llegar a cruzarse. Pese a esta realidad, el Foro Europeo de la Discapacidad puso de manifiesto, hace ya una década, que muchos de los problemas que deben afrontar las mujeres con discapacidad no pueden atribuirse en exclusiva a su discapacidad, sino a la manera en que ésta se imbrica con su condición de mujeres. Tiene que ver, por tanto, con la construcción social del género en las mujeres con discapacidad.

Sin embargo, muchas de las necesidades que presentan las mujeres con discapacidad no reciben una adecuada satisfacción a través de las políticas para la igualdad de género, ya que pesan sobre ellas barreras sociales, culturales y económicas, así como estereotipos y discriminaciones, que no afectan al resto de las mujeres.

En este sentido, como ha puesto recientemente de manifiesto la Comisión de Mujer por la Igualdad de FEKOOR, en su propuesta de transversalidad de género y discapacidad, presentada en el V Foro Mujer y Discapacidad en Bizkaia[12], uno de los principales problemas que deben

---

11 CERMI, *I Plan integral de acción para mujeres con discapacidad*. Madrid, 2005.

12 Foro celebrado en diciembre de 2008. Desde esta Comisión para la Igualdad de FEKOOR, consideramos que una verdadera política de empleo dirigida a las mujeres con discapacidad, que consiga acortar la enorme brecha que separa a nues-

afrontar las administraciones públicas en el abordaje de la situación de múltiple discriminación que sufren las mujeres con discapacidad es la ausencia de diagnósticos, datos y estudios que permitan conocer la situación real de este colectivo.

En el ámbito internacional, la *Convención Internacional sobre los Derechos de las Personas con Discapacidad*[13] insiste en la necesidad de adoptar un doble enfoque, que aúne la transversalidad y las acciones específicas en el abordaje de las situaciones de múltiple discriminación a las que se enfrentan las mujeres con discapacidad.

La sociedad concibe a las mujeres con discapacidad como personas que necesitan cuidados. En base a este prejuicio, habitualmente se las niega su derecho a la maternidad, porque se considera que no son personas aptas para cuidar. Se las discrimina a la hora de adoptar y se les recomienda médicamente que no sean madres. Se sienten juzgadas por el sistema médico. No se dirigen a ellas directamente, sino a sus parejas o a sus acompañantes, a los que se disuade de que tengan descendencia con una mujer con discapacidad. La familia también les juzga. Sin embargo, en la experiencia de su vida constatan que su vida está estructurada en torno al cuidado de las personas de su familia en sentido amplio: tíos, madres, sobrinas y sobrinos.

A veces se las trata como si fueran ratas de laboratorio, sin preguntarles si quieren recibir tratamientos. Se las toma como cobayas para hacer estudios. Se las considera mujeres asexuadas, que no pueden desear ni despertar deseo.

¿Qué se necesita para ser persona activa en la sociedad? ¿Qué se necesitaría para romper con el mito de que discapacidad significa sufrimiento?

Desde tiempo inmemorial, la discapacidad se ha asociado a tener libertad limitada sufrimiento, dolor, tenemos mucho miedo de las personas con discapacidad porque el mejor ejemplo de ser humano es una persona sin discapacidad. Tenemos miedo a los accidentes, a las enfermedades y a pertenecer a una clase diferente de personas. Dejaremos de ser personas sin etiquetas y nos convertiremos en personas con etiquetas donde

---

tro colectivo respecto a los varones con discapacidad y al resto de las mujeres, debe estar diseñada e impulsada desde el área de Trabajo.

13 Naciones Unidas, aprobado el 13 de diciembre de 2006 (https://www.un.org/esa/socdev/enable/documents/tccconvs.pdf). ratificada por el Estado español en 2007.

solo se ven las etiquetas. ¡Hay tanta ignorancia! La manera de cambiar la sociedad es la educación. Muchas personas creen que tienen información adecuada sobre las personas con discapacidad. La vida te cambia en un segundo, debemos considerar que la discapacidad es parte de la vida una experiencia que tendrán muchas personas, y eso puede cambiar las miradas. Las personas con discapacidad tienen proyectos de vida, pero no siempre pueden llevarlos a cabo dado que viven con familias. Vivir con un familiar de una persona con discapacidad limita su independencia. El deseo sería que las personas con discapacidad contrataran ellos mismos a un cuidador, para que pudieran ser independientes y decidir lo que quieren hacer en cada momento. En cuanto al modelo de vivienda, la vivienda pública es una buena opción donde puedes tener tanta libertad como otros proyectos. ¿Cómo es la calidad de vida de las personas con discapacidad? Definamos la calidad de vida como la participación social en todos los ámbitos. Poder hacer el trabajo. No poder participar en la sociedad es lo mismo que no existir. Las instituciones deberían crear mecanismos para fomentar la participación en igualdad de condiciones con el resto de la población. Tanto las instituciones como la sociedad necesitan cambiar la forma en que ven la discapacidad: de la idea de necesitar tratamiento, de necesitar ayuda, a una cuestión personas que aportan valor. Parece que las personas con discapacidad se ven privadas de tiempo libre y de ocio. Es importante respetar los diferentes estilos de personas en diferentes circunstancias.

3. Normativa de aplicación

Hemos puesto de manifiesto la desigualdad de ser hombre con diversidad y mujer con discapacidad. ¿Pasará lo mismo con las leyes? Las mujeres han logrado avances notables en muchas profesiones, pero la política no es una de ellas. De hecho, en todo el mundo las mujeres llaman la atención por su ausencia de los procesos de toma de decisiones y de formulación de políticas públicas. La participación de las mujeres en la toma de decisiones de gobierno está dando una visibilidad política importante a los derechos de las mujeres en todo el mundo. Aunque las mujeres no son un grupo homogéneo, tienden a apoyar a otras mujeres y han contribuido a incorporar los intereses y las preocupaciones de las mujeres a los programas parlamentarios. Una de las preocupaciones más importantes es la violencia contra la mujer. Aunque no es un problema limitado únicamente a las mujeres, no es casualidad que hayamos visto como se presta cada vez más atención a la eliminación de todas las formas de violencia contra la mujer… En España, la participación de las mujeres en la toma de decisiones y en el Parlamento llega a más de un 30%. ¿Las mujeres con discapacidad están en los parlamentos? Tengo conocimiento de que pocas veces es o ha sido así. Ante este panorama siento la necesidad de analizar la representación de la mujer o niña con discapacidad en normativas o leyes, teniendo en cuenta que son propuestas por hombres sin discapacidad y aprobadas por ese 30% de mujeres en estos puestos, pero estas mujeres son blancas, sin ningún tipo de discapacidad y con muchos privilegios.

Partiendo de este panorama, analicemos pues si hay presencia o no de las mujeres o niñas con discapacidad en normativas o leyes. Tras el análisis podemos observar la escasa o nula presencia de este colectivo en las mismas. Ponemos algunos ejemplos donde sí aparecen.

- En la LISMI no encontramos referencias específicas a las mujeres y niñas con discapacidad, sí aparecen en normativa posterior de desarrollo de la citada Ley, relativa al empleo de las personas con discapacidad. En efecto, es importante reseñar que ya en el 2° Acuerdo firmado entre el entonces Ministerio de Trabajo y Asuntos Sociales (MTAS) y el CERMI en 2002, se incluyeron medidas que fomenten la mejora de los incentivos a la contratación en el caso de mujeres con discapacidad.
- A partir de ahí, se destacan en este epígrafe las disposiciones legislativas en el ámbito del empleo donde se recogen aspectos relacionados con las mujeres con discapacidad: en *Ley 36/2003, de 11 de noviembre, de Medidas de Reforma Económica*[14].
- En septiembre de 2011, el Comité sobre los Derechos de las Personas con Discapacidad presentó el resultado del Informe de España sobre las medidas adoptadas para cumplir las obligaciones del país con arreglo a la CDPD. A continuación, se reproducen los aspectos directamente relacionados con la perspectiva de género: Mujeres con discapacidad (artículo 6): El Comité está

---

[14] VILLARINO (p.190) explica que la *Ley 36/2003, de 11 de noviembre, de medidas de reforma económica* añade en la Disposición final cuarta: Fomento del empleo de las mujeres con minusvalía. Se añade un párrafo segundo en el artículo 44.Dos.1.a) de la *Ley 42/1994, de 30 de diciembre, de medidas fiscales, administrativas y del orden social,* con la siguiente redacción: "En el supuesto específico de que se contrate a mujeres minusválidas, las empresas tendrán derecho a una bonificación del 90 por ciento en la cotización empresarial".

preocupado por el hecho de que los programas y políticas públicos sobre la prevención de la violencia de género no tengan suficientemente en cuenta la situación de las mujeres con discapacidad. Inquieta también al Comité que las políticas en materia de empleo no incluyan una amplia perspectiva de género y que el desempleo, la inactividad y los ritmos de formación sean mucho peores en el caso de las mujeres con discapacidad que en el de los hombres con discapacidad.

- *Ley 51/2003, de 2 de diciembre, de Igualdad de Oportunidades, No Discriminación y Accesibilidad Universal*: Los poderes públicos adoptarán las medidas de acción positiva suplementarias para aquellas personas con discapacidad que objetivamente sufren un mayor grado de discriminación o presentan menor igualdad de oportunidades, como son las mujeres con discapacidad.
- *Ley 39/2006, de 14 de diciembre, de Promoción de la Autonomía Personal y Atención a las Personas en Situación de Dependencia*, hay que señalar que esta norma incorpora la perspectiva de género en diferentes apartados teniendo en cuenta de manera especial la situación de quienes requieren de mayor acción positiva como consecuencia de tener mayor grado de discriminación o menor igualdad de oportunidades. La inclusión de la perspectiva de género, teniendo en cuenta las distintas necesidades de mujeres y hombres.
- *Ley Orgánica 3/2007, de 22 de marzo, para la Igualdad Efectiva de Mujeres y Hombres* (2007): En su artículo 14, Criterios Generales de Actuación de los Poderes Públicos, en el punto 6 incluye como criterio general de actuación de los Poderes Públicos la consideración de las singulares dificultades en que se encuentran las mujeres de colectivos de especial vulnerabilidad, como son las que pertenecen a minorías, mujeres migrantes, niñas, mujeres con discapacidad, mujeres mayores, mujeres viudas y mujeres víctimas de violencia de género, para las cuales los poderes públicos podrán adoptar, igualmente, medidas de acción positiva.

Estos son algunos ejemplos de la escasez de representación. La labor de incidencia política ha permitido avances a la hora de situar a las mujeres y niñas con discapacidad en la agenda política. Para acabar este apartado, una pregunta: ¿Cómo se puede integrar la interseccionalidad en las políticas públicas o, lo que es lo mismo, en la agenda política?

La transversalidad, como la estrategia para superar la desigualdad que sufren las mujeres por el hecho de serlo, no ha llegado a ser una estrategia consolidada e incorporada en todas las administraciones, no desde todos los ámbitos. Los progresos y cambios que han sucedido han sido muy importantes, sobre todo porque han reconocido la vida de las mujeres no sólo desde las diferentes normativas y medidas aprobadas, sino por el hecho de dar voz a las mujeres en su propia definición.

III. VIDAS CON DERECHOS: ¿ESTAMOS PREPARADOS COMO SOCIEDAD?

Como expreso anteriormente, hay un intento de cambio de paradigma para considerar a las personas con discapacidad como personas con derechos, porque como sociedad estamos muy lejos de ellos. Es la sociedad la que no sabe dar respuesta a una persona con todas sus características y sus diversidades. Para Palacios y Romañach[15], "es preciso que las personas con diversidad funcional, como otras, tengan su autonomía, puedan decidir sobre su vida por sí mismas; y cuando se necesitan apoyos, tienen que estar disponibles".

¿Por qué todas las personas deberían tener los mismos derechos? La igualdad de derechos es la mejor manera de facilitar una vida libre de desigualdad, discriminación y violencia, según su lugar de residencia, estado civil y nivel de pobreza. Las experiencias, privilegios y distinciones sociales no son lo mismo, se diferencian. También entra en juego la variable vivir con una discapacidad como determinación del derecho a tener derechos ¿Qué impacto tiene en nuestras vidas disfrutar de derechos? Los derechos son un escudo nos protegen, son como leyes porque guían para saber cómo actuar y son como jueces porque puedes acudir a ellos. Al igual que las emociones, no son naturales y pertenecen a todos, independientemente de sus circunstancias. ¿Qué pasa en una sociedad sin reglas? Una sociedad sin leyes sería un caos porque sus ciudadanos podrían hacer lo que quisieran sin estar regidos por esas leyes. Las leyes regulan el comportamiento humano y los problemas que enfrentan regulando sus acciones, las leyes determina la eficacia de instituciones como escuelas, hospitales, residentes... Para que los derechos se conviertan en una realidad en la vida de las personas, el Estado debe desarrollar políticas públicas que asuman esta responsabilidad. De

---

15 PALACIOS, A. y ROMAÑACH, J., *El Modelo de la Diversidad: La Bioética y los Derechos Humanos para alcanzar la plena dignidad en la diversidad funcional.* Santiago de Compostela, 2007.

hecho, no basta con reconocer este derecho, hay que hacerlo efectivo, para lo cual, se necesita financiación pública para garantizar estos derechos, y esta financiación no siempre está disponible. Por tanto, comprobar los permisos es más difícil de lo que pensamos. Tener un papel no es suficiente. Cuando haces preguntas, se convierten en una realidad en la vida de las personas. Esto se vuelve más difícil cuando los recursos son limitados. Todas las personas están protegidas por derechos humanos que deben ser respetados desde su nacimiento, pero ¿qué pasa con las personas con discapacidad?

Derechos Humanos en la discapacidad

Antes de meternos en harina, empecemos por definir qué son los Derechos Humanos. Los Derechos Humanos son el conjunto de prerrogativas sustentadas en la dignidad humana, cuya realización efectiva resulta indispensable para el desarrollo integral de la persona. Este conjunto de prerrogativas se encuentra establecido dentro del orden jurídico nacional, en nuestra Constitución Política, tratados internacionales y leyes. El respeto hacia los derechos humanos de cada persona es un deber de todos. Todas las autoridades, en el ámbito de sus competencias, tienen la obligación de promover, respetar, proteger y garantizar los derechos humanos consignados en favor del individuo.

Se sustentan en unos Principios[16] que analizaremos y veremos qué pasa con estos principios en las personas con discapacidad.

Los derechos humanos son inalienables. No deben suprimirse, salvo en determinadas situaciones y según las debidas garantías procesales.

Los derechos humanos son iguales y no discriminatorios: La no discriminación es un principio transversal en el derecho internacional de derechos humanos.

- **Principio de la No Discriminación.** Se complementa con el principio de igualdad, como lo estipula el artículo 1 de la Declaración Universal de Derechos Humanos: “Todos los seres humanos nacen libres e iguales en dignidad y derechos”.

[16] Extraído de https://www.cndh.org.mx/derechos-humanos/que-son-los-derechos-humanos

- **Principio de Universalidad.** Para lograr la igualdad real se debe atender a las circunstancias o necesidades específicas de las personas.
- **Principio de Interdependencia.** Cada uno de los derechos humanos se encuentra ligado uno a otro, de tal manera que el reconocimiento de uno de ellos, así como su ejercicio, implica necesariamente que se respeten y protejan múltiples derechos que se encuentran vinculados.
- **Principio de Indivisibilidad.** Implica que los derechos humanos no pueden ser fragmentados, sea cual fuere su naturaleza.
- **Principio de Interdependencia e Indivisibilidad.** Todos los derechos humanos, sean éstos civiles y políticos -como el derecho a la vida, la igualdad ante la ley y la libertad de expresión-, económicos, sociales y culturales -como el derecho al trabajo, la seguridad social y la educación- o colectivos -como los derechos al desarrollo y la libre determinación-, todos son derechos indivisibles, interrelacionados e interdependientes. El avance de uno facilita el avance de los demás. De la misma manera, la privación de un derecho afecta negativamente a los demás.
- **Principio de Progresividad.** El Estado debe proveer las condiciones óptimas de disfrute de los derechos y no disminuir ese nivel logrado. La dignidad es la base de todos los derechos humanos. Los seres humanos tienen derechos que deben ser tratados con sumo cuidado, precisamente porque cada uno posee un valor intrínseco. El ex Alto Comisionado de Derechos Humanos de la ONU, Zeid Ra'ad Al Hussein, llamó a estas palabras "tal vez las más bellas y resonantes de cualquier acuerdo internacional". Según Zeid, estas palabras subrayan que "los derechos humanos no son una recompensa por el buen comportamiento", sino el derecho de todas las personas en todo momento y en todos los lugares.

¿Qué ocurre con las personas con discapacidad? Las personas con discapacidad ven vulnerados derechos humanos cada día empezando por la base: la dignidad humana ¿Cómo te sientes si a cualquier sitio que vayas te ignoran directamente y solo se dirigen exclusivamente a la persona con la que vas? O, por ejemplo, no cerrar la puerta cuando estés desnudo o desnuda porque nadie se va a asustar, o tener que estar hecha pis por no tener baños adecuados para todas las personas, o tener que cambiarte en el suelo el pañal por no disponer de espacios adecuados para todas las personas donde puedan cambiarse. Las personas con discapacidad se enfrentan a situaciones donde su dignidad como persona -esa que se establece en los Derechos Humanos- se pierde y nadie hace nada para que no sea así. Su vida es un Gran Hermano donde están totalmente expuestos y muy poco importa lo que quieran. En cuanto a la dignidad y no discriminación, a día de hoy las personas con discapacidad siguen siendo motivo de burla. Si ya la base no se cumple, ¿se cumplen los demás? La respuesta es no.

Además, la sociedad española no tiene conciencia sobre la importancia de la inclusión y el acceso a oportunidades para todos. A menudo se subestima la importancia de adaptar lugares y servicios para garantizar que sean accesibles para todos, independientemente de su capacidad. Es importante poner en marcha medidas para garantizar que los servicios sean accesibles para todas las personas en los sectores público y privado para promover la inclusión y la igualdad de oportunidades independientemente de las capacidades. Las instituciones y la sociedad en su conjunto tienen la responsabilidad de trabajar para eliminar las barreras que impiden que las personas con discapacidad accedan a todas las instituciones y servicios, para que las comunidades sean inclusivas y útiles para todas las personas.

En cuanto al **Principio de interdependencia e indivisibilidad**, gracias a la presión social del movimiento de vida independiente se puso en marcha la *Ley de Autonomía Personal y Atención a las Personas en Situación de Dependencia.* Desde el año 2006, tras la entrada en vigor de la *Ley 39/2006, de 14 de diciembre, de Promoción de Ley de Autonomía Personal y Atención a las Personas en Situación de Dependencia*, se reconoce el derecho a percibir una ayuda económica que permita la contratación de Asistencia Personal. Antes de seguir adelante, veamos qué es la asistencia personal.

La asistencia personal es un Derecho Humano de las personas con discapacidad, como se recoge en la *Convención de Naciones Unidas sobre los Derechos de las Personas con Discapacidad* de 2006 (CDPD). En dicha Convención, se menciona específicamente la vida independiente con su art. 19: "El derecho a vivir de forma independiente y a ser incluido en la sociedad. De este artículo se desprende que no hay duda de que el compromiso de desarrollar una política social basada en la filosofía de la vida independiente es un esfuerzo por trabajar y preservar". Derechos humanos de las personas con diversidad funcional. La CDPD refleja el reconocimiento de un cambio de paradigma que ha tenido lugar desde la década de 1980: ver la diversidad funcional como una cuestión de derechos humanos, en lugar de personas con una enfermedad que necesita ser tratada para integrarse a la sociedad.

Los principios básicos de la CDPD son:

- Respetar la dignidad humana, la autonomía personal, la libertad para tomar decisiones) y la independencia.
- No discriminar.
- Participar e integrarse plena y efectivamente en la sociedad.
- Respetar las diferencias y aceptar a las personas con discapacidad como parte de la diversidad y de la condición humana.
- Oportunidades.
- Disponibilidad.
- Igualdad entre hombres y mujeres.
- Respetar el desarrollo de los derechos de los niños con discapacidad y su derecho a preservar su identidad.

La asistencia personal se basa en estos principios y sirve para ayudar a las personas con discapacidad a convertirse en ciudadanos de pleno derecho, dándoles la misma libertad y control sobre sus vidas que cualquier otro ciudadano, que puedan disfrutar del máximo nivel de autonomía en el desarrollo de su proyecto de vida. Permítame compartir con ustedes mi testimonio personal. ¿Por qué tengo que costear yo mi asistencia personal para poder trabajar si realmente es un derecho humano al que tiene que dar respuesta la administración? Cuando planteas esto en la administración de tu provincia tienes que oír cosas tan insustanciales como 'hasta hace poco no salías de casa', o 'que te lo pague la empresa' y dices: ¡Señores y señoras, es mi propia empresa! ¿Por qué ocurre esto? El sistema capacitista nos considera válidos para trabajar y nos da una pensión porque de esta manera seguimos dependiendo de ellos y no se les acaba el negocio ni el discurso de buen samaritano de qué somos un colectivo al que solo atender y no dar herramientas para tener una vida independiente.

La autogestión de la asistencia se define como el derecho de las personas con discapacidad a elegir libremente su asistencia y el grado de control personal sobre los servicios en función de sus circunstancias y preferencias de vida (incluidas las responsabilidades del personal). Este modelo sitúa a las personas con discapacidad en el centro de la decisión sobre su asistencia, por lo que su opinión debe ser escuchada y respetada. La asistencia personal puede guiarse por una toma de decisiones de apoyo. La financiación de las personas de asistencia debe basarse en criterios individuales y tener en cuenta las normas de derechos humanos. Se deben controlar y asignar fondos a las personas con discapacidad para pagar la asistencia que necesitan. Esto se basa en una evaluación de las necesidades y circunstancias individuales y la introducción de servicios adicionales no debería dar lugar a recortes presupuestarios y/o pagos más elevados, por lo que podemos aspirar a obtener ayuda personal de quienes la necesitan en el momento adecuado, sin que tengamos que hacerlo, para mantener nuestra nómina. Todo esto es muy importante para desarrollar una buena política pública de cuidados. Es importante recordar que, sin ayuda personal, las mujeres y/o personas LGTBQI pueden encontrarse en situaciones de extrema vulnerabilidad. Se debe promover una cultura de vida independiente y dichas políticas públicas de cuidados deben basarse en este enfoque de vida independiente y repensar el concepto de cuidado desde una perspectiva feminista.

En el marco del principio de progreso, es necesario asegurar que no haya retroceso, y para ello debemos guiarnos por otros principios como la justicia social, la cooperación y la solidaridad. No retroceder en el progreso significa que la proyección social de las personas con discapacidad se construirá con el mismo grupo y se reconocerá su aporte. En el **Principio de progresividad**, debe asegurarse que no se retrocede, para lo cual se tiene que actuar desde otros principios como la justicia social, la cooperación y la solidaridad. La no regresividad en la progresividad lleva implícita la proyección social que se tiene de la persona con discapacidad, la cual debe ser construida con el mismo colectivo, reconociendo sus aportaciones.

IV. OBJETIVOS DE DESARROLLO SOSTENIBLE Y DISCAPACIDAD: CUESTIÓN A RALENTÍ

El *Informe Nuestro futuro común* (1987) de la Comisión Mundial sobre el Medio Ambiente y el Desarrollo define "desarrollo sostenible" como la posibilidad de crecer y satisfacer las necesidades que tenemos en el presente sin comprometer las posibilidades de las generaciones futuras, garantizando un punto de equilibrio entre el crecimiento económico, el cuidado medioambiental y el bienestar social. Por lo tanto, nos enseña el desarrollo, pero sin dañar a los que vendrán y para ello es necesario un triángulo de equilibrio entre lo económico, lo medioambiental y lo social Durante muchos años todas las acciones hacían hincapié solo en lo económico, faltando alguna pata siempre, hasta que descubrieron la esfera medioambiental y social.

Los entes de poder han establecido planes para integrar el desarrollo sostenible en nuestras políticas y en nuestro día a día. En el año 2015, las Naciones Unidas aprobaron la Agenda 2030 y los Objetivos de Desarrollo Sostenible para los próximos 15 años. Los firmantes se han comprometido a alcanzar metas y objetivos relacionados con la pobreza, el hambre, la salud, la educación, el trabajo, el agua, la energía, el cambio climático, entre otros. El objetivo es avanzar en estas áreas sin priorizar lo económico por encima de otros aspectos para lograr un mundo más equitativo y justo. La nueva agenda insta a la acción no solo de los gobiernos, sino también de la sociedad civil, el sector educativo, los sindicatos y las empresas. Es fundamental reconsiderar la relación entre la naturaleza y la sociedad desde una perspectiva económica que incluya aspectos sociales, ambientales y económicos. Los objetivos se centran en el bienestar de las personas, la protección de los ecosistemas, la prosperidad a través del crecimiento económico y el desarrollo tecnológico, así como en la garantía de la paz y el fomento de alianzas para el desarrollo. Vamos a destacar los Objetivos de Desarrollo Sostenible 4, 8, 10, 11 y 17, donde es crucial la inclusión de las personas con discapacidad. La salud, la igualdad, la educación y la accesibilidad universal son áreas clave en las que se deben abordar las brechas existentes para garantizar que todos tengan las mismas oportunidades.

En conclusión, la exclusión sistémica estructural afecta a la vida diaria de las personas con discapacidad. Para el año 2030, es fundamental abordar las desigualdades de manera interseccional y garantizar los derechos de estas personas como una cuestión de dignidad inherente y no caridad. Hasta ahora parece fácil, ¿no? Pero ¿cómo lo aplicamos?

La **salud** es el motor de nuestra vida: sin ella no vida. Poner el foco en conseguir una vida sana y mejorar la calidad de vida de todas las personas en todas las edades es fundamental para construir sociedades prósperas. A pesar de los importantes avances que se han hecho en los últimos años en la mejora de la salud y el bienestar de las personas, todavía persisten desigualdades. El acceso a la salud y el bienestar es un derecho humano y el Desarrollo Sostenible ofrece nuevas oportunidades para garantizarlos a todas las personas. Las desigualdades comienzan en las barreras que enfrentan para acceder a servicios de salud: la oferta y la capacitación del personal médico y administrativo es limitada, las clínicas y los hospitales no tienen adaptaciones físicas y las atenciones son costosas, de forma que las personas con discapacidad reducen sus visitas médicas porque los centros de salud están muy alejados de sus domicilios, son de difícil acceso y con frecuencia lidian con actitudes discriminatorias o con la negación de servicios al escuchar frases como "no se como mirarte o todo es por tu discapacidad" sin mirar más.

La **igualdad** es un valor importante del progreso, del desarrollo de toda la sociedad, porque permite que todas las personas tengan los mismos derechos y oportunidades, para que cada persona pueda aportar todo, desde su libertad.

La **educación**, es un derecho reconocido en el artículo 26 de la Declaración Universal de los Derechos Humanos. Para que todos tengan acceso a ella, deben darse unas condiciones mínimas de integración dentro de las instituciones educativas, tanto a nivel de instalaciones como de medios técnicos y humanos para el correcto desarrollo de todos los alumnos. Tras lograr una formación de calidad, las personas con discapacidad deben poder acceder en condiciones de igualdad a un empleo digno que les permita vivir de forma independiente. Los poderes públicos tienen que articular mecanismos para su inclusión dentro del mercado laboral sin que se puedan advertir rasgos discriminatorios en su contratación por parte de las empresas. Las mujeres cobran menos que los hombres, y el salario va disminuyendo a medida que el nivel de discapacidad es mayor. Estos datos denotan la existencia de múltiples barreras sociales que imposibilitan el acceso al mercado laboral de las personas con discapacidad.

Respecto a la **accesibilidad universal**, debemos considerar que una ciudad y una comunidad accesibles y sostenibles deben serlo para todos los individuos que viven en ellas. Lograr que las personas con discapacidad puedan desplazarse con total tranquilidad y en solitario por el entorno en el que quieran es un deber de instituciones públicas y privadas. Sólo así se sentirán que son parte de la comunidad en la que están desde el momento en que nacen, participando en los eventos organizados por la comunidad.

La accesibilidad universal no solo se refiere a la infraestructura física, sino también a la accesibilidad a la información y la comunicación.

Es crucial garantizar que las personas con discapacidad tengan acceso a información en formatos accesibles, como por ejemplo el braille, la lengua de signos, o tecnologías adaptadas para la lectura y la comunicación. Como sociedad debemos repensar mecanismos de participación de las personas con discapacidad en los procesos de toma de decisiones que les afectan política, social y económicamente. Una comunidad inclusiva es aquella que ve el valor que aporta la diversidad y fomenta la participación de todos sus miembros, independientemente de sus capacidades.

V. SALUD Y DISCAPACIDAD

Ana Esteve[17], en su ponencia "¿Adicción a los psicofármacos?", expuso que las mujeres son las principales consumidoras de psicofármacos. La morbilidad psiquiátrica es mayor en mujeres, según la Encuesta Nacional de Salud (INE, 2017): mayor prescripción y consumo de psicofármacos. Las diferencias de género en el uso de psicofármacos son consistentes a nivel nacional, replicando patrones observados internacionalmente. Las mujeres con discapacidad están entre las más importantes consumidoras de atención médica y sanitaria. El factor del género en su combinación con el de discapacidad determina, por múltiples motivos, la discriminación.

¿Por qué con 18 años se acaba todo? "No puede haber una dignidad humana si no es una dignidad sexuada, así como no puede haber libertad si no somos libres de vivir nuestra sexualidad"[18]. Sin embargo, cabe plantear que no siempre se desarrolla, sobre todo, cuando se trata de la sexualidad de personas con corporalidades/sentidos/estructuras mentales "no normativas". Pero si esta situación ya de por sí genera incon-

---

17 La salud de mujeres y hombres es diferente y desigual, influenciada por factores biológicos, ambientales y estilos de vida, así como por desigualdades socioeconómicas. Es importante considerar las diferencias entre hombres y mujeres al abordar la salud y no priorizar exclusivamente los aspectos biológicos. "Malestares de género": Síntomas y quejas de naturaleza psicológica que afectan la percepción de la salud en las mujeres y que no tienen una causa orgánica aparente. "Malestar de emancipación": Las dificultades de las mujeres para conciliar el espacio doméstico y laboral, generando sentimientos de culpa y aislamiento, especialmente en mujeres cuidadoras.

18 MALON MARCO, Agustín, *Sexualidad: planteamientos y claves para la intervención profesional en el ámbito de la discapacidad*, CADIS, Huesca, 2009, p. 21.

venientes, podemos imaginarnos lo que sucede cuando estas personas con discapacidad tienen la especificidad de necesitar apoyos humanos generalizados de manera permanente. Ellas son las que son olvidadas para siempre, son las que son discriminadas por esas creencias limitantes de que nacimos siendo bebés, que nos trataron injustamente, que no nos dieron una oportunidad. Cuando sumamos el hecho de que otros hablan en su nombre, llegamos al punto en que nuestros derechos sexuales y reproductivos están en riesgo.

A menudo se hace hincapié en la salud de las mujeres como una preocupación de su salud reproductiva. En otros aspectos de la salud, a menudo existe la idea errónea de que hombres y mujeres están igualmente sanos, porque los hombres son el foco principal de la investigación en salud cuando se trata de participar como sujetos de estudio. Las mujeres han quedado excluidas u ocultas debido a las menores barreras que enfrentan los hombres con discapacidad en términos de diagnóstico y tratamiento en salud reproductiva y discapacidad. La desigualdad de género es una distinción de género sistemática, innecesaria e injusta en la vida de hombres y mujeres. Las desigualdades no son biológicas, son sociales. Tasas de mortalidad, riesgo de enfermedad, frecuencia de enfermedades, tasas de discapacidad y discriminación por discapacidad en el acceso a la calidad de vida de personas discapacitadas y ancianas tratadas irrespetuosamente por su atención médica. Tratarlos como pacientes con respeto y establecer un código de ética en la atención que reciben. La discriminación social contra ciertos grupos sociales se amplifica, junto con la escalada de prejuicios capacitistas y discriminatorios por edad, lo que contribuye a la división social. Sintiendo la injusticia de esta decisión la confianza de los profesionales de la salud en las personas con discapacidad y la relación médico-paciente pueden verse dañadas y pueden producirse daños psicológicos.

En cuestión bioética es importante que estas personas estén representadas tanto en el comité médico de bioética como en el comité de ética del hospital, que debe asesorar a los profesionales sanitarios en situaciones difíciles e inciertas.

Los estereotipos y mitos han calado profundamente en el imaginario social, tildándolos de seres asexuados no aptos para ejercer su sexualidad de forma autónoma: eso conlleva a que las personas con discapacidad no puedan decidir sobre su propio cuerpo y ser ejecutoras tanto en la toma de decisiones sobre derechos sexuales, reproductivos, como en el aspecto laboral, educativo…

Debido a que somos una sociedad sexo-céntrica durante muchos años se ha saciado la forma de actuar y tener acceso a una sexualidad con la parte genital y reproductora de los cuerpos. En la actualidad se ha visto que hay otras formas de disfrute de la sexualidad más allá del coito y los genitales como fuentes de placer, convirtiendo la sexualidad en la base de la erótica que conforma el sexo y el placer.

La discusión sobre los derechos sexuales de las personas con discapacidad comenzó en el Congreso Mundial de Rehabilitación, en 1972, cuando Chigier expuso:

- Derecho a recibir información sobre cuestiones sexuales y sobre su propio funcionamiento sexual.
- Derecho a una educación y orientación sobre su sexualidad.
- Derecho a expresarse sexualmente, procurándoles oportunidades para que puedan actuar sexualmente.
- Derecho a casarse o vivir en pareja.
- Derecho a ser padre o madre.
- Derecho a tener acceso a todos los servicios.

Las actuaciones en la esfera de mujer con discapacidad y salud deben pasar por:

- Promover la sensibilización y formación del personal médico y sanitario de atención primaria sobre la atención específica a las mujeres con discapacidad cuando hacen uso de los servicios sanitarios, siendo igualmente conocedores de las características propias de cada etapa del ciclo vital.
- Incluir la perspectiva de la discapacidad en los programas generales de atención sanitaria dirigidos a las mujeres.
- Incorporar las adaptaciones técnicas, tecnológicas y de procedimientos necesarias para que los servicios de ginecología y cualquier otro sean accesibles para mujeres con discapacidad.
- Regular con plenas garantías la posibilidad de la participación social.

Para abordar las políticas sanitarias, es importante resaltar que las mujeres con discapacidad han sido vistas tradicionalmente como asexuadas. La imagen de la mujer con discapacidad que impera en nuestra sociedad es la de un ser que genera sentimientos encontrados de lástima y rechazo, que no armoniza el papel de mujer y madre. Además, las jóvenes y las mujeres que tienen discapacidad están en más riesgo de deficiencias en la salud y de muerte, quizá porque sus problemas reciben menos atención, incluso en los problemas de salud que no se relacionan con su discapacidad. Pero la situación opuesta también es un problema porque la sobreprotección lleva al aislamiento y a que las personas con discapacidad no aprendan destrezas sociales.

VI. EDUCACIÓN, EMPLEO Y DISCAPACIDAD

Las personas con discapacidad enfrentan distintos tipos de discriminación en el entorno educativo. Las principales barreras en el acceso en la vida escolar ordinaria son los prejuicios y estereotipos que conducen a la exclusión y la discriminación deliberadas. Los estudiantes con discapacidades son estigmatizados por no poder asistir a la universidad o aprender. Ello da lugar a sistemas educativos en los que se niega a las personas con discapacidad el derecho a la educación consagrado en el artículo 24 de la Convención.

Empleo y emprendimiento

¿Está el mercado laboral ordinario preparado para acoger a personas que funcionamos diferente? ¿Y las empresas? ¿Por qué los 18 y la discapacidad marcan el futuro laboral de una persona con discapacidad? Para responder a las preguntas es necesario conocer algunos aspectos. A nivel nacional, un 9% de la población, es decir algo más de tres millones y medio de personas, presenta algún tipo de discapacidad. Del total de personas con discapacidad en España, aproximadamente un 58% del total son mujeres. Según datos del 2017 del INE, en situación de empleo no llegan a 500.000; solo el 25% de las personas con discapacidad estamos en activo. En el caso de hombres con discapacidad, las cifras son similares a las de las mujeres en la misma situación. El 65% de las mujeres no está trabajando, y solo el 25,6% de las que trabajan lo hacen, en comparación con el 26% de los hombres. En comparación con el resto de la población, el 58,2% de las mujeres en edad laboral tienen empleo, mientras que el porcentaje es del 70,8% para los hombres. La brecha entre hombres y mujeres es más amplia que entre las personas con discapacidad y el resto de la población, ¿por qué ocurre? Por la falta de formación o el difícil acceso a la formación que les permita ser competitivas, la alta tasa de inactividad laboral, las dificultades de acceso al mercado de trabajo, la brecha digital de género, la feminización de las tareas no productivas (como las tareas domésticas o de cuidados), la brecha de género en cuanto a salarios de hombres y mujeres... Para ilustrar esto sirva mi propio testimonio. Cuando eres joven con dieciocho años, piensas en labrarte un futuro laboral para ganarte los cuartos; del mismo modo, cuando eres joven con discapacidad también tienes ese pensamiento pero el sistema te lo quita de un plumazo porque según su criterio no somos personas productivas y te permite dos caminos: una pensión de por vida, que varía en función de tus ahorros o ingresos, o acudir a un centro especial de empleo, lo que aboca a muchas personas a un empleo que no se adecúa a su nivel formativo. Con todo, el número de mujeres que trabajan o han trabajado en el empleo protegido es sensiblemente inferior al de varones. Como mujer con discapacidad que soy, un día dices: yo no quiero esto para mí, quiero trabajar. Y es ahí cuando empieza la verdadera carrera de fondo contra el sistema y te sientes muy sola y es por esto por lo que las mujeres no se atreven. En mi corta experiencia en el mercado laboral ordinario, a pesar de mi formación cualificada, me he enfrentado a situaciones surrealistas como, por ejemplo, llegar al centro de trabajo y que te digan sin dejar hablar "servicios sociales es en primera planta" o que te digan "ven tú, no contábamos con tu persona de asistencia", o que los trabajos te duren un minuto porque no eres como esperaban. Generalmente las contrataciones de personas con una gran dependencia, como mi caso, no son indefinidas porque el sistema determina que con seis meses es suficiente, y, la cuota de reserva tampoco se cumple porque puede ser una persona con problemas de corazón: casi nunca es una gran dependencia. A mi modo de entender, el empleo con apoyo en sentido amplio -que ahora entenderéis a que me refiero- constituye una herramienta fundamental para conseguir un empleo de calidad. Ni la sociedad ni los caminos del emprendimiento están preparados para que una persona con discapacidad necesite asistencia personal. Las administraciones deben sufragar los gastos de las personas de apoyo.

VII. CIUDADES PARA TODAS LAS PERSONAS

Las ciudades son reflejo de las sociedades y su desarrollo debe responder a las necesidades de sus habitantes. Las ciudades enfrentan continuos desafíos y es necesario resolver problemas críticos en lugar de actualizar la infraestructura. Las ciudades enfrentan muchos problemas que deben resolverse en el corto y mediano plazo, con la necesidad de fortalecer la transparencia para satisfacer las necesidades de los ciudadanos. El auge de las nuevas tecnologías ha dejado obsoletas muchas tecnologías existentes, por lo que encontrar apoyo y una planificación adecuada es crucial.

La ciudad de hoy debe servir a su gente y responder a sus necesidades cambiantes. La transición hacia una ciudad cuidadora significa poner los cuidados en el centro desde una perspectiva política y feminista. Es decir, reivindicando que son imprescindibles para la sostenibilidad de la vida, pero sin construir una imagen idealizada e ingenua de ellos. Los cuidados nos aportan alegrías, aprendizajes, sentirnos acompañadas, pero también suponen esfuerzo, dolor, agotamiento, frustración y tristeza. Repensar los territorios desde las necesidades de los cuidados mejoraría las condiciones de vida materiales e inmateriales de muchas personas y fomentaría una sociedad corresponsable con los cuidados.

VIII. VIDA DIGNA, MUERTE DIGNA

Aquí me debato entre arenas movedizas dado que la discapacidad es la única razón por la que se justifica la eutanasia. Este es un tema que invita profundamente a la reflexión y que desafía nuestros valores, creencias y comprensión de lo que significa vivir una vida plena y digna.

La muerte digna es un concepto que se ha discutido y debatido durante años. Para algunas personas, morir con dignidad significa tener control autónomo sobre su cuerpo y su salud, incluida la capacidad de tomar decisiones informadas sobre el final de la vida. Para algunos, una muerte digna significa una muerte en la que se respeten los deseos y deseos del difunto y que sea lo menos dolorosa y sufriente posible. Para las personas con discapacidad, la vida independiente es vital para su bienestar y dignidad. Ser independiente significa tener la capacidad de vivir de forma independiente, tomar decisiones y tener control sobre tu propia vida.

IX. CONCLUSIONES

Con 4 años, siempre esperas con ilusión la noche de los Reyes para jugar con lo que has pedido. Cuando tienes una diversidad funcional pones la zapatilla más grande pero eres consciente que el batman que has pedido se quedará ahí porque no está adaptado para que puedas jugar tu, entonces esperas a que tu hermano juegue contigo para jugar y ser iguales. Los reyes te lo traen para ver tu cara, aunque saben que nunca juegas como las demás personas. Desde la infancia ya no se sabe dar respuesta a las necesidades como niña/niño con discapacidad porque la sociedad no ve tu situación como activa, sólo como persona que hay que atender y -como ha quedado patente- existen diferencias.

En un mundo donde a menudo somos juzgados por nuestra apariencia o habilidades, la discapacidad nos enseña a mirar más allá de las diferencias internas y apreciar lo que es importante. Son numerosas barreras que la sociedad nos pone cada día. Estas barreras nos impiden desenvolvernos de forma natural y despreocupada dentro de la sociedad.

La razón principal es la falta de esos espacios adaptados a la realidad de todas las personas. En la actualidad y dentro de nuestras ciudades no están accesibles a todo tipo de personas: muchas personas no solo deben saber donde ir sino también cómo porque el transporte público -depende del tipo que sea- no siempre está adaptado. La consecuencia es clara: una pérdida en la calidad de vida y escasa participación social, y además, también supone un peligro para mi y da lugar a situaciones indignas.

Cuando salgo fuera de mi casa no bebo ni una gota de agua para aguantar la orina, reducción del tiempo de estar con mis amigos, cuando me toca cambiar de compresa lo hago en la taza del inodoro en posturas incómodas con el consiguiente riesgo de lesiones o tener que hacer mis necesidades encima.

La inclusión trata de respetar la diversidad, no las capacidades de las personas. Por tanto, la palabra "discapacidad" lo único que significa es la integración de lo que es un caldo de cultivo para la desigualdad. Creemos caminos que aboguen por el empoderamiento consciente y real, así como por la libertad de elección sobre qué vida quiero vivir con los apoyos necesarios. Como persona etiquetada y oprimida por el capacitismo, quiero que -con los recursos necesarios- todo el mundo podamos tener igualdad de oportunidades en todas las esferas de la vida. La vida, el trabajo y el empleo de las personas con discapacidad son factores interrelacionados que deben abordarse de manera integral para construir una sociedad justa y equitativa. Nos interesa mejorar las vidas, la igualdad de oportunidades y el empleo de todas las personas, independientemente de sus diferencias. Es responsabilidad de cada uno de nosotros trabajar juntos para construir un mundo más inclusivo y diverso donde todos podamos alcanzar nuestro máximo potencial.

Es importante que la sociedad cambie su actitud hacia las personas con discapacidad, alejándose de la lástima o la simpatía y hacia el respeto y la admiración por su fuerza, determinación y capacidad para superar obstáculos. Todos podemos aprender mucho de las personas con discapacidad y de su valentía, creatividad y resiliencia.

En resumen, la discapacidad no es un freno para una vida plena y significativa, sino una oportunidad para unir nuestra humanidad común y fortalecer nuestro compromiso con la igualdad y la inclusión. ¡Que el amor en todas sus formas sea la fuerza impulsora detrás de este paradigma: un futuro más justo y equitativo para todos!

X. BIBLIOGRAFÍA

ANDRÉS. M., "Intervención desde los márgenes", en GANDARIAS GOIKOETXEA, I., RUIZ NAREZO, M., PAÑOS CASTRO, J. (coords) *Perspectivas Feministas en la Intervención Socioeducativa: Reflexiones y Buenas Practicas.* Editorial: Síntesis, Madrid, 2022.

Associació Dones No Estàndards, Indicadores de exclusión social de mujer y discapacidad, Universidad Autónoma de Barcelona, Barcelona, 2002.

Ayuntamiento de Bilbao, III Plan de igualdad de mujeres y hombres, 2009.

Ayuntamiento de Bilbao, V Plan de igualdad de mujeres y hombres, 2020.

CERMI, I Plan integral de acción para mujeres con discapacidad. CERMI, Madrid, 2005.

Constitución Española: <https://app.congreso.es/consti/constitucion/indice/titulos/articulos.jsp?ini=49&tipo=2

Emakunde, IV Plan para la Igualdad de Mujeres y Hombres en la CAPV. Directrices VIII Legislatura, Vitoria-Gasteiz.

ESTEBAN, M.L., *Antropología del cuerpo. Género, itinerarios corporales, identidad y cambio,* Ediciones Balsterra, Barcelona, 2004.

ESTEVE, A., Ponencia sobre ¿Adicción a los psicofármacos? Bilbao, 2024.

FEKOOR, CMI, Seamos capaces: Una propuesta de transversalidad de género y discapacidad para el País Vasco, Bilbao, 2008.

Foro de vida independiente: <http://forovidaindependiente.org/filosofia-de-vida-independiente #:~:text=Movimiento%20mundial%20de%20Vida%20Independiente,el%20empoderamiento%20de%20este%20colectivo.

Fundación Adecco, *Discapacidad y relaciones sociales,* 2 ed. Madrid, 2021.

Generalitat de Catalunya, Plan de políticas de mujeres, 2008.

IDEPA (Instituto de Desarrollo Económico del Principado de Asturias), Datos CNAE, 2007.

INE, Encuesta de Discapacidad, Autonomía personal y situaciones de Dependencia (EDAD), 2008.

INE, Encuesta sobre Discapacidades, Deficiencias y Estado de Salud, 2008.

Junta de Andalucía, Plan de acción integral para las mujeres con discapacidad en Andalucía, 2008.

KELLER, R.M. y GALGAY, C.E., *Microaggressive experiences of people with disabilities,* 2010.

Lantegi Batuak, Informe: Itinerarios de inserción personalizados para personas con trastorno mental o con problemática psiquiátrica, Proyecto Zabalan: Iniciativa comunitaria Equal, 2004.

MALON MARCO, Agustín, *Sexualidad: planteamientos y claves para la intervención profesional en el ámbito de la discapacidad,* CADIS, Huesca, 2009.

Ministerio de Trabajo, Estudio comparativo de los planes de igualdad de oportunidades entre mujeres y hombres autonómicos y nacional, 2005.

Ministerio de Trabajo, Mercado de Trabajo y Encuesta de Población Activa, 2006.

Ministerio de Trabajo, Plan de acción para las mujeres con discapacidad, 2007.

MORAL CABRERO, E., *Microagresiones capacitistas. Estudio de la discriminación por discapacidad en la vida cotidiana* (Tesis Doctoral no publicada). Universidad de Salamanca, Salamanca, 2021.

PALACIOS, A. y ROMAÑACH, J., *El Modelo de la Diversidad: La Bioética y los Derechos Humanos para alcanzar la plena dignidad en la diversidad funcional.* Santiago de Compostela, 2007. Disponible en <http://e-archivo.uc3m.es/bitstream/10016/9899/1/diversidad.pdf

SUE, D.W. (Ed.), *Microaggressions and marginality: Manifestation, dynamics, and impact,* John Wiley y Sons Inc., 2011.

VILARIÑO, P., "La no discriminación de las mujeres y niñas con discapacidad en la legislación española en 2003-2012: 10 años de legislación sobre no discriminación de personas con discapacidad en España". *Estudios en homenaje a Miguel Ángel Cabra de Luna.* Luis CAYO PÉREZ BUENO, CERMI, Madrid, 2012.

Capítulo XIII.

Valor social generado a través del empleo de personas con discapacidad

RAMÓN BERNAL URIBARRENA
Director General de Lantegi Batuak

BELOKE ALEA ARRATE
Adjunta a Dirección en Lantegi Batuak

SUMARIO:

I. APROXIMACIÓN A LA INCLUSIÓN SOCIOLABORAL DE LAS PERSONAS CON DISCAPACIDAD

1. Empleo como propulsor de la autonomía y calidad de vida

La calidad de vida de las personas adultas se encuentra estrechamente ligada al empleo y a la mejora de las competencias personales que se desarrollan a través de este. Desde una perspectiva antropológica, el trabajo se vincula con la realización personal; desde una perspectiva socioeconómica, se considera eje y núcleo de cualquier actividad productiva personal y social, y desde una perspectiva psicológica, se vincula con la realización de la capacidad humana, que favorece la seguridad y la confianza de una persona en sí misma[1].

Lograr una vida independiente requiere tener autonomía sociopersonal, y el trabajo constituye uno de los aspectos clave para lograr dicha independencia[2]. Esto es, el trabajo se constituye como un medio para lograr diferentes metas personales, tales como la pertenencia a un grupo social, mayores relaciones sociales, el desarrollo de la personalidad o la independencia económica. Es por ello que las personas, y la sociedad en general, se preocupan especialmente por el empleo, siendo considerado uno de los desafíos económicos y sociales más relevantes.

El colectivo de personas con discapacidad y, en concreto de personas con discapacidad intelectual y del desarrollo, ha encontrado tradicionalmente mayores dificultades para acceder al mercado laboral, con la consecuente limitación en su desarrollo personal que eso supone. La falta de participación en el mercado laboral derivaba en un mayor aislamiento de estas personas, recluidas en muchos casos en los hogares familiares, limitadas así en el desarrollo de relaciones sociales y, por ende, encontrándose minorada su calidad de vida y la de sus familias. Para hacer frente a dichas dificultades, surgieron en 1982 los Centros Especiales de Empleo (CEE), con una clara finalidad integradora[3]. La *Ley 13/1982, de 7 de abril, de integración social de los minusválidos* (comúnmente conocida como LISMI) reguló esta figura, dictándose posteriormente el *Real Decreto 2273/1985, de 4 de diciembre, por el que se aprueba el Reglamento de los Centros Especiales de Empleo definidos en el artículo 42 de la Ley 13/1982, de 7 de abril, de Integración Social del Minusválido,* así como el *Real Decreto 1368/1985, de 17 de julio, por el que se regula la relación laboral de carácter especial de los minusválidos que trabajen en los Centros Especiales de Empleo.*

---

1 AA.VV., *Empleo y Discapacidad,* Ministerio de Trabajo y Asuntos Sociales. Secretaría General de Asuntos Sociales. Instituto de Migraciones y Asuntos Sociales, 1998, p. 27.

2 AA.VV., *Integración Sociolaboral. Trabajadores con Discapacidad Intelectual en Centros Especiales de Empleo,* Dykinson, 2008, pp. 361-363.

3 Cabe señalar que, con anterioridad a la creación de esta figura propiamente dicha, existían otras afines: centros pilotos de carácter especial; centros de empleo para trabajadores minusválidos; o, centros de empleo protegido". TUSET DEL PINO, P., *Trabajadores con Discapacidad. La Prestación de Servicios de Ajustes Personales y Sociales,* Difusión Jurídica, 2010, pp. 76-77.

La LISMI definía a estos centros en su artículo 42 como "aquellos cuyo objetivo principal sea el de realizar un trabajo productivo, participando regularmente en las operaciones del mercado, y teniendo como finalidad el asegurar un empleo remunerado y la prestación de servicios de ajuste personal y social que requieran sus trabajadores minusválidos; a la vez que sea un medio de integración del mayor número de minusválidos al régimen de trabajo normal". Esta definición, si bien ha sufrido alguna modificación a lo largo de los años, no ha sido alterada en su esencia. Los CEE constituyen una modalidad de inclusión laboral al proporcionar empleo a personas que posiblemente no lo conseguirían en otro lugar.

Indudablemente, el empleo de las personas con discapacidad constituye un tema de enorme relevancia, que traspasa fronteras. La comunidad internacional en conjunto manifestó su interés y preocupación por el empleo de este colectivo a través de la *Convención Internacional sobre los Derechos de las Personas con Discapacidad*, así como de su Protocolo Facultativo, aprobados el 13 de diciembre de 2006 en el seno de la Organización de las Naciones Unidas. Esta Convención supuso un avance fundamental en materia de derechos, ya que situó de forma integral a las personas con discapacidad como sujetos de derecho, lo que conllevó la adaptación y modificación posterior de diversas normas nacionales[4]. Entre ellas, destaca la aprobación del todavía vigente *Real Decreto Legislativo 1/2013, de 29 de noviembre, por el que se aprueba el Texto Refundido de la Ley General de derechos de las personas con discapacidad y de su inclusión social*[5] (en adelante, Ley General de derechos de las personas con discapacidad o LGD), que dedica un Capítulo entero, su Capítulo VI, al Derecho al trabajo.

---

[4] España ratificó la Convención en 2007, y entró en vigor el 3 de mayo de 2008. Desde entonces, y conforme a lo establecido en el apartado primero del artículo 96 de la Constitución Española de 1978, forma parte del ordenamiento interno.

[5] Esta norma fue dictada en aplicación de lo previsto en la disposición final segunda de la *Ley 26/2011, de 1 de agosto, de adaptación normativa a la Convención Internacional sobre los derechos de las personas con discapacidad*, que establece lo siguiente: "El Gobierno elaborará y aprobará antes del 31 de diciembre de 2013 y previa consulta al Consejo Nacional de la Discapacidad, un Texto Refundido en el que se regularicen, aclaren y armonicen la Ley 13/1982, de 7 de abril, de integración social de los minusválidos, la Ley 51/2003, de 2 de diciembre, de igualdad de oportunidades, no discriminación y accesibilidad universal de las personas con discapacidad y la Ley 49/2007, de 26 de diciembre, de infracciones y sanciones en materia de igualdad de oportunidades, no discriminación y accesibilidad universal de las personas con discapacidad".

Tal como establece el citado cuerpo legal, "las personas con discapacidad tienen derecho al trabajo, en condiciones que garanticen la aplicación de los principios de igualdad de trato y no discriminación". La igualdad de trato se aplica al acceso al empleo (ya sea por cuenta propia o ajena), a las condiciones de trabajo, a la formación profesional, así como a la afiliación y participación en las organizaciones sindicales y empresariales, o la incorporación y participación en cualquier organización sindical o en la que sus miembros desempeñen una profesión concreta. Además, la misma norma decreta como finalidad de la política de empleo aumentar las tasas de actividad y de ocupación e inclusión laboral de las personas con discapacidad (artículo 37.1 LGD).

Así, en definitiva, su inclusión en el mercado de trabajo no solo constituye un objetivo con una sólida base constitucional y legal, sino que también ha ido evolucionando desde un carácter más proteccionista hacia la creación de un marco jurídico impulsor del empleo[6]. Es decir, en el pasado, la gran mayoría de las políticas sociales relacionadas con la discapacidad se centraban más en la protección pasiva que en fomentar la autonomía personal. La progresiva sustitución de políticas pasivas de protección social por políticas más activas ha fomentado la inclusión de las personas con discapacidad en el mercado laboral.

De la misma forma, el propio concepto de discapacidad también ha ido variando significativamente a lo largo de los años en la misma línea. Claro ejemplo de ello reside en la Declaración de los Derechos del Niño, de 1959[7], que se refiere a los niños con discapacidad como "impedidos", expresión que muestra la conceptualización que había en esa época de las personas con discapacidad como sujetos sin posibilidades de autonomía. Imperaba un paradigma médico del tratamiento de la discapacidad, a diferencia del modelo basado en los derechos y la igualdad de oportunidades que existe hoy en día[8]. Más significativa

---

6 AA.VV., *Los Trabajadores Discapacitados. Contratación, Incentivos, Centros Especiales de Empleo, Prestaciones Sociales, Fiscalidad,* Cisspraxis, 2000, pp. 137-140.

7 Principio 5 de la Resolución 1386 (XIV) de 20 de noviembre de 1959, dictada por la Asamblea General, por la que se aprueba la Declaración de los Derechos del niño: "El niño física y mentalmente impedido o que sufra algún impedimento social debe recibir el tratamiento, la educación y el cuidado especiales que requiere su caso particular."

8 GUTIÉRREZ COLOMINAS, D., *La obligación de realizar ajustes razonables en el puesto de trabajo para personas con discapacidad: una perspectiva desde el derecho comparado y el derecho español,* Editorial Bomarzo, Albacete, 2019, pp. 31-33.

es la reforma del artículo 49 la Constitución Española, ya que, hasta el año 2024, el texto utilizaba el término "disminuidos" para referirse a las personas con discapacidad[9].

2. *Tipos de empleo: especial atención a los Centros Especiales de Empleo de iniciativa social*

El derecho al trabajo por parte de las personas con discapacidad puede ser ejercido a través de los siguientes tipos de empleo: a) empleo ordinario, —en las empresas y en las administraciones públicas—, incluido los servicios de empleo con apoyo[10]; b) empleo protegido, en centros especiales de empleo y en enclaves laborales; c) empleo autónomo. A este respecto, conviene señalar que, si bien en la ya derogada LISMI se concebía el segundo tipo (el empleo en CEE y en enclaves laborales) como una opción secundaria[11], en la vigente Ley General de derechos de las personas con discapacidad desapareció esa idea de los CEE como una opción residual, aunque sí se mantiene la concepción de que estos constituyen una vía para alcanzar la inclusión en el mercado ordinario de trabajo.

---

9 La reforma implicó la eliminación de la expresión "disminuidos físicos, sensoriales y psíquicos", sustituyéndola por "personas con discapacidad". Esta modificación se encuentra en vigor desde el 17 de febrero de 2024 y la redacción del referido artículo 49 queda redactado como sigue: "1. Las personas con discapacidad ejercen los derechos previstos en este Título en condiciones de libertad e igualdad reales y efectivas. Se regulará por ley la protección especial que sea necesaria para dicho ejercicio. 2. Los poderes públicos impulsarán las políticas que garanticen la plena autonomía personal y la inclusión social de las personas con discapacidad, en entornos universalmente accesibles. Asimismo, fomentarán la participación de sus organizaciones, en los términos que la ley establezca. Se atenderán particularmente las necesidades específicas de las mujeres y los menores con discapacidad".

10 Los servicios de empleo con apoyo son el conjunto de acciones de orientación y acompañamiento individualizado en el puesto de trabajo, que tienen por objeto facilitar la adaptación social y laboral de personas trabajadoras con discapacidad con especiales dificultades de inclusión laboral en empresas del mercado ordinario de trabajo en condiciones similares al resto de los trabajadores que desempeñan puestos equivalentes.

11 Artículo 37 de la LISMI: "Será finalidad primordial de la política de empleo de trabajadores minusválidos su integración en el sistema ordinario de trabajo o, en su defecto, su incorporación al sistema productivo mediante la fórmula especial de trabajo protegido que se menciona en el artículo cuarenta y uno."

Como es lógico, el escenario de 1982, año en el que se aprobó la LISMI, era muy diferente al escenario de 2013, año en el que se aprobó la Ley General de derechos de las personas con discapacidad. Hay varios factores que explican el referido cambio sobre la concepción de los CEE: el peso que suponen las personas con discapacidad empleadas en estos centros sobre el total de personas ocupadas con discapacidad; las dificultades de determinados perfiles de personas con discapacidad para lograr la inclusión en empresas ordinarias; así como el hecho de que durante la crisis económica los CEE, en su mayoría, conservaran el empleo[12].

Al igual que en la LISMI, como se mencionaba con anterioridad, los CEE se definen en el artículo 43 de la Ley General de derechos de las personas con discapacidad con las siguientes características: i. son centros que tienen como objetivo principal el de realizar una actividad productiva de bienes y/o de servicios, con el fin principal de asegurar un empleo remunerado para las personas con discapacidad; ii. Son, igualmente, un medio de inclusión del mayor número de estas personas en el denominado régimen de empleo ordinario; iii. La plantilla de los CEE debe estar constituida por el mayor número de personas trabajadoras con discapacidad que permita la naturaleza del proceso productivo del centro y, en todo caso, el 70% de la plantilla deberán ser personas con discapacidad reconocida; iv. Asimismo, deben prestar, a través de las unidades de apoyo, los servicios de ajuste personal y social que requieran las personas trabajadoras con discapacidad[13].

El desarrollo reglamentario de la LISMI establecía que los CEE podían ser públicos o privados, y que podían tener o no ánimo de lucro, sin determinar más diferencias entre ellos. Originalmente, la mayoría de los CEE se constituían por entidades sin ánimo de lucro; sin embargo, a finales de la década de los noventa, empezaron a proliferar las socieda-

---

[12] DÍAZ VELÁZQUEZ, E., "El impacto de las políticas de empleo en la inclusión de las personas con discapacidad en la empresa ordinaria", en AA.VV., *El empleo de las personas con discapacidad: oportunidades y desafíos* (Edit. REY PÉREZ y MATEO SANZ), Dykinson, Madrid, 2018, p.162.

[13] Son Unidades de Apoyo a la Actividad Profesional los equipos multiprofesionales enmarcados dentro de los Servicios de Ajuste Personal y Social de los CEE, que mediante el desarrollo de las funciones permiten ayudar a superar las barreras, obstáculos o dificultades que las personas trabajadoras con discapacidad de dichos centros tienen en el proceso de incorporación a un puesto de trabajo, así como la permanencia y progresión en el mismo.

des mercantiles interesadas en la creación y explotación de estos centros. Así, a raíz de la entrada del ánimo de lucro en este sector del empleo, surgieron numerosas voces críticas, que reivindicaban que las entidades lucrativas no se beneficiaran de los fondos públicos por este motivo —sobre todo de las subvenciones—. A pesar de ello, el número de CEE constituidos por sociedades mercantiles continuó aumentando[14].

Ahora bien, desde la entrada en vigor de la Ley de Contratos Públicos de 2017[15] en marzo de 2018, existe una nueva tipología de CEE: los de iniciativa social[16]. Se consideran de iniciativa social aquellos que, cumpliendo los requisitos generales para ser calificados como CEE, son promovidos y participados en más de un 50%, directa o indirectamente, por entidades que no tengan ánimo de lucro, ya sean asociaciones, fundaciones, corporaciones de derecho público, cooperativas de iniciativa social u otras entidades de la economía social, así como también aquellos cuya titularidad corresponde a sociedades mercantiles en las que la mayoría de su capital social sea propiedad de alguna de las entidades señaladas anteriormente, y siempre que en todos los casos en sus estatutos o en acuerdo social se obliguen a la reinversión íntegra de sus beneficios para creación de oportunidades de empleo para personas con discapacidad y la mejora continua de su competitividad y de su actividad de economía social, pudiendo reinvertirlos en el propio centro especial de empleo o en otros centros especiales de empleo de iniciativa social. Esto es, la calificación de iniciativa social deriva de la titularidad del centro, que debe corresponder a entidades sin ánimo de lucro o con carácter social reconocido, y de su previsión de reinversión de los beneficios obtenidos.

Dicha Ley de Contratos del Sector Público no solo creó esta nueva tipología de CEE, sino que establece la obligación de reservar la participación en determinados procedimientos de contratación pública a los CEE

---

14 GARCÍA SABATER, A.B., "Centros Especiales de Empleo de iniciativa social. Avances legislativos y ajustes necesarios", *Revista Jurídica CIRIEC-España*, nº 35, 2020, pp. 95-123.

15 Ley 9/2017, de 8 de noviembre, de Contratos del Sector Público, por la que se transponen al ordenamiento jurídico español las Directivas del Parlamento Europeo y del Consejo 2014/23/UE y 2014/24/UE, de 26 de febrero de 2014.

16 La Ley de Contratos del Sector Público modificó la Ley General de derechos de las personas con discapacidad, añadiendo un nuevo apartado a su artículo 43, para incluir la definición de CEE de iniciativa social.

de iniciativa social[17]. Esta ha sido —y sigue siendo— una cuestión repleta de controversia, ya que, desde las primeras reservas conforme a esta Ley, algunos CEE no calificados como iniciativa social —comúnmente denominados como CEE de iniciativa empresarial— comenzaron a impugnar las reservas que las Administraciones Públicas realizaban en todo el territorio del Estado[18].

A juicio de las personas autoras de este capítulo, con independencia de la forma jurídica de un CEE, o su tipología o calificación formal, no hay que olvidar que, aunque en los CEE actúen como empresas mercantiles ordinarias en la relación con el mercado —operando en el tráfico mercantil en plena competencia de calidad y precios—, no deben ser nunca únicamente meras empresas dedicadas a emplear a un gran número de personas con discapacidad, sino que deben además prestar continuamente los ajustes personales y sociales que estas personas trabajadoras requieran, y deben poner el foco sobre todo en el objetivo de inclusión de las personas con mayores dificultades. En este sentido, se considera que son personas con discapacidad con mayores dificultades aquellas con parálisis cerebral, con enfermedad mental, con discapacidad intelectual o con trastorno del espectro del autismo, con un grado de discapacidad reconocido igual o superior al 33%, así como aquellas con discapacidad física o sensorial, con un grado de discapacidad reconocido igual o superior al 65%[19]. Lo anterior es, y debería ser siempre, el

---

17 La Disposición Adicional 4ª de la Ley de Contratos del Sector Público dispone lo siguiente: "Mediante Acuerdo del Consejo de Ministros o del órgano competente en el ámbito de las Comunidades Autónomas y de las Entidades Locales, se fijarán porcentajes mínimos de reserva del derecho a participar en los procedimientos de adjudicación de determinados contratos o de determinados lotes de los mismos a Centros Especiales de Empleo de iniciativa social y a empresas de inserción [...]".

18 A la fecha de redacción del presente Capítulo, la cuestión se encuentra pendiente de resolución por el Tribunal Supremo. Véase el Auto del Tribunal Supremo 13043/2023 (Sala de lo Contencioso, Sección 1ª), de 2 de octubre de 2023 (recurso 6905/2022).

19 Este concepto viene definido en diferentes normas: artículo 1.1.c) del Real Decreto 156/2013, de 1 de marzo, por el que se regula la suscripción de convenio especial por las personas con discapacidad que tengan especiales dificultades de inserción laboral y artículo 3.2 del Decreto 152/2023, de 17 de octubre, por el que se regulan los programas y servicios relacionados con la empleabilidad de las personas con discapacidad de la Comunidad Autónoma de Euskadi y el Registro Vasco de centros especiales de empleo.

propósito esencial de todos los Centros Especiales de Empleo. Deben favorecer en todo momento el desarrollo competencial de las personas con mayores dificultades y facilitar los apoyos técnicos que permitan ofrecer oportunidades laborales orientadas sus capacidades. En ello concentran los CEE de iniciativa social sus esfuerzos y acciones.

II. GENERACIÓN DE VALOR SOCIAL

1. Acercamiento metodológico a la contabilidad social

Una vez aproximada la persona lectora a la inclusión sociolaboral de las personas con discapacidad y, en concreto, a los Centros Especiales de Empleo, no cabe duda de que estos centros cumplen una función social —siempre con la idea de que deben enfocarse hacia la generación de empleo para las personas con mayores dificultades—. Por tanto, alcanzado este punto, sería lógico preguntarse cuál es su impacto real o, lo que es lo mismo, a fin de valorar realmente la aportación que los CEE realizan a la sociedad, debe analizarse su impacto social a través de métricas adecuadas.

Es habitual que los estudios que analizan el impacto de estas organizaciones se enfoquen en análisis coste-beneficio, con la intención de calcular el retorno del gasto púbico que se dedica a ellos[20]. Se basan en comparar las ayudas que reciben por parte de la Administración Pública con los retornos que devuelven en concepto de impuestos y de ahorros de gastos sociales. Sin embargo, más allá de los retornos económicos generados a la Administración, el principal impacto de los CEE, tal como se desprende de lo expuesto hasta el momento, es la generación de valor para las personas con discapacidad en ellos empleadas[21].

---

20 AYUSO SIART, S., "El valor social generado por los centros especiales de empleo en España: comparación de dos enfoques de monetización", *REVESCO: revista de estudios cooperativos,* nº 145, 2023, p. 3.

21 Entre dichos estudios, destaca el informe "Presente y Futuro de los Centros Especiales de Empleo" (elaborado por KPMG, FEACEM y Fundación ONCE, 2013), que indica que el conjunto de los CEE en España retorna 1,44 euros por cada euro que perciben de la Administración.

Una buena ejemplificación de lo que se pretende visibilizar es la contratación de una persona con discapacidad intelectual que tiene derecho a cobrar una pensión no contributiva[22] y, no solo no la percibe, sino que, al trabajar en un CEE o en una empresa ordinaria a través de un programa de empleo con apoyo, percibe un salario por su trabajo, y además paga una serie de impuestos que se le descuentan de dicho salario. Todo ello supone una generación de valor. En ese caso, además, no solo la propia persona trabajadora estaría percibiendo un valor, sino también la Administración, a la que dicho empleo supone, por un lado, un ingreso en forma de los referidos impuestos y, por otro lado, un ahorro el hecho de no tener que sufragar una pensión no contributiva.

De hecho, desde hace años, el reconocimiento de la función social de las empresas ha conllevado la necesidad, casi exigencia, de determinar el valor social que estas generan[23]. Puede haber numerosas interpretaciones acerca de qué se entiende por valor social, por lo que, para continuar situando a la persona lectora en este capítulo, entendemos por valor social el conjunto del valor percibido por los diferentes grupos de interés o *stakeholders* de una organización. Nos referimos a su objetivación a través de la herramienta denominada contabilidad social, de base científica, que sirve

---

22 El sistema español de Seguridad Social se estructura en dos niveles básicos de protección: el contributivo y el no contributivo (art. 7 del Real Decreto Legislativo 8/2015, de 30 de octubre, por el que se aprueba el texto refundido de la Ley General de la Seguridad Social). La acción protectora alcanza a las situaciones de vejez o jubilación (a partir de los 65 años o, en su caso, a partir de la edad ordinaria de jubilación), invalidez o discapacidad (a partir del 65% de discapacidad), cargas familiares (hijo o menor de edad a cargo con discapacidad igual o superior al 33% o mayor de edad con discapacidad superior al 65% a cargo del beneficiario, nacimiento o adopción en supuestos de familias numerosas, monoparentales o de madres o padres con discapacidad y parto o adopción múltiple) y vulnerabilidad económica (ingreso mínimo vital). Las prestaciones no contributivas se financian mediante impuestos, con cargo a las partidas correspondientes de los Presupuestos Generales del Estado y su gestión corresponde a las Comunidades Autónomas, salvo determinadas prestaciones familiares que son gestionadas por el Instituto Nacional de la Seguridad Social (INSS).

23 RETOLAZA, J.L., RUIZ-ROQUEÑI, M., SAN-JOSE, L y BARRUTIA, J., "Cuantificación del valor social: propuesta metodológica y aplicación al caso de Lantegi Batuak", *Zerbitzuan: Gizarte zerbitzuetarako aldizkaria=Revista de servicios sociales*, nº 55, mayo 2014, p. 18.

de complemento a la contabilidad financiera, es decir, a la contabilidad tradicional[24].

La contabilidad analítica tradicional tiene como finalidad ofrecer una imagen fiel sobre el funcionamiento de una empresa y, para ello, toma en consideración únicamente los datos obtenidos de las transacciones económicas de mercado. Es por eso que resulta limitada a la hora de valorar elementos de no mercado, y también emocionales. Por su parte, el objetivo de la contabilidad social es considerar un concepto más amplio de valor, integrando el valor económico y el valor social, para lo que incorpora un modelo subyacente de valor, centrado en la Teoría de *Stakeholder*[25].

Procede poner, a continuación, el ejemplo de los salarios. El modelo actual de contabilidad financiera refleja el valor residual que queda en una determinada empresa al finalizar un ejercicio contable, y que puede distribuirse entre los accionistas de dicha empresa o, en su defecto, destinarse a incrementar los fondos propios de ella mediante reservas. Así, el valor generado a las personas trabajadoras, a través de los salarios, es considerado un gasto. Atendiendo a este sistema tradicional de contabilidad, resulta complicado comprender que un aumento del gasto de personal por sí mismo pueda considerarse como un valor en términos positivos. Al tratarse de un gasto, se trata de un decremento en los ingresos de la empresa y, por ello, resta, no suma. No obstante, siguiendo la teoría de los grupos de interés, el referido gasto de personal es un valor que la empresa distribuye entre las personas que en ella trabajan —siendo las personas trabajadoras un grupo de interés—. Al mismo tiempo, ello supone una paradoja gasto-valor de la gestión empresarial[26].

---

[24] RETOLAZA, J.L y SAN-JOSE, L., "Contabilidad social para la sostenibilidad: modelo y aplicación", *Revista de Contabilidad y Dirección,* nº 23, 2016, pp. 159-178.

[25] GARTZIA, L y RETOLAZA, J.L., "Cuantificación en unidades monetarias del valor social del género en las organizaciones: Propuesta integral de análisis e intervención", *Emakunde. Instituto Vasco de la Mujer,* 2019, pp. 18-19.

[26] FREEMAN, E., RETOLAZA, J.L y SAN-JOSE, L., "Stakeholder Accounting: hacia un modelo ampliado de contabilidad", *CIRIEC-España, Revista de Economía Pública, Social y Cooperativa,* nº 100, 2020, pp. 93-94.

El resultado que obtenemos tras la aplicación de la contabilidad social es el Valor Social Integrado (VSI), que comprende en un único concepto el resultado económico —mercantil— y el resultado social de una organización[27]. Esto es, el valor social de mercado y el valor social de no mercado. Para visualizar el concepto de Valor Social Integrado, se presenta la siguiente imagen:

Figura XIII.1: El Valor Social Integrado

VALOR DE MERCADO

Valor transferido como contrapartida de un precio real de mercado (salarios netos, cotizaciones a la seguridad social, IRPF...)

VALOR DE NO MERCADO

Valor transferido sin contrapartida de un precio real de mercado

Invisible en la contabilidad tradicional

Fuente: elaboración propia

2. *Variables generadoras de valor social*

Como se puede deducir de lo expuesto hasta aquí, uno de los primeros pasos para la cuantificación del valor social consiste en la identificación de los grupos de interés a los que la organización presupone que les genera valor. Posteriormente, es necesario realizar un diálogo con ellos, ya que son estos los que identifican cuáles son las variables que les generan valor, el valor social de no mercado, y no la propia organización[28]. La

---

27 GARTZIA, L y RETOLAZA, J.L., "Cuantificación en unidades monetarias del valor social del género en las organizaciones: Propuesta integral de análisis e intervención", *cit.*, p. 76.

28 GARTZIA, L y RETOLAZA, J.L., "Cuantificación en unidades monetarias del valor social del género en las organizaciones: Propuesta integral de análisis e intervención", *cit.*, p. 27.

identificación de los grupos de interés dependerá de cada organización o empresa; no obstante, considerando todo lo expuesto hasta el momento actual sobre la actividad de los Centros Especiales de Empleo y, en especial, sobre los de iniciativa social, la propuesta más utilizada por las organizaciones que vienen trabajando en este modelo es la de considerar, de forma agrupada, los siguientes grupos: personas trabajadoras, Administración Pública, clientes, proveedores, personas usuarias —en el caso de que la entidad preste algún servicio social— y sus familias, así como la sociedad en su conjunto.

Cabe tener en cuenta que lo habitual es que se genere una estandarización sectorial de las variables de valor utilizadas para el cálculo del valor de no mercado[29]. Así, en el seno de entidades dedicadas al sector de la discapacidad, se han conformado a lo largo de los años diversos grupos de trabajo específicos para tratar esta cuestión, con el objetivo de crear un vademécum[30]. En la actualidad, este vademécum establece un total de 16 variables de valor comunes al sector, que son las siguientes:

1. Generación de oportunidades de empleo / Creación de puestos de trabajo para personas con discapacidad / Empleo inclusivo
2. Disponibilidad de tiempo para las familias
3. Generación de actividad productiva de las familias
4. Ubicación social / Distribución geográfica de centros de trabajo / Cercanía a las personas trabajadoras y personas usuarias
5. Transporte adaptado
6. Orientación a las personas con discapacidad / Formación de acogida
7. Apoyo y acompañamiento a las familias / Orientación a las familias
8. Ahorros a la Administración Pública / Ayudas sustituidas

---

[29] GARTZIA, L y RETOLAZA, J.L., "Cuantificación en unidades monetarias del valor social del género en las organizaciones: Propuesta integral de análisis e intervención", *cit.*, p. 19.

[30] Este vademécum fue el resultado de la aplicación del modelo de contabilidad social desde el año 2012 en 43 experiencias registradas en diferentes Comunidades Autónomas, en el ámbito de la discapacidad.

9. Adaptación de puestos de trabajo
10. Inclusión social / Vida autónoma
11. Ocio y tiempo libre
12. Mantenimiento de actividad empresarial – No deslocalización
13. Servicio de comedor
14. Prestaciones sanitarias
15. Intermediación laboral
16. Transformación hacia una Sociedad cada vez más inclusiva / Sensibilización y visibilidad.

Identificadas las variables de valor de manera cualitativa por parte de los grupos de interés, el siguiente paso consiste en procesar esta información de forma cuantitativa (cuantificar en unidades monetarias los *outputs*). Dicho de otra manera, se identifican los *outputs* generados por la organización en cuestión, para ulteriormente cuantificarlos a través de un proceso de valor razonable, mediante *proxis*[31]. Al igual que existe una estandarización sectorial de las variables de valor, se ha trabajado en la definición de referencias adecuadas de valor razonable, los *proxis*, que permiten la referida cuantificación en unidades monetarias[32].

3. Experiencia de Lantegi Batuak

Lantegi Batuak es una organización, con más de 40 años de experiencia, que genera oportunidades laborales y ocupaciones para todas las personas con discapacidad, preferentemente intelectual y del desarrollo, y de Bizkaia[33]. Bajo la forma jurídica de fundación, ostenta la calificación de Centro Especial de Empleo de iniciativa social. Forman parte de Lantegi

31 GARTZIA, L y RETOLAZA, J. L., "Cuantificación en unidades monetarias del valor social del género en las organizaciones: Propuesta integral de análisis e intervención", *cit.*, p. 28-29.

32 Los trabajos consistentes en las referidas estandarizaciones sectoriales han sido desarrollados por Geaccounting, que constituye una agrupación de interés económico sin ánimo de lucro, y que surgió con el propósito de crear una comunidad de personas interesadas en la contabilidad social. Veáse: geaccounting.org.

33 Para más información, véase su página web: www.lantegibatuak.eus.

Batuak, más de 2.600 personas con discapacidad, de las que 1.862 trabajan en Centro Especial de Empleo y 775 son personas usuarias del Servicio Ocupacional[34]. Este servicio constituye un servicio social de responsabilidad pública, que busca el desarrollo personal de personas con discapacidad intelectual a través de la participación en actividades productivas reales[35]. La convivencia entre el Servicio Ocupacional y el CEE destaca porque numerosas personas que comienzan siendo usuarias del Servicio Ocupacional tienen la oportunidad de promocionar y optar a un empleo en CEE o en una empresa ordinaria bajo el régimen de empleo con apoyo. A dicha convivencia se le denomina "modelo mixto"[36], y forma parte de un itinerario completo de inclusión, en el que también se ofrece orientación laboral y formación.

---

34 Datos obtenidos de Lantegi Batuak, del año 2023.

35 Los centros ocupacionales se definen como una institución formalmente ajena al empleo, pues tienen como finalidad asegurar los servicios de terapia ocupacional y de ajuste personal y social a las personas con discapacidad con el objeto de lograr su máximo desarrollo personal y, en los casos en los que fuera posible, facilitar su capacitación y preparación para el acceso al empleo (artículo 52.1 de la Ley General de derechos de las personas con discapacidad).

36 BENGOETXEA ALKORTA, A., ECHEBARRIA RUBIO, A., MORANDEIRA ARCA, J. y SOTO GORROTXATEGI, A., "El modelo vasco de inclusión sociolaboral", Universidad del País Vasco/Euskal Herriko Unibertsitatea, Argitalpen Zerbitzua=Servicio Editorial, 2020, p. 88.

Figura XIII.2: Itinerario completo de inclusión

Fuente: Lantegi Batuak

Hoy en día, Lantegi Batuak dispone de una cartera de clientes compuesta por más de mil empresas del sector público y privado y realiza actividades en el campo de la externalización industrial (montajes electromecánicos, transformación metálica, electrónica, cableado y soluciones logísticas) y de los servicios (limpieza, jardinería, gestión documental, vending y comida a domicilio), y su facturación anual de esta supera los cien millones de euros.

Además, cuenta con una red de centros y servicios repartidos por todas las comarcas de Bizkaia que, sobre todo, busca ofrecer cercanía a las personas en la respuesta a sus necesidades de ocupación y/o empleo. Esta es precisamente una de las variables de valor que los grupos de interés de esta organización identificaron cuando se les entrevistó para iniciar el proceso de cuantificación del valor social. La distribución geográfica de los centros de trabajo responde a un criterio eminentemente social, y no mercantil. Se trata de instalar centros en lugares donde las personas tengan facilidad de acceso: cercanía a su domicilio y transporte público para llegar. Desde un punto de vista puramente mercantil, dicha distribución no se encontraría justificada.

Figura XIII.3: VSI generado por Lantegi Batuak

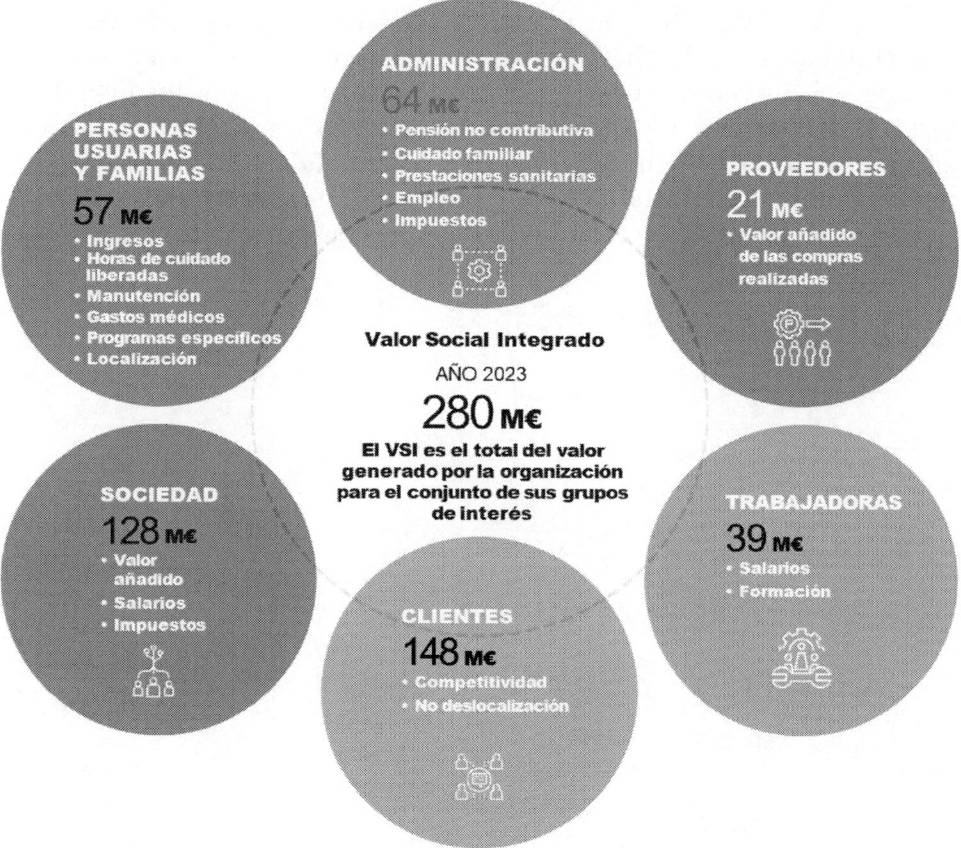

Fuente: Lantegi Batuak

Como se ve en los datos anteriores, la contabilidad social permite saber el valor social que cada uno de los grupos de interés de la organización percibe, por lo que sirve para evaluar las actividades sociales que la organización desempeña. Al mismo tiempo, favorece la comunicación con dichos grupos de interés. No se trata de que sea un cálculo realizado un único año, sino que se trata de integrar este sistema en la organización y realizarlo anualmente, y que sirva para la toma de decisiones y la planificación estratégica[37].

En concreto, Lantegi Batuak lleva más de doce años realizando el cálculo del VSI que genera[38]. En el periodo 2021-2023 incorporó como uno de sus grandes retos estratégicos el de "maximizar el Valor Social Integrado generado en Bizkaia" y en su última reflexión estratégica lo ha vuelto a tener en cuenta. Para el periodo actual, 2024-2026 ha establecido como su principal reto el incremento del valor social generado a nuestros grupos de interés prioritarios". La integración de la contabilidad social conlleva centrar la toma de decisiones en acciones que tienen un reflejo inmediato en el valor aportado a los grupos de interés, dejando en un segundo nivel las decisiones relacionadas con acciones más instrumentales, como las relacionadas con la parte económica. Igualmente, posibilita comparar el valor generado a los grupos de interés prioritarios y analizar las variaciones en función de las acciones llevadas a cabo.

---

37 ECHANOVE FRANCO, A., "Marco de referencia para la integración de la contabilidad social en la gestión estratégica de las empresas de Economía Social", *CIRIEC-España, revista de economía pública, social y cooperativa*, nº 100, 2020, pp. 207-237.

38 Véase "El Valor Social Integrado en Lantegi Batuak" https://www.lantegibatuak.eus/wp-content/uploads/2023/11/231107-LB-Folleto-ValorSocialI-CAST.pdf.

Figura XIII.4. Evolución del VSI generado por Lantegi Batuak a sus grupos de interés prioritarios

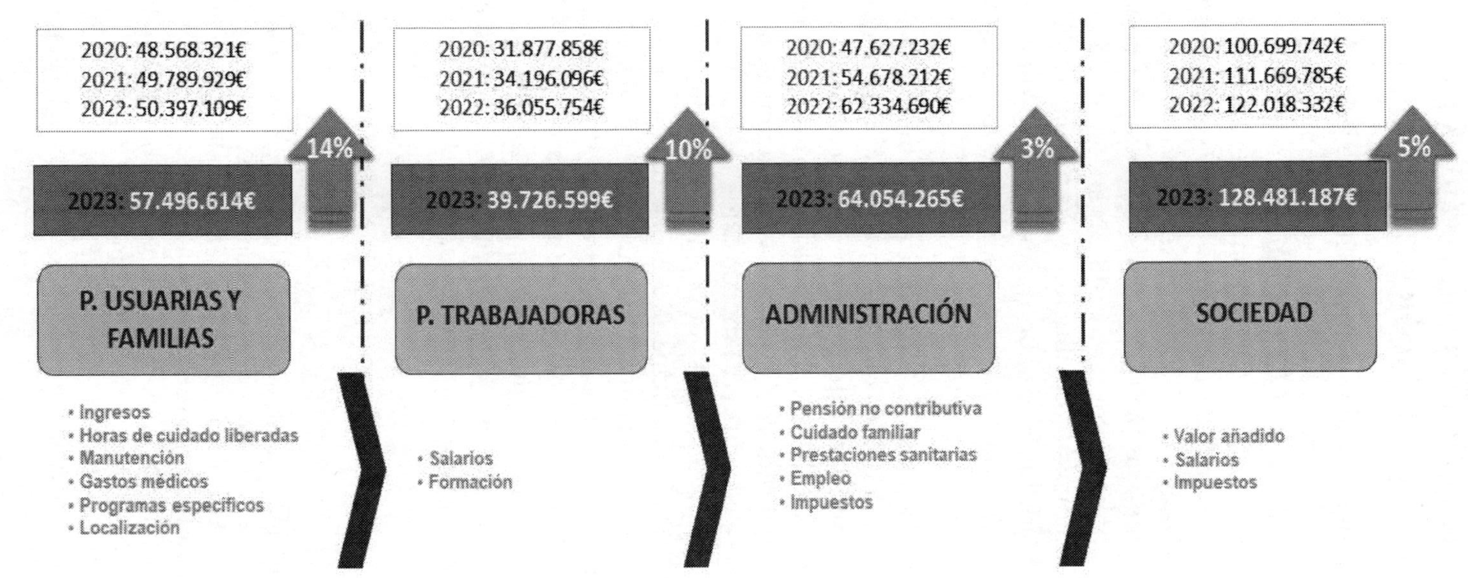

Fuente: Lantegi Batuak

III. REFLEXIONES FINALES Y RETOS PARA LA MAXIMIZACIÓN DEL VALOR GENERADO

En un contexto de cambios sociales —envejecimiento progresivo de la población y aumento de la enfermedad mental —, así como de evolución constante del mercado de trabajo, los CEE continúan manteniendo su propósito original: generar oportunidades laborales para personas con discapacidad; y algunos, como Lantegi Batuak, de iniciativa social, poniendo el foco en el colectivo con mayores dificultades de acceso al mercado de trabajo. En este contexto, no son pocos los retos a los que se enfrentan los Centros Especiales de Empleo. Por tanto, utilizar la contabilidad social como herramienta para medir su contribución a su propia naturaleza y fines resulta de gran utilidad. Ligado a ello, y desde el punto de vista de la maximización del valor generado, en la actualidad se encuentran dos grandes retos a destacar.

El primero de ellos hace referencia a los informes o memorias de sostenibilidad, anteriormente conocidos como informes de información no financiera[39]. El requerimiento legal de presentación de este tipo de informes ha impulsado su desarrollo a lo largo de los últimos años entre las sociedades mercantiles, que están diseñando de manera activa los modelos de reporte; sin embargo, las empresas sociales, que en buena parte no tienen todavía obligación a presentarlos, ya sea por volumen, por forma jurídica o por ambas, no están participando en su diseño. Pendientes de que la Directiva sobre presentación de información sobre sostenibilidad sea transpuesta[40], entidades como los CEE de iniciativa social, de la mano de otras entidades de la economía social, deberían asumir el liderazgo que corresponde en la materia de reportar sobre aspectos sociales. Esto facilitaría avanzar hacia unos modelos más centrados en presentar la aportación de valor a la sociedad en su conjunto, reflejo de la fisonomía

---

[39] Ley 11/2018, de 28 de diciembre, por la que se modifica el Código de Comercio, el texto refundido de la Ley de Sociedades de Capital aprobado por el Real Decreto Legislativo 1/2010, de 2 de julio, y la Ley 22/2015, de 20 de julio, de Auditoría de Cuentas, en materia de información no financiera y diversidad.

[40] Directiva (UE) 2022/2464 del Parlamento Europeo y del Consejo de 14 de diciembre de 2022 por la que se modifican el Reglamento (UE) nº 537/2014, la Directiva 2004/109/CE, la Directiva 2006/43/CE y la Directiva 2013/34/UE, por lo que respecta a la presentación de información sobre sostenibilidad por parte de las empresas.

de las entidades sociales, y con menos centralidad en el valor aportado a los accionistas.

El segundo de ellos hace referencia a la contratación con el sector público. Si bien la vigente Ley de Contratos del Sector Público[41] establece una reserva del derecho a participar en determinados procedimientos de contratación pública a favor de Centros Especiales de Empleo de iniciativa social, como medida de discriminación positiva, sería deseable ir un paso más allá también en esta materia, y adjudicar los contratos considerando también criterios de valor. Como se ha expuesto a lo largo del presente capítulo, la Administración Pública resulta un grupo de interés de especial relevancia para los CEE, pero también los CEE generan un notable valor para esta.

En los últimos años, se ha tratado de dar un impulso a la denominada contratación pública responsable o estratégica. Se considera que la contratación pública no tiene como finalidad única que el sector público se abastezca de bienes, suministros o servicios, sino que también debe utilizarse para el desarrollo de políticas sociales o medioambientales[42]. Se basa en adquirir bienes, obras y servicios con un elevado impacto social y un impacto medioambiental reducido y, para lograrlo, se hace necesario incorporar mediciones de impacto y de valor[43]. Para avanzar de este modo en la eficiencia de la contratación pública, hay investigaciones que proponen utilizar el modelo expuesto de contabilidad social[44]. Las referidas investigaciones se basan en incorporar el método de contabilidad social a los pliegos, de tal forma que se puedan

---

[41] Ley 9/2017, de 8 de noviembre, de Contratos del Sector Público, por la que se transponen al ordenamiento jurídico español las Directivas del Parlamento Europeo y del Consejo 2014/23/UE y 2014/24/UE, de 26 de febrero de 2014.

[42] Este enfoque se ha fortalecido con la *Directiva 2014/24/UE del Parlamento Europeo y del Consejo de 26 de febrero de 2014 sobre contratación pública*, que destaca el papel clave de la contratación pública en la Estrategia Europa 2020 para lograr un crecimiento inteligente, sostenible e integrador. Véase: https://commission.europa.eu/funding-tenders/tools-public-buyers/social-procurement_es.

[43] Carta de Zaragoza: Manifiesto por una compra pública responsable. Véase: https://www.obcp.es/index.php/noticias/carta-de-zaragoza-manifiesto-por-una-compra-publica-responsable.

[44] RETOLAZA, J.L., SAN-JOSE, L., RUIZ-ROQUEÑI, M., ARAUJO, A., AGUADO, R., URIONABARRENETXEA, S., GARCÍA-MERINO, D y ALCAÑIZ, L., "Incorporando el valor social en las licitaciones públicas: un modelo integral", *CIRIEC-España, revista de economía pública, social y cooperativa*, nº 85, 2015, pp. 55-82.

cuantificar aspectos sociales del contrato (la generación de empleo o el retorno a la Administración por medio de impuestos, entre otros) en base a las ofertas propuestas por las licitadoras y, por tanto, evaluarlos, como un criterio de adjudicación adicional. La calidad constituye un factor determinante para la gestión eficiente de la contratación pública, y se debe continuar insistiendo en que el uso de criterios sociales, en tanto conllevan una mayor calidad, sirven también para comparar globalmente las ofertas.

IV. BIBLIOGRAFÍA

AYUSO SIART, S., "El valor social generado por los centros especiales de empleo en España: comparación de dos enfoques de monetización", REVESCO: Revista de Estudios Cooperativos, nº 145, 2023.

BENGOETXEA ALKORTA, A., ECHEBARRIA RUBIO, A., MORANDEIRA ARCA, J. y SOTO GORROTXATEGI, A., "El modelo vasco de inclusión sociolaboral", Universidad del País Vasco/Euskal Herriko Unibertsitatea, Argitalpen Zerbitzua=Servicio Editorial, 2020.

DÍAZ VELÁZQUEZ, E., "El impacto de las políticas de empleo en la inclusión de las personas con discapacidad en la empresa ordinaria", en AA.VV., *El empleo de las personas con discapacidad: oportunidades y desafíos* (Edit. REY PÉREZ y MATEO SANZ), Dykinson, Madrid, 2018.

ECHANOVE FRANCO, A., "Marco de referencia para la integración de la contabilidad social en la gestión estratégica de las empresas de Economía Social", *CIRIEC-España, revista de economía pública, social y cooperativa,* nº100, 2020, pp. 207-237.

FREEMAN, E., RETOLAZA, J.L., SAN-JOSE, L., "Stakeholder Accounting: hacia un modelo ampliado de contabilidad", *CIRIEC-España, Revista de Economía Pública, Social y Cooperativa,* nº 100, 2020, pp. 93-94.

GARCÍA MARTÍN, J.M. y GARCÍA DÍAZ, N., *Empleo y Discapacidad,* Ministerio de Trabajo y Asuntos Sociales. Secretaría General de Asuntos Sociales. Instituto de Migraciones y Asuntos Sociales, 1998.

GARCÍA SABATER, A.B., "Centros Especiales de Empleo de iniciativa social. Avances legislativos y ajustes necesarios", *Revista Jurídica CIRIEC-España,* nº 35, 2020, pp. 95-123.

GARTZIA, L y RETOLAZA, J. L., "Cuantificación en unidades monetarias del valor social del género en las organizaciones: Propuesta integral de análisis e intervención", Emakunde. Instituto Vasco de la Mujer, 2019.

GUTIÉRREZ COLOMINAS, D., *La obligación de realizar ajustes razonables en el puesto de trabajo para personas con discapacidad: una perspectiva desde el derecho comparado y el derecho español,* Editorial Bomarzo, Albacete, 2019.

IBÁÑEZ LÓPEZ, P. y MUDARRA SÁNCHEZ, M.J., *Integración Sociolaboral. Trabajadores con Discapacidad Intelectual en Centros Especiales de Empleo,* Dykinson, 2008.

RETOLAZA, J.L., RUIZ-ROQUEÑI, M., SAN-JOSE, L., BARRUTIA, J., "Cuantificación del valor social: propuesta metodológica y aplicación al caso de Lantegi Batuak", *Zerbitzuan: Gizarte zerbitzuetarako aldizkaria=Revista de servicios sociales,* nº 55, mayo 2014.

RETOLAZA, J. L., SAN-JOSE, L., RUIZ-ROQUEÑI, M., ARAUJO, A., AGUADO, R., URIONABARRENETXEA, S., GARCÍA-MERINO, D y ALCAÑIZ, L., "Incorporando el valor social en las licitaciones públicas: un modelo integral", *CIRIEC-España, Revista de Economía Pública, Social y Cooperativa,* nº 85, 2015, pp. 55-82.

RETOLAZA, J.L., SAN-JOSE, L., "Contabilidad social para la sostenibilidad: modelo y aplicación", *Revista de Contabilidad y Dirección,* nº 23, 2016, pp. 159-178.

SÁNCHEZ-CERVERA SENRA, J.M. y SÁNCHEZ-CERVERA VALDÉS, J.M., *Los Trabajadores Discapacitados. Contratación, Incentivos, Centros Especiales de Empleo, Prestaciones Sociales, Fiscalidad,* Cisspraxis, 2000.

TUSET DEL PINO, P., *Trabajadores con Discapacidad. La Prestación de Servicios de Ajustes Personales y Sociales,* Difusión Jurídica, 2010.

1. Recursos electrónicos

Carta de Zaragoza: Manifiesto por una compra pública responsable. <https://www.obcp.es/index.php/noticias/carta-de-zaragoza-manifiesto-por-una-compra-publica-responsable.

El Valor Social Integrado en Lantegi Batuak: <https://www.lantegibatuak.eus/wp-content/uploads/2023/11/231107-LB-Folleto-ValorSocialI-CAST.pdf.

Informe "Presente y Futuro de los Centros Especiales de Empleo" (elaborado por KPMG, FEACEM y Fundación ONCE, 2013: <https://biblioteca.fundaciononce.es/publicaciones/colecciones-propias/programa-operativo/presente-y-futuro-de-los-centros-especiales-de.

CUARTA PARTE: PERSPECTIVA DE DERECHO COMPARADO

Capítulo XIV.

Mujeres, discapacidad y trabajo a distancia en la época del COVID: Una investigación empírica en la provincia di Brescia (Italia)

MARCO CASTELLANI
Catedrático de Sociología de los procesos económicos y de trabajo
Universidad de Brescia

GRAZIA COMPAGNONI
Responsable Collocamento mirato Provincia de Brescia

LUCIANA GUAGLIANONE
Profesora Titular de Derecho del trabajo
Universidad de Brescia[1]

SUMARIO:

I. MOTIVOS DE LA INVESTIGACIÓN

Se habla poco de discapacidad, muy poco de mujeres con discapacidad, y casi nunca se aborda la problemática mujeres con discapacidad y trabajo.

---

1 El artículo es el resultado de las reflexiones comunes de los tres autores, si bien los párrafos II y IV son atribuibles a Marco Castellani; los párrafos III y 3 a Grazia Compagnoni; los párrafos I, V, 5.1, 5.2 a Luciana Guaglianone.

Las razones, aunque diferentes, se remontan a los límites existentes en nuestra sociedad, que es propensa a la "normalización" de la persona y a la eliminación de las diferencias. El oscurecimiento del binomio mujer-discapacidad es un fenómeno que atañe a la sociedad civil y al Derecho; este último es poco proclive a reconocer el cruce de fronteras entre diversas categorías sociales: en el caso concreto de las mujeres y de las mujeres con discapacidad y, por tanto, se muestra reticente a la hora de proteger sus derechos.

La escasa importancia atribuida a la discapacidad es imputable a un proceso de eliminación parcial de la cuestión que la relega a estudios especializados. Mientras que la falta de reconocimiento de la relevancia de la cuestión de género se debe a que no se tiene en cuenta el impacto negativo que se produce cuando confluyen el factor discapacidad y el factor género.

La invisibilidad del problema contrasta fuertemente con la gran importancia numérica del fenómeno. Las mujeres con discapacidad representan el 25,9% del total de la población femenina de la Unión Europea. Y además son cerca el 60% de los 100 millones de personas europeas que tienen discapacidad. Esto supone que en la UE hay casi 40 millones de mujeres (y niñas) con discapacidad, a las que no se reconoce el derecho a tener una doble identidad.

La interrelación negativa del cruce entre discapacidad y género alcanza una de sus máximas expresiones en lo que respecta a la inclusión laboral. Señala el EU-SILC UDB[2] 2019 que sólo 49,5% de las mujeres con discapacidad, en el grupo de edad de 20 a 64 años, trabaja frente al 53,9% de los hombres en el mismo grupo de edad y el Índice de Igualdad de Género 2021 recuerda que solo el 20% de las mujeres con discapacidad trabaja a tiempo completo, frente al 29% de los hombres con discapacidad.

No parece, por tanto, inapropiado hablar, también en referencia a las mujeres con discapacidad, de una brecha de género. Si tomamos el trabajo

2 Las Estadísticas de la Unión Europea sobre la Renta y las Condiciones de Vida (EU-SILC) son un instrumento de recogida de microdatos longitudinales y transversales sobre la renta, la pobreza y la exclusión social. Es la principal fuente de referencia de la Unión Europea para estadísticas comparativas sobre distribución de la renta y exclusión social. https://ec.europa.eu/eurostat/web/microdata/european-union-statistics-on-income-and-living-conditions [Consulta: 17/04/2024]

como uno de los principales elementos para la inclusión, la elevada tasa de desempleo facilita que las mujeres con discapacidad padezcan malas condiciones de vida y sufran, en mayor medida, la exclusión social. Una inserción laboral no lograda o insatisfactoria, determinada por dificultades enquistadas histórica y culturalmente en la sociedad, implica una situación de vulnerabilidad social que encuentra sus causas aún en la misma sociedad. Por lo tanto, la discapacidad, y especialmente la discapacidad de las mujeres, (también) se construye como un fenómeno social, alimentado por estereotipos y prejuicios que potencian su fuerza al combinar los relativos al género y a la discapacidad.

De lo anteriormente expuesto se desprende, con toda claridad, que captar sólo una dimensión del problema, sólo el género o sólo la discapacidad, no permite comprender los verdaderos mecanismos que constituyen la base de un adecuado proceso de inclusión laboral, ni dejan identificar las intervenciones apropiadas para garantizar la real igualdad de oportunidades entre hombres y mujeres con discapacidad.

El sistema italiano es un ejemplo muy claro de cómo la neutralidad de una normativa puede ocultar la violación del principio de igualdad sustancial. La disciplina legislativa, destinada a promover la inclusión laboral de las personas con discapacidad (v. apartado III), cuando se trata de mujeres con discapacidad, no logra (del todo) este objetivo En 2021 solo el 14% de las mujeres con discapacidad tenían un empleo a tiempo completo, frente al 28% de los hombres, mientras que la media de la UE es del 20% para las mujeres y del 29% para los hombres. Es interesante observar que, aunque con cifras y porcentajes diferentes, las líneas de tendencia de la situación laboral de las mujeres con discapacidad y de las llamadas mujeres "normales" son exactamente las mismas. En referencia a estas últimas, el Índice de Igualdad (EIGE) recuerda que la brecha de género italiana en el empleo es 7 puntos superior a la media europea (UE 48%, Italia 41%).

Si el género es el denominador común y determinante de la diferente tasa de empleo, es perfectamente comprensible el interés por verificar, a través de la investigación empírica, el peso que el trabajo a distancia tuvo durante el COVID, aun en lo que respecta a las mujeres con discapacidad. De hecho, durante todo el período relacionado con la emergencia sanitaria que, en Italia, aunque con normas diferentes, duró unos 3 años, las mujeres fueron el grupo más afectado por esta modalidad de trabajo y el que reportó mayores consecuencias, incluso negativas, con respecto al equilibrio vida personal/vida laboral.

II. CONSTRUCCIÓN DE LA INVESTIGACIÓN

La investigación, cuyos principales resultados se resumen aquí, surgió de una estrecha colaboración entre la Universidad de Brescia y el *Collocamento mirato* (v. apartado III) de la Provincia de Brescia, en el marco de actividades llevadas a cabo por el "*Tavolo sulla disabilità*" (Mesa sobre la Discapacidad)[3].

Debido al escaso número de estudios sobre la inserción de trabajadores discapacitados en empresas por parte de entidades de ámbito territorial en Italia (como lo es el *Collocamento mirato*), la encuesta era puramente exploratoria. Y el objetivo principal, era proporcionar una panorámica, lo más exhaustiva posible, de la percepción que tuvieron los trabajadores discapacitados a la hora de desarrollar una experiencia de trabajo a distancia. Con este fin, se diseñó, junto con los interlocutores sociales, un cuestionario, posteriormente implementado en una plataforma GoogleForm, que permitió recoger las valoraciones de los encuestados sobre aspectos fundamentales en los ámbitos en los que se experimentó el trabajo a distancia.

La población de referencia ha sido equivalente al total de personas colocadas en el trabajo por el *Collocamento Mirato* de la Provincia de Brescia en el quinquenio 2017-2022 y que, en la fecha de la extracción, estaban en activo y que se consiguió localizar a través del correo electrónico (N= 1.694). Trás enviar cuatro recordatorios, acompañados de una breve explicación sobre el fin de la investigación (se puso en el correo también el enlace al cuestionario), respondieron 433 personas (Θ de la prueba de Marbach para la representatividad de la muestra = 0,041, es decir, < 5%, un umbral que se considera ampliamente satisfactorio para los estudios empíricos): de ellas 349 dieron su consentimiento para el tratamiento anónimo de los datos y siguieron rellenando el cuestionario (Θ de la prueba de Marbach para la representatividad de la muestra = 0,048, es decir, todavía < 5%).

La encuesta ha abarcado tres periodos: T1, hasta febrero de 2020, es decir, antes de la emergencia pandémica; T2, de marzo de 2020 a junio de 2022, es decir, durante la fase pandémica; y T3, de julio de 2022 hasta el momento de la recopilación, es decir, después de la emergencia pandémica (la última recopilación data del 10 de agosto de 2023).

---

[3] Creada a su vez en el seno del Osmer, "*Osservatorio sul mercato del lavoro e sulla contrattazione collettiva*" (Observatorio del Mercado de Trabajo y de las Relaciones Colectiva), Centro de investigación de la Universidad de Brescia.

Las preguntas del cuestionario se administraron post- hoc, es decir, se formularon retrospectivamente con respecto a los periodos indicados, y empleando principalmente medidas de actitudes, percepciones y opiniones en escalas de Likert de cinco pasos y diferenciales semánticos.

La estructura del cuestionario incluía las siguientes secciones: 1) sociodemográfica (edad, sexo, titulación académica, antigüedad en el empleo, modalidad contractual, tipo de contrato, cargo actual); 2) características de la actividad laboral desarrollada (área profesional, tamaño de la empresa, porcentaje de tiempo trabajado en el PC, uso eventual de permisos, trabajo a distancia o razones para no trabajar a distancia, número de semanas de trabajo a distancia realizado, tipo de actividad desarrollada a distancia, tareas realizadas a distancia en comparación con las realizadas anteriormente en presencia) 3) entorno de trabajo (equipamiento informático e idoneidad del material facilitado para la realización del trabajo a distancia, formación recibida para el uso de las tecnologías informáticas, adecuación de la estación de trabajo , frecuencia de las dificultades técnicas encontradas en el trabajo a distancia y dificultad para encontrar información, referente de la empresa en caso de dificultades técnicas, problemas de salud no encontrados anteriormente, cumplimiento de las expectativas en cuanto al trabajo a distancia, valoración del cambio entre trabajo presencial y a distancia); 4) diferencia de satisfacción entre el trabajo a distancia y lo presencial, en relación con los siguientes aspectos: condiciones de trabajo / libertad de elección del método de trabajo / relación con los compañeros y compañeras / valorización del propio trabajo / relación con los superiores / grado de responsabilidad asignado / salario / posibilidad de utilizar las propias competencias y capacidades / relaciones entre la dirección y los empleados / posibilidad de promoción); 5) conciliación y tiempo de trabajo 6) sistemas de control y verificación del trabajo realizado; 7) percepción de un posible cambio en la relación con los superiores tras la introducción del trabajo a distancia e impacto del trabajo a distancia en las relaciones interpersonales; en el intercambio de información; en el aprendizaje de nuevos conocimientos; en la eficiencia y la motivación laboral.

III. "*COLLOCAMENTO MIRATO*" Y SUS ATRIBUCIONES

La primera ley nacional italiana que protege el derecho al trabajo de las personas discapacitadas es del año 1968, y obliga a los empresarios públicos y privados a emplear una cuota de trabajadores discapacitados calculada sobre el tamaño numérico de la plantilla total. El sistema coercitivo permanece aún después de la reforma introducida por la ley n° 68 del 12 de marzo de 1999, "Norme per il diritto al lavoro dei disabili" (Reglamento para el derecho al trabajo de las personas discapacitadas); pero en la ley se incorporan incentivos que favorecen la inserción de las personas discapacitadas en el mundo del trabajo. El "Collocamento mirato" fue identificado como el organismo público que poseía las herramientas técnicas, debido a sus competencias en la evaluación de la capacidad laboral de las personas con discapacidad, actividad previa a la búsqueda de plazas de trabajo. A finales de los años noventa se confirieron a las Regiones y a las Provincias funciones y tareas en el ámbito del mercado laboral, de los servicios de empleo y de las políticas laborales activas, competencias que hasta entonces estaban asignadas a estructuras descentralizadas del Ministerio de Trabajo (Ley n°469/1997). La Región Lombardía, en la cual se encuentra Brescia, mediante la ley regional n.1 del 15 de enero de 1999, aplicó las disposiciones de la ley nacional antes mencionada (ley n.68/99) y estableció que la oficina del *Collocamento mirato* se colocara en Brescia.

Collocamento mirato en la Provincia de Brescia

En la provincia de Brescia, el *Collocamento mirato* se creó en 2001 y tiene como objetivo acompañar a las personas con discapacidad en la búsqueda de empleo. El proceso de evaluación de posibles empleos comienza con un análisis del tipo de necesidades expresadas por la persona, teniendo en cuenta sus capacidades y aptitudes, sus características físico-funcionales y sus condiciones de salud. Al mismo tiempo, se lleva a cabo un examen de los puestos de trabajo y de las tareas que se adaptan a las características y la profesionalidad de la persona discapacitada que busca empleo. Una vez identificados los posibles encajes, se notifica a los empresarios la existencia de trabajadores potenciales y se les convoca a una entrevista.

El objetivo de esta actividad de intermediación laboral es lograr el mayor número posible de colocaciones duraderas y satisfactorias recurriendo también, en la medida de lo posible, a formas de ajustes razonables destinadas a mejorar las condiciones de trabajo de las personas con discapacidad.

En la actualidad, sin embargo, el mercado laboral exige competencias muy profesionalizadas y/o conocimientos técnicos específicos y actualizados. Esta situación hace que la búsqueda y la selección de personas discapacitadas, adecuadas a las necesidades del contexto, resulte complicada y, en muchas ocasiones, infructuosa.

También es problemático encontrar personas aptas para ser empleadas en actividades relacionadas con la distribución a gran escala: los horarios flexibles, los turnos semanales cambiantes y el compromiso físico prolongado excluyen a una gran proporción de personas discapacitadas que no pueden mantener ritmos de trabajo intensos y frecuentes solicitudes de adaptación a las necesidades de la empresa.

En este ya complicado contexto se produce la alteración de los estilos de vida y de trabajo provocada por la explosión de la pandemia COVID (marzo 2020). Por necesidad, el trabajo a distancia, muy poco utilizado en lo que se refiere a la actividad laboral de las personas con discapacidad -a pesar de que existiera del año 2017 (ley nº 81/2017)- es en algunos contextos y circunstancias la única forma de trabajo.

Por lo tanto, ha sido de actualidad y de extremo valor verificar si el trabajo a distancia, aun para las personas con discapacidad que trabajan en la provincia de Brescia, se ha convertido en una herramienta utilizada y en qué medida y con qué repercusiones lo ha sido.

IV. REALIZACIÓN DE LA INVESTIGACIÓN

Para presentar los principales resultados de la encuesta desde un punto de vista descriptivo, se utilizarán estadísticas univariantes y bivariantes.

En la parte sociodemográfica (sección 1), de los 349 encuestados, 202 son mujeres (57,88%), 146 son hombres (41,83%) y 1 no encaja en estas dos categorías. La edad media de los encuestados es de 44,57 del total, con 44,42 para las mujeres y 44,81 para los hombres, sin diferencias significativas. Siempre centrándonos en las mujeres y en los hombres, la mayoría de los encuestados tiene un diploma de enseñanza secundaria (54,46% de las mujeres y 46,58% de los hombres).

La modalidad contractual más representada, tanto para hombres como para mujeres, es la del asalariado fijo (90,72% para las mujeres y 89,73% para los hombres), mientras que los valores insignificantes se refieren al trabajo de duración determinada, al trabajo temporal y al aprendizaje. No existen diferencias significativas entre hombres y mujeres en cuanto a la antigüedad de trabajo, que es de 3,21 años de media, mientras que las mujeres con un contrato a tiempo parcial son el 45,05% frente al 34,25% de los hombres [$\chi2(1) = 4{,}10$; $p < .05$].

La distribución profesional también está desequilibrada, el 74,26% de las mujeres trabajan como administrativas frente al 45,89% de los hombres; estos últimos por el 15,07% trabajan como obreros cualificados, frente al 0,99% de las mujeres, y un 36,99% [$\chi^2(7) = 52{,}46$; $p < .001$] como obreros comunes, frente al 24,76% de las mujeres [$\chi^2(4) = 42{,}86$; $p < .001$].

El sector ocupacional predominante es el administrativo (el 45,98% de los sujetos), en este está ocupado el 45,41% de las mujeres frente al 27,40% de los hombres; el 43,83% de ellos está en el sector de la producción frente al 17,3 de las mujeres [?2(7) = 52.46; $p < .001$].

La mayoría de los sujetos trabaja en unidades con menos de 35 empleados (32,47%), seguidos de los que están empleados en unidades con más de 300 empleados (21,55%). La industrial es la actividad predominante que realizan las empresas.

Tabla XIV.1. Frecuencias de respuestas en las tres fases sobre el rendimiento del trabajo a distancia

	Realización de trabajo a distancia no/sí		**% de tiempo (sobre el total) dedicado al trabajo con PC**	**Trabajo a distancia no/sí**		**% de tiempo (sobre el total) dedicado al trabajo con PC**	**Trabajo a distancia no/sí**		**% de tiempo (sobre el total) dedicado al trabajo con PC**
	Frec.	%		**Frec.**	%		**Frec.**	%	
No	334	95,98		248	71,26		296	85,06	
Sí	14	4,02		100	28,74		52	14,94	
Total	348	100,00	45,66	348	100,00	49,97	348	100,00	51,95

Fuente: Elaboración propia

Respecto a los que no hacían trabajo a distancia en la primera fase (pre-Covid) (sección 2) el porcentaje de los que lo hicieron en la segunda fase (Covid) (26,35%) fue significativo [$\chi^2(1)$ de McNemar = 82,18; $p < .001$], también lo fue el de quienes hicieron trabajo a distancia en la segunda fase y luego dejaron de hacerlo en la tercera (post-Covid) (16,89%) [$\chi^2(1)$ de McNemar = 44,31; $p < .001$]. Total, mientras que el porcentaje de los que trabajaron a distancia en la segunda fase aumentó, en comparación con la primera fase (28,74% frente a 4,02%), este porcentaje disminuyó en la tercera (14,94% frente a 28,74%), véase el cuadro 1. A pesar de ello, en conjunto el porcentaje de trabajo realizado a distancia aumentó en las tres fases. La media fue del 45,66% en la primera fase, del 49,97% en la segunda y del 51,95% en la tercera. La diferencia es significativa, tanto al comparar la primera y la segunda fase [$t(346) = 3{,}21$; $p < .001$], como al comparar la segunda y la tercera fase [$t(346) = 1{,}85$; $p < .05$], según la cual menos trabajadores realizan trabajo a distancia, con la consecuencia que, en la tercera fase, aun si un número menor de trabajadores realiza trabajo a distancia, lo hace con un porcentaje mayor respecto a las horas totales de trabajo.

Las razones para las cuales no se ha recurrido al trabajo a distancia se deben, principalmente, a la incompatibilidad del puesto de trabajo con esta modalidad de trabajo (61,38% en la primera fase, 79,44% en la segunda y 71,53% en la tercera) y a la imposibilidad de encontrar una solución organizativa adecuada (11,98% en la primera fase, 7,26% en la segunda y 9,15% en la tercera), también a la idea del empresario de que el trabajo a distancia no era necesario o no estaba previsto. El porcentaje de los que pidieron la baja fue significativamente mayor en la segunda fase (13,79%) respecto a la primera (8,33%) [McNemar's $\chi^2(1) = 8{,}40$; $p < .001$], mientras que no hubo diferencias significativas entre la segunda y la tercera fase.

El reducido número de los que realizaron trabajo a distancia en la primera fase no permite realizar análisis sólidos ni comparaciones con las demás fases. La media de semanas de trabajo a distancia en la segunda fase fue de 32,36 y de 24,44 en la tercera [$t(150) = 1{,}46$; $p < .10$], el oficio prevalente, tanto en la segunda (53,85%) como en la tercera fase (47,06%), es el administrativo En cuanto a las tareas realizadas a distancia– el confronte es con las anteriormente realizadas de forma presencial- con referencia a la segunda fase, el 46,5% contestó que "todas" y el 23,76% "muchas"; ambos valores se incrementaron en la tercera fase (53,85% "todas" y 25% "muchas").

Si miramos a la tercera sección del cuestionario el gráfico muestra que, en la segunda fase el 70,3% de los sujetos afirma haber hecho uso de material informático para realizar el trabajo a distancia, frente al 86,54% que lo utilizó en la tercera fase [McNemar's $\chi^2(1) = 3{,}0$; $p < .1$]. Tanto en la segunda como en la tercera fase, alrededor del 60% de los sujetos, calificaron como, totalmente o muy adecuado, el material proporcionado.

Es importante destacar, con respecto a la segunda fase, que el 40% de los sujetos afirma no haber recibido ninguna (o muy poca) formación en el uso de las tecnologías. Esta cifra disminuye hasta el 28,25% en la tercera fase, en la que, también, aumenta el porcentaje de los que creen haber recibido mucha formación (del 9% al 19,23%). La valoración relativa a la idoneidad de la prestación de trabajo para trabajar a distancia (véase la fig. 2, a la izquierda) presenta porcentajes muy similares entre la segunda y la tercera fase, aun así, en la tercera fase se destacan algunos puntos porcentuales a favor de la idoneidad total del puesto de trabajo.

Figura XIV.1. Distribución porcentual de las respuestas en la segunda y tercera fase aprox., a la adecuación del puesto de trabajo y las dificultades técnicas encontradas en el trabajo a distancia

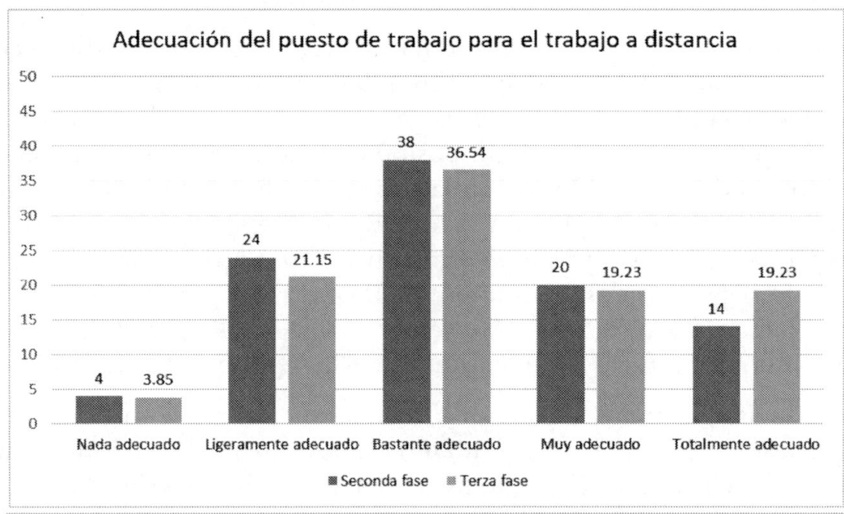

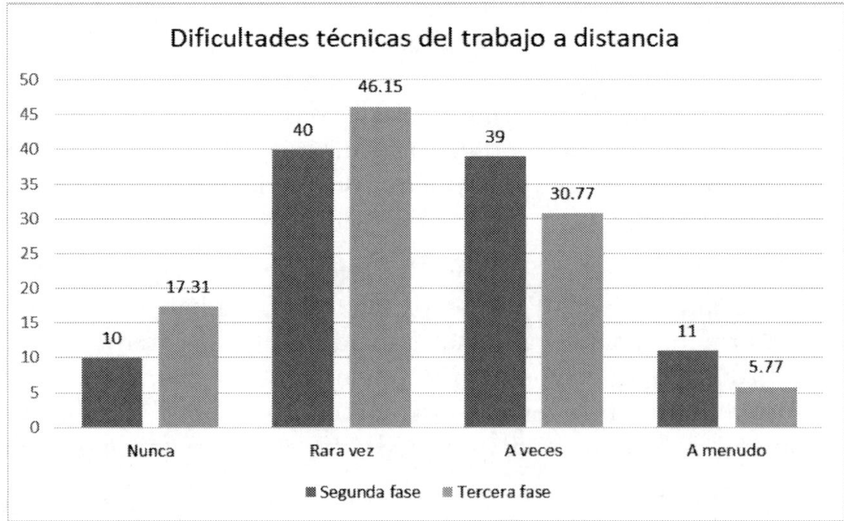

Fuente: Elaboración propia

La distribución porcentual de las dificultades técnicas encontradas en la ejecución del trabajo a distancia sigue una tendencia normal, tanto en la segunda como en la tercera fase, aun si en esta los trabajadores han señalado obstáculos "en contadas ocasiones" o "a veces" (véase la fig. 2, a la derecha). Esta tendencia es muy similar también en lo que respecta a los problemas para encontrar información. Tampoco los encuestados han tenido dificultades en relacionarse con la empresa y en el 78% de los casos en la segunda fase y en el 76,92% en la tercera, sin diferencias significativas entre ambas, destacaron la presencia de una figura empresarial como referente para resolver las dificultades técnicas. En la mayoría de los casos, el encargado de responder fue el responsable TIC de la empresa.

Por último, el porcentaje de los que afirmaron no haber experimentado ningún problema de salud (problema que anteriormente no tenían) debido al trabajo a distancia fue del 64,34%, en la primera fase," y del 65,38% en la tercera. Los que afirmaron tener al menos algún problema de salud vieron afectado sobre todo el sistema musculoesquelético y la zona cervical.

Las expectativas, con respecto a la modalidad de trabajo a distancia, fueron más "satisfechas" que "insatisfechas" o "completamente satisfechas" en un grado muy similar en la segunda y la tercera fase. La mayoría de los sujetos consideró que su trabajo no había cambiado como consecuencia de la introducción del trabajo a distancia (en un 73% de los casos en la segunda fase y en un 82,69% en la tercera).

La cuarta sección del cuestionario estaba dedicada aquellos que subrayaron que su actividad laboral tras la introducción del trabajo a distancia (27% en la segunda fase y 17,31% en la tercera) había cambiado. A ellos se les preguntó por el grado de satisfacción percibido, respecto al trabajo a distancia o al presencial. Respecto al primero, los aspectos más satisfactorios fueron indicados en las condiciones físicas, en la libertad de elección del método de trabajo, en la relación con los compañeros y en la mayor posibilidad de utilizar sus propias competencias profesionales.

Las tres primeras variables son igualmente importantes en la medida en que no existen diferencias significativas en las medianas; la satisfacción positiva registrada en la libertad de elección del método de trabajo es superior a la de la oportunidad de utilizar las propias competencias ($z = 2{,}23$; $p < .025$). En cuanto al trabajo presencial, la satisfacción registrada positivamente en lo que respecta al cambio producido se refiere sobre todo a la libertad de elección del método de trabajo; a la relación con los compañeros (que parece haberse beneficiado también para el trabajo presencial de la introducción del trabajo a distancia); al reconocimiento del trabajo realizado por parte de la empresa; a la relación de trabajo con los superiores y a la relación entre jefes y empleados.

La quinta sección del cuestionario se refería a la conciliación de la vida laboral y familiar y planteaba a los encuestados la pregunta "¿Hasta qué punto ha conseguido conciliar la gestión familiar con el trabajo?". La tendencia que se observa en las respuestas tanto en la segunda fase como en la tercera es positiva y casi idéntica; alrededor del 60% de los sujetos afirma que pudieron conciliar el tiempo de vida y de trabajo en "gran medida" o "totalmente" (véase el gráfico de la izquierda de la fig. XIV.2).

Figura XIV.2. Distribución porcentual de las respuestas en la segunda y tercera fase en relación con el nivel de conciliación (izquierda) y el tipo de informe realizado (derecha)

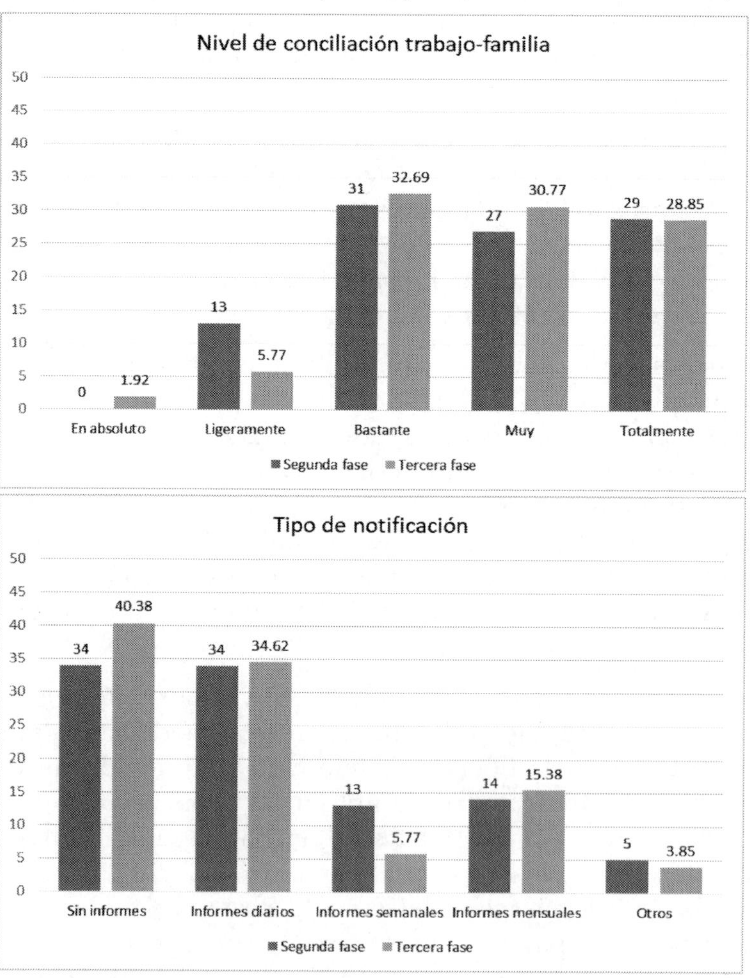

Fuente: Elaboración propia

La sexta sección se refería a la existencia de sistemas de control y/o verificación del trabajo realizado. A la pregunta "¿Cómo tenía que informar de la actividad realizada mediante el trabajo a distancia?", la gran mayoría respondió que lo hizo sin ningún informe o con informes diarios (véase el gráfico de la derecha de la fig. XIV.2).

La séptima y última sección tenía por objeto investigar el impacto del trabajo a distancia sobre una serie de aspectos. El primero de ellos se refería a la percepción de un cambio en la relación con los superiores. También en este caso, los valores porcentuales que se desprenden de las respuestas son muy similares entre la segunda y la tercera fase, centrándose en la inexistencia de cambio o en un grado más bien bajo, correspondiente a la modalidad "poco" (véase la fig. XIV.3).

Figura XIV.3. Percepción del cambio en la relación con los superiores tras la introducción del teletrabajo

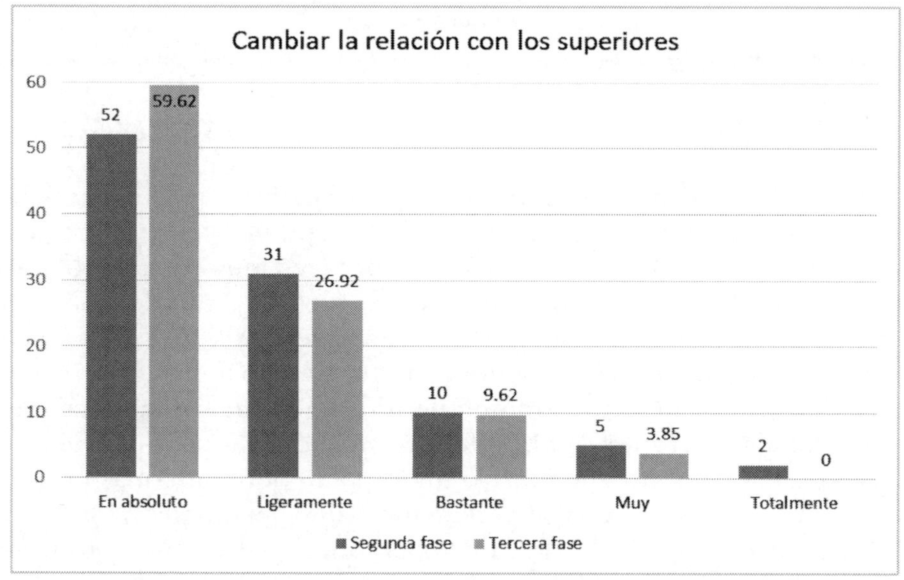

Fuente: Elaboración propia

Un segundo aspecto se refería a la clase de impacto percibido en las relaciones interpersonales y especialmente en el intercambio de información, en el aprendizaje de nuevos conocimientos, en la eficacia del trabajo y en la motivación. En concreto, se les preguntó si, en cada uno de estos aspectos, las condiciones del trabajo, debido a la distancia, habían empeorado o mejorado (y en qué medida).

Figura XIV.4. Percepción del impacto del trabajo a distancia en una serie de aspectos en la fase 2

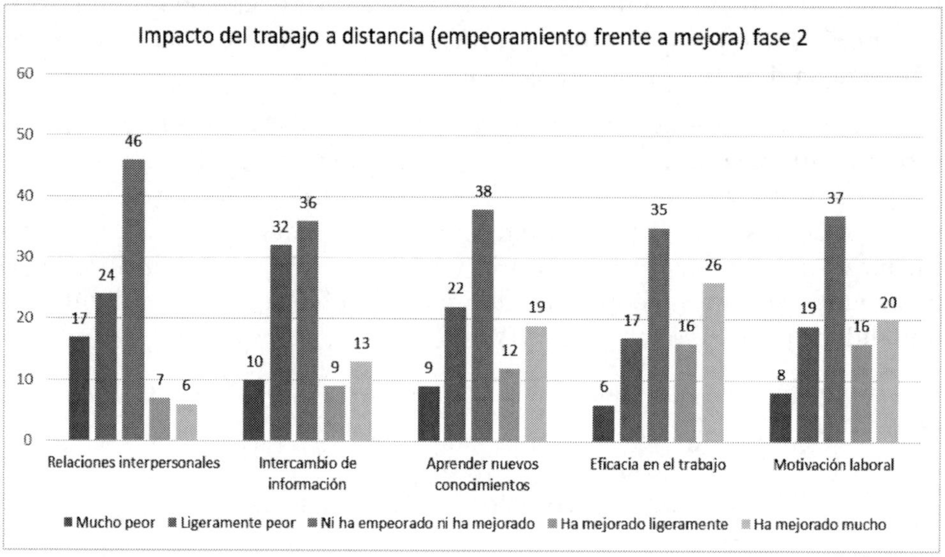

Fuente: Elaboración propia

A nivel descriptivo se observa que las variables que muestran una cierta asimetría negativa, es decir, la prevalencia de frecuencias superiores a la mediana ("mejoró un poco" y "mejoró mucho") son la eficiencia laboral, la motivación laboral y el aprendizaje de nuevos conocimientos (véase la Fig. XIV.4). Con referencia a estos aspectos los sujetos perciben que la introducción del trabajo a distancia tuvo un efecto de mejora, mientras que empeoran ligeramente las relaciones interpersonales y el intercambio de información. La productividad en el trabajo fue el ámbito que mostró un impacto percibido más positivo, respecto a lo que pasó con las relaciones interpersonales ($z = 5{,}74$; $p < .001$), con el intercambio de información ($z = 4{,}64$; $p < .001$), con el aprendizaje de nuevos conocimientos ($z = 2{,}88$; $p < .001$) y con la motivación laboral ($z = 2{,}37$; $p < .05$).

Figura XIV.5. Percepción del impacto del trabajo a distancia en una serie de aspectos en la fase 3

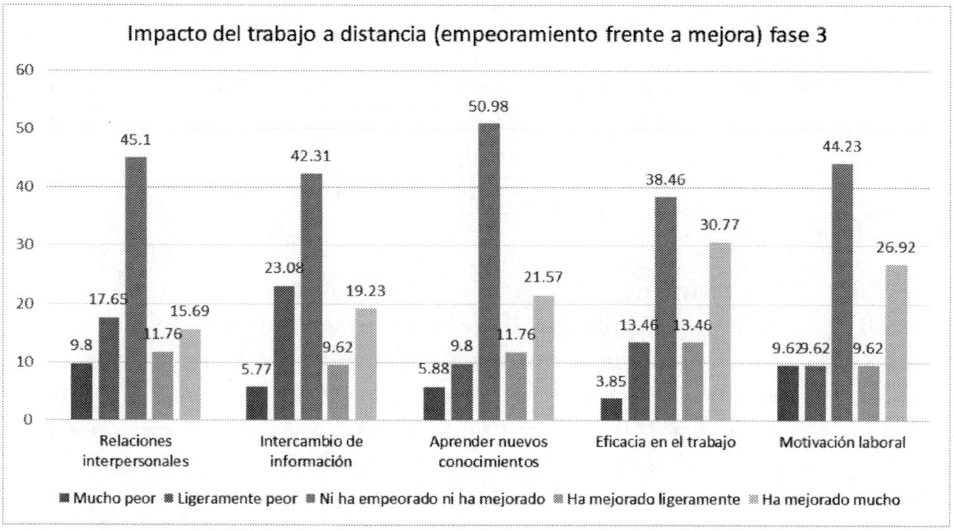

Impacto del trabajo a distancia (empeoramiento frente a mejora) fase 3

	Mucho peor	Ligeramente peor	Ni ha empeorado ni ha mejorado	Ha mejorado ligeramente	Ha mejorado mucho
Relaciones interpersonales	9.8	17.65	45.1	11.76	15.69
Intercambio de información	5.77	23.08	42.31	9.62	19.23
Aprender nuevos conocimientos	5.88	9.8	50.98	11.76	21.57
Eficacia en el trabajo	3.85	13.46	38.46	13.46	30.77
Motivación laboral	9.62	9.62	44.23	9.62	26.92

Fuente: Elaboración propia

Consideraciones muy similares se pueden hacer respecto a la tercera fase (fig. 5), ya que la productividad en el trabajo registra un impacto percibido más positivo, con referencia a las relaciones interpersonales ($z = 1{,}76$; $p < .10$), al intercambio de información ($z = 2{,}76$; $p < .001$), al aprendizaje de nuevos conocimientos ($z = 2{,}06$; $p < .05$) y también a la motivación laboral ($z = 1{,}76$; $p < .10$). Cabe señalar que, aunque el impacto más positivo del trabajo a distancia en la productividad l se produjo en ambas fases, no surgieron diferencias significativas al compararlas, utilizando de nuevo la prueba de rangos con signo de Wilcoxon ($z = 0{,}64$; $p = 0.52$).

V. GÉNERO Y DISCAPACIDAD

1. Características sociodemográficas de la población femenina

La Provincia de Brescia no padece particulares problemas de desempleo. A pesar de esta situación favorable, los datos proporcionados por el "*Collocamento mirato* "de la Provincia de Brescia indican que, aunque con una variabilidad imputable a la particularidad del período pandémico, la cifra de mujeres con discapacidad empleadas en los años de 2020 a 2022 fue muy inferior a la de los hombres (ver tab. XIV.2).

Tabla XIV.2. Situación en Brescia

	Reclutamiento	Hombres	Mujeres	Terminaciones	Hombres	Mujeres
2020	854	506	348	1286	772	514
2021	1172	715	457	963	654	309
2022	1252	717	535	405	237	168

Fuente: Elaboración propia

La condición laboral de las mujeres con discapacidad, por tanto, aun con respecto a la cuota de empleo, refleja la realidad nacional de las mujeres (v. párrafo I). La correlación entre características del empleo y género, también, se ve confirmada por los resultados de la encuesta que hemos realizada. Por lo que se refiere al trabajo femenino, al menos en la segunda y en la tercera fase, el tema de la investigación probablemente influyó en los resultados. Los que respondieron fueron en mayoría mujeres (v. párrafo IV) y con nivel de estudios medio-alto (v. párrafo IV). La pertenencia a un dado género aun desempeñó un papel decisivo a la hora de definir los sectores productivos más representados. A pesar de que las principales actividades productivas de la provincia de Brescia son las industriales (v. párrafo IV), la mayoría de los encuestados trabajan en empresas que tienen como objeto social los servicios (actividades profesionales; agencias de viajes o asistencia y sanidad). La principal actividad laboral que los respondientes realizan es la administrativa (v. párrafo IV.), mientras que el trabajo manual, en prevalencia no cualificado, (v. párrafo IV) es residual. En cuanto al tipo de relación laboral, no hay diferencias en la duración de los contratos de trabajo, pero prevalece el número de mujeres que trabajan a tiempo parcial (v. párrafo IV).

Parece claro, por tanto, que las reflexiones sobre la segregación horizontal y vertical, que constantemente acompañan el debate sobre el empleo femenino son plenamente aplicables a las mujeres con discapacidad.

2. *Usos típicos y atípicos del trabajo a distancia*

La estructura del cuestionario, como ya se ha mencionado (v. párrafo II), preveía que las respuestas se desglosaran en relación con tres periodos: el periodo prepandémico (hasta febrero de 2020-T1); el periodo pandémico (marzo de 2020/junio de 2022-T2); el periodo post-pandémico (julio de 2022/agosto de 2023-T3).

Antes de la pandemia, el trabajo a distancia era poco utilizado[4], así que pocas respuestas se centraron en el periodo T1. Una evaluación completamente distinta es la que se refiere a los periodos posteriores, en los que el número de personas que trabajaron a distancia aumentó considerablemente. En el periodo que hemos señalado como T2 (marzo 2020/junio 2022) el trabajo a distancia tuvo un papel protagonista, el 37,13% de las mujeres encuestadas lo practicaron, frente al 17,12% de los hombres (párrafo IV). Por lo que respecta a los meses comprendidos entre marzo y mayo de 2020, en los que, en general, hubo poca oportunidad de trabajar en persona, la diferencia en el porcentaje entre ambos sexos se atribuye, casi exclusivamente, a las tareas realizadas: en este caso, el elemento decisivo fue la concreta posibilidad de trabajar a distancia.

Los últimos dos años (junio 2020/junio2022), aunque comprendidos en el periodo indicado como T2, requieren un análisis diferente. Y las reflexiones que aquí se plantean entrelazan datos empíricos (número y sexo de las personas afectadas) y las finalidades que las disposiciones legislativas, progresivamente, han asignado al trabajo a distancia. Las causas sanitarias, que habían determinado su introducción, siguieron presentes, pero a ellas se unieron otras. En particular, a partir del texto del decreto ley denominado "*Rilancio*"[5] el trabajo a distancia se convirtió en un instrumento de conciliación; mejor dicho, ese es el fin que el legislador consideró prioritario. En la realidad, conceder el trabajo a distancia no era una opción del empresario sino una obligación condicionada a la solicitud hecha por parte del padre o de la madre de un menor de 14 años. El objetivo de la conciliación se trasforma así en lo prioritario, aunque nadie se pregunta cómo se puede trabajar, sobre todo en presencia de niños que, por su edad, no son autónomos. Al revés, el legislador vincula explícitamente el derecho a realizar un trabajo a distancia al que el otro progenitor no esté despedido o en paro, demostrando un total desprecio por la dificultad antes mencionada.

Dentro de este escenario, los datos que se discuten adquieren un significado preciso. Tras el momento de la emergencia sanitaria absoluta, las que se quedaron en casa para trabajar y conciliar fueron las mujeres. Esta conclusión está plenamente reflejada en los datos referidos al periodo

---

4 GUAGLIANONE, Luciana y PARISI, Marialaura, ¿"Smartworking? la teoría de la doble carga de trabajo", *Temas Laborales,* nº 159/2021, pp. 85-103

5 Decreto ley "Rilancio "(d.l.n.34/2020 convertido en la l.n.77/2020). Este decreto es sólo el primero de una larga serie, pero el contenido nunca ha cambiado el legislador se limitó a prorrogar las normas

denominado T3 (julio 2022/agosto 2023), en el que el 19,31% de las mujeres trabajaron a distancia, frente al 8,9% de los hombres (v. párrafo IV). Y tampoco las disposiciones legislativas que se sucedieron intervinieron para remediar lo que, de forma patente, ha contribuido a profundizar la brecha de género en el trabajo: esta elección confirma el interés del legislador en pasar de un uso "típico" del trabajo a distancia a uno "atípico".

3. Reflexiones sobre la atipicidad del trabajo a distancia como medio de conciliación

Las reflexiones que aquí se proponen no se refieren específicamente a la situación de las mujeres con discapacidad sobre las cuales existen muy pocos estudios[6]. La identidad de condiciones y limitaciones que las mujeres con discapacidad comparten con las mujeres, llamadas "normales", sugiere que pueden hacerse valoraciones similares. Dicho esto, se quiere poner en tela de juicio la idea de que el trabajo a distancia sea el medio ideal para garantizar la conciliación de los tiempos de vida y de trabajo. O por lo menos que lo sea el trabajo a distancia caracterizado únicamente por un cambio en el lugar de trabajo, y no por un cambio en la organización del trabajo[7]. En relación con este asunto todos los estudios y las encuestas realizados en los últimos años reconocen que el riesgo de un solapamiento entre tiempo de vida y de trabajo, la comúnmente llamada "porosidad", no supone una mejora de la calidad ni de la conciliación ni del trabajo, sino que implica una pérdida total de los límites entre la vida personal y el tiempo de trabajo: fenómeno denominado por los anglosajones *work-life blending*[8] La pandemia aumentó la doble carga que recayó, de forma indiscriminada, sobre las mujeres. El 68% de las trabajadoras emparejadas, en la época de la pandemia, dedicaron más tiempo al trabajo doméstico

6 Sobre mujeres con discapacidad y trabajo v. LUCIANA GUAGLIANONE, "Disabilità, lavoro e prospettiva di genere" en AA.VV., *Between Barriers and Inclusion. Multidisciplinary Reflections on Gender and Disability,* (Dir. Càndito, Fanlo Cortés, Gianelli, Guaglianone, Leone, Parolari, Pozzolo, Scudieri), GUP, Genova, 2022, pp. 74-90

7 NUNIN, Roberta, "Dalla conciliazione alla condivisione", AA.VV., *La regolamentazione normativa dei diritti dei padri lavoratori tra diritto comunitario e diritto interno,* (Dir., Murgia, Poggio), ETS, Pisa, 2012, pp. 173-199

8 MILITELLO, Mariagrazia, "Autonomia subordinata e work-life blending nell'era della on-demand economy", en AA.VV., *Impresa, lavoro-non lavoro nell'economia digitale,* (Dir. Alessi, Barbera, Guaglianone), Cacucci, Bari, 2019, pp. 349-362.

respecto a los años prepandémicos (el porcentaje por lo que se refiere a los hombres es de +40% que antes), mientras que el 61% destinó más tiempo al cuidado de los hijos (el porcentaje de sus parejas es de + 51%)[9]. Bajo estas premisas, parece discutible que el trabajo a distancia favorezca el equilibrio entre vida y trabajo. Más bien parece razonable pensar que, debido a la doble carga, las mujeres se ven obligadas a abandonar el mercado laboral. Y en Italia dimitir del trabajo siempre ha sido una opción típicamente femenina. Como afirma el informe 2022 de INAIL (Instituto Nacional de Inspección del Trabajo), el 72,8% de todas las dimisiones afectan a trabajadoras y el 97,8% de las mujeres dimiten porque les resulta difícil conciliar el trabajo y las actividades de cuidado[10].

Dicho esto, sin embargo, se abre una fractura entre normas de ley y reflexiones teóricas. La pandemia ha puesto de manifiesto que es la estructura patriarcal de la sociedad la responsable de la doble carga de trabajo que soportan las mujeres, y la principal razón de su infrarrepresentación en el mercado laboral: pero las normas legales no siguen esta trayectoria y aun apuestan por el trabajo a distancia como principal medio de conciliación sin prestar atención, como ya se ha dicho, a las consecuencias generales de esta decisión que están absolutamente claras.

En marzo de 2021 llevamos a cabo una encuesta (casi aleatoria) sobre trabajo a distancia y trabajo doméstico en Italia durante el período de cierre de 2020. Dicha encuesta tenía el objetivo de sondear roles de género en Italia, todavía una carga pesada en el engorroso proceso de reducción de las desigualdades de género en nuestro país[11]. En la mayoría de los casos, los encuestados, que debían hacer referencia a sí mismos y a sus hogares, fueron mujeres (alrededor del 69%) y el 76,5% vivia en las Regiones de Lombardía

---

9 GUAGLIANONE, Luciana y PARISI, Marialaura, ¿"Smartworking? la teoría de la doble carga de trabajo", *Temas Laborales*, n° 159, 2021, pp. 85-103

10 Informe anual (2022) sobre la validación de las dimisiones y ceses consensuados de madres y padres trabajadores con base en el artículo 55 del Decreto Legislativo nº 51 de 26 de marzo de 2001, https://www.ispettorato.gov.it/attivita-studi-e-statistiche/monitoraggio-e-report/relazioni-annuali-sulle-convalide-delle-dimissioni-e-risoluzioni-consensuali-delle-lavoratrici-madri-e-dei-lavoratori-padri. [Consulta: 7/04/2024]

11 DEPALO, D., The effects of remote working. Evidence from Covid-19, [en linea], 2021 https://doi.org/10.13140/RG.2.2.15794.32960 [Consulta:17/04/2024]; PAROLARI, Paola, "Stereotipi di genere, discriminazioni contro *consilia*: e donne e vulnerabilità come *disempowerment*. Riflessioni sul ruolo del diritto", *AG, About gender, Rivista internazionale di studi di genere*, vol. 8, nº 15, 2019, pp. 461-498.

y Véneto[12]. Entre las preguntas, dos son las apropiadas para el objetivo de este trabajo[13] y de los datos recogidos se desprende que son principalmente las mujeres las que se encargan del trabajo doméstico tanto cuando trabajan a distancia como cuando lo hacen in situ. Es importante destacar que una de las preguntas rondaba alrededor de los prejuicios sobre los roles de género en el trabajo doméstico (¿Cree que sólo las mujeres tienen que encargarse del trabajo doméstico?"). La mayoría de los hombres que respondieron desmintieron esta afirmación, aun así, cabe destacar que un relevante porcentaje de los hombres encuestados (11,7%) dijo que sí a la pregunta.

En base a lo analizado, y, por lo tanto, se concluye que el trabajo a distancia no es del todo eficaz cuando los prejuicios y los estereotipos guían las propias elecciones, en lo que se refiere a los cuidados y al trabajo doméstico.

VI. BIBLIOGRAFIA

DEPALO, D., The effects of remote working. Evidence from Covid-19, 2021 <https:// doi. org/10.13140/RG.2.2.15794.32960 [Consulta:17/04/2024]

GUAGLIANONE, Luciana, PARISI, Marialaura, ¿"Smartworking? la teoría de la doble carga de trabajo", *Temas Laborales*, n° 159, 2021, pp. 85-103

GUAGLIANONE, Luciana, "Disabilità, lavoro e prospettiva di genere" en AA.VV., *Between Barriers and Inclusion. Multidisciplinary Reflections on Gender and Disability* (Dir. CÀNDITO, FANLO CORTÉS, GIANELLI, GUAGLIANONE, LEONE, PAROLARI, POZZOLO, SCUDIERI), GUP, Genova, 2022, pp. 74-90

NUNIN, Roberta, "Dalla conciliazione alla condivisione", AA.VV. *La regolamentazione normativa dei diritti dei padri lavoratori tra diritto comunitario e diritto interno* (Dir. MURGIA, POGGIO), ETS, Pisa, 2012, pp. 173-199

MILITELLO, Mariagrazia, "Autonomia subordinata e work-life blending nell'era della on-demand economy", en AA.VV. *Impresa, lavoro-non lavoro nell'economia digitale* (Dir. ALESSI, BARBERA, GUAGLIANONE), Cacucci, Bari, 2019, pp. 349-362.

PAROLARI, Paola, "Stereotipi di genere, discriminazioni contro *consilia*: e donne e vulnerabilità come disempowerment. Riflessioni sul ruolo del diritto", *AG, About gender, Rivista internazionale di studi di genere*, vol. 8, nº 15, 2019, pp. 461-498

12 Ambas Regiones están en el norte de Italia.

13 1. "Durante la restricción de cierre en 2020, ¿alguien en su hogar hizo smartworking (trabajo a distancia) en casa?"; 2. "Durante la restricción de cierre de 2020 ¿quién se ocupaba del trabajo doméstico y/o de los niños en su hogar".

Capítulo XV.

Desafíos de la educación inclusiva en Colombia: Un análisis desde el control fiscal con enfoque regional

JUAN CARLOS COBO-GÓMEZ
ORCID ID 0000-0003-0138-7051

ANDREY GEOVANNY RODRIGUEZ LEÓN
ORCID ID 0009-0000-0926-449X

MILTHON BETANCOURT
ORCID ID 0000-0003-4184-4878

SUMARIO:

I. INTRODUCCIÓN

La implementación de políticas públicas que promueven la educación inclusiva, especialmente en el contexto del Decreto 1421 de 2017[1] en Colombia, representa un compromiso significativo hacia la construcción de una sociedad justa e igualitaria. Este decreto reconoce a los estudiantes con discapacidad como individuos en constante desarrollo,

[1] Decreto 1421 de 2017 por el cual se reglamenta en el marco de la educación inclusiva la atención educativa a la población con discapacidad.

pero que enfrentan limitaciones que, al interactuar con diversas barreras, pueden obstaculizar su plena participación en la sociedad y su proceso de aprendizaje.

En el marco teórico que respalda esta investigación, se encuentran fundamentos sólidos provenientes de documentos internacionales y nacionales que abogan por la igualdad de oportunidades en el ámbito educativo. A nivel global, la "Declaración Mundial sobre Educación para Todos y Marco de Acción para Satisfacer las Necesidades Básicas de Aprendizaje", la "Declaración de Salamanca y Marco de Acción sobre Necesidades Educativas Especiales", y la Convención Internacional sobre los Derechos de las Personas con Discapacidad, entre otros, establecen principios cruciales para asegurar el acceso a una educación de calidad para todos, sin importar sus condiciones.

En el ámbito nacional, la Constitución Política de 1991 y legislaciones posteriores, como la Ley 115 de 1994, han sentado las bases para la inclusión educativa, reconociendo y protegiendo los derechos fundamentales de las personas con discapacidad. Estos esfuerzos normativos han evolucionado a lo largo de los años, culminando en el Decreto 1421 de 2017, que reglamenta la atención educativa en el marco de la educación inclusiva en Colombia.

Este estudio, bajo el título "Desafíos de la Educación Inclusiva en Colombia: Un Análisis desde el Control Fiscal con Enfoque Regional", subyace del estudio sectorial Educación Inclusiva en Colombia: Radiografía regional colombiana- Una mirada desde la Gestión Fiscal, realizada por la Dirección de Estudios Sectoriales de Educación, Ciencia y Tecnología, Cultura, Recreación y Deporte de la Contraloría General de República de Colombia (CGR), que se adentra en un análisis minucioso del estudio liberado por la CGR alrededor de la implementación de las políticas de educación inclusiva. Adicionalmente como valor agregado, la presente investigación esboza un análisis pormenorizado del contexto normativo de la política pública a la luz de las posibilidades que brinda la herramienta tecnológica Tirant Lo Blanch. Para llevar a cabo este análisis, se realizaron 56 auditorías de cumplimiento en el año 2023, que buscan realizar una evaluación presupuestal, de contratación y de control interno de la entidad sujeto de control[2], lo anterior, reflejando

2 CASTRO FRANCO, A., *El futuro del control fiscal en Colombia. Lineamientos para la implementación del Acto Legislativo 04 de 2019*, Grupo Editorial Ibáñez, 2020, p. 1.

el compromiso constitucional de la CGR. Es imperativo destacar que estas auditorías abarcaron la totalidad de los 32 departamentos del país, siguiendo la distribución geográfica del Sistema General de Regalías[3]. Este enfoque integral proporciona una visión tanto nacional como regional, lo cual es esencial para comprender los desafíos específicos que enfrenta la educación inclusiva en diversos contextos locales. Los resultados obtenidos a través de este proceso no solo identifican áreas críticas de mejora, sino que también contribuyen significativamente al fortalecimiento de los cimientos de un sistema educativo verdaderamente inclusivo en Colombia.

II. COMPRENDIENDO LA EDUCACIÓN INCLUSIVA

El presente documento tiene como objetivo fundamental analizar el estudio sectorial Educación Inclusiva en Colombia: Radiografía regional de la política pública relacionada con la implementación del Decreto 1421 de 2017 en el contexto de la educación inclusiva en Colombia. Este decreto conceptualiza al estudiante con discapacidad como una persona en constante desarrollo, pero con limitaciones que, al interactuar con diversas barreras, pueden obstaculizar su aprendizaje y participación plena en la sociedad. El marco teórico de la investigación se fundamenta en documentos internacionales y nacionales que abogan por la igualdad de oportunidades en el ámbito educativo.

En el ámbito internacional, la "Declaración Mundial sobre Educación para Todos y Marco de Acción para Satisfacer las Necesidades Básicas de Aprendizaje" y la "Declaración de Salamanca y Marco de Acción sobre Necesidades Educativas Especiales" establecen principios para garantizar el acceso a una educación de calidad para todos, sin importar sus condiciones. La Convención Internacional sobre los Derechos de las Personas con Discapacidad de 2006 es un hito crucial al reconocer los derechos y la igualdad de las personas con discapacidad, instando a los Estados a garantizar el pleno disfrute de sus derechos, incluido el derecho a la educación[4].

---

3 LEY 1530 de 2012 por la cual se regula la organización y el funcionamiento del Sistema General de Regalías, N. Boletín: DIARIO OFICIAL. AÑO CXLVIII. nº 48433, mayo 2012, p. 1.

4 LÓPEZ, N., *Adolescentes y jóvenes en realidades cambiantes: notas para repensar la educación secundaria en América Latina* (COORD. VARGAS TAMEZ), UNESCO, 2017, pp. 66.

Este último documento internacional, obliga a los Estados a garantizar el pleno disfrute de los derechos humanos de las personas con discapacidad, incluyendo su derecho a la educación. Además, la Convención promueve la eliminación de obstáculos que puedan discriminar, excluir o marginar a las personas con discapacidad en el acceso a la educación. A su vez, los esfuerzos a nivel mundial se han enfocado en lograr una educación inclusiva, como lo contempla el cuarto Objetivo de Desarrollo Sostenible (ODS) "Garantizar una educación de calidad inclusiva y equitativa, y promover las oportunidades de aprendizaje permanente para todos"[5]. Dentro de este objetivo, se busca alcanzar para el año 2030, cuatro metas. La primera es asegurar que todos los niños terminen la enseñanza primaria y secundaria, generando resultados de aprendizaje pertinentes y efectivos. La segunda es eliminar las disparidades de género en la educación y asegurar el acceso igualitario a todos los niveles de la enseñanza, así como la formación profesional para las personas en situación de vulnerabilidad. La tercera es que todo el alumnado adquiera los conocimientos teóricos y prácticos necesarios para promover el desarrollo sostenible. La cuarta es adecuar las instalaciones educativas según las necesidades de las personas con discapacidad y las diferencias de género; ofreciendo entornos de aprendizaje seguros, no violentos, inclusivos y eficaces[6].

En el devenir normativo de Colombia, la Constitución Política de 1991 se erige como la piedra angular que sienta las bases para una sociedad justa e inclusiva. Sus artículos 3, 13, 47, 54 y 68 establecen los principios fundamentales que respaldan la igualdad de derechos y la protección de la diversidad, sentando así los cimientos para el reconocimiento y garantía de la educación inclusiva[7].

---

5 ORGANIZACIÓN DE LAS NACIONES UNIDAS (ONU) «ODS 4 Educación de Calidad.» [en línea], (2015), <https://www.pactomundial.org/ods/4-educacion-de-calidad/#:~:text=Garantizar%20una%20educaci%C3%B3n%20inclusiva%2C%20equitativa%20y%20de%20calidad,por%20lo%20tanto%2C%20para%20contribuir%20al%20desarrollo%20sostenible>. [Consulta: 26/02/2024]

6 ZORRILLA, A., *Servicio público y educación*. Tirant lo Blanch, Ciudad de México, 2022, p. 160.

7 CONSTITUCIÓN POLÍTICA DE 1991. Gaceta Constitucional número 114 del 7 de julio de 1991.

El año 1994 marca un hito con la Ley 115, la "Ley General de Educación", que en su Capítulo 1 y, específicamente, en los artículos 46 y 49 del Título III–Capítulo 5, delinean las pautas para la inclusión educativa de personas en situación de discapacidad[8]. Simultáneamente, el Decreto 369 de 1994 redefine la estructura y funciones del Instituto Nacional para Ciegos (INCI), consolidando un enfoque inclusivo[9].

El año 1996 se caracteriza por la promulgación de la Ley 324, que aborda normas para la población sorda[10], y el Decreto 2082, que reglamenta la atención educativa para personas con capacidades excepcionales[11]. En 1997, la Ley 361 establece mecanismos de integración social[12] y el Decreto 2369 parcialmente reglamenta la Ley 324 de 1996[13], estableciendo en su Capítulo III las pautas para la educación de personas con limitaciones auditivas.

El 2000 trae consigo la Ley 582[14], definiendo el deporte asociado para personas con limitaciones, que posteriormente es reformado por el Decre-

---

8 LEY 115 de 1994 por la cual se expide la Ley General de Educación. N. Boletín: DIARIO OFICIAL. AÑO CXXIX. nº 41214, febrero 1994.

9 DECRETO 369 de 1994 por el cual se modifica la estructura y funciones del Instituto Nacional para Ciegos, INCI. N. Boletín: DIARIO OFICIAL. AÑO CXXIX. nº 41220, febrero 1994.

10 LEY 324 de 1996 por la cual se crean algunas normas a favor de la Población Sorda. N. Boletín: DIARIO OFICIAL. AÑO CXXXII. nº 42899, octubre 1996.

11 DECRETO 2082 de 1996 por la cual se reglamenta la atención educativa para personas con limitaciones o con capacidades o talentos excepcionales. N. Boletín: DIARIO OFICIAL. AÑO CXXXII. nº 42922, noviembre, 1996.

12 LEY 361 de 1997 por la cual se establecen mecanismos de integración social de las personas con limitación y se dictan otras disposiciones. Fecha Publicación: 07/02/1997. N. Boletín: DIARIO OFICIAL. AÑO CXXXII. nº 42978. 11, febrero, 1997.

13 DECRETO 2369 de 1997 por el cual se reglamenta parcialmente la Ley 324 de 1996, N. Boletín: DIARIO OFICIAL. AÑO CXXXIII. nº 43137, septiembre 1997.

14 LEY 582 de 2000 Por medio de la cual se define el deporte asociado de personas con limitaciones físicas, mentales o sensoriales, se reforma la Ley 181 de 1995 y el Decreto 1228 de 1995, y se dictan otras disposiciones, N. Boletín: DIARIO OFICIAL. AÑO CXXXVI. nº 44040, junio 2000.

to 2386 de 2001[15], por el cual se reglamenta el artículo 5, que principalmente versa sobre la inclusión en la Junta Directiva del Instituto Colombiano del Deporte, Coldeportes, al presidente del Comité Paraolímpico Colombiano o su delegado.

El Documento CONPES Social 80 en 2004 sienta las bases para la "Política Pública Nacional de Discapacidad" y la Ley 982 de 2005[16], dirigidas a personas sordas y sordociegas, la cual destaca el reconocimiento de la educación bilingüe para sordos, donde se prioriza la Lengua de Señas Colombiana, facilitando el Castellano como segundo idioma, además, establece requisitos para intérpretes oficiales y garantiza derechos en ámbitos educativos, de salud y comunicación, promoviendo acciones concretas para la inclusión y acceso a la información en medios masivos.

El Código de la Infancia y la Adolescencia llega en 2006 mediante la Ley 1098[17] que, consagra el derecho a una educación de calidad y obligatoria, como también, establece obligaciones para las instituciones educativas, promoviendo la participación activa de niños, niñas y adolescentes, y garantiza derechos específicos para aquellos con discapacidad. La Ley 1145 en 2007, organiza el Sistema Nacional de Discapacidad[18], el cual, establece el Consejo Nacional de Discapacidad (CND) para coordinar políticas públicas en el sector, incluyendo representantes del gobierno y organizaciones de discapacidad. En 2009, la Ley 1287 adiciona la Ley 361[19] buscando promover la inclusión y movilidad de personas con discapacidad o movilidad reducida; la Ley 1346 de 2009

---

15 DECRETO 2386 de 2001 por el cual se reglamenta el artículo 5° de la Ley 582 de 2000. N. Boletín: DIARIO OFICIAL. AÑO CXXXVII. n° 44634, diciembre 2001.

16 LEY 982 de 2005 por la cual se establecen normas tendientes a la equiparación de oportunidades para las personas sordas y sordociegas y se dictan otras disposiciones, N. Boletín: DIARIO OFICIAL. AÑO CXLI. n° 45995, agosto 2005.

17 LEY 1098 de 2006 por la cual se expide el Código de la Infancia y la Adolescencia, N. Boletín: DIARIO OFICIAL. AÑO CXLII. n° 46446, noviembre 2006.

18 LEY 1145 de 2007 por medio de la cual se organiza el Sistema Nacional de Discapacidad y se dictan otras disposiciones. N. Boletín: DIARIO OFICIAL. AÑO CXLIII. n° 46685, julio 2007.

19 LEY 1287 de 2009 por la cual se adiciona la Ley 361 de 1997, N. Boletín: DIARIO OFICIAL. AÑO CXLIV. n° 47280, marzo 2009.

aprueba la Convención sobre los Derechos de las Personas con Discapacidad[20], estableciendo medidas integrales para proteger a las personas con discapacidad contra la explotación, violencia y abuso, como también, en el ámbito educativo, garantizar un sistema inclusivo, libre de discriminación, que desarrolle plenamente el potencial humano y fomente la participación activa en la sociedad.

En 2013 se consolida la Política Pública Nacional de Discapacidad e Inclusión Social con el Documento CONPES Social 166 y la Ley Estatutaria 1618[21], que garantiza los derechos de personas con discapacidad y que define a la persona con discapacidad como aquella que enfrenta deficiencias físicas, mentales, intelectuales o sensoriales a largo plazo, que, al interactuar con diversas barreras, incluidas las actitudinales, pueden impedir su participación plena en la sociedad en igualdad de condiciones. El Decreto 1075 de 2015 unifica las normas educativas[22], en especial, buscando garantizar acceso, permanencia y participación equitativa, destacando estrategias de búsqueda activa, apoyos razonables y formación docente. En el cual, define claramente a los estudiantes con discapacidad y capacidades excepcionales, reforzando el compromiso con la diversidad y la igualdad de oportunidades educativas. Finalmente, en 2017, el Decreto 1421 reglamenta la atención educativa en el marco de la educación inclusiva.

III. BREVE DESCRIPCIÓN DEL MARCO NORMATIVO DEL DECRETO 1421 DE 2017

El Decreto 1421 de 2017, emitido por el Ministerio de Educación Nacional de Colombia, regula las responsabilidades de diversas entidades, incluyendo las instituciones educativas, ya sean públicas o privadas. Establece obligaciones destacadas, como la integración del

---

20 LEY 1346 de 2009 por medio de la cual se aprueba la Convención sobre los Derechos de las personas con Discapacidad, adoptada por la Asamblea General de la Naciones Unidas el 13 de diciembre de 2006, N. Boletín: DIARIO OFICIAL. AÑO CXLIV. nº 47427, julio 2009.

21 LEY 1618 de 2013 por medio de la cual se establecen las disposiciones para garantizar el pleno ejercicio de los derechos de las personas con discapacidad.

22 DECRETO 1075 de 2015 por medio del cual se expide el Decreto Único Reglamentario del Sector Educación, N. Boletín: DIARIO OFICIAL. AÑO CL. nº 49523, mayo 2015.

enfoque de Educación Inclusiva y el Diseño Universal de los Aprendizajes (DUA) en el Proyecto Educativo Institucional (PEI). Se destaca la implementación de los Planes Individuales de Apoyos y Ajustes Razonables (PIAR) para adaptar la enseñanza a las necesidades individuales de los estudiantes, con el fin de facilitar su participación activa en el entorno escolar.

El Diseño Universal para el Aprendizaje (DUA), basado en el concepto arquitectónico propuesto por Ronald Mace, busca adaptar los espacios considerando las necesidades individuales. En el ámbito educativo, el DUA facilita el acceso al currículo general para estudiantes con discapacidad, promoviendo la consideración de habilidades y diferencias únicas[23] [24] [25]. En Colombia, la ley 1346 del 2009 incorpora el DUA, definido como principios y estrategias para aumentar oportunidades de aprendizaje, guiando a maestros en la formulación de metodologías flexibles que aborden la diversidad en el aula.

Por su parte, el PIAR se considera esencial para garantizar la pertinencia del proceso de enseñanza, especialmente para estudiantes con discapacidad, y debe abordar aspectos como la descripción del contexto del estudiante, valoración pedagógica, informes de salud, objetivos de aprendizaje, ajustes curriculares, recursos necesarios y actividades en casa. En el ámbito jurisprudencial que soporta los PIAR, la sentencia T-492 de 1992 estableció que la sociedad debe fomentar manifestacio-

---

23 GRIFUL-FREIXENET, J., "Explorando la interrelación entre el diseño universal para el aprendizaje (UDL) y la instrucción diferenciada (DI): una revisión sistemática", *Revista de investigación educativa,* nº 100306, febrero 2020, pp. 29-52.

24 ALBA PASTOR, C., "Diseño Universal para el Aprendizaje: un modelo teórico-práctico para una educación inclusiva de calidad", *Participación educativa,* nº 9, enero 2019, pp. 55-68.

25 AL-AZAWEI, A., "Universal Design for Learning (UDL): A content analysis of peer reviewed journals from 2012 to 2015", *Journal of the Scholarship of Teaching and Learning,* nº 3, junio 2016, pp. 39-56.

nes de respeto, apoyo y comprensión en el ámbito educativo frente a la diversidad de estudiantes[26].

La educación inclusiva se presenta como un instrumento de cambio, igualdad y democracia, rechazando la segregación de personas con necesidades diferentes. La sentencia T-255 de 2001[27], al tratar el Trastorno por Déficit de Atención con Hiperactividad (TDAH), destacó su impacto en el entorno escolar y la necesidad de ajustar las reglas de comportamiento para evitar sanciones severas. La sentencia T-390 de 2011[28] subrayó la discriminación asociada al TDAH y la responsabilidad compartida de familias, escuelas y autoridades en su manejo. Las sentencias T-488[29] y T-581[30] de 2016 resaltaron la importancia del enfoque inclusivo, que rechaza la discriminación basada en condiciones médicas, sensoriales, físicas o psicológicas. La sentencia T-120[31] de 2019 subrayó la necesidad de ajustes razonables para todos los estudiantes, sin perjudicar a otros, y destacó la proporcionalidad de las sanciones.

Así el PIAR, se presenta como una herramienta esencial para garantizar la pertinencia del proceso de enseñanza y aprendizaje, especialmente en el caso de estudiantes con discapacidad. Este proyecto se desarrolla a lo largo del año académico y debe llevarse a cabo en colaboración con los demás estudiantes de la misma clase. De manera mínima, un PIAR debería abordar los siguientes aspectos:

---

26 CORTE CONSTITUCIONAL DE COLOMBIA: «Sentencia T-492 de 1992» [en línea], 1992 https://www.corteconstitucional.gov.co/relatoria/1992/T-492-92.htm. [Consulta 27-02-2024.]

27 CORTE CONSTITUCIONAL DE COLOMBIA: «Sentencia T-255 de 2001» [en línea], 2001 https://www.corteconstitucional.gov.co/Relatoria/2001/T-255-01.htm. [Consulta 27-02-2024.]

28 CORTE CONSTITUCIONAL DE COLOMBIA: «Sentencia T-390 de 2011» [en línea], 2011 https://www.corteconstitucional.gov.co/relatoria/2011/T-390-11.htm. [Consulta 27-02-2024.

29 CORTE CONSTITUCIONAL DE COLOMBIA: «Sentencia T-488 de 1999» [en línea], 1999 https://www.corteconstitucional.gov.co/relatoria/1999/T-488-99.htm. [Consulta 27-02-2024.

30 CORTE CONSTITUCIONAL DE COLOMBIA: «Sentencia T-581 de 2012» [en línea], 2012 https://www.corteconstitucional.gov.co/relatoria/2012/T-581-12.htm. [Consulta 27-02-2024.

31 CORTE CONSTITUCIONAL DE COLOMBIA: «Sentencia T-120 de 2019» [en línea], 1999 https://www.corteconstitucional.gov.co/relatoria/2019/t-120-19.htm. [Consulta 27-02-2024.]

i. Descripción del contexto general del estudiante dentro y fuera del establecimiento educativo (hogar, aula, espacios escolares y otros entornos sociales);

ii. Valoración pedagógica;

iii. Informes de profesionales de la salud que aportan a la definición de los ajustes;

iv. Objetivos y metas de aprendizaje que se pretenden reforzar;

v. Ajustes curriculares, didácticos, evaluativos y metodológicos para el año electivo, si se requieren;

vi. Recursos físicos, tecnológicos y didácticos, necesarios para el proceso de aprendizaje y la participación del estudiante y;

vii. Proyectos específicos que se requieran realizar en la institución educativa, diferentes a los que ya están programados en el aula, y que incluyan a todos los estudiantes;

viii. Información sobre alguna otra situación del estudiante que sea relevante en su proceso de aprendizaje y participación y;

ix. Actividades en casa que darán continuidad a diferentes procesos en los tiempos de receso escolar.

El Decreto 1421 de 2017 también estipuló las obligaciones:

i. De las Secretarías de Educación o la entidad que haga sus veces a nivel territorial,

ii. De los establecimientos educativos públicos y privados, y,

iii. De la familia, de cara a la materialización eficaz y efectiva de la educación inclusiva.

En ese sentido, el artículo 2.3.3.5.2.3.1 determinó que corresponde a las Secretarías de Educación o a las Entidades Certificadas en Educación (ETC) que hagan sus veces a nivel territorial, entre otras:

- Asesorar a las familias de los niños, niñas y adolescentes con discapacidad sobre la oferta educativa disponible en el territorio y sus implicaciones frente a los apoyos.
- Articular con la secretaría de salud de cada jurisdicción, o quien haga sus veces, los procesos de diagnóstico, informes del sector salud, valoración y atención de los estudiantes con discapacidad.

- Prestar asistencia técnica y pedagógica a los establecimientos educativos públicos y privados en lo relacionado con el ajuste de las diversas áreas de la gestión escolar, para garantizar una adecuada atención a los estudiantes matriculados y ofrecerles apoyos requeridos, en especial en la consolidación de los PIAR en los Plan de Mejoramiento Institucional (PMI).
- La creación, conservación y evolución de las historias escolares de los estudiantes con discapacidad.
- La revisión de los manuales de convivencia escolar para fomentar la convivencia y generar estrategias de prevención sobre cualquier caso de exclusión o discriminación en razón a la discapacidad de los estudiantes.

En la misma disposición normativa se estableció que los centros educativos públicos y privados, deben contribuir con la identificación de las circunstancias de desarrollo diferentes o las situaciones de discapacidad que presenten los estudiantes y, en pro de ellos, agregar un enfoque de educación inclusiva, estando constantemente en contacto con las familias o acudientes del alumno, ajustando los manuales de convivencia y previniendo cualquier caso de exclusión o discriminación. En concreto el literal c del artículo 2.3.3.5.2.3.1 del Decreto 1421 de 2017, entre otras obligaciones, establece para las Instituciones educativas:

i. Contribuir a la identificación de signos de alerta en el desarrollo o una posible situación de discapacidad de los estudiantes.

ii. Reportar en el Sistema Integrado de Matrículas (SIMAT) a los estudiantes con discapacidad en el momento de la matrícula, el retiro o el traslado.

iii. Garantizar la articulación de los PIAR con la planeación de aula y el Plan de Mejoramiento Institucional (PMI).

iv. Hacer seguimiento al desarrollo y los aprendizajes de los estudiantes con discapacidad de acuerdo con lo establecido en su sistema institucional de evaluación de los aprendizajes, con la participación de los docentes de aula, docentes de apoyo y directivos docentes, o quienes hagan sus veces en el establecimiento educativo.

Respecto de los familiares el artículo 2.3.3.5.2.3.12 expone que les corresponde realizar la matrícula anual del estudiante, cumplir y firmar los acuerdos establecidos en el PIAR, así como tener disponibilidad para mantener un dialogo con los demás actores que intervienen en el proceso de inclusión. Específicamente, la norma, entre otros aspectos, refiere:

i. Adelantar anualmente el proceso de matrícula del estudiante con discapacidad en un establecimiento educativo.

ii. Aportar y actualizar la información requerida por la institución educativa que debe alojarse en la historia escolar del estudiante con discapacidad.

iii. Cumplir y firmar los compromisos señalados en el PIAR y en las actas de acuerdo, para fortalecer los procesos escolares del estudiante.

iv. Realizar veeduría permanente al cumplimiento de lo establecido en la presente sección y alertar y denunciar ante las autoridades competentes en caso de incumplimiento.

En lo que respecta a la responsabilidad familiar, tanto la jurisprudencia constitucional como la legislación vigente han establecido que la familia, como núcleo fundamental de la sociedad y primer responsable de la educación de sus hijos, tiene la obligación de buscar y recibir orientación sobre la educación de sus hijos. Además, se espera que los padres participen activamente en el Consejo Directivo, asociaciones o comités escolares para supervisar la prestación adecuada del servicio educativo y contribuir solidariamente con la institución educativa en la formación de sus hijos, entre otras responsabilidades.

IV. EDUCACIÓN INCLUSIVA EN EL MARCO DEL CONTROL POSTERIOR Y SELECTIVO

El Acto Legislativo 4 de 2019 reforma el Régimen de Control Fiscal en Colombia[32], encomendando a la Contraloría General de la República funciones de control posterior y selectivo, por lo cual, puede realizar auditorías de cumplimiento en educación inclusiva (específicamente en el marco del Decreto 1421 de 2017) mediante la definición de criterios de evaluación, revisión de cuentas, establecimiento de responsabilidades, y promoción de investigaciones. Con relación a este mandato

---

[32] ACTO LEGISLATIVO 4 de 2019 por medio del cual se reforma el Régimen de Control Fiscal, N. Boletín: Año CLV No. 51.080, septiembre 2019.

constitucional, el Decreto Ley 403 de 2020[33] en relación con el Plan Nacional de Vigilancia y Control Fiscal[34] la Contraloría General de la República a través de su Contraloría Delegada para el Sector Educación, Ciencia y Tecnología, Cultura, Recreación y Deporte, realizaron 56 informes de auditorías de cumplimiento[35] en todos los 32 departamentos del país y ciudades principales, los resultados se resumen por regiones, siguiendo la estructura del Sistema General de Regalías.

En este contexto, la Ley 610 de 2000[36] en Colombia, que establece el trámite de los procesos de responsabilidad fiscal, cobra especial relevancia en el contexto de las auditorías de cumplimiento y el seguimiento a disposiciones como el Decreto 1421, que aborda la educación inclusiva en el país. Estos elementos legales y normativos se entrelazan para garantizar la eficacia y transparencia en la gestión de recursos públicos, especialmente en el ámbito educativo, donde el compromiso con la inclusión es fundamental. En el marco de la Ley 610, las Contralorías desempeñan un papel crucial al adelantar acciones administrativas para determinar la responsabilidad fiscal de aquellos que, en el ejercicio de la gestión fiscal[37], causen daños al patrimonio del Estado. Esta ley es-

---

33 DECRETO 403 de 2020 por el cual se dictan normas para la correcta implementación del Acto Legislativo 04 de 2019 y el fortalecimiento del control fiscal, N. Boletín: DIARIO OFICIAL AÑO CLVI nº 51258, marzo 2020, p. 20.

34 La Contraloría General de la República definirá las actividades de control mediante la elaboración del Plan Nacional de Vigilancia y Control Fiscal, de acuerdo con los principios, lineamientos, sistemas y procedimientos establecidos en el presente decreto ley y con los procedimientos de unificación y estandarización dictados por el Contralor General de la República.

35 En el entendido que, la Guía de Auditoría de Cumplimiento de la CGR, se enfoca en determinar si un asunto en particular cumple con las regulaciones o autoridades identificadas como criterios. Las auditorías de cumplimiento se llevan a cabo para evaluar si las actividades derivadas de la gestión fiscal, operaciones financieras e información cumplen, en todos los aspectos significativos, con las regulaciones o autoridades que rigen a la entidad auditada.

36 LEY 610 de 2000 por la cual se establece el trámite de los procesos de responsabilidad fiscal de competencia de las contralorías, N. Boletín: DIARIO OFICIAL. AÑO CXXXVI. nº 44133, agosto 2000.

37 Gestión fiscal es el conjunto de actividades económicas, jurídicas y tecnológicas, que realizan los servidores públicos y las personas de derecho privado que manejen o administren recursos o fondos públicos, tendientes a la adecuada y correcta adquisición, planeación, conservación, administración, custodia, explotación, enajenación, consumo, adjudicación, gasto, inversión y disposición de los bienes públicos, así como a la recaudación, manejo e inversión de

tablece principios que orientan la acción fiscal, asegurando el debido proceso y alineándose con los principios constitucionales y el Código Contencioso Administrativo[38].

En este sentido, el proceso de responsabilidad fiscal contempla la gestión fiscal relacionada con la educación inclusiva como parte integral de sus actuaciones. La ley 610 de 2000 establece que la responsabilidad fiscal tiene como objetivo el resarcimiento de los daños al patrimonio público, considerando aspectos como la gestión fiscal antieconómica, ineficaz o inoportuna que no contribuya a los fines esenciales del Estado, entre ellos, la promoción de una educación inclusiva y equitativa. Asimismo, las auditorías de cumplimiento y el seguimiento al Decreto 1421 pueden servir como insumos para el proceso de responsabilidad fiscal. La detección de posibles irregularidades en la implementación de políticas de educación inclusiva puede desencadenar investigaciones específicas, garantizando que los recursos públicos destinados a este fin se utilicen de manera eficiente y que se cumplan los principios de legalidad, eficiencia, equidad y transparencia.

En conclusión, la interrelación entre la Ley 610 de 2000, las auditorías de cumplimiento y el seguimiento al Decreto 1421 destaca la importancia de una gestión fiscal responsable y transparente, especialmente en el ámbito educativo, donde se busca garantizar la inclusión y el acceso igualitario a la educación para todos.

---

sus rentas en orden a cumplir los fines esenciales del Estado, con sujeción a los principios de legalidad, eficiencia, economía, eficacia, equidad, imparcialidad, moralidad, transparencia, publicidad y valoración de los costos ambientales.

38 La Jurisdicción de lo Contencioso-Administrativo juzga los actos administrativos, los hechos, las omisiones, las operaciones administrativas y los contratos administrativos y privados con cláusula de caducidad de las entidades públicas y de las personas privadas que ejerzan funciones administrativas, de conformidad con la normativa establecida.

V. ANÁLISIS DE LOS DATOS PARA LA EVALUACIÓN DE LA IMPLEMENTACIÓN DE LA EDUCACIÓN INCLUSIVA

La población y la muestra para la evaluación de la implementación del Decreto 1421 de 2017 en Colombia se componen de la siguiente manera:

Población de estudiantes: La población objetivo de esta evaluación comprende a todos los estudiantes matriculados en instituciones educativas del país. Según los datos del SIMAT a corte 2023, el universo total de estudiantes en Colombia es de 9.068.148 para la educación Preescolar, Básica y Media (EPBM).

Estudiantes con Discapacidad: Dentro de la población total de estudiantes, se identifica a una población específica que son los estudiantes con discapacidad. Según los datos del SIMAT a la misma fecha, este grupo asciende a 200.349 estudiantes, lo que representa aproximadamente el 2,20% de la población total de estudiantes.

Tabla XV.1. Estudiantes reportados en SIMAT a 2023 en Colombia

Total, de Estudiantes (EPBM)*	Total, Estudiantes con discapacidad	Relación de estudiantes con discapacidad	Mayor relación de estudiantes con discapacidad reportados**	Menor relación de estudiantes con discapacidad reportados***
9.068.148	200.349	2,20%	5,6%	0,2%

Fuente: Estudio Sectorial Educación Inclusiva en Colombia: Radiografía regional colombiana CGR 2024

Nota: * Corresponde al total de la población estudiantil de la Educación Preescolar, Básica y Media. ** La ETC de Manizales es la que mayor relación de estudiantes en situación de discapacidad reportados tiene. *** La ETC de Uribia es la que menor relación de estudiantes en situación de discapacidad reportados tiene.

La población con discapacidad por región se puede detallar en la siguiente Ilustración 1, que evidencia la relación de estudiantes con discapacidad por Región.

Ilustración XV.1. Relación de población en condición de discapacidad según SIMAT y por Región

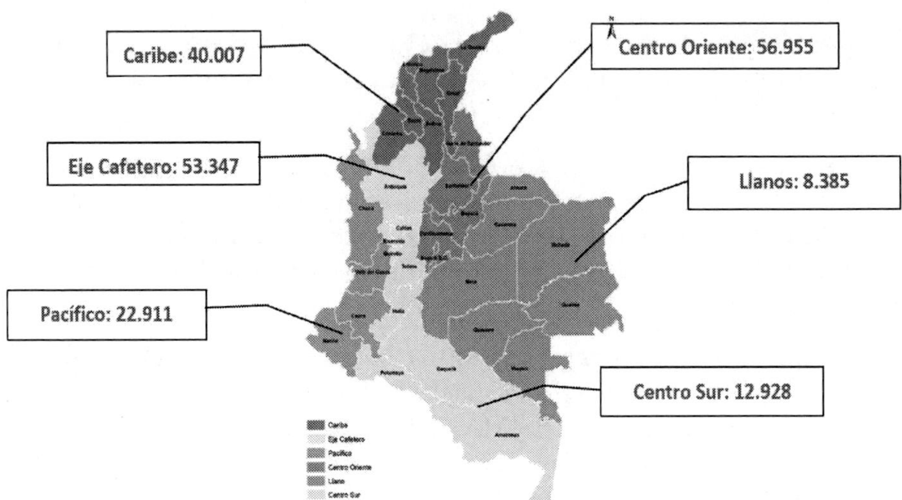

Fuente: Estudio Sectorial Educación Inclusiva en Colombia: Radiografía regional colombiana CGR 2024

De esta forma de acuerdo con el SIMAT los pesos porcentuales por tipo de discapacidad, categorizados en el sistema se pueden evidenciar en la siguiente Tabla 2:

Tabla XV.2. Categorías de Discapacidad Homologadas y Reportadas en SIMAT a nivel nacional por peso porcentual – corte 2023

Categoría	**Peso porcentual**
Intelectual	47,94%
Psicosocial	26,35%
Múltiple	10,32%
Física	6,50%
Auditiva	4,57%
Visual	4,26%
Sordoceguera	0,06%

Fuente: Estudio Sectorial Educación Inclusiva en Colombia: Radiografía regional colombiana CGR 2024

Muestra: La evaluación se llevó a cabo mediante un muestreo de la base de datos (SIMAT) en los 32 departamentos y algunas ciudades capital, con base en las auditorías de cumplimiento que se realizaron en dos momentos (primer y segundo semestre de 2023), los datos de la muestra se detallan a continuación.

Tabla XV.3. Cantidad y representación de la población auditada por la CGR en 2023

Total, departamentos Colombia	Total, estudiantes con discapacidad en SIMAT	Departamentos con auditoría	Población auditada en departamentos y cuidades[39] con discapacidad*	Porcentaje de la muestra auditada
32	200.349	32	194.533	97%

Fuente: Estudio Sectorial Educación Inclusiva en Colombia: Radiografía regional colombiana CGR 2024

Nota: * Esta información corresponde tanto a la población de instituciones públicas como privadas.

Los datos proporcionados revelan una muestra sólida y representativa de la población de estudiantes con discapacidad en Colombia, considerando el corte transversal de 2023. Con un total de 200.349 estudiantes registrados en el Sistema Integrado de Matrícula (SIMAT) en todo el país, y con las auditorías de cumplimiento en los 32 departamentos de Colombia, abarcando un estimado de 194.533 estudiantes con discapacidad. Lo anterior permite argumentar que, este ejercicio es altamente efectivo, ya que cubre una gran parte de la población estudiantil con discapacidad en el país, representando un 97% de la población auditada en comparación con el total de estudiantes registrados. La bondad estadística de esta muestra radica en su capacidad para proporcionar una visión amplia de la educación inclusiva en Colombia, lo que facilita

[39] A parte de los 32 departamentos estas Entidades Territoriales fueron auditadas: Apartadó, Envigado, Barranquilla, Soledad, Sabanalarga, Malambo, Cartagena, Magangué, Carmen de Bolívar, Duitama, Sogamoso, Tunja, Manizales, Florencia, Yopal, Popayán, El Paso, La Jagua de Ibirico, Valledupar, Quibdó, Montería, Sahagún, Bogotá, Fusagasugá, Mosquera, Soacha, Facatativá, Zipaquirá, Riohacha, Manaure, Maicao, Uribia, Timaná, Guadalupe, Neiva, Pitalito, Ciénaga, San Sebastián de Buenavista, Distrito de Santa Marta, Villavicencio, Granada, Guachal, Pasto, San Andrés de Tumaco, Puerto Asís, Armenia, Montenegro, Tebaida, Dosquebradas, Barrancabermeja, Piedecuesta, Bucaramanga, Corozal, San Marcos, Sincelejo, Líbano, Purificación, Ibagué, Melgar, Buenaventura, Mitú, Taraira, San José de Cúcuta, Villa del Rosario, y San Andrés y Providencia.

el análisis de la implementación del Decreto 1421 de 2017 por medio de las auditorías de cumplimiento.

VI. ANÁLISIS DE INFORMACIÓN: HALLAZGOS DEL CONTROL FISCAL A LA IMPLEMENTACIÓN DEL DECRETO 1421 DE 2017

La recopilación de información y el análisis para la evaluación de la implementación del Decreto 1421 de 2017 en Colombia se llevó a cabo mediante una metodología de auditoría con validación de los datos tanto del grupo auditor en campo del territorio nacional, respuestas de las entidades auditadas y revisión de la información por medio de las colegiaturas departamentales[40] y del Comité de Evaluación Sectorial de la Contraloría delegada[41] para el sector Educación, Ciencia y tecnología, cultura, Recreación y Deporte.

A continuación, con lo anterior se resalta las distintas etapas del proceso auditor y se describen en detalle estas técnicas e instrumentos:

1. Recopilación de Datos

Auditorías de Cumplimiento: Se recopilaron los informes de las auditorías de cumplimiento[42] realizadas en los 32 departamentos de Colombia durante la vigencia 2023. Estos informes proporcionaron información detallada sobre la implementación del Decreto 1421 en cada región, incluyendo aspectos como el cumplimiento de las disposiciones, la asignación

---

40 El objeto de las Gerencias Departamentales Colegiadas, es el trámite del control fiscal micro a través del proceso auditor; la recepción de quejas y denuncias ciudadanas; la ejecución del control fiscal posterior excepcional; la indagación preliminar fiscal; el proceso de responsabilidad fiscal y el Proceso de Jurisdicción Coactiva y el Proceso Administrativo Sancionatorio Fiscal.

41 Dentro de las principales funciones del comité de evaluación sectorial como órgano colegiado máximo de decisión al interior de una contraloría delegada a nivel sectorial, son las de revisar y emitir recomendaciones y evaluar el proyecto de informe o reporte de auditoría del proceso auditor ejecutado en la Gerencia Departamental Colegiada.

42 Se realizaron 56 auditorías de cumplimiento en los 32 departamento del territorio nacional.

de recursos monetarios y humanos, la cantidad de estudiantes con discapacidad y la implementación de los PIAR.

Revisión de Datos del Sistema SIMAT: Para obtener datos precisos sobre la población en condición de discapacidad, se revisaron los datos del Sistema Integrado de Matrícula (SIMAT) a corte 2023 y en contraste con la base de datos SIMAT en el momento de la auditoría para triangular los datos, tanto con la base de 2023, como con la del momento de auditoría y la reportada por la Secretaría de Educación de cada Entidad Territorial. Esto permitió identificar la cantidad de estudiantes en condición de discapacidad en cada Entidad Territorial y categorizar sus tipos de discapacidad.

Marco normativo utilizado por los grupos auditores: Para valorar la implementación del Decreto 1421 de 2017 en Colombia por parte de los grupos auditores, se utilizaron varias normativas previas que establecen las bases legales y los deberes relacionados con la educación inclusiva y la atención a la población con discapacidad. A continuación, se presenta un resumen de la normatividad utilizada:

- **Normativa relacionada con la Educación Inclusiva y la Atención a la Población con Discapacidad:**
    - Constitución Política de Colombia (Artículos 13 y 209)[43]: Establece los principios de igualdad y acceso a la educación para todos los ciudadanos, incluyendo a las personas con discapacidad.
    - Ley 1618 de 2013 (Artículo 11)[44]: Esta ley se centra en la promoción de la igualdad de oportunidades para las personas con discapacidad y establece medidas para garantizar la inclusión en entidades públicas y privadas, incluyendo el ámbito educativo.
    - Decreto 1421 de 2017[45]: Este decreto reglamenta la atención educativa a la población con discapacidad en el marco de la educación inclusiva. Establece las responsabilidades de diferentes entidades y establecimientos educativos para garantizar

---

43 CONSTITUCIÓN POLÍTICA de 1991. Gaceta Constitucional número 114 del 7 de julio de 1991.

44 LEY 1618 de 2013 por medio de la cual se establecen las disposiciones para garantizar el pleno ejercicio de los derechos de las personas con discapacidad.

45 DECRETO 1421 de 2017 por el cual se reglamenta en el marco de la educación inclusiva la atención educativa a la población con discapacidad.

la inclusión y calidad en la educación de estudiantes con discapacidad.

- **Normativa relacionada con Contratación Pública y Transparencia:**
    - Ley 80 de 1993 (Artículos 3, 4, 5 y 23)[46]: Esta ley establece los principios fundamentales de la contratación pública, incluyendo la eficiencia y la transparencia en la utilización de los recursos públicos.
    - Ley 1952 de 2019 (Artículos 38 y 39)[47]: Establece el Código General Disciplinario y regula los deberes de los servidores públicos, incluyendo la obligación de cumplir con las leyes y reglamentos en el ejercicio de sus funciones.
    - Decreto 1075 de 2015[48]: Este decreto establece el Decreto Único Reglamentario del Sector Educación y contiene disposiciones relacionadas con la gestión educativa, la inclusión y las inversiones en el ámbito educativo.
    - Decreto 1082 de 2015[49]: Reglamenta el sistema de compras y contratación pública y establece la obligación de publicar documentos relacionados con los procesos contractuales, lo que garantiza la transparencia en la contratación.
- **Normativa relacionada con Control Interno y Fiscalización:**
    - Ley 87 de 1993[50]: Establece normas para el ejercicio del control interno en las entidades y organismos del Estado, lo que es fundamental para supervisar la ejecución de los recursos públicos.

---

46 LEY 80 de 1993 por la cual se expide el Estatuto General de Contratación de la Administración Pública, N. Boletín: DIARIO OFICIAL. AÑO CXXIX. nº 41094, octubre 1993.

47 LEY 1952 de 2019 por medio de la cual se expide el Código General Disciplinario, se derogan la Ley 734 de 2002 y algunas disposiciones de la Ley 1474 de 2011, relacionadas con el derecho disciplinario. Boletín: Diario Oficial nº 50850.

48 DECRETO 1075 de 2015 por medio del cual se expide el Decreto Único Reglamentario del Sector Educación, Boletín: DIARIO OFICIAL. AÑO CL. nº 49523, mayo 2015.

49 DECRETO 1082 de 2015 por medio del cual se expide el Decreto Único Reglamentario del sector Administrativo de Planeación Nacional, N. Boletín: DIARIO OFICIAL. AÑO CL. nº 49523, mayo 2015.

50 DECRETO 1826 de 1994 por el cual se reglamenta parcialmente la Ley 87 de 1993, N. Boletín: DIARIO OFICIAL. AÑO CXXX. nº 41473, agosto 1994.

- Ley 610 de 2000[51]: Regula los procesos de responsabilidad fiscal y es relevante para garantizar la legalidad y la eficiencia en el uso de los recursos públicos.

La implementación del Decreto 1421 de 2017 se valoró a través de estas normativas que abordan la implementación de la educación inclusiva, la contratación pública, la transparencia y el control interno. Estas normativas forman el marco legal que buscó evaluar la implementación de la inclusión y calidad de la educación para las personas con discapacidad en Colombia. De acuerdo la normativa antes esbozada, las auditorías de cumplimiento en el territorio colombiano realizadas por la Contraloría General de la República, encontraron de manera general los siguientes hallazgos que se presentan en la Tabla XV.4.

Tabla XV.4. Hallazgos de la Contraloría General de la Republica en relación con la implementación de la Educación Inclusiva

REGIONES	Hallazgos Administrativos	Hallazgos Penales	Hallazgos Disciplinarios	Hallazgos Fiscales	Cuantía Hallazgo Fiscal (Cifras en millones de pesos)
Caribe	9	0	7	0	$-
Centro Oriente	11	0	6	1	$ 44.359.039
Centro Sur	8	0	6	1	$ 266.077.175
Eje Cafetero	3	0	2	0	$-
Llanos	3	0	2	0	$-
Pacífico	3	0	3	0	$-
Total, General	37	0	26	2	$ 310.436.214

Fuente: Estudio Sectorial Educación Inclusiva en Colombia: Radiografía regional colombiana CGR 2024.

Los resultados de las auditorías realizadas en los diferentes departamentos se resumen por regiones[52], siguiendo la estructura del Sistema

[51] LEY 610 de 2000 Por la cual se establece el trámite de los procesos de responsabilidad fiscal de competencia de las contralorías, N. Boletín: DIARIO OFICIAL. AÑO CXXXVI. nº 44133, agosto 2000.

[52] Las regiones en Colombia vistas desde el Sistema General de Regalías se encuentran conformadas así: Caribe (Atlántico, Bolívar, Cesar, Córdoba, La Guajira, Magdalena, San Andrés, Sucre), Centro Oriente (Bogotá D.C., Boyacá, Cundinamarca, Norte de Santander, Santander), Centro Sur (Amazonas, Caquetá, Huila, Putumayo, Tolima), Eje Cafetero (Antioquia, Caldas, Quindío, Risaralda), Llano

General de Regalías[53], en todas las regiones se presentaron hallazgos afectando aproximadamente a 77.691 niños, niñas y jóvenes con discapacidad, representado en un 55% por la región Centro Oriente, seguido de la región Caribe con 15% y Pacífico con 12%, en contraste, las regiones que representan menor proporción de afectación son Llanos con 7%, Centro Sur con 6% y Eje Cafetero con 5%.

- En la región Caribe, se identificaron un total de 10 hallazgos administrativos y 7 hallazgos disciplinarios, sin hallazgos penales ni fiscales; estos hallazgos se presentaron en diferentes municipios de los departamentos de Bolívar, Cesar, La Guajira, Magdalena y Sucre, afectando aproximadamente a 11.306 niños, niñas y jóvenes con discapacidad.
- En la región Centro Oriente, se encontraron 11 hallazgos administrativos, 6 hallazgos disciplinarios y 1 hallazgo fiscal por un monto de $44.359.039[54]; estos hallazgos se presentaron en diferentes municipios de los departamentos de Boyacá, Cundinamarca, Santander y Bogotá, afectando aproximadamente a 42.645 niños, niñas y jóvenes con discapacidad.
- Por su parte, la región Centro Sur presentó 8 hallazgos administrativos, 6 hallazgos disciplinarios y 1 hallazgo fiscal por valor de $266.077.175[55]; estos hallazgos se presentaron en diferentes munici-

---

(Arauca, Casanare, Guainía, Guaviare, Meta, Vaupés, Vichada) Pacifico (Cauca, Chocó, Nariño, Valle Del Cauca).

53 La división regional propuesta en el presente estudio fue incorporada al ordenamiento jurídico bajo la Ley 1530 de 2012, dicha clasificación regional ha sido implementada en el PNVCF 2023 de la CD Educación, por tanto, los análisis y datos presentados obedecen a dicha clasificación.

54 En la visita realizada por la CGR a la IE Santa Inés, ubicada en el municipio de Silvania, se evidenció deterioro prematuro y omisión de mantenimiento preventivo y correctivo de uno de los dispositivos de transporte vertical contratados (elevapersonas), por incumplimiento de las obligaciones del convenio con cargo a la Entidad Territorial Certificada (ETC) generando que en la IE no se preste un servicio integral, ya que este dispositivo no está en funcionamiento, razón por la cual, se determina un presunto detrimento al patrimonio

55 Se consideró un presunto detrimento patrimonial en los recursos por mayor valor pagado al Operador del contrato 1882 de 2021, ya que se pagó la totalidad del precio pactado cuando los kits se recibieron sin el contenido completo para el uso en la educación de la población con discapacidad del departamento del Tolima.

pios de los departamentos de Huila y Tolima, afectando aproximadamente a 5.013 niños, niñas y jóvenes con discapacidad.

- En el Eje Cafetero, se reportaron 3 hallazgos administrativos y 2 hallazgos disciplinarios, sin hallazgos penales ni fiscales; estos hallazgos se presentaron en el municipio de Dosquebradas y el departamento de Risaralda, afectando aproximadamente a 3.616 niños, niñas y jóvenes con discapacidad.
- La región Llanos presentó 3 hallazgos administrativos y 2 hallazgos disciplinarios, sin hallazgos penales ni fiscales; estos hallazgos se presentaron en diferentes municipios de los departamentos de Casanare y Meta, afectando aproximadamente a 5.619 estudiantes con discapacidad.
- La región Pacífico registró 4 hallazgos administrativos y 3 hallazgos disciplinarios; estos hallazgos se presentaron en diferentes municipios de los departamentos de Cauca, Chocó, Nariño y Valle del Cauca, afectando aproximadamente a 9.492 niños, niñas y jóvenes con discapacidad.

Por su parte, los presuntos hallazgos disciplinarios que se relacionan con el incumplimiento de alguna de las normativas antes expuestas permitieron categorizar las mismas de la siguiente manera.

1. Gestión de Contratos y Recursos Financieros:
    - Inconsistencias en el registro de procesos contractuales en el SECOP II[56].
    - Deficiencias en la planeación y ejecución de convenios, resultando en plazos de ejecución no cumplidos.
    - Baja ejecución de recursos asignados, afectando la implementación de programas y proyectos.
    - Afectando 12.674 estudiantes con discapacidad, relativos a 1.456 en la región Caribe relativo al 4% de la población con

[56] El SECOP II es una plataforma transaccional que permite a Compradores y Proveedores realizar el Proceso de Contratación en línea. Es la nueva versión del SECOP (Sistema Electrónico de Contratación Pública). Desde sus cuentas, las Entidades Estatales crean, evalúan y adjudican Procesos de Contratación. SECOP II es una plataforma web que permite a los entes públicos publicar sus procesos de contratación, recibir ofertas, evaluarlas, adjudicar el contrato, gestionar el seguimiento y control de los contratos y consultar informes.

discapacidad de la región, en Centro Oriente 1.616, relativo al 5% de la población con discapacidad de la región, en Eje Cafetero 1.052, relativo al 3% de la población con discapacidad de la región, y en Llanos 5.530, relativo al 13% de la región y finalmente en Pacífico un total de 12.674, relativo al 24% de la población con discapacidad de la región.

2. Cumplimiento de Obligaciones y Políticas de Educación Inclusiva:
   - Incumplimiento en la elaboración y remisión de informes anuales sobre el impacto de estrategias de educación inclusiva.
   - Falta de docentes de apoyo para estudiantes con discapacidad en instituciones educativas.
   - Desviación de recursos destinados a la educación inclusiva para actividades administrativas y financieras.
   - Se ha identificado que un total de 15.186 estudiantes con discapacidad se ven afectados por la categoría enunciada. Dentro de este grupo, 1.937 pertenecen a la región Caribe, lo que representa aproximadamente el 5% de la población con discapacidad en esta área geográfica. En el Centro Oriente, la cifra asciende a 10.612 estudiantes, lo que equivale al 19% de la población con discapacidad en esa región. Por último, en la región Pacífico, se ha registrado un total de 644 estudiantes afectados, representando cerca del 3% de la población con discapacidad en dicha área.
3. Implementación de Estrategias Pedagógicas y Planes Individuales:
   - Baja implementación de Planes Individuales de Atención y Acompañamiento (PIAR).
   - Falta de seguimiento y control en la elaboración de PIAR para estudiantes con discapacidad.
   - Dificultades en la implementación de talleres y actividades previstas en convenios.
   - Se ha identificado un total de 18.702 estudiantes con discapacidad afectados por la presente categoría. De estos, 513 pertenecen a la región Caribe, representando aproximadamente el 1% de la población con discapacidad en esta área geográfica. En el Centro Oriente, se registran 2.014 estudiantes afec-

tados, lo que equivale al 4% de la población con discapacidad en esa región. En el Eje Cafetero, la cifra asciende a 1.616 estudiantes, representando cerca del 3% de la población con discapacidad de la región. En la región de los Llanos, se han identificado 5.619 estudiantes afectados, lo que constituye aproximadamente el 67% de la población con discapacidad en dicha variable. Por último, en la región Pacífico, se ha registrado un total de 8.940 estudiantes afectados, representando aproximadamente el 39% de la población con discapacidad en esa región.

4. Dotación de Recursos y Materiales Educativos:
   - Ausencia de dotación de materiales pedagógicos, didácticos y tecnológicos accesibles.
   - Deterioro de dispositivos y falta de mantenimiento preventivo en instituciones educativas.
   - Falta de ejecución de recursos para garantizar la inclusión y aprendizaje de estudiantes.
   - Afectando a 3.716 estudiantes con discapacidad, relativos a 1.206 en la región Caribe relativo al 3% de la población con discapacidad de la región, en Centro Oriente 2.510, relativo al 4% de la población con discapacidad de la región.
5. Cumplimiento de Perfiles Profesionales:
   - Contratación de profesionales que no cumplen con el perfil exigido, comprometiendo la calidad de los servicios.
   - Aval a ofertas que no cumplen con los requisitos profesionales en contrataciones.
   - Afectando 1.190 estudiantes con discapacidad, en Centro Oriente 1.190, relativo al 2% de la población con discapacidad de la región.
6. Gestión de Programas y Acciones Específicas:
   - No ejecución de recursos para acciones específicas de inclusión, como la creación de empleos temporales y suministro de apoyos especiales.
   - Falta de desarrollo de acciones para garantizar la inclusión y aprendizaje de cada estudiante.

Las reflexiones que emergen del anterior ejercicio de análisis frente a la población afectada por categoría y región del país frente a los hallazgos disciplinarios arrojan como totalidad una afectación sobre la prestación del servicio de educación inclusiva de 39.406 estudiantes con discapacidad.

Tabla 5. Incidencias por Categoría de los presuntos Hallazgos Disciplinarios en la implementación de la Educación Inclusiva

Categoría	**Incidencias**	**Normativa Relacionada**
Gestión de Contratos y Recursos Financieros	6	Ley 80 de 1993 (Artículos 3, 4, 5 y 23); Decreto 1082 de 2015
Cumplimiento de Obligaciones y Políticas de Educación Inclusiva	8	Constitución Política de Colombia (Artículos 13 y 209); Ley 1618 de 2013 (Artículo 11); Decreto 1421 de 2017
Implementación de Estrategias Pedagógicas y Planes Individuales	7	Decreto 1421 de 2017
Dotación de Recursos y Materiales Educativos	4	Decreto 1075 de 2015 y Decreto 1421 de 2017
Cumplimiento de Perfiles Profesionales	2	Ley 1952 de 2019 (Artículos 38 y 39) y Decreto 1421 de 2017
Gestión de Programas y Acciones Específicas	1	Ley 610 de 2000 y Decreto 1421 de 2017

Fuente: Estudio Sectorial Educación Inclusiva en Colombia: Radiografía regional colombiana CGR 2024.

2. Respuestas de las Entidades Territoriales

Por su parte, dentro del proceso de auditoría[57] se tienen presente las argumentaciones esbozadas por los sujetos de control, y por medio de análisis de la información no estructurada y cualitativa de los mismos, se categorizó la misma para poder comprender desde su lugar de enunciación, las dificultades que han tenido en la implementación del Decreto 1421 de 2017, en sus territorios.

57 El proceso de auditoría tiene las siguientes fases, entre ellas, Planeación, Ejecución e Informe. En la cual durante la etapa de Ejecución se tienen en cuenta la información suministrada por el sujeto de control como sus respuestas y contra argumentaciones ante los posibles hallazgos encontrados, previos al informe final.

Las respuestas proporcionadas por las entidades territoriales a los señalamientos de la Contraloría General de la República reflejan una serie de problemáticas y desafíos que enfrentan en la implementación del Decreto 1421 de 2017 y en la atención de estudiantes con discapacidad. A continuación, se detallan las problemáticas evidenciadas por los auditados y su relevancia para la mejora de política pública, de acuerdo con tres categorías y siete subcategorías que se desprenden del análisis, así:

Tabla XV.5. Problemáticas evidenciadas en las respuestas por parte de las Entidades Territoriales Auditadas

Inclusión Estudiantes con Discapacidad			**Contratación Personal Especializado**		**Necesidades de Recursos de Capacitación**	
Falta de diagnósticos y Seguimiento	Bases de datos desactualizadas	Necesidad de Reflexibilidad Curricular	Requisitos de Perfil Profesional	Cumplimiento de normativas	Recursos humanos y financieros	Capacitación del personal
13	7	2	8	20	12	2

Fuente: CGR, elaboración propia, tomada de los Informes de Auditorías de Cumplimiento.

- Inclusión de Estudiantes con Discapacidad:
  - Falta de Diagnósticos y Seguimiento: Varias entidades admiten la falta de diagnósticos actualizados y seguimiento de estudiantes con discapacidad. Plantean un obstáculo significativo para la inclusión, ya que, sin un diagnóstico preciso, es difícil brindar el apoyo adecuado. Aspecto que se refuerza con el cruce de datos del SIMAT con el Registro para la Localización y Caracterización de Personas con Discapacidad–RLCPD donde solo el 21% de la población con discapacidad cuenta con certificado de discapacidad emitido por el Ministerio de Salud y Protección Social[58]. Es decir 8 de cada 10 estudiantes con discapacidad no presentan la caracterización que permite identificar las especificidades de sus necesidades educativas, dejando un gran vacío en la individualización y los posibles

---

[58] De acuerdo con el cruce de datos realizado por la CGR entre la base de datos SIMAT y RLCPCD, se encontró que tan solo el 21% de los estudiantes cuentan con certificación y valoración, lo que genera incertidumbre sobre la adecuada y apropiada implementación del Decreto 1421 de 2017.

rutas pedagógicas y curriculares en la formación de los estudiantes en coherencia con sus requerimientos y demandas de aprendizaje. Lo anterior se presenta en los siguientes departamentos y municipios: Corozal y San Marcos (Departamento de Sucre-Región Caribe), Barrancabermeja y Piedecuesta (Departamento de Santander- Región Centro Oriente), Neiva y Pitalito (Departamento del Huila- Región Centro Sur), Ibagué y Melgar (Departamento del Tolima Región Centro Sur), Yopal, (Departamento del Casanare- Región Llanos).

- Base de Datos Desactualizada: La falta de actualización de la base de datos (SIMAT) complica la identificación y seguimiento de estudiantes con discapacidad, lo que afecta su inclusión efectiva, lo cual es evidente y las diferentes clasificaciones que tiene el reporte que en muchos casos difieren de las categorías planteadas por el Ministerio de Salud y Protección Social[59]. Teniendo en cuenta que, el Sistema Integrado de Matrícula (SIMAT) en Colombia es una herramienta crucial para organizar y controlar el proceso de matriculación en todas las etapas educativas, así como para proporcionar información confiable que respalde la toma de decisiones en el ámbito educativo, la misma no está actualizada a las categorías y definiciones proporcionadas por el Ministerio de Salud y Protección Social, tal como se establece en la Resolución 113 de 2020, lo cual genera distorsiones en la aplicación de la política pública. Con referencia al análisis realizado, se presenta en las siguientes regiones y municipios del país: El Paso, y la Jagua de Ibirico y Valledupar (Departamento del Cesar- Región Caribe), Maicao y Uribia (Departamento de La Guajira- Región Caribe), Barrancabermeja, Piedecuesta y Bucaramanga (Departamento del Santander- Región Centro Oriente), Neiva y Pitalito (Departamento del Huila- Región Centro Sur), Buenaventura (Departamento Valle del Cauca-Región Pacífico).

---

59 Aspecto que es corroborado por el Ministerio Nacional de Educación, el cual afirma que está en procesos de depuración de la misma. Respuesta del Ministerio de Educación Nacional relativa al registro de estudiantes en situación de discapacidad en el SIMAT. Radicado nº 2023-EE-334502.

- Necesidad de Flexibilidad Curricular[60]: Algunos estudiantes presentan diagnósticos limítrofes o situaciones que requieren una mayor flexibilidad curricular, lo que subraya la importancia de adaptar los programas educativos a las necesidades individuales. Lo anterior evidenciando un problema entre la articulación entre las Secretarías de Educación, las Entidades Territoriales, las Instituciones Educativas, los profesores y las familias. Invitando a una reflexión sobre la interacción entre las partes interesadas en la implementación del Decreto 1421. Esta problemática se evidencia específicamente en: Dosquebradas (Departamento de Risaralda, Región Eje Cafetero).

- Contratación de Personal Especializado:
  - Requisitos de Perfil Profesional: Se evidencia la necesidad de contar con personal especializado, como maestros bilingües sordos (escasez en el mercado laboral, argüido por algunos sujetos de control), para atender las necesidades educativas de los estudiantes con discapacidad auditiva. La falta de profesionales calificados puede afectar la calidad de la educación inclusiva. Esto invita a reflexionar sobre la formación y preparación del sistema educativo para absorber este tipo de profesionales para garantizar la implementación de la educación inclusiva.
  - Cumplimiento de Normativas: Esta es la categoría que más relaciones tiene; es un aspecto crítico en las respuestas proporcionadas y se relaciona principalmente con la legalidad y transparencia en los procesos de contratación pública, así como con el cumplimiento de regulaciones específicas relacionadas con la educación inclusiva y otros aspectos contractuales. Acá se pueden identificar problemáticas con la contratación, puesto que, en varias respuestas se destaca que, las entidades se centran en demostrar el cumplimiento de normativas relacionadas con la

---

[60] La "necesidad de flexibilidad curricular" implica la adaptación de planes de estudio en la educación para abordar las diferencias individuales de los estudiantes, como discapacidades, talento, necesidades emocionales o sociales. Esto garantiza igualdad de oportunidades para el aprendizaje y el desarrollo de su máximo potencial. La flexibilidad curricular se aplica a través de ajustes en el currículo, como materiales accesibles y apoyos pedagógicos, para lograr una educación inclusiva y equitativa que valore la diversidad y promueva el éxito de todos los estudiantes.

contratación pública por un lado con el registro en SECOP II como en la contratación del personal idóneo[61]. Esto implica que las Entidades Territoriales están haciendo un esfuerzo por garantizar que los procedimientos de contratación se realicen de acuerdo con las regulaciones legales y los principios de transparencia. En cuanto a las normativas específicas, se mencionan el Decreto 1421 de 2017 y la Ley 80 de 1993, que establecen los marcos legales para la educación inclusiva y la contratación pública, respectivamente. Esto muestra la importancia de cumplir con estas regulaciones para garantizar la calidad y legalidad de los procesos. Por su parte, el tema de la supervisión y seguimiento de los contratos es crucial para asegurarse de que se cumplan las obligaciones establecidas. Esto refleja la importancia de un monitoreo adecuado para garantizar el cumplimiento de las normativas. Se ubica principalmente en: Duitama y Sogamoso (Departamento de Boyacá- Región Centro Oriente), Dosquebradas (Departamento de Risaralda-Región Eje Cafetero), Pasto y San Andrés de Tumaco (Departamento de Nariño-Región Pacífico) e Ibagué y Melgar (Departamento de Tolima-Región Centro Sur).

- Necesidades de Recursos y Capacitación:
    - Recursos Humanos y Financieros: Se identifican necesidades de recursos humanos y financieros para satisfacer las demandas de inclusión y atención a estudiantes con discapacidad. La asignación adecuada de recursos es crucial para garantizar una educación inclusiva de calidad. Algunos sujetos de control afirman que los recursos financieros destinados para la implementación del Decreto 1421 de 2017 son insuficientes y desconocen las particularidades de la población con discapacidad.
    - Capacitación del Personal: La capacitación del personal es esencial para que puedan abordar las necesidades de los estudiantes con discapacidad de manera efectiva. La formación constante y específica es fundamental para mejorar la calidad de la educación inclusiva. Algunos sujetos de control afirman que no han recibido capacitación por parte de las Secretarías de Educación para la mejor implementación de la educación inclusiva.

---

61 En varios casos no se contrató a la persona idónea de acuerdo a la normatividad del Decreto 1421 de 2017.

- Las dos anteriores categorías analizadas se presentan en: El Paso, La Jagua de Ibirico y Valledupar (Departamento de Cesar-Región Caribe), Distrito de Santa Marta (Departamento del Magdalena-Región Caribe), Zipaquirá (Departamento de Cundinamarca-Región Centro Oriente), Barrancabermeja, Piedecuesta y Bucaramanga (Departamento de Santander-Región Centro Oriente), Ibagué y Melgar (Departamento de Tolima-Región Centro Sur), Dosquebradas (Departamento de Risaralda-Región Eje Cafetero) y Departamento de Meta-Región Llanos).

VII. CONCLUSIONES Y REFLEXIONES SOBRE LA EDUCACIÓN INCLUSIVA EN COLOMBIA A PARTIR DE DATOS DE CONTROL FISCAL MICRO

La evaluación de la implementación del Decreto 1421 de 2017 en Colombia, basada en datos del control fiscal, revela una serie de hallazgos significativos que ofrecen una perspectiva integral sobre la situación de la educación inclusiva en el país:

1. La muestra utilizada en las auditorías de cumplimiento, que abarca el 97% de la población de estudiantes con discapacidad, es representativa y robusta, lo cual permitió un análisis detallado de la implementación del Decreto 1421 por parte de la Contraloría General de la República. Se encontraron hallazgos con presuntas incidencias fiscales por valor de $310.436.214, en relación con Gestión de contratos y recursos financieros ubicados en Ibagué y Melgar, y Dotación de recursos y materiales educativos en Zipaquirá, subrayando la necesidad de una mayor rigurosidad en la implementación del Decreto 1421 de 2017 propiciando una gestión financiera más eficiente y transparente.

2. Los resultados de las auditorías señalan áreas críticas para fortalecer la implementación de la educación inclusiva. Se identificaron desafíos significativos en los 26 presuntos hallazgos disciplinarios, relativos a la gestión de contratos y recursos financieros, el cumplimiento de obligaciones y políticas de educación inclusiva, la aplicación de estrategias pedagógicas y planes individuales, la dotación de recursos y materiales educativos, el cumplimiento de perfiles profesionales, y la gestión de programas y acciones específicas. En

términos cuantitativos, se evidencian incidencias específicas en cada categoría en todas las regiones del país que representa una afectación a 39.406 estudiantes con discapacidad, siendo las más prevalentes la Implementación de Estrategias Pedagógicas y Planes Individuales, que afecta a 18.702, como la categoría de Cumplimiento de obligaciones y políticas de educación inclusiva, afectando a 15.186 estudiantes con discapacidad.

3. A su vez, las problemáticas manifestadas por los sujetos de control, respecto a los estudiantes con discapacidad se encuentran relacionadas con falta de diagnósticos adecuados, en coherencia con la Ley 1618 de 2003, la Resolución 113 de 2020 del Ministerio de Salud y Protección Social, y el Decreto 1421 de 2017, ya que 8 de cada 10 estudiantes no están categorizados en estas bases, lo que no permite identificar las especificidades de sus necesidades educativas, dejando un gran vacío en la individualización y los posibles rutas pedagógicas y curriculares en la formación de los estudiantes en coherencia con su requerimientos y demandas de aprendizaje.

4. El análisis normativo revela que las deficiencias están relacionadas con importantes marcos legales y normativas, tales como la Constitución Política de Colombia, la Ley 1618 de 2013, el Decreto 1421 de 2017, la Ley 80 de 1993, la Ley 1952 de 2019, el Decreto 1075 de 2015 y el Decreto 1082 de 2015. Estas disposiciones legales establecen principios fundamentales como la igualdad, el acceso a la educación, la eficiencia y transparencia en la contratación pública, así como regulaciones disciplinarias. La existencia de incidencias en estas áreas refleja la necesidad urgente de abordar estas deficiencias para garantizar una implementación efectiva de la educación inclusiva en el país.

5. La categorización de las discapacidades muestra una diversidad significativa, con el 48% de los estudiantes con discapacidad clasificados en la categoría "intelectual", seguido por el 26% con discapacidad "psicosocial" y un 10% con discapacidad "múltiple". Estos datos resaltan la importancia de enfoques pedagógicos y recursos adaptados para satisfacer las necesidades específicas de cada grupo, invitando a reflexionar sobre los recursos asignados a esta población que indistintamente de la discapacidad tienen una asignación del 20% adicional por estudiante con discapacidad, según lo establecido en el Decreto 1421 de 2017.

En definitiva, la evaluación del control fiscal proporciona una visión detallada de la implementación del Decreto 1421 de 2017 en Colombia, destacando áreas de mejora y desafíos persistentes, entre ellos incumplimientos normativos en todas las regiones del país, que da cuenta de la no efectividad de la política pública, la necesidad de mayor cantidad de recursos humanos y financieros para la implementación de la educación inclusiva de acuerdo a las manifestaciones de los sujetos de control auditados; la falta de actualización de las bases de datos frente a los criterios de categorización de la discapacidad en Colombia y su homologación intersectorial (Salud–Educación), así como la caracterización de la totalidad de la población estudiantil con discapacidad.

VIII. BIBLIOGRAFÍA

ACTO LEGISLATIVO 4 de 2019 por medio del cual se reforma el Régimen de Control Fiscal Fecha Publicación: 18-9-2019. N. Boletín: Año CLV nº 51.080. 18 de septiembre de 2019. DOCUMENTO (Tol: LTM16.526.587)

AL-AZAWEI, A., "Universal Design for Learning (UDL): A content analysis of peer reviewed journals from 2012 to 2015", *Journal of the Scholarship of Teaching and Learning*, nº 3, junio 2016, pp. 39-56.

ALBA PASTOR, C., "Diseño Universal para el Aprendizaje: un modelo teórico-práctico para una educación inclusiva de calidad", *Participación educativa*, nº 9, enero 2019, pp. 55-68.

CASTRO FRANCO, A., *El futuro del control fiscal en Colombia. Lineamientos para la implementación del Acto Legislativo 04 de 2019*, Grupo Editorial Ibañez, 2020.

CONSTITUCIÓN POLÍTICA de 1991. Gaceta Constitucional nº 114 del 7 de julio de 1991. DOCUMENTO (Tol: LTM9.331.500)

CORTE CONSTITUCIONAL DE COLOMBIA: «Sentencia T-120 de 2019» [en línea], (1999) <https://www.corteconstitucional.gov.co/relatoria /2019/t-120-19.htm. [Consulta 27-02-2024.]

- «Sentencia T-581 de 2012» [en línea], (2012) <https://www.corteconstitucional.gov.co/relatoria/2012/T-581-12.htm. [Consulta 27-02-2024.]
- «Sentencia T-390 de 2011» [en línea], (2011) <https://www.corteconstitucional.gov.co/relatoria/2011/T-390-11.htm. [Consulta 27-02-2024.]
- «Sentencia T-255 de 2001» [en línea], (2001) <https://www.corteconstitucional.gov.co/Relatoria/2001/T-255-01.htm. [Consulta 27-02-2024.]
- «Sentencia T-488 de 1999» [en línea], (1999) <https://www.corteconstitucional.gov.co/relatoria/1999/T-488-99.htm. [Consulta 27-02-2024.]
- «Sentencia T-492 de 1992» [en línea], (1992) <https://www.corteconstitucional.gov.co/relatoria/1992/T-492-92.htm. [Consulta 27-02-2024.]

DECRETO 369 de 1994, por el cual se modifica la estructura y funciones del Instituto Nacional para Ciegos, INCI. Fecha Publicación: 11/02/1994. N. Boletín: DIARIO OFICIAL. AÑO CXXIX. nº 41220. 11, febrero, 199. DOCUMENTO (Tol: LTM9.373.419)

DECRETO 1826 de 1994, por el cual se reglamenta parcialmente la Ley 87 de 1993. Fecha Publicación: 03/08/1994. N. Boletín: DIARIO OFICIAL. AÑO CXXX. nº 41473. 4, agosto, 1994. DOCUMENTO (Tol: LTM12.154.667)

DECRETO 2082 de 1996, por la cual se reglamenta la atención educativa para personas con limitaciones o con capacidades o talentos excepcionales. Fecha Publicación: 18/11/1996. N. Boletín: DIARIO OFICIAL. AÑO CXXXII. nº 42922. 20, noviembre, 1996. DOCUMENTO (Tol: LTM12.156.681)

DECRETO 2369 de 1997, por el cual se reglamenta parcialmente la Ley 324 de 1996. Fecha Publicación: 22/09/1997. N. Boletín: DIARIO OFICIAL. AÑO CXXXIII. nº 43137. 26, septiembre, 1997. DOCUMENTO (Tol: LTM12.157.356)

DECRETO 2386 de 2001, por el cual se reglamenta el artículo 5° de la Ley 582 de 2000. Fecha Publicación: 06/11/2001. N. Boletín: DIARIO OFICIAL. AÑO CXXXVII. nº 44634. 3, diciembre, 2001. DOCUMENTO (Tol: LTM9.331.537)

DECRETO 1075 de 2015, por medio del cual se expide el Decreto Único Reglamentario del Sector Educación. Fecha Publicación: 26-05-2015 N. Boletín: DIARIO OFICIAL. AÑO CL. nº 49523. 26, mayo, 2015. DOCUMENTO (Tol: LTM9.335.068)

DECRETO 1082 de 2015, por medio del cual se expide el Decreto Único Reglamentario del sector Administrativo de Planeación Nacional. Fecha Publicación: 26-05-2015. N. Boletín: DIARIO OFICIAL. AÑO CL. nº 49523. 26, mayo, 2015. DOCUMENTO (Tol: LTM9.337.427)

DECRETO 1421 de 2017, por el cual se reglamenta en el marco de la educación inclusiva la atención educativa a la población con discapacidad. DOCUMENTO (Tol: LTM12.177.972)

DECRETO 403 de 2020, por el cual se dictan normas para la correcta implementación del Acto Legislativo 04 de 2019 y el fortalecimiento del control fiscal. Fecha Publicación: 16/03/2020 N. Boletín: DIARIO OFICIAL AÑO CLVI nº 51258 16 de marzo 2020.

GRIFUL-FREIXENET, J., "Explorando la interrelación entre el diseño universal para el aprendizaje (UDL) y la instrucción diferenciada (DI): una revisión sistemática", *Revista de investigación educativa*, nº 100306, febrero 2020, pp. 29-52.

LEY 80 de 1993, por la cual se expide el Estatuto General de Contratación de la Administración Pública Fecha Publicación: 28-10-1993. N. Boletín: DIARIO OFICIAL. AÑO CXXIX. nº 41094. 28, octubre, 1993. DOCUMENTO (Tol: LTM9.341.513)

LEY 115 de 1994, por la cual se expide la Ley General de Educación. N. Boletín: DIARIO OFICIAL. AÑO CXXIX. N. 41214. 8, febrero, 1994. DOCUMENTO (Tol: LTM3.763.902)

LEY 324 de 1996 por la cual se crean algunas normas a favor de la Población Sorda. Fecha Publicación: 11/10/1996. N. Boletín: DIARIO OFICIAL. AÑO CXXXII. nº 42899. 16, octubre, 1996. DOCUMENTO (Tol: LTM12.154.972)

LEY 361 de 1997, por la cual se establecen mecanismos de integración social de las personas con limitación y se dictan otras disposiciones. Fecha Publicación: 07/02/1997. N. Boletín: DIARIO OFICIAL. AÑO CXXXII. nº 42978. 11, Febrero, 1997. DOCUMENTO (Tol: LTM9.337.94)

LEY 582 de 2000, por medio de la cual se define el deporte asociado de personas con limitaciones físicas, mentales o sensoriales, se reforma la Ley 181 de 1995 y el Decreto 1228 de 1995, y se dictan otras disposiciones. Fecha Publicación: 08-06-2000. N. Boletín: DIARIO OFICIAL. AÑO CXXXVI. nº 44040. 12, junio, 2000. DOCUMENTO (Tol: LTM12.153.710)

LEY 610 de 2000, por la cual se establece el trámite de los procesos de responsabilidad fiscal de competencia de las contralorías. Fecha Publicación: 15/08/2000. N. Boletín: DIARIO OFICIAL. AÑO CXXXVI. nº 44133. 18, agosto, 2000. DOCUMENTO (Tol: LTM12.152.420)

LEY 982 de 2005, por la cual se establecen normas tendientes a la equiparación de oportunidades para las personas sordas y sordociegas y se dictan otras disposiciones. Fecha Publicación: 02/08/2005. N. Boletín: DIARIO OFICIAL. AÑO CXLI. nº 45995. 9, agosto, 2005. DOCUMENTO (Tol: LTM12.163.494)

LEY 1098 de 2006, por la cual se expide el Código de la Infancia y la Adolescencia. Fecha Publicación: 08/11/2006. N. Boletín: DIARIO OFICIAL. AÑO CXLII. nº 46446. 8, noviembre, 1006. DOCUMENTO (Tol: LTM3.758.137)

LEY 1145 de 2007, por medio de la cual se organiza el Sistema Nacional de Discapacidad y se dictan otras disposiciones. Fecha Publicación: 10/07/2007. N. Boletín: DIARIO OFICIAL. AÑO CXLIII. nº 46685. 10, julio, 2007. DOCUMENTO (Tol: LTM9.384.504)

LEY 1287 de 2009, por la cual se adiciona la Ley 361 de 1997. Fecha Publicación: 03/03/2009. N. Boletín: DIARIO OFICIAL. AÑO CXLIV. nº 47280. 3, marzo, 2009. DOCUMENTO (Tol: LTM9.384.503)

LEY 1346 de 2009, por medio de la cual se aprueba la Convención sobre los Derechos de las personas con Discapacidad, adoptada por la Asamblea General de la Naciones Unidas el 13 de diciembre de 2006. Fecha Publicación: 31/07/2009. N. Boletín: DIARIO OFICIAL. AÑO CXLIV. nº 47427. 31, julio, 2009. DOCUMENTO (Tol: LTM12.167.551)

LEY 1618 de 2013, por medio de la cual se establecen las disposiciones para garantizar el pleno ejercicio de los derechos de las personas con discapacidad. DOCUMENTO (Tol: LTM12.171.339)

LEY 1952 de 2019, por medio de la cual se expide el Código General Disciplinario, se derogan la Ley 734 de 2002 y algunas disposiciones de la Ley 1474 de 2011, relacionadas con el derecho disciplinario. Fecha Publicación: 28-01-2019. N. Boletín: Diario Oficial No. 50850. DOCUMENTO (Tol: LTM15.523.682)

LÓPEZ, N., Adolescentes y jóvenes en realidades cambiantes: notas para repensar la educación secundaria en América Latina (COORD. VARGAS TAMEZ), UNESCO, 2017.

ORGANIZACIÓN DE LAS NACIONES UNIDAS (ONU): «ODS 4 Educación de Calidad» [en línea], 2015, <https://www.pactomundial.org/ods/4-educacion-de-

calidad/#:~:text=Garantizar%20una%20educaci%C3%B3n%20inclusiva%2C%20equitativa%20y%20de%20calidad,por%20lo%20tanto%2C%20para%20contribuir%20al%20desarrollo%20sostenible>. [Consulta: 26/02/2024.]

ZORRILLA, A., *Servicio público y educación.* Tirant lo Blanch, Ciudad de México, 2022.

Capítulo XVI.

Cuidadores en Colombia: Hacia un futuro de empoderamiento en el cuidado de personas con discapacidad

LAURA CAMILA BERNAL MONTOYA
ORCID ID 0009-0008-5583-7875,

JUAN CARLOS COBO-GÓMEZ
ORCID ID 0000-0003-0138-7051,

MILTHON BETANCOURT
RCID ID 0000-0003-4184-4878

SUMARIO:

I. INTRODUCCIÓN

El cuidado de Personas con Discapacidad (PcD) en Colombia es un tema de creciente interés y relevancia en la sociedad contemporánea. La legislación colombiana, en la Ley 762 de 2002[1], define la discapacidad como una limitación en la capacidad de realizar actividades esenciales

---

[1] Ley 762 de 2002. Convención Interamericana para la eliminación de todas las formas de discriminación contra personas con discapacidad. (Tol–LTM10.030.860)

de la vida diaria, ya sea de manera permanente o temporal, y susceptible de ser influenciada por factores económicos y sociales. Por su parte, según lo estipulado en la Ley 2297 de 2023, se conceptualiza al cuidador y asistente personal de Personas con Discapacidad (PcD) de la siguiente manera:

> "Se considera cuidador o asistente personal a aquella persona, ya sea profesional o no, cuya función es respaldar en la ejecución de las actividades fundamentales de la vida diaria de un individuo con discapacidad, quien, sin la ayuda de dicho cuidador, no sería capaz de llevarlas a cabo. La prestación del servicio de cuidado o asistencia personal siempre estará subordinada a la autonomía, voluntad y preferencias de la persona con discapacidad a la cual se le brinda la asistencia."[2]

En este contexto, los cuidadores informales, en su mayoría familiares cercanos, desempeñan un papel crucial al proporcionar una atención compasiva y completa a aquellos que la necesitan. Sin embargo, esta noble labor enfrenta desafíos significativos que impactan tanto a los cuidadores como a la calidad de la atención brindada. A pesar de su importancia, Colombia se encuentra en mora de establecer criterios normativos que empoderen a los cuidadores en esta labor que realizan. Este vacío normativo se convierte en una necesidad urgente de abordar, especialmente al considerar la relevancia de los cuidadores informales, quienes son en su mayoría familiares cercanos y mujeres (de acuerdo con los datos del Ministerio de Salud y Protección Social de Colombia a noviembre 2023, cerca del 87% de los cuidadores son mujeres), en la provisión de atención a las PcD.

En este contexto, este documento se propone explorar estrategias que empoderen a los cuidadores de PcD en Colombia, utilizando herramientas virtuales como medio facilitador. Además, se llevará a cabo una revisión exhaustiva de la literatura, no solo en el ámbito nacional sino también internacional, para analizar la normatividad relacionada con los cuidadores y las experiencias de otros países en el fortalecimiento de este importante rol. La investigación plantea interrogantes fundamentales sobre cómo mejorar el conocimiento de los cuidadores en el cuidado y atención a PcD,

---

2 Ley 2297 de 2023 Por medio de la cual se establecen medidas efectivas y oportunas en beneficio de la autonomía de las personas con discapacidad y los cuidadores o asistentes personales bajo un enfoque de derechos humanos, biopsicosocial, se incentiva su formación, acceso al empleo, emprendimiento,–generación de ingresos y atención en salud y se dictan otras disposiciones (Tol–LTM33.709.011), p. 2.

fortalecer sus redes de apoyo y promover estrategias efectivas de autocuidado. Enfocándose en el contexto colombiano y en la revisión de la normatividad nacional e internacional, se busca ofrecer soluciones prácticas para potenciar la capacidad de los cuidadores, mejorando la calidad de vida de las PcD a quienes atienden.

Este documento aporta tres valiosas contribuciones a la investigación previa. En primer lugar, busca determinar la necesidad de crear una propuesta pedagógica de formación que empodere el rol de los cuidadores en la atención a PcD en Colombia, utilizando herramientas virtuales. En segundo lugar, explora el uso de herramientas virtuales en el país que puedan fortalecer el conocimiento y las habilidades de los cuidadores en el cuidado y atención integral. Por último, identifica la pertenencia a redes de apoyo y el uso de estrategias efectivas de autocuidado entre los cuidadores de PcD.

II. ESTADO DE LA CUESTIÓN

A través de una revisión de la literatura existente y la normatividad nacional e internacional, se analizan enfoques, teorías e investigaciones para identificar estrategias efectivas de empoderamiento a cuidadores de personas con discapacidad, aplicables al contexto colombiano. El objetivo es ofrecer soluciones prácticas que empoderen a los cuidadores mediante el uso de herramientas virtuales accesibles y efectivas, como de evidenciar normatividad foránea que aporte al acrecentamiento del conocimiento sobre el tema[3] [4]. En relación con la normatividad internacional, puede señalarse que su valor como antecedente es verdaderamente relevante, bien si se trata de tratados internacionales propiamente dichos o de otras normas de carácter internacional expedidas en un escenario no convencional.

En tal sentido, la normatividad internacional debe ser considerada como una pieza relevante en la presente investigación, ya que todos estos instrumentos de orden internacional plantean una evolución y re-

---

[3] LÓPEZ-PEREYRA, M., "Experiencias inclusivas de familias diversas en los espacios educativos. México y Latinoamérica", *Revista Latinoamericana de Estudios Educativos,* nº 2, mayo 2023, pp. 115–134.

[4] MARTÍNEZ-CELORRIO, X., "La innovación social: Orígenes, tendencias y ambivalencias", *Sistema,* nº 247, julio 2017, pp. 61–88.

gistran los avances más significativos en la materia. De este modo es posible sostener que el empoderamiento que se ha venido presentando en relación con los derechos de las personas que se encargan del cuidado, obedece a una fase especial de desarrollo en materia de normas internacionales, la cual debe ser objeto de especial seguimiento, por cuanto el análisis normativo debe permitir la identificación de los hitos históricos y las diferentes fases presentes en la evolución de los derechos. A modo de ilustración, puede sostenerse que los tratados internacionales más importantes en materia de discapacidad son los siguientes: i) Normativa no convencional[5]: la declaración de los Derechos del Retrasado Mental de 1971, la Declaración de los Derechos de los Impedidos de 1975, el programa de acción Mundial para los Impedidos, las Directrices de Tallin para el Desarrollo de los Recursos Humanos en la Esfera de los Impedidos, los Principios para la Protección de los Enfermos Mentales y el Mejoramiento de la atención de la Salud Mental, las Normas Uniformes sobre la Igualdad de Oportunidades para las Personas con Discapacidad. ii) Normativa Convencional: La convención sobre los Derechos de las personas con discapacidad[6].

El presente marco conceptual complementa la investigación, enfocándose en el empoderamiento de los cuidadores y la utilización de herramientas virtuales en el contexto colombiano. Resaltando el empoderamiento como un proceso que proporciona a los cuidadores mayor control sobre sus vidas, mejorando así su bienestar emocional y su capacidad para brindar atención de calidad[7] [8].

El autocuidado también se presenta como una faceta vital. Advirtiendo sobre el "Síndrome del cuidador quemado", que afecta a los cuidadores informales de PcD[9] [10]. Este síndrome, manifestado en síntomas como de-

---

5 BIEL PORTERO, I., *Los derechos humanos de las personas con discapacidad,* Tirant Lo Blanch, Valencia, 2011, p. 58.

6 ALCAÍN MARTÍNEZ, E., La *Convención Internacional Sobre los Derechos de las Personas con Discapacidad. De los Derechos a los Hechos,* Tirant Lo Blanch, Valencia, 2015, p. 12.

7 LÓPEZ-PEREYRA, M., "Experiencias inclusivas de familias", *cit.*, pp. 115–134.

8 MARTÍNEZ-CELORRIO, X., "La innovación social", *cit.*, pp. 61–88.

9 MARTÍNEZ, S., "Síndrome del cuidador quemado". *Revista Clínica Médica Familiar,* nº 1, abril 2019. pp. 97-100.

10 MARULANDA PÁEZ, E., "En mi aula sí se puede: Propuesta de un modelo de formación en educación inclusiva y discapacidad para maestros", *Revista de Estudios y Experiencias en Educación,* nº 44, diciembre 2021, pp. 331-349.

presión y estrés, resalta la importancia del autocuidado para evitar la fatiga física y emocional. La atención centrada en la persona implica considerar las necesidades individuales y preferencias de la PcD durante la prestación de cuidados[11]. Involucrar a los cuidadores en la toma de decisiones relacionadas con la atención, respetando la autonomía y dignidad de la PcD, es esencial para una atención integral y compasiva. Desde una perspectiva posmoderna de la discapacidad, se destaca la complejidad en términos de reconocimiento y participación de las PcD en diversos ámbitos públicos[12]. El cuidado emerge como un elemento crucial para la autonomía de las PcD en su vida cotidiana, y el cambio hacia un enfoque de derechos y equidad en las políticas públicas se vuelve imperativo[13].

1. Rol de los Cuidadores en la Sociedad

El papel crucial de los cuidadores en la sociedad[14], particularmente en el ámbito familiar, se relaciona con la definición otorgada por la Corte Constitucional y el Ministerio de Salud y Protección Social de Colombia destaca que los cuidadores brindan apoyo emocional y físico a personas dependientes, en su mayoría familiares y predominantemente ejercido por mujeres. A pesar de su función vital, enfrentan desafíos físicos y emocionales significativos, lo que subraya la persistente desigualdad de género y la necesidad de regulaciones que respalden su labor.

2. Herramientas Virtuales y Redes de Apoyo

En el contexto actual, las herramientas virtuales ofrecen una oportunidad única para empoderar a los cuidadores de PcD. Varios autores resaltan el acceso a información especializada, orientación y formación a través de plataformas de aprendizaje en línea, como los MOOCs (Massive Open On-

---

11 GARCÍA-CANTILLO, C., "Psychological approach of informal caregivers of people with disability: A documental analysis perspective of the colombian normativity", *Archivos Venezolanos de Farmacologia y Terapeutica*, nº 5, octubre 2021, pp. 550-557.

12 BACCA, A., "Análisis de la Política Pública de Discapacidad en relación con los cuidadores, 2013-2017", *Hacia La Promoción de la Salud*, nº 1, enero 2020, pp. 29-43.

13 GARCES FERRER, J., *La sobrecarga de las cuidadoras de personas dependientes*, Tirant Lo Blanch, Valencia, 2006, p. 18.

14 RAMOS, L., *Garantías laborales de los Cuidadores Familiares: Comparativo Colombia, España y Argentina*, Universidad Libre, Bogotá D.C., 2023.

line Courses)[15] [16]. Además, aplicaciones móviles diseñadas específicamente para cuidadores pueden proporcionar herramientas prácticas para el cuidado diario.

Por su parte, las redes sociales dedicadas a la discapacidad y al cuidado también ofrecen espacios de apoyo y comunidades virtuales para los cuidadores[17]. Varios autores destacan testimonios de cuidadores, especialmente madres, que encuentran apoyo y sentido en el cuidado que brindan a sus hijos o hijas o familiares en condición de discapacidad[18] [19]. Sin embargo, resaltan que, es fundamental que estas herramientas virtuales sean diseñadas con principios de accesibilidad, garantizando que sean inclusivas y adaptables a las necesidades individuales[20] [21] [22].

III. MARCO REFERENCIAL

El presente marco referencial se basa en una revisión de la literatura existente sobre el empoderamiento de los cuidadores de Personas con Discapacidad (PcD). Se consideran diversos enfoques, teorías e investigaciones que abordan el empoderamiento de los cuidadores y la atención a PcD, aportando una visión integral a la comprensión de esta temática. A continuación, se resumen y analizan las contribuciones de algunos autores clave, destacando sus perspectivas y enfoques en este campo.

---

15 ARIAS PINEDA, K., "Prácticas asumidas por docentes y estudiantes con discapacidad visual, para la educación inclusiva en tiempos de Covid-19 en la USTA-BGA", UstaSalud, nº 1, mayo 2023, p. 22.

16 MARULANDA PÁEZ, E., "En mi aula sí se puede", cit., pp. 331-349.

17 LÓPEZ-PEREYRA, M., "Experiencias inclusivas de familias", *cit.*, pp. 115-134.

18 ARRIETA, C., *Pensar la educación más allá de lo escolar: una mirada desde el Decreto 1421 de 2017 hacía la oferta educativa no escolar para personas con discapacidad en el municipio de Caucasia Antioquia,* Universidad de Antioquia, Medellín, 2023.

19 BRESÓ-ESTEVES, E., "Síndrome de burnout y ansiedad en médicos de la ciudad de Santa Marta", *Duazary*, nº 2, agosto 2019, pp. 259-269.

20 ARRIETA, C., *Pensar la educación más allá de lo escolar, cit.,* pp. 18-22.

21 BRESO-ESTEVES, E., "Síndrome de burnout", *cit.,* pp. 259-269.

22 GARCÍA-CANTILLO, C., "Psychological approach of informal caregivers", *cit.,* pp. 550-557.

1. Definición y Proceso de Empoderamiento

Se entiende el empoderamiento como un proceso mediante el cual los individuos adquieren un mayor control sobre sus vidas, aumentando su capacidad para tomar decisiones y actuar de manera autónoma en búsqueda de su bienestar. Este enfoque destaca la importancia de dotar a los cuidadores de PcD con herramientas que les permitan no solo brindar atención efectiva, sino también tomar decisiones informadas y participar activamente en el proceso de cuidado[23] [24].

2. Capacitación y Participación en Decisiones

El empoderamiento de los cuidadores de PcD implica capacitarlos en habilidades de cuidado, proporcionarles apoyo emocional y fomentar su participación en la toma de decisiones relacionadas con la atención de la PcD. La participación activa de los cuidadores en la toma de decisiones, según estos autores, no solo mejora la calidad del cuidado sino también fortalece el sentido de autonomía y valor de los cuidadores en este proceso fundamental[25]. Se resalta la importancia de proporcionar recursos y servicios adecuados para fortalecer el rol de los cuidadores y mejorar la calidad de la atención que brindan. Este enfoque destaca la necesidad de considerar factores materiales y de apoyo externo para garantizar que los cuidadores cuenten con las herramientas necesarias para desempeñar su labor de manera efectiva y sostenible[26].

3. Autocuidado de los Cuidadores

La importancia del autocuidado de los cuidadores como un aspecto esencial en esta temática hace hincapié en que los cuidadores deben cuidarse a sí mismos para prevenir el agotamiento y la sobrecarga emocional, especialmente en situaciones de cuidado a largo plazo. El "Síndrome del

---

[23] LÓPEZ-PEREYRA, M., "Experiencias inclusivas de familias", *cit.*, pp.115-134.

[24] MARTÍNEZ-CELORRIO, X., "La innovación social", *cit.*, pp. 61-88.

[25] LÓPEZ-PEREYRA, M., "Experiencias inclusivas de familias", *cit.*, pp.115-134.

[26] ARIAS PINEDA, K., "Prácticas asumidas por docentes y estudiantes con discapacidad visual", *cit.*, p. 22.

cuidador quemado" evidencia la necesidad de estrategias que promuevan la salud mental y emocional de los cuidadores[27] [28].

4. Enfoque de Atención Centrada en la Persona

Involucrar a los cuidadores en la toma de decisiones relacionadas con la atención, respetando la autonomía y dignidad de la PcD es esencial[29]. Este enfoque, sugiere que las políticas públicas deben analizar en mayor profundidad aspectos relacionados con la autonomía y dignidad en el cuidado de PcD, abogando por un enfoque centrado en la persona[30].

5. Estudios Específicos y Experiencias Internacionales

En Ecuador, el estudio de la labor de las cuidadoras, aportan perspectivas específicas sobre la preparación, sobrecarga y calidad de vida experimentada por los cuidadores familiares. Estos estudios resaltan la necesidad de abordar integralmente la preparación de los cuidadores para mejorar su calidad de vida y reducir la sobrecarga emocional[31] [32] [33]. Estos estudios abordan estrategias para fortalecer la red de cuidadores de PcD desde la gerencia social. Se enfocan en el análisis de políticas públicas locales, destacando la autonomía de las entidades territoriales en la formulación de políticas específicas para el cuidado de personas con discapacidad como una forma de empoderar desde el contexto local. Por su parte, examinan el caso Coleman y su impacto en la construcción del

---

27 MARULANDA PÁEZ, E., "En mi aula sí se puede", *cit.*, 331-349.

28 MARTÍNEZ, S., "Síndrome del cuidador quemado", *cit.*, pp. 97-100.

29 GARCÍA-CANTILLO, C., "Psychological approach of informal caregivers", *cit.*, pp. 550–557.

30 ROTH, A. N., *Análisis de la política pública de discapacidad de Bogotá (2007-2017): la implementación vista desde los actores institucionales, las personas con discapacidad y sus cuidadores. Instituto de Unidad de Investigaciones jurídico-sociales,* Unijus, Instituto Unidad de Investigaciones Jurídico-Sociales, Bogotá D.C., 2019, pp. 29-52.

31 RIZO MORALES, P., *Familia y Discapacidad,* Tirant Lo Blanch, Ciudad de México, 2016, p. 5.

32 AYAUCA, M., *Preparación, sobrecarga y calidad de vida en cuidadores familiares de adultos mayores con discapacidad severa de organizaciones sociales, Ecuador 2021,* Universidad César Vallejo, Piura, 2022.

33 RAMÍREZ CALIXTO, C., "La cuidadora de personas discapacitadas en Ecuador", *Universidad y Sociedad,* nº 3, junio 2018, pp. 98-103.

modelo social de discapacidad en la Unión Europea, extendiendo la protección no solo a las personas con discapacidad, sino también a sus cuidadores, como actores fundamentales en el empoderamiento de las PcD. Destacando la importancia de la protección contra la discriminación por transferencia y resalta los avances en el ámbito comunitario[34].

Un análisis de las garantías laborales de los cuidadores familiares en España[35], examinó normativas como la Orden TAS/2632/2007, que establece el convenio para los cuidadores familiares de personas en situación de dependencia. El texto resalta la importancia de reconocer el trabajo de los cuidadores y garantizarles condiciones laborales adecuadas, pues una de las principales causas de inactividad femenina en el mercado de trabajo es el cuidado de las personas dependientes. Por su parte, en relación a los cuidados familiares de salud en personas mayores y las políticas sociales en investigaciones realizadas en Madrid, País Vasco y Cataluña, destacan la importancia de anticiparse a los fenómenos sociales relacionados con el envejecimiento de la población y diseñar políticas públicas de cuidado y de las personas cuidadoras de PcD[36]. Es necesario mencionar que en el derecho de la discapacidad y muy especialmente, los avances normativos, que han sido objeto de desarrollo en el marco de la Unión Europea y en España, el concepto de dependencia es verdaderamente importante, ya que se considera como una situación de hecho que da lugar a la aplicación de una serie de prerrogativas y garantías dentro de los cuales se encuentra el cuidador de personas en condición de discapacidad.

La dependencia, debe ser entendida como la situación de necesidad en la que una persona requiere de la ayuda de otros, para realizar las actividades de la vida diaria. Esta simple definición y sus formas de valoración se han convertido en un concepto esencial para activar los mecanismos de protección contenidos en muchos instrumentos normativos en los países

---

34 RUÍZ, A., "El caso Coleman: un paso más en la construcción del modelo social de discapacidad de la unión europea y su extensión a los cuidadores", *Temas laborales: Revista andaluza de trabajo y bienestar social*, nº 101, diciembre 2009, pp. 321-339.

35 ROJAS, P., "Responsabilidades familiares, contrato de trabajo y trayectoria laboral de las mujeres. Algunos puntos críticos", *Revista Internacional y Comparada de Relaciones Laborales y Derecho del Empleo*, nº 4, octubre 2018.

36 BAZO, M., "Envejecimiento de la población: un reto para las políticas públicas del siglo XXI", *Gestión y Análisis de Políticas Públicas*, nº 16, diciembre 1999, pp. 119-126.

objeto de investigación en el presente artículo. En este especial contexto y por tratarse de un concepto que evidentemente requiere ser acreditado para poder ser identificado como persona con discapacidad, que necesita la ayuda de un tercero cuidador, varios instrumentos internacionales han sido conscientes de la necesidad de avanzar en el campo de las definiciones, se destaca en este punto, los desarrollos efectuadas directamente por organismos de orden internacional, que por vía de interpretación, han venido haciendo construcciones del mencionado concepto, es así como el Consejo de Europa define la dependencia como "El Estado en el cual se encuentran las personas que, por razones ligadas a la falta o pérdida de autonomía física, psíquica o intelectual, necesitan de una asistencia y/o ayuda importante de otra persona para realizar las actividades de la vida Diaria."[37]

En este mismo sentido, se examina el fenómeno del "efecto cascada", transitando desde formas formalizadas de prestación del trabajo y cuidado hacia zonas grises y de informalidad. En el contexto español, se destaca la progresiva transición de la informalidad hacia la formalidad a través de la figura del cuidador no profesional, regulada por la Ley de Promoción de la Autonomía Personal y Atención a las Personas en Situación de Dependencia[38]. En contraste, en Colombia, se analiza la situación de las madres comunitarias, cuyo trabajo, vinculado al cuidado y trabajo doméstico, tiene una dimensión comunitaria. Además, se enfoca en la informalidad del trabajo doméstico y de cuidado en Colombia, resaltando las implicaciones de la marginalidad jurídica en esta área y subrayando el aporte social y económico del trabajo informal[39].

La experiencia de un estudio en Chile destaca la compleja interacción entre los establecimientos educacionales y las experiencias de niños, niñas y adolescentes con discapacidad intelectual. Este enfoque resalta la importancia de la inclusión efectiva, prácticas inclusivas y formación docente como cuidadores de esta población dependiente, para garantizar el desarrollo adecuado de las PcD desde una edad temprana y su interac-

---

37 GARCES FERRER, J., *La sobrecarga de las cuidadoras de personas dependientes, cit.*, p. 18.

38 LEY 39/2006 de 14 de diciembre, de Promoción de la Autonomía Personal y Atención a las personas en situación de dependencia.

39 ALVARADO BEDOYA, C., *El Trabajo Doméstico y del Cuidado. Informalidad y fronteras de laboralidad,* Tirant Lo Blanch, Bogotá D.C., 2019.

ción con las familias[40]. Por su parte, otros estudios subrayan la necesidad crucial de la alfabetización en salud, especialmente en contextos de pandemia como la COVID-19. Destacan que las PcD y sus cuidadores enfrentan desafíos particulares al comprender y actuar sobre la información de salud, y resaltan la importancia de representaciones visuales y narrativas para facilitar la comprensión y toma de decisiones informadas[41]. De esta forma, se enfatiza la necesidad de empoderar a los cuidadores de PcD, especialmente en contextos de crisis como la pandemia de COVID-19[42]. Destacan que la gestión del riesgo debe considerar la capacidad adaptativa de las PcD y el papel crucial de los cuidadores como agentes de cambio y defensores de sus derechos. Aboga por estrategias inclusivas y decisiones políticas que prioricen la accesibilidad y apoyos necesarios para garantizar una respuesta sólida y respetuosa de los derechos humanos, en especial de los cuidadores.

Finalmente, en un contexto más local, se resalta la iniciativa en Bogotá-Colombia, de crear el Sistema Distrital de Cuidado para atender a cuidadores y sus problemáticas, especialmente mujeres. Resalta que, a pesar de los avances locales, se aboga por una regulación nacional más abarcadora que garantice beneficios y derechos adecuados para todos los cuidadores, independientemente de su grupo de dependencia[43]. Por lo cual. se propone analizar este Sistema como una forma de escalamiento y replicabilidad en el contexto colombiano.

6. Herramientas Virtuales para el Empoderamiento

El uso de herramientas virtuales, como plataformas de aprendizaje en línea y redes sociales dedicadas a la discapacidad, emerge como una necesidad crucial para mejorar la labor de los cuidadores y brindar una atención más compasiva e inclusiva. Varios estudios señalan la importancia de estas herramientas para fortalecer el conocimiento de los

---

40 CAYAMBE, J., *Ciencia, Innovación y Tecnología,* Pontificia Universidad Católica del Ecuador, Ibarra, 2023.

41 SENTELL, T., "Interdisciplinary perspectives on health literacy research around the world: More important than ever in a time of covid-19", *International Journal of Environmental Research and Public Health,* nº 9, abril 2020, pp. 1-23.

42 YANG, M., "I've Already Lived like There's a Pandemic: A Grounded Theory Study on the Experiences of People with a Mobility Disability", *International Journal of Disaster Risk Reduction,* nº 7, noviembre 2023, pp. 1-20.

43 RAMOS, L., *Garantías laborales de los Cuidadores Familiares, cit.,* p. 20-23.

cuidadores y proporcionarles apoyo emocional. La adaptación tecnológica y la creación de espacios colaborativos y accesibles son aspectos esenciales para empoderar a los cuidadores mediante el diálogo y la tecnología[44] [45] [46]. Se rescata acá finalmente, la importancia de diseñar herramientas virtuales con principios de accesibilidad. Esto garantiza que tanto los cuidadores como las PcD puedan aprovechar plenamente estas herramientas y participar activamente en su proceso de empoderamiento y cuidado[47].

Desde esta especial concepción, se ha definido que uno de los elementos estratégicos que pueden contribuir de manera sustancial en la construcción del empoderamiento del rol de cuidador en la sociedad, no es solamente el diseño y aplicación de una política pública que se encargue de reafirmar los derechos de las personas que ejercen estas actividades, también lo constituyen los medios y las estrategias que se adopten institucionalmente para reafirmar y difundir estos derechos. En este contexto puede tomarse como ejemplo vivo, la utilización de las nuevas tecnologías como medio de difusión de información, estrategias altamente eficaces que pueden ser utilizadas para capacitar a los cuidadores, dando lugar a una formación continua que les permita asumir este rol de manera profesional. No obstante, la implementación de tan importantes estrategias se ve hoy restringida por la existencia de algunas barreras tecnológicas, que pueden imposibilitar el acceso a los cuidadores a las tecnologías enfocadas a la enseñanza y el aprendizaje. Este es el Estado actual de muchos países, incluido Colombia, donde es evidente que la falta de acceso a la tecnología es un motor generador de lo que se denomina info-exclusión[48], un término que define los efectos negativos de la brecha digital. Por ende, toda estrategia de empoderamiento que comprometa el uso de las nuevas tecnologías debe considerar la existencia de una desigualdad que impide el acceso y aprovechamiento de las TIC y al conocimiento de ella, lo que implica preliminarmente desarrollar una política de cierre de brechas di-

---

44 ARIAS PINEDA, K., "Prácticas asumidas por docentes y estudiantes con discapacidad visual", *cit.*, p. 22.

45 MARULANDA PÁEZ, E., "En mi aula sí se puede", *cit.*, pp. 331-349.

46 BENÍTEZ BLANCO, A., *Ambientes virtuales de aprendizaje: Diálogo de familias y cuidadores*, Universidad Pedagógica Nacional, Bogotá D.C., 2022.

47 GARCÍA-CANTILLO, C., "Psychological approach of informal caregivers", *cit.*, pp. 550–557.

48 DE MIGUEL VIJANDI, B., *La activación laboral y la protección social de las personas con discapacidad*, Tirant lo Blanch, Bogotá D.C, 2023, p. 592.

gitales, para lograr la difusión de las nuevas tecnologías como medio de formación de los cuidadores.

IV. MARCO LEGAL

El marco normativo que aborda la discapacidad refleja un esfuerzo conjunto de organismos internacionales como la Organización de Naciones Unidas (ONU), la Organización Mundial de la Salud (OMS) y la Organización Internacional del Trabajo (OIT) por unificar el concepto de discapacidad, que previamente estaba marcado por diversas denominaciones y confusiones. Este esfuerzo busca superar las barreras y estigmatizaciones que afectan a más de mil millones de personas en todo el mundo, equivalente al 15% de la población global. En este contexto, se han creado instrumentos cruciales como la Clasificación Internacional del Funcionamiento, la Discapacidad y la Salud (CIF) y la Clasificación Internacional de Enfermedades (CIE), que ofrecen un marco conceptual común y un lenguaje estandarizado para la información relacionada con la salud y la discapacidad. Este proceso culminó en la definición de la discapacidad como una condición dinámica y bidireccional que involucra factores personales y contextuales. La adopción por parte de la ONU de un enfoque de derechos humanos en la Convención sobre los Derechos de las Personas con Discapacidad marca un cambio paradigmático. Este enfoque promueve la participación y la igualdad en la toma de decisiones, influyendo directamente en la formulación de proyectos, programas y políticas específicas. Se establece así un marco teleológico que guía la Política Pública Nacional de Discapacidad e Inclusión Social a nivel nacional y territorial, enfocándose en la dignidad humana, la igualdad y la no discriminación[49].

En el contexto colombiano, el reconocimiento y garantía de los derechos de las PcD ha sido progresivo a lo largo de las décadas, evidenciado por diversas leyes y decretos que buscan asegurar la inclusión y la igualdad de oportunidades en áreas como la educación, salud y otros ámbitos. A pesar de estos avances, aún persisten desafíos, especialmente en la atención

---

[49] GUZMÁN, M., *Política Pública Nacional de Discapacidad e Inclusión Social en Colombia, Específicamente Visual: Marco Normativo de Aplicación*, Fundación Universitaria Jorge Tadeo Lozano, Bogotá D.C., 2021.

y reconocimiento de los cuidadores, quienes a menudo son miembros del núcleo familiar[50 51].

Desde 1987, la Ley 112 marcó un hito al obligar el diseño y construcción de edificios accesibles para PcD motora u orientativa. Posteriormente, la Ley 115 de 1994[52] sentó las bases para las necesidades educativas especiales en el país. La Ley 361 de 1997[53] reforzó la accesibilidad, y la Ley 1346 de 2009[54] prohibió la discriminación por motivos de discapacidad, garantizando la protección legal efectiva y equitativa para todas las PcD[55].

La Ley Estatutaria 1618 de 2013[56] representó un cambio fundamental en la conceptualización de la discapacidad al adoptar medidas afirmativas para garantizar los derechos de las PcD. Sin embargo, se señala que esta ley no reconoce plenamente los derechos y beneficios de los cuidadores, centrándose más en las PcD[57]. A pesar de este avance, la falta de mención explícita a los cuidadores es evidente, a pesar de referirse a la asistencia personal necesaria para garantizar una vida digna y la inclusión en la comunidad.

La Política Pública de Discapacidad e Inclusión Social 2013-2022 del Ministerio de Salud y Protección Social buscó asegurar el goce pleno de los derechos y el cumplimiento de los deberes de las PcD, sus familias y cuidadores. No obstante, se enfatiza que esta política aún no abarca a todos los cuidadores en su regulación, limitando la definición de discapacidad y cuidado, a diferencia de países como España, que valora el grado de dependencia para asignar recursos y servicios[58].

---

50 BACCA, A., "Análisis de la Política Pública de Discapacidad", *cit.,* pp. 29-43.

51 RIZO MORALES, P., *Familia y Discapacidad, cit.*, p. 5.

52 LEY 115 de 1994. "Por la cual se expide la ley General de Educación".

53 LEY 361 de 1997. "Por la cual se establecen mecanismos de integración social de las personas con limitación y se dictan otras disposiciones.

54 LEY 1346 de 2009. "Por medio de la cual se aprueba la: Convención Sobre los Derechos de las Personas con Discapacidad, adoptada por la Asamblea General de las Naciones Unidas el 13 de diciembre de 2006." 31 de julio de 2009.

55 BACCA, A., "Análisis de la Política Pública de Discapacidad", *cit.,* pp. 29-43.

56 Ley Estatutaria 1618 de 2013. "Por Medio de la cual se Establecen las Disposiciones para Garantizar el Pleno Ejercicio de los Derechos de las Personas con Discapacidad".

57 RAMOS, L., *Garantías laborales de los Cuidadores Familiares, cit.,* p. 20-23.

58 RAMOS, L., *Garantías laborales de los Cuidadores Familiares, cit.,* p. 20-23.

El Decreto 1421 de 2017[59] fue un avance crucial al establecer lineamientos y disposiciones para implementar la educación inclusiva en Colombia, asegurando el acceso, la participación y el aprendizaje de estudiantes con discapacidad en todos los niveles educativos. La Ley 2297 de 2023[60] en Colombia representa un avance significativo en el empoderamiento de los cuidadores de personas con discapacidad, al establecer medidas efectivas y oportunas en beneficio de su autonomía y derechos. La normativa busca garantizar el acceso al servicio de cuidador o asistencia personal para las personas con discapacidad, respetando sus preferencias y enfoque de derechos humanos, autonomía y capacidad legal. Además, la ley dispone medidas de acompañamiento a las familias de personas con discapacidad, incentivando su formación, acceso al empleo, emprendimiento, generación de ingresos y atención en salud.

La inclusión de principios generales y criterios de interpretación, como el respeto a la dignidad humana, no discriminación, participación e inclusión plena, igualdad de oportunidades, autonomía y accesibilidad, refuerza el marco legal con un enfoque integral. También, se destaca la creación del Día Nacional del Cuidador o Asistente Personal, evidenciando el reconocimiento y valoración de su labor. De acuerdo con la Ley 2297 de 2023, se define por cuidador y asistente personal de PcD como:

> *"Se entiende por cuidador o asistente personal una persona, profesional o no, que apoya a realizar las tareas básicas de la vida cotidiana de una persona con discapacidad quien, sin la asistencia de la primera, no podría realizarlas. El servicio de cuidado o asistencia personal estará siempre supeditado a la autonomía, voluntad y preferencias de la persona con discapacidad a quien se presta la asistencia."*[61]

Haciendo salvedad que dichos términos, deben ser revisados y actualizados según lo dispuesto en la convención sobre los derechos de las personas con discapacidad, en un término de tres años[62].

---

59 DECRETO 1421 de 2017 por el cual se reglamenta en el marco de la educación inclusiva la atención educativa a la población con discapacidad.

60 LEY 2297 de 2023. Por medio de la cual se establecen medidas efectivas y oportunas en beneficio de la autonomía de las personas con discapacidad y los cuidadores o asistentes personales bajo un enfoque de derechos humanos, biopsicosocial, se incentiva su formación, acceso al empleo, emprendimiento, generación de ingresos y atención en salud y se dictan otras disposiciones.

61 LEY 2297 de 2023, *cit.*, pp. 1-2.

62 GUERRERO BEJARANO, M., *Mujer y cuidado en la discapacidad: Una propuesta a partir de la perspectiva de género que aporta al reconocimiento de las personas cuidadoras en*

De acuerdo a lo anterior, aún existen aspectos que necesitan ser fortalecidos para lograr un empoderamiento completo. Aunque la ley busca flexibilizar el horario laboral de los cuidadores con acuerdos previos con empleadores, es esencial abordar la remuneración y reconocimiento adecuado de su trabajo, especialmente para aquellos que realizan cuidados no remunerados. La creación de incentivos y programas de formación es positiva, sin embargo, es necesario asegurar la implementación efectiva y el acceso a estos programas. Además, la evaluación y certificación de competencias, así como el acceso a programas sociales del Estado para cuidadores no remunerados, representan avances, pero su implementación efectiva y monitoreo constante son esenciales.

La Ley 2297 de 2023 marca un hito relevante, pero el camino hacia un empoderamiento pleno de los cuidadores de personas con discapacidad requiere un compromiso continuo, la atención a detalles y la participación activa de diversos actores en la sociedad. A pesar de estos avances, persisten vacíos en el marco normativo. Los cuidadores no son considerados sujetos de especial protección, y la atención en salud mental y otras áreas se define como cuidado paliativo para pacientes con enfermedades crónicas. Aunque algunos documentos marco reconocen a los cuidadores como participantes clave, hay ambigüedad en cuanto a su rol y relación con la familia. Además, la inequidad de género en la distribución del cuidado se refleja en supuestos culturales y sociales que posicionan el cuidado como una carga principalmente femenina y no remunerada[63] [64] [65].

El papel crucial de los cuidadores en la sociedad, especialmente en el ámbito familiar, ha llevado a una reflexión sobre las garantías laborales que se les otorgan en distintos países. En Colombia, la Constitución Política de 1991 reconoce a la familia como el núcleo fundamental de la sociedad y, por ende, como un espacio donde se brinda apoyo y cuidado mutuo. Sin embargo, en muchos casos, esta responsabilidad puede llevar a que un miembro de la familia deba sacrificar su empleo y enfrentar dificultades económicas considerables. En contraste, en naciones como España y Argentina, se han implementado regulaciones y programas que buscan dig-

---

el municipio de Tenjo, Universidad Pedagógica, Bogotá D.C., 2023.

63 BACCA, A., "Análisis de la Política Pública de Discapacidad", *cit.*, pp. 29-43.

64 CARMONA MONSALVE, J., *Redes de apoyo social de cuidadoras de niños y niñas con diversidad funcional*, Uniminuto, Bogotá D.C., 2023.

65 GUERRERO BEJARANO, M., *Mujer y cuidado en la discapacidad, cit.*, pp. 1-20.

nificar y respaldar a los cuidadores, reconociendo sus derechos laborales y sociales[66].

Frente a la atención en salud, debe considerarse los aspectos negativos que conlleva la actividad de cuidado a una persona en condición de discapacidad, son ya muy conocidos varios estudios, en donde se expone como las personas que ejercen actividades relacionadas con el cuidado, puede estar sometidas a altos niveles de estrés, depresión, ansiedad, poca salud física. Estas patologías estrechamente vinculadas a las actividades propias del cuidado[67], son las que llevan a reforzar la necesidad de implementar políticas públicas encaminadas a afianzar la protección de la salud mental de los cuidadores, por su alta exposición a situaciones que pueden desencadenar enfermedades y patologías medicas adversas relacionadas con la actividad del cuidado. En consideración a este fenómeno al que se encuentran altamente expuestas, las personas que ejercen este tipo de actividades, es necesario que las acciones institucionales que buscan un empoderamiento pluridimensional de los derechos del cuidador atiendan de manera efectiva los aspectos que guardan una estrecha relación con la salud y seguridad en el trabajo, previniendo y atendiendo las enfermedades laborales que pueden presentarse en el ejercicio de las actividades relacionadas al cuidado.

A la luz de la jurisprudencia la Sentencia T-012 de 2024[68] la Corte Constitucional reconoció que los cuidadores de personas con discapacidad tienen derecho a la seguridad social y a medidas de protección laboral. Se estableció que el Estado tiene la responsabilidad de garantizar el bienestar de estos cuidadores, quienes desempeñan una labor fundamental en la sociedad. Adicionalmente la Corte Constitucional reafirmó a través de la Sentencia T-202 de 2023[69]: que los cuidadores de personas

---

66 RAMOS, L., *Garantías laborales de los Cuidadores Familiares*, 2023, *cit.*, pp. 20-23.

67 AA.VV., *Abuelas cuidadoras (p. 1)*. Tirant lo Blanch, 2002 (Tol: 8484426157). Comenta la obra citada que: "Los impactos negativos de la acción de cuidar incluyen frecuentemente mayores niveles de depresión y conflictos entre cuidadores y otros miembros de la familia". Así lo han señalado los autores más relevantes en los estudios de cuidadores (CANTOR 1983; GEORGE y GWYTHER, 1986; POULSHOCK y DEIMLING,1984; SCHULTZ, VISINTAINER y WILIANSON,1990).

68 CORTE CONSTITUCIONAL DE COLOMBIA: «Sentencia T-012 de 2024» [en línea], 2024, https://www.corteconstitucional.gov.co/Relatoria/2024/T-012-24.htm. [Consulta 27-02-2024.]

69 CORTE CONSTITUCIONAL DE COLOMBIA: «Sentencia T-202 de 2023» [en línea], 2023 https://www.corteconstitucional.gov.co/Relatoria/2023/T-202-23.

con discapacidad tienen derecho a la estabilidad laboral reforzada. Esto implica que no pueden ser despedidos o discriminados en el ámbito laboral debido a su condición de cuidadores. Entretanto, la Sentencia T-583 de 2023[70]: estableció que los cuidadores de personas con discapacidad tienen derecho a recibir apoyo económico por parte del Estado. Se reconoció la importancia de esta labor y se ordenó al Estado implementar medidas para garantizar el bienestar económico de los cuidadores.

Estas sentencias son ejemplos de la jurisprudencia de la Corte Constitucional de Colombia en relación con los derechos de los cuidadores de personas con discapacidad. Es fundamental que estas decisiones sean tenidas en cuenta por las autoridades y la sociedad en general, con el fin de garantizar el respeto y la protección de los derechos de este grupo vulnerable.

V. REVELANDO LOS DATOS DE LOS CUIDADORES EN COLOMBIA

1. Metodología

La presente investigación representa un esfuerzo por arrojar luz sobre la experiencia de los cuidadores de personas con discapacidad (PcD) en Colombia, adoptando un enfoque metodológico cuantitativo. Se propone, por un lado, realizar una caracterización de la población con discapacidad en Colombia y sus cuidadores de acuerdo con los datos del Ministerio de Salud y Protección Social de Colombia, y, por otro lado, aplicar encuestas estructuradas para explorar a fondo diversos aspectos que definen la labor de estos cuidadores, incluyendo el uso de herramientas virtuales, su nivel de conocimientos y habilidades, la percepción de las redes de apoyo y las estrategias de autocuidado implementadas. Este estudio no solo busca identificar los desafíos y necesidades fundamentales de este grupo de cuidadores, sino también proyectar una propuesta pedagógica sólida y efectiva que responda a sus realidades específicas.

---

htm. [Consulta 27-02-2024.]

70 CORTE CONSTITUCIONAL DE COLOMBIA: «Sentencia T-583 de 2023» [en línea], 2023 https://www.corteconstitucional.gov.co/Relatoria/2023/T-583-23.htm. [Consulta 27-02-2024.]

En línea con las metodologías cuantitativas, primeramente, se destacará el total de la población con discapacidad valorada por el Ministerio de Salud y Protección Social de Colombia. Seguidamente, se evidenciará una muestra de cuidadores. Varios autores abogan por la aplicación de encuestas estructuradas en estudios similares, destacando su eficacia para obtener datos cuantificables y generalizables[71]. La intención es abordar las diversas realidades y experiencias de los cuidadores de PcD en Colombia, proporcionando así una base para la reflexión sobre el empoderamiento de los cuidadores de PcD.

La estrategia de obtención de la muestra involucra la colaboración con personas dedicadas al cuidado de PcD. La ética y la confidencialidad son aspectos cruciales de esta fase, y se busca establecer un contacto respetuoso y ético con los posibles participantes, asegurando su consentimiento informado y la privacidad de la información. Estos cuidadores, al compartir su experiencia personal a través de la encuesta, contribuirán a la comprensión integral de las dinámicas involucradas en su labor diaria. En cuanto a los materiales utilizados, se ha optado por una encuesta estructurada que abarque desde datos demográficos básicos hasta aspectos más particulares. El cuestionario incluirá preguntas sobre el uso de herramientas virtuales, el nivel de conocimiento y habilidades en el cuidado de PcD, la percepción de redes de apoyo y estrategias de autocuidado. La población objetivo, los cuidadores de PcD en Colombia, constituye un grupo vital, pero a menudo pasado por alto. El diseño de la investigación sigue un enfoque cuantitativo, enfatizando la comprensión estadística de las experiencias y necesidades de los cuidadores de PcD en Colombia. Estos ejercicios se respaldan en la complementariedad de hallazgos cuantitativos con encuestas estructuradas, y este estudio seguirá su ejemplo para identificar patrones y relaciones en los datos recopilados[72] [73].

La recopilación de información se llevará a cabo con la aplicación de encuestas estructuradas, aprovechando la facilidad y eficiencia de la plataforma WordPress con el complemento Tripetto. La elección de estas

71 DÍAZ-BRAVO, L., "La Entrevista, Recurso Flexible y Dinámico-The interview, a Flexible and Dynamic Resource", *Investigación En Educación Médica*, nº 7, septiembre 2013, pp.162-167.

72 YIN, R., "A (very) Brief Refresher on the Case Study Method", en *Applications of Case Study Research*, 2012, pp. 3-20.

73 YIN, R., "A (very) Brief Refresher on the Case Study Method", *cit.*, pp. 3-20.

herramientas responde a la necesidad de recopilar datos de manera clara y eficiente, asegurando la máxima participación de los cuidadores. Finalmente, el tratamiento de los resultados se abordará mediante un análisis estadístico. Se aplicarán métodos descriptivos para extraer conclusiones. El análisis descriptivo calculará promedios, medianas, desviaciones estándar y porcentajes, proporcionando así una visión panorámica de las respuestas.

2. Comprendiendo la población valorada con discapacidad y los cuidadores

2.1. Caracterización de la población con discapacidad y cuidadores

De acuerdo con los datos del Sector Salud y Protección Social, centrada en el Sistema Integral de Información de la Protección Social (SISPRO), el cual está conformado por bases de datos y sistemas de información del Sector sobre oferta y demanda de servicios de salud, calidad de los servicios, aseguramiento, financiamiento, promoción social, entre otros, la población Colombiana que ha sido valorada y cuenta con información completa desde el año 2020 a diciembre de 2023 es de 330.522 personas con discapacidad valoradas. Siendo estas la mayor proporción de sexo masculino (189.352) personas y (138.870) de sexo femenino, equivalente al 57% y 42% respectivamente.

Tabla XVI.1. Tipos de discapacidad que se valoraron

Tipos de discapacidad							
	Física	Visual	Auditiva	Intelectual	Psicosocial (Mental)	Sordoceguera	Múltiple
Total	180.060	45.388	33.135	137.889	111.944	678	138.103
Nota: Los datos sumados no corresponden a los 330,522 dado que hay personas que pueden ser valoradas en varios tipos de discapacidad. Los datos son a 31 de diciembre de 2023							

Fuente: Datos SISPRO, elaboración propia.

De la tabla anterior, se proporciona un panorama detallado de la situación de la discapacidad en Colombia, desglosando los tipos de discapacidad y sus respectivas prevalencias. Los datos revelan que la discapacidad física cuenta con una prevalencia total de 180,060 casos, lo que la posiciona como la categoría más frecuente entre las personas registradas en el sistema. En conjunto, estos datos del SISPRO proporcionan una visión detallada de la diversidad de las discapacidades en Colombia, destacando la importancia de enfoques inclusivos y personalizados para abordar las necesidades específicas de cada categoría. La información recopilada se convierte en un recurso valioso para orientar políticas y programas que promuevan la equidad y la calidad de vida para todas las personas con discapacidad en Colombia.

Por su parte, de este universo de población con discapacidad, las personas cuidadoras presentan los siguientes números:

Tabla XVI.2. Datos en función de requerimiento de apoyo

Requiere Ayuda o apoyo	Nº Personas	Proporción
No hay Datos	863	0,30%
NO	206.834	63%
SI	123.627	37%
Total, general	330.522	100%

Fuente: Datos SISPRO, elaboración propia.

La tabla proporciona información valiosa sobre la necesidad de apoyo o asistencia entre las personas con discapacidad, desglosando los datos en tres categorías: "No hay datos", "No" y "Sí". Para la categoría de (No hay Datos) (863 personas – 0,30%), indica la falta de información específica sobre si estas personas con discapacidad necesitan o no ayuda. La categoría o respuesta de (NO) (206,834 personas–63%): evidencia que, las personas con discapacidad en este conjunto de datos, aproximadamente el 63%, indica que no requiere ayuda o apoyo significativo. En cuanto a la categoría de (SI) (123,627 personas–37%), el 37% de las personas con discapacidad en este análisis afirma necesitar ayuda o apoyo. Esta categoría abarca individuos que pueden requerir asistencia para actividades diarias, movilidad, cuidado personal u otras áreas. Esta cifra destaca la existencia de una proporción significativa de la población con discapacidad que enfrenta desafíos y depende de algún tipo de apoyo para llevar a cabo sus actividades cotidianas. En resumen, la tabla revela que una parte sustancial de las personas con discapacidad requiere algún nivel de apoyo.

Por su parte las personas que brindan apoyo o cuidado a la población con discapacidad exhiben el siguiente comportamiento de acuerdo con la información de SISPRO:

Tabla XVI.3. Datos sobre origen del apoyo

Personas que brindan apoyo	Nº Personas	Proporción
De comunidades o grupos religiosos	1.442	0,40%
De familiares	307.081	92,90%
De redes comunitarias o sociales	1.328	0,40%
De vecinos y amigos	5.285	1,60%
Instituciones	8.470	2,60%
No hay Datos	861	0,30%
No cuenta con redes de apoyo	6.018	1,80%
Total	330.485	100%

Fuente: Datos SISPRO, elaboración propia.

La tabla proporciona una visión detallada de las fuentes de apoyo o cuidado para las personas con discapacidad, destacando las diferentes fuentes de asistencia en la comunidad. La asistencia de familiares (307.081 personas – 92,90%), presenta una abrumadora mayoría de apoyo para las PcD, casi el 93%, recibe apoyo de sus familiares. Esto destaca el papel fundamental de la familia como principal proveedor de cuidados y apoyo, subrayando la importancia de fortalecer las redes familiares y brindar recursos y servicios específicos para este grupo. En cuanto a la relación más discriminada del cuidador y la PcD, se evidencia lo siguiente:

Tabla XVI.4. Datos sobre relación con la persona de apoyo

Relación del Cuidador	Nº Personas	Proporción
Abuela	3.104	0,90%
Abuelo	158	0,00%
Esposa o compañera	9.752	3,00%
Esposo o compañero	4.157	1,30%
Hermana(s)	6.746	2,00%
Hermano(s)	2.115	0,60%
Hija(s)	11.510	3,50%
Hijo(s)	4.105	1,20%
Madre	63.637	19,30%
Necesita ayuda, pero no tiene quien le ayude	1.329	0,40%
Otras familiares mujeres	4.793	1,50%
Otros familiares hombres	921	0,30%
Padre	3.334	1,00%
Persona remunerada para ayudarlo(a), cualificada	6.641	2,00%
Persona remunerada para ayudarlo(a), no cualificada	1.662	0,50%

Fuente: Datos SISPRO, elaboración propia.

Los datos relativos a la relación del cuidador ofrecen una visión detallada de quiénes son las personas que brindan apoyo a aquellos con discapacidad. Aquí se destacan algunas relaciones relevantes. Madre (63.637 personas – 19,30%), la figura materna emerge como la principal cuidadora, con una proporción significativa. Esposa o compañera (9.752 personas – 3,00%), un número considerable de personas con discapacidad recibe cuidados de su esposa o compañera. Hija(s) (11.510 personas – 3,50%). En contraste, Hijo(s) (4.105 personas – 1,20%), persona remunerada para ayudarlo(a), cualificada (6.641 personas – 2,00%), y persona remunerada para ayudarlo(a), no cualificada (1.662 personas – 0,50%). Estos datos indican la diversidad de las relaciones de cuidado, con una clara predominancia de cuidadores familiares, especialmente madres.

En relación al sexo del cuidador, estos son los datos caracterizados:

Tabla XVI.5. Datos sobre sexo del cuidador

Sexo del Cuidador	N° Personas	Proporción
Mujer	99.542	87,10%
Hombre	14.790	12,90%
Total, general	114.332	100%

Fuente: Datos SISPRO, elaboración propia.

La información sobre el sexo del cuidador arroja luz sobre la distribución de roles de cuidado, destacando la participación significativa de las mujeres en esta labor. A continuación, se describen los aspectos más relevantes. Mujer (99.542 personas – 87,1%), la abrumadora mayoría de las personas que brindan cuidado son mujeres. Este dato refuerza la noción de que las mujeres asumen un papel preponderante en la prestación de cuidados, lo que puede tener implicaciones importantes para su bienestar, salud y participación en otros ámbitos de la vida. Hombre (14.790 personas – 12,9%), aunque en menor proporción, la presencia de cuidadores masculinos es significativa. Esta cifra destaca la importancia de reconocer y apoyar a los cuidadores masculinos, desafiando estereotipos de género que históricamente han asociado el cuidado principalmente con las mujeres.

Este desglose por sexo subraya la disparidad en la distribución de responsabilidades de cuidado, evidenciando una carga desproporcionada sobre las mujeres. Las cifras respaldan la necesidad de políticas y programas que aborden específicamente los desafíos y necesidades de las cuidadoras, reconociendo su contribución vital al bienestar de las personas con discapacidad y a la sociedad en general. Además, este análisis destaca la importancia de promover la equidad de género en el ámbito del cuidado, reconociendo y valorando la diversidad de cuidadores, independientemente de su género.

2.2. Recopilación de datos con personas cuidadoras

De otro lado, se obtuvieron en total 66 respuestas de cuidadores de personas con discapacidad durante el periodo comprendido entre el 12 y el 19 de agosto de 2023. La edad de los encuestados presenta una variación que abarca desde los 25 hasta los 80 años, estableciendo así el rango estadístico con el mínimo y máximo de edad, respectivamente, tal como se evidencia en la siguiente Ilustración.

Ilustración XVI.1. Edades de los cuidadores encuestados

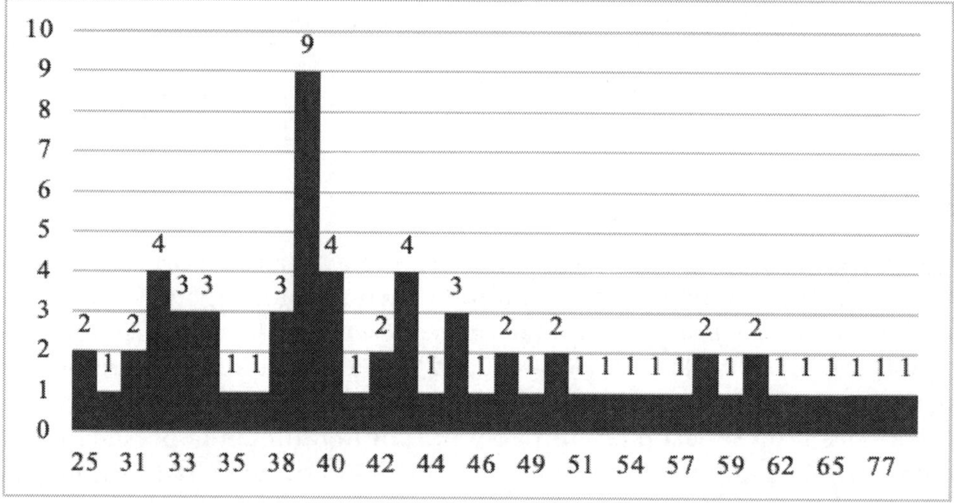

Fuente: Elaboración propia.

Como se puede apreciar las edades que más se repiten entre los cuidadores son los 39 años, con nueve repeticiones o frecuencias, lo que corresponde a la moda. Le siguen edades de 43 años, 40 años y 32 años, cada una con 4 frecuencias o repeticiones. Los datos se concentran en torno al promedio de edad, que es de 43 años, con desviaciones estándar tanto positivas (31 años) como negativas (55 años), según se desprende de los datos presentados en la siguiente tabla:

Tabla XVI.6. Estadísticas descriptivas de variable Edad

Edad	
Estadísticas	Datos
Media	43,6666667
Error típico	1,56377007
Mediana	40,5
Moda	39
Desviación estándar	12,7041281
Varianza de la muestra	161,394872
Curtosis	2,09556868
Coeficiente de asimetría	0,23655233
Rango	55
Mínimo	25
Máximo	80
Suma	2882
Cuenta	66

Fuente: Elaboración propia.

Los datos sugieren que los cuidadores de personas con discapacidad tienen una distribución de edades que se concentra en torno a los 39-40 años, con una dispersión considerable hacia ambos lados. La mayoría de los cuidadores tienen edades entre 25 y 55 años, pero la distribución se extiende desde los 25 hasta los 80 años, resaltando la diversidad de edades de los cuidadores y la necesidad de implementar estrategias de empoderamiento que aborden las diferentes etapas de la vida. Conforme a la literatura, la mayoría de los cuidadores son mujeres, representando el 64% de las respuestas (42 respuestas), mientras que los hombres constituyen el 36% (24 respuestas), como se observa en la siguiente tabla:

Tabla XVI.7. Datos sobre género del cuidador

Género	Cantidad	%
Mujer	42	64%
Hombre	24	36%
No binario	0	0%
Total	66	100%

Fuente: Elaboración propia.

Respecto al uso de herramientas virtuales en el rol de cuidadores, el 50% de los encuestados afirmó haberlas utilizado, mientras que el otro 50% no lo ha hecho. Entre aquellos que han empleado herramientas virtuales, el 64% ha accedido a sitios web informativos sobre discapacidad, y un 21% ha participado en cursos en línea vinculados al cuidado de personas con discapacidad. Estas dos categorías emergieron como las más representativas en el uso de herramientas virtuales, como se observa en la siguiente tabla:

Tabla XVI.8. Tipo de Herramientas Virtuales Usadas por los Cuidadores

Tipo de Herramientas Virtuales usadas	Cantidad	%
Aplicaciones móviles para cuidadores	1	3%
Cursos en línea relacionados con el cuidado de personas con discapacidad	7	21%
Grupos en línea de cuidadores	3	9%
Otro	1	3%
Sitios web informativos sobre discapacidad	21	64%
Total, general	33	100%

Fuente: Elaboración propia.

En cuanto al Nivel de Conocimiento y Habilidades, sobre las necesidades y cuidados específicos para personas en condición de discapacidad, como se observa en la siguiente Ilustración, cerca del 80% de los encuestados afirman tener niveles de conocimiento y habilidades entre muy bajo y moderado.

Ilustración XVI.2. Nivel de conocimiento y habilidades

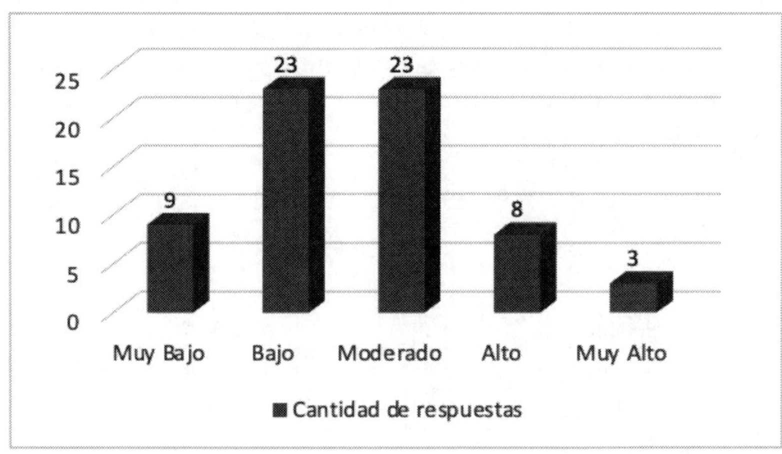

Fuente: Elaboración propia.

Otra de las preguntas a los cuidadores estaba enfocada en sí han recibido capacitación formal o educación en cuidados de PcD, encontrando que el 70% de los encuestados no han recibido la misma, como se observa en la siguiente Ilustración:

Ilustración XVI.3. Recepción de capacitación formal

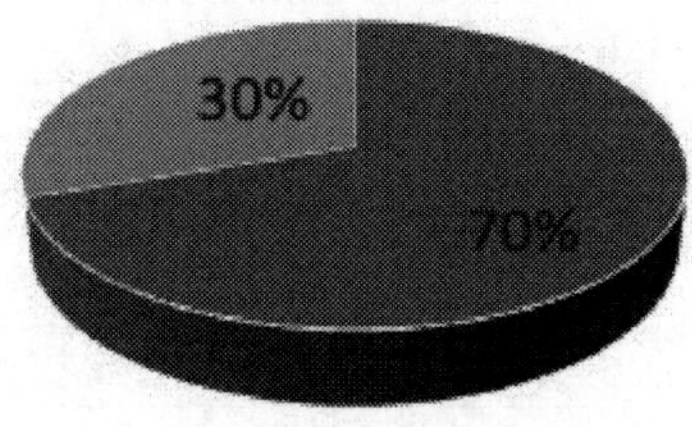

Fuente: Elaboración propia.

En cuanto a la pertenencia a redes de apoyo para el relacionamiento entre cuidadores de personas en condición de discapacidad, cerca del 92% de los encuestados respondieron no pertenecer a ninguna red o asociación, como lo detalla la siguiente tabla:

Tabla XVI.9. Respuestas a Pertenencia a redes de apoyo o comunidad de cuidadores

¿Perteneces a alguna red de apoyo o comunidad de cuidadores?	**Nº respuestas**	**%**
No	61	92%
Si	5	8%
Total	66	100%

Fuente: Elaboración propia.

Las respuestas al uso de estrategias por parte de los cuidadores de PcD para mantenerse física y emocionalmente saludable, cerca del 45% de los encuestados respondieron afirmativamente a desarrollar estrategias para su autocuidado, como lo detalla la siguiente tabla:

Tabla XVI.10. Respuestas a Estrategias de autocuidado por parte de los Cuidadores para mantenerte física y emocionalmente saludable (I)

¿Utilizas estrategias de autocuidado para mantenerte física y emocionalmente saludable mientras cuidas de una persona en condición de discapacidad?	**Nº respuestas**	**%**
No	36	55%
Si	30	45%
Total	66	100%

Fuente: Elaboración propia.

En consonancia con lo anterior, las estrategias utilizadas por los cuidadores de personas en condición de discapacidad para su autocuidado son de acuerdo con la siguiente tabla:

Tabla XVI.11. Respuestas a Estrategias de autocuidado por parte de los Cuidadores para mantenerte física y emocionalmente saludable (II)

Tipo de estrategias	Cantidad	%
Ejercicio físico	16	53%
Otra	1	3%
Participación en grupos de apoyo	2	7%
Terapia o consejería	5	17%
Tiempo para ti mismo/a	6	20%
Total, general	30	100%

Fuente: Elaboración propia.

Resaltando por encima del 50% el ejercicio físico, seguido de tiempo para sí mismo con un 20%. Es importante detallar en la siguiente tabla, las estadísticas descriptivas de las estrategias de autocuidado, para un análisis más profundo.

Tabla XVI.12. Estadísticas descriptivas de estrategias de autocuidado

¿Utilizas estrategias de autocuidado para mantenerte física y emocionalmente saludable mientras cuidas de una persona en condición de discapacidad?	
Estadísticas	Datos
Media	0,45454545
Error típico	0,06176057
Mediana	0
Moda	0
Desviación estándar	0,50174521
Varianza de la muestra	0,25174825
Curtosis	-2,02748843
Coeficiente de asimetría	0,18684782
Rango	1
Mínimo	0
Máximo	1
Suma	30
Cuenta	66

Fuente: Elaboración propia.

La media de las respuestas indica que, en promedio, los cuidadores utilizan estrategias de autocuidado en un 45,45% de las veces. Esto sugiere que alrededor de la mitad de los cuidadores están implementando estrategias para mantenerse física y emocionalmente saludables mientras cuidan PcD. El error típico de 0.06 en la media indica que la variabilidad en las respuestas de autocuidado es relativamente baja, lo que significa que las respuestas se agrupan en torno a la media. La mediana de 0 y la moda de 0 indican que una gran proporción de los cuidadores no está utilizando estrategias de autocuidado con regularidad. Esto podría indicar la necesidad de mayor énfasis en la promoción de prácticas de autocuidado en esta población. La desviación estándar de 0.50 y la varianza de la muestra de 0.25 muestran que las respuestas están dispersas en relación con la media, lo que sugiere cierta variabilidad en las actitudes hacia el autocuidado entre los cuidadores. La curtosis de -2.03 y el coeficiente de asimetría de 0.19 indican que la distribución de las respuestas está sesgada hacia los valores más bajos, lo que concuerda con la mediana y la moda en 0. Esto sugiere que muchos cuidadores no están implementando estrategias de autocuidado con regularidad. El rango de 1, con un mínimo de 0 y un máximo de 1, indica que las respuestas varían en toda la gama de posibilidades. Sin embargo, la suma total de 30 sugiere que la mayoría de los cuidadores están inclinados hacia la falta de implementación de estrategias de autocuidado. Los datos revelan que, aunque existe una variabilidad en las respuestas, una parte significativa de los cuidadores de personas en condición de discapacidad no está utilizando estrategias de autocuidado con regularidad. Esto puede señalar la importancia de proporcionar información, recursos y apoyo para fomentar y facilitar el autocuidado entre los cuidadores. Las estrategias de empoderamiento deben incluir enfoques que aborden las barreras y desafíos que pueden estar impidiendo la adopción de prácticas de autocuidado.

2.3 Reflexiones sobre los datos del Sector y de las encuestas estructuradas

La información extraída del Sistema Integral de Información de la Protección Social (SISPRO) proporciona una visión detallada de la discapacidad en Colombia, destacando la prevalencia de diferentes tipos de discapacidad y la necesidad de apoyo. Estos datos permiten establecer conexiones con la literatura discutida en este texto, donde diversos autores han abordado la importancia de comprender la diversidad y complejidad de las experiencias de las personas con discapacidad. En consonancia con los hallazgos del SISPRO, se observa que la discapacidad física es la más prevalente, afectando a 180,060 personas. Esta cifra refleja la importancia de abordar las limitaciones de movilidad y funcionamiento físico, lo cual ha sido discutido por varios autores, quien destacando la necesidad de superar barreras arquitectónicas y sociales para mejorar la calidad de vida de las PcD física[74] [75] [76].

En cuanto a los cuidadores, se observa que las mujeres constituyen el 87,1% de los cuidadores, reflejando la carga desproporcionada que recae sobre ellas. Este dato conecta con las discusiones de varios autores, quienes han abordado la feminización del cuidado y la importancia de reconocer el trabajo de cuidado[77] [78]. Aspectos que son también corroborados en las encuestas donde predominan las mujeres como cuidadoras de PcD con un 64%.

En relación con el uso de herramientas virtuales, la mitad de los cuidadores encuestados afirmó haberlas utilizado. Estos resultados son coherentes con la creciente incorporación de tecnologías de la información y la comunicación en el ámbito del cuidado. La literatura destaca el potencial de las herramientas virtuales para brindar apoyo y recursos a los cuidadores, mejorando su acceso a información y servicios[79] [80]. En cuanto al conocimiento y habilidades de los cuidadores, cerca del 80% afirma tener niveles entre muy bajo y moderado. Este dato es relevante al considerar que la formación y la educación son elementos fundamentales para mejorar la calidad del cuidado. Sin embargo, el hecho de que el 70% de los encuestados no haya recibido capacitación formal en cuidados de personas con discapacidad resalta una brecha que podría impactar negativamente en la calidad del cuidado proporcionado.

---

74 GARCES FERRER, J., *La sobrecarga de las cuidadoras de personas dependientes, cit.*, p. 18.

75 ALVARADO BEDOYA, C., *El Trabajo Doméstico y del Cuidado, cit.*, pp. 10-12.

76 GARCÍA-CANTILLO, C., "Psychological approach of informal caregivers", *cit.*, pp. 550-557.

77 GARCES FERRER, J., *La sobrecarga de las cuidadoras de personas dependientes, cit.*, p. 18.

78 ALVARADO BEDOYA, C., *El Trabajo Doméstico y del Cuidado, cit.*, pp. 10-12.

79 ARIAS PINEDA, K., "Prácticas asumidas por docentes y estudiantes con discapacidad visual", *cit.*, p. 22.

80 MARULANDA PÁEZ, E., "En mi aula sí se puede", *cit.*, pp. 331-349.

En términos de pertenencia a redes de apoyo, el 92% de los encuestados no pertenece a ninguna red o asociación. Este hallazgo es consistente con la literatura que sugiere que los cuidadores a menudo experimentan aislamiento social y falta de apoyo[81] [82] [83]. La importancia de las redes de apoyo entre cuidadores ha sido destacada como un factor clave para mejorar el bienestar y la calidad del cuidado.

En lo que respecta a las estrategias de autocuidado, aunque cerca del 45% de los cuidadores afirmó implementarlas, la mayoría de las respuestas se inclinan hacia la falta de implementación. Este hallazgo sugiere la necesidad de intervenciones específicas para fomentar prácticas de autocuidado efectivas. La literatura ha demostrado que el agotamiento y la falta de autocuidado pueden tener consecuencias negativas tanto para el cuidador como para la persona con discapacidad[84] [85].

VI. CONCLUSIONES: HACIA UNA PROPUESTA PEDAGÓGICA INTEGRAL PARA CUIDADORES DE PERSONAS CON DISCAPACIDAD EN COLOMBIA

Este estudio ha identificado las carencias y necesidades específicas de los cuidadores de PcD en Colombia. La revisión de literatura, análisis normativo, caracterización de la población y encuestas estructuradas a 66 cuidadores han proporcionado una visión integral de la realidad actual, sentando las bases para el desarrollo de una propuesta pedagógica de formación como de reflexión normativa a futuro como lo son reflexionar sobre las carencias y necesidades Identificadas, como la falta de formación formal a los cuidadores, pues la ausencia de la misma, confirmada por el 70% de los encuestados, destaca como un área crítica que impacta directamente en la calidad del cuidado y el bienestar del cuidador. Por su parte, las redes de Apoyo son prácticamente inexistentes, la alarmante cifra del 92% de los cuidadores que no pertenecen a redes de apoyo resalta la necesidad urgente de establecer

---

81 ARRIETA, C., *Pensar la educación más allá de lo escolar, cit.*, pp. 18-22.

82 BRESO-ESTEVES, E., "Síndrome de burnout", *cit.*, pp. 259-269.

83 GARCÍA-CANTILLO, C., "Psychological approach of informal caregivers", *cit.*, pp. 550-557.

84 MARULANDA PÁEZ, E., "En mi aula sí se puede", *cit.*, pp. 331-349.

85 MARTÍNEZ, S., "Síndrome del cuidador quemado", *cit.*, pp. 97-100.

y fortalecer estos sistemas de respaldo, reconocidos como esenciales para mejorar el bienestar de los cuidadores.

Por su parte, la predominancia femenina en el rol de cuidadores refuerza lo observado en investigaciones anteriores e invita a la reflexión sobre como la normatividad podría aportar a generar espacios de empoderamiento hacia la mujer. La importancia de las herramientas virtuales, evidencia de que el 50% de los cuidadores ya utiliza herramientas virtuales, aunque como se mencionó, existen grandes brechas digitales, en la población colombiana, subraya la oportunidad de implementar estrategias pedagógicas basadas en estas tecnologías, las cuales han demostrado beneficios en otros contextos gracias a su facilidad de difusión y alcance.

Finalmente es importante evidenciar las limitaciones y prospectivas de este documento, pues el mismo, presenta limitaciones importantes, como la falta de representatividad más alta. Para futuras investigaciones, se sugiere ampliar la muestra, diversificar geográficamente y profundizar en otros factores influyentes en la experiencia de los cuidadores. En cuanto a las perspectivas futuras, el camino hacia la creación de una herramienta pedagógica innovadora se vislumbra prometedor. Los resultados obtenidos ofrecen una base sólida para futuras investigaciones y el desarrollo de una plataforma pedagógica como normativa que abarque otros aspectos relevantes para el empoderamiento de los cuidadores de PcD, pues la misma podría transformarse en un recurso valioso para brindar espacios de aprendizaje, redes de apoyo y estrategias de autocuidado.

En conclusión, este estudio no solo ha identificado las necesidades críticas de los cuidadores de PcD en Colombia, sino que también ha delineado un camino claro hacia la creación de una propuesta pedagógica integral como normativa que aborde estos desafíos. La combinación de herramientas virtuales, redes de apoyo y estrategias específicas para las diversas realidades presenta un enfoque completo y prometedor para mejorar la calidad de vida de los cuidadores y, por ende, la de las personas con discapacidad a su cargo.

VII. BIBLIOGRAFÍA

ALVARADO BEDOYA, C., *El Trabajo Doméstico y del Cuidado. Informalidad y fronteras de laboralidad,* Tirant Lo Blanch, Bogotá D.C., 2019.

ARIAS PINEDA, K., "Prácticas asumidas por docentes y estudiantes con discapacidad visual, para la educación inclusiva en tiempos de Covid-19 en la USTA-BGA", *UstaSalud,* nº 1, mayo 2023.

ARRIETA, C., *Pensar la educación más allá de lo escolar: una mirada desde el Decreto 1421 de 2017 hacía la oferta educativa no escolar para personas con discapacidad en el municipio de Caucasia Antioquia*, Universidad de Antioquia, Medellín, 2023.

AYAUCA, M., *Preparación, sobrecarga y calidad de vida en cuidadores familiares de adultos mayores con discapacidad severa de organizaciones sociales*, Ecuador 2021, Universidad César Vallejo, Piura, 2022.

BACCA, A., "Análisis de la Política Pública de Discapacidad en relación con los cuidadores, 2013-2017", *Hacia La Promoción de la Salud*, nº 1, enero 2020, pp. 29-43.

BAZO, M., "Envejecimiento de la población: un reto para las políticas públicas del siglo XXI", Gestión y Análisis de Políticas Públicas, nº 16, diciembre 1999, pp. 119-126.

BENÍTEZ BLANCO, A., *Ambientes virtuales de aprendizaje: Diálogo de familias y cuidadores*, Universidad Pedagógica Nacional, Bogotá D.C., 2022.

BIEL PORTERO, I., *Los derechos humanos de las personas con discapacidad*, Tirant Lo Blanch, Valencia, 2011.

BRESÓ-ESTEVES, E., "Síndrome de burnout y ansiedad en médicos de la ciudad de Santa Marta", *Duazary*, nº 2, agosto 2019, pp. 259-269.

CARMONA MONSALVE, J., *Redes de apoyo social de cuidadoras de niños y niñas con diversidad funcional*, Uniminuto, Bogotá D.C., 2023.

CAYAMBE, J., *Ciencia, Innovación y Tecnología*, Pontificia Universidad Católica del Ecuador, Ibarra, 2023.

CORTE CONSTITUCIONAL DE COLOMBIA, «Sentencia T-012 de 2024» [en línea], 2024, <https://www.corteconstitucional.gov.co/Relatoria/2024/T-012-24.htm. [Consulta 27-02-2024.]

- «Sentencia T-202 de 2023» [en línea], (2023) <https://www.corteconstitucional.gov.co/Relatoria/2023/T-202-23.htm. [Consulta 27-02-2024.]

- «Sentencia T-583 de 2023» [en línea], (2023) <https://www.corteconstitucional.gov.co/Relatoria/2023/T-583-23.htm. [Consulta 27-02-2024.]

DE MIGUEL VIJANDI, B., *La activación laboral y la protección social de las personas con discapacidad*, Tirant lo Blanch, Bogotá D.C, 2023.

DECRETO 1421 de 2017 por el cual se reglamenta en el marco de la educación inclusiva la atención educativa a la población con discapacidad. Documento (Tol: LTM12.177.972)

DÍAZ-BRAVO, L., "La Entrevista, Recurso Flexible y Dinámico-The interview, a Flexible and Dynamic Resource", *Investigación En Educación Médica*, nº 7, septiembre 2013, pp. 162-167.

ALCAÍN MARTÍNEZ, E., *La Convención Internacional Sobre los Derechos de las Personas con Discapacidad. De los Derechos a los Hechos*, Tirant Lo Blanch, Valencia, 2015.

GARCES FERRER, J., *La sobrecarga de las cuidadoras de personas dependientes*, Tirant Lo Blanch, Valencia, 2006.

GARCÍA-CANTILLO, C., "Psychological approach of informal caregivers of people with disability: A documental analysis perspective of the Colombian normativity", *Archivos Venezolanos de Farmacología y Terapeutica*, nº 5, octubre 2021, pp. 550-557.

GUERRERO BEJARANO, M., *Mujer y cuidado en la discapacidad: Una propuesta a partir de la perspectiva de género que aporta al reconocimiento de las personas cuidadoras en el municipio de Tenjo,* Universidad Pedagógica, Bogotá D.C., 2023.

GUZMÁN, M., *Política Pública Nacional de Discapacidad e Inclusión Social en Colombia, Específicamente Visual: Marco Normativo de Aplicación,* Fundación Universitaria Jorge Tadeo Lozano, Bogotá D.C., 2021.

LEY 762 de 2002. Convención Interamericana para la eliminación de todas las formas de discriminación contra personas con discapacidad. (Tol–LTM10.030.860)

LEY 2297 de 2023, por medio de la cual se establecen medidas efectivas y oportunas en beneficio de la autonomía de las personas con discapacidad y los cuidadores o asistentes personales bajo un enfoque de derechos humanos, biopsicosocial, se incentiva su formación, acceso al empleo, emprendimiento,–generación de ingresos y atención en salud y se dictan otras disposiciones (Tol–LTM33.709.011).

LEY 39/2006 de 14 DE DICIEMBRE, de Promoción de la Autonomía Personal y Atención a las personas en situación de dependencia. (TOL1,014,697)

LEY 115 de 1994, "Por la cual se expide la ley General de Educación". Documento (Tol: LTM3.763.902)

LEY 361 de 1997, "Por la cual se establecen mecanismos de integración social de las personas con limitación y se dictan otras disposiciones. Documento (Tol: LTM9.337.941)

LEY 1346 de 2009, "Por medio de la cual se aprueba la: Convención Sobre los Derechos de las Personas con Discapacidad, adoptada por la Asamblea General de las Naciones Unidas el 13 de diciembre de 2006." 31 de julio de 2009. Documento (Tol: LTM12.167.551)

LEY ESTATUTARIA 1618 de 2013, "Por Medio de la cual se Establecen las Disposiciones para Garantizar el Pleno Ejercicio de los Derechos de las Personas con Discapacidad". Documento (Tol: LTM12.171.339)

LEY 2297 de 2023, Por medio de la cual se establecen medidas efectivas y oportunas en beneficio de la autonomía de las personas con discapacidad y los cuidadores o asistentes personales bajo un enfoque de derechos humanos, biopsicosocial, se incentiva su formación, acceso al empleo, emprendimiento, generación de ingresos y atención en salud y se dictan otras disposiciones. Documento (Tol: LTM33.709.011)

LÓPEZ-PEREYRA, M., "Experiencias inclusivas de familias diversas en los espacios educativos. México y Latinoamérica", *Revista Latinoamericana de Estudios Educativos,* nº 2, mayo 2023, pp. 115-134.

MARTÍNEZ, S., "Síndrome del cuidador quemado". *Revista Clínica Médica Familiar,* nº 1, abril 2019. pp. 97-100.

MARTÍNEZ-CELORRIO, X., "La innovación social: Orígenes, tendencias y ambivalencias", *Sistema,* nº 247, julio 2017, pp. 61-88.

MARULANDA PÁEZ, E., "En mi aula sí se puede: Propuesta de un modelo de formación en educación inclusiva y discapacidad para maestros", *Revista de Estudios y Experiencias en Educación,* nº 44, diciembre 2021, pp. 331-349.

RAMÍREZ CALIXTO, C., "La cuidadora de personas discapacitadas en Ecuador", *Universidad y Sociedad,* nº 3, junio 2018, pp. 98-103.

RAMOS, L., *Garantías laborales de los Cuidadores Familiares: Comparativo Colombia, España y Argentina,* Universidad Libre, Bogotá D.C., 2023.

RIZO MORALES, P., *Familia y Discapacidad,* Tirant Lo Blanch, Ciudad de México, 2016.

ROJAS, P., "Responsabilidades familiares, contrato de trabajo y trayectoria laboral de las mujeres. Algunos puntos críticos", *Revista Internacional y Comparada de Relaciones Laborales y Derecho del Empleo,* nº 4, octubre 2018.

ROTH, A.N., *Análisis de la política pública de discapacidad de Bogotá (2007-2017): la implementación vista desde los actores institucionales, las personas con discapacidad y sus cuidadores.* Instituto de Unidad de Investigaciones jurídico-sociales, Unijus, Instituto Unidad de Investigaciones Jurídico-Sociales, Bogotá D.C., 2019.

RUÍZ, A., "El caso Coleman: un paso más en la construcción del modelo social de discapacidad de la unión europea y su extensión a los cuidadores", *Temas laborales: Revista andaluza de trabajo y bienestar social,* nº 101, diciembre 2009, pp. 321-339.

SENTELL, T., "Interdisciplinary perspectives on health literacy research around the world: More important than ever in a time of covid-19", *International Journal of Environmental Research and Public Health,* nº 9, abril 2020, pp. 1-23.

YANG, M., "I've Already Lived like There's a Pandemic: A Grounded Theory Study on the Experiences of People with a Mobility Disability", *International Journal of Disaster Risk Reduction,* nº 7, noviembre 2023, pp. 1-20.

VV.AA. (2002). *Abuelas cuidadoras (p. 1).* Tirant lo Blanch. (Tol: 8484426157).

YIN, R., "A (very) Brief Refresher on the Case Study Method", en *Applications of Case Study Research,* 2012, pp. 3–20.

- *Case Study Research Design and Methods,* Applied Social Research Methods Series, London, 2009.

Capítulo XVII.

Garantías constitucionales de las personas en situación de discapacidad en Cuba

SONIA ZALDIVAR MARRÓN
Profesora de Filosofía del Derecho.
Universidad de La Habana

JORDAN C. SOSA
Profesor de Derecho Constitucional.
Universidad de Camagüey

I. INTRODUCCIÓN

El anhelo de una vida plena y la necesidad de realización personal mueven a todas las personas, pero esas aspiraciones no pueden ser satisfechas si se hallan restringidos o ignorados los derechos más elementales. En el caso de las personas en situación de discapacidad, ha representado un reto constante el acceso a derechos y garantías históricamente protegidos. Este grupo ha sido objeto de exclusión y discriminación de la sociedad desde la antigüedad. Tan es así, que en la última década del siglo pasado se evidenció que esta población veía muy limitados sus derechos en comparación con las personas que vivían sin ninguna discapacidad.

Existen, pues, varios impedimentos que privan a las personas que viven con discapacidad del pleno ejercicio de sus derechos generando una situación de exclusión social. Esta situación se magnifica cuando no existen políticas estatales inclusivas, destinadas a adecuar los entornos a la diversidad que efectivamente compone y caracteriza la sociedad. De tal modo, incluso los calificativos que han sido empleados popularmente para referirse a las personas que integran este grupo denotan una postura política y social al respecto.[1]

Una persona que vive con una discapacidad enfrenta las limitaciones que supone un contexto que no está diseñado con una perspectiva inclusiva. A partir de esta concepción, puede definirse hoy la discapacidad como un concepto multidimensional, cultural y complejo que resulta de la interacción entre las personas con deficiencias y las barreras surgidas de la actitud y el entorno que evitan su participación plena. De tal modo, la acción estatal es imprescindible en la previsión de políticas y acciones específicas orientadas a la inclusión de las personas en situación de discapacidad y a la protección de sus derechos y garantías fundamentales.

II. SOBRE LOS LLAMADOS MODELOS DE LA DISCAPACIDAD. BREVES APUNTES

El primero de estos modelos aparece con la propia vida en colectividad. En la prehistoria, donde los grupos sociales eran esencialmente nómadas, cualquier freno para la movilidad de este suponía un peligro para la supervivencia. [2] Así, la discapacidad se asumía como un riesgo innecesario para los integrantes del grupo. Tan naturalizada estaba esta idea que, los principales pensadores en la antigüedad griega consideraban correcto desechar

---

1 Muchas han sido las diferentes denominaciones con que se ha citado a las personas con discapacidad: impedido, subnormal, minusválido, discapacitado, incapaz, enfermo mental, trastornado, enajenado, todas denominaciones peyorativas y discriminatorias.

2 PALACIOS A., *El modelo social de la discapacidad: orígenes, caracterización y plasmación en la convención Internacional sobre los derechos de las personas con discapacidad*, ECINCA, Colección CERMI, vol. 36, Madrid, 2008, p. 37.

a los débiles o deficientes[3], sobre todo teniendo en cuenta que un ciudadano minusválido no tendría nada que aportar a la comunidad[4].

En la edad media el cristianismo condena el infanticidio, por lo que da un vuelco la situación de las personas nacidas con alguna discapacidad. En esta etapa proliferaron lugares donde se cuidaba a niños con diversidades funcionales que sus padres habían abandonado. Según Palacios, en este contexto los discapacitados cumplen un rol en la sociedad: contribuir a la salvación de los ricos que daban limosnas y constituir un medio idóneo para que la Iglesia obrase milagros.[5] Sin embargo, hacia la Baja Edad Media, a raíz de la peste negra, comienza a asociarse a los discapacitados con pobreza y contagio. Como consecuencia del miedo y el rechazo, comienza a considerarse la discapacidad como un castigo de Dios y a los discapacitados como expresión del mal[6].

En el Renacimiento, en los siglos XV y XVI, comienza el intento de rehabilitar a las personas con discapacidad a través de la asistencia pública. Este precedente hace aportes para el posterior paradigma rehabilitador de la época moderna[7].

Durante la primera mitad del siglo XX, las personas con discapacidad, especialmente las intelectuales, eran vistas como un peligro para el desarrollo de la inteligencia de las futuras generaciones. Con el auge de los ideales eugenésicos en esta etapa se impuso el razonamiento en términos de riesgo: el objetivo de una intervención regida por el principio de preservación de la raza. A causa de ello, muchos fueron encerrados en instituciones, alegándose que era una medida idónea a los efectos de la asistencia y la rehabilitación, que debía ser adoptada por su propio bien y con el fin de que no continuaran siendo una carga para la sociedad[8].

---

3 MARTÍNEZ GARCÍA, J., *Platón, República", 459e. y Protágoras, Gorgias, Carta Séptima,* Alianza, Madrid, 1998, p. 28.

4 "en cuanto a la exposición o crianza de los hijos, debe ordenarse que no se críe a ni uno defectuoso". ARISTÓTELES, *Política,* 1335b, pp. 21-22. D. PATRICIO DE AZCÁRATE, *Aristóteles, Obras completas,* Ed. Anaconda, Buenos Aires, 1947, s.p.

5 PALACIOS, A., *El modelo social de discapacidad: orígenes, caracterización y plasmación en la Convención Internacional sobre los Derechos de las Personas con Discapacidad,* Cinca, Madrid, 2008, p. 47.

6 DA CUNHA, H., *Personas con discapacidad y derechos humanos, Ministerio de Desarrollo Social, Montevideo,* 2012, pp. 18-19.

7 Idem.

8 Idem.

A raíz de la Primera Guerra Mundial y de la introducción de las primeras legislaciones en torno a la seguridad social, el concepto de discapacidad asiste a un cambio de paradigma a partir de la modificación de la forma de entender la discapacidad funcional. Los soldados afectados física y mentalmente durante la contienda bélica comenzaron a entenderse como enfermos que podían recibir tratamientos y por tanto no necesitaban ser marginados sino rehabilitados. Así se impuso el modelo médico o de rehabilitación, con fundamentos científicos que demostraban que las personas discapacitadas podían ser rehabilitadas y aportar a la sociedad[9]. La rehabilitación tiene como fin encubrir la diferencia. Como resultado, debe adaptarse el sujeto al medio y no el medio a la persona para satisfacer la integración de este. Por tanto, la discapacidad se considera como un problema de la persona, que requiere de cuidados médicos para buscar soluciones a la enfermedad y a la discapacidad.

Durante la segunda mitad del siglo XX, se advierte un paulatino tránsito hacia un nuevo paradigma con respecto a la discapacidad, dando paso al modelo social. Este nació en Estados Unidos a finales de los años 60 del siglo XX. En lugar de entender la discapacidad como una carencia de la persona que se debe remediar en *pos* de la inserción, las deficiencias comienzan a evaluarse como un producto social, resultado de las interacciones entre un individuo y un entorno no concebido para él. De este modo, el modelo social atenúa fuertemente los componentes médicos de la discapacidad y resalta los sociales[10].

Hoy, la literatura científica se refiere a la discapacidad como un fenómeno complejo que refleja una interacción entre las características del organismo humano y las características de la sociedad en la que vive. Reconoce que parte de esta complejidad se debe a la multicausalidad que la caracteriza: Las situaciones que colocan a una persona en discapacidad pueden tener causas diversas que además se pueden manifestar en diferentes momentos de la vida, pues todas las personas son propensas a sufrir alguna discapacidad en algún momento de su vida debido a lesiones físicas, enfermedades o envejecimiento, por ejemplo.

Asimismo, la diversidad intrínseca a la propia condición debe ser tenida en cuenta para la propia concepción de medidas protectoras para estas per-

---

9 BARNES, COLIN Y MERCER, G., Exploring Disability: a Sociological Introduction, Polity, Cambridge, 2010, pp. 45-50.

10 BUENO PÉREZ, L.C., *Discapacidad, derecho y políticas de inclusión*, Cermi, 2010, pp. 83-84.

sonas. Las discapacidades pueden ser físicas, mentales, intelectuales y sensoriales y por tanto no puede concebirse una única solución para protección de los derechos de las personas en esta situación, sino que el análisis requiere que se sea proactivos al realizar esfuerzos sobre la base de la flexibilidad y la adaptabilidad de todas las garantías para la satisfacción de sus fines.

III. VULNERABILIDAD, DISCAPACIDAD Y DERECHOS. EVOLUCIÓN EN LA RELACIÓN DE ESTAS CATEGORÍAS

La Declaración Universal de Derechos Humanos enumera diferentes derechos con el objetivo de proteger a todas las personas. El carácter universal de la misma obliga a los estados para con grupos como mujeres, las niñas y niños, las personas afrodescendientes, las personas con discapacidad, quienes han sido históricamente marginados, de revertir todas las circunstancias que puedan incidir en el disfrute de sus derechos. Estos grupos, hoy son reconocidos como vulnerables y merecedores de una protección jurídica adecuada a sus necesidades.

La vulnerabilidad se asocia a un estado de indefensión, es decir, las personas tienen sus garantías, derechos y libertades reconocidas, pero en la práctica no logran disfrutarlos plenamente.

Se asocian a la vulnerabilidad cualidades como el género, edad, preferencias sexuales, origen étnico, nivel económico y como no, la discapacidad. Por tanto, las personas en situación de discapacidad muchas veces se encuentran en desventaja con respecto a las demás personas integrantes de una comunidad social.

La vulnerabilidad, un concepto extrajurídico, se ha convertido en el eje central de los nuevos paradigmas en la regulación y protección de los derechos de las personas en situación de discapacidad. Este instrumento surge como una respuesta a la problemática que representa para determinados grupos acceder a la justicia disfrutando de todas las garantías previstas para hacer efectivo este derecho.[11] En este sentido, entre los aportes fundamentales de las mencionadas normas se encuentra

---

[11] 100 Reglas de Brasilia sobre Acceso a la Justicia de las Personas en Condición de Vulnerabilidad, en Actualización aprobada por la Asamblea Plenaria de la XIX Edición de la Cumbre Judicial Iberoamericana, Quito-Ecuador, abril 2018, p. 113.

la definición aportada sobre la vulnerabilidad. La misma tiene la peculiaridad de que lejos de reforzar el paradigma de que las limitaciones o incapacidades recaen en el sujeto, reenfoca hacia el entorno o las circunstancias el eje central de los debates en torno a la vulnerabilidad. Así, reza la regla número tres: "se consideran en condición de vulnerabilidad a aquellas personas que, por razón de su edad, género, estado físico o mental, o por circunstancias sociales, económicas, étnicas y/o culturales encuentran especiales dificultades para ejercitar con plenitud ante el sistema de justicia los derechos reconocidos por el ordenamiento jurídico"[12].

Sin ser un producto acabado, estas normas constituyen hoy un referente en cuanto al tratamiento jurídico de la categoría vulnerabilidad, específicamente aquella que se relaciona con la existencia de una discapacidad cualquiera. Estas incorporan el espíritu de un análisis del escenario de las personas en situación de vulnerabilidad tomando como punto de partida los derechos y garantías que ostentan todas las personas por el hecho de serlo, de acuerdo a máximas imponderables de dignidad e igualdad. No obstante, arribar a esta concepción ha sido el producto de una dinámica evolutiva que, desde la teoría y estudios sociales ha pretendido entender la relación de la sociedad con las personas en situación de discapacidad, pudiendo identificarse a grandes rasgos, a lo largo de la historia las ya referidas etapas o modelos: el modelo de prescindencia; el modelo médico o de rehabilitación, y el modelo social, surgido a partir de la década de los sesenta del siglo pasado. Los parámetros de este último intentan impregnar la mirada actual.

El enfoque de derechos humanos en el abordaje jurídico de la discapacidad centrado en la protección de los derechos de las personas discapacitadas, es parte de la llamada cuarta generación de derechos humanos. Estos han fraguado como expresión de las necesidades humanas, del surgimiento de nuevas exigencias y demandas que obligan a desarrollar nuevos derechos que garanticen el acceso universal a formas más avanzadas de ciudadanía y civilidad, de libertad y de calidad de vida[13].

---

12 Idem.

13 Estos incluyen, entre otros derechos, a la paz y a una justicia internacional, la limitación del derecho a la inmunidad diplomática para determinados delitos, derecho a crear un tribunal internacional que actúe de oficio en los casos de genocidio y crímenes contra la humanidad, desarrollo sostenible que permita

La perspectiva de las personas con discapacidad basada en los derechos humanos equivale a dejar de considerar a estas personas como problemas y considerarlas como sujetos de derechos. Lo más importante es que significa situar los problemas fuera de la persona con discapacidad, de ahí que el debate sobre los derechos humanos de las personas con discapacidad tenga que ver con el debate más amplio acerca del lugar que ocupa la diferencia en la sociedad, y al reconocimiento de la diversidad humana y de la dignidad inherente a todas las personas.

Al respecto, Foucault en "Vigilar y Castigar" dijo que: "desde la modernidad se comenzó a pensar en la idea de lo normal y lo anormal como forma de demarcación de la sociedad. Lo normal formaba parte de lo esperado como válido para la sociedad de esos tiempos y lo anormal significaba aquello que salía de los parámetros de lo aceptable."[14]

De tal modo, el debate sobre los derechos de las personas con discapacidad tiene como eje central garantizar a las personas con discapacidad el disfrute efectivo y en condiciones de igualdad de todos los derechos humanos sin discriminación.

A partir de este razonamiento, el modelo parte de tres supuestos básicos. Primero, toda vida humana, con independencia de la naturaleza o complejidad de la diversidad funcional que le afecte, goza de igual valor en dignidad. Luego, todas las personas deben poder tener la posibilidad de tomar las decisiones que le afecten en lo que atañe a su desarrollo como sujeto moral. Por último, las personas con diversidad funcional gozan del derecho a participar plenamente en todas las actividades: económicas, políticas, sociales y culturales del mismo modo que sus semejantes

---

preservar el medio ambiente natural, derecho a un entorno multicultural que supere el concepto de tolerancia sexual, las nuevas formas de industrialización y métodos de trabajo, que entraría bajo el rublo de la llamada flexibilización laboral, el uso y establecimiento de nuevas tecnologías como la "inteligencia artificial", los nuevos medios de comunicación masiva (Internet) y la reivindicación de los derechos de 1a., 2a. y 3a. generación en el entorno del ciberespacio y la protección de los derechos de las personas discapacitadas. FLORES, L., "Las personas discapacitadas como grupo vulnerable a la luz de la Constitución mexicana", *IUS*, vol. IV, nº 26, Instituto de Ciencias Jurídicas de Puebla A. C., 2010, pp. 113-125.

14 DA CUNHA, H., *Personas con discapacidad y derechos humanos*, Ministerio de Desarrollo Social, Montevideo *cit.*, pp. 18-19.

sin discapacidad. Este reclamo de igualdad que celebre la diferencia[15], se relaciona con el prejuicio y la discriminación a la que se enfrentan las personas con discapacidad.

IV. TRATAMIENTO CONVENCIONAL Y CONSTITUCIONAL DE LOS DERECHOS FUNDAMENTALES DE LAS PERSONAS EN SITUACIÓN DE DISCAPACIDAD

Hacer referencia al tratamiento internacional de todos los asuntos que tienen relación con los derechos humanos es obligatorio, teniendo en cuenta que al calor de los debates internacionales se han adoptado los principales instrumentos rectores en estas materias.

El principal instrumento jurídico en materia de derechos humanos data de 1948. Siendo así, en el mismo no se cita específicamente a las personas con discapacidad. El contexto de dicha declaración es el final de la Segunda Guerra Mundial, el objetivo es garantizar los derechos de las personas y todavía impera el modelo médico en su contenido, donde las personas con discapacidad se consideraban pacientes médicos y no como personas que asumen la vida con su discapacidad. Por tanto, no resulta acertado listarlo como un antecedente directo de la actual normativa internacional.

---

15 Autores reconocen en esta idea la base para un submodelo individualizado dentro del modelo social, que el denomina modelo de la diversidad. Según Guzmán, este modelo va más allá del modelo social de la diversidad funcional y propone tres cuestiones fundamentales: un cambio terminológico, la aceptación de la diversidad funcional como parte de la enriquecedora diversidad humana y la consecución de la plena dignidad en la diversidad funcional. Asimismo, propone dos ideas o valores fundamentales: dar el mismo valor a las vidas de todos los seres humanos y garantizar los mismos derechos y oportunidades a todas las personas. GUZMÁN, F.; TOBOSO, M. y ROMAÑACH, J., *Fundamentos éticos para la promoción de la autonomía y la interdependencia: la erradicación de la dependencia,* 2010, p. 22. http://www.diversocracia.org/docs/Fundamentos%20eticos%20interdependencia_oviedo.doc

Como predecesores de la Convención Internacional sobre los Derechos de las Personas con Discapacidad, Palacios y Bariffi[16] identifican, tal como a continuación se relacionan, una serie de Convenciones que si bien tienen como elemento común la falta de obligatoriedad de los estados para acatar sus disposiciones y establecer planes internos de acción que blinden los derechos y garantías de las personas en situación de vulnerabilidad, muestran el espíritu y la intencionalidad política de la comunidad internacional para transformar el panorama en este sentido.

El primero de esos antecedentes se remonta a 1971 y es la "Declaración de los Derechos del Retrasado Mental"; tiene el valor de ser el primer texto específico declarativo de derechos de las personas con discapacidad, así como el primero en el que se reconoció que éstas debían gozar de "los mismos derechos que los demás seres humanos". Cronológicamente, es el primer texto jurídico internacional que reconoce derechos por razón de discapacidad.

La Declaración es un reflejo del modelo médico de la discapacidad. El texto parte de las circunstancias médicas de los retrasados, y se justifica en la necesidad de ayudarles. Con un articulado poco novedoso, su texto reprodujo expresiones como "hasta el máximo grado de viabilidad", "en la medida de sus posibilidades", "en la mayor medida posible" del Deficiente Mental. Fue sucedida por la "Declaración de los Derechos de los Impedidos" de 1975, ambas comparten algunos contenidos, así como la estructura. Sin embargo, ésta última más amplia: desde la propia noción de impedido que alberga, hasta el reconocimiento de un mayor número de derechos. Aporta además referencias expresas a la dignidad humana y el reconocimiento de derechos por razón de discapacidad. El valor principal de la Declaración radica en su papel de enlace entre la discapacidad y los derechos reconocidos en los Pactos Internacionales de derechos humanos firmados hasta ese momento. Ambas Declaraciones suponen el reconocimiento a las personas en situación de discapacidad, por primera vez en la historia del Derecho Internacional, como sujetos de derechos humanos.

---

16 PALACIOS, A. y BARIFFI, F., *La discapacidad como una cuestión de derechos humanos: Una aproximación a la Convención Internacional sobre los Derechos de las Personas con Discapacidad,* CINCA, Madrid, 2007, pp. 31-34.

La siguiente década implicó un gran paso de avance para la lucha por los derechos de las personas en situación de discapacidad en el ámbito internacional: El año 1981 fue proclamado "Año Internacional de los Impedidos" por la Asamblea General de Naciones Unidas y el decenio 1983-1992 fue proclamado "Decenio de Naciones Unidas para las Personas con Discapacidad".

Uno de los saltos cualitativos más importantes en materia de discapacidad, considerado incluso como el inicio del fin del modelo médico en las actuaciones de las Naciones Unidas fue el Programa de Acción Mundial para los Impedidos. Aprobado por la Asamblea General de dicho organismo el 3 de diciembre de 1982, el programa supone una declaración de principios y directrices para la acción nacional e internacional a favor de las personas con discapacidad. Se proponía "promover medidas eficaces para la prevención de la incapacidad, la rehabilitación y la realización de los objetivos de participación plena de los impedidos en la vida social y el desarrollo y de igualdad". Aunque este documento carece también de fuerza vinculante para los Estados, propone entre sus medidas, algunas de naturaleza legislativa, que, si han sido llevadas a cabo en muchos casos, su influencia en los instrumentos jurídicos y políticas internacionales y nacionales posteriores ha sido notable. Sobre el programa, pueden destacarse la calidad y profundidad de los trabajos de elaboración mismo, más aún si se compara con las Declaraciones que unos años antes había aprobado la Asamblea General. Por su importancia, pudiera ser considerado como la primera guía internacional que establece una política y una estrategia a largo plazo dirigida a la promoción y protección de los derechos de las personas con discapacidad.

A pesar del valor del documento, los logros conseguidos no superaron las expectativas, su impacto inicial se había ido diluyendo con el paso de los años, por lo que en 1987 se propuso un reexamen de los resultados de su ejecución. En la reunión se planteó la necesidad de dar un nuevo impulso a la estrategia internacional en materia de discapacidad y como resultado de este largo proceso finalmente en 1993 vieron la luz las Normas Uniformes sobre la Igualdad de Oportunidades para las Personas con Discapacidad.

Los principios que sustentan estas normas fueron elaborados en gran medida por personas con diversidades funcionales, respondiendo a las necesidades específicas de estas, cuestión novedosa frente a regulaciones anteriores. En este documento, tanto la prevención como la rehabilitación dejan de ser fines en sí mismas, para ser "requisitos para la igualdad de participación", según se deduce del apartado I de las Normas. En este documento termina de cuajar el cambio de enfoque en el modo de concebir la discapacidad en el plano internacional. Las normas son el producto tanto del Programa de Acción Mundial precedente, como del desarrollo teórico producido durante la década. Sobre todo, se incorpora con énfasis la perspectiva de derechos humanos de la discapacidad. De esta manera, el cambio de modelo que comienza con el Programa de Acción Mundial se consolida con la aprobación de este documento: la proclamación formal y material del modelo social y de derechos hicieron de las Normas el mejor texto internacional de vocación universal en la materia, sólo superado por la posteriormente aprobada Convención sobre los Derechos de las Personas con Discapacidad[17].

Este es un instrumento jurídico que fortalece una visión que reconoce a las personas con discapacidad como sujetos de derechos y obligaciones en igualdad de condiciones con las personas sin discapacidad, sin desconocer las diferencias y requerimientos específicos para asegurar la igualdad de oportunidades. La Convención adopta la filosofía del modelo social de discapacidad entre sus principios generales, asumiendo los tres supuestos básicos del modelo social: dignidad de la persona humana, autonomía y accesibilidad. Desde el preámbulo resalta que, al igual que el reconocimiento de la dignidad de la persona en situación de discapacidad, lo faculta para tomar sus propias decisiones, y para participar en todos los espacios de la comunidad. De tal modo, es novedosa la convención tanto para la concepción del fenómeno de la discapacidad, como para describir los retos que supone y diseñar las soluciones y obligaciones a las que se sometería a los Estados Parte, apropiándose así de la perspectiva de que la discapacidad es una cuestión de derechos.

Incluye medidas afirmativas o correctivas, encaminadas a minimizar las situaciones de desventaja por la no-valoración de las diferencias que hace la sociedad, sin que sea obligatoria tampoco que las personas con discapacidad acepten las distinciones impuestas.

Estas medidas muy brevemente explicadas son obligaciones que los estados deben cumplir a lo interno, tributando a la consecución de condiciones

---

[17] Convención sobre los Derechos de las Personas con Discapacidad elaborada en el año 2007 por la organización de las Naciones Unidas (ONU) Ratificada mediante la resolución n° 458-08 del 30 de octubre de 2008, *Gaceta Oficial:* 10495.

de igualdad efectiva para las personas que viven con alguna discapacidad. Entre estas se encuentran:[18]

1. El compromiso de adoptar medidas legislativas, sociales, educativas, laborales o de cualquier otra índole para asegurar la eliminación de la discriminación. Las actividades serán muy diversas en el empleo, transporte, comunicación, vivienda, recreación, educación, deporte, justicia, policía, accesibilidad a espacios urbanos, etc. Es importante aclarar que las medidas son aplicables tanto a entidades públicas como privadas limitando las acciones de los entes privados al cumplimiento del principio de igualdad.
2. La investigación científica y tecnológica relacionada con la prevención de la discapacidad, el tratamiento, la rehabilitación o integración a la sociedad de las personas con discapacidad. En nuestra región contamos con millones de personas que no tienen una silla de ruedas, audífono, material tiflotécnico etc. Es necesario el avance de la ciencia y tecnología al servicio de la población con discapacidad para así asegurar la equiparación de oportunidades. Supone un reto constante perfeccionar la tecnología y abaratarla para que sea accesible a toda la población.
3. Facilitar y promover la independencia para lograr la plena inclusión en condiciones de equidad, es un paso más para lograr la tan deseada igualdad. En América Latina este ha sido un reto importante, por lo que el primer paso, dar a conocer sus postulados, implica un paso más a la verdadera igualdad.
4. La participación activa de organizaciones no gubernamentales de personas con discapacidad en la toma de decisiones, abre las puertas a la igualdad política por la que tanto ha luchado este grupo.
5. La divulgación de los derechos de las personas con discapacidad desde su propia perspectiva, no solo concientizará a la sociedad en general de su existencia sino también a millones de personas que por tener una discapacidad aun creen que no tienen derechos y deben ser tratados con injusticia y desigualdad.

---

[18] Convención sobre los Derechos de las Personas con Discapacidad elaborada en el año 2007 por la organización de las Naciones Unidas (ONU) en *Compendio Legal sobre Discapacidad,* CONADIS, Consejo Nacional de Discapacidad, Santo Domingo, 2014, p. 9 y ss.

Establece además los siguientes principios rectores para los Estados:[19]

a) El respeto de la dignidad, la autonomía individual, incluida la libertad de tomar las propias decisiones, y la independencia de las personas.

b) La no discriminación[20].

c) La participación e inclusión plenas y efectivas en la sociedad.

d) El respeto por la diferencia y la aceptación de las personas con discapacidad como parte de la diversidad y la condición humanas.

e) La igualdad de oportunidades.

f) La accesibilidad.

g) La igualdad entre el hombre y la mujer.

h) El respeto a la evolución de las facultades de los niños y las niñas con discapacidad y de su derecho a preservar su identidad.

Los Estados Partes se comprometen a asegurar y promover el pleno ejercicio de todos los derechos y libertades fundamentales[21], tales como: Igualdad y no discriminación, Accesibilidad, A la vida, Igual reconocimiento como persona ante la ley y derecho al reconocimiento de su personalidad jurídica, Acceso a la justicia, Libertad y seguridad de la persona, protección contra la tortura y otros tratos degradantes, contra la explotación, la violencia y el abuso, derecho a la integridad personal, derecho a la libertad de desplazamiento, a la movilidad personal con la mayor independencia posible y nacionalidad, a la inclusión en la comunidad, libertad de expresión y acceso a la información, respeto a la privacidad, respeto del hogar y de la familia, a casarse y fundar una familia, educación, salud, habilitación y rehabilitación, trabajo y empleo. Nivel de vida adecuado y protección social, participación

---

19 *Idem,* p. 12.

20 El término discriminación contra las personas con discapacidad significa toda distinción, exclusión o restricción basada en una discapacidad, antecedente de discapacidad, consecuencia de discapacidad anterior o percepción de una discapacidad presente o pasada, que tenga el efecto o propósito de impedir o anular el reconocimiento, goce o ejercicio por parte de las personas con discapacidad, de sus derechos humanos y libertades fundamentales. La distinción, exclusión y restricción se basa en: una discapacidad, antecedente de discapacidad, consecuencia de una discapacidad anterior y percepción de una discapacidad presente o pasada.

21 Convención sobre los Derechos de las Personas con Discapacidad, *cit.,* p. 12 y 13.

en la vida política y pública, participación cultural, recreativa y deportiva con materiales en formatos accesibles, para que puedan desarrollar y utilizar su potencial.

La convención, busca asegurar la inclusión plena y efectiva de las personas que viven con discapacidad, mediante la adopción de medidas específicas que los Estados deben implementar de manera transversal y progresiva. El modelo social sobre el cual se funda es un paradigma integrador que muestra importantes avances respecto a los modelos anteriores. Los Estados Partes adquieren la obligación de promover, proteger y garantizar el disfrute pleno de los derechos civiles, políticos, económicos, sociales, culturales y ambientales a las personas que viven con una discapacidad, mediante los ajustes razonables y la accesibilidad necesaria para lograrlo, utilizando el máximo de los recursos disponibles y en caso de que estos sean insuficientes, acceder a ellos en el marco de la cooperación internacional. La perspectiva de derechos humanos obliga a considerar a las personas con discapacidad como seres humanos que requieren que se realicen ajustes específicos para disfrutar de todos los bienes y servicios públicos y privados, cuestión que recae, en primer lugar, en las obligaciones asumidas por los Estados.

Para desarrollar efectivamente todas estas obligaciones, es necesaria la asimilación interna de los principios esbozados por el derecho internacional, de modo que deben considerarse todas las garantías de las que son sujetos, como las de igualdad, libertad, seguridad jurídica, por ejemplo, hasta la parte orgánica, transversalizando el texto constitucional en integro. Los derechos de las personas en situación de discapacidad están compuestos por todos los derechos que disfrutan las personas que viven sin discapacidades y aquellas medidas necesarias para lograr este estado real de igualdad. Para Cuba, alcanzar estos paradigmas es una cuestión meridional, en tanto el diseño jurídico político cubano sienta sus bases sobre la dignidad y la inclusión social.

V. RECONOCIMIENTO DE LAS PERSONAS EN SITUACIÓN DE DISCAPACIDAD EN EL CONSTITUCIONALISMO CUBANO

La discapacidad analizada desde la óptica de los derechos humanos, como anteriormente se ha referido, trata de acabar con la tendencia de analizar esta cuestión desde el prisma de la individualidad del sujeto. Esta protección, es reciente en la tradición legislativa cubana, pues tal como ha sucedido en el resto del mundo, el modelo social de la discapacidad ha ido incorporándose novedosa y paulatinamente a través de los esfuerzos de los Estados. De tal modo, en la legislación de isla, se ha reflejado el transito sufrido entre los diferentes modelos de la discapacidad.

En la historia jurídica cubana, puede destacarse como una primera gran etapa la dominación colonial española. Durante este periodo, caracterizado por la aplicación de normativas provenientes de la metrópolis, era frecuente encontrar normados determinados aspectos políticos, económicos y sociales las Reales Cédulas, Instrucciones, Ordenanzas de la corona. Así, las primeras referencias a la discapacidad se encuentran en un Bando de Rigor dictado el 28 de marzo de 1783, por el Gobernador Ursaga con el propósito de que se cumplieran las Reales Cédulas, de acuerdo a la visión de vagabundez que existía. La normativa hacía referencia al holgazán, reconociendo como parte de ese grupo a los estropeados, baldados y absolutamente impedidos, equiparándose por tanto a un grupo de personas en situación de discapacidad[22].

Con la llegada de un nuevo siglo y el neocolonialismo, llegaron el nacimiento de una república el 20 de mayo de 1902 y la primera Constitución formalmente reconocida como tal en 1901. A esta se sucedieron como leyes fundamentales la Ley Constitucional de 1934, la Ley Constitucional 1935, la Constitución 1940 y los Estatutos o Ley Constitucional de la República de 1952 en esta etapa. Ninguna de estas normativas reguló los derechos o la situación jurídica de las personas que vivían con una discapacidad.

Sin embargo, la Constitución de 1940, como parte del proyecto social que pretendía legitimar, en su artículo veinte prohíbe cualquier forma de discriminación por motivo de sexo, raza, color o clase, y cualquiera otra lesiva a la dignidad humana, lo cual sentó pautas para medidas y decisiones que en lo adelante protegieran a este grupo social que aun cuando no dejó de sufrir los efectos de la discriminación, fue objeto de transformaciones que lo beneficiaban[23].

En la segunda mitad del siglo XX cubano, el año 1959 representó un parteaguas en la vida política y social en Cuba e igualmente impactó en el ámbito jurídico. De tal modo, en el propio año se dicta la Ley Fundamental

---

22 PORTUONDO DEL PRADO, F., *Historia de Cuba 1492-1868*, La Habana, Editorial Pueblo y Educación, 1968, p. 53.

23 RODRÍGUEZ FEBLES, J., MOREJÓN SILVA, N., VALDÉS VEGA, T. B y VERA DENIS, W., "Tratamiento de la discapacidad: enfoques desde el constitucionalismo cubano y los instrumentos de protección internacional", *Derecho y Cambio social*, nº 55, 2019, p. 207.

de 1959; que pretendía recuperar los principios enunciados en la Constitución de 1940 y reformar el país abogando por una dinámica social justa y humanista. En esa lógica de exaltar la persona como base del nuevo sistema, se crea el Ministerio de Bienestar Social teniendo como uno de sus fines erradicar la mendicidad en discapacitados mentales y en 1963 se dictó la Ley nº 1100 que incorporó a la legislación varios beneficios con relación a los subsidios por enfermedades o accidentes y en 1971 se constituyó la Dirección de Educación Especial dentro del Ministerio de Educación[24].

La Constitución de 1976 expresó la madurez alcanzada por el proceso hasta ese momento, fue el colofón de un proceso de transformaciones jurídicas sistémico inspirado en la igualdad de derechos y deberes de todas las personas sin distinción. Así, aun cuando no hace referencias al término discapacidad estrictamente, propició la creación de instituciones protectoras de las personas discapacitadas a fin de salvaguardar sus derechos y garantías como muestra de las prioridades de proyecto revolucionario. Este es el caso de la creación de aulas para alumnos con discapacidades múltiples, círculos infantiles especiales, centros para alumnos con trastornos del lenguaje, para estrábicos y ambliopes, para adultos con deficiencias visuales y auditivas, aulas diseñadas para personas con discapacidades psíquicas y maestros ambulantes para discapacitados físico-motores.

Asimismo, se crearon varias organizaciones que desde la sociedad civil abogan por la protección de los derechos e intereses de estos grupos la Asociación Nacional de Limitados Físicos Motores (ACLIFIM), Asociación Nacional de Ciegos (ANCI) y Asociación Nacional de Sordos de Cuba (ANSOC). Como parte de los esfuerzos del país por proteger los derechos de estos grupos sociales se dispuso la aplicación para los niños discapacitados de planes educativos que intentaban superar la discapacidad abogando por la corrección y compensación de los defectos de estas personas, en lugar de abrazar la diversidad. Desgraciadamente estas acciones, aunque progresistas, estaban impulsadas por el espíritu de los modelos médico y rehabilitador, cuestión lógica teniendo en cuenta que, para este momento, el modelo social aún no se había asentado dentro de los estudios de la discapacidad.

---

24 TRAVIESO, F., "El sistema de Seguridad Social en Cuba. Retos y Perspectivas", Ponencia presentada con motivo del Taller Las Conquistas sociales en Cuba y el estado de bienestar en Suecia en la era de la globalización, La Habana, 2 al 4 de abril del 2003, p. 12.

En el año 2019, Cuba vivió un proceso de reforma constitucional profundo y complejo, en que intervinieron todos los sectores poblacionales haciendo gala de un ejercicio de construcción colectiva que perseguía, sobre todas las cosas, materializar la máxima martiana de hacer de esta una tierra basada en el culto a la dignidad plena. Así, este es el primer texto constitucional patrio que hace referencia expresa a la discapacidad. En primer lugar, como parte de la regulación de la igualdad como valor jurídico meridional del ordenamiento jurídico cubano y del principio de no discriminación, sustrato de todo el texto constitucional. El artículo 42[25] reza que todas las personas son iguales ante la ley, reciben la misma protección y trato de las autoridades y gozan de los mismos derechos, libertades y oportunidades, sin ninguna discriminación. A continuación, como es común en los artículos que consagran la prohibición de la segregación, enumera algunas de las causales que históricamente han condicionado el disfrute de estos derechos y que aúnan sectores vulnerables de la población, reconociendo la discapacidad como uno de ellos.

Asimismo, dispone en el artículo 89[26] como un compromiso compartido entre el Estado, la sociedad y las familias la obligación de proteger, promover y asegurar el pleno ejercicio de los derechos de las personas en situación de discapacidad. Coloca así el epicentro del asunto de la discapacidad en los sujetos que intervienen en la dinámica habitual de estas personas, quienes deben proveer de aquellos ajustes, adecuacio-

---

[25] Constitución cubana de 2019: -ARTÍCULO 42. Todas las personas son iguales ante la ley, reciben la misma protección y trato de las autoridades y gozan de los mismos derechos, libertades y oportunidades, sin ninguna discriminación por razones de sexo, género, orientación sexual, identidad de género, edad, origen étnico, color de la piel, creencia religiosa, discapacidad, origen nacional o territorial, o cualquier otra condición o circunstancia personal que implique distinción lesiva a la dignidad humana. Todas tienen derecho a disfrutar de los mismos espacios públicos y establecimientos de servicios. Asimismo, reciben igual salario por igual trabajo, sin discriminación alguna. La violación del principio de igualdad está proscrita y es sancionada por la ley. Constitución cubana de 2019, de 10 de abril de 2019, en Gaceta Oficial nº 5 Extraordinaria de 2019.

[26] Constitución cubana de 2019: -ARTÍCULO 89. El Estado, la sociedad y las familias tienen la obligación de proteger, promover y asegurar el pleno ejercicio de los derechos de las personas en situación de discapacidad. El Estado crea las condiciones requeridas para su rehabilitación o el mejoramiento de su calidad de vida, su autonomía personal, su inclusión y participación social. Constitución cubana de 2019, de 10 de abril de 2019, en Gaceta Oficial nº 5 Extraordinaria de 2019.

nes que permitan el acceso pleno y efectivo al disfrute de sus derechos, eliminar barreras y tal como reconoce el precepto, mejorar su calidad de vida, autonomía personal, su inclusión y participación social.

1. Garantías constitucionales de los derechos de las personas en situación de discapacidad en Cuba

Hablar sobre garantías constitucionales, implica necesariamente partir desde una doble distinción de las garantías. Dígase pues, puede distinguirse en primera instancia entre garantías en sentido restringido, o bien, en sentido amplio.

Esto por supuesto, tiene que ver con la categorización de las garantías, su jerarquía normativa en el ordenamiento jurídico. Las primeras por su parte, las garantías que denominamos, restringidas están referidas a aquellas garantías propiamente constitucionales, las enunciadas expresamente por el texto constitucional. Las segundas, por otro lado, serán aquellas desarrolladas por el resto del ordenamiento y que son consecuencia de la existencia de las primeras, con la distinción no solo de su jerarquía normativa por estar desarrolladas por normas inferiores, sino además por especificar contenidos o dimensiones de determinada garantía formulada en la constitución que de su simple lectura no se extraiga esa consecuencia u efecto al que se refiere la norma constitucional.

Claramente, entre esas clasificaciones de garantías, debe resaltarse un primer elemento básico desde la teoría del Derecho que busca garantizar la coherencia del sistema jurídico, esto es por supuesto, la correspondencia de una clasificación hacia la otra. Es decir, siempre, la segunda clasificación de las garantías debe ser una consecuencia predecible del contenido de las primeras, sin en ningún caso, entrar en conflicto con estas.

Ahora bien, esta introducción sobre la cuestión de las garantías en Cuba, más aún si nos referimos a las garantías de las personas en situación de discapacidad específicamente, se insertaron con mayor claridad en el ordenamiento jurídico cubano a partir de la Constitución de 2019. Si bien ya se ha visto, que la normación, o incluso la voluntad política de perfeccionamiento de la legislación anterior sobre las garantías de las personas en situación de discapacidad existieron, estas se expresaron de forma complementaria en normas de inferior jerarquía incluso a la de las leyes sustantivas.[27] Esta situación se vería finalmente revertida con la llegada de la Constitución de 2019; ahora sí, las garantías constitucionales de las personas en situación de discapacidad ocupan un lugar prioritario en los contenidos de las normas de máxima jerarquía del sistema.

A decir de Torres-Cuevas y Suarez Suarez, "la Constitución cubana de 2019, superando en precisión y técnica legislativa al texto constitucional precedente, establece en su artículo 13 inciso d) como uno de los fines del Estado "garantizar la igualdad efectiva en el disfrute y ejercicio de los derechos", consagra el derecho a la justicia en el artículo 46 y establece en su artículo 92 que "el Estado garantiza, de conformidad con la ley, que las personas puedan acceder a los órganos judiciales a fin de obtener una tutela efectiva de sus derechos e intereses legítimos"[28].

Es a partir de esas formulaciones de la norma constitucional cubana de 2019, donde aparecen dos cuestiones que revisten suma relevancia. Esto es, la previsión, primero, de las garantías constitucionales generales; y luego, de las garantías específicas de los grupos vulnerables y de las personas en situación de discapacidad.

Las primeras, las garantías constitucionales tradicionales, son las formuladas por el constitucionalismo de mediados del siglo anterior. Estas, si bien ya se reconocían y existía una experiencia de su aplicación, suponen en este contexto el reto de su adecuación o extensión, para dar amparo a todos los individuos, independientemente de si se encuentran en situación de discapacidad o no. Esto fue, por un lado, un compromiso con el principio de igualdad como fundamento de toda la teoría jurídica del constitucionalismo, y por otro, resultaba una obligación real de hacer efectiva esa igualdad[29] por imperativo del principio que vendría a remplazar el imperio de la ley, por supuesto, este sería el principio de supremacía constitucional.

---

[27] Por supuesto, esto pese a que, las normas de rango legal que compusieron el ordenamiento jurídico de 1976 en Cuba si bien no fueron amplias en la regulación de temas tan sensibles como estos, tampoco fueron absolutamente oscuras al respecto.

[28] TORRES-CUEVAS, E y SUÁREZ SUÁREZ, R., "El libro de *las Constituciones*", vol. I-III, Ediciones Imagen Contemporánea, La Habana, 2018.

[29] Sobre ello, en palabras de Roselló y Hung: "Alcanzada, al menos en vía de principio formalmente positivizado, la igualdad ante la ley, reivindicación de las revoluciones burguesas y antes, de la revolución de independencia de las Trece Colonias, ha sido arduo el camino de la comprensión de que dicha igualdad formal no es suficiente, por lo que se necesita la igualdad material, entendida como un grupo de oportunidades y condiciones establecidas a ma-

La idea de la supremacía constitucional, situaba a los Estados en una posición de compromiso por encima incluso de la eficacia de las normas del parlamento, pues en ella recae la virtud de todo el sistema jurídico. El nexo no recaía ya en la voluntad del legislador, sino que debía fundarse ahora por la directa aplicabilidad de las normas constitucionales.

De ello, además, emergería un elemento importante, la correspondencia de todo el ordenamiento jurídico con el sentido de la constitución en virtud de los principios de unidad y coherencia del sistema normativo. Es decir, no incluso la voluntad del legislador era ya la cúspide que expresaba el sentido del ordenamiento, sino que esa voluntad parlamentaria está ahora obligada por la voluntad que la antecede, la voluntad constituyente expresada y contenida en las normas constitucionales. De todos estos elementos, se configura entonces la magnitud del reto del Derecho contemporáneo para satisfacer esos marcos ideales del sistema, cuya principal preocupación ya no estriba en el detentador del poder, sino en el individuo, sus derechos y garantías como límites al poder del Estado.

Todas estas nuevas dimensiones descriptoras del Estado constitucional contemporáneo verían erigirse cada vez con más fuerza la necesidad de hacer extensible la eficacia de las garantías constitucionales a las personas en situación de discapacidad. Esto era ya, una deuda del Estado con el conjunto mismo de la sociedad y la propia humanidad.

Para Cuba, se ha rescatado en páginas anteriores que, ciertamente, no todos los logros sobre estas cuestiones fueron exclusivos de la reforma constitucional de 2019. Sin embargo, al menos desde perspectiva del compromiso del Estado constitucional propiamente, estos fueron conceptos que solo llegarían al sistema normativo cubano como elementos centrales del mismo a través de esta Constitución.

Por supuesto, ha de destacarse que los méritos de esta reforma llegarían a Cuba de forma tardía, pues, mientras el mundo se encontraba en proceso de abandono de los fundamentos del Estado de derecho inspirado en la voluntad del legislador, Cuba se encontraba abrazando esos fundamentos con la Constitución cubana de 1976, y por supuesto, ello conllevaría un

---

nera de punto de partida para el ejercicio de sus derechos a personas que por alguna razón están en desventaja respecto del resto". ROSELLÓ, R. y HUNG, F., "Breves notas sobre el Acceso a la justicia de las personas en situación de discapacidad en Cuba", *cit.*, p. 516.

rechazo a la mayoría de las grandes instituciones del nuevo constitucionalismo.

Esto, según Bruzón, "fue delineando una clara prevalencia del principio de legalidad sobre el principio de constitucionalidad, restando la capital importancia que en la construcción teórica y práctica de la noción de unidad del ordenamiento jurídico posee el reconocimiento de la Constitución como fuente y como reguladora del resto de las fuentes jurídicas"[30]. Así la historia constitucional cubana en materia de garantías se vería estancada en las luces del siglo XIX, quedando los logros en materia de igualdad o de garantías de las personas en situación de discapacidad, como hitos alzados por el activismo social, o incluso, en ocasiones judicial.

Sin embargo, pese a de todo ello, la reforma constitucional parecía haber situado a Cuba de regreso a esos caminos labrados por el constitucionalismo. Ahora se asumían en Cuba todos esos compromisos del Estado constitucional, desde el principio de supremacía constitucional, la eficacia directa de la constitución como norma jurídica[31], así como lo referido a la regulación constitucional de las garantías jurídicas de las personas en situación de discapacidad. Retomando aquí lo que antes describíamos como la doble clasificación de las garantías respecto de las personas en situación de discapacidad, entre las garantías de forma general y las garantías específicas.

Sobre las primeras, ciertamente, el reto del nuevo Estado constitucional cubano sería lograr la eficacia de las garantías constitucionales de forma general, de tal forma que su accesibilidad y cobertura amparasen también a los grupos vulnerables y las personas en situación de discapacidad. Es decir, adecuar las garantías constitucionales en un verdadero plano de igualdad.

---

30 BRUZÓN VILTRES, C.J., "Jurisprudencia como fuente del derecho en Cuba: presupuestos para su reconocimiento constitucional", *Revista Interpretación Constitucional Aplicada,* Centro de Estudios Constitucionales de la SCJN, México, 2019, p. 41.

31 Para Prieto Valdés, en referencia a la Constitución cubana de 2019, "Se ha de potenciar su carácter de fenómeno jurídico y sus preceptos se han de tener como norma de Derecho de obligatoria observancia y aplicación directa, como garantía de aseguramiento de esas regulaciones". PRIETO VALDÉS, M., "*La Constitución cubana de 2019: nuevos contenidos y necesidades*", UH (online). 2020, nº 289, p. 3.

En este sentido, quizás las garantías constitucionales con mayor trascendencia para los grupos vulnerables y las personas con discapacidad que debían ser reformuladas para garantizar su plena eficacia respecto del principio de igualdad fueron, entre otras:

1. El acceso a la justicia.
2. El debido proceso.
3. La tutela judicial efectiva.
4. La igualdad efectiva ante la ley.
5. La supremacía de la constitución.

Ciertamente, quizás con respecto a los grupos vulnerables, o las personas en situación de discapacidad, estas garantías constitucionales representaron los más complejos retos para el Estado constitucional cubano que asume ahora la visión del constitucionalismo contemporáneo.

Es decir, la formulación de todas estas garantías constitucionales es ahora un hecho. Desde el acceso a la justicia en el artículo 92 de la Constitución cubana, la seguridad jurídica en los artículos 61 y 94 de la propia norma constitucional, el debido proceso también en el citado artículo 94, como la igualdad ante la ley y la supremacía constitucional en los artículos 7, 13 y 42. Por supuesto, la Constitución por sí misma solo puede enunciar las garantías de conjunto a su obligada observancia y directa aplicabilidad, su eficacia depende también de la existencia de normas ordinarias que desarrollen el articulado constitucional. Este elemento reviste vital importancia, teniendo en cuenta que uno de los elementos perfectibles del texto constitucional de 2019, es la limitada posibilidad de control de constitucionalidad de las normas ordinarias y por consiguiente la capacidad de intervención sobre la actividad normativa del legislador.

Sin embargo, sin ahora adentrarnos demasiado en ese punto, ciertamente, ya sosteníamos que la doble clasificación de las garantías de las personas en situación de discapacidad en Cuba venía, no solo por la adecuación de las garantías generales a todo individuo independientemente de su situación de vulnerabilidad o discapacidad, sino por el reconocimiento específico de normas constitucionales que funjan como garantías de las personas en situación de discapacidad.

Así aparecen dos normas constitucionales que, de forma particular, dan tratamiento a los derechos de las personas en situación de discapacidad. El primero, el ya citado artículo 42 de la Constitución cubana de

2019, el cual, a partir de la formulación del principio de igualdad ante la ley, incluye la situación de discapacidad como una de las causales que por motivo alguno puede limitar esa igualdad. El segundo, por su parte, siguiendo a Valdés Rosabal, "su artículo 89, consagra la obligación del Estado, la sociedad y las familias a proteger el pleno ejercicio de los derechos de las personas en situación de discapacidad, en salvaguarda de su autonomía personal, su inclusión y participación social, cuyo postulado da respuesta efectiva a que el goce de tales derechos ha de desplegarse en igualdad de condiciones con el resto de la sociedad, conforme establece la Convención Internacional sobre los Derechos de las Personas con Discapacidad"[32].

Con ambas formulaciones, tanto las de las garantías constitucionales adecuadas a las características básicas de las personas en situación de discapacidad, como estas últimas referidas expresamente a la obligación del Estado y los núcleos sociales a garantizar y asegurar los derechos de las personas en situación de discapacidad, la deuda del constitucionalismo cubano con las teorías contemporáneas del Estado constitucional pareciera saldada. Sin embargo, aparecerá entonces en el escenario jurídico cubano el problema de la eficacia de este nuevo sistema de garantías constitucionales, el problema de la realización material de esas garantías en favor de los derechos fundamentales de las personas en situación de discapacidad.

Por supuesto, este problema sería una consecuencia natural de un periodo de estatismo jurídico en Cuba sobre los fundamentos del ya comentado, Estado de derecho del siglo XIX. La cultura jurídica creada a partir de esos fundamentos implica en la actualidad, el verdadero reto a superar por el constitucionalismo cubano. Un reto que se escenifica entre el conflicto entre el Derecho vigente y lo que, el constitucionalismo contemporáneo ha denominado, el Derecho viviente.

La traducción del problema al lenguaje común estaría en la ausencia de instrumentos jurídicos en la práctica del Derecho que hagan efectivo el cambio de paradigma en favor de la constitución como efectiva norma jurídica. Es decir, una férrea adicción practicista a las más estrictas teorías del normativismo positivo y, particularmente, a su expresión más literal.

---

32 VALDÉS ROSABAL, K.M., "Tratamiento de las personas en situaciones de vulnerabilidad", *Revista Cubana de Derecho,* UNJC. La Habana, pp. 317-350.

Siguiendo de nuevo a Roselló y Hung, "no es hasta fechas relativamente recientes que en los cursos de pregrado de la carrera de Derecho se introdujo con fuerza la temática de los derechos de las personas con discapacidad, por lo que un por ciento significativo de nuestros juristas apenas tocó alguno de los aspectos puntuales en asignaturas de la disciplina Derecho Civil y en Derecho Laboral y Penal. En fecha relativamente reciente se ha introducido la impartición de cursos monográficos sobre la materia en la enseñanza de pregrado y en algunos cursos de posgrado se toca el tema de manera tangencial. Ello trae como consecuencia la incomprensión del tema por los operadores jurídicos, con la consiguiente desprotección que acarrea el no poder enfocar el tema de la discapacidad de forma integral. El adecuado ejercicio profesional debe hacer acompañar a la imprescindible sensibilidad humana, la no menos imprescindible solvencia en los conocimientos relativos a nuestra profesión respecto de la discapacidad y su relevancia en el plano del Derecho"[33].

2. *Especificación de las garantías de las personas en situación de discapacidad en las normas de rango legal objetos de la reforma procesal: Brevísimas notas sobre el Código de Procesos (Ley 141 de 2021)*

Dentro de ese panorama jurídico abierto por la reforma constitucional de 2019, le siguieron por supuesto, la reforma sustantiva y procesal del conjunto del ordenamiento jurídico cubano que debía proveer de eficacia y sentido al nuevo marco constitucional. En ese sentido, las normas generadas a partir de la reforma, no solo harían de las garantías constitucionales de las personas en situación de discapacidad, normas con mayor grado de eficacia, sino que, además, insertarían en el ordenamiento jurídico, nuevos tipos de garantías que si bien, sin poseer el rango de las normas constitucionales, aportan elementos complementarios para la protección de los derechos de los grupos vulnerables y de las personas en situación de discapacidad.

En este sentido, la ley 141 de 2021, Código de procesos, iniciaría desde el ámbito judicial y procesal, una inserción de nuevos conceptos que vendrían a funcionar como garantías de la efectividad del principio de supremacía constitucional tanto frente a la ley, como a los métodos

---

33 ROSELLÓ, R. y HUNG, F., "Breves notas sobre el Acceso a la justicia de las personas en situación de discapacidad en Cuba", *cit.*, p. 524.

esquemáticos de aplicación de la misma. Entre esas normas procesales, destaca el artículo 4.1 de la citada norma, en él se recupera una práctica normativa fundamental para garantizar incluso la coherencia del sistema: la enumeración expresa de las fuentes del Derecho. En efecto, el nuevo Código Procesal, legitima la aplicación de fuentes normativas distintas de las formales. Así, aparecen incluidos en ese artículo, los principios del Derecho y los pronunciamientos de las salas de justicia del Tribunal Supremo.

Por supuesto, se mostraba claramente la intención constituyente con el reconocimiento del sistema de fuentes, este precepto llegaba para servir como la primera de las garantías de los derechos constitucionales sobre la base del principio de legalidad, en especial de las personas en situación de discapacidad. Estos enunciados amplían los fundamentos de los cuales puede valerse el aplicador del derecho para la posible solución de los casos sometidos a conocimiento en sede judicial.

Este objetivo, se vería reforzado especialmente en la formulación de los artículos 7 y 9.3 de la norma procesal. El primero, referido a la posición activa que han de mantener jueces y magistrados en la tramitación de los procesos que a su conocimiento se sometan con el propósito de lograr la certeza sobre los hechos. El segundo, de forma más específica con respecto al tratamiento de los derechos de las personas en situación de discapacidad que establece para el tribunal la obligación de proteger los intereses de los mismos y a tal fin, realizar los ajustes razonables en cuanto al acceso a la justicia, las audiencias, los actos de comunicación procesal, la intervención de los especialistas que requiera su condición, el uso del lenguaje, la redacción de las resoluciones judiciales, los medios de ejecución y cualquier otra medida necesaria para garantizar su participación y la defensa de sus derechos[34].

A todo ello, resulta relevante agregar otro de los grandes méritos en materia de garantías de las personas en situación de discapacidad a la que se refiere la magistrada Valdés Rosabal cuando sostiene que, "el nuevo Código de procesos, en clara expresión de superioridad normativa, regula el proceso sumario como cauce idóneo para conocer y resolver los conflictos derivados del ejercicio de la capacidad jurídica civil y, en su correspondencia, llena de contenido la demanda establecida a ese fin, cuya pretensión debe enmarcar el alcance de las posibilidades de

---

34 Ley nº 141, de 28 de octubre de 2021, en Gaceta Oficial de la República de Cuba, edición Ordinaria, 7 de diciembre de 2021.

actuación de la persona, proveer o modificar sistemas de apoyos y medidas de salvaguardia; deben exponerse las específicas circunstancias que justifican la provisión de apoyos y salvaguardias; el tipo de apoyo que se propone, con expresión de si es único o múltiple y, en este último caso, si su ejercicio debe ser conjunto o sucesivo, así como su intensidad con inclusión de facultades de representación; la propuesta de las personas o instituciones que fungirían de apoyo o salvaguardias; los actos jurídicos a que se contraen y por cuánto tiempo rigen. En los casos que lo ameriten, se podrán solicitar o establecer oficiosamente los ajustes razonables pertinentes tomando en cuenta la situación de discapacidad de la persona, premisa que se concreta desde un factible cauce instrumental dotado de todas las garantías posibles que posibiliten fijar, a partir de la específica deficiencia, el efecto que produce en el individuo, para así determinar el grado de asistencia o apoyo que requiera"[35].

Así, esa extensión que realiza el Código de procesos de las garantías al ámbito procesal instituye la mayor parte de ese sistema de garantías específicas a las que se hacía referencia anteriormente. Claramente, en este caso específico las de tipo procesal, que además no se limitan a las que hemos comentado hasta este punto.

En este sentido, el Código de procesos de 2021 incorpora, además, una sección dedicada a las medidas cautelares relativas a las personas y las familias y, en ella, el artículo 283, inciso h), se refiere a la designación provisional de apoyo para personas con discapacidad, adultas mayores, víctimas de violencia o en situación de vulnerabilidad. Según la preceptiva del artículo 284 del Código de Procesos, el tribunal que conoce de la solicitud de medida cautelar convocará a una audiencia para escuchar a los involucrados (sic) y el destinatario de la medida puede oponerse a ella o interesar, a su delíareto depende además de la sabiduría de los aplicadores del derecho para erradicar los espacios de indefensión a los que durante años se han visto replegadas las personas que viven con alguna discapacidad. La superación de estas prácticas, unida a la formación de jueces sensibilizados e instruidos en materia de diversidad, equidad y justicia social que valoricen los ya renovados fundamentos de la aplicación del derecho en Cuba, con-

---

35 VALDÉS ROSABAL, K.M., "Tratamiento de las personas en situaciones de vulnerabilidad", *cit.*, p. 324.

tribuirán a vez, la adopción de otras de las medidas previstas en la propia sección ex artículo 283[36].

Es sobre estos fundamentos, que el Código de procesos se erige en un auténtico baluarte no solo de especificación de las garantías constitucionales, sino, además, de creación de garantáis particulares del ámbito procesal. Sin embargo, el gran problema al que se enfrenta el Derecho en Cuba, se ha dicho ya, no es ahora el de su normación, es el de su eficacia.

Quedan aún como reto inmanente para la práctica jurídica en Cuba, la necesaria ruptura de la tradición legalista que se ha instaurado en la propia esencia de la formación jurídica en las facultades de Derecho, y, además, fortalecida enormemente con vicios de la práctica consistentes en el culto a la norma positiva más próxima, en ocasiones, sin importar incluso la jerarquía de esta. De esa ruptura, dependerá ineludiblemente la verdadera eficacia de las garantías de los derechos, tanto de aquellas que se encuentran en la constitución, como aquellas que viene a especificar el Código de procesos, mientras, serán solo meras quimeras de la arquitectura normativa.

Para las garantías de las personas en situación de discapacidad, esa situación, pese al carácter avanzado de las normas jurídicas hasta aquí estudiadas, vuelve a situarlas en un escenario de indefensión ahora más injustificado. Esto pues, el fundamento de ello residirá casi de forma exclusiva en ese culto al normativismo positivo que impera en el ejercicio del Derecho en Cuba.

VI. BIBLIOGRAFÍA

BARNES, Colin y MERCER, G., *Exploring Disability: a Sociological Introduction*, Polity, Cambridge, 2010.

BRUZÓN VILTRES, C.J., "Jurisprudencia como fuente del derecho en cuba: presupuestos para su reconocimiento constitucional", *Revista Interpretación Constitucional Aplicada*, 2: 2. México: Centro de Estudios Constitucionales de la SCJN. 2019.

BUENO PÉREZ, L.C., *Discapacidad, derecho y políticas de inclusión*, Cermi, 2010.

DE AZCÁRATE, D., Patricio, *Aristóteles, Obras completas*, Ed. Anaconda, Buenos Aires, 1947.

---

[36] ROSELLÓ, R. y HUNG, F., "Breves notas sobre el Acceso a la justicia de las personas en situación de discapacidad en Cuba", *cit.*, p. 530.

DA CUNHA, H., *Personas con discapacidad y Derechos Humanos*, Ministerio de Desarrollo Social, Montevideo, 2012.

FLORES, L., Las personas discapacitadas como grupo vulnerable a la luz de la Constitución mexicana en *IUS Revista del Instituto de Ciencias Jurídicas de Puebla* A.C., vol. IV, nº 26, 2010, pp. 113-125.

GUZMÁN, F., TOBOSO, M. y ROMAÑACH, J., *Fundamentos éticos para la promoción de la autonomía y la interdependencia: la erradicación de la dependencia*, 2010, <http://www.diversocracia.org/docs/Fundamentos%20eticos%20interdependencia_oviedo.doc

MARTÍNEZ GARCÍA, J., "Platón, República", 459e. y Protágoras, Gorgias, Carta Séptima, Alianza, Madrid, 1998.

PALACIOS, A., "El modelo social de la discapacidad: orígenes, caracterización y plasmación en la convención Internacional sobre los derechos de las personas con discapacidad", CINCA, Colección CERMI, vol. 36, Madrid, 2008.

PALACIOS, A. y BARIFFI, F., *La discapacidad como una cuestión de derechos humanos: Una aproximación a la Convención Internacional sobre los Derechos de las Personas con Discapacidad*, CINCA, Madrid, 2007.

PRIETO VALDÉS, M., "La Constitución cubana de 2019: nuevos contenidos y necesidades", UH (online). 2020.

ROSELLÓ, R. y HUNG, F., "Breves notas sobre el Acceso a la justicia de las personas en situación de discapacidad en Cuba", *Actualidad Jurídica Iberoamericana*, nº 17, pp. 514-537.

VALDÉS ROSABAL, K.M., "Tratamiento de las personas en situaciones de vulnerabilidad", *Revista Cubana de Derecho*, UNJC. La Habana, pp. 317-350.

Capítulo XVIII.

Tutela judicial efectiva de los derechos de las personas en situación de discapacidad intelectual en Cuba

YAIMARA MARTÍNEZ SIFONTES
Profesora de Derecho Procesal Civil.
Universidad de Camagüey

JETZABEL M. MONTEJO RIVERO
Profesora de Derecho de Familia.
Universidad de Camagüey

I. NOTAS INTRODUCTORIAS

Los estudios sobre el reconocimiento de los derechos a determinados sujetos en razón del estatus que tienen y que los ubica en una postura de indefensión o desventaja por la condición del género, la discapacidad, la situación de vulnerabilidad que se suscita en razón de la edad, entre otros, deben estar dirigidos a equilibrar el acceso a su ejercicio pleno y a la igualdad de oportunidades en una sociedad dentro de la cual puedan desarrollar libremente y con dignidad sus propios planes y proyectos de vida, constituyendo uno de los factores más prevalentes e importantes para los Estados.

Dichos estudios han sido objeto de un amplio abordaje en la academia nacional[1]. La aproximación a la temática se presentó en un trabajo publicado recientemente[2], cuyo análisis se ofrece desde el referente constitucional del texto cubano de 2019, que reconoce los derechos inherentes a la personalidad en estrecha conexión a los derechos familiares de las personas. En ese ámbito, centramos nuestra atención en lo referido al derecho del niño a las relaciones familiares, en congruencia con los principios de igualdad, dignidad y pluralismo familiar, así como la protección constitucional del derecho a la identidad personal, precisando la necesidad de otorgar tutela a nuevos derechos directamente justiciables, con la presencia de jueces comprometidos en la solución de conflictos, específicamente cuando de protección a los derechos de las personas en situación de vulnerabilidad se trata.

Del mismo modo, se advierte que la protección a las personas en situación de discapacidad se ha enarbolado expresamente en la actual Carta Magna y en las normas que se han dictado recientemente como resultado de las reformas sustantivas y procesales llevadas a cabo en el país, no obstante, la aplicación de la Constitución cubana para alcanzar las aspiraciones de protección de los derechos a este sector poblacional, es un hecho que implica el desarrollo de mecanismos de defensa y tutela que garanticen su efectividad. En esa línea estarán dirigidas nuestras enunciaciones.

---

1 Destacan trabajos de VALDÉS DÍAZ, C., "Las familias y las personas en situación de discapacidad" en PÉREZ GALLARDO, Leonardo B. y CÁNOVAS GONZÁLEZ, Daimar, *Las Familias en la Constitución (comp).* 2020, pp. 417-418; DELGADO VERGARA, T., "Vulnerabilidad y dependencia en la madurez de la vida: apuntes sobre la protección a las personas de la tercera edad en Cuba", *IUS. Revista del Instituto de Ciencias Jurídicas de Puebla A.C.*, Puebla, México. Vol. IV, nº 26, 2010; PÉREZ GALLARDO, L., "La protección legal de los discapacitados en Cuba: una visión *lege data* y de *lege ferenda*" en *Revista general de Legislación y Jurisprudencia III Época*, nº 1 enero-marzo 2006, pp. 51-106; PEREIRA PERÉZ, J., El acto en previsión de las futuras discapacidades o la incapacidad. Especial referencia al ordenamiento jurídico cubano. *Tesis presentada en opción al grado científico de Doctora en Ciencias Jurídicas.* La Habana, Cuba, 2018; VILLABELLA ARMENGOL, C.M., *Estudios de Derecho Constitucional,* Editorial UNIJURIS, La Habana, Cuba, 2020.

2 Para profundizar, puede consultarse: MONTEJO RIVERO, J.M y MARTÍNEZ SIFONTES, Y., "Tutela y defensa del derecho a la identidad personal en el ámbito jurisdiccional familiar bajo el manto constitucional", en *Constitución y Derechos de la personalidad* (Coordinador LEONARDO B. PÉREZ GALLARDO), Ediciones Olejnick, 2022, pp. 187-212.

II. PERSONAS EN SITUACIÓN DE DISCAPACIDAD EN LA EVOLUCIÓN DEL DERECHO CONSTITUCIONAL

Una visión desde el Derecho Constitucional[3] informa la sucesión de cuatro etapas en su desarrollo. Estas son: el constitucionalismo liberal de finales del siglo XVIII que se globaliza durante la siguiente centuria, el constitucionalismo social de la primera mitad del XX, el de la segunda, y el de las últimas décadas. Cada uno de estos lapsos marca diferentes procesos en la progresividad de los derechos, cuyos efectos influyen en el tratamiento que el Estado y el Derecho otorgan a las personas en situación de discapacidad.

En la progresividad de los derechos, el primer lapso de tiempo se produjo al calor de las revoluciones burguesas, caracterizándose la Constitución por su relevancia política, cuya misión era organizar el poder político. En el ámbito jurisdiccional, la Constitución incorporó el techo axiológico y un grupo de derechos que trazaron pautas en la elaboración conceptual de la noción que hoy conocemos como tutela judicial efectiva. Entre ellas destacan: la alternancia en el poder y la administración de justicia sobre la base de principios establecidos legalmente en el parlamento, se positivaron los derechos como elemento importante para su protección, en consecuencia, se proyectaron las primeras formas de garantías a través de mecanismos como el derecho de protección a la libertad, mediante el *habeas corpus*, la legalidad de los delitos y de las penas, la seguridad de la libertad, la presunción de inocencia y el derecho al debido proceso.

Esta primera generación de derechos se instituyó sobre la libertad como forma de actuación del individuo sin restricciones y la igualdad cimentada en la eliminación de las diferencias de linaje, la abolición de privilegios y la equivalencia de todos los ciudadanos frente a la ley, consideraciones imprescindibles para la existencia de un régimen jurídico general y abstracto. Entre los derechos que integran esta generación se distinguen los concernientes al ámbito personal (v.gr.: derecho a la vida, derecho a la libertad, derecho a la integridad personal, libertad de creencia, derecho a la intimidad, libertad de circulación, derecho de propiedad, derecho al honor, derecho a la propia imagen, derecho a la identidad personal, derecho

---

3 VILLABELLA ARMENGOL, C.M., "La Carta Magna mexicana en su centenario y el constitucionalismo Latinoamericano. Notas de un estudio comparado", *Revista IUS* (México), nº 38, 2016, pp. 143-170.

al matrimonio) y derechos de ámbito público (v.gr.: libertad de expresión, libertad de información, derecho de reunión, derecho de manifestación, derecho de asociación, derecho de petición, derecho al sufragio activo y pasivo).

Desde lo anterior, el proceso de evolución de los derechos[4] revela que en sus inicios, la ideología de los derechos humanos fue totalmente ajena a las personas en situación. En las primeras declaraciones, en particular, la Declaración de Derechos de Virginia de 1776 y la Declaración de los Derechos del Hombre y el Ciudadano de 26 de agosto de 1789 no existió referencia a los grupos en situación de vulnerabilidad; entiéndase por tal[5]: aquellos grupos o comunidades que, por circunstancias de pobreza, origen étnico, estado de salud, edad, género o discapacidad, se encuentran en una situación de mayor indefensión para hacer frente a los problemas que plantea la vida y no cuentan con los recursos necesarios para satisfacer sus necesidades básicas.

El paradigma de influencia liberal reflejó el meollo del constitucionalismo clásico, en el cual, el tratamiento de los grupos en situación de vulnerabilidad quedó relegado al ámbito de regulación civil, pues "en las constituciones decimonónicas que corrían en paralelo con los frutos de la codificación de aquellas fechas no prevalecía el carácter jurídico; predominaba su condición política, programática, tocante en exclusiva a la organización de los poderes públicos"[6].

---

4 Para profundizar en la comprensión de la historia de los derechos pueden consultarse los rasgos generales de su evolución durante el siglo XVIII expuestos en: PECES-BARBA MARTÍNEZ, G., FERNÁNDEZ GARCÍA, E. y ASÍS ROIG, R., Historia de los Derechos Fundamentales. Tomo II. Instituto de Derechos Humanos Bartolomé de las Casas, Vol. I, Dykinson, Madrid, 2001. En doctrina nacional, resultan ilustrativas las notas de Villabella al valorar la evolución y el desarrollo de los derechos a través de los hitos que marcan su progresividad. VILLABELLA ARMENGOL, Carlos M., "Derechos fundamentales y derechos de la personalidad. Una relación conceptual no siempre bien resuelta", en *Derecho Civil Constitucional*, Carlos VILLABELLA ARMENGOL, Leonardo B. PÉREZ GALLARDO, Germán MOLINA CARRILLO (coordinadores), Grupo Editorial Mariel, Puebla, 2014, pp. 67-95.

5 http://www.cndh.org.mx/Principal/document/derechos/fr_grupos.htm

6 CARZOLA, P., "La codificación como función de los poderes públicos en el Estado contemporáneo. El caso español", *Seguridad jurídica y codificación*, Madrid, 1999, pp. 41-42.

A finales de siglo XIX el escenario cambió. La Constitución empieza a considerarse no solo norma política, sino esencialmente jurídica[7]; se despide la noción minimalista, cerrada y formal de aquella que configuró el modelo decimonónico y el Estado liberal burgués.

Indica VILLABELLA[8] que "el derecho constitucional de la primera mitad del siglo XX o el denominado constitucionalismo entre guerras fue un periodo en el que no se experimentaron transformaciones sustanciales pero que denota la crisis del concepto de Estado y derecho liberal. Los cambios que se aprecian respondieron a la necesidad de relegitimación política ante la crisis económica, el auge del proletariado, la politización de la lucha de clases y la inestabilidad política". Entre otros aspectos, tuvo lugar la incorporación primigenia de derechos sociales en los textos de México de 1917 y de la República de Weimar de1919.

En esa perspectiva se configuró el constitucionalismo social, refrendándose en las constituciones el papel regulador del Estado en la economía. Se incorporaron preceptos que normaban aspectos de las relaciones sociales y establecían definiciones para la sociedad civil, se reconocieron derechos económicos y sociales que procuraban la inserción social de todos los individuos y la igualdad material con la consecuente misión del Estado de ejecutar políticas públicas dirigidas a los grupos vulnerables para el despliegue de los derechos.

Se produce además una conexión con el Derecho internacional de los derechos humanos y se invoca la eficacia directa de la normativa constitucional, admitiéndose que todo precepto constitucional tiene un contenido esencial que es aplicable de manera inmediata y que obliga a los poderes públicos a su desarrollo.

La tendencia jurídica, política y social que representó la configuración del Derecho internacional de derechos humanos significó el desarrollo del *corpus iuris* de los organismos internacionales, cuya base normativa se integra por la Declaración Universal de 10 de diciembre de 1948, el Pacto de Derechos Civiles y Políticos de 1966 y el Pacto de Derechos Económicos, Sociales y Culturales de la misma fecha.

---

7 MONROY CABRA, Marco G., "Concepto de Constitución", *Anuario de Derecho Constitucional Latinoamericano,* Montevideo, 2005, pp. 13-42.

8 VILLABELLA ARMENGOL, C., La Carta Magna mexicana en su centenario..., *cit.*

Especificación como proceso de reconocimiento de sus derechos

Los derechos siguen -desde su formulación inicial para limitar al poder absoluto- tres grandes procesos: de positivación, generalización y de internacionalización, a los que se añade un cuarto proceso denominado especificación[9], consistente en "el paso gradual pero siempre muy acentuado, hacia una ulterior determinación de los sujetos titulares de derechos". Este proceso constituye la última fase del *iter* evolutivo que describe el reconocimiento de los derechos desde la universalidad del ser humano entendido como ente abstracto a la particularidad que éste experimenta en las diferentes formas de vivir en sociedad.

De modo que la historicidad de los derechos humanos condicionó el surgimiento sucesivo y gradual de los derechos, a partir de determinadas circunstancias que favorecen su proliferación, y en cuanto a sus titulares, el propio *iter* histórico reconoció los derechos a determinados sujetos en razón de su estatus y que los coloca en una postura de indefensión o desventaja. La desprotección que puede generar el estado físico de las personas y que la ubica en un plano de inferioridad de manera temporal o definitiva genera la situación de vulnerabilidad.

Cuando se señala que un grupo o un individuo se encuentran en situación de vulnerabilidad significa que se ubica en una posición de desventaja para poder hacer efectivos sus derechos y libertades. Esto puede ocurrir tanto en un plano formal como material[10]. En el primer caso estaríamos frente a situaciones en las cuales el propio derecho ha institucionalizado la desigualdad y la ha traducido en normas. Es la denominada igualdad formal que impone un trato idéntico cuando las circunstancias no son relevantes, es decir, todos los hombres son iguales, aunque presenten talla, peso, características físicas en general variadas.

Sin embargo, suele ser mucho más común que la vulnerabilidad se produzca en el terreno de los hechos. Esto significa que aún cuando los derechos, la libertad y la igualdad de todos los individuos están reconocidos por cada ordenamiento jurídico, en la realidad no están dadas las condiciones

---

9 BOBBIO, N., *El tiempo de los derechos,* Madrid, Sistema, 1992, p. 10.

10 PEDROZA DE LA LLAVE, S y GUTIÉRREZ RIVAS, R., "Los niños y niñas como grupo vulnerable. Una perspectiva constitucional", en *Derechos Humanos. Memoria del IV Congreso de Derecho Constitucional,* tomo III, Diego VALADÉS y Rodrigo GUTIÉRREZ RIVAS (coord.), México, Universidad Nacional Autónoma de México, 2001, pp. 103-126.

para que todos los grupos vulnerables cuenten con ese conjunto de garantías y libertades ofrecidas por el Derecho.

De ahí, la transición del concepto de *igualdad formal o ante la ley* a *igualdad material o en la ley*. La segunda establece una diferenciación en relación con los titulares de los derechos en virtud de elementos relevantes que los distinguen respecto a los efectos de las normas. De suerte que, los destinatarios de un derecho no solo serán hombres y ciudadanos, sino además las personas en situación de discapacidad.

La revelación de las personas con discapacidad como grupo de personas que se encuentran en una situación de inferioridad y no están cubiertos por los genéricos derechos "del hombre y del ciudadano" determina la especificación de derechos que surge como proceso histórico por la influencia conjunta de los valores de solidaridad y de igualdad de trato formal como diferenciación.

A pesar de la universalidad de los derechos, estos eran inaccesibles para esos segmentos, trajo consigo la expansión de la cláusula de no discriminación y el reconocimiento de trato jurídico diferenciado. Surge la vulnerabilidad de manera activa, es decir, en hechos, significando que aún cuando ciertos y determinados derechos, como igualdad, libertad entre otros estén reconocidos por la norma jurídica, no están creadas las condiciones garantes ofrecidas por el derecho.

En el caso de los discapacitados se tiene la visión de vulnerabilidad, pero también de titular de sujetos derechos. Las personas discapacitadas como grupo en situación de vulnerabilidad pueden ser representadas en relación a la economía, como sector pasivo, como personas que no están integradas a la actividad productiva, cuya precarización se manifiesta, entre otras cuestiones, en la desigualdad de acceso a una situación de bienestar social.

En razón de lo anteriormente expuesto, la situación de las personas discapacitadas se encuentra en el centro de la preocupación por hacer prevalecer el respeto de sus derechos humanos, entendiendo que estos son inherentes a su condición como tal, de allí que su protección debe ser abordada en relación con los tratados internacionales de protección de los derechos. Efectivamente, el reconocimiento de las particularidades y diferencias de las personas con discapacidad, las cuales constituyen un colectivo susceptible de ser amparado como una categoría específica en el contexto de los derechos humanos, ha sido determinante para que desde la Declaración Universal de los Derechos Humanos se hayan adoptado varias declaraciones y resoluciones internacionales, destinadas a asegurar sus derechos, especialmente, los derechos económicos, sociales y culturales dentro de una perspectiva de desarrollo.

La protección internacional de los derechos humanos pronto dejó atrás la idea de que la creación normativa estaba finalizada, lo que despertó, de manera paulatina, un creciente interés y preocupación por atender, entre otras cuestiones, la situación de los grupos vulnerables, y por brindarles un marco normativo e institucional dirigido a su protección.

La historia del Derecho Constitucional ha realizado aportes para declarar derechos humanos a personas en situación de discapacidad, atendiendo el nivel de desamparo jurídico del cual eran víctimas, conllevó a regular aspectos de interés para las naciones, dentro de estas la obligatoriedad de protección y de atención, priorizando la labor familiar y la existencia de tutorías en el caso de necesidad para representar y definir sus derechos visto desde el marco jurídico y social.

III. MARCO CONSTITUCIONAL DE LOS DERECHOS DE LAS PERSONAS EN SITUACIÓN DE DISCAPACIDAD

La Constitución como norma fundamental del ordenamiento jurídico, determina aspectos relevantes de la institucionalidad, los derechos y garantías de las personas, la estructura política de un país, su funcionamiento, los órganos de poder, sus atribuciones y las relaciones entre ellos. Se fijan los principios rectores para el quehacer del Estado, crean las bases y se determinan los principios del orden jurídico en su conjunto y garantiza la dignidad de las personas.

Su importancia es tal que ninguna norma ni autoridad u organismo del Estado, persona o grupo de personas está o puede estar por sobre los preceptos y principios de la Constitución. Toda norma de menor jerarquía y organismo debe adecuar su actuación a los términos de esta. La Constitución es la base sobre la cual se asientan las demás leyes, de manera tal que el contenido de todas ellas debe ajustarse o guardar coherencia con los principios constitucionales establecidos. Según se determine en cada Estado, los tratados, convenciones o pactos internacionales que sean suscritos y ratificados por este se integrarán al ordenamiento jurídico nacional ya sea reconociéndoles el mismo rango jerárquico que el texto constitucional o bien uno inferior, es decir, el carácter de ley común.

En el caso de Portugal, la Asamblea Constituyente, el 2 de abril de 1976, aprueba y decreta la Constitución de la República portuguesa. En esta norma, las personas con discapacidad se encuentran reconocidas expresamente, consagrándolos como sujetos de derechos[11]. Establece como obligación del Estado, la rehabilitación e integración de las personas con esta condición, apoyo a sus familias y la creación de conciencia sobre la realización de sus derechos. En relación a la salud estipula que todos tienen derecho a la protección de la salud y el deber de defenderla y promoverla[12]. De igual modo, con respecto a la educación indica que todos tienen derecho a la enseñanza como garantía del derecho a la igualdad de oportunidades de acceso y éxito escolar, y en cuanto a la labor del Estado, es responsable de promover el acceso de los ciudadanos discapacitados a la enseñanza y apoyar la enseñanza especial cuando sea necesaria[13].

Así, la Constitución Española como norma suprema del ordenamiento jurídico, entró en vigor el 29 de diciembre de 1978. En dicha época, existía otra perspectiva hacia la discapacidad, sin embargo, en la actualidad se han producido cambios en torno a las garantías de los derechos humanos de las personas con discapacidad, velando por la plena participación en la vida política, económica, social y cultural de este colectivo.

En España, los derechos de las personas con discapacidad se consideran desde dos puntos de vista: el primero, se encuentra en el artículo 1428, el cual señala que los españoles son iguales ante la ley, sin que pueda prevalecer discriminación alguna por razón de nacimiento, raza, sexo, religión, opinión o cualquier otra condición o circunstancia personal o social.

---

[11] El artículo 71 estipula que los ciudadanos discapacitados físicas y mentalmente gozan plenamente de los derechos y están sometidos a los deberes consignados en la Constitución, salvo al ejercicio o cumplimiento de aquellos para los que se encuentren incapacitados. El Estado se obliga a realizar una política nacional de prevención y de tratamiento, rehabilitación e integración de los ciudadanos discapacitados y de apoyo a sus familias, y a llevar cabo una pedagogía que sensibilice a la sociedad en cuanto a los deberes de respeto y solidaridad para con ellos y asumir el encargo de la efectiva realización de sus derechos, sin perjuicio de los derechos y deberes de sus padres y tutores. El Estado apoya a las organizaciones de ciudadanos discapacitados.

[12] Ver artículo 64.

[13] Ver artículo 74.

La segunda perspectiva, señalado en el artículo 49, estipula que "los poderes públicos realizarán una política de previsión, tratamiento, rehabilitación e integración de los disminuidos físicos, sensoriales y psíquicos, a los que prestarán la atención especializada que requieran y los ampararán especialmente para el disfrute de los derechos que este título otorga a todos los ciudadanos". Esto es, que los poderes públicos están facultados para la realización de una política de integración en caso de ser requerido.

Si bien estos dos artículos no se han modificado, se han tomado como base para avanzar en la igualdad de oportunidades y en la autonomía e independencia de las personas con discapacidad. De esta manera, se han ido dictando normas específicas que regulan otras materias, como la ley sobre igualdad de oportunidades, no discriminación y accesibilidad de este colectivo. Así, a través de esta y otras leyes, se busca ir consolidando una base jurídica para políticas y normas que favorezcan la plena igualdad de las personas con discapacidad y sus familias.

La Constitución de Venezuela de 1999 establece la necesidad de la protección efectiva de los discapacitados[14] . Evidencia de lo anterior son los aspectos fundamentales reconocidos tales como el derecho al ejercicio pleno y autónomo de sus capacidades y a su integración familiar y comunitaria. El Estado, con la participación solidaria de las familias y la sociedad, les garantizará el respeto a su dignidad humana, la equiparación de oportunidades, condiciones laborales satisfactorias, y promoverá su formación, capacitación y acceso al empleo acorde con sus condiciones, de conformidad con la ley se les reconoce a las personas sordas o mudas el derecho a expresarse y comunicarse a través de la lengua de señas, elemento fundamental ya que en muchos códigos civiles no se permite este acceso normativo que aleja al discapacitado de un derecho ciudadano. La Constitución reconoce el derecho a su protección integral, a la educación y al trabajo con los requisitos que la ley establece[15].

---

14 Al respecto el artículo 21 estipula que no se permitirán discriminaciones fundadas en la raza, el sexo, el credo, la condición sexual o aquella que, en general, tengan por objeto o por resultado anular o menoscabar el reconocimiento, goce o ejercicio en condiciones de igualdad, de los derechos y libertades de toda persona.

15 Muestra de ello es lo estipulado en el artículo 103 al referir toda persona tiene derecho a una educación integral de calidad, permanente, en igualdad de condiciones y oportunidades, sin más limitación que las derivadas de sus aptitudes,

En esta misma línea, Bolivia, consagra en su Constitución Política Plurinacional, vigente desde el 7 de febrero de 2009, derechos específicos para las personas con discapacidad, así como la sanción a toda forma de discriminación por algún tipo de discapacidad que anule o menoscabe el reconocimiento, goce o ejercicio en condiciones de igualdad de sus derechos. Es una de las constituciones analizadas que más regulación tiene respecto a las personas en situación de discapacidad.

En términos generales, entre los derechos específicos consagrados en este ámbito se encuentran: la protección por parte de su familia y el Estado, educación y salud integral gratuita, comunicación en lenguaje alternativo, desarrollo de potencialidades individuales, entre otros. De esta manera, indica obligaciones del Estado frente a este colectivo y a su deber específico de ser proveedor de servicios integrales de previsión y rehabilitación.

Así, estipula el acceso a la seguridad social de todas las personas, indicando que cubre la atención por enfermedad, epidemias y enfermedades catastróficas, por maternidad y paternidad, riesgos profesiones, laborales y riesgos por labores en terreno, y señala expresamente que cubre la atención por "discapacidad y necesidades especiales" entre otras variables importantes[16].

Establece una serie de derechos de los que gozan las personas con esta condición, dentro de los cuales indican los siguientes: ser protegido por su familia y por el Estado, derecho a una educación y salud integral gratuita, derecho a la comunicación en lenguaje alternativo, trabajar en

---

vocación y aspiraciones. La educación es obligatoria en todos sus niveles desde el maternal hasta el medio diversificado.

16 Consultar los artículos 70. Toda persona con discapacidad goza de los siguientes derechos: A ser protegido por su familia y por el Estado, a una educación y salud integral gratuita, a la comunicación en lenguaje alternativo, a trabajar en condiciones adecuadas, de acuerdo a sus posibilidades y capacidades, con una remuneración justa que le asegure una vida digna, al desarrollo de sus potencialidades individuales. 71. I. Se prohibirá y sancionará cualquier tipo de discriminación, maltrato, violencia y explotación a toda persona con discapacidad. II. El Estado adoptará medidas de acción positiva para promover la efectiva integración de las personas con discapacidad en el ámbito productivo, económico, político, social y cultural, sin discriminación alguna. III. El Estado generará las condiciones que permitan el desarrollo de las potencialidades individuales de las personas con discapacidad. 72. El Estado garantizará a las personas con discapacidad los servicios integrales de prevención y rehabilitación, así como otros beneficios que se establezcan en la ley.

condiciones adecuadas según sus posibilidades y capacidades con una remuneración justa que asegure una vida digna y el desarrollo de sus potencialidades individuales.

A su vez, en línea con tratados internacionales, prohíbe y sanciona todo tipo de discriminación, maltrato, violencia y explotación de personas con discapacidad. Asegura que el Estado deberá adoptar las medidas de acción necesarias para la promoción efectiva de la integración de personas con discapacidad y, garantizar las condiciones adecuadas para el desarrollo de las potencialidades individuales de ellas.

La Constitución de Colombia de 1991, identifica a las personas en situación de discapacidad como un grupo que merece una protección especial dada la vulnerabilidad en la que se encuentran. Se estipula que todas las personas nacen libres e iguales ante la ley, que recibirán la misma protección y trato de las autoridades y gozarán de los mismos derechos, libertades y oportunidades sin ninguna discriminación por razones de sexo, raza, origen nacional o familiar, lengua, religión, opinión política o filosófica. Asigna la obligación al Estado, la familia y la sociedad de asistir y proteger al discapacitado para garantizarle su desarrollo armónico e integral, adoptando las medidas necesarias respecto a grupos marginados y/o discriminados[17].

El Estado a su vez contempla una política de previsión, rehabilitación e integración social para personas en situación de discapacidad, entregando atención especializada cuando se requiera[18]. Respecto a la educación, la Constitución señala como una obligación especial del Estado la erradicación del analfabetismo, la educación de las personas en dicha situación, la formación, habilitación profesional y técnica para quienes la requieran.

---

17 El artículo 13 se refiere a esta cuestión al indicar que todas las personas nacen libres e iguales ante la ley, recibirán la misma protección y trato de las autoridades y gozarán de los mismos derechos, libertades y oportunidades sin ninguna discriminación por razones de sexo, raza, origen nacional o familiar, lengua, religión, opinión política o filosófica. El Estado promoverá las condiciones para que la igualdad sea real y efectiva y adoptará medidas en favor de grupos discriminados o marginados. El Estado protegerá especialmente a aquellas personas que, por su condición económica, física o mental, se encuentren en circunstancia de debilidad manifiesta y sancionará los abusos o maltratos que contra ellas se cometan.

18 Ver artículo 47. El Estado adelantará una política de previsión, rehabilitación e integración social para los disminuidos físicos, sensoriales y psíquicos, a quienes se prestará la atención especializada que requieran.

Señala expresamente que, tratándose de las personas en situación de discapacidad, el Estado deberá propiciar la ubicación laboral de las personas en edad de trabajar y garantizar el derecho al trabajo.

En la Constitución de Perú de 1993 (revisada en 2021), se advierte la protección a las personas en situación de discapacidad desde su primer artículo al constituir la tutela fundamental en materia de derechos humanos de todos los ciudadanos de la nación. En relación a este grupo poblacional se refiere expresamente al contemplar el derecho a la salud, educación y al respeto de la dignidad, y a un régimen legal de protección, atención, readaptación y seguridad a las personas en situación de discapacidad. Se regula que el trabajo, en sus distintas modalidades, debe ser prioridad para el Estado y, este debe proteger especialmente a las personas en esta condición, entre otros grupos vulnerables[19].

En este contexto y de cara a la protección de las personas en esta condición Perú cuenta con una Ley General de Discapacidad del año 1999, que tiene por finalidad establecer un régimen legal de protección, atención, salud, trabajo, educación, rehabilitación, seguridad social y prevención, para que la persona con discapacidad alcance su desarrollo e integración social, económica y cultural a tono con los preceptos constitucionales analizados. En esta misma línea, cuenta con un Consejo Nacional para la integración de las personas con discapacidad, el que trabaja para el reconocimiento y la protección de los derechos de este colectivo. De modo que generen condiciones en su entorno que les permitan ir superando brechas y barreras del ambiente.

Como factor común en este bosquejo, se evidencia la protección constitucional de las personas en situación de discapacidad, a partir del reconocimiento de la igualdad, la dignidad como valores esenciales de los seres humanos, la responsabilidad familiar, colectiva y del Estado, así como la definición de políticas públicas para alcanzar tales propósitos.

---

[19] En relación específicamente al trabajo dicha Carta Magna regula en su artículo 23 que el trabajo en sus diversas modalidades es objeto de atención prioritaria del Estado, el cual protege especialmente a la madre, al menor de edad y al impedido que trabaja. El Estado promueve condiciones para el progreso social, económico, en especial mediante políticas públicas de fomento al empleo productivo y de educación para el trabajo.

IV. CONSTITUCIONALIZACIÓN DE LOS DERECHOS DE LAS PERSONAS EN SITUACIÓN DE DISCAPACIDAD INTELECTUAL EN EL DERECHO CUBANO

La discapacidad, tal y como ha quedado sentado, es un fenómeno universal que se manifiesta en las personas en algún momento de su vida, por género, por enfermedad, auspiciada por la edad, por lo general no es aceptada por quien la padece y sus allegados, muchas veces permanece oculta por razones diversas que impiden o retardan el diseño de acciones positivas que permitan a este segmento poblacional desarrollar sus capacidades y alcanzar la verdadera inclusión social.

En cuanto a discapacidad Cuba se acoge a la definición dada por la Organización Mundial de Salud (OMS), siguiendo esta definición, se puede considerar que persona discapacitada, es aquella cuya autonomía personal se encuentra afectada en diferentes grados y con diversas implicaciones, como consecuencia de deficiencias ya sea en su condición psíquica, física o sensorial lo cual va a interferir directamente en su desempeño[20].

Dentro de esta conceptualización general, puede entenderse a la discapacidad intelectual, definida por TAMARIT como una discapacidad caracterizada por limitaciones significativas en el funcionamiento intelectual y en la conducta adaptativa que se manifiesta en habilidades adaptativas conceptuales, sociales y prácticas. Esta discapacidad comienza antes de los 18 años de edad[21].

Puede manifestarse de manera diversa en tanto existen diferentes grados de deficiencias que denotan el nivel de la referida discapacidad y que han de tenerse en cuenta a la hora de determinar los apoyos o complementos que la persona necesite, o no, para el disfrute pleno de los derechos. Su tratamiento y protección resulta aún más complejo que el resto de las discapacidades en tanto la misma afecta la esfera cognitiva del individuo y no física, no siempre una persona con discapacidad

---

20 SCHALOCK ROBERT, L., *Hacia una nueva concepción de la discapacidad. Segunda Jornada Científica de Investigación sobre Personas con Discapacidad*, Universidad de Salamanca, España, 1999, p. 24. Disponible en World Wide Web https://www.scholar.google.com. Consultado (07/05/2022)

21 TAMARIT, J., "Discapacidad intelectual", en M.G. MILLA y F. MULAS (Coord), *Manual de atención temprana*, Ed. Promolibro, Valencia, 2005, p. 9.

intelectual ha de estar sujeta a un complemento o apoyo para el desarrollo de la actividad humana en general, lo que implica un reto para el profesional que tiene en sus manos la determinación de tales apoyos, condicionado esto en gran medida, por la subjetividad de los referidos profesionales.

A juicio de la profesora Delgado Vergara[22] cualquiera que sea el tipo de discapacidad que presente una persona, el primer paso para su efectiva protección como dependiente y vulnerable es cultivar el amor al prójimo, por tanto, una sociedad que inculque, promueva y practique valores de solidaridad y conceptos de genuina y plena igualdad tendrá un gran trecho avanzado para lograr una auténtica protección.

En Cuba, el tratamiento de la discapacidad y la consiguiente atención a las personas en esta condición se dirige básicamente por tres enfoques: uno de tipo médico, orientado a la deficiencia, o sea a los procesos de tipo orgánico que pueden constituir la causa de aparición de la discapacidad, modelo que comprende acciones como el diagnóstico, la prevención y la rehabilitación, orientadas todas a favorecer un mejor nivel de funcionamiento de la persona con discapacidad; otro de tipo educativo, que comprende la determinación de las necesidades educativas especiales de estas personas, así como la puesta en marcha de las acciones que al respecto pueden llevarse a cabo para lograr el mayor grado de desarrollo de éstas, teniendo en cuenta, sobre todo sus particularidades y el tercer enfoque es socio jurídico, que como indica Pérez Gallardo[23] está vinculado con el empleo, la accesibilidad, la eliminación de barreras arquitectónicas, el uso de los recursos sociales y de la asistencia social, el reconocimiento de los derechos de los que son titulares y la tutela legal del ejercicio de tales derechos en los distintos ámbitos de su vida: civil, familiar, laboral.

---

22 DELGADO VERGARA, T., "Vulnerabilidad y dependencia en la madurez de la vida: apuntes sobre la protección a las personas de la tercera edad en Cuba". *Cit.,* pp. 142-143.

23 PEREZ GALLARDO, L.B., "La protección legal a los discapacitados en Cuba: una visión de *lege data* y de *lege ferenda*". *Cit* p. 59.

A tono con la Convención internacional sobre los derechos de las personas con discapacidad (CDPD)[24] aprobada en Nueva York mediante resolución de la Asamblea General de las Naciones Unidas el 13 de diciembre de 2006, Cuba, como signataria desde el año 2007, hace suya las regulaciones de dicho texto que conmina a los Estados a efectuar los ajustes razonables necesarios para asegurar y promover el pleno ejercicio de todos los derechos humanos, las libertades fundamentales sin discriminación, establece políticas públicas a partir de la inclusión y participación social.

En cuanto a las políticas que giran en torno a esta temática, cabría decir que en nuestro país se aboga por una sociedad emancipadora, inclusiva y dignificadora de los seres humanos y en consecuencia siempre ha existido una fuerte voluntad política de proteger los derechos de los discapacitados a partir de los principios de equidad, inclusión, igualdad y no discriminación, desarrollados tanto desde la familia como desde el sistema de educación.

Es así que, la Constitución de la República de Cuba de 2019, desde su artículo 1 brinda especial significación a la dignidad, el humanismo, la equidad, la igualdad, la solidaridad, valores imprescindibles para el sostenimiento de una sociedad inclusiva, y en el 13 inciso d) impone como fines especiales para el Estado, entre otros de gran relevancia, "(...) garantizar la igualdad efectiva en el disfrute y ejercicio de los derechos, y en el cumplimiento de los deberes consagrados en la Constitución y

---

24 Dicha CDPD es un tratado internacional que protege los derechos de las personas en situación de discapacidad, su normativa establece que las personas gocen de iguales derechos y libertades como todos los seres humanos y participen de forma plena en la sociedad, se respete la libertad de decidir en los ámbitos de la vida y el desarrollo de su propia personalidad como principios esenciales del texto, todos ellos inspirados en la dignidad humana como valor supremo del ser humano, estrechamente vinculados con la autonomía e independencia de estos. Su entrada en vigor significó -como indica MARTÍNEZ SÁNCHEZ, N., "Autonomía y protección de las personas con discapacidad", en *Revista General de Legislación y Jurisprudencia*, nº 1, enero marzo, 2017, p.127- el nacimiento de un marco jurídico de carácter vinculante para los países ratificantes y a la vez, una herramienta de referencia imprescindible para la conceptualización de la discapacidad y la formulación de políticas a escala internacional. Con su articulado se logró la fijación legal que se gestó progresivamente en épocas anteriores y que mostraba la necesidad de apartar el modelo médico y asumir el social, e incluso, ya abrirse a la plena incorporación de los derechos de las personas con discapacidad, en el modelo de derechos humanos.

las leyes" y en el inciso f) del propio artículo, se consagra como otro fin especial "garantizar la dignidad plena de las personas y su desarrollo integral."

Se refuerza la voluntad política del Estado a partir de lo establecido en los artículos 40 al 42, al consagrar la dignidad humana como valor supremo, declara, además, que todas las personas son iguales ante la ley y gozan de los mismos derechos, libertades y oportunidades, sin ninguna discriminación por razones, entre otras, de discapacidad, de tal manera que la dignidad es el presupuesto axiológico, la base ético-jurídica para la interpretación de los derechos y de los deberes jurídicos, principio que transversaliza a todo el texto constitucional, lo hace especialmente en materia de derechos y deberes.

Debe hacerse especial mención a lo expresado en el artículo 44, al estipular que el Estado crea las condiciones para garantizar la igualdad de sus ciudadanos, en función de tales propósitos educa a las personas desde la más temprana edad en el respeto a este principio y hace efectivo este derecho con la implementación de políticas públicas y leyes para potenciar la inclusión social y la salvaguarda de los derechos de las personas cuya condición lo requieran, instituyendo además la igualdad en el derecho a la educación, y el desarrollo integral de las personas, y la responsabilidad del Estado en aras de garantizar un servicio gratuito, asequible y de calidad que favorezca la formación integral como se evidencia en el contenido de los artículos 46 y 47[25]respectivamente.

Tal y como dejó sentado la profesora Valdés Díaz[26] para que las personas en situación de discapacidad logren la plena dignidad y el desarrollo integral de su personalidad debe procurarse su participación efectiva en la definición de las políticas públicas y de los procesos legislativos, en franca armonía con lo estipulado en la CDPD, el actual artículo 56 de la Constitución cubana, ampara el derecho de asociación en Cuba. La Ley 54/1985, de 27 de diciembre, Ley de Asociaciones, por su parte,

---

25 Constitución de la República de Cuba de 24 de febrero de 2019. Artículo 46. Todas las personas tienen derecho a la vida, la integridad física y moral, la libertad, la justicia, la seguridad, la paz, la salud, la educación, la cultura, la recreación, el deporte y a su desarrollo integral. Artículo 47. Las personas tienen derecho al libre desarrollo de su personalidad y deben guardar entre sí una conducta de respeto, fraternidad y solidaridad.

26 VALDÉS DÍAZ, C., *Las familias y las personas en situación de discapacidad. Cit.* pp 417-418.

ha servido de cauce para constituir importantes asociaciones de personas discapacitadas: la Asociación Cubana de Limitados Físico-Motores (ACLIFIM), la Asociación Nacional del Ciego (ANCI), la Asociación Nacional de Sordos de Cuba (ANSOC) y la Asociación Cubana de Personas en situación de Discapacidad Intelectual (ACPDI) primera de su tipo en el país, creada recientemente, en fecha 8 de junio de 2023, asociaciones que han desempeñado un papel rector en los planes y programas del país en función de las personas en situación de discapacidad.

De suma importancia es lo declarado en el artículo 89 del magno texto dedicado a las familias cuando dispone que, junto al Estado y la sociedad, las familias tienen la obligación de proteger, promover y asegurar el pleno ejercicio de los derechos de las personas en situación de discapacidad y que para ello el Estado crea las condiciones requeridas para su rehabilitación o el mejoramiento de su calidad de vida, su autonomía personal, su inclusión y participación social. Es importante destacar que tales condiciones no solo implican la creación de accesos materiales y eliminación de barreras arquitectónicas, sino la creación de normas jurídicas que permitan el desarrollo integral y el pleno ejercicio de sus derechos.

Desde esta nueva ratio, la vigente Constitución tutela los derechos de las personas en situación de discapacidad intelectual en una perspectiva integral de los derechos, enfatiza en la dignidad humana como valor supremo, y ofrece una cobertura sólida a los procesos de integración, a la no discriminación, al desarrollo integral y al disfrute pleno de los derechos en condiciones de igualdad, lo que además se encuentra en consonancia, como ya se ha afirmado, con los postulados de la CDPD y que impone un cambio de paradigma en el tratamiento de la discapacidad, considerándolo como una cuestión de derechos humanos.

El reconocimiento expreso de la protección a las personas en esta condición en el artículo 89 y la alusión a una tutela judicial efectiva en el 92, confirman la existencia de dos garantías que despliegan consecuencias[27], por tanto, unido a que la discapacidad no es solo, ni ex-

---

[27] Para profundizar sobre la constitucionalización de las garantías jurisdiccionales, puede consultarse PÉREZ GUTIÉRREZ, I. y HIERRO SÁNCHEZ, L.A., "La tutela judicial efectiva en el ámbito constitucional cubano", *en Garantía de los derechos en el nuevo panorama constitucional cubano,* Francisco LLEDÓ YAGÜE, Ignacio F. BENÍTEZ ORTÚZAR, Juan MENDOZA DÍAZ (directores), Dykinson, Madrid, 2021.

clusiva, ni prioritariamente un problema médico y social, sino también jurídico y a pesar de que todas las personas gozan de iguales derechos y que ante la ley todos somos iguales, se requieren leyes de desarrollo a tono con los avances logrados en el campo social para la plena inserción de los discapacitados a la sociedad. Inserción que comprende tanto la integración como la rehabilitación social de este sector de la población y el efectivo goce de los derechos en igualdad de condiciones, hasta que la discapacidad lo permita, con los consiguientes apoyos regulados en el ámbito civil y familiar.

V. TUTELA JUDICIAL EFECTIVA COMO GARANTÍA DE LOS DERECHOS DE LAS PERSONAS EN SITUACIÓN DE DISCAPACIDAD INTELECTUAL

Uno de los encargos esenciales del Derecho Constitucional radica en la regulación de los mecanismos necesarios que permitan, ante la vulneración e inobservancia de los derechos fundamentales de los ciudadanos de un país, su amparo y la defensa de la dignidad humana como valor supremo que sustenta su reconocimiento y ejercicio.

Entendido así, concurre en el Estado la obligación de reconocer los derechos y crear garantías que contribuyan a su real y efectivo disfrute. En doctrina cubana queda sentado el criterio de que la variedad de dichas garantías va desde la acción procesal hasta los más disímiles medios de protección que se establecen, en dependencia de la tradición jurídica de un Estado[28].

Un sector de la doctrina[29] se muestra conteste en reconocer a las garantías jurisdiccionales como las garantías por excelencia, por constituir la vía judicial el instrumento más idóneo para el amparo de los derechos legalmente reconocidos, refiriéndose a los mecanismos o medios jurídicos que

---

28 CUTIÉ MUSTELIER, D., *El Sistema de Garantías de los Derechos Humanos en Cuba,* Tesis presentada en opción al Grado Científico de Doctora en Ciencias Jurídicas, Santiago de Cuba, 1999, p. 13.

29 Autores como Kelsen y Peces Barba lo han dejado sentado. Vid KELSEN, H. *Teoría General del Derecho y el Estado,* UNAM, México, 1983, p. 67; PECES BARBA, G., *Derechos Fundamentales,* Facultad de Derecho de la Universidad Complutense, Madrid, 1985, p. 15.

los afianzan. Dichas garantías fueron condicionándose según las propias características de cada Estado, de ahí que en torno a ella hayan existido diversas clasificaciones[30]. En esa perspectiva, el texto de 2019 dedica un capítulo a las garantías de los derechos erigiéndose, por tanto, en instrumento para la realización de la justicia, a tenor de una serie de efectos que produce la constitucionalización de las garantías jurisdiccionales de los derechos y que en el contexto cubano tiene sus propios matices.

En este sentido, resulta referencia obligada el criterio de Pérez Gutiérrez e Hierro Sánchez[31] cuando plantean que la constitucionalización de las garantías jurisdiccionales implica, en primer término, la aplicación directa de la Constitución por los tribunales de justicia, destacándose la posibilidad, necesidad y obligación de utilizar el magno texto como sustento de esa justicia a la que se aspira antes, durante y luego de finalizado el proceso y como fundamento de las decisiones judiciales.

De igual modo, los autores citados se refieren, en segundo lugar, a que la Carta Magna debe interpretarse de conformidad con los tratados y acuerdos internacionales sobre derechos humanos ratificados por el Estado, lo que implica la posibilidad de hacer valer dichas garantías ante tribunales supranacionales. Cuestión esta que se dispone, en su artículo 8, al regular que el contenido de los tratados internacionales en vigor para Cuba, forma parte o se integra, según corresponda, al ordenamiento jurídico nacional, los cuales se subordinan a la Constitución.

Otra de las consecuencias señaladas en relación a la constitucionalización de las garantías jurisdiccionales es la referida a su plasmación normativa en normas procesales o de ejercicio de los derechos de los justiciables, normas complementarias que desarrollen las garantías en cuestión al regular las categorías básicas sobre las que se erige el Derecho Procesal: la jurisdicción, la acción y el proceso; así como la oportunidad y uso de las herramientas que permiten alegar, excepcionar, probar e impugnar, ya que determinan la forma y alcance de los principios que rigen las leyes procesales devenidos en verdaderas garantías de los justiciables y en relación a los jueces consagran el conjunto de poderes, deberes y sis-

---

[30] Pueden ser ordinarias, cuando se refieren a la justicia ordinaria per se, o constitucionales o especiales cuando consisten en técnicas normativas especializadas de la justicia constitucional.

[31] PÉREZ GUTIÉRREZ, I y HIERRO SÁNCHEZ, L.A., "La tutela judicial efectiva en el ámbito constitucional cubano", *en Garantía de los derechos en el nuevo panorama constitucional cubano, Cit.* p. 47.

tema de responsabilidad que le son propios y que integran el contenido del debido proceso.

En esta misma línea y a juicio del profesor Pérez Martínez[32] la protección jurisdiccional de los derechos constitucionales debe soportarse sobre la base de la tutela judicial efectiva como uno de los estandartes del Estado de Derecho. La Constitución cubana la reconoce como la principal, constitucional y jurisdiccional, que comprende en sí a las demás, para la protección de los derechos constitucionalmente establecidos[33], pues constituye un mecanismo que asegura, ampara y da certeza a estos como instrumento ideal para tutelar a las personas, ante el quebrantamiento de sus derechos, catálogo que incorpora la tutela de los derechos de las personas en situación de discapacidad intelectual.

Intentar definir a la tutela judicial efectiva en el derecho es tarea complicada, porque son tan numerosos los aspectos que se han estimado amparados en ella, que bien se podría decir que la cobertura que presta es casi ilimitada, y que su vitalidad es tan extraordinaria que prácticamente todo el esquema de garantías constitucionales podría construirse sobre ella. Por tanto, más que intentar definirla, una cuestión importante es la determinación de su contenido y alcance a través de sus elementos conformadores.

Doctrinalmente, al sistematizar sus elementos conformadores, se han reconocido cuatro componentes, a saber: el derecho de acceso a los tribunales, el derecho a obtener una sentencia fundada en derecho y congruente, el derecho a la efectividad de las resoluciones judiciales y el derecho a los recursos previstos en ley[34].Así, en doctrina patria y a tono con la formulación que propone la nueva Carta Magna, los profesores Pérez Gutiérrez e Hierro Sánchez afirman que la tutela judicial efectiva en Cuba se construye a partir de tres elementos que no pueden

---

32 PÉREZ MARTÍNEZ, Y., "La tutela judicial de los derechos consagrados en la Constitución de la República de Cuba", en *Revista Cubana de Derecho* vol. 2, nº 1, enero-junio, pp. 95-133, 2022.

33 MONTEJO RIVERO, J y MARTÍNEZ SIFONTES, Y., *Tutela y defensa del derecho a la identidad personal en el ámbito jurisdiccional familiar bajo el manto constitucional. cit.*, p. 201.

34 PICO I JUNOY, J., *cit.*, pp. 57-110. Con óptica similar, vid. VALMAÑA VALMAÑA, Silvia, *La tutela judicial efectiva como derecho fundamental y la protección jurisdiccional*, Universidad Nacional de Educación a Distancia, s.l., 2018, pp. 3-8.

verse desvinculados unos de otros: el acceso a la justicia, la realización de un proceso con todas las garantías o debido proceso y la ejecución de las resoluciones judiciales, criterio este compartido por las autoras.

El acceso a la justicia, o acceso a la jurisdicción, constituye el reconocimiento constitucional del derecho de acción, vinculado a su concepción abstracta, como aquel derecho subjetivo que permite a cualquier persona con capacidad procesal poner en movimiento el aparato judicial del Estado con la correspondiente obligación de los tribunales de conocer y resolver los asuntos que se someten a su competencia, luego de quedar válidamente constituida la relación jurídica procesal.

Puede entonces decirse que este derecho se manifiesta durante todo el iter procesal, hay una relación de acción-reacción entre la "pretensión" a la tutela jurídica como derecho abstracto y la pretensión material que se deduce a través de la demanda en el proceso. No se trata solo del derecho de acudir ante los jueces y tribunales para obtener un pronunciamiento, sino de concretizarlo mediante la pretensión procesal a través de la demanda, se complementa así la concepción abstracta del derecho a la acción con la de pretensión procesal y el deber prestacional del Estado se manifiesta en plenitud cuando el proceso concluye con una resolución, que debe cumplir los requisitos legalmente establecidos.

El debido proceso, como segundo elemento de la tutela judicial efectiva, es una institución de origen anglosajón (*due process of law*) reconocida actualmente en la mayoría de los textos constitucionales e internacionales y que, siguiendo la línea marcada por estos textos, ahora consagra también la Carta Magna en su artículo 94 al regular que toda persona, como garantía a su seguridad jurídica, disfruta de un debido proceso tanto en el ámbito judicial como en el administrativo y seguidamente se enumeran los derechos que comprende este debido proceso.

Constituye una institución de difícil conceptualización, en el sentido de que no ha habido un pronunciamiento unánime al respecto en la doctrina. Literalmente, la expresión "debido proceso" alude a que todo proceso jurisdiccional debe desarrollarse conforme a las reglas legales establecidas. Su relevancia se deriva del significado jurídico de la voz deber, respecto al cumplimiento de la potestad jurisdiccional con plena observancia de las garantías y formalidades del proceso, a fin de dictar una sentencia justa, motivada y congruente.

Es por ello, que la letra del artículo 94 se erige como expresión de las garantías que todo Tribunal debe observar en cualquier proceso, sin importar la materia o la tipología procesal. Se trata de que toda persona tiene derecho a acceder a un tribunal competente, independiente e imparcial, disfrutar de igualdad de oportunidades, recibir asistencia jurídica para ejercer sus derechos, aportar los medios de prueba pertinentes y solicitar la exclusión de aquellos que hayan sido obtenidos violando lo establecido, no ser privada de sus derechos sino por resolución fundada de autoridad competente o sentencia firme de Tribunal, interponer los recursos o procedimientos pertinentes contra las resoluciones judiciales o administrativas que correspondan, tener un proceso sin dilaciones indebidas y obtener reparación por los daños materiales y morales e indemnización por los perjuicios que reciba.

Especial atención merece la efectividad de las resoluciones judiciales, ya que la efectividad de la impartición de justicia se logra en el caso concreto y esencialmente depende de la seguridad jurídica que un país esté dispuesto a brindar a las mismas, pues si la resolución dictada no tiene la posibilidad suficiente de ejecutarse, no se logra la tutela judicial, aunque el proceso haya transcurrido sin menoscabos de las garantías procesales. Por tanto, para que la tutela que brindan los tribunales resulte verdaderamente eficaz, es imperioso que, una vez alcanzada la cosa juzgada, la sentencia o fallo resolutorio sea efectivamente cumplido o ejecutado, en función de restaurar o reparar el derecho afectado.

El análisis precedente permite afirmar que la emisión de la sentencia no es el punto de culminación de la potestad jurisdiccional que se desarrolla mediante un proceso, pues la protección que se exige de los tribunales se alcanza cuando se ejecutan las disposiciones del órgano juzgador, momento en el que se hace efectiva la tutela judicial solicitada. De ahí que, existe un estrecho vínculo entre las categorías tutela y ejecución, que hace nacer el derecho al cumplimiento de lo decidido en juicio.

Es clara la intención del legislador al consagrar en el artículo 92 no solo el derecho a la cosa juzgada, como efecto del proceso y máxima expresión de la seguridad jurídica en sede procesal, sino el carácter obligatorio del cumplimiento de las resoluciones judiciales firmes; requisito que constituye corolario de cualquier diseño procesal que pretenda una proyección garantista de los derechos de las personas, incluidos los derechos de las personas en situación de discapacidad intelectual.

Puede afirmarse entonces que, para que se configure la tutela judicial efectiva, resulta necesario que se reconozcan jurídicamente todos los elementos que la componen y que se encuentren previstas todas las herramientas procesales para su protección. Tal es así que el propio legislador constitucional estableció la responsabilidad que se genera a partir de su incumplimiento, responsabilidad cuyas modalidades y los mecanismos para su efectividad han quedado establecidas en el Código de procesos[35].

En este contexto, la eficaz tutela de los derechos de las personas con discapacidad intelectual en Cuba debe incluir una transformación integral al régimen jurídico de la capacidad a partir de tres normas cruciales: el Código civil, el Código de las familias y el Código de procesos.

En el caso del Código civil por ser esta una materia que concierne al Derecho de personas. En el Código de las familias por ser necesaria la protección de las personas con discapacidad intelectual en el ámbito familiar. Dicha tutela ha sido consagrada, en la recién promulgada legislación familiar, a tono con la Constitución y observando como principios, entre otros, la igualdad y no discriminación y el respeto a las voluntades, deseos y preferencias de las personas en situación de discapacidad. Como derechos reconoce constituir una familia; la vida familiar; la autodeterminación, voluntades, deseos, preferencias, independencia y la igualdad de oportunidades en la vida familiar de las personas en situación de discapacidad, al cuidado familiar desde el afecto.

Introduce modificaciones al Código civil[36], en su Disposición Final. De igual modo, la protección de las personas en esta condición trans-

---

[35] Ver todo lo relativo a la ejecución de las resoluciones judiciales, Título IX artículos 454 al 489. Ley 141/2021. Código de procesos.

[36] Al respecto consultar lo estipulado en el artículo 30.1. Toda persona en situación de discapacidad que requiera ajustes razonables o apoyo para el ejercicio de su capacidad jurídica puede solicitarlos o designarlos de acuerdo con su libre elección. 2. Los ajustes razonables son las modificaciones y adaptaciones necesarias y adecuadas que no impongan una carga desproporcionada o indebida, cuando se requieran en un caso particular, para garantizar a las personas en situación de discapacidad el goce o ejercicio, en igualdad de condiciones con las demás, de sus derechos.3. Se entiende por apoyo aquellas formas de asistencia, libremente elegidas por una persona para facilitar el ejercicio de sus derechos, incluyendo la comunicación, la comprensión de los actos jurídicos y de las consecuencias de estos, y la manifestación e interpretación de la voluntad de quien lo requiere. El apoyo no tiene facultades de representación, salvo en los casos en que, excepcionalmente, se establece de manera expresa por propia decisión de la persona necesitada o así lo dispone el tribunal competente.4. Para interpretar la voluntad de la persona a quien asiste, en los casos en que así sea necesario, se toma en cuenta el criterio de la mejor interpretación de la voluntad, la trayectoria de vida de la persona, las previas manifestaciones de voluntad en similares

versaliza a la totalidad de las instituciones reconocidas en este cuerpo legal de data reciente, por ejemplo: la discriminación y la violencia en el ámbito familiar, las que se constituyen como tutelas urgentes, la posibilidad de reclamar alimentos por su situación de vulnerabilidad, el ejercicio de los derechos y acciones filiatorias por parte de los apoyos intensos nombrados con facultades de representación, solo si se fundamenta en sus voluntades, deseos y preferencias expresadas con anterioridad al nombramiento del apoyo, en el caso de hijas e hijos en situación de discapacidad, si resulta conveniente para su interés superior, el Tribunal dispone los ajustes razonables que se requieran para facilitar el régimen de comunicación familiar con la madre o el padre no guardador y su respectiva familia.

En relación con la administración y disposición de los bienes y derechos de las hijas y los hijos menores de edad en situación de discapacidad intelectual se tiene en cuenta el beneficio que representan a su interés superior, su utilidad para la realización de su proyecto de vida y para su inclusión familiar y social, en igualdad de condiciones con las demás hijas e hijos. Con respecto al matrimonio y al divorcio también se adoptan medidas de protección a las personas en esta situación, para cuyo ejercicio pueden estar asistidas por los apoyos nombrados.

De especial significación resultan los Títulos dedicados a las instituciones de guarda y protección en el ámbito familiar de las personas en situación de discapacidad intelectual, el que consagra sus derechos y los deberes de sus familias para los casos en que se encuentren internadas en centros especializados y el que se encarga de definir a la defensoría familiar como la institución responsable de proteger, garantizar y restablecer el ejercicio de los derechos de las personas en esta situación.

En armonía con los postulados constitucionales, el vigente Código de procesos fortalece las garantías enunciadas, con sus particularidades en la tramitación y solución de los asuntos sobre la capacidad de las personas o

---

contextos, la información con la que cuenten las personas de confianza de la persona a apoyar, sus deseos, preferencias y cualquier otra consideración pertinente para el caso concreto. Artículo 31.1. En defecto de designación realizada ante notario, compete al tribunal la designación de los apoyos. Esta medida se justifica después de haber realizado los esfuerzos pertinentes para obtener una manifestación de voluntad de la persona, y de habérsele prestado las medidas de accesibilidad y ajustes razonables, y cuando la designación de apoyos sea necesaria para el ejercicio y protección de sus derechos. Ley nº 156/2022 Código de las familias.

de cualquier índole en el que estén involucrados personas en situación de discapacidad intelectual.

Expresamente se pronuncia sobre la posibilidad de toda persona de acceder a la vía judicial para reclamar la tutela efectiva de sus derechos u oponerse a las pretensiones promovidas en su contra, enfatiza en que la protección a este derecho comprende la obtención de un pronunciamiento judicial y su ejecución, pudiendo utilizarse fórmulas alternativas de solución de conflictos procurando conciliar intereses o derivar a mediación[37].

Asimismo, sistematiza formas de actuación judicial en las que se les debe prestar especial importancia a principios como la igualdad efectiva[38], se refiere específicamente a que cuando se ventilen cuestiones relacionadas con las personas en situación de vulnerabilidad, como es el caso de los que padecen una discapacidad intelectual, el Tribunal protege sus intereses, a tal fin, realiza los ajustes razonables en cuanto al acceso a la justicia, las audiencias, los actos de comunicación procesal la intervención de los especialistas que requiera su condición, el uso del lenguaje, la redacción de las resoluciones judiciales, los medios de ejecución y cualquier otra medida necesaria para garantizar su participación y la defensa de sus derechos.

Se ha instituido un cauce de conocimiento, flexible, óptimo y expedito, atendiendo a que incumbe al Derecho ofrecer una tutela diferente para personas diferentes. Estos asuntos se tramitarán por la vía del proceso sumario, con un procedimiento específico para el ejercicio de la capacidad jurídica y la provisión de apoyos y salvaguardias[39], unido a la Instrucción 278 del año 2023 dictada por el Consejo de Gobierno del Tribunal Supremo Popular. Al propio tiempo dicha norma otorga a los juzgadores un conjunto de atribuciones para la tramitación y decisión

---

37 En su artículo 2.1 propugna que toda persona puede acudir ante los tribunales para reclamar la tutela de sus derechos u oponerse a las pretensiones promovidas en su contra, para lo cual participa en el proceso y ejerce los actos concernientes a la defensa de su posición procesal, de conformidad con las disposiciones contenidas en este Código. 2. La protección de este derecho comprende la obtención de un pronunciamiento judicial sobre el fondo de lo pretendido, siempre que sea posible, y la ejecución de lo dispuesto por el tribunal. 3. El tribunal, en cualquier estado del proceso, procura conciliar los intereses de las partes en litigio o derivarlo a la mediación. Cit. Código de procesos.

38 Ibídem artículo 9

39 Ibídem, artículos 565-571

de los asuntos, traducidas en poderes y facultades como herramientas imprescindibles en la conducción e impulso del debate, en la búsqueda de una solución que satisfaga los intereses en conflicto.

Así, en la protección a los derechos de las personas en situación de discapacidad intelectual los tribunales pueden disponer las medidas necesarias para evitar dilaciones innecesarias y concentrar en un solo acto las diligencias que puedan practicarse de conjunto, restablecer la equidad procesal ante un evidente estado de indefensión o desigualdad, adoptar diligencias preliminares, medidas cautelares y decisiones anticipadas sobre el fondo del asunto cuando exista un riesgo de daño irreparable a reserva de lo que se disponga en la resolución que ponga fin al proceso, disponer las pruebas necesarias para formarse convicción sobre los hechos y si en el litigante llamado a comparecer concurre alguna situación de discapacidad que le impida asistir al Tribunal, este puede disponer la práctica de la prueba en su domicilio o en el lugar en el que se encuentre, y si la discapacidad le impide escuchar, hablar o ambas, las preguntas o sus respuestas se realizan por escrito o mediante intérprete pudiendo incluso ordenar el uso de apoyos tecnológicos que permitan expresarse a la persona en situación de discapacidad intelectual, celebrar audiencias a puertas cerradas y cualquier otra de las contenidas en el Código[40] que le permiten a los juzgadores actuar contextualizadamente según su prudente arbitrio, con racionalidad y sentido de lo justo, en el marco que establecen la Constitución y la legalidad.

La no utilización de estas atribuciones o su despliegue incorrecto traería consecuencias desfavorables para los justiciables en su búsqueda de una tutela judicial efectiva, por tanto, para poder aseverar que el ordenamiento jurídico cubano y la Constitución cuentan con los instrumentos idóneos para la protección de los derechos reconocidos, se exigen operadores activos, que sean capaces de desplegar su papel con resultados efectivos, sobre

---

40 A modo de ejemplo puede referirse lo dispuesto en el artículo 83.1 al disponer que las personas menores de edad, personas con discapacidad, adultas mayores, víctimas de violencia, declaradas judicialmente ausentes o cualquier otra persona en situación de vulnerabilidad, que requieran de tutores, representantes o apoyos, son representadas por un defensor designado por el tribunal, hasta que se les provea de aquellos. 2. La designación de defensor también se realiza cuando, aun teniendo tutores, representantes o apoyos, existan intereses contrapuestos entre ellos, o si la situación concreta en que se encuentran las personas a que se refiere el apartado anterior, les impide defender adecuadamente sus bienes y derechos.

todo en aquellos conflictos donde estén involucrados personas en situación de discapacidad intelectual.

VI. TRATAMIENTO JURISPRUDENCIAL DE LOS DERECHOS DE PERSONAS EN SITUACIÓN DE DISCAPACIDAD INTELECTUAL EN IBEROAMÉRICA Y CUBA

La protección a las personas en situación de discapacidad intelectual ha quedado respaldada por las decisiones de un órgano de justicia regional en el contexto europeo, el Tribunal Europeo de Derechos Humanos (TEDH), cuya labor jurisprudencial también ha sido prolífica en lo que a protección constitucional de los derechos de estas personas se refiere. Conforme a los principios de dignidad, igualdad y no discriminación, libre desarrollo de la personalidad y el derecho al respeto a la vida familiar, dicho órgano regional le otorga tutela y defensa por ser el encargado de ejercer las competencias jurisdiccionales que dimanan del Convenio Europeo de Derechos Humanos (CEDH), debiendo determinar cómo se debe interpretar y aplicar el Convenio y sus Protocolos.

Vale destacar el asunto *A.K. y L contra Croacia*[41]. A.K., con discapacidad intelectual, dio a luz a un bebé, respecto al que los servicios sociales procedieron a adoptar la medida de acogimiento familiar, para posteriormente iniciar un proceso de adopción. Se sometió a la madre a una privación de sus derechos y deberes parentales con razón de su discapacidad, lo cual es discriminatorio; finalmente se produjo la separación entre madre e hijo, lo que el TEDH calificó como una vulneración del derecho al respeto a la vida privada y familiar de la progenitora, por la ausencia del apoyo de los servicios sociales y la adopción de una medida que estaba destinada a la separación, y no al mantenimiento de las relaciones paternofiliales.

Así, en dicha sentencia se alega que la falta de recursos económicos, ni cualquier motivo laboral, ni la discapacidad de un individuo, pueden constituir una razón privativa del ejercicio efectivo de sus derechos, en este caso, de los derechos parentales. Los Estados tienen el deber de intervenir en aquellos casos donde no exista un ambiente idóneo para el desarrollo de la vida familiar, debiendo prestar el apoyo y auxilio necesarios para ase-

---

41 STEDH de 8 de enero de 2013

gurar el ejercicio de derechos fundamentales, así como el interés superior del menor. Constituye una discriminación toda adopción de medidas que impliquen restricciones y limitaciones a las personas con discapacidad por el mero hecho de tenerla.

Sin embargo, un fallo lamentable del TEDH, en materia de protección a las personas en situación de discapacidad intelectual y por el que ha sido ampliamente criticado es el relacionado con permitir prohibir el voto a las personas que "supuestamente carecen de las 'habilidades mentales' necesarias para votar", dictado en el caso *Caamaño Valle contra España*[42].

La demandante es la madre de una joven con discapacidad intelectual. Al cumplir su hija dieciocho años, presentó una demanda de incapacitación y nombramiento de tutor, en la que solicitó que, a pesar de la incapacitación, no se le privara a su hija del derecho al voto. El juzgado de primera instancia de Santiago de Compostela declaró la incapacidad de la hija, nombrando tutora a su madre, y decretó la supresión del derecho al voto, dado que, en vista del resultado de las pruebas practicadas para determinar el alcance de su discapacidad, consideró que no estaba en condiciones de ejercer dicho derecho. Los recursos presentados ante la Audiencia Provincial, el Tribunal Supremo y el Tribunal Constitucional fueron desestimados. Por tanto, se quejó ante el TEDH de la vulneración del derecho al voto de su hija (art. 3 del Protocolo nº 1 al Convenio) y de la discriminación sufrida por la misma en relación con su derecho al voto (art. 14 en relación con el art. 3 del Protocolo nº 1 y art. 1 del Protocolo nº 12).

El TEDH rechazó la demanda al estimar que no es posible considerar que la privación del derecho a voto en relación a una persona con tal discapacidad obstaculice la libre expresión de la opinión de la sociedad. Al efecto, estimó que, si bien el artículo 3 del Protocolo nº 1 garantiza derechos individuales, incluido el derecho a voto, dichos derechos no son absolutos. De este modo, el fallo precisó que existe espacio para limitaciones de derechos, y recordó que los Estados tienen un amplio margen de apreciación en esta materia, aunque este margen se vea reducido cuando la restricción es aplicada a un grupo social vulnerable, como serían las personas con discapacidad intelectual. Puntualizó que es aceptado como un fin legítimo el objetivo de garantizar que sólo los

---

[42] TEDH, CAAMAÑO VALLE V. SPAIN, nº 43564/17, 11 de mayo de 2021

ciudadanos capaces de evaluar las consecuencias de sus decisiones y de tomar decisiones conscientes y juiciosas participen en los asuntos públicos, aunque ello se debe ponderar caso a caso.

En este contexto, el Tribunal efectuó un examen de proporcionalidad, concluyendo que la privación del derecho de voto de la hija de la demandante se produjo en virtud de sus circunstancias personales, mediante sentencias dictadas en diversas instancias, tras un análisis exhaustivo de su capacidad mental, de modo que no se puede considerar que su privación vulnere el artículo 3 del Protocolo n°1 del Convenio.

En cuanto a las alegaciones de discriminación (art. 14 en relación con el art. 3 del Protocolo n° 1 y art. 1 del Protocolo n° 12) el Tribunal consideró que la restricción impuesta al derecho al voto de la hija de la demandante estaba basada en la demostrada limitación de su capacidad intelectual. Por tanto, la diferencia de trato con respecto a otras personas que no sufren dicha discapacidad se basó en una causa justificada, que perseguía un fin legítimo y que resultaba proporcionado al fin perseguido. Por tanto, el Tribunal concluyó que tampoco hubo vulneración del art. 14 y art. 1 del Protocolo n° 12 al Convenio.

En el ámbito europeo se destaca también la jurisprudencia del Tribunal Superior de España, el cual se ha pronunciado en sentencias[43] sobre la necesidad de fijar en favor de los derechos de las personas en situación de discapacidad intelectual los apoyos necesarios para que puedan ejercitarlos en un plano de igualdad. De tal forma, la resolución judicial que se dicte debe conllevar una mejora en la vida y autonomía de la persona con discapacidad, pues si eso no se logra, la sentencia y tal vez el trabajo previo realizado estará mal hecho. Por lo tanto, el objeto de los procesos judiciales sobre capacidad y la fijación de los apoyos que en ellas se establecen se hacen en beneficio de las personas en esta condición y no en beneficio y/o provecho de los familiares o para hacer más fácil y cómodo el desempeño de dichos apoyos por los tutores, fundaciones tutelares, curadores, defensores, etc. Siempre debe prevalecer el interés del discapaz.

Esta postura jurisprudencial ha sido consolidada y reflejada en la Convención de Nueva York de 13 de diciembre de 2006, que forma parte del ordenamiento jurídico español desde su ratificación mediante Protocolo

[43] Sentencias de 24 de junio de 2014 (EDJ 2014/106321) y de 17 de marzo de 2016 (EDJ 2016/23218)

de 9 de abril de 2008 y, por tanto, se debe aplicar como derecho interno y en función de las normas sobre conflicto de leyes, de ahí que, al ser de fecha posterior al Código civil y la Ley de enjuiciamiento civil tiene preferencia sobre ellas.

Así, en lo que se refiere a la capacidad de testar, se toma como referencia la reciente sentencia del Tribunal Superior de 15 de marzo de 2018[44] sobre dos testamentos otorgados por una persona con discapacidad intelectual, el primero de ellos realizado antes de dictarse sentencia en proceso tramitado sobre su capacidad, y el segundo otorgado después de dictarse dicha sentencia, en la que se fijó como medida de apoyo la curatela. En dicha sentencia el Tribunal consideró que el testamento realizado ante notario, cumpliendo los requisitos del art. 665 Código civil, sería inicialmente válido, salvo que se acreditara mediante pruebas concluyentes, convincentes y legales que el juicio de capacidad del notario, basado en esos informes facultativos, es erróneo. Máxime teniendo en cuenta el principio favor testamento recogido, entre otras, en sentencias anteriores del Tribunal Superior[45].

Concluyó que en las sentencias que se dicten en estos procesos de capacidad, si se quiere realmente limitar la capacidad de disposición mortis causa de bienes por el discapaz y a fin de evitar posibles manipulaciones, se debería privar expresamente de la capacidad de otorgar testamento ológrafo (para su otorgamiento, no existen garantías legales que permitan valorar si el mismo se hizo por persona con capacidad para ello, expresando dicho documento realmente su voluntad), pero conservando la capacidad de testar notarialmente si se cumplen las garantías previstas en el Código civil y previo informe favorable de dos médicos (psiquiatras o neurólogos, en la medida de lo posible uno de los que haya atendido)

De igual manera este Tribunal se ha pronunciado en cuanto a la posibilidad de contraer matrimonio de una persona con discapacidad intelectual. Tal es el caso de la sentencia del 15 de marzo de 2018[46], que versa sobre la nulidad de un matrimonio por falta de capacidad para emitir el consentimiento por discapacidad intelectual de un cónyuge, ha declarado

---

44 EDJ 20108/22172

45 Ver Sentencias de 19 de septiembre de 2016, de 7 de julio de 2016 y de 20 de junio de 2016, entre otras.

46 EDJ 2018/20677)

válido el matrimonio de una persona, contraído durante la tramitación de su proceso de capacidad.

La sentencia del Tribunal Superior, partiendo del hecho de que el matrimonio, cuya nulidad se solicita por falta de consentimiento, se celebró el 15 de enero de 2010 y la sentencia que fija la falta de capacidad y establece los apoyos precisos para ese cónyuge es de 14 de junio de 2010 y en ella se privó al hombre de "toda facultad para realizar cualquier acto de gobierno de su persona y de administración y disposición de sus bienes, derechos e intereses que tenga relevancia jurídica y sea socialmente trascendente, y específicamente para el ejercicio del derecho de sufragio y para otorgar testamento, y con sometimiento del mismo a tutela", entiende el Tribunal que: "...no ha quedado suficientemente desvirtuada la presunción de capacidad para la prestación de consentimiento matrimonial y que la consideración del matrimonio como derecho humano derivado de la dignidad de la persona y manifestación del libre desarrollo de la personalidad, también cuando se alcanza una edad avanzada, deben inclinar a reforzar el principio favor matrimonio; toda vez que en el momento de la celebración no se ha acreditado, mediante prueba cumplida, que el contrayente con discapacidad, no podía prestar consentimiento matrimonial válido.

En el espacio latinoamericano es meritoria la labor que en este sentido desempeña la Corte Interamericana de Derechos Humanos (CIDH). En este quehacer destaca la primera sentencia en materia de discapacidad, que sin dudas constituirá un antecedente que va a abrir una puerta a todas las personas que sufren discriminación porque le habla a todos los gobiernos latinoamericanos sobre cómo deben tratarlos, dictada en el *caso Guevara Díaz vs. Costa Rica*[47] mediante la cual condenó al Estado de Costa Rica por violar los derechos a la igualdad, al trabajo, a las garantías judiciales y la protección judicial de una persona con discapacidad intelectual que desempeñaba funciones de misceláneo y declaró la responsabilidad internacional y el incumplimiento de la prohibición de discriminación por el caso Guevara Díaz, mientras que el Estado de Costa Rica realizó un reconocimiento parcial de su responsabilidad internacional.

---

47 Sentencia de 22 de junio de 2022

El caso se remonta al año 2001 cuando Guevara fue nombrado de manera interina en el puesto de trabajador misceláneo en el Ministerio de Hacienda. Posteriormente participó en un concurso para obtener la titularidad, pero no fue seleccionado a pesar de haber obtenido la nota más alta en las evaluaciones realizadas. Guevara presentó un recurso de revocatoria contra la decisión que lo cesó en su cargo, y posteriormente un recurso de amparo. En ambos casos alegó actos de discriminación en el trabajo, particularmente debido a que el jefe del Área de Mantenimiento del Ministerio de Hacienda solicitó que no se le contratara por su discapacidad.

Sin embargo, ambos recursos fueron rechazados, pues se consideró que el procedimiento seguido en el proceso de contratación cumplió con todos los parámetros establecidos en la ley. Al respecto, la sentencia dicta que durante la selección en el concurso para obtener el cargo en titularidad del puesto de trabajador misceláneo existió una diferencia de trato hacia Guevara, la cual estuvo basada en su discapacidad intelectual. Esta diferencia se habría realizado sin que existiera justificación objetiva y razonable alguna que la sustentara, y fue la razón principal por la que no se lo nombró en titularidad para el puesto para el que concursaba.

El Tribunal concluyó que el cese de Guevara resultó "injustificado en la medida en que ocurrió como consecuencia directa de la discriminación sufrida en el concurso" y fue un acto de discriminación directa en el acceso y permanencia en el empleo, y, por lo tanto, una violación a los derechos al trabajo y a la igualdad ante la ley, y un incumplimiento del deber del Estado de la prohibición de discriminación, máxime cuando existe una obligación reforzada para los Estados de respetar el derecho al trabajo de las personas con discapacidad en el ámbito público.

Se ordenaron como medidas de reparación nombrar a Guevara en un cargo de igual o mayor jerarquía que aquel por el que concursó en el Ministerio de Hacienda o se le pague una indemnización compensatoria y establecer programas de educación y formación dirigidas a los funcionarios del Ministerio sobre temas de igualdad y no discriminación de personas con discapacidad.

En el caso del Alto Foro cubano, resultan ilustrativas las sentencias dictadas en materia de tutela y defensa a los derechos de las personas con discapacidad intelectual a tono con los postulados de la Convención de los Derechos de las Personas con discapacidad (CDPD) de la cual Cuba es signataria.

De las sentencias estudiadas cobra interés en el tema abordado la número 576 de 31 de agosto de 2018, dictada en Casación Civil, la cual dispone que "[...] la Convención sobre los derechos de las personas con discapacidad, desde su artículo uno, y demás principios y regulaciones que configuran su objeto, evidencia el marcado fin de promover, proteger y asegurar el goce pleno condiciones de igualdad, de todos los derechos humanos y en libertades fundamentales por las personas con discapacidad, de cara a suscitar el respeto de su dignidad inherente, lo que se traduce no solo en la tutela sustantiva que proceda, sino también en la de carácter procesal que resulte pertinente [...] nada se opone [a que] conozca y resuelva el Tribunal de lo menos que, conforme a su competencia queda subsumido en lo máximo que le corresponde, concluir lo adverso se traduce en [...] cortapisa para la legítima salvaguarda de los intereses de quienes resultan, sea por razón de la edad o por enfermedad, personas limitadas en su capacidad de obrar que acuden en busca de una justicia expedita y efectiva, la cual, suministrada por partes y a través de procedimientos diversos, deviene en irrefutable lesión para el sujeto que la demanda [...]".

Resulta paradigmática la sentencia 753, de 28 de septiembre de 2018, sobre Casación Civil al declarar Sin Lugar el recurso interpuesto, en la que se aduce esencialmente "[...] que no demostró el inconforme que ese estadio del retraso ligero a moderado que padecía entonces la no recurrente involucionara, mucho menos para estimar racionalmente que ello le impida brindar a su hija el cariño, las atenciones, enseñanzas y protección adecuadas; [...] de todo lo cual se concluye que entender lo contrario a lo pronunciado por los órganos que tuvieron a su cargo el conocimiento del asunto, se traduciría en sublimar el grado de vulnerabilidad específica que presenta la madre en inaceptable discriminación por razón de su discapacidad en menoscabo de sus derechos y los de su menor hija [...]".

Por su parte, la sentencia 337, de 30 de abril de 2018, en Casación Administrativa declara "[...] pues dejó de verificar de manera documental lo relativo a la supuesta titularidad que ostenta la inconforme sobre la vivienda señalada como lugar de retorno, y de dictaminar expresamente sobre sus condiciones de habitabilidad, habida cuenta de que en su núcleo familiar existen menores y discapacitados que requieren de especial protección o tutela en consonancia con lo regulado en el artículo treinta y cinco de la Constitución de la República de Cuba, y en las Convenciones internacionales sobre los derechos del niño y de las personas con discapacidad, en sus artículos veintisiete, apartado tres, y veintiocho, apartado uno, respectivamente; por consiguiente, dada la naturaleza y la sensibilidad del asunto que nos ocupa deberá ponerse en conocimiento del Consejo de Administración correspondiente la situación familiar que presenta la recurrente, para que se adopten las medidas gubernamentales pertinentes [...]".

El análisis precedente permite afirmar que la importancia de que las personas en situación de discapacidad intelectual tengan una mayor facilidad para el ejercicio de sus derechos, se torna de especial sensibilidad y que tiene que estar signado por el amor. En función de ello se ha encaminado la labor jurisprudencial de la Corte Interamericana, del Tribunal Europeo de Derechos Humanos y el Alto Foro cubano, determinantes como garantía para la defensa de los derechos de las personas en esta condición y en el ámbito familiar, en plena armonía con los principios de dignidad, igualdad y no discriminación que preconizan las Constituciones modernas.

VII. BIBLIOGRAFÍA

CAZORLA, P., "La codificación como función de los poderes públicos en el Estado contemporáneo. El caso español", *Seguridad jurídica y codificación,* Madrid, 1999.

CUTIÉ MUSTELIER, D., *El Sistema de Garantías de los Derechos Humanos en Cuba,* Tesis presentada en opción al Grado Científico de Doctora en Ciencias Jurídicas, Santiago de Cuba, 1999.

DELGADO VERGARA, T., "Vulnerabilidad y dependencia en la madurez de la vida: apuntes sobre la protección a las personas de la tercera edad en Cuba", *IUS. Revista del Instituto de Ciencias Jurídicas de Puebla A.C.,* Puebla, México. Vol. IV, nº 26, 2010.

MARTÍNEZ SÁNCHEZ, N., "Autonomía y protección de las personas con discapacidad", en *Revista General de Legislación y Jurisprudencia,* nº 1, enero marzo, 2017.

MONROY CABRA, M.G., "Concepto de Constitución", *Anuario de Derecho Constitucional Latinoamericano,* Montevideo, 2005.

MONTEJO RIVERO, J.M. y MARTÍNEZ SIFONTES, Y., "Tutela y defensa del derecho a la identidad personal en el ámbito jurisdiccional familiar bajo el manto constitucional", en PÉREZ GALLARDO, L.B. (Coord.), *Constitución y derechos de la personalidad,* Ediciones Olejnick, 2022.

PECES BARBA, G., *Derechos y Deberes Fundamentales,* Editorial. Centro de Estudios Constitucionales, Madrid, 1993.

PEDROZA DE LA LLAVE, S. y GUTIÉRREZ RIVAS R., "Los niños y niñas como grupo vulnerable. Una perspectiva constitucional", en *Derechos Humanos. Memoria del IV Congreso de Derecho Constitucional,* tomo III, Diego VALADÉS y Rodrigo GUTIÉRREZ RIVAS (coord.), México, Universidad Nacional Autónoma de México, 2001, pp. 103-126.

PEREIRA PERÉZ, J., *El acto en previsión de las futuras discapacidades o la incapacidad. Especial referencia al ordenamiento jurídico cubano.* Tesis presentada en opción al grado científico de Doctora en Ciencias Jurídicas. La Habana, Cuba, 2018.

PÉREZ GALLARDO, L., "La protección legal de los discapacitados en Cuba: una visión *lege data* y de *lege ferenda*", en *Revista General de Legislación y Jurisprudencia III Época,* nº 1 enero-marzo 2006, pp. 51-106,

PÉREZ MARTÍNEZ, Y., "La tutela judicial de los derechos consagrados en la Constitución de la República de Cuba". *Revista Cubana de Derecho,* 2022.

PÉREZ GUTIÉRREZ, I. y HIERRO SÁNCHEZ, L.A., "La tutela judicial efectiva en el ámbito constitucional cubano", *en* LLEDÓ YAGÜE, F., BENÍTEZ ORTÚZAR, I.F. y MENDOZA DÍAZ, J., (Dirs), *Garantía de los derechos en el nuevo panorama constitucional cubano,* Dykinson, Madrid, 2021.

SCHALOCK ROBERT, L., *Hacia una nueva concepción de la discapacidad. Segunda Jornada Científica de Investigación sobre Personas con Discapacidad, Universidad de Salamanca,* 1999, Disponible en World Wide Web https://www.scholar.google.com. Consultado (07/05/2022)

TAMARIT, J., "Discapacidad intelectual" en M.G. MILLA y F. MULAS (Coord), *Manual de atención temprana.* Valencia: Ed. Promolibro, 2005.

VALDÉS DÍAZ, C., "Las familias y las personas en situación de discapacidad", en PÉREZ GALLARDO, Leonardo B. y CÁNOVAS GONZÁLEZ, Daimar, *Las Familias en la Constitución* (comp). 2020.

VILLABELLA ARMENGOL, C.M., "La Carta Magna mexicana en su centenario y el constitucionalismo Latinoamericano. Notas de un estudio comparado", *Revista IUS* (México), nº 38, 2016.

VILLABELLA ARMENGOL, C.M. y VILLABELLA LLEVARA, C.D., *La Declaración Universal de los Derechos Humanos en su septuagésimo aniversario. Temas contemporáneos. Constitución, derechos humanos e interpretación. Una mirada evolutiva.* Grupo Editorial Mariel, 2019.

VILLABELLA ARMENGOL, C.M, *Estudios de Derecho Constitucional,* Editorial UNIJURIS, La Habana, Cuba, 2020.